# 有疆无界

——前现代治边实践与中国边陲社会变迁研究

安介生　邱仲麟　主编

山西出版传媒集团　三晋出版社

本书为教育部人文社会科学重点研究基地重大项目"前现代中国的治边实践与边陲的社会历史变迁"（批准号：07JJD770095）结项成果与国家社科基金重点项目"中国历史民族地理研究"（批准号：11AZD059）的阶段性成果之一。

# 序言：边疆研究中值得关注的视角
李大龙

安介生、邱仲麟两位教授主编的《有为而治——前现代治边实践与中国边陲社会变迁研究》一书即将出版，该书是安介生教授主持的教育部人文社会科学重点研究基地重大项目"前现代中国的治边实践与边陲的社会历史变迁"的结项成果与国家社会科学基金重点项目"中国历史民族地理研究"的阶段性成果之一。出版前夕，安教授命我做一下点评，因对论文集中多数论文涉及的选题没有做过具体研究，初感难以胜任，本应谢绝，但是，最近几年我本人曾经数次参加其课题组组织的学术会议，有感于复旦大学中国历史地理研究所以安介生教授为首的科研团队继承谭其骧先生、葛剑雄先生所秉持的优良学术传统，致力于中国边疆史地研究所取得的丰硕成果，而且边疆治理也是构建中国边疆学的主要研究内容之一，因此，从推动边疆史地研究，乃至边疆学学科建设的内心愿望出发，虽能力不及，还是想就研究项目的开展和相对熟悉的论文谈一点看法，推荐给学界。

安介生教授长期致力于中国历史民族地理的研究，是国内历史民族地理研究领域的开创者之一，其《历史民族地理》一书（分上、下册）可谓国内历史民族地理整体性研究的奠基之作，而另一位主编邱仲麟教授则是台湾学界历史地理研究方面的知名专家，著述颇丰，二位合作主编本书，自然使本论文集保持在一个很高的学术水准上，论文集收录的论文情况已经能够充分说明这一点。

本论文集分上、下两篇，上篇为"政治与制度篇"，共有12篇论文，集中讨论边疆的政治制度、政区形态和社会变迁；下篇为"经济与区域篇"，由15篇论文所构成，讨论的对象则集中在边疆民族分布、经济发展和环境变化等方面。就作者队伍而言，据我所知，刘祥学教授是以《明朝民族政策演变史》一书奠定了其在明代边疆研究领域的学术地位，其所撰"中国古代边疆地区的地域形象及对边防建设的影响"、"明代驯象卫考论"、"明以来岭南地区壮族的地理分布及变迁研究"等文章依然将明代边疆民族地区作为研究对象；郑维宽教授则擅长于边疆地区的历史地理研究,其所撰"边界形成与边疆维护:宋代中越关系变动下的岭南边疆治策探析"、"明代广西的地缘政治格局与治边策略研究"、"历史地缘政治背景下广西政治中心的选择与分省设想"、"边疆危机与行政应对:中法战争后清政府的西南治边策略探析"数文是以西南边疆,尤其是广西地区作为关注与探讨的对象。樊如森副教授的"清代民国西北牧区的商业变革与内地商人"、"'赶大营'——近代天津商人与西北经济开发"则将研究目光放在了西北地区经贸发展与社会变迁之上。

井黑忍博士、岛田美和博士二位日本青年学者的加入,同样使本论文集增色不少。井黑忍博士是安教授的好朋友,同样关注于中国山西及陕西、甘肃等西北地区历史地理变迁,所撰论文"流域的分开与结合——以黑河流域平天仙姑信仰为中心"视角独特,分析到位,意味深长,反映出他对于中国边疆地区研究的深厚造诣。岛田美和博士的论文"南京国民政府时期移民开垦事业与学术界的关系"同样选取了一个非常新颖的视角,表现出她观察的细心与思考的缜密,令人读后印象深刻。

安介生、邱仲麟二位教授,既是主编者,也是主要的作者。安介生教授有"略论先秦至北宋秦晋地域共同体的形成及其'铰合'机制"、"略论明代山陕地域共同体的形成——基于边防、区域经济以及灾荒应对的分析"、"历史民族地理之'界域'研究——以地处川、青(藏)、甘之交的松潘地区为核心"、"政治归属与地理形态——清代松潘地区政治进程的地理学分析"、"晋学研究的'区位论'"等五篇专论,均堪称力作。而邱仲麟教授则有"西皮与东皮——明代蒙古与辽东地区毛皮之输入"、"明清晋北的山地开发与森林砍伐"两篇专论,引征之翔实,令人叹服。虽然对于《有为而治——前现代治边实践与中国边陲社会变迁研究》收录的全部论文难以做出具体的点评,但是还想就该著作选题的取向,尤其是安介生教授的数篇专论体现的独特研究视角(即区域视角)谈一点愚见,权作读后的感悟。

安介生教授的两篇专论,都以"地域共同体"为名,其他各文也多以某一个地理区域为研究范围,其中更以安教授的故乡山西所占权重为多,由此让我联想到了"边疆"这个概念以及作为多民族国家的中国疆域的形成和发展的历史轨迹。"边疆",或称之为"边地",是相对于统治核心地区而形成的概念,因此"边疆"既是一个地域性概念,更是一个政治性概念。边疆是一个王朝或政权疆域的外围地区,依托于政权而存在,因而不同政权的边疆涵盖的范围也有差异。山西、陕西今天似乎已不属边疆之地,但是,在相当长的历史时期,无疑可归为"边地"的范围。对于作为多民族国家的中国而言,边疆具有两个特点:其一,边疆是一个动态的概念,不同时期边疆涵盖的范围有着很大不同,一般而言,其涵盖的范围呈现向外拓展的趋势,伴之而来的是王朝或政权对边疆的统治方式不断"内地化",而直接统治区域不断向外延伸,从而为多民族国家的中国的疆域形成和发展留下了清晰的发展轨迹。其二,边疆虽然是多民族分布和聚居的地区,但和"中国"仍然是一个不能分割的整体,无论是先秦典籍《礼记·王制》所言"中国、戎、夷五方之民",还是唐人所言"中国百姓,天下本根;四夷之人,犹于枝叶"①,都将居于中原地区的汉人和主要分布于边疆的"夷狄"之人视为王朝疆域——"天下"的主体,而正是这两大族群共同推动着中原和边疆逐渐融为一体,促成了多民族国家——中国疆域的形成和发展。

在多民族国家——中国疆域的形成和发展过程中,边疆的"内地化",自然是一个应该给予关注的选题或研究视角,但治理方式的"划一"只是融为一体的开始。安教授的《略论明代山陕地域共同体的形成——基于边防、区域经济以及灾荒应对的分析》一文虽然主要从历史地理学的视角对山陕地域共同体的形成做了系统分析,但其结论中有如下论述:"相邻地域能否形成幅员更为广大的地域共同体,更取决于时间的维度,即由共同的政治、经济与社会演化过程所产生的趋向与趋同,而人们的心理认同,在很大程度上取决于这种趋向与趋同的长期累积。"实际上,这一认识并不仅仅适用于对地域共同体的研究,对多民族国家——中国疆域的形成和发展的研究也有很多启示。

众所周知,公元前221年,秦始皇实现了对六国的统一,建立起秦王朝,其后为了王朝统治的需要,放弃了分封制度,代之以"分天下以为三十六郡,郡置守、尉、监",对中原地区实施直接管理,之后又将郡增加到四十余个,从而结束了中原地区诸侯分立的局面,实现了治理方式的"划一"。与此同时,为了维持这种"划一"的治理方式,又在"地东至海暨朝鲜,西至临洮、羌中,南至北向户,北据河为塞,并阴山至辽东"的辽阔地区,实行"一法度衡石丈尺,车同轨,书同文字"。②但是,治理方式的"划一",只是形成"共同体"的第一步,而能否使辽阔的区域成为"共同体",也要取决于安教授所说的"时间的维度"。从后来历史发展的轨迹看,即便是在秦王朝设置的郡县区域,实现真正意义上的融为一体,也经过了漫长的历史发展过程。以刘祥学教授所关注的中国南部和西南部民族地区而言,虽然在秦汉时期这一区域就实现了郡县化的统治方式,但至元代依然尚未达到古人所希望的"九州攸同",故而蒙古人建立的元朝设置了有别于中原地区的土司制度对该地区进行管理。明朝尽管沿用了土司制度,但是积极致力于儒家文化的传播,为其后清朝的改土归流,为南部和西南部民族地区与中原地区真正融为一体提供了基础。应该说,多民族

---

① 《旧唐书》卷六二《李大亮传》。
② 《史记》卷六《秦始皇本纪》。

国家——中国疆域的形成和发展的轨迹,即体现了安教授所说的"共同的政治、经济与社会演化过程所产生的趋向与趋同",而多民族国家——中国构建的最终完成,也取决于人们的心理认同,而"人们的心理认同,在很大程度上取决于这种趋向与趋同的长期累积"。今天的多民族国家——中国,就是历史上活动在中华大地上的众多民族,包括现在的 56 个民族和已经消失的众多民族共同"认同"的结果。

对于主导中国多民族国家形成的这种"认同",一些国外学者难以有一个清醒的认识。如法国学者勒内·格鲁塞在《草原帝国》中已经注意到了历史上北方游牧民族进入中原地区,参与对"中国正统"的争夺,并最终和中原汉族融合的行为,但是,他仅是从游牧"政治体"的视角来分析,所以其得出如下结论就不足为怪了:

> 在这些袭击的门槛边(此处是草原的尽头和耕地的起点),他瞥见了与他完全不同的另一种生活方式,这是一种将唤起他的贪婪的生活方式……一年中的其余时间,特别是冬季,游牧民的目光都是转向南方温暖的土地,在西南方是向着伊塞克湖,即"热海";在东南方是向着黄河流域肥沃的黄土地。并不是说他要尝试着像对待耕地一样地耕种土地,当他占有耕地时,他本能地让它处于不生产的休闲状态,土地变成了草原,为他的羊群和马群生产牧草……然而,从游牧民中有时也会产生杰出的人物,他及时得知定居帝国的腐朽状况(这些狡猾的野蛮人像公元 4 世纪的日耳曼人一样非常熟悉中国帝国宫廷内的拜占庭式的阴谋)。他将与中国的一派或者一个王国签订盟约以反对另一派,或者与篡位失败者签订盟约。他将宣布自己及其部落是帝国的盟邦,在保卫帝国的借口下进入帝国边境地区,在一代或两代之后,他的孙子们已充分具备了中国人的外表,采取了大的行动,泰然自若地登上天子的王位。在这一方面,13 世纪的忽必烈的功绩只不过是 4 世纪的刘聪和 5 世纪的拓跋人的重复。又过二、三代后(如果不被某次民族起义赶出长城的话)这些中国化的蛮族们除了丧失蛮族性格的坚韧和吸收了文明生活的享乐腐化外,从文明中一无所获,现在轮到他们成为蔑视的对象,他们的领土成为那些还留在他们土生土长的草原深处的、仍在挨饿的其它游牧蛮族垂涎的战利品。于是,上述过程又重复出现。在 5 世纪,拓跋人站在匈奴人和鲜卑人的肩上消灭了他们,并取代了他们的位置。在 12 世纪,在契丹人(一支完全中国化的蒙古人,自 10 世纪以来他们就是北京的和平君主)的北面,女真人崛起,他们是通古斯人,几

乎还处于原始状态,在几个月之内他们夺取了北京城,结果轮到他们受到中国的影响,并一直处于停滞状态,直到恰好一个世纪以后被成吉思汗灭掉。③

勒内·格鲁塞应该说是已经明确看到了游牧和农耕两大族群之间的有规律的互动关系,所以得出"上述过程又重复出现"的结论,但是,他将游牧族群看成了"独立"的整体,试图从游牧民族国家的视角去审视这种互动,自然不能理解这种"重复"的意义,难以给出准确的解释也是很自然的。实际上,从匈奴人刘渊建立汉国、鲜卑人建立北魏、契丹人建立辽、女真人建立金来看,尽管过程看似"重复",但每次实施"重复"行为的对象不同,"重复"的内涵以及政治和族群环境也发生了明显的变化,尤其是这种互动带给游牧和农耕族群的内在变化是巨大的,不仅促成了族群的重组,而且"中国正统"观念也得到了更多族群的认同,多民族国家自然凝聚的过程就是在这种互动过程中不断向前迈进的。如"五胡十六国"时期,建立汉国的虽然以匈奴人为主导,但是也凝聚了汉、鲜卑等其他族群;而南北朝时期建立北魏的主体,则是凝聚了拓跋、慕容等其他鲜卑各部之人,而且政权构成中也有大量汉人存在;契丹、女真也是在整合草原众多游牧部落的基础上建立辽、金两个王朝,其对农耕地区的治理则也是依靠汉人。这些由游牧族群主导的王朝尽管构建起了涵盖农耕地区和农耕族群的疆域范围,但却并不是以"外来者"的身份出现④。他们同样认为自己是"中国正统",是以前王朝的继承者。期盼将南部更广大农耕区域纳入"大一统"之中,是这些王朝统治者梦寐以求的共同理想。这也是为什么中国历史历经分裂、统一,再分裂、再统一,但是,多民族国家构建的历程却没有中断反而一直持续着并最终得以完成的重要原因之一。

新中国成立 60 年以来,我们习惯于用"中国自古就是多民族统一国家"来描述多民族国家构建的历史,国内已经出版的相关著作大多概莫能外,而实际上自近代以来虽然我国学术界倾力在构建多民族国家历史体系,但只是在对中华民族的建构上取得了一定成果,而对于多民族国家的历史却一直难以摆脱"王朝国家"的束缚,没有构建出一套成熟的关于多民族国家形成和发展的理论,更别说为国外学界认同了,在这方面,安介生教授、邱仲麟教授主编的《有为而治——前现代治边实践与中国边陲社会变迁研究》提供了一个很好的视角和思路。

---

③ [法]勒内·格鲁塞著,蓝琪译:《草原帝国》,商务印书馆 2010 年版,第 15—17 页。
④ 这些政权在中国历史上的地位虽然有一个被汉人接纳的过程,但是,最终记载这些政权历史的史书,诸如《魏书》《辽史》《金史》等,都是被后人称为"正史"的。

作为以中国边疆研究为主要研究对象的中国社会科学院中国边疆史地研究中心,自建立至2013年,也已经有了30个年头,在2013年由我中心举办的"首届中国边疆学论坛"上,构建"中国边疆学"也成了与会者共同的呼声,可以说,中国边疆研究即将迎来一个新的高潮。我期待着复旦大学中国历史地理研究所以安介生教授为首的科研团队在积极推动中国历史民族地理研究的同时,也为中国边疆学尤其是为作为多民族国家的中国疆域理论研究贡献更多的优秀成果。

# 目　录

序言：边疆研究中值得关注的视角／李大龙｜1

## 第一部分　政治与制度篇

安介生：历史民族地理之"界域"研究
　　　　——以地处川、青（藏）、甘之交的松潘地区为核心｜3
安介生：政治归属与地理形态
　　　　——清代松潘地区政治进程的地理学分析｜27
刘祥学：明代驯象卫考论｜64
刘祥学：中国古代边疆地区的地域形象及对边防建设的影响｜88
杨晓春：西南夷・西夷・南夷
　　　　——解读《史记・西南夷列传》的另一把钥匙｜100
郑维宽：边界形成与边疆维护：宋代中越关系变动下的岭南边疆治策探析｜107
郑维宽：明代广西的地缘政治格局与治边策略研究｜119
郑维宽：边疆危机与行政应对：中法战争后清政府的西南治边策略探析｜132
郑维宽：历史地缘政治背景下广西政治中心的选择与分省设想｜148
特木勒：跋美国国会图书馆藏明刻本《宣云约法》｜155
李　嘎：体国经野：雍正年间晋北地区的政区改革与行政经营
　　　　——以新设朔平府为例｜165
李　嘎：边方有警：蒙古掠晋与明代山西的筑城高潮｜180

1

## 第二部分 经济与区域篇

安介生:略论先秦至北宋秦晋地域共同体的形成及其"铰合"机制｜221
安介生:略论明代山陕地域共同体的形成
　　　　——基于边防、区域经济以及灾荒应对的分析｜237
安介生:晋学研究之"区位论"｜263
邱仲麟:西皮与东皮
　　　　——明代蒙古与辽东地区毛皮之输入｜276
邱仲麟:明清晋北的山地开发与森林砍伐｜322
刘祥学:明以来岭南地区壮族的地理分布及变迁研究｜364
郝　平:明蒙军事冲突背景下山西关厢城修筑运动考论
　　　　——以地方志为中心｜392
井黑忍:流域的分开与结合
　　　　——以黑河流域平天仙姑信仰为中心｜408
岛田美和:南京国民政府时期移民开垦事业与学术界的关系｜422
胡英泽:清代山陕黄河滩地鱼鳞册研究｜436
张俊峰:从边疆到内地:地方化进程中的边陲社会变迁
　　　　——以清代山西河曲县为中心的个案考察｜456
樊如森:清代民国西北牧区的商业变革与内地商人｜469
樊如森:"赶大营"
　　　　——近代天津商人与西北经济开发｜495
杨煜达:清代中期滇边银矿的矿民集团与边疆秩序
　　　　——以茂隆银厂吴尚贤为中心｜507
王　晗:"界"的动与静:清至民国时期蒙陕边界的形成过程研究｜524

# 第一部分
## 政治与制度篇

# 历史民族地理之"界域"研究
——以地处川、青(藏)、甘之交的松潘地区为核心

安介生

[内容提要] 松潘地区是中国历史民族地理格局中的一个相当重要的"界域"。作为"界域"的特征之一,松潘地区的历史发展受到客观地理位置与自然地理环境极为明显的影响。同时,松潘地区的民族构成也呈现出复杂多变的特点,与历代王朝的关系史错综复杂,可能是激烈争夺的边塞区,也可能是为人所忽略的避难区,具有很高的研究价值。本文结合历史文献考订与区域地理特征分析,对于松潘地区历史时期民族构成与地理格局进行了较为系统的阐发与说明,以促进学术界对于类似松潘的特殊民族区域的深入研究。

[关键词] 松潘 界域 民族迁徙

界限或界线在区域地理研究中的重要意义早已为中外学者所肯定,没有界限则没有区域(region)。然而,笔者以为:在历史时期区域变迁之中,界线或界限的客观表现形式往往是相当复杂的,在大多数情况下并不是以泾渭分明、截然分开的单线条形式(boundary line,dividing line)表现出来的,而通常是一个又一个交叉性与过渡性均极为突出的区域。这些区域在属性上并不完全等同于政治地理与军事地理意义上的边界地区(frontier),将这些区域进行非此即彼的简单分划,其实都是不准确或是有争议的。笔者将这种区域称之为"界域(dividing areas;dividing regions)"[①]。"界域"的研究,对历史地理学的重要意义是不言而喻的。

松潘地区,即相当于今天四川阿坝藏族羌族自治州,便是一个在中国历史民族地理中相当典型的"界域",自然地理与民族分布的过渡性与交叉性非常典型,其在中国民族史及交通史上的重要研究价值,已引起不少民族史研

---

① 这一英文译名据北京大学历史地理研究中心唐晓峰教授建议订正,特此致谢。

究者的兴趣与关注,相关研究成果相当丰富②。在本文中,笔者以松潘县历史文献资料以核心,试图在总结学术界已有成果的基础上,对于作为"界域"的松潘地区的发展历史作一个较为系统的梳理与评述,并着重从历史民族地理的角度探讨其作为"界域"的诸多方面的特征。

## 一、明代以前松潘地区之民族构成与政区建置

松潘地区自然地貌形态与地理区位均极有特色,在很大程度上决定了其作为"界域"在历史时期区域开发中的轨迹与走向。明了松潘地区独特的地理环境特征,对于理解松潘地区的历史变迁是非常关键与必要的。对于这一地区的客观地理条件,著名学者严耕望先生曾有相当精辟的论述:"四川西北松潘迤西之草原为西藏青康高原之东南部,由此向东南延伸,与四川盆地相接。四川盆地海拔只在四五百公尺,自盆缘沿岷江而上,愈西北,地势愈高升,至松潘草原地区,海拔高达三四千公尺,其西北岷山、邛崃山脉更达四五千公尺,成为黄河、长江之分水岭。自四川盆地边缘之灌县(即今都江堰市),直线距离不过二百公里,而海拔骤升两千余公尺,故自西北向东南倾斜之坡度极大,致崖谷险峻,河流湍急,为水陆交通之阻。然松潘草原海拔虽高,但地形平坦,为良好牧地,交通并无困难,故自古以来,西北民族与长江流域之交通常取此间而南下……足见陇西地区逾岷山松潘草原南至岷江流域,早有通道也。"③概括而言,松潘地区处于陇右、巴蜀以及青藏三大地理区域之间,既有独特而显著的地域封闭性(即与周边区之阻隔),但与外界又具有一定交流沟通之条件。既有岷山环抱,又有岷江外流,且毗邻成都平原。在地势地貌上的过渡性同样相当突出。笔者认为:最值得关注的特征,还应是当地不同民族所

---

② 据笔者查阅,有关松潘地区历史地理及民族方面的研究成果有:黄盛璋:"清代四川西北省界及其引起的黄河流经四川问题",《历史地理论集》,人民出版社1982年版;陈宗祥:"明季《松潘边图》初探——试证图中黑人、白人为两大部落群体",《西南民族大学学报》1979年第2期;沈定平:"明代宣德年间松潘藏族人民起义述论",《社会科学研究》1984年第4期;冉光荣:"略述明王朝在松潘藏区的统治措施",《中国历史文物》1986年;马勇:"松潘草地部落的历史考察",《西北民族学院学报》1997年第3期;马勇:"松潘回族源流考",《西南民族大学学报》2005年第6期;任树民:"明代松潘卫'番人略考'",《西藏研究》2001年第1期;周伟洲:"公元3—9世纪岷江上游地区的开发及其在交通史上的地位",卢华语等主编:《古代长江上游的经济开发》,西南师范大学出版社1989年版;"试论清代松潘藏区的'改土设卫'",《民族研究》2007年第6期等等。
③ 参见严耕望:《唐代交通图考》第四卷"篇贰伍 岷山雪岭地区松茂等州交通网",上海古籍出版社2007年版,第925页。

居地域具有明显的海拔之差异。如据研究者观察,"汉族人民主要分布在东南二千公尺左右的出产稻米、包谷等的低谷地带,这是本区大城市跟农业村落集中之地,至于三千公尺的高河谷跟二千公尺的山坡出产麦类地带,那就是汉族与藏族杂居地带。三千公尺以上的草原就全是藏民游牧地区。"④不同海拔地区居住着不同民族的人民,这种特征对于判定川藏交界地区历史时期民族分布的状况能够起到了十分关键性的作用。

据《史记·西南夷列传》、《汉书·地理志》等记载,松潘地区所在汶山郡,本属巴蜀"南夷"或"西夷"之地,西汉时期在总体划归入"西南夷"的范围。汶山郡所辖范围原为蜀郡西面的冉(𩇕)駹国。"自莋以东北,君长以什数,冉駹最

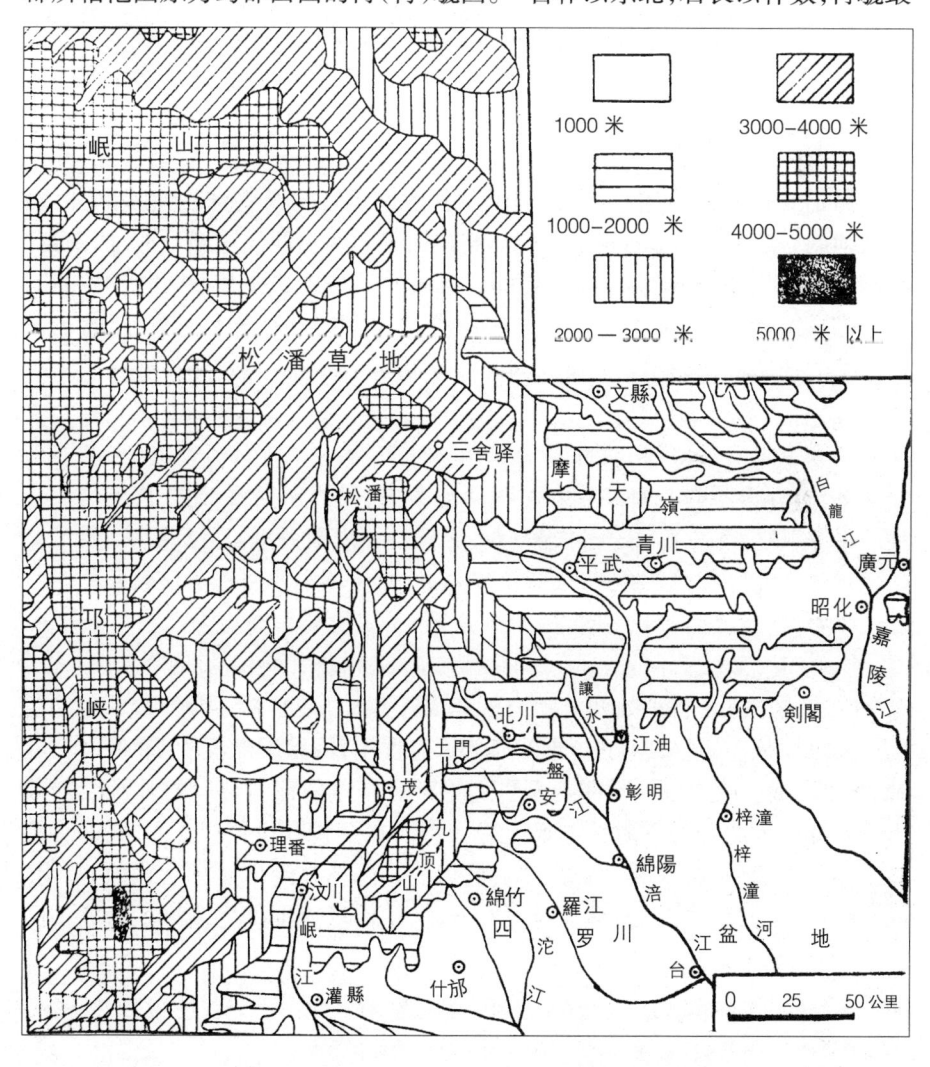

松潘地区地势图(引自黄盛璋《清代四川省界及其引起的黄河流经四川问题》)

大。其俗,或土著,或移徙,在蜀之西。"这一地区与中原王朝相通,其实较早于其他"西南夷"地区,《史记·司马相如列传》对于这一地区的归附情况进行了饶有趣味的描述:

> 是时,邛、筰之君长闻南夷与汉通,得赏赐多,多欲愿为内臣妾,请吏,比南夷。天子问相如,相如曰:"邛、筰、冄駹者,近蜀,道亦易通,秦时尝通为郡县,至汉兴而罢,今诚复通为置郡县,愈于南夷。"天子以为然,乃拜相如为中郎将,建节往使,副使王然于、壶充国、吕越人。驰四乘之传,因巴蜀吏,币物以赂西夷……司马长卿便略定西夷,邛、筰、冄駹、斯榆之君皆请为内臣,除边关,关益斥,西至沫、若水,南至牂牁为徼,通零关道,桥孙水,以通邛都。还报天子,天子大悦。

据司马相如的追述,冉(冄)駹国及其附近地区在秦朝曾在建置郡县,而在汉朝创立后罢废。司马相如出使,"略定西夷",实为西汉重新开通"西南夷"的努力。尽管居功不浅,但身为蜀郡成都人的司马相如在开通"西南夷"的问题上却颇有微词,站在了蜀中父老的一边,并以蜀中"耆老大夫荐绅"的名义对汉朝的开拓行动发出了质疑之声:

> 今罢三郡之士,通夜郎之涂(同途),三年于兹,而功不竟,士卒劳倦,万民不赡。今又接以西夷,百姓力屈,恐不能卒业,此亦使者之累也,窃为左右患之。且夫邛、筰、西僰之与中国并也。历年兹多,不可记已。仁者不以德来,强者不以力并,意者其殆不可乎!今割齐民以附夷狄,弊所恃以事无用,鄙人固陋,不识所谓。⑤

文中蜀中人士将地处西北地方的非汉民族称为"西夷",即分布于蜀郡西面的非汉民族。应该说,在开通"西南夷"过程中,因地理毗近、交通便利("近蜀,道亦易通")的关系,蜀郡之人受到的影响显然是最为突出的,因此,蜀郡人士对此的困惑乃至反对并不难理解。首先,在赋税兵役负担上面,蜀郡百姓承受了巨大的压力,"士卒力倦"、"百姓力屈",恐怕在蜀郡是相当普遍的。其次,徼外之民归附之后,通常都会设置政区,从而形成蜀郡之内汉民与非汉民

---

④ 参见黄盛璋:"清代四川西北省界及其引起的黄河流经四川问题",《历史地理论集》,人民出版社1982年版,第365页及366页《松潘一带地势图》。

⑤ 《史记》卷一一七《司马相如列传》,中华书局1997年版,下同。

族的杂居,然而"割齐民以附夷狄",必然引发"齐民"与"夷狄"之间的矛盾,这种困扰也是蜀中汉族士大夫所不愿意看到的。然而,就民族地理研究而言,不同民族杂居于同一区域,是笔者所谓"界域"中人口构成的一大特征。

"西南夷"君王归附后,冉駹之地置为汶山郡,这也是记载中松潘地区最早设置的郡级政区。汶山,同"岷山",汶山郡因岷山而得名。两汉时期,汶山郡几度置废。《后汉书·西南夷列传》对这一地区的民族与人文环境进行了较为全面的阐述:

> 冉駹夷者,武帝所开,元鼎六年以为汶山郡,至地节三年,夷人以立郡赋重,宣帝乃省并蜀郡为北部都尉。其山有六夷、七羌、九氐,各有部落,其王侯颇知文书,而法严重,贵妇人,党母族。死则烧其尸。土气多寒,在盛夏冰犹不释,故夷人冬则避寒入蜀为佣,夏则违暑反其邑。众皆依山居止,累石为室,高者至十余丈为邛笼(按:今彼土夷人呼为雕也)……其西又有三河盘于虏,北有黄石北地卢水胡,其表乃为徼外。灵帝时复分蜀郡北部为汶山郡云。

根据这些记载,"冉駹夷"地区可谓汉王朝疆域内民族成份最为复杂的区域之一,且生活居止状况相当特殊。首先,当地非汉民族种类十分繁多,"六夷、七羌、九氐",就其大类而言,尚有夷、羌、氐三大类;其次,这些非汉民族基本集中居住于山岭之上,依山居止,累土为室(即雕房);其三,这些非汉民族与汉族关系极为密切。如"冬则避寒入蜀为佣",也就是说,因为同在郡县管辖之下,当地非汉民众与汉族民族的交往并不存在太大的阻碍,这当然为当地的民族交流与融合创造了良好的条件。

松潘地区处于岷江之畔,学者通常将其归为岷江上游地区,其早期地域开发史与汉人对岷江流域的认知与开发过程密切相关。不少学者认为松潘地区最早的县级政区是汶山郡或蜀郡辖下的湔氐道。"县有蛮夷曰道。"道是一种在非汉民族人口比例众多的区域设置的政区,与汉人相对集中的县相对应。然而,晋人常璩所作《华阳国志》却认为湔氐道即后来的都安县:"都安县,本湔氐道,李冰作堰处。蜀曰湔县,有观坂,后主登之,看汶水之流。"都安县即今都江堰市(灌县)。关于湔氐道的方位及民族构成,著名学者任乃强先生作了进一步的阐释。他指出:"秦汉间称成都平原北方之土著为湔氐,西迤逾蒲村,灌口达于漩口、青城,皆湔氐族落,故秦开龙溪峡至娘子岭山道通于岷江上游地区,称'湔氐道',汉因为县。蜀汉时,湔氐与汉族融合为一,不愿用湔氐名,故作湔县,其地实在湔外。"⑥任先生又考定《华阳国志》汶山郡下的平康县最接近今天的松潘。任先生认为:"由上条理据,知蜀汉平康县即今松潘县,当岷江最上游交界处。汉魏县治,只可能推展至此,两千年西陲边防,亦惟能推展至此。岷江上游,入此县界后,即平坦高旷,故蜀取县名为平康也。"⑦不难看出,这种貌似平常的地名考释,其实却是一个判定松潘地区认知与开发时间先后的关键问题。如依照常璩与任乃强先生的考定,汉族及中原王朝直到蜀汉时期才真正进入松潘之地。笔者以为:任乃强先生的考定更为坚强及符合历史发展逻辑。

松潘地区在南北朝乃至隋唐时代成为一个标志性的民族分布界限。松州是隋唐时代在今天松潘境内建立起来的最重要的县级以上政区。关于南北朝及隋唐时期松州的建置状况,《元和郡县图志》"松州"条扼要地进行总结:

>《禹贡》梁州之域,古西羌地也……后汉至于魏、晋,或降或叛。至后魏邓至王象舒治(理)者,并白水羌也,常为羌豪,因地名自号为邓至王。其后,子孙彭舒者遣使内附,拜龙骧将军、益州刺史、甘松县开国子,假以渠帅之名。后魏末,平邓至番,始统有其地。后周保定五年,于此置龙涸防(郡)。天和元年,改置扶州,领龙涸郡。隋开皇三年,废龙涸郡,置嘉诚镇,与扶州同理焉。大业三年,改扶州为同昌郡,领嘉诚县。隋末陷于寇贼,武德元年陇、蜀平定,改置松州。贞观三年,置都督府,后但为州。⑧

依据上述记载,时至北魏(即后魏)时期,这一地区的主要民族为白水羌族及所属邓至番。甘松县为安置邓至王裔彭舒等人而设立。但据清代学者顾祖禹与现代学者王仲荦考定,这种记载并经不起推敲。可以确证的是,龙涸郡与扶州是在松潘地区设置最早的县级以上政区,但其设置起于天和元年(566年)吐谷浑龙涸王莫昌率部落内附。"龙涸与邓至虽壤地相接,而疆境分明。"而境内嘉诚镇、嘉诚县为龙涸郡治所,并非甘松县所改置,在今松潘县东黄龙寺一带。⑨据此考定可以引申出,在南北朝后期,大批吐谷浑部众曾入居于松潘地区。

究其族源,吐谷浑为西迁鲜卑族群中相当著名的一支。吐谷浑首领被中原政权称为"河南王",其建国历程相当曲折,几度盛衰。其强盛之时,号为西部强国,因而被视为唐朝及吐蕃疆域开拓的强大对手。如《魏书·吐谷浑传》

---

⑥ 《华阳国志校补图注》,上海古籍出版社1987年版,第191页注释⑥。
⑦ 《华阳国志校补图注》,第193页注释⑬。
⑧ (唐)李吉甫撰:《元和郡县图志》(下)卷三二,中华书局1983年版,第809至810页。
⑨ 参见《北周地理志》(上)卷二"陇右",中华书局1980年版。

称:"(首领)伏连筹内修职贡,外并戎狄,塞表之中,号为强富,准拟天朝(即北魏),树置官司,称制诸国,以自夸大。"关于吐谷浑全盛时期的疆域四至,《梁书·河南传》载:"东至秦(应为叠字之误)川,西邻于阗,北接高昌,东北通秦岭,方千余里。"从此疆域范围来看,松潘地区接近其领域之东部边缘地带。吐谷浑国内民族构成以鲜卑、氐、羌三大族群为主,并非纯粹的鲜卑族国家,其境内羌族数量规模仅次于鲜卑,有姜氏羌、钟羌、白兰羌、宕昌羌、党项羌、姚氏羌等不同部族[10]。在中原政权与吐蕃的交互攻击之下,吐谷浑国最终归于灭亡,吐谷浑部族也由此四散迁徙。而松潘地区应是其内迁的较为便利的选择。

研究者指出:唐代是岷江上游地区发展的一个高峰时期,对此,周伟洲先生有着高度的评价:"历代于岷江上游所设行政建制,数量最大,最为完善者,当首推唐代。这说明唐朝对该地区的开发和统治达到了一个新的高峰。"[11]但是,我们可以看到,唐代松州及松州都督府(治今松潘县)分别设置于武德元年(618年)及贞观二年(628年),可谓唐代在松潘地区最重要的政区建置。松州与松州都督府的设置,则都与党项族人内附与内迁有关,松州都督府所辖羁縻州可以说是完全为了安置内附党项族人而设置,松州都督府所辖地域也由此成为唐朝疆域内党项羌人最为众多与集中的区域。

党项羌是南北朝末期崛起的最重要羌族部族之一。据《旧唐书·西戎党项羌传》载:"党项羌,在古析支之地,汉西羌之别种也。魏晋之后,西羌微弱,或臣中国,或窜山野。自周氏灭宕昌、邓至之后,党项始强,其界东至松州,西接叶护,南杂春桑、迷桑等羌,北连吐谷浑,处山谷间,亘三千里。"据此可知,南北朝后期,党项羌人部落开始壮大起来,占据了西部广大的地域,而松州之地成为南北朝及隋唐早期党项羌人部落居住地之东界。

根据两唐书《党项传》与《地理志》的相关记载,党项族以及西部羌人的内迁以及设置羁縻府州的记录主要有:1.贞观元年(627年)以羌族降户置崌州(治今四川松潘县西北),领二县:江源、落稽。2.贞观三年(629年,《新唐书·地理志》记为贞观二年),党项酋长细封步赖率部归降,唐朝以其地为轨州(治今四川阿坝县附近),拜细封步赖为刺史,下领四县:玉城、金原、俄彻、通川。其后党项酋长相继降唐,分别置崌、奉、严、远四州。3.贞观中,酋长拓跋赤辞与拓跋思头率部归降,唐朝于其地置懿、嵯、麟、可三十二州,为松州为都督府,

---

[10] 参见周伟洲著:《吐谷浑史》第五章"吐谷浑族的形成及其原氏族、部落的组成",广西师范大学出版社2006年版。

[11] 周伟洲:"公元3—9世纪岷江上游地区的开发及其在交通史上的地位",卢华语等主编:《古代长江上游的经济开发》,西南师范大学出版社1989年版,第209页。

9

拜拓跋赤辞为西戎州都督。可以看出,唐朝设置州县或羁縻州是安置沿边羌族降户最重要的方式之一。又据《旧唐书·地理志》载称:

> 松州,下都督府。隋同昌郡之嘉诚县,武德元年置松州,贞观二年置都督府,督崌、懿、嵯、阔、麟、雅、丛、可、远、奉、严、诺、戡、彭、轨、盖、直、肆、位、玉、璋、佑、台、桥、序二十五羁縻等州。永徽(元年,650年)之后,生羌相继忽叛,屡有废置。仪凤二年(677年),复加整比,督文、扶、当、佑、静、翼六州,都督羁縻三十州:研州、剑州、探那州、忆州、昆州、河州、千州、琼州、犀州、拱州、奄州、陪州、如州、麻州、霸州、澜州、光州、至凉州、蚕州、晔州、梨州、思帝州、成州、统州、穀州、卬州、乐客州、达违州、卑州、慈州。

在宏观的地理区域归属上,唐代松州都督府处于陇右道与剑南道边缘地带,带有突出的"跨地域"或"界域"的特色。就州县性质而言,松州都督府所辖州县可分为正州与羁縻州两大类。如据《旧唐书·地理志》"松州都督府"下载:"据贞观初分十道,松、文、扶、当、悉、柘、静等属陇右道。永徽之后,据梁州之境,割属剑南道也……已上十一州,旧属陇右道,永徽以后,割属松州都督,入剑南道,诸州隶松州都督,相继属剑南也。"比照《旧唐书·地理志》各种资料的记述,松州都督府所辖的正州数量由仪凤二年的6个,至唐后期增加为11个。这11个(加上松州,实为12州)正州的建置状况参见下表。

| 名州 | 治所今地 | 沿革与辖县简况 | 户口数量 |
| --- | --- | --- | --- |
| 松州 | 四川松潘县 | 领县3:嘉诚、交州、平康 | 612户,6305口;天宝年间为1076户,5742口 |
| 文州 | 甘肃文县 | 领县2:曲水、长松 | 1908户,8147口;天宝年间1686户,9205口 |
| 扶州 | 四川九寨沟县东北 | 领县4:同昌、帖夷、万全、钳川 | 1928户,8556口;天宝年间2418户,14285口 |
| 龙州 | 四川平武县东南 | 旧领县2:油江、清川 | 1017户,6149口;天宝年间2992户,4228口 |
| 当州 | 四川黑水县 | 本松州之通轨县,贞观二十一年析置当州。领县3:通轨、和利、谷利 | 2146户,6713口 |
| 悉州 | 四川茂县 | 领县2:左封、归诚 | 816户,3914口 |

| 名州 | 治所今地 | 沿革与辖县简况 | 户口数量 |
| --- | --- | --- | --- |
| 静州 | 四川茂县西北 | 领县2：悉唐、静居 | 1577户,6669口 |
| 恭州 | 四川马尔康县东 | 领县3：和集、博恭、烈山 | 1189户,6222口 |
| 柘州 | 四川黑水县与理县接壤处 | 无领县 | ［阙］ |
| 保州 | 四川理县北 | 领县3：定廉、归顺、云山 | 1245户,4536口 |
| 真州 | 陕西洋县北 | 领县3：真符、鸡川、昭德 | 676户,3147口 |
| 霸州 | 四川巴县东北 | 领县1：信安 | 171户,1861口 |

综合上述资料不难看出,唐代松州都督府建置变化相当复杂,正州与羁縻州之间也存在着升降更迭之关系。不少正州也是由羁縻州升置而来,其设置起因同样为了安置归附的周边部族。在吐谷浑、生羌、党项羌、吐蕃等族群之外,唐朝在松潘周边地区还存在一些其他非汉部族。如东女国羌人因与唐朝、吐蕃均保持良好关系而又被称为"两面羌"。如《旧唐书·东女国传》称:其首领"旧皆分隶边郡,祖、父例授将军、中郎、果毅等官。自中原多故,皆为吐蕃所役属,其部落大者不过三二千户,各置县令十数人理之,土有丝絮,岁输于吐蕃……天宝中,国家所赐官诰共三十九通以进,西川节度使韦皋处其众于维、霸、保等州,给以种粮、耕牛,咸乐生业……寻诏加韦皋统押近界羌蛮及西山八国,使其部落代袭刺史等官,然亦潜通吐蕃,故谓之两面羌。"可见,维州、霸州、保州等正州的设置与安置东女国羌人密切相关。另外,如悉州左封县,"本属翼州,在当州东南四十里。显庆元年,生羌首领董系比射内附,乃于地置悉州,州在悉当川故也。以董系比为刺史,领左封、归诚二县。"又如定廉县"隋置定廉镇,隋末陷羌,武德七年,招白苟羌置维州及定廉县,以界水名。永徽元年,废盐城并入。开元二十八年,改属奉州,天宝八载改为天保郡也。"保州"本维州之定廉县,开元二十八年,置奉州,以董晏立为刺史,领定廉一县。天宝元年,改为云山郡,八载移治所于天保军,乃改为天保郡,乾元元年二月,西山子弟兵马使嗣归诚王董嘉俊以西山管内天保郡归附,乃为保州,以嘉俊为刺史,领县三。"⑫

又据《旧唐书·地理志》天宝十二载(753年)官方簿记的记录,松州都督府旧领104个羁縻州,其中二十五州有额户口(即"有版")。尽管州县众多,但

---

⑫ 以下引文均见《旧唐书》卷四一《地理志四》"松州下都督府"条下。

就其所辖人口而言,似乎难以相配,由于统计缺失的关系,我们无法确定这些州县是否唐朝疆域内人口最为稀少的州县级区域,但是,可以肯定,这些相当特殊的非汉民族政区的建置,出于安抚与怀柔的需要,已超出了正常政区设置原则。这二十五州的设置与户口情况参见下表。

松潘都督府所辖有额户口羁縻州属县简况表

| 州名(原名) | 设置时间 | 族属 | 属县 | 户口情况 |
|---|---|---|---|---|
| 岷州 | 贞观元年 | 党项 | 2县:江源、洛稽 | 155户 |
| 懿州(西吉州) | 贞观五年 | 党项 | 2县:吉当、唐位 | 无 |
| 阔州 | 贞观五年 | 党项 | 2县:阔源、落莫 | 无 |
| 麟州(西麟州) | 贞观五年 | 生羌 | 7县:硖川、和善、敛具、硖源、三交、利恭、东陵 | 无 |
| 雅州(西雅州) | 贞观五年 | 生羌 | 3县:新城、三泉、石陇 | 无 |
| 丛州 | 贞观五年 | 党项 | 5县:宁远、临泉、临河等 | 无 |
| 可州(西义州) | 贞观四年 | 党项 | 3县:义诚、清化、静方 | 无 |
| 远州 | 贞观四年 | 生羌 | 2县:罗水、小部川 | 无 |
| 奉州(西仁州) | 贞观三年 | 生羌 | 3县:奉德、思安、永慈 | 无 |
| 岩州(西金州) | 贞观五年 | 生羌 | 3县:金池、甘松、丹岩 | 无 |
| 诺州 | 贞观五年 | 降羌 | 3县:诺川、归德、篱渭 | 无 |
| 峨州 | 贞观五年 | 降羌 | 2县:常平、那川 | 无 |
| 彭州(洪州) | 贞观三年 | 降党项 | 4县:洪川、归远、临津、归正 | 无 |
| 轨州都督府 | 贞观二年 | 党项 | 4县:通川、玉城、金原、俄彻 | 无 |
| 盍州(西唐州) | 贞观四年 | 降羌 | 4县:湘水、河唐、曲岭、枯川 | 220户 |
| 直州(西集州) | 贞观五年 | 降羌 | 2县:集川、新川 | 100户 |
| 肆州 | 贞观五年 | 降羌 | 4县:归唐、芳丛、盐水、磨山 | 无 |
| 位州(西盐州) | 贞观四年 | 生羌 | 2县:位丰、西使 | 100户 |
| 玉州 | 贞观五年 | 降羌 | 2县:玉山、带河 | 215户 |

| 州名(原名) | 设置时间 | 族属 | 属县 | 户口情况 |
|---|---|---|---|---|
| 嶂州 | 贞观四年 | 降羌 | 4县：洛平、显川、桂川、显平 | 200户 |
| 祐州 | 贞观四年 | 降羌 | 2县：廓川、归定 | 无 |
| 台州(西沧州) | 贞观六年 | 党项 | 无县 | |
| 桥州 | 贞观六年 | 降羌 | 无县 | |
| 序州 | 贞观十年 | 党项 | 无县 | |

松州都督府原属陇右道，在唐高宗永徽之后改隶剑南道，这看起来似乎是整齐划一的行动，但实际情况似乎要复杂一些。因为根据《新唐书·地理志》的统计归类，松州都督府所辖的羁縻州被分别划入陇右道与剑南道两个部分。如据《新唐书·地理志》，唐代在剑南道设置的羁縻府州中有168个为"羌州"，而松州都督府所辖羌州仅4个，其建置情况见下表。

| 羁縻州名 | 辖县数量 | 建置情况 |
|---|---|---|
| 西雅州 | 三县：新城、三泉、石龙 | 贞观五年置 |
| 蛾州 | 二县：常平、那川 | 贞观五年置 |
| 拱州 | 无 | 显庆元年以钵南伏浪恐部置 |
| 剑州 | 无 | 永徽元年以大首领冻就部落置 |

同样根据《新唐书·地理志》，松州都督府在陇右道之内的羁縻州均为"党项州"，分为"有版"与"无版"两个部分。

1、有版之羁縻州：丛州、崌州、奉州、岩州、远州、麟州、可州、阔州、彭州、直州、肆州、序州、静州、轨州都督府；

2、无版之羁縻州：研州、探那州、忾州、毗州、河州、干州、琼州、犀州、龛州、陪州、如州、麻州、霸州、礧州、光州、至凉州、晔州、思帝州、统州、谷印州、达违州、万卑州、慈州、融洮州、执州、答针州、税河州、吴洛州、齐帝州、苗州、始目州、悉多州、质州、兆州、求易州、托州、志德州、延避州、略州、索京州、柘刚州、明桑州、白豆州、瓒州、酉和州、和昔州、祝州、索川州、拔揭州、鼓州、飞州、索渠州、目州、宝剑州、津州、柘钟州、纪州、徽州。

通过比较可以看出，唐代松州都督府地域相当广大，其中属于陇右道的面积似乎远胜于属于剑南道的面积。今天松潘地区的很大部分还在吐蕃控制区域。就民族构成而言，松州都督府辖域内，党项族人远远超过其他种类的羌

13

人或其他非汉民族。党项人的归附,对于唐朝的西部疆界的建设具有重大意义,"自河首积石山而东,皆为中国地。"在唐代疆域建设过程中,松州的地位得到了极大的提升,可以说,从南北朝后期及唐朝早期,松州之地已成为西部最重要的战略要地之一,成为吐谷浑、东女国、党项羌及吐蕃等多种部族集团交争之地,可以说,其作为"界域"的功能与地位已发展到一个巅峰阶段。

唐代中期以后,势力崛起,逐渐形成,松州处于吐蕃东侵与唐朝西攻的要道之上,成为东、西两大政权交争之地。居住于边缘地带的党项人受到极大的压力,因此逐步内迁于河陇地区,这直接影响了松潘地区的政区建设与民族构成。根据相关资料记载,松州都督府所辖羁縻州主要分为两种取向:一是演化为"行州"。如《新唐书·地理志》"松州交川郡"下称:"广德元年(763年),没吐蕃,其后,松、当、悉、静、柘、恭、保、真、霸、乾、维、翼等为行州,以部落首领世为刺史、司马。"二是内徙。《新唐书·地理志》"羁縻州"下云:"肃宗时,懿、盖、嵯、诺、佑、台、桥、浮、寳、玉、位、儒、归、恤及西戎、西沧、乐容、归德等州皆内徙,余皆没于吐蕃。"这种内迁,恐怕仅为部众的内迁。但依然有不少党项部众留居于当地,这些党项遗民被称为"弥药"。《旧唐书·党项羌传》载:"……其后,吐蕃强盛,拓跋氏渐为所逼,遂请内徙,始移其部落于庆州,置静边等州以处之,其故地陷于吐蕃,其处者为其役属,吐蕃谓之弭药。"内迁的党项人最终创立了西夏王朝⑬。

在党项人整体性地东迁之后,松潘地区基本上为吐蕃人所占据,也可以初步判定,唐朝后期是吐蕃人全面入居松潘地区的开始。可以说,唐朝中期以后,松州地区发生了带有根本性的迁徙运动,这一迁徙运动包括党项人内迁与吐蕃人入居两个过程,这一迁徙运动也在根本上改变了松潘地区的民族构成状况。这些入居的吐蕃人应该是今天松潘地区藏族的先民。根据《旧唐书·代宗纪》,吐蕃占据松州是在代宗广德元年(763年),也就是"安史之乱"后吐蕃大举入侵唐朝西部边地之后。据《旧唐书·王涯传》,唐穆宗于821年即位后,吐蕃兵分南北两路进犯,剑南东川节度使王涯上书陈春天应敌之策,其中讲道:"臣当道出军,径入贼腹,有两路:一路从龙州清川镇入蕃界,径抵故松州城,是吐蕃旧置节度之所;一路从绵州威蕃栅入蕃界,径抵栖鸡城,皆吐蕃险要之地。"⑭此云"故松州城"即为唐朝原松州治所,地入吐蕃之后,依然为其边界"险要之地"。同时吐蕃也曾在松州设置节度使,应是仿效唐朝制度。

时至北宋,松州之设置经历了一个相当特殊的时期,当时青藏地区的吐

---

⑬ 关于党项人早期历史及西迁过程,参见周伟洲著:《早期党项研究》,中国社会科学出版社2004年版。

⑭ 《旧唐书》卷一六九。

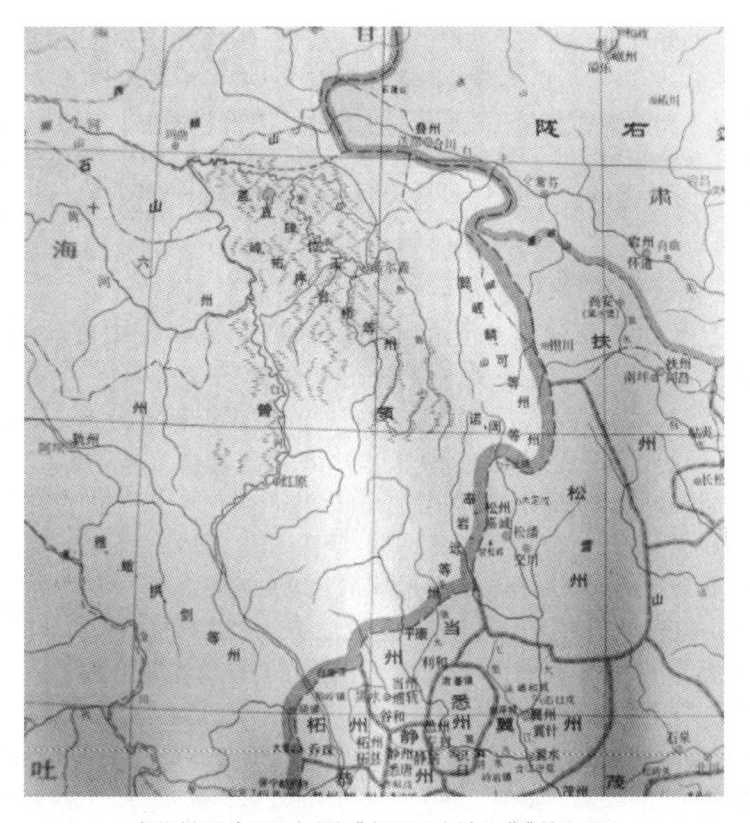

唐代松潘政区图(选自《中国历史地图集》第五册)

蕃族处于分裂的状态之下,部分首领得到宋朝朝廷的册封,如熙宁十年十一月庚午,"以西蕃邈川首领董戬都首领青宜结果庄为廓州刺史鄂特凌古为松州刺史。"⑮这种册封显然没有多大的实际价值,今天松潘地区当时已被称为"古松州",在西蕃境内。但因地域毗邻,往来消息尚无法完全隔绝。如《宋史·五行志》记载,绍熙二年七月,"时上流西蕃界古松州江水暴溢,龙州败桥阁五百余区,江油县溺死者众。"毕竟是同处一江之畔,上游发生洪灾,下游地区也难以幸免。

元朝的统一,为松潘地区的发展带来了新了契机。元武宗大德二年(1298年),诏改松潘迭宕威茂州安抚司为宣抚司,迁治茂州(治今四川茂县)。这是松潘地域发展史上的一件大事。据当时大臣上言云:

---

⑮ 《续资治通鉴长编》卷二八五。而《宋史·神宗本纪》记载为:"以西蕃邈川首领董毡都、首领素宜结鬼章为廓州刺史,阿令骨为松州刺史。"多处译名不同。

松潘迭宕威茂州等处安抚司管内西番、图鲁卜、降胡、汉民四种人杂处,昨遣经历蔡懋昭往蛇谷陇迷招之,降其八部,户万七千,皆数百年负固顽犷之人。酋长琳沁巴勒等八人已尝廷见。今琳沁巴勒谓其地邻接四川,未降者尚十余万,宣抚司官皆他郡人,不知蛮夷事,纔至成都灌州(治今都江堰市),畏惧即返,何以抚治?宜改安抚司为宣抚司,迁治茂州,徙松州军千人镇遏为便,臣等议宜从其言。

于是,元武宗下诏,改松潘迭宕威茂州安抚司为宣抚司,迁治茂州汶川县,秩正三品,以巴尔斯德济为宣抚司,达噜噶齐蔡懋昭为副使,并佩虎符。⑯

这段记载对于了解元代松潘地区的沿革与民族状况极为重要。首先,根据《元史·百官志》记载:松潘在元代归属于松潘迭宕威茂州安抚司,"松潘宕叠威茂州等处军民安抚使司,秩正三品,达噜噶齐一员,安抚司一员,同知一员,金事一员,经历、知事、照磨各一员,镇抚一员,威州、保宁县、茂州、文山县、文川县皆隶焉。"⑰而据《元史·地理志》,该安抚司隶属于吐(土)蕃等处宣慰司都元帅府,处于陕西行中书省的管辖之下。其二,元代在松潘地区并未设县,从松州军的内容,我们可以推知,元代已经在松潘地区派置军队,建立军事控制区。这一军事区的设置目已不再是"御外",而是在"安内"了,即维持元朝官府在当地的统治秩序。其三,经过多年的迁徙与调整,这一地区的民族构成已有了很大的改变。境内主要分为四种民族,即西番、降胡、图鲁卜与汉民。各部根据归附情况分类,户口合计数量已相当可观,至少有10余万人之多。

## 二、明清时期松潘镇地区民族种类与地理分布

(一)明代松潘地区的军政建设与民族分布:

明代是松潘地区发展的一个极为重要的阶段。明朝在松潘地区建立了松潘卫及镇,并将之构建为王朝边防体系的重要组成部分。关于明代松潘镇的战略地位及民族构成,著名明代学者章潢指出:"……又(蜀地)其西为松潘吐蕃、氐、羌诸种落,杂居崖嶂箐峒险厄,相雄长。汉武西逐诸羌,渡河湟居塞外,始为王土。唐宋以来叛服盖靡常也。我太祖高皇帝既平蜀,乃命平羌将军丁玉攻取其地,设州、邑、卫、所,棋布要害。窃尝譬之成都,堂奥也;灌口,门户也;威、茂、松、迭,藩篱也……藩篱不密则门户危,门户不密则堂奥危,此西北边

---

⑯ 《元史》卷二三《武宗本纪二》。
⑰ 《元史》卷八七《百官志三》,参见张云著:《元代吐蕃地方行政体制研究》,中国社会科学出版社1998年版。

16

防所以重于蜀也。"[18]又如"大抵松、叠皆夷,茂汉夷相半,然皆置卫所备守不废者,盖松、叠所以阨塞吐蕃,叠则松茂脉络……按松潘乃西蜀之重镇,诸番之要区,东连龙安,南接威茂,北抵胡虏,西尽吐蕃。西北又与洮岷连壤。镇城、衙门、关堡之外,四面皆番,故经略者谓蜀之各镇,惟松潘纯乎边者也。"[19]显然,明代松潘地区非汉民族占据了当地居民的绝大多数,即"松、叠皆夷,茂汉夷相半"。"镇城、衙门、关堡之外,四面皆番"。因而被称为"诸番之要区",即番族人口最为集中的地区之一。

交通路线的不便,曾经是松潘地区发展的一大障碍。如章潢《图书编》卷四八载:"夫入松有二道,东自小河,南自迭溪,皆羊肠一线之径。"洪武二十一年(1388年),茂州至松潘之间道路的开通,为松潘的建设创造了良好的条件。"(洪武二十一年)会永宁宣慰司言所辖地有百九十滩,其八十余滩道梗不利。诏(曹)震疏治之。震至泸州按视,有支河通永宁,乃凿石削崖,令深广以通漕运。又辟陆路,作驿舍邮亭,架桥立栈,自茂州一道至松潘。一道至贵州。以达保宁。先是,行人许穆言松州地硗瘠,不宜屯种,戍卒三千,粮运不给,请移戍茂州,俾就近屯田,帝以松州控制西番,不可动,至是,运道既通,松潘遂为重镇。帝嘉其劳。"[20]

明代松潘卫及松潘镇之设立,可以说基于内政、御外等多方面的考虑。其对外防御的主要目标既有西面的吐蕃,又有北面的西迁至青海湖地区的蒙古部落("胡虏"),与唐朝的防御形势有不少类似之处,战略位置极为重要。但是,明朝对于这一地区的管理是多重的,其有效性远胜于唐代。

首先,明代在这一地区建立军镇,纳入了沿边军事防御体系。关于明代松潘地区的军政建置过程,明人胡世宁指出:"臣闻吐蕃为患,自古已然,故自唐及宋多重蜀帅,为是故也。惟我国朝威德广被,番戎率服,故国初于群番之中,取古松州而城之,置兵设卫,曰松潘军民指挥使司,以控制群番,而离其交合,以伐其内寇之谋,以为我全蜀之蔽,诚得古御戎之上策也。"[21]设置卫所,大力推行屯田措施,必然引入大量汉族军士,并改变了当地的经济模式,这也成为明代松潘地区居民构成与经济发展的一大特征。"松潘卫小河所三路新旧屯田两千八百五十九顷七十亩有零,主客官军各兵一万一千六百八十四员名额,坐仓粮九万九千三百八十一石,布政司原额茶课一十九万二千九百四十

---

[18] 《图书编》卷四十,清文渊阁《四库全书》本。
[19] 《天下郡国利病书》第二十册"四川分部",《四部丛刊》本。
[20] 《明史》卷一三二《曹震传》。
[21] (明)胡世宁撰:《胡端敏奏议》卷三《急处重边以安全蜀疏》清文渊阁《四库全书》本。

四斤零,原额盐课银七万八十四两零。"[22]

其次,不仅遍置长官司等土司官职,而且从明代开始,松潘地区各族民众已向中原王朝供献赋役,等同齐民。洪武十六年,"敕谕松州卫指挥佥事耿忠曰:'西番之民归附已久,而未尝责其贡赋。闻其地多马,宜计其地之多寡以出赋,如三千户则三户其出马一匹,四千户则四户共出马一匹,定为常赋,庶使其尊君亲上,奉朝廷之礼也。'诸蛮夷酋长来朝者悉献其所乘马,诏以钞赏之。"[23]如胡世宁又指出:"然国初松城内外地皆熟番,为我服役,故有八郎等四安抚之设,有北定等十七长官之司。其南路至迭溪千户所又有郁郎等二长官司之属,再南至茂州卫又有静州等三长官司之隶。其东路至小河千户所,再东至龙州则近至白马路长官司,而皆受我约,东为我藩篱者也。"[24]

明代松潘地区民族种类较为复杂,有"白马番"、"生番"等名号,或统称为"松潘番"。据研究者分析,其构成十分复杂。既有白草番,为唐代吐蕃赞普的后裔,又有黄毛鞑靼,即西迁的蒙古部族;既有原来的羌族,又有所谓"洞蛮"即西南苗族[25]。又明代多种图籍都载有《松潘镇图》,如章潢《图书编》、罗洪先《广舆图》、陈组绶《皇明职方地图》以及《舆图要览》、《三才图会》等,其中以《广舆图》与《皇明职方地图》所录《松潘镇(边)图》最为清晰,因而利用价值也最高。这些图示不仅描述出当地山水走向,也标示出了相当多的民族种类名称。而这些民族种类是在其他文献上缺乏记载的,对于我们了解当时的族群认知与分布状况是弥足珍贵的。根据研究者辨认,松潘镇一带非汉居民主要为黑人与白人之分。《松潘边图》"标有一百四十多个黑人、白人寨落。黑人有七十七个,白人六十六个"[26]。据笔者识读,《松潘边图》所涉及面积较为广大,而在今天松潘县及周边地区(即永镇以北)的黑人、白人名目略如下表,分布于岷江东、西两岸。其中东岸族类稍多于西岸。

---

[22] 《图书编》卷四十。
[23] (明)王世贞撰:《弇山堂别集》卷八九《兵制考》,清文渊阁《四库全书》本。
[24] (明)胡世宁撰:《胡端敏奏议》卷三《急处重边以安全蜀疏》。
[25] 参见任树民:《明代松潘卫"番人"略考》,《西藏研究》2001年第1期。
[26] 参见陈宗祥:《明季〈松潘边图〉初探——试证图中黑人、白人为两大部落群体》,《西南民族学院学报》1979年第2期。

## 《广舆图》等所见松潘地区部族分布名目简表

| 地域分野 | 族群名称 |
| --- | --- |
| 在岷江西岸的族类 | 安盼白人、利思漫族白人、祈命族白人、比角白人、镕车寺白人、八郎白人、高屯白人、韩毛白人、泥巴寺白人、昌蒲白人、十六么井白人、牟尼白人、林同寺白人、蜡蜡寺白人、石坝子白人、骨鹿族黑人、包子寺黑人、革前黑人、王答尔黑人、上空寺黑人、雪儿黑人、罕耳黑人、三达黑人、热溪黑人、秋白黑人、列柯黑人、商把黑人、乾燕黑人、别人知黑人、旧寺黑人、雇黑人、雇沟黑人、石寺黑人、树麻答黑人、牛尾巴黑人、杨柳黑人、宅列钊黑人等 |
| 在岷江东岸的族类 | 铁匹沟黑人、商巴完白人、上下白人、水井陂白人、章材花白人、腊红日白人、今蓬白人、鸡公白人、羊思宗白人、野和尚白人、烟崇白人、大小羊同黑人、大聂族黑人、别别族黑人、白马路黑人、四门族黑人、黑白族黑人、木瓜族黑人、木瓜平黑人、毛公族黑人、烟禁黑人、纳华儿黑人、安观黑人、纳黑人、没石黑人、阿孝黑人、龙溪黑人、西和黑人、劳儿黑人、浪犁黑人、吴公黑人、商巴黑人、商常黑人、云白黑人、东路黑人、粟谷黑人、阿让等答白人、平等白人、汉人黑人、羊老虎黑人、六十黑人等 |

景泰六年(1455年),曾任松潘地方的侍郎罗绮在《漳腊新记》中较全面地记述了松潘地区的景观与历史变迁:

> 距松卫治之北百里,曰漳腊,即古潘州也,城之故趾尚在其下,有岩穴,空洞幽邃,广可容列骑,深亦不知几许,旁有玻璃泉,冬夏渊然不涸,其土地膏腴,山川秀丽,盖自唐盛时所开拓,虽隶版图而土蕃酋长犹然窃据,所谓但羁縻之而已,宋元以来无复中国有。我朝混一华夏,极天极地,莫不臣服。洪武十一年(1378年),王师始下潘州,入与编民赋役无殊,乃于其地建置屯堡,使士卒且耕且守,数累十年,足食足兵,边人安堵。宣德丁未,守将失驭,氐羌蜂起,梗我饷道,燹我关塞,而潘州复为所据者凡二十有八年。景泰辛未(1451年),予奉命来镇兹土,不揣思欲平复之,乃大集诸酋,陈以逆顺祸福,无不稽颡听命。于是复增置城池楼橹,凡战守之具视昔有加焉,不殚一石之粟,不劳一(八)[人]之力,而数千百顷沃饶之地,遂复为我有。又晏然置城于其间,俾兵农杂居,累岁丰获,边人安枕,寔朝廷威德所及,予何功之与焉。或者以潘州之城,与唐世筹边楼相颉颃后先,予亦岂敢多让。

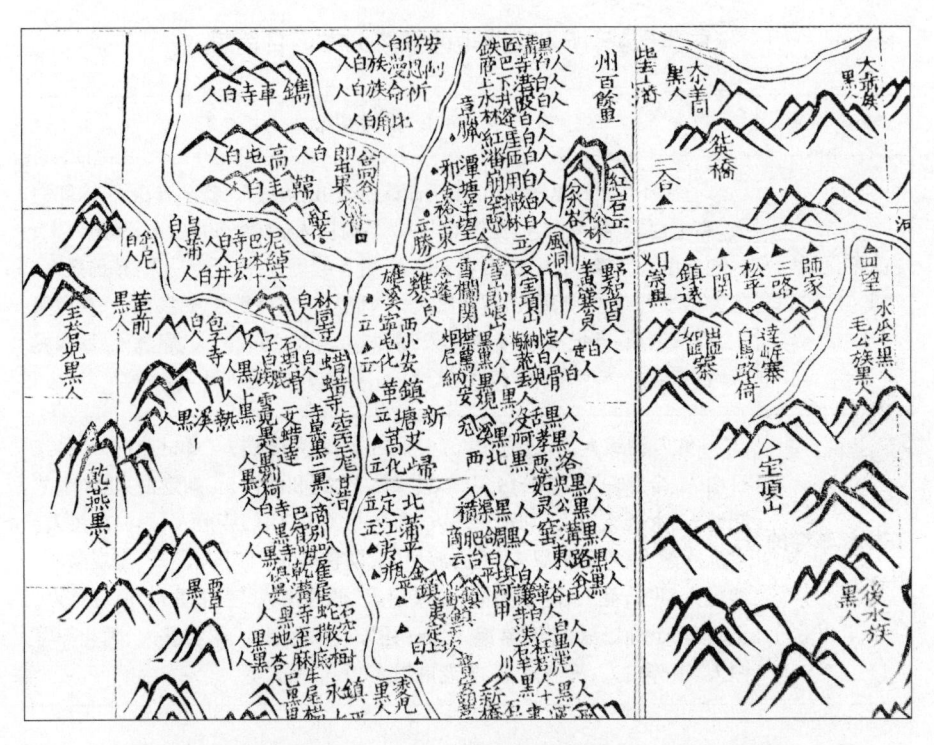

明代松潘地区部族分布示意图（选自罗洪先等编绘《广舆图·松潘图》）

当然，明代松潘地区与民族相关的社会问题相当严重，并非一派太平盛世的景象，明朝官府曾对这一地区进行多次残酷的镇压。如万历七年（1579年），松潘兵备副使杨一桂等人提出："松潘设居极边，番种近多为地方患，最桀骜者无如丢骨、人荒、没舌三寨跳梁，架砦堵截粮运，时或默地筑塘劫掠财物，连年犯顺，未尝一创，以致肆恶横行，请相机剿抚。"又有巡抚王廷瞻提议："四川要地莫重于松潘，番蛮悍戾莫甚于三寨，狼贪无厌，出没无常，数十年来地方苦其荼毒，盖以负山箐之险，挟羽翼之众耳，鹏剿之议允属可行。"于是，明朝官府"即令希彬带领千户李世杰等奋勇对敌，斩番级五颗，获马匹器械，乘势追之。番据险力战，因调大兵深入，擒斩四十五人，铳箭伤死无算，烧毁碉寨平房七十八座，粮储一空，各寨哀词纳款，罗拜投降，奏上有功人员分别赏赍。"[27]这应该是一次相当残暴的军事镇压，虽然文献中所擒斩的首领数量十分有限，但引发的震慑效力是相当广泛的。

---

[27] 参见雍正《四川通志》卷十七"屯田篇"后引《鹏剿处置人荒等三寨议》，清文渊阁《四库全书》本。

### (二)清代松潘地区民族分布与构成之分析

清代对于非汉民族的认知与管理又进入了一个新的阶段。时至清代,松潘地区的战略位置依然十分重要。据雍正《四川通志》记载:"松潘一卫,逼处万山,雪山峙其东,火焰踞其西,洮河浸北,汶岭屏南,待饔飧于郫灌,寄咽喉于江龙,诚三川之雄镇,全蜀之藩篱也。"[28]又该书卷五上"户口篇":"雍正六年,奉行清丈,新收松潘卫彰明县,共四县一卫,新旧实在承粮花户七千七百五十户。"可以说,清朝沿袭了明朝的治边政策,松潘地区的大部分所谓"番民"与汉民一样认粮纳赋,并无多少特别区分。

乾隆年间所编修的《皇清职贡图》用肖像图例形式分别记述了不少边疆非汉民族的族源、地域分布、习俗及服饰特征、输纳与否等情况。其中松潘镇的非汉民族所占数量相当多。但其所列非汉民族均以所辖镇、营、协等军事单位为依归,而并不仅仅以种类为区分,这也许是清代初期民族认知的特点之一,故下表所列边民以松潘镇所辖地域为限,并不限于今天的松潘县。

**《皇清职贡图》中松潘镇所辖边民情况简表**

| 边民名称 | 居住地域 | 民族种类[29] | 输纳情况 |
| --- | --- | --- | --- |
| 松潘镇中营辖西坝包子寺等处番民与番妇 | 包子寺拈佑喀亚寨、热雾作坝寨、毛草阿按寨、麦杂蛇湾寨 | 氐羌裔 | 输粮赋 |
| 松潘镇中营辖七步峨眉喜番民与番妇 | 峨眉喜大小十五寨、七步徐之河大小十一寨 | 番、倮种 | 输青稞充兵食 |
| 松潘镇左营辖东坝阿思洞番民与番妇 | 东坝阿思洞十一寨 | 西番种 | 输纳青稞充兵米 |
| 松潘镇右营辖北坝元坝泥巴等寨番民与番妇 | 北坝、元坝、下泥巴大小七寨 | 西番种 | 输纳青稞充兵米 |
| 松潘镇属龙安营辖象鼻高山等处番民与番妇 | 象鼻、高山、黄羊关等寨 | 吐蕃裔与松潘平番族同类 | 无贡税 |
| 龙安营辖白马路番民与番妇 | 白马路十八寨 | 吐蕃裔 | 无赋税 |

---

[28] 雍正《四川通志》卷三下"形势篇"。

[29] 关于清代边民的民族识别,参见李泽奉、刘如仲编著:《清代民族图志》,青海人民出版社1997年。

| 边民名称 | 居住地域 | 民族种类 | 输纳情况 |
| --- | --- | --- | --- |
| 石泉县青片白草番民与番妇 | 青片白草四十二寨 | 氐羌裔 | 输米为兵食 |
| 松潘镇属漳腊营辖寒盼祈命等处番民与番妇 | 寒盼、祈命、商巴三寨 | 氐羌裔 | [阙] |
| 漳腊营辖口外甲凹鹊个寨等处番民与番妇 | 口外甲凹鹊个寨惰阿坝十二部落 | 氐羌裔 | 以青稞为赋 |
| 漳腊营辖口外三郭罗克番民与番妇 | 三外三郭罗克 | 氐羌裔 | 岁输马 |
| 漳腊营辖口外三阿树番民与番妇 | 口外阿树 | 氐羌裔 | |
| 松潘镇属叠溪营辖大小姓黑水松坪番民与番妇 | 河东大姓八寨、马路小关七族、河西小姓六寨、黑水松坪 | 熟番 | 各输青稞充兵食 |
| 松潘镇属平番营辖上九关番民与番妇 | 上九关、云昌寺、丢谷寨 | 西番 | 岁输青稞 |
| 平番营下六关番民与番妇 | 下六关、呷竹寺等寨 | 与上九关同 | 输青稞充兵米 |
| 松潘镇属南坪营辖羊峒各寨番民与番妇 | 羊峒中、下峒三十四寨 | 生番 | 输青稞充兵米 |

资料来源：《皇清职贡图》卷六，文渊阁《四库全书》本。

清代松潘直隶厅(治今四川松潘县)所属土司数量之多，人口数量之盛，在四川省内堪称首屈一指。从清代早期至民国初期，全国总志、四川通志及方志留下了较为完备的松潘地区寨落名称与民户数量，为我们今天了解当时这一地区民族分布状况提供了良好的条件。根据嘉庆《四川通志·武备志》的记载，松潘地区土司的民族构成分为两大类：一为"西番"，绝大多数土司均属于此类；一为"倮夷"[30]，有峨眉喜寨土千户、七布寨土千户、麦杂蛇湾寨土千户、毛革阿按寨土千户、呷竹寺土千户等。民国《松潘县志》则归纳出当地主要有"西番"种类、博罗种类等，也以"西番(即藏族先民)"数量居多，故而有研究者径称该地为"松潘藏区"。

---

[30] 旧文献中作"猓夷"，今据民族研究通例改。

## 清代松潘地区族群数量与分布简表[31]

| 土司名称 | 住牧地界 | 族群种类 | 嘉庆时寨数与户数 | 清代后期寨数与户口数 |
|---|---|---|---|---|
| 拈佑阿(革)寨土百户[32] | 阿革寨 | 西番 | 7寨,45户 | 7寨,91户,200丁口 |
| 热雾寨土百户 | 热雾寨 | 西番 | 17寨,134户 | 17寨,279户,680丁口 |
| 峨眉(弥)喜寨土千户 | 峨眉喜寨 | 猓夷 | 15寨,833户 | 15寨,526户,1460丁口 |
| 七布(徐之河)寨土千户 | 七布寨 | 猓夷 | 11寨,282户 | 8寨,145户,420丁口 |
| 麦杂蛇湾寨土千户 | 麦杂蛇湾寨 | 猓夷 | 15寨,289户 | 15寨,583户,1300丁口 |
| 毛革阿按寨土千户 | 毛革阿按寨 | 猓夷 | 17寨,347户 | 18寨,468户,1200丁口 |
| (牟尼)包子寺寨土千户 | 包子寺寨 | 西番 | 6寨,347户 | 7寨,126户,310丁口 |
| 阿思峒寨土千户 | 阿思峒寨 | 西番 | 11寨,197户 | 12寨,139户,390丁口 |
| (三舍)羊峒(和药)寨土百户 | 羊峒寨 | 西番 | 9寨,234户 | 9寨,120户,540丁口 |
| 下泥(坭)巴寨土百户 | 下泥巴寨 | 西番 | 7寨,50户 | 8寨,129户,340丁口 |
| 寒盻(盼)寨土千户 | 寒盻寨 | 西番 | 9寨,160户 | 9寨,161户,550丁口 |
| 商巴寨土千户 | 商巴寨 | 西番 | 10寨,177户 | 11寨,117户,440丁口 |
| 祈命寨土千户 | 祈命寨 | 西番 | 11寨,172户 | 11寨,172户,510丁口 |
| 羊峒踏藏寨土目 | 羊峒寨 | 西番 | 3寨,169户 | 3寨,169户,380丁口 |
| 阿按寨土目 | 阿按寨 | 西番 | 4寨,158户 | 4寨,158户,390丁口 |
| 挖药寨土目 | 挖药寨 | 西番 | 2寨,81户 | 2寨,31户,110丁口 |
| 押顿寨土目 | 押顿寨 | 西番 | 2寨,190户 | 2寨,110户,330丁口 |
| 中岔寨土目 | 中岔寨 | 西番 | 3寨,176户 | 3寨,116户,308丁口 |
| 郎寨土目 | 郎寨 | 西番 | 3寨,168户 | 3寨,118户,304丁口 |
| 竹自寨土目 | 竹自寨 | 西番 | 3寨,87户 | 3寨,87户,112丁口 |
| 臧咱寨土目 | 臧咱寨 | 西番 | 3寨,160户 | 3寨,110户,300丁口 |
| 东拜王亚寨 | 东拜王亚寨 | 西番 | 2寨,87户 | 2寨,115户,320丁口 |
| 达弄恶坝寨土目 | 达弄恶坝寨 | 西番 | 2寨,212户 | 2寨,111户,500丁口 |
| 香咱寨土目 | 香咱寨 | 西番 | 7寨,537户 | 7寨,537户,573丁口 |
| 咨马寨土目 | 咨马寨 | 西番 | 2寨,324户 | 2寨,324户,681丁口 |
| 八顿寨土目 | 八顿寨 | 西番 | 2寨,285户 | 2寨,285户,382丁口 |
| 上包坐佘湾(塆)寨土千户[33] | 上包坐佘湾寨 | 西番 | 9寨,266户 | 9寨,266户,332丁口 |

---

[31] 关于清代松潘地区土司分布的进一步说明,参见周伟洲:"试论清代松潘藏区的'改土设弁'",《民族研究》2007年第6期。

[32] 《清史稿·土司传二》作"拈佐阿革寨土百户"。

[33] 《清史稿·土司传二》作"上包坐佘湾寨土目"。

| 土司名称 | 住牧地界 | 族群种类 | 嘉庆时寨数与户数 | 清代后期寨数与户口数 |
|---|---|---|---|---|
| 下包坐竹当寨土千户 | 下包坐竹当寨 | 西番 | 10寨,187户 | 10寨,187户,382丁口 |
| 川柘寨土千户 | 川柘寨 | 西番 | 7寨,332户 | 7寨,322户,554丁口 |
| 谷尔坝那浪寨土千户 | 谷尔坝那浪寨 | 西番 | 7寨,256户 | 7寨,265户,524丁口 |
| 双则红凹寨土千户 | 双则红凹寨 | 西番 | 7寨,310户 | 7寨,311户,632丁口 |
| 上撒路木路恶寨土百户 | 上撒路木路恶寨 | 西番 | 8寨,77户 | |
| 中撒路木路恶寨土百户 | 中撒路木路恶寨 | 西番 | 8寨,98户 | 8寨,77户,240丁口 |
| 下撒路竹弄寨土百户 | 下撒路竹弄寨 | 西番 | 14寨,174户 | 14寨,174户,480丁口 |
| 崇路谷漠寨土百户 | 崇路谷漠寨 | 西番 | 24寨,423户 | 24寨,423户,880丁口 |
| 作路生(森)纳寨土百户 | 作路生纳寨 | 西番 | 8寨,101户 | 8寨,101户,220丁口 |
| 上勒凹贡按寨土百户 | 上勒凹贡按寨 | 西番 | 6寨,118户 | 6寨,118户,280丁口 |
| 下勒凹卜顿寨土百户 | 下勒凹卜顿寨 | 西番 | 6寨,150户 | 6寨,150户,300丁口 |
| 班佑寨土千户 | 班佑寨 | 西番 | 1寨,18户 | 1寨,18户,45丁口 |
| 巴细蛇住坝寨土百户 | 巴细蛇住坝寨 | 西番 | 17寨,274户 | 17寨,274户,652丁口 |
| 阿细柘弄寨土百户 | 阿细柘弄寨 | 西番 | 10寨,168户 | 10寨,168户,352丁口 |
| 上作尔革寨土百户 | 上作尔革寨 | 西番 | 1寨,57户 | 1寨,57户,210丁口 |
| 合坝夺(独)杂寨土百户 | 合坝夺杂寨 | 西番 | 1寨,66户 | 1寨,66户,210丁口 |
| 辖漫寨土百户 | 辖漫寨 | 西番 | 1寨,124户 | 1寨,124户,390丁口 |
| 下作革寨土百户 | 下作革寨 | 西番 | 1寨,113户 | 1寨,113户,380丁口 |
| 物藏寨土百户 | 物藏寨 | 西番 | 1寨,41户 | 1寨,41户,130丁口 |
| 热当寨土百户 | 热当寨 | 西番 | 1寨,72户 | 1寨,72户,250丁口 |
| 磨下寨土百户 | 磨下寨 | 西番 | 1寨,21户 | 1寨,21户,78丁口 |
| 甲凹寨土百户 | 甲凹寨 | 西番 | 1寨,54户 | 1寨,54户,220丁口 |
| 阿革寨土百户 | 阿革寨 | 西番 | 1寨,60户 | 1寨,60户,260丁口 |
| 鹊个寨土百户 | 鹊个寨 | 西番 | 4寨,261户 | 4寨,261户,410丁口 |
| 郎惰寨土百户 | 郎惰寨 | 西番 | 8寨,143户 | 8寨,143户,690丁口 |
| 上阿坝甲多寨土千户 | 上阿坝甲多寨 | 西番 | 37寨,1158户 | 37寨,1158户,3311丁口 |
| 中阿坝墨仓寨土千户 | 中阿坝墨仓寨 | 西番 | 46寨,1749户 | 46寨,1794户,3720丁口 |
| 下阿坝阿强寨土千户 | 下阿坝阿强寨 | 西番 | 39寨,882户 | 39寨,882户,2110丁口 |
| 上郭罗克车木塘寨土百户 | 上郭罗克车木塘寨 | 西番 | 10寨,251户 | 10寨,251户,1510丁口 |
| 中郭罗克插落寨土千户 | 中郭罗克插落寨 | 西番 | 17寨,485户 | 17寨,485户,1640丁口 |
| 下郭罗克纳卡寨土百户 | 下郭罗克纳卡寨 | 西番 | 29寨,333户 | 29寨,333户,1110丁口 |
| 上阿树银达寨女土百户 | 下阿树银达寨 | 西番 | 35寨,257户 | 35寨,257户,810丁口 |
| 中阿树宗个(简)寨土千户 | 中阿树宗个寨 | 西番 | 27寨,488户 | 27寨,488户,2020丁口 |
| 下阿树郎达寨女土百户 | 下阿树郎达寨 | 西番 | 26寨,240户 | 26寨,240户,870丁口 |
| 小阿树寨土百户 | 小阿树寨 | 西番 | 1寨,136户 | 1寨,136户,542丁口 |

| 土司名称 | 住牧地界 | 族群种类 | 嘉庆时寨数与户数 | 清代后期寨数与户口数 |
|---|---|---|---|---|
| (大姓)丢骨寨土千户 | 丢骨寨 | 西番 | 24寨,260户 | 24寨,184户,480丁口 |
| (大姓)云昌(寺)寨土千户 | 云昌寺寨 | 西番 | 24寨,240户 | 29寨,281户,810丁口 |
| 呷竹寺土千户 | 呷竹寺 | 猓夷 | 32寨,360户 | 18寨,100户,318丁口[34] |
| 中羊峒隆康寨首 | 中羊峒隆康寨 | 西番 | 12处寨落,249户 | 7寨,224户,698丁口 |
| 下羊峒黑角郎(浪)寨首 | 下羊峒黑角郎寨 | 西番 | 22处寨落,389户 | 已改土归流 |

资料来源：
（1）嘉庆《四川通志》卷九六《武备志·土司》。
（2）民国《松潘县志》卷四《土司志》。

## 三、余 论

在本文中，笔者从历史民族地理演变角度出发，着重对前现代时期松潘地区的民族构成与地域发展状况进行了简要的回顾，从中可以初步总结出一些"界域"的基本特征：

首先，以松潘地区为例，作为形成"界域"分界功能的自然地理基础，这些地区在地貌上往往拥有非常显著的山水分界线，或者本身就处于自然地区分界带之上。"界域"在自然地貌上既有突出的分割性与封闭性，但与外部区域又不能完全阻隔开来。不仅存在不同海拔的区域，而且不同海拔地区之间又存在过渡带。松潘地区正是处于岷山的环抱之下，又拥有海拔高度相差显著的草原、山区等亚地形，同时以岷江及其他道路与外界相交通，可以说，分割性、封闭性、过渡性与交通性兼而有之。

其次，在居民人口的构成上，"界域"内的民族种类较为复杂，存在很大的共同性与兼容性。就松潘地区而言，各民族分布地与不同海拔高度区域密切的依存关系，更成为决定松潘地区民族分布的关键因素之一。然而，正如地理

---

[34] 呷竹寺寨户口状况较为复杂，如民国《松潘县志》卷四称：呷竹寺寨"四至共五百九十里，管辖三十二寨，内十八寨，六关小姓沟管辖，其余十四寨改土归流，居民三百六十户，男女一千二百丁口。六关小姓寨土司，其寨主土千户所管辖十八寨，即旧通志呷竹寨属境内"。表中所列，正是未改土归流的十八寨的数量。

状况的复杂特征一样,各民族对于自然环境的适应性又是相当顽强的,因此在一个区域中生活着不同民族的居民。

再次,界域受到王朝及周边政权影响特别显著。如在不同政权及民族矛盾较为激烈的年代,界域往往成为不同政权双方交争之地,进而演变为重要的边防重镇,其切割功能与阻断功能以较为极端的政治或军事形式表达出来。然而,在政治动乱、天下无主的时代,界域往往又具有"避难区"的功能,其归属往往是不确定的。

第四,尽管在特定的地理环境下,界域地区民族构成具有很明显的稳定性,然而,与历史时期复杂的政治与军事形势的变化密切相关,"界域"地区的民族构成状况也不是一成不变的。以松潘地区为例,从最早的冉駹夷、氐羌人,到南北朝隋唐时代的党项族,到宋元以后的多族杂居或以藏族为主等,当地民族构成发生了相当复杂的变化。

另外,笔者还想着重指出的是,尽管受到种种客观因素的局限,历史时期对于非汉民族的认知工作往往举步维艰,进展缓慢。不少学者因此以为中原地区对于边远民族的认知都是相当粗浅、不准确的。但是,这种笼统的认识肯定是不全面的。如以松潘地区发展轨迹为例,我们可以发现,汉族人士及中央官府对于一些地区民族状况的认知及管理工作似乎处于不断的推进之中。这即使是在古代汉文文献记述中表现得也十分显著。这为我们今天历史民族地理的研究提供了很好的参照,大大提高了资料的延续性与完整性,为今天的研究者提高民族地理的研究精度创造了宝贵的条件。

(注:本文原刊载于徐少华主编《荆楚历史地理与长江中下游开发——2008年中国历史地理国际学术研讨会论文集》,湖北人民出版社2009年版。)

# 政治归属与地理形态
## ——清代松潘地区政治进程的地理学分析

安介生

[内容提要] 松潘地区的政治发展历程相当曲折,既与客观地理区位特点及自然地理环境直接相关,也直接受到了历代王朝治边策略的深刻影响。有清一代是松潘地理政治管理体制发生重大转变的时期,在这一进程中,客观地理因素的影响不可忽视。本文首先对于松潘地区自然地理构造环境与部族分布状况进行了阐发与分析,进而结合各种图籍资料展现了松潘地理政治进程的主要线索与标志,其中,特别对于营汛体制形成与地理分布特征(即"松潘之例")进行了较为翔实的梳理与说明,从而从宏观上为重新认知边疆地区影响政治进程的地理因素提供了新的视角与材料。

[关键词] 松潘 政治进程 地理形态 营汛分布

清代是中国边疆地区政治体制产生重大变化的阶段,最典型的表征之一便是土司地区的改土归流,这一变化过程又被不少学者称之为"内地化"[1]。而这一变化过程在不同地区遇到的问题、采用的措施以及最终所产生的影响也会存在较大的差异,而不同自然环境以及人文地理特征势必对这一进程产生极其显著的影响。地处四川、甘肃与青藏高原交界地带的松潘地区也经历了这样的过程,从明代的松潘镇,到清代逐步出现的松潘卫、龙安府松潘厅、松潘直隶厅。这一切无疑为民国初年松潘县的建立提供了较充足的准备。松潘

---

[1] 笔者按:"内地化"一词,基于所谓的"内外之别",是传统"内华夏外诸夷"思维的延续,显然并不是特别严谨的学术词汇。因为边疆地区与中部及东部地区在地理环境、生产生活方式等诸多方面存在巨大差异,因此,古文献中所谓"内地化"更多地体现在政治体制的"一体化"。关于松潘的"内地化"问题,民国《松潘县志》作者曾明确指出:明代卫所戍守制度建立之后,"其地遂属于内矣"。显然,这里所说"内",只是归属中央王朝所辖,与所谓"内地化"还有较大差距。(见卷三《边防篇》"边防总论")

地区独特的地理及人文环境对这一政治进程产生了不可忽视的影响。

本文所指"松潘地区"主要是指清代松潘厅的地域范围,相当于今天阿坝藏族羌族自治州北半部以及青海省黄河以南的部分区域。近年来,关于松潘地区的研究受到不少学者的关注,这与其自身所拥有的研究价值以及现存较丰富的史料分不开[②]。在本文中,笔者将结合古文献与现代实地调查成果,在以往研究的基础上,从地理学角度对有清一代松潘地区的政治发展过程进行一番更为深入系统的探讨[③]。

## 一、松潘地理特征与部族认知

(一)松潘地区自然地理特征与内部分域:

松潘地区位于青藏高原的东部边缘,平均海拔高度较高,且地貌形态复杂,地势变化较为悬殊,自然地貌特征相当突出。前人对此已有相当生动丰富的描述。如云"松潘地势绝高,英人白斯氏之图说谓出海面三万四千七百二十七英尺。"[④]又"松潘毗连边塞,据岷江上游,北望河、湟,南通汶、灌,广袤数千里。"[⑤]清代的松潘厅辖域幅员辽阔,大致与今天阿坝藏族羌族自治区的面积相当,超过83,200平方公里[⑥]。为分析与研究的便利,有必要进行细致的内部分区。根据自然地貌特征与传统习惯,松潘地区原有几种内部分域方式:1.口内与口外(关内与关外);2.北路、东路、南路、西路;3.江左、江右。而根据现代地理勘测的结果可知,"(阿坝藏族羌族自治区)地势分东、西两部分,大体西北高,东南低,成为岷江、嘉陵江(东部斜面)和大金川的上游(西部斜面)地区。中间则在弓杠岭、邛崃山脉以北形成广阔的草原。""全区地势构成三个斜

---

[②] 这方面突出的例证是台湾学者王明珂先生的研究,王明珂先生不仅整理了以往学者的相关成果,例如《川西民俗调查1929》,此外,还多次亲自前往这一地区进行实地考察,所推出的一系列的著作也均与松潘地区有着直接而密切的关联,对于这一地区的史地研究做出了突出的贡献。这些著作包括:《羌在汉藏之间:川西羌族的历史人类学研究》(中华书局2008年版)、《寻羌:羌乡田野杂记》(中华书局2009年版)等。
[③] 参见拙文:"历史民族地理之'界域'研究——以青藏川甘交界地带的松潘地区为例",载于徐少华主编《荆楚历史地理研究与长江中游开发——2008年中国历史地理国际学术研讨会论文集》,湖北人民出版社2009年。
[④] 见傅樵斧著:《松潘游记》,民国四年(1915年)刊本。
[⑤] 民国《松潘县志》卷三《边防篇》"边防总论"。
[⑥] 参见尹嘉珉主编:《四川省地图册》,中国地图出版社2008年版;《中华人民共和国地名词典(四川省)》,商务印书馆1993年版。

面,两个水系。(1)东部斜面的嘉陵江、岷江流域都是山岳地带,河谷的海拔一般在2500米以下。(2)西部的大金川上源,其海拔一般在3000米左右,阿坝、壤塘、壤口地区为高原草山,绰斯甲则为山岳。(3)草原地区只有起伏的小丘陵,山的相对海拔只在100米以下,坡度较小,环绕成大小草坝,其海拔一般为3000米左右。"⑦就清代松潘厅所辖地域而言,最重要的地理分界标志有:黄胜关、岷山、岷江等。

从自然地理风貌角度出发,松潘地区通常被分为"关外"与"关内",或者是"口内"与"口外"两大部分,这个关或"口"就是位于今天松潘县城西北约35公里的黄胜关,黄胜关是松潘地区最重要的分割节点与地标之一。"(黄胜)关在(松潘)厅西北漳腊西北四十里,关外即西夷地,大江由此流入,今有官兵戍守。"⑧黄胜关以西以北地区称为"口外",黄胜关以东及南地区被称为"口内"。⑨

"口内"与"口外"在自然地貌形态上存在着巨大的差异。如西部"口外"地区则主要为高原草地。"其境域东起黄胜关,西至果洛,南起壤口,北至纳摩尔底寺。东西相距约500余公里,南北相距约250公里,其中草原约占2/3,河谷约占1/3。"⑩在缺乏现代地理知识的前人眼中,草地仿佛是广袤无垠的,"草地面积凡数十万方里。"⑪如民国《松潘县志》卷一称:"县西属土司,无屯堡。由县分两路,一由牟尼中寨偏西山行二百里,至毛儿革番部,迤南即三阿坝、三阿树、三郭罗克生番地,南达川边之康定、德盖地方;一由漳腊城过福善桥,西折出黄胜关三十里,以西即五十二部落生番地,偏北达甘肃之洮岷、西宁,西北达青海,西南达藏、卫两路,皆属草地,南北会通,纵横数千里,平原旷野,难以道里计。维是接壤辽远,番族星罗。"若与现代四川省所属县域相对应,则"今阿坝藏族自治州的若尔盖、红原、阿坝三牧业县,合称草地。"⑫在这三个县的面积之外,如与清代松潘县的范围相对应,松潘县的草地面积还要加上今天青海省果洛藏族自治州的达日县、班玛县、久日县的范围⑬。

口内部分,即东南地区,为山岳地带。"松潘居岷山之阴,高山大谷,汉番

---

⑦ 《四川省阿坝州藏族社会历史调查》,民族出版社2009年,第6至7页。
⑧ 嘉庆《重修大清一统志》"松潘厅",《四部丛刊》本。
⑨ 参见黎光明、王元辉著,王明珂编校:《川西民俗调查1929》,台北"中研院"历史语言研究所史料丛刊2004年,第27页。
⑩ 参见《四川省阿坝州藏族社会历史调查》中《草地社会情况调查》,第7页。
⑪ 参见傅樵斧著:《松潘游记》。
⑫ 《四川省阿坝州藏族社会历史调查》,第70页。
⑬ 参见张红主编:《青海省地图册》,中国地图出版社2006年版。

杂处。"⑭岷山是一个位于青藏高原东缘的巨大山系,松潘地区山脉众多,大多从属于岷山山系。

> 岷有东、西二山,大江在其中,江以东,东岷也,延袤九百余里。自西夷界浪架岭,绵亘千余里,入川为松之雪栏,茂之铁豹,汶之玉垒,灌之灵崖,彭之丹景,什之莹华,绵之五都,龙安之天台,石泉之石纽,随地易名,总之曰岷山。江以外,西岷也,出皂以西,众山延蔓,诸番千里未极……⑮

松潘境内群山集中于东部与南部。如位于县城东五十里的雪山,地势极高,俨然成为东部与南部群山之翘楚。"山势起伏,横亘东西,积雪不消,嚼如玉笋,俗呼雪宝鼎,亦岷山所宗也。自风洞关盘旋而上,石径欹崎,行者喘息,东南万山,如拜如伏,如儿孙焉。"⑯"东南万山"一词,十分精到地反映出东南部地貌特征。如民国《松潘县志》卷一《山川篇》详列了境内有名山岭的基本情况,共计 117 座,而就其分布方位而言,位于县城西面(包括西北、西南)仅有寥寥 10 余座,如岷山、甘松岭等,而在东部(包括东北、东南)的著名山岭近 70 余座。

其实,在东西分部之外,还有一个特殊区域需要关注,如松潘地区在自然地理系统的另一大特征,即其境内河流纵横,且毗邻三江源地区,即黄河、长江、之发源处,岷江纵贯全境。除黄胜关外,松潘地区另一条极为重要的自然地理分界线,便是从北至南贯穿全境的岷江。齐召南《水道提纲》卷八提到:"(松潘)卫西北重山杂沓,自黄胜关外不断,皆曰岷山。"可见,岷江由岷山得名。明人所著《寻江源县记》云:

> 松州平康县羊膊山下有二神湫,乃大江始发之所,自羊膊岭散漫,始未滥觞,东南百余里至白马岭,回行二千余里至龙涧,水障始于是也。《志》曰江发源于临洮之木塔山,至山顶分东西流者,即岷江也。由草地甘松岭八百里,至漳腊,其水渐大。漳腊由镰刀湾达松潘,于下水关入红花屯达垒溪(应为叠溪)。至穆肃堡,黑水从南合之,入深沟,经茂州,南至于威、汶……

---

⑭ 民国《松潘县志》卷六《宦绩篇》内"南廷铉传"。
⑮ 民国《松潘县志》卷一"山川篇"。
⑯ 民国《松潘县志》卷一"山川篇"之"雪山"条。

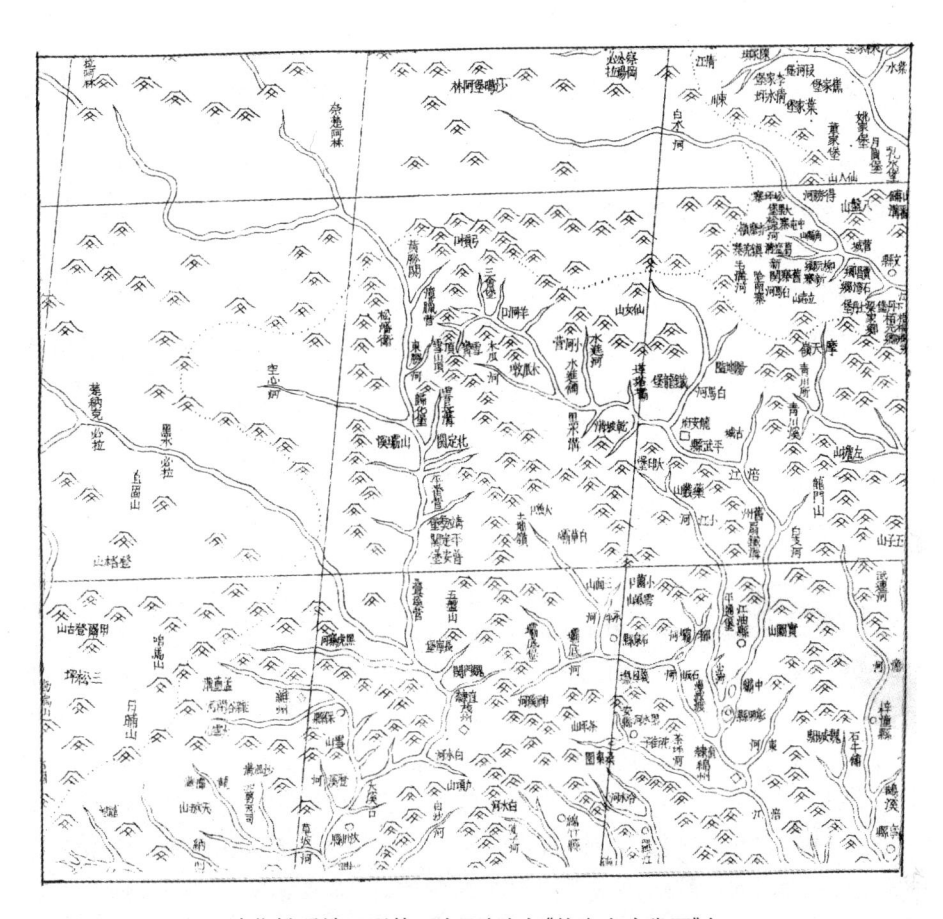

政治归属与地理形态

清代松潘地区形势示意图（选自《乾隆内府舆图》）

因此，岷江及其支流河谷地带，是松潘地区又一个极为关键的区域。河道曲折复杂，分支众多。如清人徐荆船《江源考》云："今按羊膊岭铁豹岭，当北纬三十四度。江自徼外流入，合众山小水，至岭麓西岳庙，经白马岭，历天彭关，即黄胜关。东有漳腊营，河西有潘州，共三大支，合于乃楮山下，而水渐大，即《禹贡》导江之原也。又曲流至龙涸县，共行七百余里，即松潘县，称曰岷江。又南至石河横桥，合东胜河，至安顺关，合窗河，至归化堡，西合云昌沟，至镇江关，左合热雾沟，至金瓶岩，右受一水，至镇坪，东合白洋河，至靖夷堡，左右又受一水，至长宁堡，西合黑水河，而来源遂大。"[17]

松潘地区以高山大谷为突出特征的自然地貌状况，给这一地区的对外交通带来巨大的阻碍，纵横交错的众多河流并无航运功能。早在明代，当时官员

---

[17] 民国《松潘县志》卷一《山川篇》"岷江"下。

31

就指出:"松潘天寒地瘠,物产不多,负贩者以险远难致。东路自江油县入山,七百余里,如猪儿嘴等处甚险。"[18]民国初年,傅樵斧强调指出:"(松潘)僻在边远,距成都七百五十里,所属草地,凡数千里,番砦数十处,通青海及藏卫,居成都之西北,距岷江之上游,实岷山发脉、岷江发源之奥区也。入松者行路艰难倍于蜀栈。天生险阻,胜于剑门,所谓一蛮掷石,人不敢过;一夫当关,万夫莫御也。"[19]

松潘地区处于西部交通的咽喉要道,连接四川、陕西、青海诸省,岷江一线,不仅是松潘地区的交通线,更是这一地区的生命线与发展线。沿江道路是松潘与外界联系往来的最重要路线,大宗贸易均从此线而来。清人刘绍攽《于迈草》中指出:松潘一带"沿江为路,于山腰凿孔,横受木架,板旁立木以支,空其下。古云栈阁,俗呼偏桥。夏秋水涨,飘没不可寻,攀岩赸赸而已……其地唯沿江一道,通行旅者,属中国。两旁山上虽声教所及,而隶于蛮。松潘亦一城,城外四围皆蛮,真所谓一线望中原者。"[20]又如《松潘游记》称:"沿岷江之右行,尽日水声喧阗,直至松潘,皆如此境,盖溯岷江行也。"又云:"古云:由茂州(治今四川茂县)至松潘三百里,山嘴险恶,一蛮掷石,人不能过。其路随江曲折,蛮人下山抢劫甚易,当不可以无制御。然以今证之,由茂入松,用独路一条,途中抢案极少,因绝地也。"又"沿江干行,荆棘弥漫,右依山,左沿江。"江、山之间的路途崎岖坎坷,然而独路一条,别无选择。

移居这一地区的各民族所形成的聚落主要聚集于沿江及沿河地带,其民族与文化构成的复杂性引起了人类学研究者的高度关注。如以著名学者费孝通先生为代表的现代民族学者提出了西南地区"民族走廊"的提法,研究者已经确认:"岷江河谷正处这一民族走廊的东北部,自古以来就是多民族交会之处。""在历史上,游牧文化南下,农业文化北进,在岷江河谷相遇,互相融合适应,在经济上形成农牧兼有的混合型产业;在文化上则同中有异,形成多种民族文化类型。"[21]就民族构成而言,除藏族、羌族之外,汉族与回族等民族也很早迁入松潘地区,为这一地区的经济开发与文化发展作出了巨大贡献。[22]

---

[18] 民国《松潘县志》卷一《山川篇》"水草坝"下所引刘洪之言。
[19] 见《松潘游记》"序言"。
[20] 《于迈草》,乾隆刻本。
[21] 徐平著:《文化的适应与变化——四川羌村调查》,上海人民出版社2006年,第230—233页。
[22] 参见马勇:《松潘回族源流考》,《西南民族大学学报·人文社科版》2005年第6期。

(二)松潘地区民族人口构成与地理分布

关于松潘地区民族种类及其文化特征,以往学者们已有一些分析与说明,我们看到,虽然松潘地区地处偏远,然而,民族构成却随着时间的推移而经历了较大的变化。即使进入清代以后,这一地区在民族构成上也出现了相当明显的改变,因此需要进行较为细致的梳理工作。

就民族大类而言,清代松潘地区的居民可分为汉族及非汉族两大部分。就这一地区分类的困难而言,主要集中于非汉民族的认知与区分上。民族语言无疑是民族分类的一项重要指标,但是在松潘地区非汉族分类中,这一指标却没有太大的帮助。如清代官方将这一地区的部族称为"西番",清代四译馆中特设"西番馆",专门负责"西番"地区的语言的整理与翻译工作。现存《西番译语》中又称可分九种译语,即松潘译语、象鼻高山译语、木坪译语、打箭炉译语、木里译语、白马译语等。又据现代学者分析与实地调查,这些译语与现代语言之间的对应关系已基本确定,松潘译语整个可归为藏语安多方言(农区话),也就是说,松潘地区总体上属于一个方言亚区。《松潘译语·序言》称:

> 四川松潘镇、松茂道、镇标中左右、漳腊、叠溪、平番、南坪等营、松潘同知各所辖包子寺、拈佑、热雾、毛革、麦杂蛇湾、峨眉喜、七布、阿思洞、下泥巴、元坝、寒盼、商巴、祈命;口内羊岗、大小姓、松坪、云昌寺、丢骨、呷竹寺;口外上下包坐、上下勒凹、上下作革、川柘、谷尔坝、双则、崇路谷谟、作路生纳、班佑、阿细、合坝独杂、辖慢、物藏、热当、磨下、甲凹、阿革、鹊个、朗惰、上中下撒路、上中下阿坝、上中下郭罗克、上中下羊岗、上中下阿树、小阿树等,西番字、语皆同。㉓

单凭传统语言资料来进行更为细致的分类,显然是不够的。因为根据乾隆年间的《皇清职贡图》,松潘镇境内的非汉民族就有:"西番(含生番)"、"番倮"、"氐羌裔"等数种。雍正《四川通志》卷一九《土司志》作者也明确指出:"按松茂一带,环绕皆番戎,种类不一,有大姓、小姓、西番、吐蕃、黑帐房土人之各异……随意立姓、以类为族。"嘉庆《四川通志》卷一六《武备志》下"土司篇"将松潘镇所辖土司分为"西番种"与"倮夷种"两大类,其中"西番种"占了绝大多数,只有峨眉喜等四寨及呷竹寺土司属于"倮夷种"。这种分类当然过于简单了,根本无法反映清代松潘地区复杂的民族构成与文化风貌。

其实,细绎历史文献,在上述分类之外,我们还是可以找出另外一些更有

---

㉓ 聂鸿音、孙伯君编著:《〈西番译语〉校录及汇编》,社会科学文献出版社2010年,第66页。

价值的线索与依据。如曾任地方官的汤兴顺在上言中讲道：

> 查松潘镇属各营所管番夷，地方辽阔，人有四种，话有四类：松中所属牟尼、拈佑、热雾、漳腊属三寨一类之话，系吐番一种，松中属七布、徐之河，接连叠溪平番属小姓，大小耳别（应为"别耳"——笔者注）；六关松坪连接维州属五屯、四土等处一类之话，系博偎子一种；松中属九关、东坝、腊枚、大寨，龙安属果子坝、黄羊关、白马路、火溪沟，松左、漳腊、南坪属上中下羊峒、和约后山，界连甘肃杨布等处一类之话，系氏羌一种；漳腊属口外三十七部落一类之话，系西戎一种，而字同音不同。有出家为僧道，约分四教：不蓄发，帽用黄者为正教；不蓄发，帽用白者为道教；有蓄发，帽用红者为花教；长发结成毡絮者为巫教。唸佛口号有嘛芝嘛仑之说，手持转轮，有逆转、顺转之名，皆地方前创何（应为"之"字之误——笔者注）教，后人因之喇嘛、和尚之名，无论老幼，俱甚信服。又朝过西藏者，俗尊重之。㉔

因为时代及认知上存在的局限性，古文献中的民族分类与现代民族分类有着较大的差距。然而根据上述各类总结，我们可以认定：松潘地区至少应有藏族（吐蕃、西戎）、羌族（氐羌）、彝族（博偎子）三个非汉民族的先民。这样的分类不仅出于实际观察，而且参照了族源、语言、宗教文化等多种指标，更为可信，但也并不全面。

如说到清代松潘地区的民族人口构成，绝不可忘却当地的汉族人口。有清一代，汉族人口在松潘地区的增长是十分引人注目的。如据乾隆《大清一统志》卷三一九记载：当时松潘厅下登记入册的户口为："三千零九户，人丁一万零二十四。"嘉庆《四川通志》记载松潘直隶厅的户口状况是："原额增添共一万零五百五十四户，男二万七千二百三十三丁，妇二百四千七百七十二口，共男妇五万二千五丁口。"而据嘉庆《大清一统志》的记载，松潘地区登记的户口又有大幅增长："原额人丁一万二十四，今滋生男妇，共七万九千二百五十八名口，计一万六千八十三户。"㉕仅以户数计，松潘地区登记的户数增长已有数倍之多。又据民国《松潘县志》记载："嘉庆元年（1796年）以后，松潘直隶厅报部户口全数于原额增一万零五百五十四户，男二万七千二百三十丁，女二万四千七百七十二口，共男女五万二千零二丁口。宣统二年（1910年），具报松潘厅汉

---

㉔ 参见民国《松潘县志》卷三《边防篇》所附《汤兴顺上川督骆秉璋恢复松潘四条》。
㉕ 嘉庆《重修大清一统志》。

民五千七百八十七户,男女三万三千五百二十八口。"㉖

当然,还必须指出的是,登记在籍"汉民"人口并不仅仅包括今天意义上的汉族人口。又据方志文献记载印证,清代松潘境内建有多座清真寺,当地回族人口同样相当可观。如民国《松潘县志》作者指出:"清道咸间,松潘回民二千余户,迭遭兵燹,今衹千余户。县城有礼拜寺三:一在中街;一在鼓楼西巷上坡;一在北关外,其来久矣。"㉗如以嘉庆年间户数为准,至道光、咸丰年间,松潘地区的在籍户口应接近二万户,那么,回民人口至少应占在籍户口的十分之一。

至于松潘地区的"番族"人口总量,民国《松潘县志》的作者曾总结历代《四川通志》暨寨堡粮册等资料,得出结论:"综计松潘全境部落七十二,土司七十二,番寨七百四十九,番户一万六千九百五十五,男女丁口四万四千二百零五。"又注明:"若在今日,其数当不止此。"如果我们将这一数字同样视为嘉庆年间数量,那么,对比而言,嘉庆年间的"汉民"户口数量已超过了所谓"番民"数量。

另就松潘地区的聚落形态而言,根据历史文献以及现代实地调查的验证,明清以来,松潘地区非汉民族区域的基本社会组成形式是部落制,而各个部落又主要以"寨"为聚居单元及计量单元。据清代官吏实地调查,"川番部落皆以寨名,并无族名,部中有案可稽。"㉘"一个部落由若干个大小寨子组合而成,生活在一定的地域范围之内。"㉙"每一部落都有一定的地域与百姓,任何部落不能使用其他部落的草山、牧场、森林和土地。"㉚这种社会组织及聚居特征为我们进行民族地理研究奠定了很好的条件。

我们看到,雍正《四川通志》、嘉庆《四川通志》、民国《松潘县志》卷四"土司志"等相关文献都对非汉民族各部落的分布进行了详细的记载,为我们今天了解松潘境内非汉民族提供了帮助。当然,原有分类存在着明显的不足,首先,分区过细,如民国《松潘县志·土司志》将县境内所有部落分为13部分,组与组之间方位及相邻关系并不整齐;其次,旧有通志与方志的地理方位指定,往往以松潘卫、厅、县治所,即今天松潘县城为核心,缺乏区域整体性。因此有必要进行重新分区、分类以及户口分布统计工作。

1.治所附近部落及户口:

---

㉖ 民国《松潘县志》卷二"户口篇"。文中注明:"以上全系汉民,番民另载《土司志》。"
㉗ 民国《松潘县志》卷五《宗教篇》"回教"。
㉘ 民国《松潘县志》卷三《边防篇》"川甘番案始末记"。
㉙ 《四川省阿坝州藏族社会历史调查》,第10页。
㉚ 《四川省阿坝州藏族社会历史调查》,第15页。

松潘县治所附近的寒盼、商巴、祈命三部落,均为"西番"部落,居住在距县城北行四十余里漳腊附近住牧。民国时期共有31寨,1500丁口。旧文献中的"丁口",应该是指成年男妇,而不包括未成年的。

| 土司名称 | 雍正时期户口数量 | 嘉庆时期户口数量 | 民国方志所载户口数量 | 四至规模 |
| --- | --- | --- | --- | --- |
| 北路寒盼寨土千户 | 9寨,160户 | 9寨,160户 | 9寨,共161户,550丁口 | 四至六十里 |
| 北路商巴寨土千户 | 10寨,177户 | 10寨,177户 | 11寨,共117户,440丁口 | 四至四十里 |
| 祈命寨土千户 | 11寨,172户 | 11寨,172户 | 11寨,共172户,510丁口 | 四至八十里 |
| 合计 | 30寨,509户 | 30寨,509户 | 31寨,450户,1500丁口 | |

2.东部部族人口:

东部地区面积相当广阔,大致可分为以下几个部分:

(1)阿思、和药、下坭巴三部落,均为"西番"部落,居住地距县城东北百数十里。风俗与牟尼、包子等寨相同。民国时期有29寨,共有388户,1279丁口。

| 土司名称 | 雍正时期户口数量 | 嘉庆时期户口数量 | 民国方志所载户口数量 | 四至规模 |
| --- | --- | --- | --- | --- |
| 阿思峒大寨土千户 | 128户 | 11寨,197户 | 12寨,139户,390丁口 | 四至一百二十里 |
| 三舍羊峒和药寨土百户 | 阙 | 9寨,234户 | 9寨,120户,540丁口 | 四至三百八十里 |
| 下坭巴寨土百户 | 阙 | 7寨,50户 | 8寨,129户,340丁口 | 四至一百零五里 |
| 合计 | | 27寨,481户 | 29寨,388户,1270丁口 | |

(2)羊峒等八部落,后山五部落,均为"西番"部落,居住地距县城北行偏东二百余里。至民国时期,这些部落共有38寨,2167户,4691丁口。

36

## 政治归属与地理形态

| 土司名称 | 雍正时期户口数量 | 嘉庆时期户口数量 | 民国方志所载户口数量 | 四至规模 |
| --- | --- | --- | --- | --- |
| 中羊峒踏(塔)藏寨土目 | 3寨,169户 | 3寨,169户 | 3寨,共169户,380丁口 | 四至二十五里 |
| 上羊峒阿按寨土目 | 4寨,158户 | 4寨,158户 | 4寨,共158户,390丁口 | 四至二十里 |
| 上羊峒挖药寨土目 | 3寨,81户 | 2寨,81户 | 2寨,共31户,110丁口 | 四至一百三十里 |
| 押顿寨土目 | 2寨,190户 | 2寨,190户 | 2寨,共110户,330丁口 | 四至二十五里 |
| 中羊峒中岔寨土目 | 3寨,176户 | 3寨,176户 | 3寨,共116户,308丁口 | 四至二十五里 |
| 郎寨土目 | 3寨,168户 | 3寨,168户 | 3寨,共118户,304丁口 | 四至二十五里 |
| 竹自寨土目 | 3寨,87户 | 3寨,87户 | 3寨,共87户,112丁口 | 四至二十五里 |
| 中羊峒臧咱寨土目 | 3寨,160户 | 3寨,160户 | 3寨,共11户,300丁口 | 四至二十五里 |
| 东拜王亚寨土目 | 2寨,295户 | 2寨,87户 | 2寨,共110户,320丁口 | 四至三百八十里 |
| 达弄恶坝寨西南土目 | 1寨,258户 | 2寨,212户 | 2寨,共111户,500丁口 | 四至一百四十里 |
| 香咱寨土目 | 10寨,537户 | 7寨,537户 | 7寨,共537户,573丁口 | 四至七十里 |
| 咨马寨土目 | 2寨,324户 | 2寨,324户 | 2寨,共324户,682丁口 | 四至三百七十里 |
| 八顿寨土目 | 2寨,285户 | 2寨,285户 | 2寨,共285户,382丁口 | 四至六十里 |
| 合计 | 41寨,2888户 | 38寨,2634户 | 38寨,共2167户,4691丁口 | |

37

(3)平番营所辖大姓丢骨等部落，分属3个土千户，均为"西番"部落，住牧之地距离县城东南二三百里不等。与中、左两营所管"番民"同俗。至民国时期，这些部落共有85寨，925户，2808丁口。

| 土司名称 | 雍正时期户数 | 嘉庆时期户口数量 | 民国方志所载户口数量 | 四至规模 |
| --- | --- | --- | --- | --- |
| 南路丢骨寨土千户 | 15寨,72户 | 24寨,260户 | 24寨,184户,480丁口 | 四至三百七十里 |
| 南路呷竹寺土千户 | 1寨,160户 | 32寨,360户 | 32寨(内14寨改土归流,360户,1200丁口;18寨,100户,318丁口 | 四至五百九十里 |
| 西路云昌寺土千户 | 1寨,112户 | 24寨,240户 | 29寨,281户,810丁口 | 四至一百五十五里 |
| 合计 | 17寨,344户 | 80寨,860户 | 85寨,925户,2808丁口 | |

(4)南坪营所辖的隆康、芝麻、中田、勿谷、边山等部落，民族构成较为复杂，住牧地距离县城东北大约三四百里之间。至民国时期，这些部落共有32寨，660户，2143丁口。

| 土司名称 | 嘉庆时期户口数量 | 民国方志所载户口数量 | 四至规模 |
| --- | --- | --- | --- |
| 中羊峒隆康寨寨首土司 | 32寨,360户 | 7寨,124户,698丁口 | 四至五百九十里(四至三百一十五里) |
| 下羊峒黑角浪寨寨首土司 | 12寨,249户 | 早经改土归流,与南坪城乡一体查照汉制办理 | 四至共四百五十里 |
| 芝麻寨土司,杨生荣 | 阙 | 5寨,86户,303丁口 | 四至三百一十里 |
| 中田寨土司,杨观成 | 阙 | 4寨,72户,317丁口 | 四至三百六十里 |
| 勿谷寨土司 | 阙 | 8寨,196户,782丁口 | 四至二百八十里 |
| 边山寨土司 | 阙 | 8寨,182户,741丁口 | 四至二百五十里 |
| 合计 | | 32寨,660户,2143丁口 | |

综上所述,东部所覆盖的部族地区共有175寨,共有2361户,7500丁口。

3.西部部落与户口数量

就口内区域而言,西部部落可分为:

(1)拈佑、热务、牟尼三部落,均为"西番"种类,居住地距县城西南数十百里不等。至民国时期,这些部落有31寨,共有496户,1190丁口。

| 土司名称 | 雍正时期寨落数量与户数 | 嘉庆时期户口数量 | 民国方志记载户口数量 | 四至规模 |
| --- | --- | --- | --- | --- |
| 拈佑阿革寨土百户 | 7寨,35户 | 7寨,45户 | 7寨,91户,200丁口 | 四至三百八十里 |
| 西路热雾寨土百户 | 15寨,106户 | 17寨,134户 | 17寨,279户,680丁口 | 四至四百二十里 |
| 西路牟尼包子寺寨土千户 | 13寨,106户 | 6寨,56户 | 7寨,126户,310丁口 | 四至一百三十里 |
| 合计 | 35寨,247户 | 30寨,235户 | 31寨,共496户,1190丁口 | |

(2)峨弥(眉)、七布、麦杂、毛革四部落,为所谓"猓夷"部落,居住地距县西南二三百里不等。情性驯良,打牲种麦,衣毡,住碉房或板房,亦有住帐房游牧者。

| 土司名称 | 雍正时期户口数量 | 嘉庆时期户口数量 | 民国时期方志记载户口数量 | 四至规模 |
| --- | --- | --- | --- | --- |
| 西路峨弥(眉)喜寨土千户 | 13寨,271户 | 15寨,833户 | 15寨,共526户,1460丁口 | 四至三百里 |
| 西路七布徐之河土千户 | 11寨,164户 | 11寨,282户 | 8寨,共145户,420丁口 | 四至三百八十里 |
| 毛革阿按寨土千户 | 阙 | 17寨,347户 | 18寨,共468户,1200丁口 | 四至八百里 |
| 麦杂蛇(佘)湾寨土百户 | 阙 | 15寨,289户 | 15寨,共583户,1300丁口 | 四至四百一十里 |
| 合计 | | 58寨,1751户 | 56寨,共1722户,4380丁口 | |

综上所述,口内地区的西部部落共有87寨,合计2210户,5570丁口。如果将以上三个部分都可归为"口内"区域,至民国时期,口内部族地区共有262寨,合计4571户,13070丁口。

4.口外部落及户口数量：

（1）口外包坐等五部落，均为"西番"种类，居留地距县城西北行三百余里，与甘肃洮州属杨土司连界。至民国时期，这五个部落有40寨，1351户，2948丁口。

| 土司名称 | 雍正时期户口数量 | 嘉庆时期户口数量 | 民国方志记载户口数量 | 四至规模 |
| --- | --- | --- | --- | --- |
| 上包坐佘湾寨土千户 | 9寨，226户 | 9寨，266户 | 9寨，266户，332丁口 | 四至九百里 |
| 下包坐竹当寨土千户 | 10寨，187户 | 10寨，187户 | 10寨，187户，382丁口 | 四至七百里 |
| 川柘寨土千户 | （7寨）332户③ | 7寨，332户 | 7寨，322户，554丁口 | 四至三百四十里 |
| 谷尔坝那浪塞土千户 | 7寨，256户 | 7寨，256户 | 7寨，265户，524丁口 | 四至八百里 |
| 双则红凹塞土千户 | 7寨，310户 | 7寨，310户 | 7寨，311户，632丁口 | 四至四百八十里 |
| 合计 | 40寨，1311户 | 40寨，1351户 | 40寨，1351户，2948丁口 | |

（2）口外铁布撒路等七部落，均为"西番"部落，住牧地距县城西北四百余里，与甘肃洮州属扬土司连界。

| 土司名称 | 嘉庆时期户口数量 | 方志所载户口数量 | 四至规模 |
| --- | --- | --- | --- |
| 上撒路木路恶寨土百户 | 8寨，77户 | 8寨，77户，240丁口 | 四至四百里 |
| 中撒路杀按槓寨土百户 | 8寨，98户 | 8寨，98户，280丁口 | 皆荒山，无里数 |
| 下撒路竹弄寨土百户 | 阙 | 14寨，174户，480丁口 | 四至四百四十里 |
| 崇路谷漠土塞土百户 | 24寨，423户 | 24寨，423户，880丁口 | 四至八十五里 |
| 作路森纳寨土百户 | 8寨，101户 | 8寨，101户，220丁口 | 四至二百二十里 |
| 上勒凹贡按寨土百户 | 6寨，118户 | 6寨，118户，280丁口 | 四至四百五十里 |
| 下勒凹卜顿寨百户 | 6寨，150户 | 6寨，150户，300丁口 | 四至五百一十里 |
| 合计 | | 74寨，1141户，2680丁口 | |

(3)漳腊营所管辖的口外班佑上十二部落及鹊个、郎惰二部落,均为"西番"部落,住牧之地距离县城西北,远近不等,大约七八百里,与甘肃洮州桑杂各番地相连界。纵横三百余里,游牧草地,逐水草而居,迁徙无定。

| 土司名称 | 嘉庆时期户口数量 | 民国方志所载数量 | 四至规模 |
| --- | --- | --- | --- |
| 班佑寨土千户 | 1寨,18户 | 1寨,18户,45丁口 | 四至四百里 |
| 巴细蛇住坝寨土百户 | 17寨,274户 | 17寨,274户,652丁口 | 四至二百九十里 |
| 阿细柘弄寨土百户 | 10寨,168户 | 10寨,168户,352丁口 | 四至五百八十里 |
| 上作尔革寨土百户 | 1寨,57户 | 1寨,57户,210丁口 | 四至四百五十里 |
| 合坝独杂寨土百户 | 1寨,66户 | 1寨,66户,210丁口 | 四至五百七十里 |
| 辖漫寨土百户 | 1寨,124户 | 1寨,124户,390丁口 | 四至五百里 |
| 下作革寨土百户 | 1寨,113户 | 1寨,113户,380丁口 | 四至七百里 |
| 物藏寨土百户 | 1寨,41户 | 1寨,41户,男女130丁口 | 四至八百五十里 |
| 热当寨土百户 | 1寨,72户 | 1寨,72户,男女250丁口 | 四至七百五十里 |
| 磨下寨土百户 | 1寨,21户 | 1寨,21户,78丁口 | 四至七百八十里 |
| 甲凹寨土百户 | 1寨,54户 | 1寨,54户,220丁口 | 四至共六百八十里 |
| 阿革寨土百户 | 1寨,60户 | 1寨,60户,260丁口 | 四至三百九十里 |
| 鹊个寨土百户 | 4寨,261户 | 4寨,261户,410丁口 | 四至四百四十里 |
| 郎惰寨土百户 | 8寨,143户 | 8寨,143户,690丁口 | 四至四百三十里 |
| 合计 | 49寨,1742户 | 49寨,1742户,4277丁口 | |

㉛ 雍正《四川通志》漏载寨数,据补。

(4)口外三阿坝部落,均为"西番"部落,住牧距县城西南约八百里,与甘肃黄河沿边各番地及维州卓克基连界,纵横一千五里余里。一半游牧,迁徙不定;一半种麦,居住于土碉房。

| 土司名称 | 嘉庆时期户口数量 | 民国方志所载户口数量 | 四至规模 |
| --- | --- | --- | --- |
| 上阿坝甲多寨土千户 | 37寨,1158户 | 37寨,1158户,3311丁口 | 四至五百七十里 |
| 中阿坝墨仓寨土千户 | 46寨,1749户 | 46寨,1794户,3720丁口 | 四至四百一十里 |
| 下阿坝阿强寨土千户 | 39寨,882户 | 39寨,882户,2110丁口 | 四至五百五十里 |
| 合计 | 122寨,3789户 | 122寨,3834户,9141丁口 | |

(5)口外三郭罗克部落,均为"西番"部落,住牧距县城西南千余里,纵横千五百余里,居住于高石碉房屋,以所谓"打牲"为业。

| 土司名称 | 雍正时期户口数量 | 嘉庆时期数量 | 民国方志所载量 | 四至规模 |
| --- | --- | --- | --- | --- |
| 上郭罗克车木塘寨土百户 | 9寨,287户 | 10寨,251户 | 10寨,251户,1510丁口 | 四至七百里 |
| 中郭罗克插落寨土千户 | 16寨,483户 | 17寨,485户 | 17寨,485户,1640丁口 | 四至三百十里 |
| 下郭罗克纲卡寨土百户 | 29寨,318户 | 29寨,330户 | 29寨,333户,1110丁口 | 四至四百五十里 |
| 合计 | 54寨,1088户 | 56寨,1066户 | 56寨,1069户,4260丁口 | |

(6)口外三阿树部落,其实有四个部分,均为"西番"部落,其住牧距县城西南约百八百余里,纵横千里。

| 土司名称 | 雍正时期户口数量 | 嘉庆时期户口数量 | 民国方志所载户口数量 | 四至规模 |
|---|---|---|---|---|
| 上阿树银达寨女土百户 | 34寨,254户 | 35寨,257户 | 35寨,257户,810丁口 | 四至四百二十里 |
| 中阿树宗个寨土千户 | 27寨,482户 | 27寨,488户 | 27寨,488户,1020丁口 | 四至四百八十里 |
| 下阿树郎达寨土百户 | 26寨,224户 | 26寨,240户 | 26寨,240户,870丁口 | 四至四百三十里 |
| 小阿树寨土百户 | 黑帐户124户 | 1寨,136户 | 1寨,136户,532丁口 | 四至四百八十里 |
| 合计 | 87寨,1084户 | 89寨 | 89寨,1121户,3232丁口 | |

综上所述，口外不仅地域广袤，部族聚落与人口数量也非常可观，至民国时期，口外部族共有430寨，合计10258户，26538丁口。

以上各时代部落、寨落、户口数量的统计资料并不十分完备，但是，从一个侧面反映出这一地区当时聚落规模与民族人口发展状况。首先，松潘地区列入户口汇总的部族前后有较大差别，这直接反映了对于部族户籍管理的进展状况。其次，有清一代，登记中的松潘地区不少部族的寨落、户口数量变化不大，这恐怕与当时民族户口的汇报制度有直接的关系。比较而言，民国方志所载数量较为全面完整，为较准确的统计工作提供了条件。其次，相对于口内地区（有262寨，合计4571户，13070丁口）而言，口外虽然在寨数、户数及丁口数量上都占较大优势，但是，考虑到口外地区的面积广大，口内与口外在户丁密度上并没有太大差别。可以说，松潘地区部族分布的总体特征是地广人稀，无论是口外草地，还是口内山地。这也是我们在研究松潘地区民族治理与行政区划变迁时所必须面对的客观状况。地域广大且户丁密度稀少，为行政管理所带来的难度是相当大的。

此外，还必须指出的是，在本节的户口统计中，我们提到了汉民、回民以及部族户口，但是，并未提及有清一代松潘地区非民籍户口，即戍卫军士及其眷属的数量。显然这是不全面的。因为清代在松潘地区建立起了相当完备的营汛体制，因此，有清一代，长期驻守于当地的军士及其眷属的数量并不在少数。如乾隆四十一年，"军机大臣议准将军阿桂等会奏：金川地方设镇安屯，条款内令兵丁携眷居屯。查建昌、松潘、维州等处兵丁男妇皆能习勤苦,如有情愿携眷者,初至垦种,于应得钱粮外给予盐菜口粮,俟生计已成,再行停止。"㉜同样,在清代松潘地方治理问题上,也无法忽视戍卫制度所发挥的重要作用。

## 二、松潘边地归属与机制调适

(一)从松潘镇到松潘厅

对于明、清两代的西部疆域建设而言,松潘地区的战略及军事地位举足轻重。如松潘地区对于四川首府成都一带的安全至关重要,"松潘乃西蜀之重镇,诸番之要区。东连龙安,南接威茂,北抵胡虏,西尽吐蕃。西北又与洮岷连壤,镇城、衙门、关堡之外,四面皆番,故经略者谓:蜀之各镇,惟松潘纯乎边者也。"㉝又明朝官员周洪谟在所著《西岷保障图记》一文中对此进行了相当精到的说明:

> 又(茂汶)其西乃为松潘。松潘之西北为吐蕃,东南杂氐羌。种落既繁,险陻弥固。群夷据岩嶂,以为卭笼碉磩,善制坚甲劲弩,走崖壁捷如猿猱。凡蜀民之转输松潘者,常掠于道,其为蜀患从来旧矣。然而松潘之所以深入而垒者,盖以据群夷之奥室,而杜其门户,故群夷之不敢觊觎成都者,以有松潘也。㉞

正基于此,明代在松潘地区建立起了相当完备的防御体系。明代已有松潘镇之设。明代"九边"之设,其实是一个相当庞大的边防体系,而松潘镇,是明代西部边防体系中一个重要环节。

鉴于地理位置重要,清朝在西部疆域建设中同样重视对松潘地区的经营。"松潘在岷江上游,距成都西北七百余里,全川之屏蔽,甘陇之要冲也。阶、文、洮、岷暨黄河沿岸川、甘番地,疆界毗连,黄胜关内外,五十二部落,番夷环绕,种类复杂。"㉟康熙、雍正时期,清朝在松潘地区政区建置之初,虽然遭到当地部分土司的抗拒与抵制,但是,清朝对松潘地区的进据过程还是较为迅速的,也取得了相当明显的成效。"若建昌、松潘诸卫,及永宁、石砫、酉阳诸司,或升为府,或置厅州,因地制宜,已全革其狉獠之俗,至于崇冈复嶂之表,杂处

---

㉜ 《皇朝文献通考》卷十一。
㉝ 《天下郡国利病书》第 2793 册,《四部丛刊》本。
㉞ 《全蜀艺文志》卷四十。
㉟ 民国《松潘县志》卷三《边防篇》"川甘番案始末记"。

诸番,火种刀耕,各安生业,亦皆兼帱而并覆之。"㊱如康熙十年(1671年),松潘之地奉旨改镇。"设松潘镇中、左、右三营,游击三员,守备三员,马步兵二千四名。迨康熙二十七年(1688年),改松威道为松茂道,只设松潘镇,马步兵二千名,仍管龙、茂、漳、迭、小河、平番、南坪等营各属要害,分兵汛守。"㊲又据载:"雍正二年(1724年)甲辰,下羊峝凶番拔那刚让笑等复猖獗不法。松潘镇总兵张元佐率领游击刘屏翰、邱名扬进剿,擒获首恶,余寨投诚,番目牵慢、甲个、札实太等率各寨番,皆愿为编户,辟地二百四十里,得番民三十七寨,建城于南坪坝,为南坪营,川陕道路始通。"㊳由此可见,松潘地区处于川陕交通之要路,其安危直接影响到当时四川与陕西两大省份的交通往来,对于西南地区政治版图的重要性不言而喻。

### 清代松潘地区土司归属情况表

| 各营名称 | 所辖土司名称 | 土司数量 |
| --- | --- | --- |
| 松潘镇中营 | 包子寺寨土千户、峨眉喜寨土千户、七布寨土千户、拈佑喀亚寨土百户、热务寨土百户、毛草阿按土千户、麦杂畲湾寨土千户 | 5个土千户、2个土百户 |
| 松潘左营 | 阿思崗土千户 | 1个土千户 |
| 平番营 | 九关云昌寺寨土千户、六关呷竹寺寨土千户、丢骨寨土千户 | 3个土千户 |
| 漳腊营 | 商巴寨土千户、寒盼寨土千户、祈命寨土千户、香咱寨土百户、押顿寨土百户、羊峝阿按寨土百户、羊峝挖药寨土百户、羊峝塔藏寨土百户、羊峝郎寨土百户、羊峝竹自寨土百户、羊峝藏咱寨土百户、羊峝中岔寨土百户、拜王亚寨土百户、达弄阿坝寨土百户、咨玛寨土百户、八顿寨土百户、上阿坝甲多寨土千户、中阿坝墨仓寨土千户、下阿坝阿强寨土千户、郎堕安出寨土百户、鹊个寨土百户、上郭罗克车本塘寨土百户、中郭罗克押落寨土千户、下郭罗克纳卡寨土百户、上阿树银逹寨土百户、中阿树宗个寨土千户、下阿树郎逹寨土百户、小阿树土百户 | 8个土千户、20个土百户 |
| 漳腊营潘州 | 上包坐畲湾寨土千户、下包坐竹当寨土千户、川柏寨土千户、谷尔坝那浪寨土千户、双则红凹寨土千户、上撒路木路额寨土百户、中撒路散安寨土百户、下撒路竹弄寨土百户、崇路谷谟寨土百户、作路生纳寨土百户、上勒凹贡按寨土百户、下勒凹卜顿寨土百户、班佑寨土千户、阿细柘弄寨土百户、巴细畲任坝寨土百户、合坝独杂寨土百户、辖漫寨土百户、上作革寨土百户、下作革寨土百户、物藏寨土百户、热当寨土百户、磨下寨土百户、甲凹寨土百户、阿革寨土百户 | 6个土千户、18个土百户 |
| 合计 |  | 18个土千户、40个土百户 |

45

资料来源:《皇朝文献通考》卷二八六,文渊阁《四库全书》本。

根据《皇清职贡图》诸书的记载,松潘地区各部族归属中央官府管辖的时间不尽相同,这表明这一地区建立行政体制的复杂性与艰巨性。《皇清职贡图》一书于乾隆十六年(1751年)至二十六年(1761年)奉敕撰修。该书中记录了相当多的松潘镇所管辖的边地部族情况。其中,大部分部族于顺治与康熙年间归属清朝官府。如东坝阿思洞大小十一寨于顺治十五年归属,北坝、元坝、下泥巴大小七寨于康熙元年归属,口外三郭罗克部落于康熙六十年归属,甲凹、鹊个、郎惰、阿坝十二部落于雍正元年归属等。

除军事及战略地位之外,松潘地区在清代西部地区经济贸易上的地位也不可低估。早在青海准噶尔叛乱被平定后不久,松潘黄胜关便被确立为对蒙古部族两大交易市场之一。这种重要政治、经济区位价值为松潘地区的发展带来了巨大的机遇,当然也为当地的治安状况提出了更高的要求。如雍正三年(1725年)四月,奋威将军岳钟琪就"青海诸部互市地"问题上奏称:

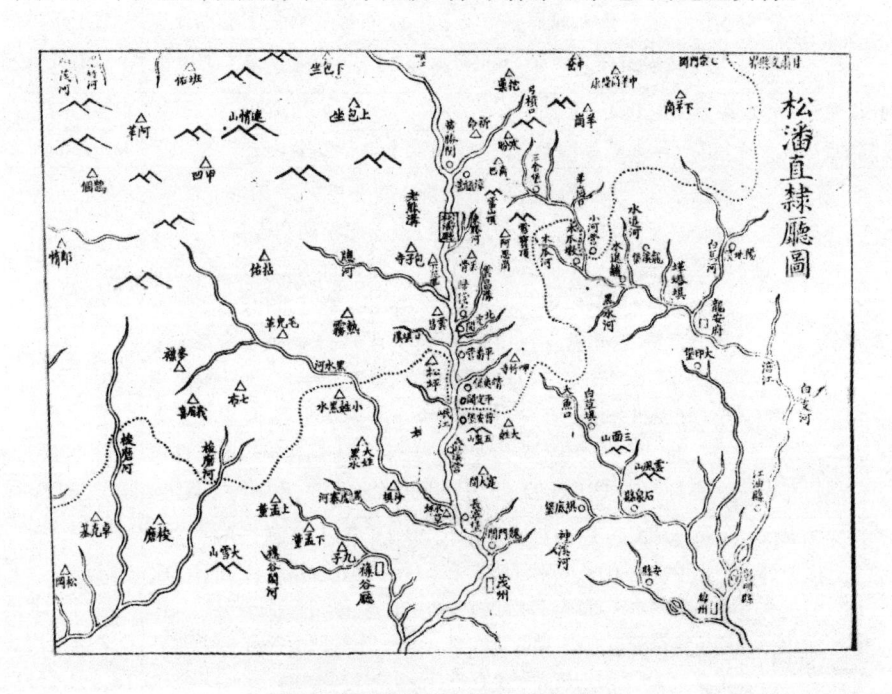

松潘直隶厅图(选自嘉庆《四川通志》)

---

㊱ 《皇朝文献通考》卷二八六《舆地考·四川省》。
㊲ 雍正《四川通志》卷一七《屯田》。
㊳ 雍正《四川通志》卷一七《屯田》。

> 大将军年羹尧前奏称：每年青海与内地定于二、八月贸易，以那喇萨喇为交易所。经议政大臣议改令四季交易，甚便。按亲王察罕丹津公拉察卜等诸台吉部落并居黄河之东，迫近河州（治今甘肃临夏县），去松潘不远。向在河州、松潘二处贸易。今若定于那喇萨喇，恐黄河东、西两翼蒙古所居有无不足供给，不如仍于河州、松潘贸易为便。河州定于土门关附近双城堡，松潘定于黄胜关之西河口，二地并有城堡、房屋，地形宽阔，水草丰好，可为永远互市之所。

岳钟琪的奏议得到了雍正皇帝的批准[39]。据此可知，河州土门关与松潘黄胜关由此成为官府批准的、青海境内各部族与东部各民族贸易往来的两大关市，大批来自东部地区的商人与货物云集于此，与西部各部落进行商品交易，其规模与影响相当可观。松潘地区也由此成为西部商贸重镇之一。

对于清代及民国初年松潘地区的商业贸易状况，民国《松潘县志》进行了一个全面的总结：

> 商货分输出、输入两种：输出品购自成都、温、崇、彭、灌、江、彰、安、绵各县者，以大小茶包为大宗，绸缎、绫绸、洋广匹、头毛绸、花线土布次之，铜、铁、瓷器暨各杂货、各食品又次之。运外关外南北番部售销；输入品易自关外生番部落者，以羔羊皮、野牲皮、羊毛为大宗，香茸、贝母、大黄、松虫各药材次之，牛羊牲畜又次之。运入本省暨直隶、河南、上海及沿江、沿海各埠售销。交易时期，每岁汉番运货联队行走。大抵六七月，皮庄登市；八九月鹿茸、贝母、大黄、甘松、牛羊登市；十月以后，羊毛登市。麝香、杂药暨各山货则无定时。商帮有草地帮、西客帮、河南帮、陕帮、渝帮之别。

显而易见，由松潘为贸易核心所构建起来商贸网络，其涉及面是相当广阔的，所涉及的贸易城市不仅包括四川省内的成都、温、崇、彭、灌、江、彰、安、绵各县，更包括直隶（今河北）、河南、上海及沿江、沿海各大商埠。如茶叶是边地贸易中的重要物资，松潘地区是重要的茶叶贸易中转站。据雍正《四川通志·茶法篇》之记载，其中以松潘地区为茶叶发卖地的州县有：成都县、华阳县、新津县、灌县、南江县、彭县、什邡县、江津县、彭水县、广元县、平武县、石泉县、直隶嘉定州、峨眉县、丹棱县、大邑县、合江县、安县、绵竹县、直隶茂州、汶川县等。

---

[39] 《平定准噶尔方略》前编卷十五，文渊阁《四库全书》本，下同。

重要的军事及商贸地位,为清代松潘地区治安与治理等相关问题提出了更高的要求。清代承继了明代松潘镇的建置,即依旧保持军镇体制,而松潘镇总兵就驻扎于松潘城之内,统辖十二营。关于松潘地区的治理,著名大臣年羹尧在《条奏青海善后事宜十三条》中提出"西番部人宜属内地管辖"的方针,得到了清廷的支持:

> 凡陕西所属甘州、凉州、庄浪、西宁、河州,四川所属松潘、打箭炉、里塘、巴塘,云南所属中甸等处,并西番所在驻牧地,自明以来失抚治之道,或为喇嘛耕种地,或为青海属人交纳租税。但知有蒙古而不知有厅、卫、营、伍诸官。今西番归化,悉为内民,应相度地势,增设卫所,以抚治之。择番人头目心服于我者,给予土司千百户、土司巡检等衔,令分管之,并令附近道厅及增设卫所诸官管辖。其应纳粮草较前所纳数请减之,以示宽大。至近边居帐屋逐水草游牧者,仍许其游牧。均应如所请。⑩

松潘地区非汉部族人口繁盛,于明、清两代均属土司体制所覆盖的地区。年羹尧建言的核心,便是在西部土司民族地区建立健全土司管辖体系之外,同时增设建置营汛戍守体制加以管辖。故而营汛统辖之下土司管理体制,便成为松潘等地区治理的最主要行政管理方式。松潘地区这种管理体制,在《皇清职贡图》中有着十分明确的体现。

《皇清职贡图》中松潘镇所辖边民情况简表

| 边民名称 | 居住地域 | 民族种类[41] | 输纳情况 |
| --- | --- | --- | --- |
| 松潘镇中营辖西坝包子寺等处番民与番妇 | 包子寺拈佑喀亚寨、热雾作坝寨、毛草阿按寨、麦杂蛇湾寨 | 氐羌裔 | 输粮赋 |
| 松潘镇中营辖七步峨眉喜番民与番妇 | 峨眉喜大小十五寨、七步徐之河大小十一寨 | 西番、猓种 | 输青稞充兵食 |
| 松潘镇左营辖东坝阿思洞番民与番妇 | 东坝阿思洞十一寨 | 西番种 | 输纳青稞充兵米 |
| 松潘镇右营辖北坝元坝泥巴等寨番民与番妇 | 北坝、元坝、下泥巴大小七寨 | 西番种 | 输纳青稞充兵米 |

---

⑩ 《平定准噶尔方略》前编卷十四。

| 边民名称 | 居住地域 | 民族种类㊶ | 输纳情况 |
| --- | --- | --- | --- |
| 松潘镇属龙安营辖象鼻高山等处番民与番妇 | 象鼻、高山、黄羊关等寨 | 吐蕃裔与松潘平番族同类 | 无贡税 |
| 龙安营辖白马路番民与番妇 | 白马路十八寨 | 吐蕃裔 | 无赋税 |
| 石泉县青片白草番民与番妇 | 青片白草四十二寨 | 氐羌裔 | 输米为兵食 |
| 松潘镇属漳腊营辖寒盼祈命等处番民与番妇 | 寒盼、祈命、商巴三寨 | 氐羌裔 | 阙 |
| 漳腊营辖口外甲凹鹊个寨等处番民与番妇 | 口外甲凹鹊个寨惰阿坝十二部落 | 氐羌裔 | 以青稞为赋 |
| 漳腊营辖口外三郭罗克番民与番妇 | 三外三郭罗克 | 氐羌裔 | 岁输马 |
| 漳腊营辖口外三阿树番民与番妇 | 口外阿树 | 氐羌裔 | 阙 |
| 松潘镇属叠溪营辖大小姓黑水松坪番民与番妇 | 河东大姓八寨、马路小关七族、河西小姓六寨、黑水松坪 | 熟番 | 各输青稞充兵食 |
| 松潘镇属平番营辖上九关番民与番妇 | 上九关、云昌寺、丢谷寨 | 西番 | 岁输青稞 |
| 平番营下六关番民与番妇 | 下六关呷竹寺等寨 | 与上九关同 | 输青稞充兵米 |
| 松潘镇属南坪营辖羊峒各寨番民与番妇 | 羊峒中、下峒三十四寨 | 生番 | 输青稞充兵米 |

资料来源：《皇清职贡图》卷六，清文渊阁《四库全书》本。

## 嘉庆时期松潘厅部族户口归属简表

| 营名 | 所辖土司数量 | 番民数量 |
| --- | --- | --- |
| 松潘镇中营 | 拈佑阿革等寨土千户七员 | 1986 户 |
| 左营 | 阿思尚、羊峒二千百户 | 431 户 |
| 右营 | 下泥巴寨土百户 | 50 户 |
| 漳腊营 | 寒盼等寨土千百户三十九员 | 10442 户 |
| | 羊峒踏藏等寨土目十三名 | 2634 户 |
| 平番营 | 丢骨、云昌寺、呷竹寺三土千户 | 860 户 |

| 营名 | 所辖土司数量 | 番民数量 |
| --- | --- | --- |
| 南坪营 | 中羊峒、隆康寨、下羊峒、黑角郎寨二寨首 | 638 户 |
| 叠溪营 | 大姓等寨土千百户六员 | 1665 户 |
| 龙安营 | 龙安府土通判知事 | 375 户 |
| | 杨地隘口长官司 | 342 户 |
| 松潘厅合计 | | 19423 户 |

资料来源:嘉庆《四川通志》卷六五《食货志》。

随着时间的推移,松潘地区的管理机制在清代也发生了不少的变化。如雍正九年(1731年),裁卫,改为抚民厅,移龙安同知(抚民同知)驻此,松潘地区由此隶属于龙安府。乾隆二十七年(1762年),又改为松潘直隶厅,隶属于四川布政司[42]。至民国初年,松潘厅始改制为松潘县。可以说,有清一代,松潘地区的管理体系经历了由军镇转向县制的历程,进而从根本上完成了由边地向内地的转变。

笔者以为:在这一转变过程中,松潘地区的营汛体系的建设是较为成功的,而这一体系的成功,正是合理而全面地利用了当地的地理地貌条件。这一体系的成功,也是松潘地区最终完成行政体制转型的保障。

(二)营汛体制建置的地理形态

营汛体制对于清代松潘地区的政制演变起到了极为关键的保障作用。关于松潘地区营汛体制的建置过程,雍正《四川通志》卷一七编者按语云:"康熙十年(1671年)奉旨,改遵义为协,松潘为镇,设松潘镇中、左、右三营,游击三员,守备三员,马步兵二千四名。迨康熙二十七年(1688年),改松威道为松茂道,只设松潘镇,马步兵二千名,仍管龙、茂、漳、迭、小河、平番、南坪等营,各属要害,分兵汛守。松潘旧有四州,三近漳腊,今阿失寨即上潘州,班班簇即下潘州,二州之间即中潘州,去松不过二三日。故城遗址尚存,今设潘州、达建二营。亦属松潘管辖,与漳腊诸番,犬牙相参。""各属要害,分兵汛守"之语,十分清晰地道出了营汛体系建置的指导思想,即戍守之地均选在军事及战略上相

---

[41] 关于清代边民的民族识别,参见李泽奉、刘如仲编著:《清代民族图志》,青海人民出版社1997年。

[42] 参见民国《松潘县志》卷一《建置篇》。

当重要的地点。而"犬牙相参"也表明了各个据点之间的密切呼应关系。

但是,出于极为独特的自然地貌条件,要想在松潘地区建立稳定而持久的戍守体系,相当困难。如清人所撰《择形势筑炮台说》:"松潘孤悬边徼,距省城七百余里,一片危城,羌倮窥伺,且附郭环山岭,寨落交错,负险碉居。一有烽警,辄占据要险,扼我咽喉,全城如困釜底。"[43]此外,当地藏羌居民独特的建筑聚落形态——碉楼(房),在军事上具有易守难攻的特点,对于外来军队的进驻也会产生严重的威胁。"自松达茂三百余里,路循河岸,夷碉棋布山岩,视之如蜂房。"[44]另如为了防止道路劫掠,从明代开始,甚至沿途建筑夹路墙。傅樵斧就指出:"自平夷堡上至镇江关、北定、安化等关,下至镇平、镇番、靖夷等堡,沿途及叠溪、漳腊、小河一带,明都督何卿于两旁夹道皆筑墙垣,防番人劫掠也,故入松之路,夹道甚多。"[45]

有清一代,松潘地区的营汛布置格局并非是一蹴而就,而是经过了一个相当曲折的建设与调整过程。如早在雍正年间,时任松茂道长官的郑其储率众"修松潘城,自黄胜关以西,至潘州,皆请设塘汛,以资防守"。[46]为当地营汛体系的建设打下了基础。而在这一过程中,曾任四川提督的黄廷桂、川陕总督的岳钟琪等人更是发挥了举重轻重的作用。如岳钟琪在《议复布置防兵疏》中指出:

> 案准提督四川黄廷桂咨称:潘州一境,东北遥通洮州、河州,其间横绕杂处者,有竹利、铁布、鹿哨、甘家等番。西通归德、西宁,中有合坝、上下作革、播下等番,及插汉丹津等部落住牧,西南有阿坝、郎堕、郭罗克、毛儿革等种悍夷,是潘州实为边塞重地,若潘州无兵,不但西宁、松潘由草地一路声息相隔,即各处番夷,或久经内附,或剿抚方新,悉隶于漳腊一营管辖,诚恐鞭长莫及。且松潘譬之内户,黄胜关譬之堂奥,潘州譬之门庭,而专事堂奥,非计之得。其潘州安设官兵之处,实为一方屏障,似应仍照原议。
>
> 惟两河口去黄胜关仅二十里,而距潘州三百八十余里,中横羊膊岭,路属迢遥。前议于两河口安设官兵,似与潘州声息尚觉隔越。查包坐之达建寺地方,距潘州一百八十余里,距黄胜关二百二十里,为潘州、黄胜关适中之地,且达建寺绕东北由挖药而至羊岗,仅一百

---

[43] 民国《松潘县志》卷一"疆域篇"附录。
[44] 雍正《四川通志》卷一七《屯田篇》。
[45] 《松潘游记》。
[46] (光绪)《荆州府志》卷四七《郑其储传》。

二十余里。似应将议设两河口官兵改设达建寺,声息乃为联络,并开辟达建至挖药羊峒路道,安设塘汛,以资控驭。而两河口虽逼近黄胜关,但系四通要隘,应即于黄胜关设驻扎之兵,酌量分防布置,更属周密。查文县等处去潘州计程只七八日,即至将来潘州营制设立之后,商民趋利奔集,其米粮食物自有担负贩运而来者,再为相地屯种,其及时设法积贮,自可接济兵食。

至黄胜关系漳腊、潘州之咽喉,查黄胜关原额设有漳腊营之汛兵五十名,未免单弱,须增兵以资声援。今潘州达建寺既已安设,则漳腊旧管之包坐五寨,并新抚之阿细巴细上下作革合坝,屋藏、甲凹,播下辖漫铁布等处地方,自应统归潘州就近管辖。再将漳腊营分防流沙、东胜、雄溪、红花、羊裕、塘舍、坛邪、谷粟、高地等处塘汛兵丁尽行抽撤,添拨一百五十名归黄胜关,合之黄胜关原额设兵丁五十名,共足兵丁二百名。将漳腊营守备移驻黄胜关,内可为松潘之屏蔽,外可为达、建、潘州等营之犄角。

其龙安营虽属内地,但查该营地方辽阔,且东北接壤阳、平、阶、文,实为秦蜀之扼塞。必得参将弹压,似不宜议请移驻漳腊。再查南坪地方险要,番人出没不常,似应增兵稽查防范。

而小河地方虽汛防二百余里,界在内地,无庸重兵,应如所请,将小河营游击带兵一百五十名,移驻南坪,合之南坪现设兵三百名,共四百五十名,以资弹压者也。再查漳腊营与松潘镇中、右两营向日所辖营汛,参错不便统辖,应分别就近管束,以专责成。

如漳腊营分防之流沙关汛,距松潘镇中营较近,应归并松潘镇中营管辖,而流沙关汛旧管之牟泥、拈佑、垫雾、七布、峨眉喜,及新抚之毛儿革、蛇湾等处,一并归之松潘镇中营管辖,似属利便。其漳腊营旧管雄溪、红花、东胜、谷粟、高地、羊裕、塘舍、坛邪等堡,以及元坝、泥巴等寨,去漳腊稍远,远则稽查地方,约束蛮番,恐有不周,莫如就近归于汛少之松潘镇右营管辖,易于为力。其漳腊旧管之寒盼、商巴、祈命并新附之出个、阿坝、郎堕、郭罗克仍隶漳腊管辖,以资控制。如此则弹压各得其便,军势倍觉联络,于边方似有裨益。[47]

这份奏疏相当全面地分析了清代前期松潘地区的防御形势及其应对调整,对于我们认识当时松潘地区的军事建置具有重要价值。首先,北部军事要塞首推潘州治所(即今天若尔盖县一带),毗邻青海、甘肃,当地民族构成复

---

[47] 雍正《四川通志》卷二二中《兵制》。

杂,治理难度相当大。因此,潘州成为影响整个松潘地区安危的"边塞重地"。黄胜关地处咽喉之地,同样是防御之的"重中之重",有必要较大幅度地增加驻防兵力。其次,这份奏疏对于当时营汛体系的基本结构也做了明确的说明。如各营所辖之基本单位,既有汛,又有堡。而各汛堡均可以直接管理部族事务。

> 松潘旧有四州。今阿迭砦即上潘州,斑斑簇则下潘州,二州之间,则中潘州。其一惟松州。北路屯堡阿思岗诸砦,与漳腊寒盼、商巴、南坪隆康、黑角,犬牙相错。西北远通黄河、青海,附背之番族繁多,而虹桥庆、靖房墩、弓杠岭、黄胜关、两河口、红土坡等处,统扼口外北房及毛草、郭罗诸番关隘。东路通龙、绵右臂,而三舍堡、小河城、木瓜墩、铁龙桥统扼果子、白马、羊峒诸番关隘。松南叠、茂、威、灌,咽喉所寄,而麻答崖、蒲江关、石门堑、撒喇墩、永镇堡等处统扼丢骨、云昌、黑水诸番关隘。平番、小河设营以防东南,漳腊、南坪设营以防西北,据其险而遏其冲……㊽

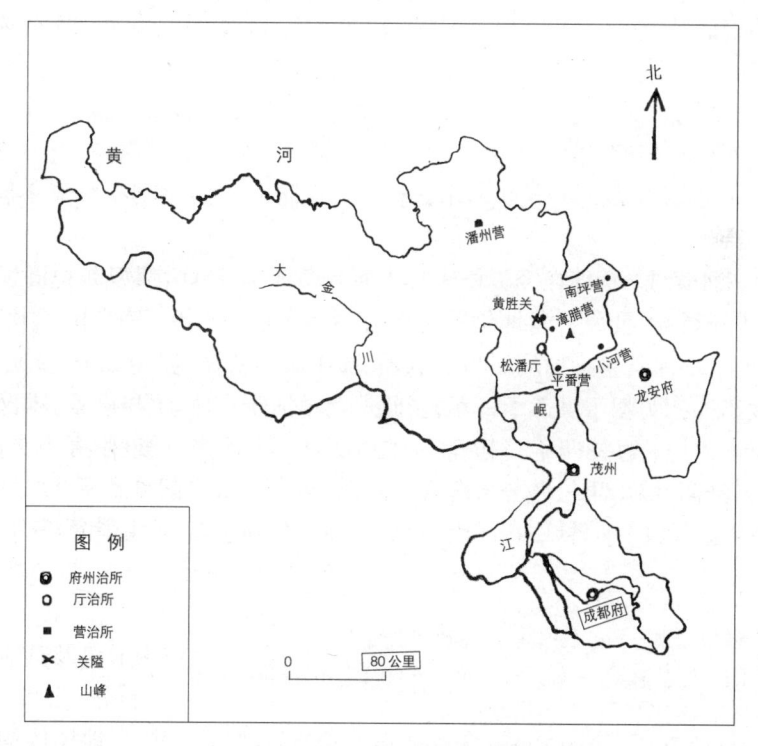

清代松潘地区各营分布简图

---

㊽ 民国《松潘县志》卷三《边防篇》"边防总论"。

随着时间的推移，松潘地区的防御策略与任务也有所调整与变化，从清代前期至清代中后期，松潘地区防御结构的一大转变，是旧潘州的逐步地被废弃，而松潘卫城成为防御核心。所谓"松潘旧有四州"，即指在原有政区格局中，松潘地区分为四个部分，即上潘州、下潘州、中潘州与松州。上潘州治今若尔盖县。上、中、下潘州均在黄胜之外的草地之内。而随着来自青海蒙古诸部威胁的减弱，潘州地区的防御功能趋于减弱，而松潘卫城成为防御体系的真正中心。

　　虽然前后也有一些显著变化，但是，进入清代中后期，松潘地区营汛体系的总体结构保持稳定，其核心建置主要包括"松潘厅城、漳腊、南坪、小河、平番、叠溪营城五"以及"大小屯堡一百余所"。[49]其实，叠溪营已在后来的松潘厅之外，清代松潘地区的驻防体系的核心便是松潘厅城与四座营城。我们发现，这五座城的空间分布可以说是多年经营的结果，很好地利用了这一地区自然地理结构的特点，达到了相当理想的防御及治安效果。

　　首先，为了适应当地自然环境，松潘境内各营及屯堡也大多依山建城，尽可能占据地利。如"查松属各营居万番巢穴之中，山势崚巁，间有包山城。"[50]如清代的松潘县城（即今松潘县所驻古城）在建筑在西岷山之上。如清代松潘人罗德舆有诗描述云："群山环拱卫，罗列如儿孙，突兀西岷秀，昆仑嫡派孙。"[51]又如《西岷城防要隘记》云："西岷，即松城包围之崇山而建大西门者也，最得地利。明耿忠经略边陲，以松城不包岷顶，遇有战争，贼据山巅，全城胥为所制。正统间，御史寇琛乃筑城跨山，造营垒，设防卫，扼厥冲要。"[52]其下属各营亦各具特色。如：

　　1.小河营城。营地在今天松潘县小河乡驻地丰河，距离松潘古县城190里（距今进安镇51公里），营地包有大崖山、翠屏山、牛心山、石砚山、古松山、青龙山等。"小河营包山（指翠屏山）为城，城上林木耸翠，拱卫如屏，夕阳西下，樵歌远出。"[53]明朝于洪武十一年，在此地置小河千户所。"与松潘卫同置。在卫东百九十里。宣德四年，调成都前卫后所官军实治之，仍隶松潘。按小河之地，古名涪阳，以水出松潘分水岭入涪江也，地在涪水之阳矣。"[54]

　　2.平番营城。平番城"在厅南一百二十六里，地名黄沙坝。其地宽平，可容

---

[49] 民国《松潘县志》卷三《边防篇·书庚申番变事》。
[50] 民国《松潘县志》卷三《边防篇》所录汤兴顺"上川督鹿传霖边防策"。
[51] 民国《松潘县志》卷一《山川篇》附录。
[52] 民国《松潘县志》卷一《山川篇》所引。
[53] 民国《松潘县志》卷一《山川篇》。
[54] 《天下郡国利病书》，第2794册。

千骑，为四十八砦番夷出入之地。明万历十四年，建城堡，周一里有竒。今有都司驻防，管辖丢骨寨、呷竹寺、云昌寺等三土千户。”(55)傅樵斧《松潘游记》亦云：“平番营，原名黄沙坝……（明万历时）都督李应祥擒喇嘛湾仲占柯，营于黄沙坝，改名平番营。其地宽平，可容千骑，为四十砦番人出入之地。明万历十四年建城，周一里有奇，清设都司一员，管丢骨寨、呷竹寺、云昌寺等土司千户。”

3.南坪营城。南坪城原名南坪坝，在今天九寨沟县（原名南坪县）城关镇。在松潘厅东北，其地为番夷出没之所，最为险要，本朝雍正七年筑城，周一里半，设守备驻防，管辖羊峒、芝麻、隆康等各番民，附近又有会龙、隆康二关，雍正七年筑城，各周一百四十丈，皆有官戍守。南坪营城附近一带同样山峰林立，如有西山、东山、朱家岭、杨家山、马家山、南岸山、达盖山、蓝家山等。

4.漳腊营城。漳腊营是防卫体系中的“重中之重”。漳腊营，在厅治以北四十里，明初置于下潘州，后徙而南。明嘉靖二十年于此筑城堡，置官军。本朝改为漳腊营，设游击驻防，城周一里有奇，雍正七年重修。如“乾隆五十七年，春正月甲寅，赏赉松潘镇属各土司。四川松潘镇总兵官路振扬疏言：松潘所属黄胜关无斥堠，向于漳腊营设一游击，统兵六百四十驻扎，管辖杂番。”(56)“漳腊营包山（观音山）为城，上有观音庙。《要隘记》：‘漳腊城东北隅跨山。明万历间筑，包山为城，山半有观音庙，山顶有靖虏礅，城周四百余丈。’”(57)营城附近还有琉璃山、锦屏山、笔架山、石牙床山、压玉岭、西天山等。

其次，清代四川地区的驻军体制主要分为营——汛（堡）二级，一营之下设有数汛。如雍正《四川通志·兵制篇》云：“凡蜀中要隘，安营置汛，莫不权其险易，而轻重布之，大小相维，远近相应，洵疆隅永固，而民生世世安堵矣。”在这种体制之下，各地守军兵力主要分为两大部分，一是留守各营驻地，一在分布于各汛所在的位置。

清初至嘉庆年间松潘地区守军驻守变化情况简表

| 营名 | 兵力调整 | 分讯情况 |
| --- | --- | --- |
| 中、左、右三营 | 原有马战守兵 1995 名，后减为 1500 名 | 三岔伏汛（13 名）、流沙关汛（10 名）、羊角溪汛（10 名）、三舍关汛（45 名）、望山关汛（15 名）、谭邪汛（14 名）、风洞关汛（13 名） |
| 漳腊营 | 原有守兵 640 名，后减至 560 名 | 黄胜关汛（43 名士兵）、柏木桥汛（27 名士名）、踏藏汛（37 名士兵） |

(55) 《大清一统志》卷三一九，文渊阁《四库全书》本。

(56) 《平定准噶尔方略》前编卷四。

(57) 民国《松潘县志》卷一《山川篇》。

| 营名 | 兵力调整 | 分讯情况 |
|---|---|---|
| 平番营 | 原有守兵250名,后减至210名 | 南路正平汛(41名士兵)、北路归化汛(56名士兵) |
| 小河营 | 原有马步守兵200名,后减为185名 | 南路汛(60名士兵)、北路汛(40名士兵) |
| 南坪营 | 原有马战守兵400名,后减为340名 | 隆康堡汛(52名士兵)、会龙汛(60名)、黑河汛(38名士兵) |

资料来源:嘉庆《四川通志》卷八六《武备篇》。

## 清朝末年松潘地区守军驻守情况简表

| 营卫名称 | 驻扎地 | 下辖汛名 | 兵士数量 |
|---|---|---|---|
| 松潘中营 | 松潘城 | 岷山、伏羌、三舍、羊角溪、流沙关、望山、雪栏、红岩、塘舍、羊芋、谭邪、小河上、小河小、小河外 | 537名 |
| 松潘左营 | 松潘城 | 老熊沟、谷粟屯、防风洞关、雄鸡屯、东胜堡、红花屯 | 420名 |
| 松潘右营(南坪营) | 松潘城(南坪城) | 会龙、隆康、黑河、汤珠河、四道城 | 278(马兵48名,战兵104名,守兵188名) |
| 漳腊营 | 漳腊城 | 黄胜关、柏木桥、踏骂、虹桥关、大石头 | 560(马兵65名,战兵165名,守兵339名) |
| 平番营 | 平番城 | 北路归化、南路镇坪、白羊 | 210名 |
| 小河营 | 小河城 | 南路、北路 | 马兵20名,战兵50名,守兵112名 |

资料来源:
1.嘉庆《四川通志》卷八六《武备志·兵制》。
2.民国《松潘县志》卷二《兵制》。

其三,从明代开始,松潘地区的汉人守军主要集中于岷江一线,可以说,岷江一线是营卫控御的核心部分,守军及其眷属所居屯堡均沿江展开。如早在明代,建昌兵备道邓贵就在《直陈建南地势以便防御》一文中指出:

窃谓历建南者然后可以谈建南,亦必备知今日建南之情形者,然后可以治建南,殆未可以耳谈也。以蜀边而论,如松潘与番隔河为界,又苦寒不宜屯种,故城堡之外,并无汉人邨落,是以营屯一,固事体归一,亦便防守也。至遵义,先年播州之役,已改设郡县,尽为编户,至于善后,又加派兵饷一十三万,经十年而始减,故力完而守易也。乃建南然乎哉?彼建夷负固一隅,蛮烟瘴疠,自大渡河起,至金沙江止一千五百六十里,皆高山峻岭,而五卫八所,各据要领,又皆与西番、东保百十余寨为邻,汉人所藉以往来者,止有一线鸟道,回绕屈曲殆三千余里。以三千余里之鸟道,经百十寨夷之隘口,虽有营堡,稀若晨星,岂能保无疏虞?此其无月无日,无时无刻而皆当为防。[58]

此段议论涉及建南、遵义、松潘等地,特别是松潘与建南,同处于四川西部,地理形态及防卫需求具有很大的相似性。所谓"建南",即明代建昌上南道之简称,管辖范围相当广袤,包括雅州府、灯宁远府、嘉定府、眉州与邛州,覆盖了四川西部与西南部。而松潘厅处于西北部,与雅州府接境。当时松潘境内之岷江称为大金川,为大渡河的主要支流之一。大金川沿岸的自然地貌特征与岷江一线十分相似,高山峻岭,一线鸟道,防御任务具有很大的挑战性。但是,经过长期的营建,在厅城、营城拱卫之下,松潘地区的屯堡体系达到了相当完备的程度,甚至被清代人士称为"松潘之例"。

> 其一切经商官道,俱仿"松潘之例":每十里筑土堡一座,周围约一里五分以资护卫;每五里筑土墩一座,周围仍筑土堡约阔七分,以便兵民同住,共相守望。[59]

如为了配合这一建设,当时还建有"五里牌"。据《松潘游记》目击所见,"过一界牌石,垒在路左,名五里牌,自此(安顺关)以上,凡五里即有一石垒,为界牌,仍行夹道中。"清人刘绍攽曾经到过松潘,在仔细观察当地形势之后,很有感触。其中当地关隘建置状况给他留下了相当深刻的印象,他在《镇江关》一诗中写道:

驿骑千山里,征尘各异方。
人烟重瘴雾,里籍杂蛮羌。

---

[58] 雍正《四川通志》卷十八下《边防篇》附录。
[59] 雍正《四川通志》卷十八下。

过午添风色,回波漾水光。
邻边真要地,十里一关防。⑩

  此处所云"十里一关防"的景象,正是"松潘之例"的明确证据。当然,应该承认,所谓"松潘之例"并非清代地方官员前无古人的创造,文献资料证明,清代松潘地区的许多的关堡、关隘都是直接承前代的墩、屯等建置而来。

### 清代松潘地区关隘(关堡)分布简表

| 关堡方位 | 关堡名称及沿革地理情况 | 数量 |
| --- | --- | --- |
| 东路 | 望山关(在厅东七里,旧设松蓬墩)、东胜堡(在厅东金蓬山后十里,东路关堡之首也)、文山关(在厅东小河营北二十里师家山麓)、雪栏关(在厅东二十二里雪栏山上,旧设大石墩)、风洞关(在厅东三十七里,旧设仙足墩)、黑松林关(在厅东五十七里,地多松林,因名,一名松林堡,旧设镇远墩)、红崖关(在厅东七十二里,一名红岩堡,旧设宁边墩)、伏羌堡(在厅东九十七里,旧设镇宁墩)、三舍关(在厅东一百十七里,一名三舍堡,旧设高桥墩) | 9 |
| 东南路 | 镇远堡(在厅东南一百二十七里,旧设仰止墩)、小关堡(在厅东南一百四十二里,旧设威远墩)、松垭堡(在厅东南一百五十七里,旧设镇番墩)、三路堡(在厅东南一百六十七里,旧设石关墩)、师家堡(在厅东南一百七十七里,旧设漆树墩)、四望堡(在厅东南一百八十七里,旧设甘沟墩,又东二十里即小河营也)、峰崖堡(在小河东南十五里,旧设石险墩)、木瓜堡(在小河东南三十里,旧设铁索桥)、叶堂堡(在小河东南四十里,旧设蛮墩,又东四里接平武县界马营堡)、涪阳戍(即小河营址,在厅东一百九十里) | 10 |
| 南路 | 西宁(平)关(在厅南二十五里,有踞虎墩)、红花堡(在厅南五里,有八角平坝墩,南路关堡之首也)、雄溪堡(一名熊桢屯、在厅南十五里)、云屯堡(在厅南三十五里)、安化关(在厅南四十五里,有凝冰墩)、百胜堡(在厅南五十五里,有炮脑墩)、新镇关(在厅南七十里,亦名新塘关,有风惊墩)、净江堡(在厅南八十里,一名龙韬堡,有石阿墩)、归化关(在厅南九十里,有威信墩,自厅南至叠溪之永镇堡,此为适中之地)、北定关(在厅南一百五里,有横梁墩)、镇江关(在厅南一百二十里,旧名蒲江关,有撒呐墩,又南六里即平番营也)、黄沙坝(即平番营,在厅南一百二十六里)、平夷关(在厅南平番营南十里,亦名平夷堡)、金骈堡(在平番南二十里)、镇平堡(在平番南三十里)、镇番堡(在平番南四十五里)、靖夷堡(在平番南五十五里)、平定堡(在平番南六十五里,设关,又南八里接叠溪界永镇堡边界) | 18 |

58

| 关堡方位 | 关堡名称及沿革地理情况 | 数量 |
|---|---|---|
| 西路 | 流沙关(在厅西十里外,旧设玉门、御寇等墩,通毛儿革生番地) | 1 |
| 北路 | 净沙堡(在厅北五里)、虹桥关(在厅北二十八里,其地有落虹桥,长二十丈,为饷道必经之地)、南坪营(在厅东北,本朝雍正十年置巡司,附近又有会龙、隆康二关)、羊裕堡(在厅北六里羊裕屯)、塘舍堡(在厅北十六里塘舍屯)、谭庈堡(在厅北三十里谭庈屯)、漳腊堡(在厅西北四十里,即漳腊营址) | 7 |
| 西北路 | 黄胜关(在厅西北漳腊营西北四十里,关外即西夷地,大江由此流入,今有官兵戍守)、镇卤堡(在厅西北漳腊营北十八里,其后为天险墩,前为观化墩,东接襄台、西制卤台)、谷粟堡(在厅西北十里谷粟屯)、高屯堡(在厅西北二十里高屯) | 4 |

资料来源:

1.嘉庆《大清一统志》。

2.嘉庆《四川通志》卷三十《关隘篇》。

松潘至茂州三百里之间,应该是该地区防御布置的核心区域。民国四年(1915年),新任松潘知县傅樵斧根据从成都前往松潘上任途中的见闻,撰成《松潘游记》,详细记录了沿线的地理风貌与人文景观,为我们了解清末民初的松潘地区地理及交通状况有很大的帮助。其中记载了他所见到了沿途聚落与屯堡遗址,其中,从茂州至松潘三百里的距离之中分布的聚落及屯堡有:

茂州——(五里)茶关——(十里)石榴桥——(十里)渭门关——(十里)小沙湾——(十里)沟口砦——(十二里)插耳岩——(三里)陈家坝——(七里)长林——(五里)两河口——(五里)木苏堡——(四里)石大关——(六里)鹦哥嘴——(四里)大定(城)——(五里)纪子坪——(五里)玛瑙顶——(三里)水沟寺——(五里)黄草坪——(二里)小关子——(十里)叠溪(营城)——(二里)校场坝——(十里)平桥沟——(五里)沙湾——(十里)普安(关)——(五里)杨柳桥——(五里)太平(城)——(十里)永镇(关)——(十里)靖夷堡——(十里)水塘——(十里)正平(城堡)——(十里)金平砦——(十里)平夷堡——(五里)格大坝——(五里)平番营——(五里)镇江关——(十三里)北定关——(十七里)归化(城)——(十里)隆昌堡——(十里)新塘关——(十三里)德顺堡——(七里)安顺关——(十里)云屯堡——(十里)西宁关——(二里)鸳鸯桥——(八

里)石河桥——(十里)红花屯——(十里)松潘县城

上述地名中有不少营卫型聚落名称,如关、堡、砦、城、营、屯等。屯、堡、关、城等名称,不少名称常常相可通用,足见其功能的相似性。聚落建置相当规整,聚落之间距离维持在五里——十五里之间,这显然是一种刻意的、有计划进行的建设。与"十里一关防"的描述非常一致,十分客观地反映了清代营汛建置的成果。

当然,我们也看到,松潘地区在营卫制度的建立及维持的过程中,也不可避免地遇到了很大的阻力。最突出的问题之一便是兵粮问题。驻军需要粮食补给,但是,松潘本地农业生产水平较低,所产粮食无法自给自足,而对外交通不便,粮食运输十分困难。因此,清朝初年开始,归服的当地部族通常是以青稞作为赋税,直接目的便是供给当地驻军食用。然而,仅靠数量有限的赋税粮食,并无法完全解决当地兵食问题。乾隆年间,潘绍周任松潘镇总兵,就遇到了兵食不裕的难题,他进行了一番较大的调整。"初,雍正间,松潘置恩济仓,贮青稞二千五百零三石四斗五升。额例每年以一千一百七十七石四斗存仓,以一千三百二十六石于四月时借给兵食,每斗扣饷银一钱四分五厘。后向

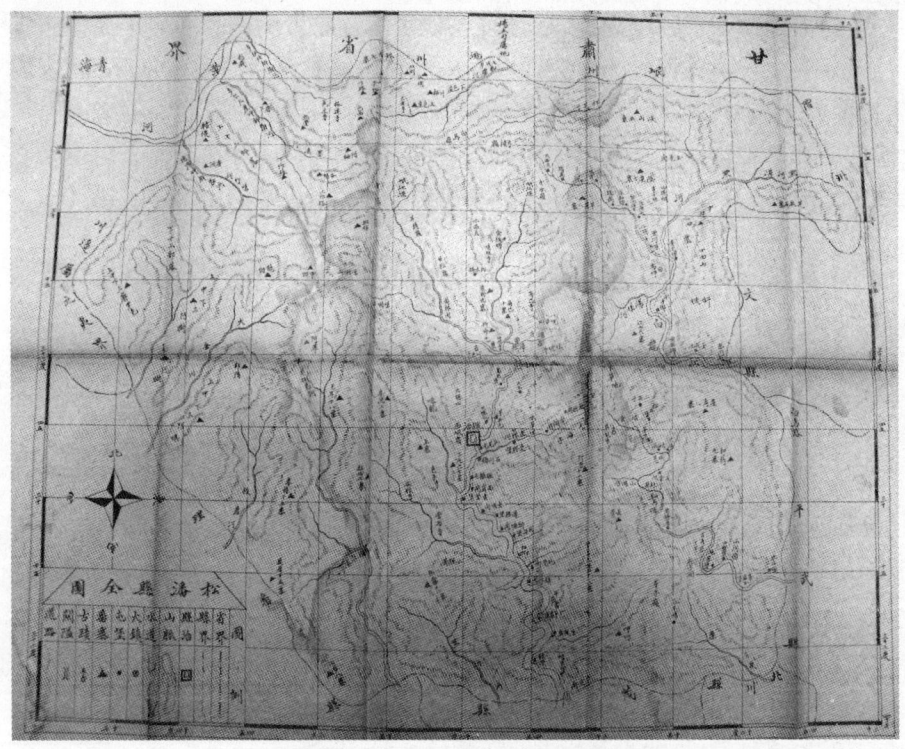

松潘县示意图(选自民国《松潘县志》)

各番寨采买还仓。绍周计松潘兵多,每年仅以一千三百二十六石按给,兵食尚不甚敷。详请预将米折银两隔年采买青稞,与恩济仓同时散给,兵食始裕。"[61] 这类记载依然无法证明松潘地区的兵食问题得到了根本性的解决。另一方面,我们看到,尽管缴纳的兵米数额看起来相当有限,但是相对于当地贫瘠而恶劣的自然环境而言,这些粮食供给还是给当地部族百姓造成了相当沉重的负担,清代中后期松潘地区出现的一些"番乱"的起因,在很大程度上与上缴粮食争端有关。

**松潘部族缴纳兵米情况简表**

| 部族名称 | 兵食种类 | 收纳营名 | 每年上缴兵米数量 |
| --- | --- | --- | --- |
| 牟尼包子寺土司 | 青稞 | 中营 | 八石三斗 |
| 峨眉喜寨土司 | 青稞 | 中营 | 五石 |
| 七布徐之河土司 | 青稞 | 中营 | 四石 |
| 麦杂蛇湾寨土司 | 青稞 | 中营 | 四石 |
| 毛革阿按寨土司 | 青稞 | 中营 | 三十一石 |
| 阿思峒大寨土司 | 青稞 | 左营 | 九石 |
| 下坭巴寨土司 | 青稞 | 左营 | 七石七斗 |
| 上撒路木路恶寨土司 | 青稞 | 漳腊营 | 七石七斗 |
| 中撒路杀按槟寨土司 | 青稞 | 漳腊营 | 九石八斗 |
| 下撒路竹弄寨土司 | 青稞 | 漳腊营 | 十七石四斗 |
| 崇路谷谟寨土司 | 青稞 | 漳腊营 | 四十二石三斗 |
| 作路森纳寨土司 | 青稞 | 漳腊营 | 十石零一斗 |
| 上勒凹贡按寨土司 | 青稞 | 漳腊营 | 十一石 |
| 下勒凹卜顿寨土司 | 青稞 | 漳腊营 | 十五石 |
| 班佑寨土司 | 青稞 | 漳腊营 | 一石八斗 |
| 巴蛇细住坝寨土司 | 青稞 | 漳腊营 | 二十七石四斗 |
| 大姓丢骨寨土司 | 青稞 | 平番营 | 五石,贝母银十八两 |
| 大姓云昌寨土司 | 青稞 | 平番营 | 五石,贝母银十八两 |
| 呷竹寺寨土司 | 青稞 | 平番营 | 不详(咸同以来已设保甲) |
| 中羊峒隆康寨土司 | 麦 | 南坪营 | 每户一斗(共124户) |
| 下羊峒黑角浪寨土司 | [麦?] | 南坪营 | 咸同以后改土归流 |
| 芝麻寨土司 | 麦 | 南坪营 | 每户一斗(共86户) |
| 中田寨土司 | 麦 | 南坪营 | 每户一斗(共72户) |
| 勿谷寨土司 | 麦 | 南坪营 | 每户一斗(共196户) |
| 边山寨土司 | 麦 | 南坪营 | 每户一斗(共182户) |

资料来源:民国《松潘县志》卷四《土司篇》。

清代营卫体制在松潘地建立与完善,对于稳定边区及地方治理起到了十分显著的作用效果,应该说是相当成功的。如光绪四年(1878年)五月,著名大臣丁宝桢在《松潘番民改土改流折》中指出:"……臣查松潘柴门关内外番民自雍正年间受抚,涵濡圣泽,百数十年,倾心向化,咸愿改土归流,与附近汉民均自同治十年(1871年)起,各照内地之例,输纳粮赋,年清年款,毫无蒂欠,实属情出至诚……"[62]可以说,时至光绪年间,当地部族百姓"改土归流"的意愿已较为强烈,这无疑是当地各族民众长期和睦相处,文化趋同的结果。又如当地学者汤兴顺指出:"清初,置卫所,复建厅、营,层层节制,法良意美,二百年来,汉番相安无事。"[63]还应强调的是,当地的发展成效并没有因为后来在这一地区发生的所谓"番乱"而显得黯然失色。

　　"松潘自清康熙间征服,建设营卫,宁谧几二百年。"但至咸丰十年(1860年),出现边民反叛的重大事变,这一事变被称为"庚申番变"。这次事变的直接起因是"尖斗之争"。驻扎于松潘中右与左营于所管各砦秋收交粮之时,用"尖斗"收粮,大大增加了边民的负担,引起强烈不满,"番众苦之"。咸丰九年(1859年),内地发生变乱,松潘守军奉命内调,守备大为空虚。当时不少部族民众又提出豁免"尖斗"的要求,依然得不到解决,于是引起变乱,最终造成重大人员伤亡。"凡逆贼攻陷松潘厅城一、漳腊、南坪、小河、平番、叠溪营城五,大小屯堡二百余,所过扰害,损失财产不可胜计……"[64]在这场空前的惨剧中,精心维系起来的松潘防卫体系被完全破坏,但是,在当时的特殊情况下,我们不能将这场惨剧归咎于防卫体系的缺陷。又如宣统三年(1911年),松潘地区又出现"番变",其主要原因便是四川总督决定裁兵节饷,结果造成松潘镇的兵力大为缩减,"松潘、漳腊、南坪、平番、小河,口内外数千里地,仅留三营驻防,此计之疏也。"[65]显然,所谓"番变",本身无一例外地由社会矛盾所激发,而恰恰在当时,原有的营汛驻防力量及体系又有较大程度的削弱。不过,这也从一个侧面明确证明,单靠军卫体制是无法确保消除内乱隐患的。

---

⑥⓪　嘉庆《四川通志》卷三十《舆地篇》"关隘"下引。
⑥①　民国《松潘县志》卷六《潘绍周传》。
⑥②　《丁文诚公奏稿》卷十四,光绪十九年刻光绪二十五年补刻本。
⑥③　民国《松潘县志》卷三《边防篇》所录汤兴顺"上川督鹿传霖边防策"。
⑥④　参见民国《松潘县志》卷三《书庚申番变事》。
⑥⑤　参见民国《松潘县志》卷三《书辛亥番变事》。

## 三、结　语

　　政治进程与地理环境之间的互动关系,是政治地理学研究的核心课题之一。历史时期边疆地区与内地一样,也经历了漫长的发展过程。边疆地区民族构成相当复杂,经济发展水平与内地相差悬殊,因而,政治进程必然与内地变迁呈现出显著不同的面貌。同时,政治治理难度很大,而治理之成败,对于中国边疆安全其影响甚巨。清代在边疆地区治理与疆域维护方面做出了巨大的贡献,全面地复原与深入地分析清代边疆地区的发展变迁过程,无疑对于今天边疆史地的研究具有很高价值。

　　众所周知,明清时期中国边疆地区政区管理体制的一大飞跃,是所谓"改土归流"。而我们看到,"改土归流"的真正实现,绝不是一个简单的皇帝诏令或强制的行政举措所能达到,而是经过了相当复杂而漫长的转变过程。不同区域之间存在着较大的差异。在不少边远民族区域里,出于治安保障与民族和睦的需要,清代建立了营汛驻防体制,而这种驻防体系又成为民族地区行政管理体制建立的基础与保障。军事驻防体制的建构,需要了解与适应各地地理环境的特征与条件,其成功与否的关键,也在于是否充分利用与发挥了地理环境的特点及优势。最终这会在很大程度上决定营卫体制的实际效能。

　　还应该承认,有清一代在边疆地区自然地理与边疆民族的认知方面也取得了巨大的进展,这种进展,也为政治管理体制奠定了前提与准备。本文所探讨的"松潘之例",便是清代西南边疆地区治边实践的一个重要范例。出于松潘地区特殊的地理位置与战略地位,明清两代中央及地方官府都无例外地予以高度关注。清朝初年当地部族较早的归服,为当地行政管理体系的建立铺平了道路。颇有系统的部族状况及户口数量的记载,说明清朝官府对于这一地区人文及自然地理有着相当深入的认知。然而,松潘地区特殊的地貌条件,为当地防卫体系的建设设置了相当大的困难。经过长期的适应与调整,当地营汛体制的建构,很好地适应了自然地理环境的特征,很好地利用了当地的地理环境。"松潘之例"的成功,正在于此。"松潘之例"也由此成为中国历史政治地理与军事地理研究的一个典型案例。至于"松潘之例"是否在四川乃至西南地区广泛推行,则是笔者下一步想要深入讨论的问题。

（注：本文原载于《历史地理》第26辑,上海人民出版社2012年版）

# 明代驯象卫考论*

刘祥学

**[内容提要]** 象在古代是象征太平的瑞兽,朝仪中多所使用。为满足朝仪需要,明洪武年间在广西十万山地区特设驯象卫以捕捉、驯化野象。自建立后,其治所几经迁移,至洪武后期,最后迁至横州。作为明朝控驭桂西南民族地区重要的军事堡垒,驯象卫除捕象外,还多次参与了朝廷征剿广西少数民族的行动,为明朝在广西民族地区统治的稳定,发挥了一定的作用。至明中叶后,随着明廷驯象供应体制的建立、完善,以及在广西民族反抗频频的情况下,其职能渐由捕象、驯象向镇戍地方转变。驯象卫也由一个特殊卫所沦落为普通卫所,所统领的旗军不断减少,最后走向衰亡。这一过程也是与桂南一带因自然环境变迁导致野象种群不断减少的现实相关的。

**[关键词]** 明代 广西卫所 野象 自然环境

历史上,中国是亚洲象(Elephasmaximus)的重要分布地,受气候不断转冷以及人类开发活动的影响,亚洲野象在我国的分布界限不断南移。至明代,野象仅在广西南部、云南南部地区有分布。*[1]在明代的数百个卫所中,[2]位于广西南部的驯象卫最先就是明朝统治者为捕捉、驯化野象进贡朝廷而专门设立的特殊卫所。自设立后,位置几经变迁,职能也发生了一些显著的变化,其沿革兴废与当时广西的自然环境与社会环境变迁有十分密切的关系。虽然已有一些学者对明代军事卫所的军户、屯田、军事制度等相关问题进行过研究,但多侧重北方卫所,对南方卫所研究则相对较少。在对明代广西卫所的研究中,范植清的《明代广西卫所的设置与迁徙》一文,[3]是迄今为止研究明代广西卫所最全面的成果,文中简略地提及驯象卫的设置与迁移,而有关驯象卫的军事职能及变迁原因等,并没有展开探讨。在此,本文拟在以上研究的基础上,专门对此作一考论。不当之处,敬请专家指正。

## 一、驯象卫建置沿革考释

明朝在广西的军事卫所,是随着统一广西的军事行动开展,以及统一广西的完成而逐步建立起来的。

最先设立的是广西卫,约在洪武元年明军攻取广西东部地区后设立。由于其时桂西左右江一带广大民族地区还未正式纳入到明朝的统治之下,故明太祖朱元璋于这年十一月遣中书照磨兰以权前往诏谕。为保护其人身安全,遣"广西卫镇抚彭宗、万户刘惟善以兵护送"。④在护送兰以权前往桂西的途

---

\* 本文为国家自然科学基金项目(批准号:41061014)与教育部人文社会科学重点研究基地重大项目(批准号:07JJD77095)阶段性成果之一。

① 关于历史时期中国野象的分布与变迁问题,早在20世纪30年代起,就有学者陆续做了一些研究工作,主要有徐中舒《殷人服象及象之南迁》(《中央研究院历史语言研究所集刊》第2本第1分,1930年)、姚宝猷《中国历史上气候变迁之另一研究——象和鳄鱼产地变迁的旁证》(《中山大学研究院文科研究所历史学部史学专刊》第1卷第1期,1935年),两人分别对中国古代的人象关系及野生象群的分布变迁作了初步的研究。还有一些学者从考古地理的角度研究中国古代野生象群的分布问题,如周明镇、张玉萍《中国的象化石》(北京:科学出版社,1974年)。当然,研究历史时期象群分布变迁成绩最为显著,也最有心得的是文焕然、何业恒两位学者,他们从动物地理的角度对中国近六七千年来野象的分布作了全面而系统的研究。成果除文焕然、何业恒、江应梁、高耀亭《历史时期中国野象的初步研究》(《思想战线》1979年第6期)一文外,还有文焕然《中国历史时期的野象》(《博物》1980年第3期);何业恒、文焕然《历史时期华北的野象》(《地理知识》1981年第7期);文焕然《再探历史时期中国的野象》(《思想战线》1990年第5期)。此外,还有一些学者从生态学的角度对中国野象分布变迁进行了一些别有新意的探讨,如何兆雄《中国野象的南移和森林的破坏》(《生态学杂志》1984年第5期)、蓝叙波《广西野象绝迹探析》(《野生动物》2000年第5期)。以上所论虽不是本文研究的主题,但因与本文所涉内容有关,在下面的论述中,本文将结合进行分析论述。

② 关于明代卫所数目,史籍记载很不一致。《明太祖实录》卷七八"洪武六年春正月庚申",载有内外卫139个。(台北"中研院"历史语言研究所校印本,上海:上海书店,1984年,第1432页)《明太祖实录》卷八四"洪武六年八月壬辰"载有内外卫164个。(第1503页)《明史》卷九〇《兵志二》载洪武二十六年(1393)时"定天下都司卫所,共计都司十有七,留守司一,内外卫三百二十九,守御千户所六十五。及成祖在位二十余年,多所增改。"(北京:中华书局,1974年,第2196页)而《明史》卷七六《职官志五》则载,洪武二十三年,"计天下内外卫凡五百四十有七,所凡二千五百九十有三"。这是因为明代所设卫所由于增置与裁撤,其数目是不断发生变化的。(第1875页)

③ 范植清:《明代广西卫所的设置与迁徙》,《中南民族学院学报》1993年第2期。

④ 《明太祖实录》卷三六上"洪武元年十一月丙午",第667页。

中,明军打败了不服统治的当地民族首领潘宗富,并取得了"两江之民,由是慑服"的实际效果。⑤由于其时明朝只是开始尝试把势力伸展到桂西民族地区,并没有立即在其地建立卫所,而是把主要精力放在巩固桂东地区方面。洪武二年春正月,为进一步巩固从中原进入广西的通道,明廷于全州置守御千户所,"命都督佥事吴良领北方将校精锐者二百九十余人守之"。⑥同月,湖广行省大臣建议:"庆远府地接八番溪洞,所辖南丹、宜山等处,宋元皆用其夷酋为安抚使以统之。天兵下广西,安抚使莫天护首来款附,宜如宋元制录用以统其民,则蛮情易服,守兵可减"。⑦明太祖接受了这一建议,开始在广西推行土司制度。改庆远府为南丹军民安抚司,置安抚使、同知副使、经历知事各一员,委任率先归附明朝的壮族首领莫天护为同知通判。但明太祖对此并不放心,同时又另派汉官王毅为副使,意欲形成土流并治局面,以加强对这一民族地区的统治。然仅过一年,明朝即因莫天护庸弱,不能御众,接受广西行省大臣建议,罢安抚司而复设庆远府,"置军卫以守其地"。⑧

由于其时明军主要驻扎在以桂林为中心的桂东地区为主,在桂中、桂西南地区的统治力量较为薄弱。为加强对广西民族地区的控制,明朝以桂林为统治基地,逐步向桂西南方向派驻军事力量。洪武三年三月,即设南宁、柳州二卫。⑨洪武六年四月,明朝设立广西都卫,作为当地最高军事机构。洪武八年十月,改称广西都指挥使司。至此,明在广西的卫所设置已初具规模,并将南宁——柳州——桂林一线以东地区,纳入直接统治之下。对于少数民族人口较多,土司力量较强的桂西、桂西南左右江壮族聚居地区,明朝沿袭元代,建立起一套较为完备的土司制度,由当地民族世家大姓维持着地方的统治,明朝只在其边缘地带建立起有限的几个军事卫所。显然,面对左右江广大的壮族土司统治地区,仅靠桂林卫(原广西卫改)、柳州、南宁这些据点式的卫所,要对当地土司保持威慑之势,并不容易。如何加强对左右江一带土司地区的

---

⑤ 《明太祖实录》卷三六上"洪武元年十一月丙午",第668页。
⑥ 《明太祖实录》卷三八"洪武二年春正月辛酉",第779页。
⑦ 《明太祖实录》卷三八"洪武二年春正月壬戌",第779页。
⑧ 《明太祖实录》卷五〇"洪武三年三月辛亥",第981页。
⑨ 徐学聚:《国朝典汇》卷一四二《兵部·卫所》,《四库全书存目丛书》,济南:齐鲁书社,1996年影印本,史部第266册,第208页;《明太祖实录》卷五〇"洪武三年三月辛亥"载广西行省臣言:"广西地接交阯、云南,其所治皆溪洞苗蛮,性狼戾而叛服不常。近南宁盗谭布刑、宾州盗黄郎观等肆掠其民,已遣兵讨之。然府卫之兵远在靖江数百里外,率有警急,难相为援,乞于南宁、柳州立卫置兵以镇之,庶几苗獠有所惮而不敢窃发于其间,其民有所恃以安其生,而无奔窜失业之患。"(第981页)

控制,始终是明太祖想要解决的问题。

驯象卫就是在这种情况下设立的,其军事目的就是要在桂西土司控制的地区建立起一个军事据点,必要时可与南宁、柳州等卫相互声援。虽然,《明实录》称设立驯象卫的目的只是"专捕象",⑩范植清在其文中也认为驯象卫最初并无镇戍任务,直至洪武二十八年十月,明廷设龙州军民指挥使司,调驯象卫官军筑城守御,驯象卫才有镇戍任务。但笔者认为,这是一个值得商榷的问题。无镇戍任务并不代表没有镇戍目的。实际上,驯象卫从一开始设置,就带有一定的镇戍目的。这是因为桂西南一带土司与交阯接壤,且存在边界纠纷,不时发生武力争斗。洪武九年五月时,龙州土官赵帖坚就曾上言"本州地邻交阯,所守关隘二十七处,设有警急,须申报太平达于总司。比报下,已涉旬月,恐误事机",⑪明太祖即以左江太平府龙州改属广西布政司。洪武十四年六月,广西西南端的思明府又报"安南脱、峒二县攻其永平等寨,安南亦言思明府攻其脱、峒、陆峙诸处"。⑫双方各执一词,迫使明廷遣使臣赴安南调处。明太祖始终认为安南(即交阯)对明是个隐患,加强桂西南沿边地区的防务自在情理之中。但是左右江一带壮族聚居区,当地少数民族首领势力向来很强,统治者只能通过"析其种落,大者为州,小者为县,又小者为峒,推其雄者为首领,籍民为壮丁,以藩篱内郡"⑬的办法,实行间接统治。如在设立驯象卫的思明土府,即由黄姓壮族土司世袭统治,明廷虽"设流同知佐之,实驻南宁",⑭中央根本无法渗透进去。面对这种状况,明太祖是很不满意的。然而要真正处置起来,并不是件容易的事。一方面,思明、田州等土司"封疆袤于内地,士马雄于近郊,其制驭甚难",⑮成为明太祖的一块心病。在土司服从统治之时,明朝维持这一地方的统治当然没有问题,而土司一旦起来反叛,明廷只能从广西其他卫所调集兵力加以征剿,难以迅速平息叛乱。纯粹从军事角度看,明廷确实有必要在此设立卫所,将明朝的军事力量延伸到土司辖境内,才能达到拱卫边防、制驭土司的双重目的。另一方面,土司强大的实力却是明朝对付交阯的可靠保障,明人称交阯之所以不敢进一步窥伺内地,是因为"土酋兵力之强,足

---

⑩ 《明太祖实录》卷一八八"洪武二十一年春正月己亥",第2816页。
⑪ 《明太祖实录》卷一○六"洪武九年五月壬子",第1777页。
⑫ 《明太祖实录》卷一三七"洪武十四年六月丙辰",第2169页。
⑬ 曹学佺:《广西名胜志》卷十《左江土司》,《续修四库全书》,上海:上海古籍出版社,2002年影印本,史部735册,第115页下—116页上。
⑭ 陆化熙:《目营小辑》卷四《广西·南宁府》,《四库全书存目丛书》,史部第167册,第221页。
⑮ 曹学佺:《广西名胜志》卷一○《左江土司》,第116页下。

制其死命也。若自弱其兵,轻撤其阵,恐中国之边患,有甚于土司矣"。⑯两相权衡之下,以捕象的名义设立军事卫所,无疑是实现明太祖意图的最佳方法。因此,笔者认为驯象卫的设置从一开始就具有捕象与镇戍的双重目的。捕象只不过是设置卫所的理由,目的可能是为避免引起当地土司势力的疑惧而已。

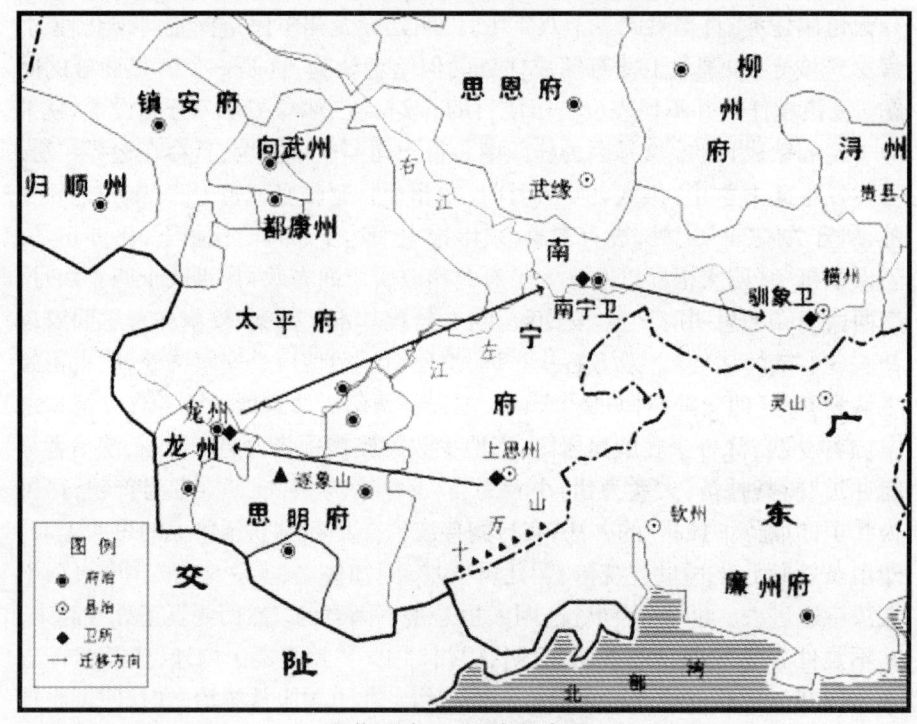

明代驯象卫迁移示意图

(根据谭其骧主编:《中国历史地图集》第7册,中国地图出版社1982年版,第74—75页改绘)

  驯象卫最先设置于思明府(治今宁明县)上思州(今上思县,弘治十七年改隶南宁府)凤凰山,其具体设置时间明实录中没有明确记载,广西方志史料记载也不一致。范植清根据《明实录》中记载,洪武十九年八月时,明太祖"命营阳侯杨通、靖宁侯叶昇领兵捕象于广西左江之十万山",⑰推测认为驯象卫的设置是在洪武十九年前后不久。清代乾隆年间所修《横州志》也载"驯象卫,明洪武十九年置于思明府。"⑱嘉庆谢启昆所修《广西通志》卷93《舆地略十

---

⑯ 曹学佺:《广西名胜志》卷十《左江土司》,第116页下。
⑰ 《明太祖实录》卷一七九"洪武十九年八月丙戌",第2704页。
⑱ 乾隆《横州志》卷四《建设置·古迹》,横县文物管理所据光绪二十五年(1899)刻本重印本,1983年,第62页。

四·物产五·太平府》先是载"洪武十八年,十万山象出害稼,命南通侯率兵二万驱捕,立驯象卫于郡",后又载"洪武十九年,置卫于思明府凤凰山"。[19]不仅所列时间、地点,前后矛盾。而且查《明史》卷一〇五《功臣世表一》,洪武朝所封列侯中也无南通侯其人,可见谢志所载并不可靠。但据明嘉靖时人方瑜纂修的《南宁府志》记载,洪武十二年,"移军上思州凤凰山驻扎,取交阯象,因名",[20]这显然是说驯象卫设置于洪武十二年间,而非洪武十九年。嘉靖时期距洪武年间不远,应该说这个记载具有较高的可信度。也就是在这一年五月,明太祖对广西卫所重新进行了调整,将广西护卫改为桂林左卫,原桂林左卫改为桂林中卫,[21]以加强靖江王所在地桂林的统治力量。驯象卫的设置,从侧面透露了明太祖急欲加强桂西一带统治的意图。

  驯象卫设立之后,有过短暂的裁撤经历,《明实录》中留下了两则史料。一是洪武二十一年春正月,明太祖"以广西驯象卫指挥佥事王德为陕西都指挥使。先是德为山东都指挥使,坐事下吏,寻宥之,左迁驯象卫指挥佥事。至是上思其材,复升用之"。[22]说明作为一个军事卫所,其名称在当时还是存在的。二是同月又载"复置驯象卫指挥使司于广西龙州之左江",[23]这条看似矛盾的史料让人颇感费解。如结合其设置地已发生变化的情况考虑,可能是驯象卫原设于思明府之上思州,洪武二十一年时,移于广西龙州左江。次年即移往南宁屯种,因与南宁卫重叠,故"寻迁横州(今横县)"。[24]天顺时《大明一统志》卷八五《广西布政司·南宁府》载"驯象卫,在横州治东,洪武二十一年建";[25]而明嘉靖郭楠所修《南宁府志》载"洪武二十二年建卫,正德间重修",[26]指的应该是在横州建立卫所的时间。乾隆所修《横州志》记载驯象卫于"(洪武)二十年迁南宁,二十二年迁于州城东北",[27]显然不实。

---

[19] 嘉庆《广西通志》卷九三《舆地略十四·物产五·太平府》,南宁:广西人民出版社,1988年,第2919页。

[20] 嘉靖《南宁府志》卷七《兵防志》,《日本藏中国罕见地方志丛刊》,北京:书目文献出版社,1992年影印本,第3册,第437页上。

[21] 《明太祖实录》卷一二五"洪武十二年六月甲午",第2004页。

[22] 《明太祖实录》卷一八八"洪武二十一年春正月甲寅",第2814页。

[23] 《明太祖实录》卷一八八"洪武二十一年春正月己亥",第2816页。

[24] 嘉靖《南宁府志》卷七《兵防志》,第437页上。

[25] 李贤:《大明一统志》卷八五《广西布政司·南宁府》,《文渊阁四库全书》,上海:上海古籍出版社,1987年影印本,第473册,第787页下。

[26] 嘉靖《南宁府志》卷四《兵卫》,《天一阁藏明代方志选刊续编》,上海:上海书店,1990年影印本,第67册,第128—129页。

[27] 乾隆《横州志》卷四《建设置·古迹》,第62页。

综合分析,驯象卫迁往横州是在洪武二十二年左右,范植清认为驯象卫迁至横州是在永乐修《太祖实录》之前,应系错误。自此,驯象卫置于横州一直存在至明末。

## 二、驯象卫迁移原因考论

驯象卫自设立后为何东移?所有的史料都没有记载,于是论者纷纭。一些学者认为因为桂西土司力量太强,明廷不得已从桂西回迁卫所以避其锋;另一些学者则认为,在明太祖的有效制驭下,桂西土司对明朝较为忠顺,叛乱较少,其地壮族狼兵还为明所用。而桂东地区的大藤峡等地,民族矛盾却十分尖锐,迫使明朝频频兴兵征讨。在此背景下,设于思明府境的驯象卫难以起到镇戍作用,因而需要东移,以应付桂东地区民族反抗。[28]其实,上述观点并不正确。因为驯象卫的迁移在明洪武时期即已完成,而其他广西卫所的变动多是在明仁宣之后。用明中期广西卫所的变动来解释洪武时期驯象卫的变动原因,当然得不出正确结论。况且洪武时期,不仅对广西民族地区治理较好,其军力也是较强的,很难想象明朝卫所会被桂西土司逼走。要解释驯象卫的迁移原因,需要从其本身的职能谈起。

毫无疑问,明初设立驯象卫目的有二,一是为朝廷捕捉、驯化野象,然后进贡朝廷;二是镇戍桂西,以巩固明朝在这一地区的统治。洪武时期,其主要职能是以捕象为主。

驯象卫既然专为捕捉野象而设,其辖地必然有野象分布。根据文焕然、何业恒等学者的研究,明代中国境内有野象分布的地方,一是云南南部。主要为麓川思氏土司、木邦军民宣慰司、孟定府、威远州、八百大甸、缅甸军民宣慰司等地辖境。这些地方地处偏远,以麓川为首的土司力量又很强,不时起来反叛。如洪武二十一年,麓川土司思伦法发动叛乱,"众号三十万,象百余只",[29]其象阵对明军有一定威胁。由于其时明朝的统治力量并不能对之实行有效的统辖,自然无法在此设立捕象机构。二是岭南西部属广东布政使司的雷州、廉州府以及广西的南宁府、太平府、思明府等桂西南左江流域。这些地方多为丘陵山地,海拔不高,植被茂盛,水源充足,适合畏寒喜水的野象生存。如廉州府,"濒海地卑土薄,故阳燠之气常泄,阴湿之气常盛","四时常花,三冬不

---

[28] 方铁主编:《西南通史》,郑州:中州古籍出版社,2003年,第623页;范植清:《明代广西卫所的设置与迁徙》,《中南民族学院学报》1993年第2期。

[29] 《明太祖实录》卷一八九"洪武二十一年三月甲辰",第2858页。

雪",㉚气候温暖湿润。在今广西南部各府州县,广布着野象喜食的野芭蕉等瓜果类植物,以及草、竹等植物嫩叶,而且这些地方在明初时,人烟稀少,对野象的生境干扰不大。如广西崇善县,"人物星稀,烟火不接,棘木茂密,茅草蔓芜,恶兽怪鸟盘巢钻穴,与民为伴",㉛保存着较原始的生态环境。在明代的文献中,今广西南部有不少野象活动的记载。思明府所属之思明州,还有"逐象山"地名留存;㉜廉州府,史籍记载嘉靖二十年(1541)八月时,"合浦大廉山群象践禾稼"。㉝考虑到野象有群居漫游的习性,其时活动于广西南部山地的野象应为数不少。何兆雄从生态学角度的推测,认为明代广西南部地区约生活着3000头野象左右,堪称野象集中地。㉞从地理位置上看,广西南部距首都明显要较云南南部为近,当地土司也没有麓川土司强悍,这是设立捕象机构的有利条件。

然而,自洪武十二年设卫捕象始,至洪武二十一年,驯象卫在思明府地捕象已达十年之久。虽然野象在当时尚未成为濒危动物,考虑到捕象过程中不可能百分之百成功,会出现一些野象受伤而逃,最后因伤重而倒毙,或捕获之后因饲养不当,以及驯化过程中都可能出现野象死亡的现象。最后成功送至南京的野象,数量不可能太多。也就是说,每捕送一头野象到南京,都会以若干头野象的死亡作为代价。同时也不能排除野象群在受人类捕捉,难以为生的情况下,转徙他地的可能。这样,历经十年的捕捉,野象在当地栖息的数量应该不会太多。因而从动物生态学方面考虑,洪武时期,驯象卫东移,最有可能的是当地野象已经不足,因而需要转移到野象分布较多的横州一带,才能确保驯象卫履行其基本的职责。

从史料上看,横州也是明代野象活动的重要区域。如洪武十九年八月,明太祖一面命营阳侯杨通、靖宁侯叶昇领兵到桂西南的十万大山捕象,一面遣行人前往广西思明府,"访其山象往来水草之处,凡旁近山溪与蛮洞相接者,悉具图以闻"。㉟这至少说明野象已经减少,不如先前那样容易发现其行踪了。其后至洪武二十一年,广西太平、思明等府才有贡象的记载,而次年广东雷州

---

㉚ 崇祯《廉州府志》卷二《气候》,《日本藏中国罕见地方志丛刊》,北京:书目文献出版社,1992年影印本,第25册,第41页上。

㉛ 万历《广西太平府志》卷二《艺文·崇善县论》,《稀见中国地方志汇刊》,北京:中国书店,1992年影印本,第48册,第430页。

㉜ 《明史》卷四五《地理六·广西》,第1163页。

㉝ 崇祯《廉州府志》卷一四《外总志·象牙》,第260页上。

㉞ 何兆雄:《中国野象的南移和森林的破坏》,《生态学杂志》1984年第5期。

㉟ 《明太祖实录》卷一七九"洪武十九年十一月己卯",第2713页。

卫一次即贡象132只。其后明太祖又下诏令广西思明、太平、田州、龙州诸土官领兵于横州驯象卫,汇合官军前往北部湾沿岸的钦、廉、藤、蒿、澳诸山捕象。洪武二十六年时,驯象卫才又向京城贡象。㊱这都说明广西上思、思明一带野象已经不多,而东部的钦、廉诸山已成野象活动中心。正因如此,设于上思、龙州左江一带的驯象卫,才有必要往东迁移,这在当时与桂东民族矛盾应该是没有什么联系的。此外,也应考虑驯象卫原设于思明府,位置较为偏远,水陆交通并不便利,粮饷运输较为困难,维持不易,因而也有必要调整卫所部署。

## 三、驯象卫职能演变原因考辨

驯象卫迁至横州后,其职能有一个逐渐演变的过程。洪武年间,其职能主要以捕捉、驯化野象为主,这是和当时的政治需要密切相关的。

象在古代是象征太平的瑞兽,在朝仪中的使用可追溯至周代。㊲明朝建立前夕,明太祖和中书左丞相李善长即拟定了明朝的一系列礼仪制度,其中涉及使用象辂的礼仪场合,至少有登极仪、大朝仪等数种。据明代史料记载,朝廷每举行朝会,即用驯象陈列,承担祭祀礼仪以及驾辇驮宝之用。㊳史称"时朝廷大辂用象挽之,凡朝会亦用象陈列殿陛两墀及阙门之外"。㊴所谓大辂,即封建皇帝所乘之象车,源于黄帝乘象车而来的传说,通常由仪鸾司掌管。象车的形制高大,这在《明实录》中有明确记载。㊵大辂车厢还绘有金云龙、鹰、飞禽、海兽等图案,饰以铜龙头、铜鳞片等,各个部件做工考究,极尽奢华,以彰显皇权威严。大辂用大象两只驾驭,往返于寝宫与大殿之间。登极仪是新皇帝即位时所举行的盛大礼仪,史载明太祖朱元璋称帝,举行登基大典的那一天,"拱卫司陈卤簿、列甲士于午门外,东西列旗仗于奉天门外,东西设五辂于奉天门

---

㊱ 《明太祖实录》卷一九三"洪武二十一年八月庚寅",第2905页;《明太祖实录》卷195,"洪武二十二年春正月戊寅",第2924页;《明太祖实录》卷二二六"洪武二十六年三月壬戌",第3306页。

㊲ 《周官》有载"大驭,掌驭玉路以祀……道仆,掌驭象路,以朝夕燕出入"(郑玄注:《周礼》卷八《夏官司马下》,北京:中华书局,1992年据北京图书馆藏南宋刻本影印,第2册,第6页b)。

㊳ 申时行:《明会典》卷二二八《锦衣卫·驯象所》,《续修四库全书》,史部第792册,第683页上。

㊴ 《明太祖实录》卷一八八"洪武二十一年春正月己亥",第2816页;乾隆《横州志》卷5《防抚志》,第70页。

外,玉辂中,左金辂,次革辂,右象辂,次木辂,并丹墀左右陈布黄麾侍、仪舍二人,举表案入"。㊶其次最为频繁的是大朝仪,遇有重大节庆,如正旦、冬至、圣节三大朝会,都要举行庆典活动,以接受文武百官和"四夷"使臣的朝贺。洪武二十六年六月制定相关礼仪,此后洪武三十年又一次更定。嘉靖十六年再一次更定。举行朝贺时,"典牧官陈仗马、犀、象于文武楼南,东西相向"。㊷立仗时,驯象要严格根据朝廷授予其爵禄尊卑站位,不能违背,"如获罪贬秩,则立仗时必退居贬所,不敢复立原处"。还有就是举行重大祭祀活动时,也要使用象仪。如享太庙、郊祀等。史载"朝廷有事于南北郊及祈谷雩祭大典,必使象驮祭器驾辂车以出"。㊸

  洪武时期,朝仪属于初创阶段,明廷对驯象需求较大,因此各地贡象十分频繁。除贡象之外,还贡象奴。如洪武二十一年四月,麓川土司在明军打击下,不支请降,明太祖即指示云南镇守总兵官沐英,令其"进马万五千匹,景东累丧军士,令贡象五百,牛三万,象奴三百人"作为战争赔款,㊹始可许降。九月,真腊国向明贡象28只,象奴34人。㊺在这个背景下,驯象卫也较受重视,明太祖不时授命卫所官兵捕象、贡象。故在洪武年间的大部分时期内,驯象卫的主要职责就是捕捉、驯化野象以贡朝廷,其所谓的镇戍只具有象征意义而已。对此,文焕然、何业恒等学者在前述文中认为,明代驯象卫捕捉野象加以驯化,也有对付云南麓川土司的意图。不过在明代正史中并没有明确记载,其所据者为清道光《廉州府志》,亦是转引旧志材料,且是孤证,故暂存疑。事实上,洪武时期麓川土司思伦发在与明军作战中,确实是使用了不少象阵,但明军已

---

㊵ 《明太祖实录》卷八六"洪武六年十一月丁巳"载:"大辂成。其制通高丈三尺六寸九分,座面至脚高三尺八寸,至上面盘高六尺八寸五分,顶高三尺四寸,面阔五尺六寸五分,深入五尺六寸九分。辂身长八尺九寸。辕条二,各长二丈一尺三寸九分,顶盘方八尺四寸五分,顶盖一座"。(第1528页)又《明太祖实录》卷九三"洪武七年九月己巳"载:"仪鸾司大使叶茂奏,进御用车轿九龙马车一,三辕马车一,象车一,四马轿七,用马棕轿一,红毡轿一,红竹轿一"。(第1620页)可见平时皇宫御用车辆有多种,而象车多在重大仪式中使用。

㊶ 郭正域:《皇明典礼制》卷一《登极仪》,《四库全书存目丛书》,史部第270册,第524页;《明史》卷五三《礼七·嘉礼一·登极仪》,第1347页;孙承泽:《天府广记》卷一五《礼部上·朝仪》,北京:北京古籍出版社,1984年,第189—190页。

㊷ 申时行:《明会典》卷四三《礼部一·朝贺·正旦冬至百官朝贺仪》,《续修四库全书》,史部第790册,第1页下;郭正域:《皇明典礼制》卷二《大朝仪》,《四库全书存目丛书》,史部第270册,第527页;《明史》卷五三《礼七·嘉礼一·大朝仪》,第1349页。

㊸ 佚名:《燕京杂记》,北京:北京古籍出版社,1986年,第112—113页。

㊹ 《明太祖实录》卷一九〇"洪武二十一年夏四月癸亥",第2868页。

㊺ 《明太祖实录》卷一九三"洪武二十一年八月丙戌",第2904页。

掌握利用火器对付象阵的办法。如洪武二十年四月时，明太祖诏令征讨麓川，曾授领军将领战法：

> 凡要打那十个寨，先教人看了贼周回地势，何处可安七稍炮，若可安时，预做下炮……那象也则是吓人，如今京城见有牙象八十只……马少时你每则步军对住阵后往来着马折冲，或数千马或一万马来往冲近根前射象，不多时便得拿他。㊻

结果一战，明军即“杀获人众数千，象四十余只”。㊼在洪武二十一年三月的另一次战斗中，明军不仅击杀叛军三万余人，俘万人，还生获大象37只。思伦发百余只战象，被明军打死一半多。所获之象，明太祖令占城象奴送至京城，战俘则送至驯象卫役使。㊽正统年间时，思任发的战象也不能对明军构成根本性威胁。因此笔者认为驯象卫捕捉、驯养野象，主要用途就是满足朝仪需要，而与对付麓川土司关系不大。

驯象卫捕捉的野象，经初步驯化后，即由象奴负责送至京城。对此，史料中有明确记载，《明太祖实录》称“见获之象，则令占城象奴送至京”。㊾从现有史料记载看，京城设有演象所、驯象所、象房之类负责接收、管理、饲养驯象的机构。经驯象卫初步驯化的野象，由象奴送至京城后，并不能马上交付朝仪使用，而是先交由演象所负责进一步的驯化训练。这就是史料所说的“象初至京，先于射所演习，故谓之演象所”。㊿明初设于南京的演象所具体位置史料无载，迁都北京后设于西长安街一带。因明初贡驯象较频，演象所常有驯化野象的任务。至明中叶后，贡象不常，演象所几近荒废，只在贡象来时偶尔一演而已。故史载“今京城内西长安街射所，亦名演象所，故大慈恩寺也。嘉靖间毁于火后，诏遂废之。为点视军士及演马教射之地。象以非时来，偶一演之耳”。(51)象房是负责饲养驯象的机构，明代京城设有专门的象房及御马监象房。象房

---

㊻ 王世贞：《弇山堂别集》卷八七《诏令杂考三》，中国野史集成续编编委会、四川大学图书馆编：《中国野史集成续编》，成都：巴蜀书社，2000年影印本，第12册，第90页下。

㊼ 王世贞：《弇山堂别集》卷八七《诏令杂考三》，第89页下。

㊽ 《明太祖实录》卷一八九“洪武二十一年三月甲辰”，第2860页；《明太祖实录》卷一九二“洪武二十一年秋七月丙子”，第2886页。

㊾ 《明太祖实录》卷一九二“洪武二十一年七月丙子”，第2885页；乾隆《横州志》卷九《职官志·官制》也载“每象以一奴畜之，俟其驯顺，始贡于朝”。（第149页）

㊿ 吴长元：《宸垣识略》卷七，北京：北京出版社，1964年，第113页。

(51) 沈德符：《万历野获编》卷二四《畿辅·射所》，北京：中华书局，1997年，第607页。

平时饲养的大象较多，而御马监象房只驯养“母象九只，各居一房，缺则外象补之”。(52)锦衣卫之下设有驯象所，作为专门的驯象管理机构。《明史》卷76《职官志五·锦衣卫》载“锦衣卫掌侍卫、缉捕、刑狱之事，恒以勋戚都督领之，恩荫寄禄无常员。凡朝会、巡幸，则具卤簿仪仗……统所凡十有七……驯象所，领象奴养象，以供朝会陈列、驾辇、驮宝之事”。(53)宣德时就设有行在锦衣卫驯象千户所。在南直隶的太平府丹阳湖，明初还辟有草场，以牧养驯象；(54)大象所需象食，则由光禄寺供给。

但需要指出的是，明代驯象卫所贡驯象，并不是明朝重大仪式所用驯象的唯一来源。向明进贡驯象的，还有东南亚的安南、占城、真腊、暹罗、缅甸等国，以及云南南部各地土司如元江、威远、麓川、木邦、车里、孟定、湾甸、干崖等。由于其所贡驯象，驯化成熟，可直接用于朝仪，因而明廷规定“凡进象驼到于会同馆，令本馆喂饲，次日早进内府御前奏进。如候圣节、正旦、冬至，陈设正收。日远先行奏闻，象送驯象所，驼送御马监收养。至期令内府陈设。”(55)随象进贡的象奴，明廷视需要直接将部分留在了锦衣卫驯象所服役。如明英宗年间，明廷以思机发弟招赛为头目，“给月粮房屋，隶锦衣卫，其从人俱令驯象所供役”。(56)至于洪武年间征讨麓川土司俘获的象奴，明廷则直接押送驯象卫“役之”。(57)

洪武末期，明太祖开始征调驯象卫官兵修筑城池，参与地方守御。驯象卫的职能由是具有了捕捉、驯化野象，参与地方军事守御的双重职能。永乐、宣德年间，明廷还征调驯象卫官军参加征伐安南、镇压广西少数民族的军事活动。也就是在这一时期，驯象卫的军制开始发生了显著的变化。洪武九年，明太祖创立卫所之初，每所“大率以五千六百人为一卫，一千一百二十人为一千户所，一百一十二人为一百户所”。(58)驯象卫在洪武初建时就已大大突破了这一定制，“原额官军一万一百三十六名”，(59)分辖左、右、中、前、后五个千户所。

---

(52) 刘若愚：《酌中志》卷十六《内府衙门职掌》，《丛书集成初编》，北京：中华书局，1985年，第3967册，第106—107页。

(53) 《明史》卷七六《职官志五·锦衣卫》，北京：中华书局，1974年，第1862页。

(54) 《明宣宗实录》卷八九“宣德七年夏四月丙辰”，第2053页；《明英宗实录》卷68“正统五年六月丙戌”，第1309—1310页。

(55) 申时行：《明会典》卷一〇八《礼部六十六·朝贡四·朝贡通例》，《续修四库全书》，史部第791册，第105页下。

(56) 《明英宗实录》卷一五四“正统十二年五月乙卯”，第3019页。

(57) 《明太祖实录》卷一九二“洪武二十一年七月丙子”，第2886页。

(58) 徐学聚：《国朝典汇》卷一四二《卫所》，第209页。

迁至横州后,明廷前后共"发来"旗军"二万一百四十六名",拥有一定的实力。[59]洪武二十九年,又从驯象卫分调"军士五千人隶奉议卫,寻增设中左、中右、中前、中后四千户所"。[60]然而宣德初年,驯象卫官军"随征交阯,失陷大半。且原为捕象而设,少携妻子,故多绝未全勾补"。[61]导致驯象卫人数急剧减少,难以承担镇戍重任。至宣德三年(1428)七月,广西少数民族义军攻横州,驯象卫指挥佥事张巩与千户徐礼、百户周俊领兵哨守,因畏缩不进而被逮。[62]这从侧面反映了该卫本因捕象而设,并无多少镇戍能力的事实。

驯象卫职能转变的原因与当朝统治者态度的转变有关。如永乐初期,明成祖朱棣锐意进取,注意采取措施发展社会经济,减轻百姓负担,纠正了洪武时期大规模豢养驯象的做法。因驯象食量惊人,每18小时要摄入的食物多达270—315公斤。[63]明廷不断捕捉、驯养大象,以及各地不断进贡大批驯象,集中在京城抚养,需要大量的草料等象食。又因气候等自然环境方面的差异,对大象还需进行精细周到的护理,才能保证其成活,成本很大,难免会造成沉重的财政负担。永乐二年(1404)时,户部尚书向明成祖奏报御马监索白象食谷之事,明成祖即言"白象何补实用?乃欲夺民食以饲之。古人所谓率兽食人者,勿听"。随即遣人斥责御马监官员曰:"汝辈坐之食膏粱衣轻暖,岂知百姓艰难?计象一日所饲谷,当农夫数口之家一日之食,朕为君,职在养民,汝辈不令朕知而为此事,是欲朕失天下心,如复敢耳,必诛不宥!"[64]同时,驯象卫职能的转变,也是广西社会环境发生了深刻变化的结果。那就是宣德以后的明中叶,广西各地民族反抗与土司叛乱不断增多,如桂东的大藤峡地区、桂北的古田等地瑶壮各族人民持久反抗,以致广西各地烽火连绵。如万历时在驯象卫驻地的横州附近,"八寨、镇龙、五山等地,皆贼巢穴"。[65]明在广西民族地区的统治受到严重威胁,迫使明廷频频调集大军征剿。在此情况下,驯象卫继续以捕象为职责,显然不合时宜。因此,为巩固在广西的统治,明朝统治者赋予驯象卫更多的镇戍职责。这样,驯象卫由原先的捕捉、驯化野象为主,转变为镇戍

---

[59] 嘉靖《广西通志》卷三一《兵防五·官兵》,《北京图书馆古籍珍本丛刊》,北京:书目文献出版社,1998年影印本,第41册,第386页上。

[60] 《明太祖实录》卷二四六"洪武二十九年五月乙酉",第3569页。

[61] 乾隆《横州志》卷五《防抚志·戎备》,第70页。

[62] 《明宣宗实录》卷四四"宣德三年六月辛丑",第1086页。

[63] 何兆雄:《中国野象的南移和森林的破坏》,《生态学杂志》1984年第5期。

[64] 《明太宗实录》卷三五"永乐二年冬十月丁亥",第615页。

[65] 杨芳、詹景凤:《殿粤要纂》卷三《横州图说》,《北京图书馆古籍珍本丛刊》,北京:书目文献出版社,1998年影印本,第41册,第823页上。

地方为主。而用于朝仪的驯象,更多地通过东南亚各国及云南土司的贡象来承担。

### 四、驯象卫镇防区及地位演变考论

已故明史专家顾诚认为,明代疆土分属两个管辖系统。一个是行政管辖系统,即由六部—布政使司(直隶府、州)—府(直隶布政司的州)—县(府属州);军事系统由五军都督府—都指挥使司(行都指挥使司、直隶都督府的卫)—卫(直隶都司的守御千户所)—千户所。军事组织的卫所,在绝大多数情况下是基层地理单位,负责管辖明代不属于行政系统的大片疆土。[66]然而,明代的军事卫所分为实土卫所与非实土卫所两种,实土卫所兼理军政、民政,因而只有实土卫所才具有明确的行政管辖范围。驯象卫作为明代华南边疆地区的非实土边卫,只有自己的镇防范围。不过,由于史料记载的缺乏,以及一些古地名已难以考订明确,更主要的是其镇防区前后变化较大,要准确地划分明代驯象卫的镇防范围,已不可能。在此,笔者试根据其营堡、哨所、屯田等有关方面的材料,作一个大致的考察。

驯象卫在迁横州之前,其主要职能就是负责为明廷捕捉、驯化亚洲野象,其军制并不清楚,亦未见有关屯田等方面的史料记载。只知道卫所官兵在今桂西南思明府属上思、宁明境内的十万大山一带驱捕野象。估计当时驯象卫只是据点式的卫所,还没有固定的防御范围。而明初的南宁卫,除辖五所外,据嘉靖时方瑜纂《南宁府志》卷七《兵防志》载南宁卫,"国初建七千户所,统旗军七千有奇,继拨三千戍守太平、武缘、贵县",[67]远比一般卫所规模要大。后来又统辖武缘(今武鸣)守御千户所、守御太平千户所,以及守御贵县(今贵港市)中、前千户所。[68]很显然,其军事防区大致包括:永淳县(今横县境)、宣化县(今南宁)、武缘县、隆安县、贵县以及太平府(今大新、崇左等)部分地区。驯象卫迁至横州,明廷即在南宁卫原镇防区之内析出一部分地区作为其镇防区。

从驯象卫布防设置看,设有巡司二:即南乡巡抚司和古江口巡检司,俱在横州境内。营堡有四,即武思营(位于贵县武思江口)、六庄堡(位于州东五十里,临近合浦)、洞口堡、楞佛堡(具体地址不详)。[69]万历时驯象卫通过增设屯堡,以加强在当地的守御。"设二堡于山心、镇横,即抽四乡兵轮番侦戍。又筑

---

[66] 顾诚:《明帝国的疆土管理体制》,《历史研究》1989年第3期。
[67] 嘉靖《南宁府志》卷七《兵防志》,第432页下。
[68] 嘉靖《广西通志》卷二七《兵防一·兵署》载:"守御贵县中前千户所,在贵县西北,洪武二十五年(1392)建,隶南宁卫"。(第359页下)另一说为正统十一年(1446)建。

甲塘城分为三堡，于内外又置上下廓、南北门四营于州城之外不里许，于是屯御四密，而八寨、五山诸贼渐以远迹，且江路之有哨，云馆之有防，东西二关之有护，横其可以少安矣”。(70)其兵力的布防情况，史书记载：

> 旗军三百二十六名，内掣后所军五十二名，守甲塘三堡，北门、下廓二营兵各十五名；上廓、江南二营兵各十名；乐山乡狼兵三百名；端峰里狼兵二百名；从化乡狼兵三百名；高登里狼兵一百九十二名；东关抽四乡狼兵二十二名；西关抽四乡狼兵五十八名；山心、镇横二堡抽四乡狼兵各十名。甲塘堡拨守所军三十六名、狼兵五十名；青桐堡所军十六名、狼兵三十名；定祥营狼兵三十名。甲塘、青桐、定祥三处军兵委千户一员统领。云表公馆弓兵七名，南乡巡司弓兵七名，陆村、动弄、飞龙、陈埠、米埠、清江、苦竹、龙门、船湾、甜菜、横石、武思十二哨，每哨哨长各一名，打手各九名，哨船各一只，委武职三员分领。(71)

结合书中所绘简图，高登里、上廓、下廓、西关、东关几处皆紧附横州城，而从化乡、青桐堡、甲塘堡、定祥堡皆与宾州相邻，端峰里与属广东布政司廉州府的灵山县相邻，乐山乡与贵县相相邻。形成“狼兵”守外，明军守内的布防格局。乾隆时修的《横州志》卷五《防抚志》所列驯象卫所设哨所，如云表公馆、陆村、飞龙、清江、龙门、甜菜等，均为今横县境内地名。最后从其屯田范围看，嘉靖时林富、黄佐所纂《广西通志》所列驯象卫百户屯田地名，已多不可考。但部分地名与今横县地名完全一样，如百户周仁的屯地丹竹冲，故百户张裕的屯地西津渡口等。(72)由此推断，驯象卫镇防区就在以今横县为中心的区域，以及贵县西南部分地区。

作为一个军事卫所，其下设经历司、镇抚司、千户所、百户所等机构，设有指挥、同知、佥事共 3 员，镇抚 1 员，正副千户共 7 员，百户 14 员，经历、知事各 1 员（嘉靖三十七年裁知事），合计将官共 90 员。有关驯象卫指挥一级官员，以史料所见，兹列于下表。

---

(69) 嘉靖《南宁府志》卷七《兵防志》，第 444 页上。

(70) 杨芳、詹景凤：《殿粤要纂》卷三《横州图说》，第 823 页上。

(71) 杨芳、詹景凤：《殿粤要纂》卷三《横州图说》，第 823 页上、下。

(72) 嘉靖《广西通志》卷二七《兵防一·兵署》，第 378 页上、下。

## 表1　明代驯象卫主要任职官员一览表

| 职官 | 姓名 | 任职时间 | 史料出处 |
|---|---|---|---|
| 指挥使 | 范信 | 宣德中 | 嘉靖《南宁府志》卷七《兵防志》,第437页下 |
| | 钱山 | 宣德六年(1432) | 嘉靖《南宁府志》卷七《兵防志》,第437页下 |
| | 王恭 | 宣德间 | 乾隆《横州志》卷九《职官志·官职·武职》,第166页 |
| | 邓敩 | 景泰二年(1451) | 乾隆《横州志》卷九《职官志·官职·武职》,第166页 |
| | 邓润 | 天顺元年(1457) | 《明英宗实录》卷二八一"天顺元年八月戊午",第6046页 |
| | 沈葆 | 不详 | 乾隆《横州志》卷九《职官志·官职·武职》,第166页 |
| | 唐铬 | 不详 | 乾隆《横州志》卷九《职官志·官职·武职》,第166页 |
| | 张镗 | 不详 | 乾隆《横州志》卷九《职官志·官职·武职》,第166页 |
| | 李海 | 不详 | 乾隆《横州志》卷九《职官志·官职·武职》,第167页 |
| | 范儒 | 嘉靖间 | 乾隆《横州志》卷九《职官志·官职·武职》,第167页 |
| | 孙文 | 不详 | 乾隆《横州志》卷九《职官志·官职·武职》,第167页 |
| | 唐宏 | 不详 | 乾隆《横州志》卷九《职官志·官职·武职》,第167页 |
| | 王雄 | 天顺五年(1461) | 嘉靖《南宁府志》卷七《兵防志》,第439页上 |
| | 王驴儿 | 不详 | 乾隆《横州志》卷九《职官志·官职·武职》,第167页 |
| | 王建中 | 不详 | 乾隆《横州志》卷九《职官志·官职·武职》,第167页 |
| | 张启元 | 嘉靖间 | 乾隆《横州志》卷九《职官志·官职·武职》,第167页 |
| | 范日升 | 不详 | 乾隆《横州志》卷九《职官志·官职·武职》,第167页 |
| | 王惟谦 | 不详 | 乾隆《横州志》卷九《职官志·官职·武职》,第167页 |
| | 王嘉言 | 嘉靖间 | 乾隆《横州志》卷九《职官志·官职·武职》,第167页 |
| | 唐希度 | 不详 | 乾隆《横州志》卷九《职官志·官职·武职》,第167页 |
| | 亦闻烈 | 不详 | 乾隆《横州志》卷九《职官志·官职·武职》,第167页 |
| 指挥同知 | 赵恭 | 洪武间 | 乾隆《横州志》卷九《职官志·官职·武职》,第167页 |
| | 邓敏 | 永乐间 | 乾隆《横州志》卷九《职官志·官职·武职》,第167页 |
| | 李麟 | 宣德间 | 乾隆《横州志》卷九《职官志·官职·武职》,第167页 |
| | 王福 | 天顺年间 | 乾隆《横州志》卷九《职官志·官职·武职》,第167页 |
| | 施震 | 嘉靖间 | 乾隆《横州志》卷九《职官志·官职·武职》,第167页 |
| 指挥佥事 | 耿良 | 洪武二十年五月 | 《明太祖实录》卷一八二"洪武二十年六月甲申",第2745页 |
| | 王德 | 洪武二十一年春 | 《明太祖实录》卷一八八"洪武二十一年春正月甲午",第2814页 |
| | 亦忠 | 永乐年间 | 乾隆《横州志》卷九《职官志·官职·武职》,第167页 |
| | 孙旺 | 永乐年间 | 乾隆《横州志》卷九《职官志·官职·武职》,第167页 |
| | 张巩 | 宣德三年(1427) | 《明宣宗实录》卷四四"宣德三年六月辛丑",第1086页 |
| | 殷聚 | 宣德六年 | 嘉靖《南宁府志》卷七《兵防志》,第438页下 |
| | 范瑄 | 宣德六年 | 嘉靖《南宁府志》卷七《兵防志》,第438页下 |
| | 张瑛 | 成化七年(1471) | 《明宪宗实录》卷九九"成化七年十二月戊子",第1911页 |
| | 施济 | 成化二十一年 | 嘉靖《南宁府志》卷七《兵防志》,第438页上 |
| | 亦孔昭 | 嘉靖二十八年 | 嘉靖《南宁府志》卷七《兵防志》,439页上 |
| | 吴禺 | 成化年间 | 嘉靖《南宁府志》卷七《兵防志》,438页下 |

伴随着卫所制度的衰落，至明中叶后，驯象卫也经历了一个走向衰落的过程，卫所军士因各种原因不断减少。成化二十三年时，尚有军士619名。至弘治十八年（1505），又减少到540名。嘉靖年间减少为324名，万历时存有马步兵368名。将官原额为90名，万历时只存28名。军士的不断减少，使驯象卫已难以担负其镇戍职责。为弥补军力不足，明廷主要通过征调壮族"狼兵"协助镇守，以维持地方治安。万历时隶驯象卫统辖的"狼兵"即有992名，[73]为驻守明军的两倍多。在驯象卫镇防区协助守御的"狼兵"主要来自归德州（治今平果县东北），对此史料有明确记载，称"横北接于宾，东界于贵。宾与贵之八寨镇龙、五山等地皆贼巢也……自调归德狼兵分守乐山、端峰等四乡，以防宾、贵之外瞰"。[74]这样，驯象卫由明朝为加强桂西民族地区统治而设置的军力投放前沿基地，演变成为地方守备据点，仅能维持治安而已。

驯象卫衙署设在横州城内东北部，洪武时原建有正厅5间，后厅5间，架阁库2间，吏舍东西各6间。景泰年间指挥使范信、弘治年间指挥吴瑞均曾重建，至正德年间指挥钱勋增建后堂。清代，废除卫所后，横州地方官员将原驯象卫署建筑改为文昌祠。"国朝康熙四十年（1701），知州柯宗仁以祠改建……乾隆十一年（1746），知州谢钟龄重建，增置学舍，左右凡十间"，[75]以兴办义学。驯象卫演兵用的校场则设在城守署右，墙外余地30余丈，清代尚存。

与其他卫所不同的是，尽管驯象卫军户世袭，但在创设之初，主要是为了捕捉野象，军户"少携妻子"，后驯象卫将士又随征交趾，多半战亡，兵额难以得到勾补。其军余及卫籍人员在明中叶后的社会流动情况，通过钩稽史料，主要有以下几种情况：一是在横州、永淳一带开展屯田为主。"其军余屯田，大率卫所军士，以三分守城，七分屯种"。[76]驯象卫军屯的方式，主要是"总小甲分管，各以百户统之，招民代耕，收租变粮，运横州军储。"至嘉靖年间，驯象卫军屯所税田额为"五十六顷一十四亩"，然实际所开垦田额远大于此数。据嘉靖二十二年统计，"军余王环等并州民王暹等各告闻垦本州及永淳余田共一百六十四顷六亩有奇"，其中军余田"一百二十三顷八十六亩有奇"。[77]由于屯田赋额沉重，广西各卫军屯即开始出现"征差逃故者多"的情况，[78]明廷虽对余丁

---

[73] 嘉靖《南宁府志》卷七《兵防志》，第437页上；乾隆《横州志》卷5《防抚志·戎备》，第70页。

[74] 杨芳、詹景凤：《殿粤要纂》卷三《横州图说》，第823页上。

[75] 乾隆《横州志》卷七《学校志·义学》，第131页。

[76] 乾隆《横州志》卷五《防抚志·戎备》，第70页。

[77] 嘉靖《南宁府志》卷七《兵防志·屯田》，第443页下。

[78] 《明英宗实录》卷一二"宣德十年二月丙午"，第218页。

实行优免措施,仍难以扭转屯田士兵逃亡的局面,至弘治年间时,广西各卫开始出现"兵荒",[79]加以社会动乱,屯田数多有减少。至清雍正年间,归并的驯象卫原额屯田数为"七十四顷四亩六分五厘七毫"。[80]二是子孙世代承袭军职,调往其他卫所,这种情况较为普遍。如驯象卫指挥钱山的子孙中,钱勋升为都指挥,充左右二江参将,钱希贤则升任福建行都司。[81]千户朱銮之子朱冕,正德末年升指挥,朱冕之弟昇升四川行都司。[82]又百户周瑛,丹徒人,永乐七年调为驯象卫左所百户,其弟周俊、其子周埙均在当地承袭军职。三是参加科举考试,幸被录用,这类人员不多。以史料所见,驯象卫籍民户中参加科举考试并幸而中举者主要有:亦孔昭,中嘉靖三十一年壬子科解元;邓世芳,中万历四年(1576)丙子科解元;陆应泗,中嘉靖四十年辛酉科;钟伊,中万历元年癸酉科;孙承统,中万历四年丙子科;王用钦、邓昌兆,中万历十三年乙酉科;范日华,中万历十六年戊子科;钱有信,中万历十九年辛卯科。史料记载他们皆为"驯象卫籍"。[83]四是部分人员与当地居民联姻,落户横州。如当地方志记载的驯象卫处士杨芳之女,驯象卫耆士黄洪之女,驯象卫指挥之弟钱象龙之妻夏氏,皆与当地人士联姻,因守节而被封为列女。[84]

驯象卫东迁横州后,其地位随着镇戍职能的强化,捕象职能的弱化,而发生了显著变化。自明英宗正统年间以后,即很少有驯象卫捕象方面的记载,驯象卫也由一个特殊卫所向普通卫所转变。

洪武年间,驯象卫地位较为特殊,较受明廷重视。主要是因为其时为朝仪度制初创时期,要求齐备,对驯象需求较大,凡重要活动,对使用驯象数量都有严格规定。(见下表)

---

[79] 《明孝宗实录》卷一七六"弘治十四年七月丁卯",第3229—3230页。
[80] 乾隆《横州志》卷六《户产志·田赋》,第86页。
[81] 嘉靖《南宁府志》卷七《兵防志》,第437页下。
[82] 嘉靖《南宁府志》卷七《兵防志》,第438页下。
[83] 乾隆《横州志》卷一〇《选举志·武科》,第199页。
[84] 乾隆《横州志》卷一一《人物志·列女》,第210页。

**表2 明代象仪一览表**

| 礼仪名称 | 驯象立仗位置 | 数量（只） | 合计 |
|---|---|---|---|
| 大祀 | 大明门 | 2 | 31 |
| | 长安左、右门 | 4 | |
| | 正阳桥 | 2 | |
| | 正阳牌坊迤南东西街 | 2 | |
| | 西天门里、外 | 4 | |
| | 南天门 | 2 | |
| | 东天门 | 2 | |
| | 北天门 | 2 | |
| | 斋官各门 | 6 | |
| | 宝匣 | 1 | |
| | 玉辂辇 | 2 | |
| | 大辂辇 | 2 | |
| 圣节、正旦、冬至三大朝会 | 宝匣 | 1 | 30 |
| | 玉辂辇 | 2 | |
| | 大辂辇 | 2 | |
| | 奉天门前 | 4 | |
| | 东西角门前 | 4 | |
| | 午门 | 6 | |
| | 端门 | 4 | |
| | 承天门 | 4 | |
| | 长安左、右门 | 4 | |
| 享太庙 | 承天门内 | 10 | 10 |
| 常朝 | 午门前 | 6 | 6 |

说明：此表根据《明会典》卷二二八《锦衣卫·驯象所》(《续修四库全书》，史部第792册，第683页上、下)所制。

在明朝尚未与东南亚主要产象国建立朝贡关系前,驯象缺乏。为驱捕野象,满足朝仪需要,驯象卫军额一度突破了原有定制,如前所述拔来的旗军最多时竟达2万余名,规模远超一般卫所。这是因为亚洲野象形体硕大,一头成年亚洲野象身高在5.5—6.4米,肩宽2.5—3米,体重达5000公斤,是现今世界上尚存的最大陆栖动物。[85]其体大力大,发狂时横冲直撞,无可阻挡。因而捕捉野象,往往需要大量人员通力协作,不仅万分劳苦,其危险性丝毫也不亚于征战。因此明朝洪武设立驯象卫后,卫卒与卫所长官常由谪戍、谪罚人充当。如前述广西驯象卫指挥佥事王德,原为山东都指挥使,因犯法而被免职,明太祖以其有才,令其为驯象卫指挥佥事。洪武二十年,广西都指挥使耿良,"在任多不法,军士薛原桂诉之,既而镇抚张原复言其不法二十余事",[86]明太祖将之贬为驯象卫指挥佥事。洪武之后,虽随着职责的调整,以贬谪作为其官员主要构成的状况逐渐有所改变,但至明中叶仍有部分官僚或因犯罪,或因得罪权贵被贬驯象卫服役。如正德五年(1510),陕西人韩范因交结大宦官刘瑾,事败后"诏范及家属俱发广西驯象卫,永远充军";[87]嘉靖年间,给事中吴时来,"以谏谪戍驯象卫"。[88]

但随着明朝朝贡体系的建立,朝仪所用驯象逐渐由东南亚各国所贡的成熟驯象承担。同时大象的寿命一般长达六七十年,驯象本身也可繁殖部分。因而,明中叶后对驯象卫捕捉、驯化野象的需求已不再如明初那般强烈。明正统以后,明廷即很少令驯象卫贡象,这就导致它原先最特殊的捕象职能最终趋于淡化。

当然,作为一个军事卫所,它是明初设于桂西南地区较早的两个卫所之一,是明朝控驭桂西南民族地区重要的军事堡垒,故驯象卫在明初地位较为特殊,在明初发挥的作用还是较为显著的。除了捕捉、驯化野象,满足明朝朝仪需要之外,还参与了朝廷征剿广西少数民族的行动,为明朝在广西民族地区统治的稳定,发挥了一定的作用。如宣德年间,驯象卫指挥使范信以义勇前卫指挥之职,与征蛮将军山云一起,"来镇广西,参决机务……保任驯象卫,后升都司,屡平柳州、修仁、大藤峡、庆远、思恩等处猺贼"。[89]这是因为明初广西卫所处于草创时期,数量不多,明廷对其多所倚重。但至明中期时,明在广西

---

[85] 文焕然、何业恒、江应梁、高耀亭:《历史时期中国野象的初步研究》,《思想战线》1979年第6期。

[86] 《明太祖实录》卷一八二"洪武二十年六月甲申",第2745页。

[87] 《明武宗实录》卷七〇"正德五年十二月庚子",第1553页。

[88] 乾隆《横州志》卷八《秩祀志·民祀》,第140页。

[89] 嘉靖《南宁府志》卷七《兵防志》,第437页下。

的布防格局已日臻完善,各卫职责分工较为明确。从地理位置上看,南宁卫"夷旷濒海徼,接溪洞,控制左右两江,为安南咽喉"。[90]而驯象卫守备的横州,又是拱卫南宁的战略要地,史称"粤西之要在邕州,邕州之要又在横州"。[91]但在军事上,驯象卫是作为南宁卫的犄角而存在的,迁移横州的主要目的就是协助南宁卫控驭桂西南地区。明中期以后,桂中地区因大藤峡等地民族矛盾尖锐,民族反抗斗争频繁,成为明朝迫切希望加强镇戍的重点。为对这一地区的加强统治,明廷对广西的卫所作了全面的调整。迁南丹卫于上林,后迁宾州(宾阳),迁奉议卫于贵县,加上原先所设之浔州卫、柳州卫以及所属之千户所,在桂中一带形成众多的军事据点,而驯象卫因处于这一中心的边缘地带,在卫所旗军大为减少的情况下,仅能承担横州守备任务,对震慑大藤峡民族地区,所能发挥的作用相对有限。明廷在大藤峡地区开展的军事征剿行动,主要由来自湖广、江西的明军以及征调的"狼兵"承担,因而驯象卫受到重视的程度,当然难与洪武时期相比。

## 五、余 论

综上所述,驯象卫自迁至横州之后,其特殊地位即开始随其职能由捕象向镇戍地方转变而发生显著变化。这其中的原因,是明中叶后在朝仪驯象供给体系建立,已能满足朝仪需求,而面临广西地方社会动荡不宁的情况下,需要加强地方守御的结果。同时也是与桂南一带自然环境的变迁导致野象不断减少的现实密切相关的。

根据何业恒、文焕燃、何兆雄等人的研究,亚洲野象平均每百年即从北纬南移1度,约为111公里。从明初至清乾隆年间,约为4个多世纪,野象南移也达4度,约444公里,故至嘉庆谢启昆修《广西通志》时,明言"象今出交阯山谷间,内地无其种类矣"。[92]

亚洲野象在广西的消失,应该说是多方面因素相互作用的结果,其中不排除野象本身适应能力的因素。就外界对其产生影响的因素而言,主要有:

---

[90] 陆化熙:《目营小辑》卷四《广西·南宁府》,第218页;另外张天复:《皇舆考》卷一〇《广西图叙》也载南宁"形胜内制广源,外控交阯,南濒海徼,西接溪峒"。(《四库全书存目丛书》,史部第166册,第401页)

[91] 顾祖禹:《读史方舆纪要》卷一一〇《广西五·南宁府》,北京:中华书局,2005年,第4942页。

[92] 嘉庆《广西通志》卷九二《舆地略十三·物产略·南宁府》,南宁:广西人民出版社,1988年,第2911页。

气候因素。明代正处于世界气候寒冷期,即小冰期。尤其是从 15—17 世纪,是我国历史上气候最为寒冷的时期。[93]广西南部虽处于热带和亚热带,但强劲的寒潮还是会从南岭山口南下,进入广西境内。一旦强冷空气前锋抵达桂南,众多野象喜食的植物,如野芭蕉、嫩叶等就会迅速枯萎死亡,促使野象为了觅食而被迫南迁。明中期广西南部地区就有遭受寒潮的记载。如驯象卫所在横州,嘉靖十一年"冬有雪",嘉靖三十五年春正月和嘉靖三十六年春三月,当地遭遇罕见的"雨雹","大者如米升,小者如鹅卵"。[94]"神宗万历十三年冬十一月朔,雪"、"神宗万历四十二年十一月,大雪,积尺许。"[95]受气候变冷影响,明中期以后广西各地连遭干旱袭击,这在明代所修广西地方志中有很多记载。如万历末期,广西宾州旱灾,史籍记载"赤地千里,流离遍野"。[96]可以说,自明中期始,桂南地区适于亚洲野象生存的温暖湿润的气候已有所改变。

其次是人类生产活动增多对野象生境的影响。明代,在今广西南部有野象分布的南宁府、廉州府属各州、县人口,在明天顺年间以后有一个逐步增加的过程。如南宁府人口,成化八年时,"户一万一千五百二十九,口八万二千一百一十九";嘉靖元年时,有"户一万一千九百八十六,口九万六千六十一"。[97]廉州府,天顺六年(1462)时,有"户八千一百二十七,口四万六千五百二十一";嘉靖元年,"户八千八百零四,口六万三千六百四十四";万历十年时,"户八千五百三十一,口五万二千八百四十一"。[98]再如驯象卫所在地横州,嘉靖间王济到此为官时,"有村八百余,墟百余,一墟每期贸易财货不下数十万",[99]人口显然已有一定规模。伴随着人口的缓慢增长,桂南地区土地开发也有一个逐步扩大的过程,最重要的表现就是耕田面积在不断增加。如弘治十五年时,南宁府有"官民田地塘五千六百九十一顷",嘉靖十年时,为"一万零四百一十四顷一十八亩三分二厘六毫",嘉靖四十年时,有"一万二百四十七顷九亩九分一厘六毫二丝八忽";[100]廉州府在洪武二十四年有"官民田地塘共六千三百

---

[93] 邹逸麟:《中国历史地理概述》,福州:福建人民出版社,2002 年,第 6 页。
[94] 嘉靖《南宁府志》卷一一《祥异》,《日本藏中国罕见地方志丛刊》,北京:书目文献出版社,1986 年影印本,第 3 册,第 527 页上、下。
[95] 乾隆《横州志》卷二《气运志·灾祥》,第 15 页。
[96] 万盛年:《拙政篇·粤西事实计十条》,《四库全书存目丛书》,子部第 32 册,第 223 页。
[97] 嘉靖《广西通志》卷一八《户口·南宁府》,第 247 页上—248 页下。
[98] 崇祯《廉州府志》卷四《田赋》,第 57 页下—58 页下。
[99] 王济:《君子堂日询手镜》,《丛书集成新编》,台北:台湾新文丰公司,1984 年,第 94 册,第 172 页。
[100] 嘉靖《南宁府志》卷三《田赋志·税粮》,《日本藏中国罕见地方志丛刊》,北京:书目文献出版社,1986 年影印本,第 3 册,第 377 页下—378 页上。

二十七顷七十五亩三分五厘二毫",嘉靖十一年时,有"六千五百八十二顷二十三亩六分二厘九毫",至万历十年时,有"七千五百三十九顷四十八亩七分三厘九毫有奇"。[101]又如钦州,洪武二十四年有"官民田地七百四十顷九亩八厘一毫",万历十年"清丈田地一千六十五顷一亩一分"。[102]横州,当地的瑶壮等民族已开始有目的地在山岭间开垦田地,种植旱禾,史称"皆从山岭中种此禾(即畲禾)"。因采用落后的生产方式,效率很低,在土地肥力下降后,又往别的山岭开辟土地种植。在横州的丘陵地区,以养牛为主的畜牧业发展很快,当地大户人家有牛数百头,乃至上千头者,"虽数口之家,亦不下十数,时出野外,一望弥漫坡岭,间如蚁"。[103]

由于平原、丘陵地带不断被开发出来,桂南山区植被尽管还保持较完整的原始状态,如灵山县,至清初时还"深林密箐,绵亘数百里"。[104]但原先大片的原始植被被人为分割成互不连接的若干区域,这对有漫游习性的亚洲野象而言,只要其走出山林,就是开发成片的农田,难免遭到人们的驱捕,因而其活动区域受到人类生产活动的极大限制。而即使在桂南的深山地区,人迹罕至的林区也越来越少,在此栖息的野象也无法安宁。如广西太平府,明初即在此设太平守御千户所,隶南宁卫,所军在长岭、高山等处屯田,嘉靖时还令当地土官贡献贵重木材铎木,嘉靖三十五年时,额度为16460根;嘉靖四十年时,增至51060。当地土官为完成任务,不得不役使属下百姓入山砍伐。[105]正是人类生产活动的增多与范围的不断扩大,极大地影响了野象的原始生境,因而自明中期以后,桂南地区只偶尔有"象出害禾"的情况了。[106]这一方面显示出野象在不断减少的现实,另一方面也显示出野象为了生存,不得不与人类争夺生存领地。最后,在人类的猎捕下濒于灭绝。显然,在此情况下,驯象卫已不可能再以捕象作为其主要职能了。

---

[101] 崇祯《廉州府志》卷四《田赋》,第59页上—60页下。
[102] 雍正《钦州志》卷四《户役志·户口》,《故宫珍本丛刊》,海口:海南出版社2001年影印本,第203册,第192—193页。
[103] 王济:《君子堂日询手镜》,第173页。
[104] 乾隆《灵山县志》卷六《风俗》,《故宫珍本丛刊》,第203册,第404—405页。
[105] 万历《广西太平府志》卷一《屯田》,第381页、388页。
[106] 乾隆《横州志》卷二《气运志·灾祥》载万历十年秋,"有象出北乡,害稼"(第15页);雍正《钦州志》卷一《历年纪》也载万历二十二年,"象由灵山地方来辛立乡,践踏田禾,触害百姓。知州董廷钦命哨官张奇设策擒之,民始安耕"(第167页)崇祯《廉州府志》卷一四《外总志·象牙》也……凡得十余只"。(第260页上、下)

总之,自明中叶后,随着朝仪驯象供应体系的完全建立,以及分布于广西的亚洲野象不断减少,这是促使驯象卫职能演变的外在原因。职能的转变,直接导致其特殊地位的沦落。至于其最终走向衰微,则是由明代卫所制度本身存在的弊病决定的。

(注:本文原刊载于《历史研究》2011年第1期。)

# 中国古代边疆地区的地域形象及对边防建设的影响

刘祥学

[内容提要]中国历史上各个朝代的统治者都有自己不同的边疆观,这对边疆的经营和统治版图大小具有重大影响。一般而言,汉族统治者的边疆观,充满着地域的偏见,并深刻地影响到边疆地区的建设与发展。这个问题的产生既有政治、经济、文化上的复杂因素,也有自然地理方面的因素。

[关键词] 中国古代　边疆观　地域形象　边防建设

所谓边疆观,就是对边疆地区的整体认识在头脑中的反映。作为统治者,其持有的边疆观如何,不仅会影响其对边疆的统治与经营,也会对其统治版图大小产生重大影响。在中国历代的王朝中,统治版图大小相差是很大的。但仔细考察,不难发现,凡是汉族建立的统一王朝,即使是号称封建盛世的汉唐王朝也不例外,统治版图与少数民族建立的元朝和清朝相比,也要小了许多。这其中原因除了实力大小不一,以及面临不同的时代背景外,与统治者的边疆观也有密切关系。近年来,学术界对边疆史地进行了深入的研究,一些学者也提出了政治边疆、地理边疆、利益边疆、安全边疆等颇有新意的论点,认为边疆观是个发展着的概念,随着人类生产力的飞速发展,又相继产生了海疆与天疆的概念[①]。还有的学者从统治阶级传统的"夷夏观"对中国古代疆域形成的形成产生的影响,以及研究中国古代治理边疆观念,分析其主要内容及

---

① 参阅马大正:《"中国边疆通史"丛书总序》,见李治亭主编:《东北通史》,中州古籍出版社2003年1月版;于沛:《从地理边疆到"利益边疆"——冷战结束以来西方边疆理论的演变》,载《中国边疆史地研究》2005年第6期;杨成:《利益边疆:国家主权的发展性内涵》,载《现代国际关系》2003年第11期。

对历代边疆施治产生的深刻影响[2]。笔者拟在以上研究基础上,试就中国历代边疆观这一问题,谈谈自己的一管之见。

## 一、中国古代边疆观的地域偏见表现

自中国古代国家形成以来,"华夷"五方分布格局即逐步形成,即华夏族居中,周边依次为南蛮、东夷、北狄、西戎这些少数民族。商周而后,随着华夏族势力的不断发展,东夷的分布区域纳入华夏族的统治疆域,可以说作为一个族体,东夷早已融入到华夏族之中。但随着周边民族的内迁,对华夏族造成的威胁加大,齐桓公打起了"尊王攘夷"的旗号,"华夷之辨"、"华夷峻防"思想盛行起来。其特征就是公开歧视周边少数民族,不承认其平等地位。这样,南蛮、北狄、西戎等本来只是表示分布地域的族称,在统治阶级眼里开始有了贬义。"四夷"、"蛮夷"、"夷狄"等是统治者常用的称呼,历代的统治者,不是称"夷狄"为"禽兽"、"犬羊"、"豺狼",就是称为"小丑"、"丑虏"[3],公开宣称"非我族类,其心必异",在心理上总认为少数民族"奸诈","人面兽心"[4]。虽然历史上不同时期,统治版图的大小不同,但无一例外,在看待在有少数民族分布的边疆地区时,统治者总是不自觉地带上了地域歧视的眼光。

主要表现在以下几个方面:

第一,认为边疆就是地理位置偏远、地域广大之地。战国时人所撰的《禹贡》中,记载了一种"五服"制度,以500里作为划分标准,以距王都中心,据此五百里为甸服,又五百里为侯服,又五百里为绥服,又五百里要服,又五百里为荒服。荒服是少数民族居住的区域,处于最远程,距王都有2500里之遥。颜师古在注《汉书·地理志》时解释说:"此五服之最外者也。荒,言其荒忽,各因本俗"。虽然这种制度只是时人的一种设想而已,并没有实行过。但对后来的统治者却产生深远的影响,边疆偏远的观念深入其心。统治者不论王朝统治疆域大小,概将边疆称为"蛮荒之地"、"荒毛之地"、"荒远之地"等,一些官僚

---

[2] 参阅李大龙:《传统夷夏观与中国疆域的形成——中国疆域形成理论探讨之一》,载《中国边疆史地研究》2004年第1期;方铁:《中代治边观念的研究与主要特点》,载《中国边疆史研究》2006年第1期。

[3] 《明太宗宝训》卷五《驭夷狄》;《明太祖实录》卷七八,洪武六年春正月壬子;《明太祖实录》卷八〇,洪武六年三月壬子。《明太宗宝训》卷五,《谕远人》;《明英宗实录》卷二〇四,景泰二年五月壬子。

[4] 《明太祖实录》卷四一,洪武三年夏四月丁丑;(明)张萱:《西园闻见录》卷六六,《兵部十五·属夷前》。

文人则将边疆民族地区称为"殊域"、"外徼"。如明人严从简有专记明朝周边少数民族地区的名著《殊域周咨录》,明人田汝成有专记南方民族地区的《炎徼纪闻》等。东北地区,是肃慎族的世居之地,西晋时称其"在不咸山北,去扶余可六十日行。东濒大海,西接寇漫汗国,北极弱水,其土界广袤数千里"[5]。明代时对辽东地区,即称"僻处海偶"[6],设置的三万卫(治今辽宁开原)在军事负责控制东北大片民族地区,史称其"控临绝徼"。[7]明成祖永乐十年(年),辽东建州卫指挥金事李显忠因塔温地区新归附的少数民族缺乏粮食,请求明廷接济,明成祖即言:"远人归化,尤宜存恤"[8]。北方地区陕北以及蒙古草原一带,历史上曾为戎、匈奴、突厥、契丹、蒙古等族的生息地,虽然并非所有地区跟中原王朝首都都有2500里之遥,但统治者还是一再称其为"荒服"。如周武王时,"放逐戎夷泾、洛之北,以时入贡,命曰'荒服'"[9];秦时为防御匈奴,大规模修筑长城。西汉时,霍去病、卫青等统兵北击匈奴,深入草原,或出"陇西、北地二千里",或出"代二千余里"[10]。唐时,北方草原一带,为突厥控制,史称"其族强盛,东自契丹、室韦,西尽吐谷浑、高昌诸国,皆臣属焉"[11],地域广大无比,有东西万里之说。以此相对,时人以长城为界,将长城以南的农业地区,称为内地,而将长城以北的草原牧业地区,称为塞外、塞北、漠北、碛北等,总给人一种旷远的感觉。明代,对于居于草原的蒙古封建主,统治者在其文告中常称:"元主远去沙漠"[12],或称"塞北万里"、"茫茫广漠之地"[13]。至于西北、西藏与西南地区,在统治者眼里更是遥远之地。如《汉书》卷九十六上《西域传》记婼羌(今新疆若羌)称"去阳关千八百里,去长安六千三百里,僻在西南,不当孔道";鄯善(位于今新疆罗布泊沿岸)"去阳关千六百里,去长安六千一百里"。历史上,一直以河西走廊西端的阳关、玉门关为极边的分界线,一出此地,便视作荒僻之地,故唐诗有云:"劝君更尽一杯酒,西出阳关无故人",代代传颂至今。西藏在唐时是吐蕃统治区域,史称"在长安西八千里";在明代称"西番",明太祖统治的洪武年间,藏族摄帝师喃加巴藏卜主动遣使朝贡,明太祖

---

[5] 《晋书》卷九七《四夷传·肃慎氏》。
[6] 《明史》卷一三四,《叶旺传》。
[7] (清)顾炎武:《一统案说》卷二。
[8] 《明太宗宝训》卷五,《怀远人》。
[9] 《史记》卷一一〇《匈奴传》。
[10] 《史记》卷一一〇《匈奴传》。
[11] 《旧唐书》卷一九四下,《突厥列传上》。
[12] 谈迁:《国榷》卷三,洪武二年十一月丁未。
[13] (明)杨荣:《北征记》。

对其"万里来朝"[14],甚为感动,给予了优厚赏赐。云南、广西、海南等地,在统治者眼里也是遥远的边疆,对当地的民族,统治者常用的词汇是"边方小夷"。明成祖时封其子朱高煦为汉王,封国云南。朱高煦即大为不满,说"我何罪,斥万里!"[15]哪怕是近在东南沿海的台湾岛,但在三国时人看来,却是那样遥远。《三国志》卷四七《吴书·孙权传》载黄龙二年时,孙权遣卫温诸葛直浮海求夷州,因"所在绝远,卒不可得至";大臣陆逊认为"万里袭取,风波难测",全琮认为"殊方绝域,隔绝障海"[16]。

第二,以为边疆就是文教未兴,愚昧落后的地区。"华夷"之别观念的确立,使得华夏族与周边少数民族之间除了地理环境的差别外,还多了一层根本也是最重要的文化差别,具体体现在文明的先进与落后。春秋战国时期的儒家学派就是将是否施行周礼作为文明与落后的标志的,并在对"华夷"解释时,赋予其不同含义。儒学家认为"华"就是文明、尚礼之人;"夷"就是野蛮、愚昧之人。孔颖达在《疏》中称:"中国有礼义之大,故称夏;有服章之美,故谓之华。"孔子有言:"远人不服,则修文德以来之"[17],这里的"远人"指的就是周边的少数民族。以此类推,少数民族分布的边疆地区,在统治阶级眼中就是文教不兴,居民愚昧落后之地。如西汉时人贾谊之孙贾捐之在谈及岭南地区时,就公开地说:"骆越之人,父子同川而浴,相习以鼻饮,与禽兽无异,本不足置郡县也"[18]。宋《太平寰宇记·岭南道十一·容州》载当地少数民族"不习文学,呼市为墟";《太平寰宇记·岭南道十·邕州》则载当地居民"内险外蠢"。北方地区的突厥族,史籍载"其俗被发左衽,穹庐毡帐……贱老贵壮,寡廉耻,无礼义,犹古之匈奴也。"[19]明太祖取得天下后,多次声称"溪洞瑶獠杂处,其人不知礼义"[20]。因此,统治者对边疆所要做的就是大办兴办学校,传播汉文化,对此统治称之为"以夏变夷",或者称之为传播"声教"。当然,其目的并不是以帮助边疆民族摆脱文化落后状态,而是使其服从中原王朝的统治。诚如明太祖所云"边夷设学,姑以导其响善耳"[21]。

第三,以为边疆就是土地贫瘠,生活困苦之地。由于地理条件与气候方面的差异,边疆地区经济与中原内地存在着较大的互补性。在古代,古代边疆与

---

[14] 《明史》卷三三一《西域三·朵甘》。
[15] 《明史》卷一一八,《成祖诸子传》。
[16] 《三国志》卷五八,《吴书·陆逊传》;《三国志》卷六〇《吴书·全琮传》。
[17] 《论语·季氏》。
[18] 《汉书》卷六四下《贾捐之传》。
[19] 《周书》卷五〇《突厥传》。
[20] 《明太祖宝训》卷六,《驭夷狄》。
[21] 《明太祖实录》卷一九七,洪武二十二年十月癸卯。

内地之间经济方面的联系,常靠贡赐贸易的形式维持。为羁縻边疆少数民族,统治者制定了"厚往薄来"的招抚政策,其根据就是认为边疆地区土地贫瘠,居民生活穷困,大量赏赐,可以有效改善边地经济落后状况,更主要的是吸引他们归附中央,实现边疆地区的稳定。对于边疆民族地区经济落后,生活困苦的记载,史籍中比比皆是。如北方草原地区,《史记》载汉使郭吉说匈奴,有言:"今单于即能前与汉战,天子自将兵待边;单于即不能,即南面而臣于汉。何徒远走,亡匿幕北寒苦之地,毋为也"[22];《新唐书》卷二一九《室韦传》载"其地无羊少马,有牛不用";明成祖时称"胡地非有耕种,不过抄掠取食"[23]。又如西藏地区,《旧唐书》卷一九六《吐蕃上》载:"其人或随畜牧而不常厥居","寝处污秽,绝不栉沐";明称"番民所处老思冈之地,土瘠人繁,专务贸贩碉门乌茶、蜀之细布,博易羌货,以赡其生。若于岩州立市,则此辈衣食皆仰给于我,焉敢为非","番人嗜奶酪,不得茶则困以病"[24]。南方地区,三国时诸葛亮在《出师表》称"五月渡泸,深入不毛",将西南一带为不毛之地。又如宋时载广西的瑶族所居之地,"以木叶覆屋,种禾、黍、粟、豆、山芋杂以为粮,截竹筒而炊。暇则猎食山兽以续食"[25]。

第四,以为边疆就是生活环境恶劣之地。中国历史上对统治者对边疆地区的认识,很大程度上停留在对自然环境的表面认识上,总体来看大致上是北方严寒、风暴、霜冻、沙漠,一片荒凉。南方则多瘴气、炎热与毒蛇猛兽,人一到此,九死一生。边疆地区给统治者的印象就是自然环境极为恶劣,不宜人居。故而多将西北、东北与岭南一带视作流放罪犯、贬谪官员的场所。如西北地区,自晋人法显在《佛国记》中有述:"沙河中多有恶鬼热风,遇者皆死,无一全者。上无飞鸟,下无走兽。遍目极望,欲求度处,则莫知所拟,唯以死人枯骨为帜耳。"之后,人们就常用"上无飞鸟,下无走兽"之类的词汇形容西北地区恶劣的自然环境。《旧唐书》称"西北有流沙数百里,夏有热风,伤弊行旅";党项羌居住一带"气候多风寒,五月草始生,八月霜月降";吐蕃地区则"气候大寒,不生粳稻"[26]。岭南一带的两广和海南地区,在中原统治者看来是瘴气盛行的地区。《后汉书》卷二四《马援传》载其南征时,"军吏经瘴疫死者十四五";宋时周去非《岭外代答》所记:"岭外瘴毒,为必深广之地。如海南之琼管,海北之

---

[22] 《史记》卷一一〇《匈奴传》。
[23] 《明太宗实录》卷二五,永乐元年十一月丁卯。
[24] 《明史》卷三三一《西域三·朵甘》;《明史》卷八〇《食货志四·茶法》。
[25] (宋)范成大:《桂海虞衡志·志蛮》。
[26] 参阅《旧唐书》卷一九八《吐谷浑传》;《旧唐书》卷一九八《党项羌传》;《旧唐书》卷一九六上《吐蕃传上》。

廉、雷、化,虽曰深广,而瘴乃稍轻。昭州与湖南、静江接境,士夫指以为大法场,言杀人之多也。若深广之地,如邕、横、钦、贵,其瘴殆与昭等,独不知小法场之名在何州。尝谓瘴重之州,率水土毒尔,非天时也。昭州有恭城江水并城而出,其色黯惨,江右皆黑。横、邕、钦、贵……地产毒药,其类不一,安得无水毒乎?瘴疾之作,亦有运气,如中州之疫,然大概水毒之地,必深广,广东以新州为大法场,英州为小法场。"㉗一时"大法场"和"小法场"之名,传遍天下。历史上记载南方边疆民族地区的瘴的种类是极多的。范成大《桂海虞衡志·杂志》称:邕州、两江(即广西左、右江)水土尤恶,一岁无时无瘴:春曰青草瘴;夏曰黄梅瘴;六七月曰新禾瘴;八九月曰黄茅瘴。土人以黄茅瘴为尤毒",再加上《岭外代答》所载之冷瘴、热瘴、痖瘴,瘴的种类有近十种之多,一年四时皆瘴,原因周去非认为就是当地恶劣的自然环境,"天气郁蒸,阳多宣泄,冬不闭藏,草木水泉皆禀恶气,人生其间,日受其毒,元气不固,发为瘴疾"㉘。岭南是时有"瘴乡"之谓,瘴疾之毒,令中原统治者谈瘴色变。

凡此种种,历史上人们对边疆地区总的认识就是认为不如内地。但相比较而言,元清统治者本身为少数民族,其边疆观的地域偏见色彩要淡得多,对本民族的世居地是较为注意保护和经营的。

## 二、产生地域偏见的原因

应该指出,历史上对边疆的记载,一些当然是较为准确的,而一些记载根本就是主观臆想的,或是道听途说。但在客观上却产生了相当大的消极后果,那就是加深了人们对边疆民族地区的心理偏见,视边疆为落后、边远、贫困、环境恶劣等。

历史上统治者对边疆地区产生地域偏见的原因是复杂的,归纳起来不外乎如下数端:

第一,古代交通条件与交通技术的限制。在人类发明机动代步工具之前,中国古代主要的代步工具就是车、船,而车主要以马、牛、骡等牲畜作动力,千里马、神行太保,日行千里不过是古代人的梦想,只有在现代社会才能实现。船则主要靠人力,并借助季风作动力,故每日行程极为有限。从首都至西北、西南、东北和岭南,按现代里数计算都有数千公里之遥,按古代正常的行进速度,往返一次,至少也得半年左右,中间还不能有任何耽搁,假如中途生病或遇灾乱,都需绕道或作停留,时间又要延长。张骞通西域,费时十余年;徐霞客

---

㉗ 周去非:《岭外代答》卷四《瘴地》。
㉘ 周去非:《岭外代答》卷四《瘴地》。

考察南方,也费时十余年;至于去西藏这样的高海拔地区,山高水寒,空气中含氧量低,早晚温差大,行进速度自然不如别的地方,所需时间更长。故古代言其贡使"万里来朝"并不完全是夸张的说法。从这个意义上说,这些边疆地区距离中原内地确实是较为遥远。但并非所有的边疆地区都很遥远,如以蒙古草原为例,除漠北距离稍远外,漠南不论是距离长安,还是距离北京都不到2500里,相对平坦的地势,借助马力往返一次,时间上肯定大大缩短。统治者视其为荒服之地,主要就是因为这是少数民族分布之地。而东南地区,如以距离首都的远近而言,绝对可以达到荒服的标准。但因江河便利,地势低平,经济富庶,是中原王朝的财赋重地,交通较为发达。隋唐以后,这一地区就基本上没有少数民族分布,因而统治者并不将这一地区视为荒服。统治者巡视,都曾多次到达这一地区,但却基本没有巡视西北、西藏与岭南的记载。海南岛与台湾岛,近在大陆沿海,其中海南岛距雷州半岛不过几十里,台湾距福建省最窄处不过三百来里。在古代技术条件下,航海所遇风险较大,因而视海路为畏途。加上这些地方都是少数民族居住的地方,因而人们觉得那里与大陆"限山隔海",给人的感觉就是遥远。

第二,受小农思想的影响。自古以来,中国就是一个农业大国,《管子·地员》根据《禹贡》所列九州,对全国土地分等,列为上等者皆为中原黄河流域,最适合发展农业。这些地区农业发展较早,居民生活水平较高,生产技术也普遍高于边疆地区。而边疆地区受地理、气候的限制,经济结构较为单一,如北方牧业区,主要以牧业为主,抵御自然灾害的能力有限;南方地广人稀,山地较多,虽以农业为主,产量并不高。因此,从经济发展水平看,中原统治者认为边疆地区经济落后,这是实情。但即使是边疆地区,农业生产并非全是落后之地,并非全是刀耕火种的耕作方式。如新疆的绿洲农业,在汉代和唐代都是极为有名的。史载西域都护的驻地乌垒城(今新疆轮台县东)"土地肥饶";且末(今新疆且末县地)"以往皆种五谷,土地草木,畜产作兵,略与汉同";轮台以东地区,则"地广,饶水草,有溉田五千顷以上,处温和,田美,可益通沟渠,种五谷,与中国同时熟"[29]。玄奘经过的屈支国(原名龟兹,今新疆库车)"国大,都城十七八里,宜糜、麦,有粳稻,出蒲萄、石榴,多梨、柰、桃、杏"[30]。伊犁地区,清代时"地广田肥"[31],发展农业的条件都非常好。云南,在唐代时,一些平坝地区农业水平已有所发展,樊绰《蛮书》卷七《云南管内物产》载"从曲靖州已(以)南,滇池已(以)西,土俗唯业水田"。元代以后,不少地区都得到发展。至于蒙

---

[29] 《汉书》卷九六上《西域传上》;《汉书》卷九六下《西域传下》。
[30] 《大唐西域记》卷一《屈支国》。
[31] (清)祁韵士辑:《西陲要略》卷三,《伊犁兴屯始末》。

古草原一带,元代时经济发展更是空前,时有"贫极江南,富称塞北"之称[32]。很多边疆民族地区,虽不适合发展农业,农业经济落后,但物产极为富饶,林木丰富,有色金属矿藏,如铁、铜、金、银、锡、铅以及玉、盐等非金属矿藏都极为丰富。以森林资源为例,边疆民族地区不论是过去还是现在都是最重要的用材来源,明清两代的皇木采购都源自西南等边疆民族地区。有色金属,如《大唐西域记》载屈支国土产有"金、铜、铁、铅、锡",一些地方盛产美玉;《汉书地理志》载云南一带多铁、锡、铜等矿产,东北地区有人参等名贵物产。问题是,在农业社会里,这些资源不能很好地得到开发利用,对人们解决温饱问题,作用似乎不是很大。中原地区小农经济的富足状态,在边疆地区是很少出现的,因而常将边疆视作土地贫瘠,生活艰苦、贫困之地。

第三,狭隘的地域中心观的影响。

如果以政治与文化层面考察历史上对边疆地区产生的地域偏见原因,很大程度上要归咎于狭隘的地域中心观。中原地区是中华文明的摇篮,经济文化都长期领先于边疆民族地区,这是不可否认的事实。历代王朝的建立也基本上是以中原为中心,然后向四周扩展统治区域。"华夷"五方分布格局,是以中原为中心进行划分的。历史上"中国"这一名称,含义甚为丰富,既指中央之国,又指首都,天子直接统治的王国,还指中原内地等。统治者常谓'守在四夷",指的就是经营中原,加强对周边民族地区的防御,以确保王朝的长治久安。可以说,中原长期以来就是中华民族的政治中心与文化中心。正因如此,统治者不自觉地产生了一种地域上的优越感,形成以中原为中心,以中央王朝,以皇帝为中心的思维定势,将周边民族视为"边方小夷",将边疆地区视为"殊方绝域"。从而无形中疏远了中原与边疆地区政治、经济、文化方面的距离。

第四,与中国古代面临的周边威胁及民族歧视思想有关。如从统治区域而论,凡属统治的边缘地区,皆为边疆。然而,仔细考察历史上统治者的边疆观的演变不难看出,其所谓边疆者不外乎东北、蒙古、西北、西藏、云南、广西一带而已。至于山东半岛至东南沿海地区,严格从现代国家概念来看,这些地区肯定也属边疆地区。但历史上是从来没有被当作边疆地区看待的。即使在今天,一提起边疆地区,人们马上想起的不是西北,就是西南,或是东北,人们恐怕永远没有将东南沿海地区当作边疆的想法。同是统治的边缘地区,为何一个当作边疆,一个却视为内地? 这个问题,需从周边威胁和民族歧视思想分析。既称边疆,其区域必然跟不同政权管辖的土地接壤。西北、东北、蒙古、西藏、西南、广西等地,历史上不仅分布有众多的少数民族,而且他们都建立过

---

[32] (明)叶子奇:《草木子》卷三上,《克谨篇》;(明)陆深著:《平胡录》。

自己的政权。在古代，不同政权间的管辖界线，常受其实力的消长影响而有所盈缩，因而不时朝代的边疆观念可能相差很大。如秦汉时期，可能将长城沿边一带视为边疆，但元清时期肯定不会成为边疆。再一方面，从清朝奠定今天疆域基础，国界相对稳定后，这些地区都与其他国家相接，因而成为边疆是理所当然的。有不同政权，当然就会对中原王朝产生威胁。但在鸦片战争之前，对中原王朝产生威胁的，基本上还来自陆上边疆，海上边疆除明代有倭寇之祸外，东南沿海地区与他国因海洋原因，相隔较远，威胁几乎是不存在的。还有一个原因就是东南沿海地区，基本没有少数民族分布，一直在中央王朝的统治之下，经济文化也很发达，与统治者想象的落后、贫困的边疆地区是截然不同的。至于边疆地区被看作环境恶劣之地，很大程度上是统治阶级头脑中的民族歧视思想在作怪。借自然环境的差异，将民族地区用瘴、腥膻、沙漠等词汇加以丑化，进而达到贬低少数民族的目的。每当少数民族内迁中原，统治者惊呼为"乱华"，汉族迁至边疆地区，他们则称为开化。事实上，边疆民族地区如果真如他们所描绘的，环境是如此的恶劣，那些少数民族为何能够生存发展下来，广大的汉族移民又如何往边疆地区不断迁徙？

## 三、对边疆建设的影响

边疆观对边疆地区的经营与建设具有深刻的影响，对中央王朝的疆域版图也有重大影响。中国古代统治阶级边疆观的地域偏见，产生了许多消极后果，许多后果甚至贻害至今，成为制约边疆发展的思想桎梏。

一是影响到对边疆地区的重要性认识，导致随意弃守疆土，使统治区域收缩。在狭隘地地域中心观的支配下，统治者不由产生一种自大的意识，一方面虽公开宣称"普天之下，莫非王臣，率土之滨，莫非王土"，但又视边疆民族为"边远小夷"，多方歧视。自以为天朝地大，物产丰富。在当时中原人口尚不算多的情况下，缺乏后世所谓的"生存空间"认识，甚至认为边疆地僻穷困，而随意放弃。汉武帝时，锐意进取，积极开拓，统治区域大为扩大。南及今越南中部，西北至新疆地区以西地区，东北一度扩大朝鲜半岛。但后来在当地居民的强烈反抗下，西汉放弃了海南岛。原因是汉武帝的后继者认为，海南位僻地穷，没有什么价值。贾谊之孙贾捐之就曾当面向皇帝指出，海南岛"独居一海之中，雾露气湿，多毒草虫蛇水土之害，人未见虏，战士自死，又非独珠厓有珠犀玳瑁也，弃之不足惜，不击不损威。其民譬犹鱼鳖，何足贪也！"[33]明成祖时曾于交阯（今越南北部）设置郡县，派兵屯守。但遭到当地势力的激烈反抗，明成

---

[33] 《汉书》卷六四下《贾捐之传》。

祖坚持统治了近20年,都没有撤兵。明宣宗时鉴于国力疲惫,耗费无数,最后寻机放弃了对交阯的统治。抛开其中政治、军事上的因素不谈,对交阯这一地区价值的认识,亦是重要的方面。明太祖时曾立有祖训,称"海外诸蛮夷小国,阻山越海,僻在一隅","得其地不足以供给,得其民不足以使"[34],因而当明宣宗有放弃交阯的想法时,虽然大臣张辅、夏原吉、蹇义极力反对,但内阁大臣杨士奇、杨荣却极力赞同,说"陛下恤民以绥荒服,不为无名。汉弃珠崖,前史以为美谈,不为示弱,许之便"[35]。《国榷》的修撰者谈迁更是认为交阯"地力微薄",让"南服之民,触锋镝,犯瘴雾,身膏草野"太不值得;朱国桢也认为"此荒荒者,有之不为利,反为害也"[36]。正是基于这样的认识,当明宣德三年(1428年)五月,交阯的黎利又以兵威胁广源州,土官知州闭色新父子不从,遣人向明求援时。明宣宗对指示广西总兵官山云说:"闭色新乡慕朝廷,忠义可嘉,然朕不欲以土地之故,至于杀人"[37],要他可援则援,如不可援,则将其接于内地,加意抚绥而已。明嘉靖年间,放弃哈密,情况亦大体类似。一些大臣如胡世宁等认为其地偏远,地瘠民贫,陕西饥困,甘肃孤危,而主张放弃。虽然詹事霍韬为此坚决反对,说:"保哈密,所以保甘、陕也,保甘肃所以保陕西也。若以哈密难守即弃哈密,然则甘肃难守亦弃甘肃乎?"[38]但明朝统治者最终还是将哈密放弃了。清代同治年间,新疆为阿古柏所陷,清廷即出现"海防"与"塞防"之争,以李鸿章为代表的"海防"派,公然主张放弃新疆,声称"徒收数千里之旷地,而增千百年之危漏"[39]。刑部尚书崇实等人阿附李鸿章之议,认为新疆为万里穷荒之地,可以弃之。幸赖左宗棠力主收复新疆,从战略地位、国防地位和土地物产等各方面,对"海防"派的"新疆无用"论调进行了坚决有力的反驳,说"自撤藩篱,则我退寸而寇进尺,不独陇右堪虞,即北路科布多、乌里雅苏台等处,恐亦未能晏然",指出新疆"自乌鲁木齐迤西,南自阿克苏迤西,土沃泉甘,物产殷阜,旧为各部腴疆"[40]。

二是严重影响到边疆地区经济文化发展,不利于巩固国防。由于边疆地区开发较晚,经济文化相对落后,生活条件要差于中原内地,加上统治者长期所持之边疆地域歧视偏见的流布,使边疆地区留给广大官员和普遍大众是非常负面的区域形象。虽然历史上不乏班超一样满怀壮志豪情,投身边疆,建功

---

[34] 《明太祖宝训》卷六《驭夷狄》。
[35] 《明史》卷一四八《杨士奇传》。
[36] 《国榷》卷二〇,宣德二年十月癸未。
[37] 《明宣宗实录》卷四三,宣德三年五月甲戌。
[38] 《明史》卷三二九《土鲁番传》;《明世宗实录》卷九五,嘉靖七年十一月辛酉。
[39] 《李文忠公全书》卷二四《奏稿·筹议海防折》。
[40] 《左文襄公全集》卷四六《奏稿·复陈海防塞防及关外剿抚粮运情形折》。

立业,为国戍守边防的人,但人们普遍视边疆为苦域,不愿到边地为官,也不愿到边疆生活,因而边疆常是朝廷充军、流放罪犯与贬谪官员的地方。如秦汉时期以犯人谪戍五岭,李德裕、苏轼等被贬往海南岛,林则徐被充军伊犁等。一般情况下,官员不愿到边疆任职,即使任职也是任期一满即想方设法调任内地。以明代的广西为例,因广西地处岭南,被中原士大夫目为化外之地,而多不愿到此任职。弘治间即有大臣上疏奏称"近年以来,以广西为远方,凡选除府州县正佐官,多以愿告远任者授之。为贫而仕,岂肯尽职?"[41]那些愿到远方任职者,多为年老,升职无望的监生居多,到任后自然以搜求财货为己任,而把抚绥少数民族的任务抛之脑后。弘治七年(1494年),南京监察御史万祥即上疏指出这一任选通病。疏中说:"近年除授两广州县官,多以年老监生愿就远方者为之,守令非人,重科厚敛,小民无所控告,间亦有逃之贼巢导使为乱者。乞令今后两广府州县正官必选进士、举人任之,其邻近贼巢之处,尤宜慎选。果能安民息盗,请不次擢用,若不职病民,则黜退之典尤不可缓。"[42]守令不得人,边疆地区常因这些官员贪赃枉法,不断激化民族矛盾,战祸因之而起,常造成边防局势的紧张,边防巩固自然无从谈起。中央王朝对边疆发展投入的财力少之又少,在边疆本身基础薄弱,自然条件又有限的情况下,经济发展难与内地匹敌,文化教育与中原内地的差距更大。至于普遍民众,一般只会在中原人稠地狭,土地承载过大,人地关系极为紧张,以及发生持久战乱的情况下,才会被迫向边疆地区流移。因而很长时间里,边疆地区的人口都是很少的,史书里常用"地广人稀"来形容。虽然一些边疆地区环境脆弱,不适宜大量的人口生存。但如果没有一定数量的人口,边疆就无法得到有效开发,要加强守卫,难上加难。清末,沙俄强迫清政府签订《中俄北京条约》等,割占黑龙江以北、乌苏里江以东广大地区,表面上看是清国力衰弱,统治腐败的结果。实际上也与清朝长期以来封锁东北,禁止内地人口迁入有一定关系,直至晚清时,这一广大地区的人口不多也是事实。所以历史上,一些王朝要经营边疆,只有靠通过政府强制手段,进行移民屯垦。

三是不利于加强内地与边疆的联系,是妨碍加强中华民族向心力的消极因素。边疆地区与内地发展的巨大差距,是统治阶级滋生地域偏见的根源,地域偏见产生民族偏见,进而产生民族隔阂,影响民族间交流。一些边疆地区少数民族因经济文化的落后产生自卑心理,具体表现就是尽量不与外界交往,一些民众很少走出山林,或终身不到集市,以防遭到取笑。一些史籍中,称某地民族"不谙贸迁",难以参与外界的经济文化活动。在闭塞的环境下,更加不

---

[41]《明孝宗实录》卷六六,弘治五年八月戊申。
[42]《明孝宗实录》卷九三,弘治七年冬十月辛巳。

利于民族的发展进步。还有就是统一多民族国家的发展,要求各民族形成强大的向心力,但边疆观中的地域偏见,却是妨碍向心力加强的消极因素。

总而言之,历史上统治阶级边疆观当中的地域偏见因素,对边疆建设是极为不利的。

## 四、结束语

鉴古思今,研究历史上边疆观的地域偏见及其产生的消极后果,其教训足资我们今天的边疆建设吸取。虽然,现代化建设已取得很大成就,但边疆观中某些偏见因素,仍以不同形式表现出来,时时影响到我国的边疆建设。如心理上总认为边疆遥远,其实在现代交通条件与通讯条件下,从内地到边疆的空间距离已不再是天然的障碍,借助现代交通工具,往返一次时间都已大大缩短。地理位置的偏远不再是影响边疆建设的不可克服的因素了,更多的是人们的心理因素。影响到今天陆上边疆地区发展的,主要是边疆地区与沿海之间巨大的地区发展差距,以及由此产生的沿海对边疆地区的虹吸效应。由于经济文化落后,待遇低下,边疆地区大量人才外流,吸引外地资金相对困难。从而加深了人们思想上残存的边疆就是落后、艰苦之地的印象。有时媒体过多地宣传支援边疆、献身边疆,号召人们到此创业,其出发点当然是好的,也是正确的,但在无形中总给人一种边疆环境艰苦的感觉。而实际上,不少边疆地区经过长期的建设,经济文化已取得了巨大成就,山美水美,生活条件,早已发生翻天覆地的变化了。因此建议可以换一种宣传方式,对于帮助人们树立正确的边疆观,效果可能更好些。还有就是在政策上给予较大倾斜,使边疆地区工资待遇水平有一个明显的提高,以吸引并留下人才,这有助于纠正人们对边疆的偏见。否则,低下的待遇,地理相对偏远的岗位,仅靠宣传其吸引力才是有限的,这不利于边疆建设。

# 西南夷·西夷·南夷
——解读《史记·西南夷列传》的另一把钥匙

杨晓春

[内容提要] 《史记·西南夷列传》对于西南地区的民族,首先有着根据服饰、生产生活方式、社会组织等所作比较科学的民族分类,但是在具体描述时却使用着"西夷"、"南夷"的概念,"西南夷"的得名也正是综合"西夷"、"南夷"而来的。通过今本《史记·西南夷列传》相关文字的校正,可知"西夷"、"南夷"是以巴蜀地区为中心坐标的方位名称。"西夷"和"南夷"可能是战国以来中原政权向西南地区开拓过程中使用的模糊的地理概念,逐渐成为相对固定的民族分类概念。司马迁新创科学的民族分类体系之后,仍保留了旧有的"西夷"、"南夷"概念,但是两种分类体系并不能完全吻合。

[关键词] 《史记·西南夷列传》 西南夷 西夷 南夷 民族分类

《史记·西南夷列传》是关于中国古代西南地区民族状况的第一种重要而且系统的历史文献,向来为史家所关注,尤其得到现代的民族史研究者的高度重视,凡谈及早期西南地区民族历史状况的论著,都会引及这一文献。

大家的重视,不仅仅因为《史记·西南夷列传》是第一种的系统文献,还因为其中表现出来的民族分类、描述体系已经具有相当的科学性。关于《史记·西南夷列传》的科学性,最为大家津津乐道的是开篇的第一段文字,中华书局校点本如下:

> 西南夷君长以什数,夜郎最大;其西靡莫之属以什数,滇最大;自滇以北君长以什数,邛都最大:此皆魋结,耕田,有邑聚。其外西自同师以东,北至楪榆,名为巂、昆明:皆编发,随畜迁徙,毋常处,毋君长,地方可数千里。自巂以东北,君长以什数,徙、筰都最大;自筰以东北,君长以什数,冉、駹最大:其俗或土著,或移徙,在蜀之西。自冉、駹以东北,君长以什数,白马最大:皆氐类也。此皆巴蜀西南外蛮

夷也。①

首先，可以看到其中将西南夷地区众多的民族集团分为四大类来叙述：(一)此皆魋结，耕田，有邑聚；(二)皆编发，随畜迁徙，毋常处，毋君长，地方可数千里；(三)其俗或士箸，或移徙，在蜀之西；(四)皆氐类也②。在这四大类中，前两类充分地体现了司马迁民族分类的标准：(一)服饰，(二)生产生活方式，(三)社会组织状况。与今日的民族区分标准已经接近，可见司马迁记录的科学性。这种大致的民族系属分类状况，总体上还可以和西南地区的考古学文化相对应。③

不过，也不尽如此。"自嶲以东北，君长以什数，徙、筰都最大；自筰以东北，君长以什数，冄、駹最大；其俗或士箸，或移徙，在蜀之西。"把土著民族与迁徙民族(主要可能是游牧的生产生活方式)合并在一起。

其次，把居住地接近、生产生活方式接近的民族集中叙述，并以其中的某一族为代表。比如(一)西南夷君长以什数，夜郎最大；(二)靡莫之属以什数，滇最大；(三)自滇以北君长以什数，邛都最大；(四)自嶲以东北，君长以什数，徙、筰都最大；(五)自筰以东北，君长以什数，冄、駹最大；(六)自冄、駹以东北，君长以什数，白马最大。这体现了司马迁已经具备对民族亲属关系的认识。这类集中叙述的民族，规模是"以什数"。

学者也发现《史记·西南夷列传》中存在的另一类型的分类系统，即"南夷"和"西夷"的概念。多数的学者认为西夷和南夷反映的也是具有科学内涵的民族分类系统，或谓西夷为氐羌系民族，南夷为百越系民族④；或谓西夷地区以氐羌系民族为主，南夷地区以百越系民族为主⑤。

---

① "皆氐类也"前之冒号，原作逗号，此处为对于"冄、駹以东北"的民族的总说明，循前文标点之例，改为冒号。徐仲舒先生标点作句号，且最末标点为"皆氐类也，此皆巴蜀西南外蛮夷也"，把整个西南夷解释成氐类，似不可取。(参见徐仲舒:《巴蜀文化续论·氐族所在及其与羌族的关系》，收入徐仲舒:《论巴蜀文化》，四川人民出版社，1982年，页78—79。)
② 之所以没有具体的描述，可能和中原人士对氐比较熟悉的缘故。《诗经·商颂·殷武》云"昔有成汤，自彼氐羌，莫敢不来享，莫敢不来王"，可见早在商代氐、羌即与中原地区有密切的联系。
③ 罗二虎:《秦汉时代的中国西南》，天地出版社2000年，第6、7页，图3、4，第14—28页。
④ 王大道、肖秋:《铜鼓起源试探》，《云南文物》1980年第4期。转引自宋蜀华:《古代滇人的族属及其演变》，收入宋蜀华:《中国民族学理论探索与实践》，中央民族大学出版社1999年。
⑤ 宋蜀华:《古代滇人的族属及其演变》，收入宋蜀华:《中国民族学理论探索与实践》，中央民族大学出版社1999年，第256—273页。

但是,如果我们把《史记·西南夷列传》有关"西夷"和"南夷"的记述作一综合分析,就会发现这两个概念主要是地理方位概念而已,也正如"西南夷"一名所显示的,并不具有科学的民族分类认识的内涵在内。

下文试图在收集《史记·西南夷列传》以及《史记·司马相如列传》有关"西南夷"、"西夷"和"南夷"使用实例的基础上,归纳这三个概念的具体内涵。并进而简单地分析、评价《史记·西南夷列传》民族认识的多面的状况。

## 一、《史记·西南夷列传》首句中的"西南夷"为"南夷"之讹

要分析《史记》中的西南夷、西夷和南夷概念,必须对今本《史记·西南夷列传》的文字讹误——特别是其开篇一段叙述中的一个文字讹误作出说明。今本《史记·西南夷列传》首句系衍一"西"字,所谓"西南夷君长以什数,夜郎最大"中的"西南夷",实是"南夷"之讹。对此,童恩正先生已有比较详细的解说。⑥以下再略作说明。

首先,《史记》中的西南夷是一个比较大的概念,远非"君长以什数,夜郎最大"的这么一个区域。《史记·西南夷列传》倒数第二段说"西南夷君长以百数,独夜郎、滇受王印",此处的"以百数",也显然是上引开头一段多处的"以什数"的总和。

今本《史记·西南夷列传》,除了开头一段,使用"西南夷"的——包括篇题——还有七处:

1.西南夷列传第五十六。

2.当是时,巴蜀四郡通西南夷道,戍转相饟。

3.数岁,道不通,士罢饿离湿,死者甚众;西南夷又数反,发兵兴击,耗费无功。

4.及弘为御史大夫,是时方筑朔方以据河逐胡,弘因数言西南夷害,可且罢,专力事匈奴。

5.滇王离难西南夷,举国降,请置吏入朝。

6.西南夷君长以百数,独夜郎、滇受王印。

7.汉诛西南夷,国多灭矣,唯滇复为宠王。

其中第 5 条史料,童恩正先生将它与《汉书·西南夷两粤朝鲜列传》"滇王离西夷,举国降"作了比较,指出《史记》之误,"難"与"離"形近,为衍文,"西南夷"之"南"亦为衍文,此处无关"西南夷"。⑦方国瑜先生亦持同样的见解,且更

---

⑥ 童恩正:《古代的巴蜀》,四川人民出版社,1979 年,第 87 页。

⑦ 童恩正:《古代的巴蜀》,四川人民出版社,1979 年,第 88 页。

释离即丽,意为滇附丽西夷而降。[⑧]其他六条史料,均可以看成是大概念的"西南夷",最后两条尤其可以说明。

《汉书·西南夷两粤朝鲜传》中的西南夷部分系因袭《史记》并再补充武帝以后史事而成的,其首句正作"南夷君长以什数,夜郎最大"。中华书局校点本《汉书》所据底本——王先谦《汉书补注》原作"西夷",点校者改为"南夷"。请看校勘记:"钱大昭说'西'当作'南'。按景祐、殿、局本都作'南'。"《汉书》点校本改得是正确的。

《史记·西南夷列传》首句张守节《正义》注曰:"在蜀之南。"说明唐人所见也是作"南夷"的。

《史记·西南夷列传》篇题为"西南夷列传",首句的"南夷"讹为"西南夷",当是涉上而误。

## 二、"西夷"和"南夷"所指

除了《西南夷列传》,《史记·司马相如列传》也多处使用了"南夷"和"西夷"的概念,此外《史记》还有零星使用这两个概念的,但对于认识"南夷"和"西夷"的不同价值不大,下面以《西南夷列传》和《司马相如列传》所见列表一并讨论。

| 南夷 | 西夷 |
| --- | --- |
| 1.南夷君长以什数,夜郎最大。(《史记·西南夷列传》,经校正) | |
| 2.蜀人司马相如亦言西夷邛、筰可置郡。使相如以郎中将往喻,皆如南夷,为置一都尉,十余县,属蜀。(《史记·西南夷列传》) | |
| 3.上罢西夷,独置南夷夜郎两县一都尉,稍令犍为自葆就。(《史记·西南夷列传》) | |
| 4. 及至南越反,上使驰义侯因犍为发南夷兵。且兰君恐远行,旁国虏其老弱,乃与其众反,杀使者及犍为太守。汉乃发巴蜀罪人尝击南越者八校尉击破之。(《史记·西南夷列传》) | 5.于是天子乃令王然于、柏始昌、吕越人等,使间出西夷西,指求身毒国。至滇,滇王尝羌乃留,为求道西十余辈。岁余,皆闭昆明,莫能通身毒国。(《史记·西南夷列传》) |
| 6.已平头兰,遂平南夷为牂柯郡。(《史记·西南夷列传》) | 7.滇王离西夷,举国降,请置吏入朝。(《史记·西南夷列传》,经校正) |

---

⑧ 方国瑜:《史记西南夷传概说》,《中国史研究》1979年第4期。

103

| 南夷 | 西夷 |
|---|---|
| 8. 上使王然于以越破及诛南夷兵威风喻滇王入朝。(《史记·西南夷列传》) | |
| 9.然南夷之端,见枸酱番禺;大夏杖邛竹,西夷后揃。剽分二方,卒为七郡。[9](《史记·西南夷列传》) | |
| 10.是时邛、筰之君长闻南夷与汉通,得赏赐多,多欲原为内臣妾,请吏,比南夷。天子问相如,相如曰:"邛、筰、冄、駹者近蜀,道亦易通,秦时尝通为郡县,至汉兴而罢。今诚复通,为置郡县,愈于南夷。"天子以为然,乃拜相如为中郎将,建节往使。副使王然于、壶充国、吕越人驰四乘之传,因巴蜀吏币物以赂西夷。(《史记·司马相如列传》)《索隐》:晋灼曰:"南夷谓犍为、牂柯也。西夷谓越巂、益州。" |
| 11.司马长卿便略定西夷,邛、筰、冄、駹、斯榆之君皆请为内臣。(《史记·司马相如列传》) |
| 12.耆老大夫荐绅先生之徒二十有七人,俨然造焉。辞毕,因进曰:"盖闻天子之于夷狄也,其义羁縻勿绝而已。今罢三郡之士,通夜郎之涂,三年于兹,而功不竟,士卒劳倦,万民不赡,今又接以西夷,百姓力屈,恐不能卒业,此亦使者之累也,窃为左右患之。且夫邛、筰、西僰之与中国并也,历年兹多,不可记已……"(《史记·司马相如列传》引司马相如文) |

从以上列表,可知南夷主要指夜郎,还包括且兰、头兰[10]等;西夷主要指邛、筰,还包括冄、駹、斯榆等。以后来设郡的行政区划来分,则略如《索隐》引晋灼的说法——"南夷谓犍为、牂柯也。西夷谓越巂、益州"。而更全面地来说,则西夷还包括沈黎郡、汶山郡、武都郡,正如《史记·西南夷列传》所谓"乃以邛都为越巂郡,筰都为沈犁郡,冄、駹为汶山郡,广汉西白马为武都郡"。

---

[9] 中华书局点校本作:"然南夷之端,见枸酱番禺,大夏杖邛竹。西夷后揃,剽分二方,卒为七郡。"这样的标点,可以远溯《史记索隐》,曰:"言西夷后被揃迫逐,遂剽居西南二方,各属郡县。剽亦分义。"实均出误解。按南夷之端,不得见杖邛竹;西夷之地亦不得为七郡,《集解》:"徐广曰:'犍为、牂柯、越巂、益州、武都、沈犁、汶山地也。'"《史记·西南夷列传》此段文字实际上是撮述前面武帝时开拓西南夷的前因后果——因为唐蒙在南越番禺见到蜀地出产的枸酱,遂引出蜀地通过夜郎到南越的通道问题,于是有威喻夜郎,设犍为郡;因为张骞从大夏来,说到在大夏看到的蜀布、邛竹杖是从身毒来的,而或闻邛西可二千里有身毒国,于是使间出西夷西,请求身毒国,但为滇、昆明所阻,直到后来击灭劳浸、靡莫,以兵临滇,滇降,设益州郡。当标点作:"然南夷之端,见枸酱番禺;大夏杖邛竹,西夷后揃。剽分二方,卒为七郡。""剽分二方"之"二方",正指南夷和西夷。

[10] 《索隐》称头兰即且兰。《汉书》只有且兰。《史记》后云:"汉诛且兰。"头兰一般认为在南夷东部。但是从"头兰,常隔滇道者也",似应在南夷西部。

104

第5条史料,出西夷西至滇,似乎滇不在西夷内。皆闭昆明,似昆明亦不在西夷内。"使间出西夷西,指求身毒国",因为此时西夷不在汉朝控制下,所以是"间出"。此处的西夷可以理解成邛、筰。根据经过校正的第7条史料,童恩正先生已有辨析,认为是包括滇在内。[11]我以为这个问题应当动态地来看待。相对夜郎(南夷)和邛、筰(西夷),滇和昆明要相去蜀地更远,但是随着汉朝与滇和昆明发生关系,滇和昆明也被视作西夷。滇降后,设益州郡;收复昆明后,设县,属益州郡。[12]从设郡过程看,滇和昆明也正是在最后。司马迁自己总结的"大夏杖邛竹,西夷后揃",西夷所指为滇、昆明。前引《索隐》所云"西夷谓越巂、益州",当然也指后来的情况。

宋蜀华先生认为《史记》和《汉书》均未明言滇和昆明为"西夷"或"南夷",是因为滇所在的滇池地区和昆明所在的洱海地区为氐羌系、百越系民族的交汇地带,所以他称"滇近'南夷'地区而为滇池地区的主体民族;巂、昆明近'西夷'地区而为洱海地区的主体民族",也正因为这样的考虑而认为西夷地区以氐羌系民族为主,南夷地区以百越系民族为主。[13]但如果我们不拘泥于"西夷"、"南夷"对应某一民族系属的认识,还是可以把滇、昆明看作是西夷的。劳浸、靡莫与滇同姓,滇为靡莫之属,劳浸、靡莫也当视作西夷。

前引文字不止一处"西夷"、"南夷"并见,也可以说明两者是并列关系。

## 三、"西夷"、"南夷"和"西南夷"得名的原因

西南夷的名称,反映出观察的中心是巴蜀地区。首段之末,明确地说到"此皆巴蜀西南外蛮夷也。"说到徙、筰都和冄、駹等的位置时还说"在蜀之西"。

在《史记·西南夷列传》之前,司马相如代拟的《告巴蜀太守檄》(文载《史记·司马相如列传》)中已两用"南夷",盖指夜郎。

开拓西南夷也是以巴蜀为基地的,如《史记·西南夷列传》所记:"发巴蜀卒治道,自僰道指牂柯江";"当是时,巴蜀四郡通西南夷道,戍转相饟";"且兰君恐远行,旁国虏其老弱,乃与其众反,杀使者及犍为太守。汉乃发巴蜀罪人尝击南越者八校尉击破之";"元封二年,天子发巴蜀兵击灭劳浸、靡莫,以兵

---

[11] 童恩正:《古代的巴蜀》,四川人民出版社1979年,第88页。
[12] 关于设郡的简要叙述,可以参考方国瑜:《史记西南夷传概说》,《中国史研究》1979年第4期。
[13] 宋蜀华:《古代滇人的族属及其演变》,载宋蜀华:《中国民族学理论探索与实践》,中央民族大学出版社1999年,第256—273页。

临滇。"尤其蜀地更为重要些,《史记·西南夷列传》曰:"蜀人司马相如亦言西夷邛、笮可置郡。使相如以郎中将往喻,皆如南夷,为置一都尉,十余县,属蜀。"蜀即蜀郡。

这总体上符合中原地区对周边民族认识的一般规律——由近及远。

"西夷"和"南夷"都是一般性的名称,此前还有并非用于西南夷的"西夷"概念,大致指西方民族,汉人在认识西南民族地区时使用了这两个名称,并赋予了它们新的内涵,使之成为了专门名词。

### 四、《史记·西南夷列传》所见司马迁西南民族分类认识的综合评价

综合以上的分析,可以认为《史记·西南夷列传》中的"西南夷"是"西夷"和"南夷"的合称。而"西夷"、"南夷"首先是中原人在观察西南民族时相对于巴蜀地区而使用的地理方位上的概念。

虽然,粗略地可以说西夷、南夷所指乃是不同系属的民族[14],但这显然和《史记·西南夷列传》开篇的四个民族区域的划分又是矛盾的。同属西夷的邛(邛都)、笮(笮都)分别属于第一、二民族区域;分别为南夷、西夷的夜郎和邛却又同在第一民族区域。也就是说,《史记·西南夷列传》同一记录之中,混杂有两种不同的分类系统,并且彼此之间还有冲突。这当如何认识呢?

可能"西夷"和"南夷"是战国以来中原政权向西南地区开拓过程中以巴蜀为中心而方便使用的模糊的地理概念,但是逐渐成为相对固定的民族分类概念,且有其固定的对象;而司马迁,以其卓越的见识,新创一套以社会生产生活方式不同而进行民族区分的认识体系。但是司马迁并不能扬弃原有的分类概念,他的新认识只体现在《史记·西南夷列传》最初一段文字的叙述中,其他部分的叙述仍然沿用原有的概念;对于两种民族分类体系之间的矛盾,司马迁可能并没有清晰的认识。

---

[14] 夜郎和滇的民族系属问题,学者的意见很不一致,在此暂不涉及。

# 边界形成与边疆维护：
# 宋代中越关系变动下的岭南边疆治策探析

郑维宽

[内容提要] 宋代的交趾已由以前中原王朝的一个边疆政区演变为独立国家，使得北宋王朝建立后岭南边疆面临着新的外地缘形势。尽管宋朝与交趾之间保持着宗藩关系，但交趾对宋朝边境地区却侵扰频繁，经过两国之间的战争、边界谈判和边疆少数民族首领的归附，两国边界逐渐形成。鉴于两国关系的复杂性，宋朝从军事防御、民族政策、边境互市和边禁等方面实施了一系列维护岭南边疆的策略，为此后中原王朝的治边实践提供了有益的启示。

[关键词] 宋代 中越关系 岭南边疆 治策

宋代岭南边疆出现的一个最大变化，就是随着安南（交趾）的独立，广西由以前岭南边疆的腹地变成了边疆的前沿，成为宋朝与交趾毗邻的直接区域。交趾与中原王朝的关系，也由以前郡县时代的地方政区演变为与宋朝保持宗藩关系的独立国家。在宗藩体制下，两国之间既保持着较为密切的政治关系，但与此同时，围绕边界、疆域等问题，交趾不时侵扰宋朝边境，为此曾爆发大规模军事冲突。因此，宋代中越关系呈现出较为复杂的局面，朝贡封赐与战争袭扰并存，通商互市与严密防范并存。交趾对宋朝边界的袭扰和边疆威胁的存在，迫使宋朝政府在强化北部边防的同时，不得不开始重视岭南边疆的维护，为此在岭南边疆的治理上采取了一系列措施，力图达到守边固圉的目的。迄至目前，在有关宋代中越关系的研究中，对两国之间宗藩关系、战争袭扰和经贸交流的论述较多，但对宋朝统治者围绕边界形成、边疆维护而采取的治边策略的研究却付之阙如。而这一方面的研究却能为我们提供如下思考，那就是在外地缘发生变动的情况下，如何有效应对来自外地缘国家的威胁，维护统一的多民族国家的边疆地区。宋朝统治者所采取的治边策略，无疑具有较大的参考价值。有鉴于此,笔者试作如下探析,以祈方家教正。

## 一、五代时期安南(交趾)的独立与岭南边疆外地缘的变化

五代时期安南(交趾)逐渐走上独立的道路,使岭南边疆的外地缘产生了一个新的国家,也使得北宋王朝建立后在岭南地区直接面对着与此前历代中原王朝不一样的边防形势。关于安南(交趾)独立的时间问题,学者们迄今尚未完全统一。一些学者认为始于宋开宝元年(968)丁部领建立"大瞿越"①,但是从历史文献、越南学者及一些中国学者的论述看,应以五代时期安南(交趾)独立较为准确。明人罗曰褧记载五代时"爱州吴权攻交州自立",并粉碎了南汉政权对交趾独立的干预②。越南学者陶维英将吴权建立的"吴朝"称为越南恢复自主的初期③。孙义学先生认为939年越南将军吴权击败了中国的南汉军队,自立为王,从此越南摆脱了中国的统治而成为独立的国家④。需要指出的是,五代时期尽管交趾的割据始于曲氏(曲承裕、曲颢、曲承美),但在名义上仍臣属于中原王朝,曲氏三代都称静海军节度使,而这一官职是906年唐哀帝授予曲承裕的⑤。930年,南汉政权派遣梁克贞、李守鄘率兵攻陷交趾,生擒静海节度使曲承美,献俘于广州。但南汉对交趾的统治并不稳固,仅过了一年,爱州守将杨廷艺起兵攻陷交趾,交趾于是落入了杨氏的控制之下⑥。杨廷艺后来为部将皎公羡所杀,938年,杨廷艺的另一部将吴权从爱州起兵,杀死皎公羡,并大败南汉干预的军队,经此一战,南汉再也无力插手交趾地区,吴权于是自立为王,使交趾走上了独立的道路⑦。吴权死后,其子吴昌岌、吴昌文相继即位。虽然吴昌文于954年向南汉主刘晟遣使称臣,但实际上南汉政权对吴氏毫无管辖权,交趾与南汉政权之间的关系,已经不是地方与中央的关系,而是逐渐发展为一种宗藩关系⑧。由此可见,在906~971年65年间,除了930~931年交趾短暂隶属南汉政权直接管辖外,其余60余年时间都是处于相对独立状态,在吴氏政权统治时更是实现了实质上的独立。

---

① 参见李桂华、齐鹏飞:《中越边界问题研究述略》,《南洋问题研究》2008年第4期;杨保筠:《中国文化在东南亚》,大象出版社2009年版,第12页。
② (明)罗曰褧:《咸宾录》卷六《南夷志上》,四库全书存目丛书本。
③ (越)陶维英著,钟民岩译:《越南历代疆域》,商务印书馆1973年版,第1页。
④ 吴于廑等主编:《世界史·古代史编》下卷,高等教育出版社2011年版,第42页。
⑤ (宋)司马光:《资治通鉴》卷二六五《唐纪八十一》,中华书局1997年版。
⑥ 《资治通鉴》卷二七七《后唐纪六》。
⑦ 《资治通鉴》卷二八一《后晋纪二》。
⑧ 《资治通鉴》卷二九一《后周纪二》。

北宋消灭岭南的南汉政权后,并没有进一步通过军事手段恢复对交趾地区的统治,而是默认了交趾独立的事实。宋朝统治者的着力点,是与交趾建立一种宗藩关系,保持对交趾名义上的宗主国地位。正如宋人张方平所说:"太祖皇帝弃之,不欲勤中国以事荒徼,列之外蕃,使隔限诸蛮,此天机神算,长辔远御之术也。逮今百余年,故无岛夷之患。"[9]宋人范成大为此感慨地说:"(交趾)历代为郡县,国朝遂在化外,丁氏、黎氏、李氏代擅其地。"[10]明人曹学佺也说:"交趾、九真、日南,自唐置安南都护,经五代,遂为羁縻国。"[11]宋朝对交趾的宗主国地位,具体表现为册封交趾的首领为"交趾郡王",交趾所辖之地因此称为交趾国。据《咸宾录》卷6《南夷志上》载:"顷之,而丁琏亦内附,宋封为交趾郡王。自是后,交趾代称王矣。"但宋初交趾国内政权更迭频繁,丁氏政权传至丁璿时被黎桓取代,黎氏政权传至黎龙挺时被李公蕴取代。李公蕴建立的交趾政权保持了较长时间,对宋朝岭南边疆构成的威胁也最大。

## 二、交趾对宋朝边境的袭扰与中越边界的逐渐形成

### (一)交趾对宋朝边境的袭扰

交趾在五代时逐渐独立,在宋代被封为交趾国,并与宋王朝建立了宗藩关系。但是在从中原王朝的一个边疆政区演变为国家的过程中,边界的厘定往往复杂而敏感。因为在统一的王朝版图内,行政区域之间的界线问题往往并不突出,特别是在边疆民族地区,所谓边界只是一个大致的范围。但随着交趾由中原王朝的一个边疆政区演变为国家政权,边界问题便凸显出来。刚独立的交趾还只是以红河流域中下游为中心的一个小国,其南面是占城,北面是宋朝。为了扩充疆域,交趾除了与占城争夺土地,还对宋朝边境采取蚕食的政策,正如宋人范成大所说:"大率自(太宗)端拱迄(仁宗)嘉祐以来,两江州洞,数为蛮所侵轶,潜举以外乡,苏茂、广源、甲洞等处入交趾者六十二村,故至今长雄诸蛮。"[12]边境地区的云河洞也在交趾的不断蚕食下沦为异域,为此邕州知州萧注记载:"天圣中,郑天益为转运使,尝责其(指交趾)擅赋云河洞。今云河洞乃落蛮数百里,盖年侵月吞,驯至于是。"[13]

面对交趾的袭扰,宋初统治者曾一味容忍姑息,并没有采取强有力的反

---

⑨ (宋)李焘:《续资治通鉴长编》卷二七六 276,中华书局1992年版。
⑩ (元)马端临:《文献通考》卷三三〇《四裔七》,中华书局2011年版。
⑪ (清)汪森:《粤西文载》卷五二《杂事序》,四库全书本。
⑫ (元)马端临:《文献通考》卷三三〇《四裔七》。
⑬ (元)脱脱:《宋史》卷三三四《萧注传》,中华书局2011年版。

制措施,导致交趾得寸进尺、变本加厉。宋太宗时(976~997),交趾国君黎桓时常派兵袭扰宋朝边境,"屡为寇害,渐失藩臣礼"。至道二年(996),宋朝派李若拙出使交趾,谈到交趾对钦州如洪寨的侵扰一事,黎桓竟公然叫嚣说:"若使交州果叛命,则当首攻番禺,次击闽越,岂止如洪镇而已。"[14]但宋太宗"志在抚宁荒服,不欲问罪"。仁宗景祐三年(1036),交趾甲峒、谅州、门州、苏茂州、广源州、大发峒、丹波县蛮进犯邕州之思陵州、西平州、石西州及诸峒,"略居人马牛,焚室庐而去"[15]。北宋前期交趾对宋朝边境地区的频繁侵扰,使两国之间的边界问题日益严重,如何有效维护自身的边界,强化对边境地区的管理,成为摆在宋朝统治者面前的重大问题。而两国之间的边界线,正是在宋朝应对交趾袭扰边境的过程中逐渐形成并强化的。

(二)中越边界的逐渐形成

唐代安南都护府与邕管之间业已存在一种行政界限,随着交趾在五代时的独立和宋初统治者的默认,两国之间的边界便根据实际控制地域的分野逐渐形成。但此时的边界还只是一个较为模糊的大致范围,并不是勘界划线的结果,因为边境地区主要是少数民族聚居区,王朝推行羁縻统治,控制较为薄弱,对边界的具体情况并不了解,而且两国边界地区犬牙交错,使得边界的确定非常复杂。但与此同时,两国所控制的边境羁縻政区和沿边镇寨是明晰的,这样就为边界的逐渐确立奠定了基础。

交趾独立后,在境内设置四府(都护、大通、清化、富良)、十三州(永安、永泰、万春、丰道、太平、清化、乂安、遮风、茶卢、安丰、苏州、茂州、谅州)、三寨(和宁、大盘、新安)。两国交界处的政区,在交趾一方是永安州、苏州、茂州,在宋朝一方则是钦州、邕州[16]。具体而言,钦州管辖的如洪、咄步、如昔三镇与交趾潮阳镇接壤,交趾的亡命之徒常逃匿钦州境内,仁宗时陈尧叟任广南西路转运使,为了稳定边境秩序,将逃入境内的交趾亡命之徒引渡回交趾。同时将如洪寨开辟为互市贸易点,并在如昔峒置戍防守,不断加强对边境地区的管理[17]。邕州下辖的思陵州、西平州、石西州、禄州及诸峒与交趾的甲峒、谅州、门州、苏茂州、广源州、大发峒、丹波县交界,交趾常依托沿边的州县峒对宋朝邕州边境进行袭扰和蚕食。熙宁年间(1068~1077)宋朝对交趾展开反击战后,不仅收复了交趾蚕食的地区,而且取得了对交趾广源州、门州、苏茂州、思琅州

---

[14] 《宋史》卷四八八《交趾传》。

[15] 《宋史》卷四八八《交趾传》。

[16] (宋)周去非:《岭外代答》卷二《外国门上·安南国》,中华书局1985年版。

[17] 《宋史》卷四八八《交趾传》。

等地的控制权[18]。后来在交趾国王李德政的请求下，宋朝将广源州、苏茂州、门州、桄榔县等地方归还交趾。史载元丰二年（1079），宋朝以"顺州（即广源州）落南深，置戍镇守，被罹瘴雾，多病殁"的理由，将其送给了交趾[19]。至此，宋朝与交趾陆路边界邕州段的大体格局形成，而在局部地区，则通过勘界和边界协议予以确定。

邕州永平寨是与交趾接壤的边境重地，元丰六年（1083），广西经略安抚使熊本派遣提举左江都巡检成卓前往永平寨，照会交趾派人确定边界[20]。元丰七年（1084），成卓与交趾使臣黎文盛达成协议，于勿阳、勿恶等峒从南画断地界[21]，宋朝由此确立了对邕州西段勿阳、勿恶二峒的管辖权。根据熊本在《乞责交趾犯归化事奏》中所说，勿恶等峒于仁宗嘉祐中（1056~1063）在首领侬宗旦率领下归附宋朝，改名为"顺安州"；勿阳峒于英宗治平中（1064~1067）在首领侬智会的率领下归附宋朝，改名为"归化州"[22]。综观之，宋代中越两国边界的逐渐形成，是在唐代安南都护府与邕管行政界限的基础上，经过两国之间的战争、边界谈判和边境地区少数民族首领的归附而逐渐确立的。

## 三、和战并存：宗藩体制下中越关系的复杂性

（一）宗藩关系下册封—朝贡体制的建立

宋开宝八年（975），交趾首领丁部领向宋朝称藩纳贡，宋朝封其为交趾郡王，建立起以宗藩关系为核心的册封—朝贡体制。此后，交趾每年派人进贡，并与宋朝在边境地区进行互市贸易。黎桓以不义手段篡夺丁氏政权后，宋太宗出于维护宗藩关系的目的，出兵交趾进行干预，战争是以宋朝承认黎桓对交趾的统治和交趾承认对于宋朝的藩属国地位而告结束。虽然随后黎桓频繁对宋朝边疆进行侵扰，但同时又奉表进贡，表现出典型的两面派手法。宋真宗时（998~1022），两国使臣互访频繁，对于宋朝派往交趾的使臣，黎桓都赠送厚礼，借此讨好宋朝。黎桓死后，其子黎龙挺继位，宋朝铸"交趾郡王"印赐予他，并赐名至忠，给以旌节[23]。李公蕴篡夺黎氏政权后，宋朝皇帝尽管厌恶李公蕴以不义手段窃取国柄，但"以其蛮俗不足责"，并未打算干预藩属国内政，加上

---

[18] （清）徐松：《宋会要辑稿》蕃夷四之三六，中华书局1957年版。
[19] 《宋史》卷四八八《交趾传》。
[20] （宋）李焘：《续资治通鉴长编》卷三三五。
[21] （宋）李焘：《续资治通鉴长编》卷三四八。
[22] （宋）李焘：《续资治通鉴长编》卷三四九。
[23] 《宋史》卷四八八《交趾传》。

李公蕴遣使奉贡,仍封其为交趾郡王,其后裔李德政、李日尊、李乾德亦相继袭封交趾郡王[24]。同时也要看到,交趾李氏政权虽对宋朝称臣纳贡,但从各位国王的名号称"日"、"乾"、"阳"、"天"、"龙"等看,都有僭越之意,不符合藩属国对宗主国的礼仪规范。而宋朝皇帝"以其僻在海隅,不复与较也"[25],表明上述宗藩关系纯粹体现为宋朝对交趾的羁縻、笼络而已。

宋朝与交趾的宗藩关系经历了两次大战的考验,战争并没有摧毁两国在政治上的这种特殊关系,战后不久,两国之间的册封—朝贡体制又重新修复,宋朝对交趾的册封和交趾对宋朝的进贡不断。南宋绍兴二年(1132),交趾南平王李乾德薨,南宋朝廷追封其为南越王,封其子李阳焕为交趾郡王。淳熙元年(1174),进封交趾国君李天祚为"安南国王",赐予"安南国王"印[26]。由此可见,宋朝与交趾结成的政治上的宗藩关系,在两国关系的发展中居于主流。在宗藩体制下,中越两国还在边境地区进行互市贸易。宋初在钦州如洪寨与廉州两地开设了与交趾进行互市贸易的场所。元丰二年(1079),曾布奏请在钦州、廉州修建驿馆,设置博易场,以方便商人的住宿与交易[27]。

(二)宋朝与交趾的两次大战

宗藩体制下中越之间的和平交往固然是主流,但两国之间的摩擦也时有发生,特别是在交趾政权更迭之初,对宋朝边疆的侵扰尤其严重,以交趾李朝统治时期最为明显,正如仁宗时邕州知州萧注所言:"交趾虽奉贡,实包祸心,常以蚕食王土为事。"[28]反映出两国关系发展中复杂的一面。宋朝曾与交趾发生两次大战:一次是太宗时讨伐黎桓的战争,主要原因是交趾大将黎桓篡夺丁氏政权,将国王丁璿举族禁锢,太宗于是兴师伐罪,但战争以失利告终,宋朝不得不接受黎桓对交趾的统治;二是神宗时针对交趾侵边发动的反击战,这次战争虽然宋军付出了较大的代价,但也沉重打击了交趾的势力,使交趾统治者认识到了宋朝国力的强大,从而走上了与宋朝交好的道路。

太平兴国六年(981),宋太宗发布《讨交州诏》,指出交趾黎桓篡夺丁氏政权后,"虽稽首以称藩,颇缮兵而自固",任命孙全兴、张浚、崔亮为邕州路兵马都部署,刘澄、贾湜、王僎为广州路兵马部署,兵分两路讨伐交趾[29]。交州水陆

---

[24] 《宋史》卷四八八《交趾传》。

[25] (明)罗曰褧:《咸宾录》卷六《南夷志上》。

[26] 《宋史》卷四八八《交趾传》。

[27] (清)徐松:《宋会要辑稿》食货三八之三三。

[28] 《宋史》卷三三四《萧注传》。

[29] 司义祖:《宋大诏令集》卷二一八,中华书局1962年版。

计度转运使侯仁宝率前军深入,援兵不继,遇害死于江中。战争的失利在朝廷中引起争议,田锡上书请求停战息兵,主张爱惜民力,以德行怀柔远人,他说:"天生四夷,陛下何浅取之？必若圣德日新,远人自然入贡,外国自然来降。彼国自有灾沴,彼国自有凶荒……交州谓之瘴海,得之如获石田。去者不习水土,居者不遑半天。宿兵已久,死亡颇多。"[30]宋太宗采纳了田锡的建议,认为"既不贪其土地,今即罢其干戈",不得不认可黎桓对交趾的统治,而交趾也愿意对宋朝称臣纳贡。

神宗初,交趾一方面与宋朝保持朝贡关系,同时又与广西沿边溪洞的首领联姻,时刻窥视广西虚实；另一方面吞并占城,不断壮大实力,对宋朝岭南边疆构成了严重威胁,官员中出现了对交趾加强防范的声音。熙宁年间,沈起担任广西经略安抚使后,出于防范交趾的目的,禁止沿边州县与交趾贸易,积极练兵备战,于是交趾决计入寇。熙宁十年(1077),交趾犯边,攻陷钦、廉、邕三州,"多杀人民,系虏其子女"。朝廷任命郭逵等率领西北劲卒及江淮将士共十余万人征讨,初战得胜,宋军前锋渡过富良江(今红河),擒获交趾太子佛牙将,占据了一些战略要点。李乾德上表求和,请求修贡如初,于是宋军"遂收复广源、门、苏茂、思琅等州,先后降贼将刘纪共一百九十人"[31]。当然宋军也付出了较为沉重的代价,由于中原人不习水土,加之热疫大起,导致十万大军因瘴疠、腹疾而死者达十之八九。蔡承禧在《论再征交趾疏》中详细记载了熙宁年间对交趾反击战付出的代价,他说:"伏自交寇之弗率一隅之间,兵死于道者相属,丁男之转输而弊于行者相继,糜都内之财以亿万,二岁之久,可谓劳矣,而所获得者广源数州之地而已。"同时他认为,对于像交趾这种瘴海穷山之地、蛟虺雾毒之渊薮,即使尽得之,亦无补于天下,主张"不以远而劳近,以夷而困夏"[32]。宋朝最后撤军回国,而交趾经此打击,也在很长一段时间与宋朝维持着宗藩关系下的和平交往。当然,两国关系复杂的一面始终存在,这一点在南宋淳祐年间(1241~1252)董槐与交趾约定的五事中表现得非常明显,包括:一无犯边,二归我侵地,三还掳掠生口,四奉正朔,五通贸易[33],反映出交趾与宋朝关系中和战并存的状态。

---

[30] (越)黎崱:《安南志略》卷五,中华书局1995年版。
[31] (清)徐松:《宋会要辑稿》蕃夷四之三六。
[32] 《宋名臣奏议》卷一四三,四库全书本。
[33] 《宋史》卷四一四《董槐传》。

## 四、宋王朝治理岭南边疆的策略

交趾的独立、边界的逐渐形成和宗藩体制下两国关系的复杂性,使得宋朝在岭南边疆面临着来自外地缘的新挑战,而这是此前历代王朝在治理岭南时所未遇到的。因此,围绕岭南边疆的新情况,宋朝实施了一系列维护岭南边疆的策略。

(一)在广西沿边地区构筑严密的地缘军事防御体系

鉴于邕州、钦州、廉州与交趾毗邻,宋朝围绕上述三州打造了一个防御交趾侵扰的边防体系。其中钦州、廉州处于宋朝与交趾边防的最前沿,而邕州城是最为重要的支撑点。钦、廉二州号称"极边",成为宋代广西边防的重要一环。宋朝通过钦州与交趾(安南)水陆相接,于是在海道上设置沿海巡检司,并于港口置抵棹寨,陆地边境则在如昔峒等处置戍。钦、廉二州的知州都带"溪峒"职事衔,称溪峒都巡检使,其目的也是防备交趾。宋人周去非指出邕州在广西西南边疆防御上的重要性,邕州境内有左、右二江,"左江在其南,外抵安南国。右江在西南,外抵六诏诸蛮。两江之间,管羁縻州峒六十余,用为内地(屏)藩,而内宿全将五千人以镇之。凡安南国及六诏诸蛮有强场之事,必由邕以达。而经略安抚之咨询边事,亦唯邕是赖"[34]。邕州管下的永平、太平等寨,又构成了防卫邕州外围的屏障。淳熙十二年(1185),广西转运使胡庭直上言:"邕州之左江永平、太平等寨,在祖宗时,以其与交趾邻壤,实南边樊篱重地,故置州县,籍其丁壮,以备一旦之用,规模宏远矣。"[35]

除了构筑以钦州和廉州为前沿、邕州为支撑的沿边防御体系,宋朝还在提升广西的军政地位、加强军事准备上采取了一系列措施。随着交趾的独立并不断壮大,广西在宋朝南部边防中的地位日益突出,一跃成为岭南边疆重镇。北宋皇祐中(1049~1053),置安抚经略使于桂州,称为帅臣或大帅。宋人周去非认为,广西帅司体制是仿照陕西之制而确立的,"广西诸郡,凡有边事,不申宪、漕,唯申经略司"[36]。将广西在岭南边疆的地位提升到与陕西在西北边疆的地位同等重要的高度,说明宋朝统治者对经略广西边疆的重视。而邕州又是广西边防重镇,构成了宋朝岭南边疆的第一道屏障。鉴于其军政事务重大,任命邕州知州兼本路安抚都监,又称为"小帅",沿边守臣并带溪峒都巡检使,

---

[34] (宋)周去非:《岭外代答》卷一《边帅门》。
[35] 《宋史》卷四九五《抚水州蛮传》。
[36] (宋)周去非:《岭外代答》卷一《边帅门》。

均隶属经略安抚使节制。

邕州所处的地理位置非常重要,它内控诸蛮、外御交趾,其军事准备关系到岭南边疆地区的安全。经过侬智高的叛乱后,广南西路遭到较大残破,或许是看到了宋朝的软弱,交趾人于是傲慢起来,而广西边疆的帅臣大多采取姑息之策。英宗时,陆诜任广西经略安抚使后,决意强化邕州的防御力量,以震慑交趾,他"集左、右江四十五峒首诣麾下,阅简土丁五万,补置将吏,更铸印给之,军声益张。交人滋益恭,遣使入贡"[37]。熙宁六年(1073),广西经略使苏起请求将邕州地区51个羁縻州(县、洞)的45200名峒丁组织起来,"行保甲,给戎械,教阵队"[38]。熙宁十年(1077),赵卨两次上奏陈述训练邕、钦二州峒丁的事宜,朝廷令其"相度邕、钦州峒丁,自极边、次边、腹内,分左江、右江州峒,定到提举训练条制、赏罚支赐事节"[39]。邕、钦二州的峒丁系按照正规军队的编制进行编练,到了元丰二年(1079),广西经略司已将邕、钦二州峒丁编练为175个指挥,以每个指挥500人计,总人数约为9万人,故徽宗在大观二年(1108)的诏书中说:"熙宁团集左、右江峒丁十余万众,自广以西赖以防守。"[40]此外,还在邕州城驻守重兵,北宋时期,邕州"屯卒将五千人,京师遣人作司大兵城,边备甚饬"[41],极大地增强了广西边疆的防御力量。

(二)对沿边溪峒的羁縻之策

宋朝在处理与周边夷狄、邻国的关系上,继承了历代中原王朝羁縻而治的策略,正如宋人王钦若所说:"中国之于夷狄,羁縻而已。若乃殊邻绝党之国,钦风慕化而至,琛贽维旅,鞮译以通,解辨而习宾仪,保塞而请内属。由是推怀柔之道,开抚纳之意,优其礼遇,厚其赐予,以笃其好,而厌其心焉。"[42]在羁縻思想的指导下,宋朝统治者对广西沿边溪峒的少数民族采取"以其故俗治"的抚绥政策。大中祥符二年(1009),真宗下诏告诫边臣不得随意侵扰边疆少数民族,他说:"(外夷)若自相杀伤,有本土之法;苟以国法绳之,则必致生事。羁縻之道,正在于此。"[43]仁宗时,广西经略安抚使余靖主张对沿边溪峒加意抚绥,使其不致叛乱,他说:"伏缘本路外接西广六蕃,南连交趾九道,沿边

---

[37] 《宋史》卷三三二《陆诜传》。
[38] 《宋史》卷一九一《兵志五》。
[39] (清)徐松:《宋会要辑稿》兵四之三三。
[40] 《宋史》卷一九一《兵志五》。
[41] (元)马端临:《文献通考》卷三三〇《四裔七》。
[42] (宋)王钦若:《册府元龟》卷九六三《外臣部八·封册》,中华书局1960年版。
[43] (清)徐松:《宋会要辑稿》"蕃夷五"之四三。

溪峒一百余州,苟失抚绥,立生患难。"㊹神宗时,为了安抚拉拢邕、钦二州溪峒首领,使他们不支持交趾,承诺不将王朝统治势力深入两州沿边溪峒地方,继续保持当地的民族自治格局。熙宁九年(1076),神宗在《赐郭逵等诏》中说:"访闻邕、钦二州溪峒及外界山獠,以所居之地宝产至厚,素所擅有,深虑一旦交贼荡灭,朝廷列其土为郡县,美利悉归公上。以势异患同之故,及交相党与,或阴持两端,或未决效顺。"㊺明确要求郭逵等在军事打击交趾的同时,还要注意争取邕、钦二州溪峒首领的支持,策略就是承诺不夺其利,不在其地设置郡县,从而促使沿边溪峒首领坚定地站在宋朝一边,成为保障王朝边疆的第一道屏障。正因如此,邕州沿边溪峒首领积极率领土丁抗击交趾对宋朝边境的侵犯,熙宁九年(1076),交趾意图占领邕州下雷峒,下雷土官侬盛德率领土丁据隘固守㊻,这是宋朝在岭南边疆执行羁縻政策取得成效的明证。事实证明,在岭南边疆烟瘴之地使用土丁保卫边防,不仅在一定程度上解决了北方士兵因不服水土而大量减员的问题,而且维持成本低廉,强烈的守土意识使其富有战斗精神,如果加以正规的训练和装备,不失为一支重要的边防力量。当然,统率土丁守边作战的指挥官是土官,因此对沿边溪峒的土官进行笼络,使其忠于中原王朝,就成为王朝治边策略的重要内容。而笼络土官、使用土丁守边防隘的做法,也为此后各朝的统治者所采用。

(三)严格限定互市地点与加强边禁

在宗藩体制的架构下,宋朝与交趾之间的经贸往来无疑是两国关系的重要组成部分。但是鉴于两国关系的复杂性,宋朝在对交趾开放互市方面非常谨慎,不仅严格限定互市的地点和开放互市场所的数量,而且强化边禁,对沿边地区的人员往来、货币流通等进行严格管束。宋朝统治者这样做的主要原因有二:一是便于管理和控制,使交趾统治者意识到两国经贸的主动权掌握在宋朝手中,树立作为宗主国的威信;二是防范交趾借互市之名窥探宋朝虚实。大中祥符三年(1010),交趾请求在邕州互市,宋真宗予以拒绝,认为:"濒海之民,数患交州侵寇,仍前止许廉州及(钦州)如洪寨互市,盖为边隅控扼之所,今或直趋内地,事颇非便。"㊼可见从宋初开始,王朝统治者便颁布了只在钦州如洪寨和廉州两地与交趾进行互市的规定,而对交趾提出在邕州互市的请求,则明确予以拒绝,主要原因在于防范交趾窥探内地的虚实。后来互市地

---

㊹ (清)汪森:《粤西文载》卷四。
㊺ (宋)李焘:《续资治通鉴长编》卷二七七。
㊻ (宋)李焘:《续资治通鉴长编》卷二七五。
㊼ 《宋史》卷四八八《交趾传》。

点虽有所增加,但从朝廷批准的过程看,控制仍然较为严格。熙宁初年,交趾广源州刘纪请求在邕州太平寨开设互市,邕州知州陶弼认为这是交趾人的阴谋,"将出入省地窥虚实"[48],请求朝廷加以拒绝,只是在广西安抚使的坚持下才最终于太平寨设市。南宋时在邕州沿边的永平寨设有博易场,由永平知寨主管;与交趾苏茂州毗邻的浉江栅亦设有博易场,由浉江巡防主管[49]。

除了对互市地点和数量进行严格限制外,南宋时期还对广西沿边地区掠卖人口、透漏铜钱入交趾以及士人游边加以禁止。绍兴三年(1133),明橐奏请禁止广西沿边邕、钦、廉三州掠卖人口和铜钱流入交趾,并对地方官不实力缉捕者予以惩处。他说:"邕州之地,南邻交趾,其左右江诸峒,多有亡赖之徒,略卖人口,贩入其国。又闻邕、钦、廉三州,与交趾海道相连,逐年规利之徒,贸易金、香,必以小平钱为约,而又下令其国,小平钱许入而不许出。若不申严禁止,其害甚大。"[50]但是这一禁令执行的效果并不好,以至于乾道年间(1165~1173)广西经略安抚使范成大不得不重申禁令,他说:"掠卖婢奴,与士人游边,及透漏钱宝出外界,三者法禁具在,今玩弊如此,盖安抚都监、沿边溪洞司不得人,边政颓靡,奸宄肆行所致,日滋月长未艾也。"[51]

上述宋朝治理广西边疆的策略,包括了军事防御、民族政策、边贸主导和边禁等方面,从其具体内容分析,无疑契合了宋朝与交趾关系的复杂性和广西边疆的实际,具有较强的针对性和可操作性,并取得了较为明显的成效,这些政策的绝大多数还为此后各朝的统治者所采用。

## 五、结　语

五代时期安南(交趾)逐渐走上独立的道路,使岭南边疆的外地缘产生了一个新的国家,也使得北宋王朝建立后在岭南地区直接面对着与此前历代中原王朝不一样的边防形势。北宋消灭岭南的南汉政权后,并没有进一步通过军事手段恢复对交趾地区的统治,而是默认了交趾独立的事实。宋朝统治者的着力点,是与交趾建立一种宗藩关系,保持对交趾名义上的宗主国地位。政治上的宗藩关系在一定程度上决定了两国关系和平发展的大势,但由于受到国内政局变化和统治者个人思想的影响,两国关系时常出现恶化的情况,具体表现在随着交趾由中原王朝的一个边疆政区演变为国家政权,边界问题日

---

[48] (宋)刘挚:《忠肃集》卷一二《东上阁门使康州团练使陶公墓志铭》,四库全书本。

[49] (宋)周去非:《岭外代答》卷五《财计门》。

[50] (宋)李心传:《建炎以来系年要录》卷六九,中华书局1988年版。

[51] (元)马端临:《文献通考》卷三三〇《四裔七》。

益凸显。北宋前期交趾对宋朝边境地区侵扰频繁，如何有效维护自身的边界，强化对边疆地区的治理，成为摆在宋朝统治者面前的重大问题。经过两国之间的战争、边界谈判和边境地区少数民族首领的归附，在唐代安南都护府与邕管行政界限的基础上，宋代中越两国边界逐渐形成。

事实表明，宗藩体制下中越之间的和平交往固然是主流，但两国之间的摩擦也时有发生，使得宋代中越关系呈现出较为复杂的状态。特别是在交趾政权更迭之初，对宋朝边疆的侵扰更为严重，以交趾李朝统治时期最为明显，有时是统治者明目张胆的侵边，有时则是暗中唆使边境地区溪峒首领或海贼进行蚕食。作为藩属小国，交趾似乎并不惧于宋朝的强大及其宗主国地位，归纳其背后的原因，主要有以下两点：一是宋朝统治者的姑息容忍。这一态度一方面受到宋朝统治者"重北轻南"战略思想的影响，在宋朝统治者看来，来自北方游牧民族的压力才是对王朝致命的威胁，因此把防御重点置于北方，而在岭南地区的防御则显得较为单薄，加上北方士兵不服水土，也影响到北方军事力量的南调戍防，在面临交趾军事挑衅时一味绥靖，尽量姑息迁就；另一方面，宋朝统治者边界意识淡薄，对于岭南沿边地区犬牙交错的边界形势认识不清，未进行严格的边界勘查，对交趾在沿边地区的蚕食重视不够。二是交趾统治者的扩张野心和两面手法。交趾统治者不满足于既有国土，不断向外侵略扩张，对于北方强大的宋朝，表面上表示恭顺臣服，实际上却在不断侵扰宋朝边境，试探宋朝反应，当看到宋朝统治者一味姑息容忍后，更是变本加厉。

交趾的独立、边界的逐渐形成和宗藩体制下两国关系的复杂性，使得宋朝在岭南边疆面临着来自外地缘的新挑战，为此宋朝实施了一系列维护边疆的策略，包括构筑广西沿边地区地缘军事防御体系、对沿边溪峒民族地区实施羁縻政策、严格限定边境互市地点和数量、强化边禁等。上述策略取得了较为明显的效果，其中的绝大多数措施还为此后各朝的统治者所采用，为中原王朝的治边实践提供了有益的启示。

（注：本文原文刊于《社会科学战线》2012年第11期，收入本书时有局部改动）

# 明代广西的地缘政治格局与治边策略研究
郑维宽

[内容提要] 明代治理广西边疆的策略受到地缘政治格局演变的直接影响,随着明王朝与安南之间宗藩关系的正常化,广西的外地缘保持着相对稳定的状态,于是明王朝与广西土司之间的内地缘关系决定着治边策略。明代治理广西边疆的策略基本上围绕土官问题和少数民族的反抗斗争而展开,王朝控制下的"以夷治夷"是明代治理广西边疆政策的核心,而环境因素和民族因素则成为制定该策略的两大影响因素。

[关键词] 明代 广西 地缘政治格局 治边策略

在目前中国传统边疆问题的研究中,有关治边策略的探讨无疑是一个热点。但就已有的研究成果看,一方面呈现出北多南少的局面,另一方面在研究角度与深度上尚有待拓展。广西是中国南部边疆的重要组成部分,近代以来更是一度成为边防热点,相关研究也不少,但要么在时间上集中于近代,要么在地域上仅局限于边境一带,将近代以前的整个广西地域作为边疆进行研究的成果较少;有关广西地方史的研究虽然涉及边疆内容,但往往缺乏基于边疆视角的审视,使得研究内容未能凸显边疆特性。有鉴于此,笔者试以广西土官制度发展到鼎盛期的明代作为研究时段,将广西边疆置于内外地缘背景下进行分析,通过复原明代广西地缘政治格局的演变,深入探讨在二元政治结构模式下广西治边策略的具体内容与实质,并揭示制约明王朝治理广西边疆策略的主导因子,以求教于方家。

## 一、明代广西的内外地缘与二元政治结构模式

有明一代,广西的地缘政治格局发生着较大的演变,并直接影响到明王朝治理广西边疆的政策取向,主要体现在以下两个方面:一是明朝与安南关系的变化对广西边疆局势的影响;二是从直接对广西土官统治区进行军事控

扼到"以夷治夷"的转变。

(一)从"郡县其地"到宗藩关系重建:明代广西外地缘的相对稳定

明王朝与安南的关系在前期经历了从宗藩关系到"郡县其地",再到恢复为宗藩关系的过程,而广西的地缘也由边疆演变为"边疆的内地",最后再演变为边疆。明朝时安南的疆域东距海,西接老挝,南渡海即占城,北连广西之思明、南宁,云南之临安、元江,是与明朝南部边疆紧密毗邻的一个国家。

洪武年间,明朝与安南之间已经确立了宗藩关系。朱元璋还留下祖训,只要两国间的宗藩关系没有遭到破坏,就不要征讨安南,因为"古帝王不以中国之治治蛮夷"[①]。朱元璋这样做的目的,是通过维持与周边国家的宗藩关系,营造相对和平的周边地缘环境。但永乐初年安南权臣黎季犛篡夺陈氏政权,不仅骗取明朝册封、袭杀明朝使臣,而且僭号称帝,侵犯邻国占城,严重破坏了明朝与安南的宗藩关系,违背了"安南不征"的前提条件,导致明朝出兵安南。明朝预定的战略目标,是在推翻黎季犛父子的统治之后,选立陈氏后裔,并未打算将安南纳入中国的版图。后来明成祖发现陈氏宗族已被黎氏杀戮殆尽,于是采纳张辅的建议,将安南纳入中国版图,设置交趾布政司、都指挥司和按察司,并设立11卫、3守御千户所[②]。交趾布政司的设立,是明前期广西外地缘的一大变化,它使广西暂时变成了"边疆的内地",而交趾则变成了明朝南部边疆的最前沿。

事实证明,自从五代末交趾独立建国后,经过400多年的发展,交趾(安南)人的国家认同意识已经形成[③]。因此,安南被纳入明朝版图后,各地的反抗斗争此起彼伏,而单纯的武力镇压根本平息不了安南人的反抗。明宣宗即位后,决定放弃交趾布政司,而安南统治者也愿意恢复对明朝的藩属关系。永乐、宣德年间安南的得而复失,使明朝统治者认识到,安南已经是一个独立的国家,不可能恢复五代以前中原王朝的统治状态。此后明朝对安南的政策基调就是:一方面维持明朝与安南的宗藩关系,另一方面对安南的内部事务以及安南与邻国的关系采取不介入的姿态。正如万历二十一年(1593)广西巡抚陈大科在奏疏中所说:"蛮邦易姓如弈棋,不当以彼之叛服为顺逆,止当以彼之叛我服我为顺逆。"[④]也就是说,明朝政府不必关心安南国内的内讧,而只需关注安南对明朝政府是否臣属。

---

① 《明史》卷二〇三《唐胄传》。
② 《历代边事资料辑刊》第一册,北京图书馆出版社2005年版,第209页。
③ 宋代称交趾国,元代开始称安南国。
④ 《明史》卷三二一《安南传》。

因此,明代除了永乐、宣德年间出兵安南外,中央王朝对安南的政策是以绥靖为主,目的是维护两者之间的宗藩关系,尽可能保持南部边疆地区的稳定。正是随着外地缘的相对稳定,明代广西的地缘政治问题就集中体现为明王朝与广西土司之间的互动关系。

(二)从军事控扼到广置土司:明代广西内地缘的二元政治结构

元明鼎革之际,广西各地土司纷纷归顺明朝,关于如何治理这些土司地区,朝廷内部曾有过争论。在明军平定广西后,鉴于历史上广西溪峒少数民族的频繁反抗,洪武二年(1369)中书省臣建议将广西诸洞的少数民族迁入内地安置,但是朱元璋却说:"溪洞瑶僚杂处,其人不知礼义,顺则服,逆则变,未可轻动,惟分要害以镇压之。日渐教化,自不为非。数年之后,皆良民,何必迁?"⑤朱元璋所谓"分要害以镇压之"的对策,就是在土司地区的要害部位设立卫所,进行军事控扼。因此,明代除在广西东、中部流官统治区广设卫所外,在西部、西南部土司境内也设置了一批卫所,其目的有二:一是作为弹压的力量,二是离散不同土司之间的联合。比如明初奉议卫的设置,就有政治上的深层次考虑:"论者以奉议弹丸地,三面交迫田州,独南界镇安,其势甚蹙。明初置卫,铨官如宋、元故事,盖欲中断田、镇,以伐其谋云。"⑥

明代中期,随着广西东、中部流官统治区民族斗争的激烈,明朝政府从军事和政治两方面采取了应对措施。一是将明初设于桂西、桂西南土司地区的驯象卫、奉议卫、南丹卫相继东撤,而将防御的重点放在从流官统治区向土司地区过渡的地带。比如"奉议卫设于贵县,驯象设于横州,南丹设于宾州,皆在左、右两江之中,要使控制蛮夷,声息援接"⑦。特别是地处桂西南的南宁,位于左、右江交汇处,西邻田州,可沟通云、贵;南邻太平,可沟通安南。明人丘濬指出,南宁府是控制左右两江羁縻州郡的枢纽,为通往安南咽喉之地,地理位置非常重要,应该进行重兵设防⑧。终明之世,南宁驻有左江兵备道、南宁卫等军事机构,成为明朝政府防御桂西少数民族的军事重镇,同时也是经略安南的一个重要后方基地。二是中断了对桂西、桂西南一些土司进行改流的进程,反而改流复土。洪武初年改忻城土县为流县,虽经百余年的流官治理,却不得不在弘治九年(1496)重新恢复为土县。上思州于弘治十八年(1505)改流,因招

---

⑤ (明)方孔炤:《全边略记》卷八《两广略》,续修《四库全书》本。
⑥ 《明史》卷三一九《广西土司传》。
⑦ (明)王士性:《广志绎》卷五《西南诸省·广西》。
⑧ (清)汪森:《粤西文载》卷五六《议》。

致土人的反抗,不得不在嘉靖元年(1522)"宜仍其旧,择土吏之良者任之"[9]。至此,明前期对桂西、桂西南土司地区的军事渗透和政治一体化的进程被打断,广西境内的地缘政治呈现出东、中部流官统治区与西部、西南部土司地区并立的格局,体现出非常明显的二元政治结构。

明代桂西、桂西南土司地区基本上连成一片,西与云南、贵州毗邻,南与安南接壤,在内外地缘上处于非常重要的地位,形成了较为强大的土著势力。明代广西的内地缘结构可从流属政区与土属政区的分布中窥见一斑(见表1)。

表1 明代广西流属政区与土属政区的分布

| 地 区 | 直辖府、州 | 流属政区 | 土属政区 |
| --- | --- | --- | --- |
| 桂东 | 桂林府、平乐府、梧州府 | 4州、23县 | 无 |
| 桂中 | 柳州府、浔州府 | 2州、13县 | 无 |
| 桂西 | 南宁府 | 宣化县、隆安县、永淳县、横州、新宁州 | 上思州、归德州、果化州、忠州、下雷州 |
| | 太平府 | 崇善、左州 | 太平、镇远、茗盈、安平、养利、万承、全茗、结安、龙英、结伦、都结、上下冻、思城、永康、思明、上石西、陀陵、罗阳 |
| | 思明府 | 无 | 下石西州、西平州、禄州 |
| | 思恩府 | 武缘 | 奉议州、上映州、上林土县 |
| | 镇安府 | 无 | 土府 |
| | 庆远府 | 宜山、天河、思恩、荔波、河池州 | 东兰州、南丹州、那地州、忻城土县、永顺司、永安司、永定司 |
| | 直辖土州 | 无 | 田州、泗城州、归顺州、都康州、向武州、龙州、江州、思陵州、凭祥州、罗白县、安隆长官司 |
| 广西 | 全属 | 10州、45县 | 38土州、5土县、4长官司 |

资料来源:《明史》卷四五《地理六·广西》。

---

[9] 《明史》卷三一七《广西土司传》。

据表1可知,明代广西共设置11府,包括东、中部5府,西部6府。东、中部的5府(桂林、平乐、梧州、柳州、浔州)所辖州县全属流官治理;西部4府(南宁、太平、思恩、庆远)的知府为流官,所辖州县分属流官和土官治理,另外2府(镇安、思明)为土府,全为土官治理。此外,还包括直接隶属广西布政司管辖的土州9个、土县1个、长官司1个。在明代广西所辖48州、50县、4长官司中,流属政区为10州、45县,占53.9%;土属政区为38州、5县、4长官司,占46.1%。由此可见,不管是在面积上,还是在设置政区的数量上,明代广西流官治理的地方与土官治理的地方各占一半左右,这是明代广西境内地缘政治的一个基本特点。

综观之,明代广西的外部地缘关系总体上是以和平稳定为主,明朝政府通过对安南实行绥靖、怀柔政策,着力维护两者之间的宗藩关系,使明代广西边疆在外地缘上保持了比较稳定的局面。而在内部地缘方面,由于明代广西流官治理的地方与土官治理的地方各占一半左右,使得广西的内地缘呈现出明显的二元政治结构,成为影响明朝政府制定广西边疆治理策略的一个主导因素。可以说,明代广西的治边策略基本上是围绕少数民族的反抗斗争和土官问题而展开的。

## 二、"以流制土"、"流土分治"与"以夷治夷":明朝治理广西边疆的策略

明代中后期,广西少数民族的反抗斗争绵延不绝,深刻地影响到明王朝对广西边疆的治理策略。虽然治边不等于治夷,但当边疆问题主要体现为民族问题时,则对边疆少数民族的治理策略就成为解决边疆问题的关键,明代广西边疆的问题就属于此种情况。明代广西长期存在的二元政治结构,是制约明王朝制定广西边疆治理策略的最重要因素。明朝政府曾在一些土司地区推行过改土归流的尝试,但是这些尝试大都归于失败。覃延欢先生将明代广西"改土归流"失败的原因归结为如下三点:一是明王朝在广西推行的土官制度发挥了较大作用;二是明代广西经济的发展还不能支撑改流的要求;三是广大土民还没有觉悟到要废除土官制度[⑩]。这些观点固然有一定道理,但明代广西二元政治结构的稳定存在,无疑是"改土归流"难以成功的一个总体背景。

明初经略西南,广大土官纷纷表示效顺归附,朱元璋对于归附者采取"即用原官授之"的策略,达到了和平解决土司问题的目的,在形式上延续了历代

---

[⑩] 钟文典主编:《广西通史》第一卷,广西人民出版社1999年版,第329页。

对西南少数民族的羁縻之治,包括设置土司政区、实行土官世袭等。但在实际上,明代对土司地区的治理力度,已经较前代大为加强。具体表现在:一是规定了对土官的管理办法,对土司的废立、赏罚之权掌握在朝廷手中,"袭替必奉朝命,虽在万里外,皆赴阙受职";二是规定了土司地区对朝廷应该承担的兵役、徭役和赋税等义务[11]。明朝政府希望通过这一政策,可以达到在"以流制土"前提下"以夷治夷"的目的;而对土官而言,希望假借朝廷的爵禄、名号,从而达到统摄所部的效果。因此,"以流制土"与"以夷治夷",对于明王朝和土官来说是一个双赢的结果,这也是明代广西土司制度得以长期推行的基础。

(一)"以流制土":逐渐纳入王朝体系的土官制度

明初承元制,在归附的西南土官管辖之地设立土司政区,这些土司政区有的称宣慰司、宣抚司、安抚司、招讨司、长官司,有的则是仿流官建制,比如军民府、土州、土县等。土司政区虽然主要是土官的辖地,但明朝政府也做出了使用一部分流官担任副职的安排,反映出明朝统治者有意将王朝势力逐渐渗入边疆少数民族聚居区的意图。而且从政治实践上看,当土司制度与王朝利益发生较大冲突时,并不排除对局部地区的土司制度进行改造,以确保王朝利益。比如庆远府在洪武二年(1369)被改为"庆远南丹军民安抚司",以土酋为首领,管理土民。但次年因为境内诸蛮相煽为乱,朝臣请求罢设安抚司,"仍设府置卫,以守其地",于是设立庆远府和南丹卫[12]。

明代有一套严格的对土官进行管理的程序,反映出明王朝通过土官对土司地区进行间接治理的思想。一是对土官承袭的认定。一般程序是首先由府、卫委官勘结停当,其次由守巡官进行核实验查,最后咨报总司准理。履行完所有程序后,就授予土官职务及印信。二是要求土官依期赴调,履行对朝廷的军事义务,同时对立有战功者进行奖劝。三是对土官的骄纵进行告诫、申斥。嘉靖时两广总督姚镆指出:"近年以来,各该土官纵容败度,率意妄为,有因奸占子妇而被弑者,有因争占土地报复私仇而兴兵不已者,有惑于后妻而父子相夷者,有杀子求妻者,有听奸目唆哄拨置而敢于抗拒上司,及挟私用计,占夺官职,亦或帮助为恶,误犯不义者。"为此他警告那些骄纵的土官,既往可以不究,但再犯必当严惩,轻则革去冠带,重则削夺世职,甚至派兵剿灭[13]。

由此可见,明朝广西的土官制度虽然在形式上延续自前代,但在王朝势

---

[11] 《明史》卷三一〇《土司传》。

[12] 《明史》卷三一七《广西土司传》。

[13] 杨一凡、刘笃才编:《中国古代地方法律文献》甲编第二册,世界图书出版公司2006年版,第277—304页。

力的渗透下,土官的权力已受到越来越多的限制,土官统治区正逐渐纳入王朝的统治体系,它与流官统治区一起,构成了王朝体制下并行不悖的二元政治治理模式,这是基于统治对象的不同而实施的差别化统治政策,是边疆地区在一定历史阶段所普遍采取的治理模式。

(二)军事围堵与"流土分治"的民族隔离政策

对少数民族的防范、围堵与隔离,是明朝政府执行"流土分治"政策的产物,具体表现如下:

一是实行军事围堵政策。自从洪武二年(1369)明军平定广西诸峒后,就采取了"分要害以镇压之"的军事策略。为了适应军事围堵的需要,明朝政府先后在广西少数民族聚居地的外围和出入通道设立巡检司217个(见表2)。

表2 明代广西巡检司的地理分布

| 地区 | 府 州 | 巡检司数量 |
| --- | --- | --- |
| 东部 | 桂林府、平乐府、梧州府 | 79 |
| 中部 | 柳州府、浔州府 | 70 |
| 西部 | 庆远府、南宁府、思恩府、镇安府、田州、泗城州 | 68 |
| 广西 | 全属 | 217 |

说明:据《明史》卷四五《地理六·广西》所载统计,统计地域以万历十年(1582)的广西政区为准。

据表2可知,明代广西各府州都设立有巡检司,而且主要集中在东、中部,西部土司地区巡检司的数量反而较少。巡检司的这一分布格局与明代广西少数民族的分布特点相吻合:东、中部为流官统治区,巡检司的数量较多,反映出该区少数民族居住较为分散,统治者对少数民族进行围堵的地点也相对较多;西部主要为土官统治区,少数民族聚居分布,由于明朝政府采取"以夷治夷"的策略,巡检司的数量反而较少。

明代广西少数民族的反抗斗争集中在东、中部的八寨、大藤峡、府江和古田等地,因此明朝政府也制定了相应的军事围堵、征剿策略。弘治年间,广西各地少数民族的反抗斗争如火如荼,时称"贼穴在桂林者,古田、始麓江、西延三处;在平乐者,荔浦、修仁、府江三处;在永安者,西乡一处;在柳庆者,则白牛、上油、肆满、二都、三都、四五都等巢,非止一处"。当时明军制定的军事征剿策略是:"有事古田,则调广西省下与广东官军各四千,湖广官军、镇安、归顺、向武土兵各三千,奉议、都康各二千,桂林夫款五千,平乐三千,共调三万之上。有事峡山(即大藤峡),则调浔州官军二千,广东四千,田州土兵一万五千,泗城一万二千,思明、太平、武靖各三千,龙州二千,江州一千,共调四万之上。有事柳庆,则调柳庆与湖广官军各二千,思恩土兵八千,东兰六千,南丹三千,迁江、安陆各二千,那地、永顺、安顺各一千,柳州夫款三千,庆远二千,共调三万之上。以九月霜降,克期进取。"[14]这就是所谓分兵分路进剿的"大征"。而"大征"后的善后之策,则侧重于在少数民族的腹心地区长期驻扎重兵防守。嘉靖七年(1528),王守仁在平定广西八寨的瑶乱之后,即主张通过"移卫设县"对这一地区进行控制[15]。

二是实行"流土分治"的民族隔离政策。实行"流土分治"的民族隔离政策,禁止汉族与瑶、壮等少数民族的交往,是明朝政府对广西少数民族进行控制的又一大措施。明代中后期,随着广西人口的增长和社会经济的发展,汉族与瑶、壮等少数民族的交往日益增多。但统治者认为这种民族交往会影响到广西边疆的稳定,于是明令禁止汉族与瑶、壮等少数民族的交往。嘉靖初,两广总督姚镆明确要求阻断汉族与山区瑶、壮的联系,指示各级官员(包括土官)严加禁约,密切缉访,并提出了具体要求:一是本地田地只能租佃给本地人耕种;二是禁止汉族退休官吏、客商、监生、军民舍余人等、脱逃囚犯、工匠等潜入土司地区和瑶壮山区,以免生事[16]。

万历时,苏濬认为广西少数民族叛乱的根源出在汉人身上,指出"中国之祸,举中国人贻之,岂在夷哉?"并为此分析道:"今之策粤事者,类曰夷狄乱中国,不知衅不在夷也。夷不习汉语,不识文书,自中国亡命之朋扞文罔,吏捕之急,则窜身穷谷,教夷伺向。又有游手疲民,不事佣作,喜椎埋叫呼,计无复之,辄自结于夷。于是啖以厚利,导以剽掠。"此外,狡黠的里胥、素封之家在夷人与官府之间上下其手,称为"招主"、"田主",导致"夷不聊生,益复思乱"[17]。在苏濬看来,如果阻断汉夷之间的交往,使汉族奸民没有机会潜入少数民族地区挑唆生事,同时能够减少汉族田主对少数民族的欺压与剥削,是从源头上预防瑶、壮等民族发动反抗斗争的有效途径之一。民族隔离政策虽能在一定程度上缓解暂时的族群冲突,但却只能治标,不能治本,因为民族的交往与融合是不可阻挡的历史趋势。

---

[14] (明)方孔炤:《全边略记》卷八《两广略》。

[15] (明)王守仁:《王阳明全集》,上海古籍出版社1992年版,第76页。

[16] 杨一凡、刘笃才编:《中国古代地方法律文献》甲编第二册,世界图书出版公司2006年版,第300—304页。

[17] (清)汪森:《粤西文载》卷五七《论》。

(三)"以夷治夷"之策

"以夷治夷"是明朝政府在广西少数民族地区普遍采用的统治手段,是明代治理广西边疆地区民族政策的核心,它与"以流制土"的土司制度、"流土分治"的民族隔离政策在本质上是相通的。无论是西部地区的土司制度,还是征调桂西土兵围剿东、中部地区少数民族的反抗,都反映了"以夷治夷"的思想。

明代广西少数民族斗争的一个显著特点是:土官统治区较为稳定,而流官统治区则反抗斗争不断。这一现象引发了统治者的反思,并促成了土官制度在广西的发展。正统四年(1439),南丹州土官莫祯在一封奏疏中说:"本府所辖东兰等三州,土官所治,历年以来,地方宁靖;宜山等六县,流官所治,溪峒诸蛮不时出没。原其所自,皆因流官能抚字附近良民,而溪峒诸蛮恃险为恶者,不能钤制其出没。"[18]为此莫祯建议以土官专治庆远府境内诸蛮,而由流官总理府事。无独有偶,嘉靖初年,沈希仪针对有人提出将土田州改流的建议,指出不仅原先的土司地区仍应保持土司制度,而且在原属流官管辖的瑶、壮地区,也不妨划归土官管辖,主张利用土官约束瑶、壮,而朝廷约束土官,从而达到相维而治的目的[19]。

有明一代,"以夷治夷"思想在广西经历了一个不断深化的过程。在大藤峡地区,即经历了从早期的征调桂西狼兵屯守发展为设置土州以资控御。正统年间,山云镇守广西,鉴于大藤峡瑶乱难以用武力根除,请求征调桂西狼兵长期屯种防堵[20]。但狼兵屯种围困的效果并不理想,广西地方官认为其原因在于各地狼兵缺乏统一的调度指挥,于是成化二年(1466)韩雍奏请在桂平县境内设立武靖土州,以弹压大藤峡瑶民[21]。在原先属于流官管辖的少数民族地区设立土官,而以土官治理土民,这是明代中后期治理广西少数民族的一种大胆尝试,也是"以夷治夷"思想的进一步深化。

明人丘濬以广西左、右江土司地方长期安靖为例,认为"以夷攻夷"是广西治夷的上策,而"众建土官"则是对少数民族实现有效控制的途径。对于朝廷来说,只要控制好土官,就能通过土官收到治夷之效[22]。明人魏濬更是明确提出,"官司治瑶壮,不如土司能用其众",认为朝廷只需专注于钤制土官,而不必直接管理土民,以土官管理土民,则能保持土民安静无事。对于原先流官

---

[18] 《明史》卷三一七《广西土司传》。
[19] 《明史》卷二一一《沈希仪传》。
[20] 《明史》卷一六六《山云传》。
[21] 《明史》卷三一七《广西土司传》。
[22] (清)汪森:《粤西文载》卷五六《议》。

难以管辖的山区瑶、壮,可以通过设立土官的办法予以解决[23]。嘉靖初,王守仁在处理土田州的善后事务上,将边疆地区的少数民族分为腹心之蛮、边陲之蛮两种类型,认为对"腹心之蛮"的叛乱必须坚决镇压,而对"边陲之蛮"则"宜土不宜流、宜抚不宜剿"[24],当然,王守仁也留下了"以流制土"的一手,反映出王守仁"流土并用、以流制土"的治边思想。

有关研究表明,明代比以前各朝更加依赖土官的力量来统治广西各族人民,广西土官的力量空前膨胀,广西土官制度已经发展到了它的鼎盛期[25]。但是也要看到,明代广西"以夷治夷"治边策略的推行与深化,始终强调朝廷和汉官对土官的钤制,所谓的"以夷治夷",仅是借助土官对土民实行管辖而已,而土官本身的命运则操控在明朝政府手中。也就是说,"以夷治夷"是明朝政府在广西大力推行的一种治边策略,体现了在王朝控制下的一种民族自治。

### 三、影响明代广西边疆治理策略的主要因素

在影响明代广西治边策略的各种因素中,环境因素和民族因素是最为重要的两大因素。

(一)环境因素

对于广西而言,环境因素集中体现为恶劣的气候条件对明朝政府在广西开展政治、军事活动的影响。明人苏濬在《气候论》中说:"五岭以南,号曰炎方,乃其高冈叠嶂,左右环合,水气蒸之,故郁而为岚……左右两江以介昭、梧郡,居夷旷者犹或差胜,若城依岩谷,或近卑湿,崎岖迫陨间,有近午方见日色者。至若蛮溪獠峒,草木蔚荟,虺蛇出没,江水有毒,瘴气易染。春三月曰青草瘴,四五月曰黄梅瘴,六七月曰新禾瘴,八九月曰黄茅瘴,又曰桂花瘴、菊花瘴。商旅氓隶,触热征行,与夫饮食起居不节者,每为所中。"[26]在苏濬看来,炎热潮湿、瘴气易发是广西气候的一大特点,从每年三月至九月,分别有青草瘴、黄梅瘴、新禾瘴、黄茅瘴(桂花瘴、菊花瘴)等不同种类的瘴气,特别是桂西少数民族聚居的山区,更是瘴气的流行区。恶劣的瘴气环境,使来自中原地区的官员、商人、士兵等动辄染病而死,直接影响到明王朝对广西的政治治理和军事征伐。宣德六年(1431),都督山云奏:"广西左、右两江设土官衙门大小四

---

[23] (清)汪森:《粤西文载》卷六一《杂著》。
[24] 《明史》卷一九五《王守仁传》。
[25] 钟文典主编:《广西通史》第一卷,广西人民出版社1999年版,第327页。
[26] (清)汪森:《粤西文载》卷五七《论》。

十九处,蛮性无常,仇杀不绝,朝廷每命臣同巡按御史、三司官理断。缘诸处皆瘴乡,兼有蛊毒,三年之间,遣官往彼,死者凡十七人,事竟不完。"[27]

明人丘濬通过对中国北部边疆与南部边疆的对比,得出了岭南多山的地形和炎热瘴疠的气候是造成历代中原王朝南征效果欠佳的主要原因。他说:"大抵南蛮与北狄不同。蛮性阴柔,倚山为势,军来则入山远避,军去则外出掳掠,如蝇蚋然,挥扇则飞散,收扇则复集,剿灭之甚难。且其地多瘴疠,中原之人惮入其地,未至固已怯畏,一入其地,气候不齐,蒸湿特甚,往往不战而死。既不可速战,又不可持久,所以自古用兵,未有大得志于南蛮者也。"[28]

从明朝在广西的历次军事征伐来看,炎热瘴疠的环境确实是一大障碍因素。洪武二十八年(1395),朱元璋命都督杨文率军讨伐奉议州叛蛮,并对杨文说:"近闻奉议、两江溪峒等处,林木阴翳,蛇虺遗毒草莽中,雨过,流毒溪涧,饮之令人死。师入其地,行营驻扎,勿饮山溪水泉,恐余毒伤人。宜凿井以饮,尔等其慎察之。"[29]嘉靖初年,在平定田州岑猛叛乱的过程中,征调来的湖广土兵因染疫而死者超过半数。广西烟瘴的气候环境不仅造成外来士卒大量非正常死亡,而且影响到从原籍的兵员补充,正统九年(1444)英国公张辅说:"查得江南苏州等处清出广西军丁,多畏炎瘴,不肯前,乞遣官都发补伍。"[30]广西的气候环境如此恶劣,无疑是影响明朝政府制定治理广西边疆策略的一大因素。

(二)民族因素

明代广西少数民族人口众多,分布广泛,据《明史》卷317《广西土司传》载:"广西瑶、壮居多,盘万岭之中,当三江之险,六十三山倚为巢穴,三十六源踞其腹心。其散布于桂林、柳州、庆远、平乐诸郡县者,所在蔓衍。而田州、泗城之属,尤称强悍。"这里粗略勾画了明代广西瑶、壮等少数民族分布的总体概况。

关于明代广西各地民族杂居或聚居的情况,明人王士性作了较为翔实的记载,他说:"广右异于中州,而柳(州)、庆(远)、思(恩)三府又独异。盖通省如桂(林)、平(乐)、梧(州)、浔(州)、南宁等处,皆民夷杂居,如错棋然。民村则民居民种,壮村则壮居壮耕,州邑乡村所治犹半民也。右江三府则纯乎夷,仅城市所居者民耳,环城以外悉皆瑶壮所居,皆依山傍谷,山衡有田可种处则田

---

[27] 《明史》卷三一七《广西土司传》。
[28] (清)汪森:《粤西文载》卷五六《议》。
[29] 《明史》卷三一九《广西土司传》。
[30] (明)方孔炤:《全边略记》卷八《两广略》。

之,坦途大陆纵沃,咸荒弃而不顾。"③明确描述出明代桂林、平乐、梧州、浔州、南宁五府属于汉族与少数民族杂居区,而柳州、庆远、思恩三府则属于少数民族聚居区。关于西部太平府、思明府、镇安府、田州、泗城州等土司地区的民族构成情况,王士性在《广游志》卷上《杂志·夷习》中作了补充,他说:"狼则土府州县百姓皆狼民,衣冠饮食言语,颇与华同。"狼民实际上是明代桂西壮族的一种别称,足见桂西土府州县的居民基本上都是壮民。综上可知,明代广西东部是汉、壮、瑶等多民族杂居区,而西部则基本上是壮族人口聚居区。

  少数民族人口众多、分布广泛,是明朝统治者治理广西边疆时必须面对的民众基础。明代广西社会矛盾尖锐复杂,境内各民族起义连绵不断,比较著名的起义有大藤峡起义、八寨起义、府江起义、古田起义、马平起义等。明朝统治者对广西各民族起义进行了残酷镇压,从"十年不剿则民无地,二十年不剿则地无民"的现实中,足见明代中后期广西民族矛盾的尖锐与激烈②。除了对各民族的起义进行镇压外,明朝统治者还需防范土官的反叛。明初虽曾在广西土司地区进行"改土归流"的尝试,但却局限于"止造一城,插数汉民于夷中则已"③,最后终因势力不足、民众基础薄弱而不得不重新复土。从明人王士性的记载中,可见广西土官的桀骜难驯和土司之间的纷争乱局,他说:"云、贵土官各随流官行礼,禀受法令。独左、右江土府州县不谒上司,惟以官文往来,故桀骜难治,其土目有罪,径自行杀戮。""土官争界、争袭,无日不寻干戈,边人无故死于锋镝者,何可以数计也。"④更有甚者,在一些属于流官治理的少数民族聚居的偏远县份,明朝的统治竟然处于名存实亡的状态,据王士性的记载:"怀远、荔波二县皆土夷,县官不入境,止僦居于邻县,每年入催钱粮一次而已。"⑤不难看出,明代广西的民族问题与民族斗争一直是困扰统治者的重大问题,民族因素也就成为统治者制定治理广西边疆策略的立足点。

## 四、结　语

  明代广西的治边策略受到地缘政治格局演变的直接影响,随着明朝政府与安南之间宗藩关系的正常化,广西的外地缘保持着相对稳定的状态,于是广西的地缘政治问题就主要体现为明王朝如何治理广西少数民族的问题。明

---

㉛　(明)王士性:《广志绎》卷五《西南诸省·广西》。
㉜　(明)王士性:《广志绎》卷五《西南诸省·广西》。
㉝　(明)王士性:《广志绎》卷五《西南诸省·广西》。
㉞　(明)王士性:《广志绎》卷五《西南诸省·广西》。
㉟　(明)王士性:《广志绎》卷五《西南诸省·广西》。

代广西境内流官统治区与土官统治区并行不悖、平分秋色,是广西内地缘的一大特点,奠定了广西的二元政治结构。二元政治结构是明朝政府制定广西边疆治理策略的一个大前提,导致明代广西的治边策略基本上围绕少数民族的反抗斗争和土官问题而展开。

治边不等于治夷,但当边疆问题主要体现为民族问题时,则对边疆少数民族的治理策略就成为解决边疆问题的关键,明代广西边疆问题就属于此种情况。明朝政府治理广西的策略包括将土官制度逐渐纳入王朝体系、对少数民族实行军事围堵政策和民族隔离政策,以及实施"以夷治夷"的手段。"以夷治夷"是明朝政府解决广西边疆民族问题的核心策略,该政策始终强调朝廷和汉官对土官的钤制,因此,所谓的"以夷治夷",仅是借助土官对土民实行管辖而已,而土官本身的命运则操控在明朝政府手中。简言之,"以夷治夷"体现了在明王朝控制下的一种民族自治,并取得了比简单的军事征伐更好的效果。

在影响明代广西边疆治理策略的各种因素中,环境因素和民族因素是最为重要的两大因素。由于烟瘴的气候环境对行政治理、军事行动的制约,使得明朝统治者在"改土归流"的问题上非常慎重,而倾向于采取"以夷治夷"的政策。而明代广西少数民族人口众多、分布广泛的特点,构成了明朝政府采取"以夷治夷"政策的民族基础,复杂的民族问题与尖锐的民族斗争使民族因素成为统治者制定治理广西边疆策略的立足点。

(注:本文同为国家社科基金重点项目《10~19世纪王朝建构视野下的岭南边疆民族社会变迁研究(13AZS017)的阶段性成果之一)

# 边疆危机与行政应对：
## 中法战争后清政府的西南治边策略探析

郑维宽

[**内容提要**] 中法战争后中国西南边疆面临深刻的危机,清政府在加强军事防御的同时,还对边疆地区的行政区划进行积极的调整,在西南沿边地区设置了三个边道。边道的道员除了拥有广泛的行政司法权外,清政府还赋予边道兼管海关事务、中外交涉和防卫边疆等权限,提高了边道应对边疆事务的能力和效率,有利于加强对边疆的治理。广西迁移省会失败反映了清政府治边行政对策上的局限性,但同时也反映了边疆重臣试图通过改变行政中心强化边防的努力,为后世提供了有益的启示。

[**关键词**]　清末　　西南地区　　边疆危机　　行政应对

中法战争是中国近代史上的一件大事,新中国成立以来中国学者对中法战争史的研究曾取得了很大的成就。但从已有的研究成果看,一方面多数是对战争本身包括战役战斗、战争过程、战争人物、谈判交涉等进行研究,对战争结束后的研究多集中在边界勘定、边防建设上[①]。在少数关于边防建设的研究成果中,又多是从军事部署、军事设施建设、移民实边等方面加以探讨,而对在边疆危机面前清政府采取的行政应对策略基本上未予涉及,但这一点对了解中法战争后清政府经营西南边疆的全盘策略至关重要。另一方面,在中越边境涉及的三个省区中,对广西边疆的研究相对较为深入,云南和广东方

---

① 相关著作主要有:邵循正《中法越南关系始末》,沈云龙主编:《近代中国史料丛刊续编》第38辑,(台北)文海出版社1983年版;牟安世:《中法战争》,上海人民出版社1955年版;黄振南:《中法战争诸役考》,广西师范大学出版社1998年版;黄振南:《中法战争管窥》,中国文史出版社2005年版;廖宗麟:《中法战争史》,天津古籍出版社2002年版。论文主要有:刘启强:《岑毓英与中法滇越界务交涉(1885~1887)》,广西师范大学2005年硕士学位论文;何丰伦:《中法战争后广西边防建设初探》,《中国边疆史地研究》1997年第2期。

面的研究较为薄弱,而对毗邻越南的整个中国边疆地区进行研究的成果则更为少见。有鉴于此,笔者试从行政应对的角度,从边道的设置和广西迁移省会之争两个主要方面,论述中法战争后清政府的西南治边策略,从中透视边疆地区行政区划调整与边疆治理之间的互动关系,为我们了解清末的治边实践提供一个新的视角。需要指出的是,虽然道在清代的政区层级中并不是一级正式政区,但在实际上已经具备准政区的功能,正如周振鹤先生指出:"(清代)在府州厅之上又有省的派出机构——道,也有一定的辖区和治所,实际上成为一级准政区。"[②]林涓曾对清代道的准政区职能进行过专门的研究,但作者未能关注到清末光绪年间中国边疆地区道的增置、调整与当时边疆危机之间的关系[③]。因此,本文将清末西南边疆地区道的增置和调整视为应对边疆危机的一种行政策略具有可行性。

## 一、中法战争后西南边疆的危机与清政府的反应

光绪九年(1883)至光绪十一年(1885)爆发的中法战争,虽然中国在军事上取得了最终的胜利,但是在外交上却不得不与法国签订了《中法越南条约》(即《中法新约》),清政府在条约中承认了法国对越南北部的占领,其后果是不仅使中国失去了越南这一藩属国,导致法国的势力直接进抵中国西南国门,严重威胁着中国西南边疆的安全,而且中国被迫开埠通商,使得边疆的政务、商务及外交面临着前所未有的挑战。

面对边疆危机,如何采取有力的军事措施无疑成为当务之急,为此清政府在军事上进行了两方面的准备:一方面是对原有的军事部署进行调整,注重指挥前移。在广西一线,光绪十二年(1886)四月二十日两广总督张之洞等奏请将原有边防军分为东、中、西三路,设卡守隘,同时将广西提督由腹地的柳州移驻边关重镇龙州,居中调度。据张之洞等奏:"伏查广西南边,绵亘二千余里,原设隘所一百零九处,分卡六十六处,与越南之谅山、高平、宣光等省接壤,山箐纷歧,路路可通……以十二营专防镇南关中路,以四营分防东路,六营分防西路……以后全桂大势,注重边防,必宜有大将亲临,控制调度,拟请广西提督由柳州移驻龙州。"[④]在云南一线,光绪十一年(1885)十一月十五日云贵总督岑毓英奏请每年秋冬两季将开化镇总兵从开化府城(今文山州城)

---

[②] 周振鹤:《中华文化通志·地方行政制度志》,上海人民出版社1998年版,第136页。
[③] 林涓:《清代行政区划变迁研究》,复旦大学2004年博士学位论文。
[④] 朱寿朋编:《光绪朝东华录》第4册,《近代中国史料丛刊三编》第98辑,(台北)文海出版社2006年版,第2076~2077页。

移驻前线的马白关、临元镇总兵从临安府城(今建水县城)移驻前沿的蒙自县城,平时则由两个游击将军统兵常驻。据岑毓英奏:"查滇省入越之路,以马白关为要。法人通商之道,以蒙自县为冲……伏查开化一镇距马白不及二百里,临元一镇距蒙自亦仅一百四十里,拟请每年于秋冬二季,令开化镇出驻马白关、临元镇出驻蒙自县,督饬操防;春夏两季烟瘴正深,边境无虞,即各回驻临安、开化府城。而移开化中营游击常驻马白关,添设后营游击一员常驻开化府……其蒙自一面,则添设前营游击一员,常驻蒙自县。"⑤在广东一线,清廷令冯子材"督办钦、廉一带防务"⑥。针对与越南毗邻的广东廉州府境内驻军单薄,两广总督张之洞于光绪十二年(1886)四月二十八日奏请设立北海镇,增强广东边防的军事力量,其奏章称:"廉州边海交冲,高州镇未能兼领,拟请于廉州专设北海镇水陆总兵。"⑦另一方面,在沿边关隘大举修建军事设施,构筑边防炮台,做长期防御的准备。广西提督苏元春具体实施广西边防炮台的修筑工程,从光绪十一年(1885)到光绪二十二年(1896),"共建成大炮台34座,二、三号中炮台48座,碉台83座,安装着各式洋土火炮119门,修筑军工路1000多里,形成镇南关、平而关、大连城、小连城4个边防要塞。与法军在越南沿边所筑的明碉暗堡、兵营据点相对垒。"⑧通过调整军事部署和构筑军事设施,中越边境地区的局势得以保持相对的平稳。

但采取军事上的措施只是清政府应对边疆危机的一个方面,此外,清政府还针对西南边疆被迫开埠通商后在政务、商务及外交等方面面临的挑战,积极采取应对措施,从政区的设置和行政中心的调整上探索治边的新策略,这也成为清末治理边疆地区的一大特色。

## 二、设置边道:清政府治理西南边疆的主要行政对策

法国发动侵越战争,其实质是意图通过控制中国的藩属国越南,进而染指中国的西南边疆,攫取经济等方面的利益,而其对经济利益的攫取主要是通过迫使清政府开埠通商来实现的。因此,在中、法两国所订立的《中法越南条约》中,规定了开埠通商的大致地点,即"通商处所在中国边界者,应指定两处,一在保胜以上,一在谅山以北,法国商人均可在此居住,应得利益、应遵章

---

⑤ 朱寿朋编:《光绪朝东华录》第4册,《近代中国史料丛刊三编》第98辑,(台北)文海出版社2006年版,第2008页。
⑥ 《清德宗实录》卷二〇五,光绪十一年三月癸亥。
⑦ 《清德宗实录》卷二二七,光绪十二年四月辛卯。
⑧ 沈奕巨:《清末广西的边防炮台建设》,《广西地方志》2006年第1期。

程均与通商各口无异。中国应在此设关收税,法国亦得在此设立领事官"⑨。在开埠通商地点的选择上,清廷经过慎重考虑,最后确定在广西的龙州和云南的蒙自。光绪十三年(1887)五月三日,清廷总理衙门在致法国公使的照会中明确指出:"中国所允法国于龙州、蒙自两处设立之领事官及蛮耗设立之领事官属下一员,系属陆路通商处所,不可仿照上海等处通商口岸设立租界。"⑩龙州和蒙自水路交通便利,分别是广西和云南边疆的门户,地理位置非常重要。为了适应边疆局势的新变化,除了在军事上的防御准备外,如何从行政体制上加以应对,成为两广和云南地区疆臣需要考虑的重要问题。正是在这一时代背景下,边道的设置成为重要举措。边道首先在广西和云南设立,广东随后跟进,从而完成了清末中国西南边疆政区设置上的大调整。

(一)西南边道的设置过程
1.广西边道的设置演变

中法战争之前,广西与越南毗邻的地区归左江道管辖,当时左江道共管辖南宁府、太平府、镇安府、泗城府四个府,涵盖了广西的南部、西南部和西部,地域十分辽阔,而且主要为非汉民族聚居区。正是考虑到左江道的重要地理位置,乾隆二十一年(1756)二月,吏部议准两广总督杨应琚所奏:"广西左江道有控压边关、抚辑土瑶之责,应加兵备道衔,节制南、太、泗、镇四府都司以下武职,换给关防。"⑪从此左江道不仅有管理地方之责,而且有节制所辖区域都司以下武职之权,在行政权之外又增加了其一定的军事指挥权,对于控压边关地区具有积极作用,应该说这一措施在承平时期是比较有效的。但是到了中法战争结束后,面临日益严重的边疆危机,原有的行政体系已经很难适应变化了的新形势,如何从行政体系上有效应对边疆事务,显得尤其急迫。为此,清政府明令两广总督张之洞、护理广西巡抚李秉衡筹议对策。在行政区划上,鉴于原先的左江道管辖范围太广、所辖各府对沿边州县控制不便的情况,张之洞、李秉衡通过会商,向清政府提出了调整边疆政区设置、增置边道,以统一边疆地区的行政管理、增强应对能力的建议,并为清政府所采纳。综观光绪时广西边道的设置演变,大致包括两个阶段:第一个阶段是先于光绪十二年(1886)设立归顺直隶州,然后于光绪十三年(1887)在太平府、归顺直隶州的基础上设立太平归顺道, 道治设在龙州。第二个阶段是光绪十八年(1892)将太平府属上思州升格为上思直隶厅,太平归顺道因之改名为太平思

---

⑨ 中国史学会主编:《中法战争》(七),上海人民出版社1957年版,第423页。
⑩ 中国史学会主编:《中法战争》(七),上海人民出版社1957年版,第434页。
⑪ 《清高宗实录》卷五〇六,乾隆二十一年二月庚戌。

顺道。

(1)设置太平归顺道

设置太平归顺道的构想始于中法战争结束后不久,面对广西边防的严峻形势,清政府下令张之洞、李秉衡筹议广西边防事宜,为此张之洞从军事、政治等方面进行了全盘筹议。据唐景崧在光绪十一年(1885)十月一日的日记中所载,张之洞曾为此事与他电商,其称:"香帅(即张之洞)电寄筹边设奏大略,属焉参酌。略曰:一、建阃。西提(即广西提督)移驻龙州,新设龙州关道亦驻龙,辖太平府。增柳州镇备腹地,酌拨数营隶之……请缨客曰:广西提督向驻柳州府,今移驻龙州,柳府设镇;龙州设太平归顺道,兼理商务;边勇隶于提督,皆本南皮此议,而奏请垂为定制者也。"⑫在筹商成熟的情况下,光绪十二年(1886)二月,张之洞、李秉衡向清政府奏陈广西边防事宜,除了分营扼扎边隘、广西提督由柳州移驻龙州、另设总兵驻柳州外,一个非常重要的措施就是设置太平归顺兵备道。据李秉衡光绪十二年(1886)二月二十五日《奏筹议广西边隘、移添提督镇道并请拨的饷折》称:"龙州开关通商,重兵所萃,宜有文职大员同任边事,拟请设太平归顺兵备道一员,总辖全边,驻扎龙州厅。以左江道所属太平府全境暨东边南宁府属之上思州、西边镇安府属之小镇安通判、归顺州隶之,沿边统属一道,以期联络一气。上思州即拨归太平府属,小镇安、归顺距太平较远,应升归顺州为直隶州,小镇安改为镇边县,加通判衔,属于归顺州。该道兼辖太平一府、归顺一直隶州,所有汉土厅州县土司管理、整饬边防、监督关税,以及经理一切中外交涉事宜。"⑬

光绪十二年(1886)八月,清廷同意了张之洞、李秉衡的请求,批准设置太平归顺道。据光绪十二年八月十六日兵部奏:"会议两广总督等奏:广西边陲分营扼扎,请拨的饷,酌移提督驻所,另设柳州总兵官,并拟添边关道员。允之。"⑭但太平归顺道正式设立之前还有一系列政区调整的工作。首先是归顺直隶州的设立。归顺州原为沿边土州,清初隶属思恩府,雍正七年(1729)改流官,属镇安府,"光绪十二年,改升直隶州,隶太归兵备道。领县一(镇边县)、土州一(下雷土州)"⑮。其次是将原南宁府属的上思州划归太平府,再将太平府改隶太平归顺道。据光绪《广西通志辑要》卷12《南宁府》载:"光绪十三年,奏

---

⑫ 唐景崧:《请缨日记》卷一〇,《近代中国史料丛刊》第5辑,(台北)文海出版社1973年版,第740~743页。

⑬ 李秉衡:《李忠节公(鉴堂)奏议》,《近代中国史料丛刊》第30辑,(台北)文海出版社1973年版,第215~216页。

⑭ 《清德宗实录》卷二三一,光绪十二年八月丙子。

⑮ 光绪《广西通志辑要》卷一七《归顺直隶州》。

准(上思州)改属太平府。"随后将太平府由左江道属"改隶太平归顺道"⑯。因此,太平归顺道的正式设立应在光绪十三年(1887)。

(2)设立上思直隶厅,改置太平思顺道

上思州与越南毗邻,长期以来隶属南宁府,归左江道管辖。中法战争后,出于加强边防的需要,张之洞、李秉衡奏请将上思州划归太平府,由太平归顺道管辖,以统一广西沿边的行政管理。但是四年后就出现了反对的声音,据光绪十七年(1891)七月三日上谕:"有人奏州城改隶郡属民情不顺一折,据称广西上思州改隶太平府,有不便于官者一,不便于民者六,胪陈该处地方情形,请饬改隶等语。著李瀚章、马丕瑶按照所奏各节,体察情形,妥议具奏。"⑰两广总督李瀚章、广西巡抚马丕瑶接旨后立即部署广西的司、道官员进行调查,李瀚章、马丕瑶二人也相互进行了协商,对上思州的隶属问题取得了一致意见,据马丕瑶《致李筱泉(即李瀚章)制军》中说:"上思改隶之由,原由广西边界与越南接壤千七百余里,皆太平、归顺两府州所辖,上思一州独隶南宁,诸形窒碍,是以改隶太平,归边道统辖,以期呼应较灵,此当日体察边情,统筹善后,揆之于理与势,皆有确乎不可易者。"⑱

上思州的隶属问题,既要考虑到便于官民,又要考虑到边防的需要,而注重边防无疑是最为重要的考量。在李瀚章、马丕瑶看来,既然上思州隶属南宁府不可,改隶太平府又对官民产生不便,不如将上思州升格为直隶厅,直接隶属太平归顺道,这样既有利于加强边防,又能解决隶属太平府所产生的官民不便的问题。为此,光绪十七年(1891)十二月十七日李瀚章、马丕瑶上奏:"臣等伏查上思州改隶太平府,系光绪十二年间前督臣张之洞会同前护抚臣李秉衡筹办沿边善后案内,以龙州重兵所萃,设道员统辖全边,西以小镇安通判、归顺州,东以太平府全境并割上思州隶之,以期固圉绥边。现有陈奏上思改隶太郡,不便于官者一,不便于民者六,寄谕垂询。臣等覆加体察,所奏尚非无因,若非斟酌变通,无以顺舆情而弥衅隙。惟上思州必归太平归顺道统辖,系为边防紧要、呼应较灵起见,又未便概行更张。缘该道所属太平、归顺各府州及上思州,皆辖地辽阔,悉与越南毗连……惟有仰恳天恩,将上思州升为直隶厅,不隶太郡,仍归太平归顺道统辖。该处至龙州道署,水路可通,皆为坦途,所有审办命盗等案,即解赴该道审转,而原奏不便于官之弊可免矣。"⑲清政府

---

⑯ 光绪《广西通志辑要》卷一三《太平府》。
⑰ 《清德宗实录》卷二九九,光绪十七年七月乙丑。
⑱ 马吉森、马吉樟编:《马中丞(丕瑶)遗集》,《近代中国史料丛刊》第58辑,(台北)文海出版社1973年版,第831页。
⑲ 朱寿朋编:《光绪朝东华录》第5册,《近代中国史料丛刊三编》第98辑,(台北)文海出版社2006年版,第3037页。

在对李瀚章、马丕瑶的建议进行讨论后,批准了这一方案,并于光绪十八年(1892)正式设立上思直隶厅。据光绪十八年七月三十日广西巡抚张联桂奏:"上思州升为直隶厅同知,请饬部换铸关防。"[20]随着上思州升为直隶厅,直接受太平归顺道管辖,太平归顺兵备道的名称也就相应改称太平思顺兵备道,光绪十八年十二月十八日,根据广西巡抚张联桂的请求,清政府"改铸广西太平思顺兵备道等关防、印信"[21]。太平思顺道的设置,对协调广西沿边各府县政区之间的关系、统一广西边疆的行政管理体制、提高应对边疆地区各种事务的效率,无疑具有相当大的积极作用。

2.云南边道的设置过程

(1)中法战争前云南各道的管辖范围

据《嘉庆重修一统志》卷四七五《云南统部》载,嘉庆时云南作为准行政区划的道共有四个,即粮驿道(驻云南府,辖云南、武定二府州)、迤东道(驻寻甸州,辖澂江、广南、曲靖、开化、东川、昭通、广西七府州)、迤西道(驻大理府,辖大理、楚雄、顺宁、丽江、永昌、景东、蒙化、永北八府厅)、迤南道(驻普洱府,辖临安、普洱、元江、镇沅四府州)。在上述四道中,与越南接壤的道府为迤东道的广南府、开化府和迤南道的临安府。中法战争前,由于越南是中国的藩属国,云南与越南交界的边疆地区长期以来较为安宁,因此在行政管理上,统治的重心偏重于腹地,特别是道治距离边界地区较远,迤东道治远在腹地的寻甸州城,迤南道治位于普洱府城,与中越边境距离遥远。这一设置在承平时期尚可维持对各地的管理,若边疆地区多事,则控制不便的弊端就暴露无遗。中法战争导致中国西南边疆出现一大变局,一方面边疆面临外来军事威胁,另一方面开埠通商使得国门洞开,促使清政府在采取军事应对措施的同时,还必须对原有的行政管理体系进行调整,以应对边疆局势的新变化。云南地处红河上游,水路交通便捷,法国政府急于在蒙自开埠通商,设立领事,为此清政府下令云贵总督岑毓英、云南巡抚张凯嵩商议应对事宜,其中一个重要的决定就是在云南毗邻越南的边疆地区增置一个新道,即临安开广道。

(2)临安开广道的设立

清政府不仅下令云南的督、抚大员商议开埠后的应对策略,而且直接作出了让云南仿照广西的做法增设边道的指示,据光绪十三年(1887)五月十日的上谕:"岑毓英前奏布置边防折内,有蒙自为通商要津之语,现准蒙自设立领事,开办通商,正相吻合……粤省以龙州开关,请设太平归顺道一员驻扎该

---

[20] 《清德宗实录》卷三一四,光绪十八年七月乙卯。
[21] 《清德宗实录》卷三一九,光绪十八年十二月壬申。

处。云南事同一律,著该督抚趁此尚未开办之时悉心布置,奏明办理。"[22]很快,岑毓英等在光绪十三年(1887)六月十三日《请添设巡道驻扎蒙自兼管关税片》中提出了具体的实施办法,其称:"云南临安府属蒙自县系迤南道所辖,与迤东道所辖之开化、广南二府均南与越南连界。现在蒙自既准法人设立领事,开办通商,滇省亦应于该县设立关道驻扎,弹压稽查。惟查迤东道向驻寻甸州,迤南道向驻普洱府,该二道所辖府厅州县汉夷杂处,均属地方紧要,未便移驻。臣等再四筹商,拟请添设巡道一员,将与越南连界之临安、开化、广南三府归其管辖,驻扎蒙自县,兼管关税事务,谓之临安开广道,以资控驭,而专责成。"[23]清廷批准了岑毓英等的建议,据岑毓英于光绪十三年(1887)十一月十日奏称:"准吏部咨议覆云南省增设关道一折,拟请准设巡道一员,分迤东道属之开化、广南二府并迤南道属之临安府,该三府原隶地方官属统归该道管辖,定为分巡临安开广道,兼管关务,驻扎临安府属之蒙自县……光绪十三年七月二十一日奉上谕,新设云南临安开广道员缺,著汤寿铭补授。"[24]可见,从光绪十三年六月十三日岑毓英等上奏请求设立临安开广道,到七月二十一日上谕批准,前后只花了一个多月时间,这在当时已是很快的办事速度。

3. 广东边道的设置过程

广东与越南毗邻地区的行政体系在清前期经历了一次大的调整,最初在此设置有高雷廉道,乾隆三年(1738)鉴于高雷廉道管辖地域太大,"改高雷廉道为高廉道,各兼兵备道职衔"[25],管辖高州府和廉州府,道治设于高州府城。改置后的高廉道管辖的范围比高雷廉道明显缩小,但由于高廉道地处沿边、沿海的重要位置,管辖的海岸线长,而且道治距离广东与越南的交界处非常远,在承平时期尚无大碍,而到了光绪年间边疆危机出现时就显得很不适应了。面临新的边疆形势,在两广督臣的推动下,清政府对广东沿边的政区也进行了调整。但相对于广西、云南边疆政区的快速调整而言,广东边疆政区的调整则进展稍慢一些。综观之,光绪时广东边道的设置过程包括两个阶段:

第一个阶段是光绪十四年(1888)提升原有沿边政区的行政层级,将钦州升格为钦州直隶州,同时将原防城巡检司升格为防城县,隶属钦州直隶州。据胡钧《张文襄公(之洞)年谱》载,光绪十四年六月,"奏陈钦州新界设官分汛事

---

[22] 《清德宗实录》卷二四三,光绪十三年五月丙寅。
[23] 岑春蓂刻:《岑襄勤公(毓英)遗集》卷二八,《近代中国史料丛刊续编》第38辑,(台北)文海出版社1983年版,第2975页。
[24] 朱寿朋编:《光绪朝东华录》第4册,《近代中国史料丛刊三编》第98辑,(台北)文海出版社2006年版,第2353页。
[25] 《清高宗实录》卷八〇,乾隆三年十一月己酉。

宜。升钦州为直隶州,改防城司为防城县。"㉖事实上,在光绪十三年(1887)五月广东与越南边界的勘界工作完竣以后,清政府就要求两广总督张之洞筹划钦州新界的善后事宜,张之洞在深入考察边界情形后,于光绪十四年(1888)六月四日上奏请求对广东边疆的政区进行调整:一是将钦州升格为直隶州,下辖新设的防城县。张之洞的理由是钦州原来的面积仅"广方六百里有奇",但勘界后"则南自江平、长山至白龙尾,拓地百余里,北自嘉隆江至峒中墟,拓地二百余里",鉴于地势增广、边民新附、中外时有交涉事件,认为"抚绥防范非一州牧所能独任"。二是将高廉道改为高廉钦道,并将道治从高州府城移驻廉州府城,以便控驭边疆。在张之洞看来,高州府既非冲要,亦非极边,而且高州距离廉州、钦州六七百里,"缓急难资筹办",但"廉钦边海交冲,今昔情形迥异,海防、边备最为喫重"㉗。清廷讨论的结果是批准了张之洞的第一项请求,而对将高廉道改为高廉钦道、并移驻道治的建议却未采纳,其进一步的调整直到光绪三十一年(1905)才完成。

第二个阶段是在廉州府和钦州直隶州的基础上设置新的边道,即廉钦道。光绪三十一年(1905)四月五日署两广总督岑春煊奏:"请裁撤广东督粮道,添设廉钦兵备道,驻扎钦州,管辖廉州一府、钦州一州。"㉘清政府很快就予以批准,据光绪三十一年四月政务处奏:"本年四月初五日,准军纪处钞交署两广总督岑春煊奏请添设巡道并将粮道等缺分别裁改一折……今该署督等拟请裁撤广东督粮道,添设钦廉兵备道,驻扎钦州,管辖廉州一府、钦州一州。……均为因时因地裨益治理起见,应请照准。其所请廉钦道廉俸,即以裁缺粮道改支。"㉙清政府批准设立廉钦道后,岑春煊便开始进行相应的政区调整与改置,以及设官分职工作,并于光绪三十一年十一月上奏:"筹议广东添设廉钦道,裁改粮、巡各道及升改州县各缺事宜,缮单呈进。"㉚广东廉钦道的正式设立,使广东为应对与越南毗邻地区的各种事务有了更为便捷的行政反应体制,是广东方面仿照广西、云南的做法治理边疆地区的一大行政举措。

---

㉖　胡钧撰:《张文襄公(之洞)年谱》,《近代中国史料丛刊》第5辑,(台北)文海出版社1973年版,第99页。

㉗　王树楠编:《张文襄公(之洞)全集(奏议)》,《近代中国史料丛刊》第46辑,(台北)文海出版社1973年版,第1900~1903页。

㉘　《清德宗实录》卷五四四,光绪三十一年四月丁未。

㉙　朱寿朋编:《光绪朝东华录》第9册,《近代中国史料丛刊三编》第98辑,(台北)文海出版社2006年版,第5329页。

㉚　《清德宗实录》卷五五一,光绪三十一年十一月己卯。

(二)西南边道的职能

中法战争后在西南边疆地区新设置的边道,除了具有腹地道的职能外,还被赋予兼管海关事务、中外交涉和防卫边疆等权限,使边道拥有了较大的独立处置权。具体表现如下:

一是加强对边疆地区行政、司法事务的统一管理。虽然管理辖区内的行政、司法事务是清代道员的基本职能,但是边道的设置有更深层次的考虑,一方面将属于不同道管辖的沿边府州纳入同一个边道的管辖,以加强对边疆行政、司法事务的统一管理,如临安开广道的设立;另一方面对毗邻边境但管辖范围太大的道进行重新划分,提升沿边政区的行政层级,以增强应对边疆事务的能力,如太平思顺道和廉钦道的设立。就边道管理边疆地区的常规行政、司法事务而言,从光绪十三年(1887)十一月十日岑毓英所上奏折的内容中可以清晰地反映出来,其称:"兹添设临安开广道一缺,驻扎蒙自县地方,将迤南之临安、迤东之开化、广南三府划归管辖,兼管关务。查该三府界连越南,素著繁难,现复准在蒙自县通商,一切胥资控驭,拟请定为冲、繁、疲、难四项相兼,请旨简放要缺。所有该三府仓库、钱粮交代、词讼、缉捕等事,均责成该道察核;命盗杂犯及秋审勘转者,亦由该道核办。其余一切统属体制,处处均照定例办理。"[31]可见除了兼管关务、中外交涉的特殊职能,临安开广道的常规职能仍是管理地方仓库、钱粮、词讼、缉捕、案件勘转等事务,只是相对于腹地各道而言,边道控驭地方的难度更大一些。最重要的是,它打破了滇越边境由迤东道和迤南道分管的格局,实现了就近统一管理。

二是兼管通商事务及对外交涉。这是边道特有的职能,也是清末设置边道的最直接动因。以广西的太平归顺道为例,据光绪十三年五月十日上谕:"张之洞、李秉衡前奏龙州开关通商,添设道员各节,业据吏部于上年会议准行。新设之太平归顺道,办理中外交涉事件,关系紧要,应作为何项缺分,并著查照该部所议,体察情形,即行具奏。"[32]可见,太平归顺道设立的最直接动因是广西边关重镇龙州开埠通商,需要有一定官阶的地方大员管理通商事务和办理对外交涉,加之加强边疆行政和边防也需要有较高官阶大员的统一节制,促成了边道的设立。

三是巡边勘界。这是边道的一项重要职能。作为统一管理边疆地区事务的地方大员,边道的职能还包括定期巡视边界、会同对方进行勘界立碑等界务工作。一般来说,在已经设立边道的地方,其道员往往直接担任立界委员,

---

[31] 朱寿朋编:《光绪朝东华录》第4册,《近代中国史料丛刊三编》第98辑,(台北)文海出版社2006年版,第2354页。

[32] 《清德宗实录》卷二四三,光绪十三年五月丙寅。

督率所辖沿边府、州、县官进行勘界立碑工作。在桂越边境的勘界过程中,太平归顺道的道员就全程参与。据光绪十六年(1890)十一月八日广西巡抚马丕瑶《查阅边防炮台折》奏称:"至界务,广东办理将竣,已饬署太平归顺道向万镵随带员弁驰赴界所,督同沿边州县地方官妥为会办。"㉝可见,广西的边道是在广西巡抚的直接领导下,督同下属沿边州县地方官办理界务的。太平归顺道先后有两位道员参与了勘界,即向万镵和蔡希邠,有记载:"(光绪十七年)三月十三日,中国立界委员、太平归顺道向万镵与法国立界委员、法驻华公使馆参赞法兰亭签订广西东路立界图约。十八年五月十三日,中国立界委员、太平归顺道蔡希邠与法国立界委员西威仪在龙州签订广西西路勘界图。"㉞

随着中越勘界完成和边防对汛制度的建立,清政府又在西南边疆地区设置对汛督办,负责管理对汛事务,而对汛督办也主要由边道兼任。在云南方向,从一开始就由边道兼任对汛正督办,另设两位副督办,俱听正督办节制。据光绪《续云南通志稿》卷74《武备志·边防》载:"光绪二十三年,与法人设立对汛,以临安开广道为正督办,设副督办二员,一驻河口……一驻麻栗坡。"而在广西方向,最初由广西提督兼任,后改由专人充任,直到光绪末年才归边道统一管理。光绪二十二年(1896)八月,"设广西全边对汛督办署于龙州,由广西提督、边防督办苏元春兼对汛督办㉟。"直到光绪三十一年(1905),署两广总督岑春煊奏请仿照云南的办法,将广西边防对汛事务划归边道管理,以专一事权,其称:"广西边防,请裁去督办名目,照云南边防办法,一切责成边道,辖于巡抚,庶可专一事权。"㊱清政府采纳了岑春煊的建议,并在同年九月十八日指示:"电悉广西边防事务现归太平思顺道办理,著责成广西巡抚每隔一年巡边一次,考察交涉事宜及民间疾苦,随时整顿,以固边疆。"㊲这样,广西也实现了由边道管理对汛事务。

四是统率辖区内防营,承担防卫边疆的职责。清代中后期有一定辖区的道员常兼兵备道衔,因此对地方的防营具有节制权。对于清末的边道而言,除了节制辖区内的防营以绥靖地方的治安外,随着边防军体制的废弛,还逐渐承担起对边疆的防卫职能,这在广西边道太平归顺道上体现得非常明显。中法战争后,除了桂越边境地区面临法国的军事威胁,广西境内的治安状况也

---

㉝ 马吉森、马吉樟编:《马中丞(丕瑶)遗集》,《近代中国史料丛刊》第58辑,(台北)文海出版社1973年版,第182页。

㉞ 唐志敬编:《清代广西历史纪事》,广西人民出版社1999年版,第602页。

㉟ 唐志敬编:《清代广西历史纪事》,广西人民出版社1999年版,第624页。

㊱ 《清德宗实录》卷五四七,光绪三十一年七月丙子。

㊲ 《清德宗实录》卷五四九,光绪三十一年九月戊子。

发生了新的变化。针对这一形势,广西巡抚马丕瑶奏请朝廷将广西省内的防区按道进行划分,成立了右江(道)营务处、左江(道)营务处、全边(太平归顺道)营务处和盐法道营务处㊳。其中全边营务处负责统率沿边一带的防营,同时边境一带还驻扎有广西提督苏元春统率的边防军。据光绪十五年(1889)十月二十二日广西巡抚马丕瑶在《整顿水陆防营并厘务折》中说:"太归道(即太平归顺道)所辖为太平府、归顺州及沿边一带,均有防营,且经理商务,防缉游勇,尤关紧要。又有边防二十营,本归提臣苏元春督办,亦应兼派地方官与各防营联络一气,始无隔阂之虞。"㊴可见在中法战争后一段时间内,广西边境地区的防务是以提督统率的边防军为主、以边道所辖防营为辅的防御格局。由于隶属不同,因此在采取军事行动时如何协同就显得非常重要。

到了光绪末年,随着边防军体制的废弛,清政府决定对中越边境地区的军事指挥体制进行调整,将防卫边疆的职能改由边道统一行使。在广西,就是将广西提督后撤,主要负责清剿地方,而边疆地区的防卫则交由边道全权负责。据光绪三十二年(1906)八月岑春煊、林绍年在《边营改归提督窒碍甚多请照旧办理折》中奏称:"特熟察广西边防目前情势,兵事、吏事断断不能相离。……必赖营、县合为一气,军事、吏事责诸一人,乃不虞其扞格。若一分任,窒碍必多……现在提臣因连年防剿左江一带之匪,业已移驻南宁,所部各营分防南宁、思恩、太平等属。边道所部分防沿边,一切布置大致已定,拟请毋庸更动,以后边防事宜悉照现办章程,责成边道兼管,遇事禀承臣等办理。"㊵可见,清末边道的职能呈现出了军政合一的趋势。

## 三、从广西迁移省会失败看清政府西南治边行政策略上的局限性

中法战争后西南边疆面临法国的直接威胁,除了做好军事上的防范准备,如何在行政上有效应对,成为地方行政长官需要考虑的问题。边道的设置是其中最为重要的一个措施,此外,在更高层次的行政应对中,通过调整边疆省份的行政中心来强化边防也引起了一些有识之士的重视。就西南边疆而言,广西省会偏处东北一隅尤为引人注目,尽管两广疆臣移置广西省会的建

---

㊳ 马吉森、马吉樟编:《马中丞(丕瑶)遗集》,《近代中国史料丛刊》第58辑,(台北)文海出版社1973年版,第100~101页。

㊴ 马吉森、马吉樟编:《马中丞(丕瑶)遗集》,《近代中国史料丛刊》第58辑,(台北)文海出版社1973年版,第100~101页。

㊵ 林葆恒:《闽县林侍郎(绍年)奏稿》卷五《抚桂奏稿》,《近代中国史料丛刊》第31辑,(台北)文海出版社1973年版,第654~655页。

议是明智而可行的,但由于朝廷中保守官僚的反对,从而引发了清末广西迁移省会之争。最早移置广西省会的建议始于中法战争中,当时清政府中有人建议将广西省会从桂林迁至南宁,只是由于战事很快结束、议和成功,这件事就被搁置了起来,为此岑春煊、林绍年在光绪三十二年(1906)六月的《移置省会折》中称:"当法越用兵之际,三任巡抚均驻南宁,又以提督办理边防,由柳州移驻镇南关。方事之殷,曾有改设省会之议,和局旋定,因循至今。"[41]虽然这次迁移省会的议论只是昙花一现,但是广西省会太偏导致控制不便的问题已为此后广西的疆臣所充分认识,比如光绪十五年(1889)十月二十二日广西巡抚马丕瑶在《整顿水陆防营并厘务折》中曾说:"窃维各直省建设会垣,多在适中处所,易资控制。惟广西省会驻桂林府,偏在东北一隅。平、梧、浔、郁屏蔽东南,庆远、柳州扼塞西北,南、太、泗、镇、思各府及百色、归顺等厅州界连滇、黔,边极越南,迤逦纵横盖四千余里。水陆险阻,动行累旬,文报滞迟。不皆通电桂垣,地居上游,如屋建瓴,特西南幅员广袤,每切鞭长莫及之虞。"[42]在这道奏折中,马丕瑶对由于广西省会桂林偏在东北一隅,与省内各地的交通多有不便,导致文报迟滞的情况,发出了"每切鞭长莫及之虞"的感慨。然而马丕瑶还没有从根本上考虑并提出迁移省会的问题,仅仅是根据省会太偏、控制不便的情况提出军事指挥上的分区部署。直到光绪末年,迁移广西省会的问题才被两广疆臣正式提出来。

(一)迁移广西省会:清末两广疆臣统筹两广边防的设想

光绪末年,署两广总督岑春煊、广西巡抚林绍年针对广西省会偏处桂林、造成控制不便的情况,正式向清廷提出对广西的省会进行调整,建议将广西省会从桂林迁往南宁。他们认为南宁作为广西的省会具有三大优势:一是在全省处于适中的地理位置,二是交通比桂林便利,三是有利于巩固边防。为此,岑春煊、林绍年于光绪三十二年(1906)六月在《移置省会折》中称:"各省首郡,虽不必适居正中,然四方相维,不甚悬绝……惟广西桂林省城僻在东北一隅,去所辖州县有远至二千五六百里者,平时已觉控制不便,有事更觉呼应不灵。查南宁府治在浔、梧之西,柳、庆之南,太平、泗城、镇安之东,东西适中,襟带江流,百货交通,五方杂处,实为向来军府所驻之地……臣等再四筹商,自应移巡抚驻扎南宁,即建为省会,上接云南,下连广东,前俯越防,后蔽全

---

[41] 林葆恒编:《闽县林侍郎(绍年)奏稿》卷五《抚桂奏稿》,《近代中国史料丛刊》第31辑,(台北)文海出版社1973年版,第592~593页。

[42] 马吉森、马吉樟编:《马中丞(丕瑶)遗集》,《近代中国史料丛刊》第58辑,(台北)文海出版社1973年版,第97页。

省,屹然重镇,控制最宜,比之桂林地既居中,又称繁庶,于吏事、民情亦极便适。"⑬与此同时,岑春煊、林绍年还上了一道密折,即《密陈南服筹边大计折》,在这道奏折中,岑春煊、林绍年不仅再次陈述了在南宁建置省城的重要性,而且进一步从巩固两广边防的角度阐述了应将广东的廉钦道划归广西管辖,以统一管理边防事务的必要性。其奏折的主要内容为:

> 要以距省太远,为受病之最大者。若以南宁为省会,则当聚全省之力以治边,改革绸缪,其势必有顺而较易者。且南宁据左江、龙州二水交汇之区,于此建置省城,西资滇黔之货,东通粤省之饶,远可控御泗、色、镇安,以厚归顺之背,近可兼顾廉、钦、上思,以护龙州之腋……省城移置南宁,边局固可一振矣。然不割广东之廉、钦以并于广西,则边防之势犹有未全也……廉、钦既介乎海防、广州湾之间,且为达南宁之捷径,南宁为龙州之后路,廉、钦又为南宁之外翼,一旦有事,敌人既以固保其河内,不能不先争龙州、南关,即不能不先争廉、钦,以胁龙州后路之南宁。且彼得廉、钦,即可联属广州湾暨越南陆路之交通。若我失之,在东省尚属西南一隅之震惊,而在桂边则有倾覆本根不能立足之势。是故统南方全边形势而论,必保龙州、南关,乃可以掣敌人根据之河内;必保后路之南宁,乃可以保龙州、南关;必保外翼之廉、钦,乃可以保南宁。廉、钦与桂边,危急时既如唇齿之相依,则平时自宜合一以便布置……故粤西必得廉、钦,然后形势全而脉络贯。⑭

从今天广西的版图看,无疑就是岑春煊、林绍年当年建议的翻版,不仅广西的省会已经设于南宁,而且广东的廉、钦地区也已划归广西,其结果是在边防上实现了统一指挥,广西也有了自己独立的出海口。事实证明,广西省会设于南宁是一个正确的战略决策。但在光绪末年,广西迁移省会的提议却因遇到了强大的阻力而被搁置。

(二)广西迁移省会失败反映出清政府治边行政策略上的局限性

清廷接到岑春煊、林绍年关于广西迁移省会的奏折后,立即交由政务处

---

⑬ 林葆恒编:《闽县林侍郎(绍年)奏稿》卷五《抚桂奏稿》,《近代中国史料丛刊》第31辑,(台北)文海出版社1973年版,第591~594页。

⑭ 林葆恒编:《闽县林侍郎(绍年)奏稿》卷五《抚桂奏稿》,《近代中国史料丛刊》第31辑,(台北)文海出版社1973年版,第600~602页。

进行讨论,为此引发了一场论争。首先是光绪三十二年(1906)五月二十七日御史石长信上奏反对广西迁移省会,认为"广西迁省,劳民费财"[45]。随后一批广西京官联名请都察院代奏反对,声称"广西迁省,贻害全局"[46]。六月十日署工部左侍郎唐景崇又上奏力陈反对意见:"广西省会,弃桂林,就南宁,未可轻举,以摇人心而贻后患。"[47]清廷将这些反对意见一并交由政务处商议。面对强大的反对声浪,政务处左右为难,既要认真考虑岑春煊、林绍年的建议,又要安抚朝中持反对意见的大臣。经过反复权衡,政务处提出了一个妥协的办法:一方面否定了迁移省会的提议,另一方面又建议在南宁添设督、抚行署,作为总督、巡抚应对边疆事务的临时指挥机关。据《清德宗实录》卷562载,政务处王大臣等奏:"详查署两广总督岑春煊等所奏移设广西省会,自系为慎重边防起见,而以全省大局计之,实有顾此失彼之虞。既据各臣工纷纷陈请阻止,应请毋庸置议。惟该省密迩越境,拟如唐景崇等所奏,将广西提督(由龙州)移驻南宁,原驻(南宁)之左江道即改为关道。并如石长信等所奏,于南宁添设督、抚行署,以备该省疆臣随时巡阅,相机布置。"[48]其结果是清廷采纳了该建议,并下旨令岑春煊、林绍年遵照执行。面对这一结果,岑春煊、林绍年只得接受,并于光绪三十二年(1906)八月在《边营改归提督窒碍甚多请照旧办理折》中奏称:"窃臣等请将广西省会移设南宁,并请将广东钦、廉两属改隶广西各折,均奉饬下政务处议奏。兹准政务处咨,以改设省会事体重大,毋庸置议具奏,奉旨依议,钦此等因,咨行前来,臣等自应钦遵办理。"[49]于是,这场由清末两广疆臣岑春煊、林绍年发起的迁移省会之议最后以失败告终。

清末广西迁移省会之争,在一定程度上反映了朝廷保守官僚与地方革新官僚在治理边疆的行政策略上所存在的分歧,地方革新官僚主张顺应形势的变化,对不合时宜的行政中心进行适当调整,而朝廷保守官僚则以所谓的根本不可动摇、劳民伤财等理由加以反对。就朝廷保守官僚而言,一方面背上了历史惯性的包袱,认为行政中心沿袭旧制就可以了,另一方面也有出于私心的考虑,比如桂林籍京官反对最为卖力,因为他们不愿意看到家乡政治优势地位的丧失。最终清政府选择了一个妥协的方案,表面上也安抚了地方革新官僚一方,实际上却是抱残守缺,延续了历史的惯性,而没有下决心对不合时

---

[45] 《清德宗实录》卷五六〇,光绪三十二年五月癸亥。

[46] 《清德宗实录》卷五六一,光绪三十二年六月甲戌。

[47] 《清德宗实录》卷五六一,光绪三十二年六月乙亥。

[48] 《清德宗实录》卷五六二,光绪三十二年七月丁未。

[49] 林葆恒编:《闽县林侍郎(绍年)奏稿》卷五《抚桂奏稿》,《近代中国史料丛刊》第31辑,(台北)文海出版社1973年版,第653页。

宜的行政中心进行调整,这表明了清政府在西南治边的行政策略上存在的局限性。

## 四、结　语

中法战争后,清政府在治边上的一大特色就是适应边疆形势发生的新变化,对边疆地区的行政区划进行积极的调整,在西南沿边地区设置了三个边道,即隶属广西的太平归顺道(后改为太平思顺道)、隶属云南的临安开广道、隶属广东的廉钦道。边道与腹地道在职能和权限上具有很大的不同,清政府除了授予边道广泛的行政、司法权外,还赋予边道兼管海关事务、中外交涉和防卫边疆等权限,使边道拥有了较大的独立处置权。边道的设置,对于统一边疆地区的行政管理,提高清政府应对边疆事务的能力和效率,加强对边疆地区的控制和治理,具有深远的意义,对于其他边疆地区的治理也有着较大的参考价值。同时我们也要看到,晚清政府在西南治边的行政应对策略上还存在着局限性,广西迁移省会的失败就是一个典型的例证。但是广西迁移省会之争也有其特有的历史价值,它至少反映了清末边疆重臣试图通过改变行政中心强化边防的努力,客观上是一次有益的探索,为后来广西行政中心的调整提供了有益的启示。此后的实践证明,广西省会从桂林迁移至南宁是一个正确的战略决策,无论是从巩固边防,还是从广西自身的发展看,都有着很大的积极意义。特别是广东的廉、钦地区划归广西,不仅使广西有了便捷的出海口,而且从边防的角度看实现了水陆边防的对接,打破了两广边防的割裂状态,从行政手段上提高了应对边疆事务的能力。由此可见,在面临边疆危机时,在寻求如何有效治理边疆的策略上,采取适当的行政应对措施是非常重要的。

(注:本文原刊于《安徽史学》2008年第6期)

# 历史地缘政治背景下
# 广西政治中心的选择与分省设想

郑维宽

**[内容提要]** 唐后期,为了控驭广西西南部的非汉民族,在广西境内首次设立高层政区岭南西道,道治位于邕州,但历时短暂。从北宋到明代,在以民族因素为主导的地缘政治背景下,广西的政治中心长期位于桂林。清代中前期,民族因素对广西地缘政治的影响削弱,桂林作为省会只是历史惯性的作用。清后期爆发的边疆危机,成为广西地缘政治变动的新因素,清末关于广西省会选址的争议和分省设想反映了该时期广西地缘政治的变动,而广西省会由桂林迁往南宁成为历史发展的必然趋势。

**[关键词]** 历史时期 广西 地缘政治 政治中心 分省设想

自从秦始皇统一岭南,在今广西境内设置桂林郡、象郡,标志着广西纳入了中央王朝的政区版图。但是从汉代到唐代中前期,在长达一千年的时间里,广西长期隶属其他高层政区。直到唐后期设置岭南西道,广西才第一次以高层政区的面目出现在中国政区版图上,由此也开始了广西政治中心的选择过程。岭南西道的治所位于邕州(今南宁),但历时短暂。从北宋至清末的近一千年时间里,广西的政治中心长期位于桂林,而桂林偏居广西东北一隅,与西部、南部地区相隔遥远,究竟何种原因促成了广西政治中心的这种稳定存在,是一个值得探讨的课题。李孝聪先生指出:"历史上,桂林长期作为广西地区的首府,南宁的兴起只是最近百年间的事情。如果以桂林为首府,位置偏北,有利于与北方内地的联系,适于进退,但是不便于对桂南的经略。南宁位置居中,选作首府,更有利于对广西全境的管理。"[①]李孝聪先生在这里只是揭示了一个现象,并从地理位置的角度认为广西的政治中心设在南宁似乎更好,但是他并未展开论述,对于为什么会出现上述现象没有进行深入的探讨,问题

---

① 李孝聪:《中国区域历史地理》,北京大学出版社 2004 年版,第 361 页。

的症结仍未解开。事实上,广西的政治中心长期位于桂林不仅仅是地理位置和交通的问题,而是涉及包括民族因素在内的地缘政治问题,近代边疆危机出现后,边防问题又成为广西地缘政治格局变化的一个重要因素,并由此导致了清末广西迁移省会的争论和分省设想的出现。有鉴于此,笔者不揣浅陋,试作初步探讨。

## 一、历史地缘政治背景下广西政治中心的选择

(一)唐后期短暂的南宁中心时代

唐代以前,今广西境内尚未形成一个完整的高层政区,而长期处于从属的地位。秦代在岭南地区设置桂林郡、南海郡、象郡,今广西东中部属于桂林郡管辖,而西南部则隶属象郡。汉代今广西境内设置有苍梧郡、郁林郡、合浦郡、零陵郡,其中苍梧郡、郁林郡、合浦郡隶属交趾(东汉改为交州)刺史部,东北部的零陵郡则隶属荆州刺史部。三国吴时期,今广西大部隶属交州,东北部隶属荆州。两晋南北朝时期,今广西大部隶属广州,而东北部隶属于荆州(后改为湘州)。可见,从汉代到南北朝时期,广西大部长期隶属于岭南的高层政区交趾(交州)和广州,尚未形成自己相对独立的高层政区。唐代中前期,广西仍隶属以番禺(今广州)为政治中心的岭南道。直到唐后期,广西才第一次成为高层政区,而其地缘政治背景,正是岭南道西部地区的民族问题。咸通三年(862),朝廷将岭南道一分为二,在今广西境内设置岭南西道。唐懿宗在《分岭南为东西道敕》中说:"邕州西接南蛮,深据黄洞,控两江之犷俗,居数道之游民。比以委人太轻,军威不振,境连内地,不并海南。宜分岭南为东、西道节度、观察、处置等使,以广州为岭南东道,邕州为岭南西道,别择良吏,付以节旄。"[②]可见唐末岭南西道的设立是出于加强控驭广西西南部非汉民族的需要,而道治设于邕州(今南宁),正是因为邕州毗邻左、右两江蛮峒,设镇于此,有利于就近控制。严格地说,岭南西道所管辖的范围并未涵盖今广西全境,而且存在的时间短暂,但其政治意义重大,这是广西第一次以独立的高层政区的面目出现在中国历史舞台上。

(二)宋元明清时期的桂林中心时代

唐末将广西的政治中心设于邕州,注定只是权宜之计。因为从当时广西的政治版图看,西部全属羁縻之地,甚至中部重镇柳州都曾是柳宗元谪贬之所。邕州虽然为控制左、右江地区的战略要地,但在军事上驻扎重兵设防即

---

② (宋)宋敏求:《唐大诏令集》卷九九《政事》。

可,而作为政治中心则很不安全。因此,后来宋代的统治者将政治中心迁移到了桂州(今桂林)。宋初在今广西境内设置广南西路,管辖今广西、广东雷州半岛和海南,路治位于桂州[3]。虽然广南西路管辖的地域大于今广西辖境,但却是以广西为主体,广西由此得名。自从宋代将广西的政治中心首次设置于桂林,开启了近一千年来桂林作为广西政治中心的历史。宋代将广西的政治中心设于桂林,是由桂林的地缘优势决定的,桂林毗邻湖湘,有湘桂走廊这一交通孔道,与中原地区的联系比较稳定而通畅,适合做中原王朝经略广西的桥头堡。历史上广西中、西部地区的非汉民族长期占据人口的优势,朝廷多以怀柔政策羁縻之,而广西东北部地区开发时间长,汉族移民多,作为政治中心比较安全。因此,以桂林为中心,向南、向西可以进取,退则可以据守。北宋皇祐年间的侬智高叛乱和熙宁年间交趾攻占邕州(今南宁)的事件,说明在当时的地缘政治背景下,选择桂林作为广西的政治中心是历史的必然。宋人周去非在《岭外代答》卷1《地理门》中记载:"本朝皇祐中,置安抚经略使于桂州,西道帅府始于此。"广西安抚经略使属于边帅,其职责重大:"既内兼西南数十州之重,外镇夷蛮凡数百族,事权不得不重矣。广西诸郡,凡有边事,不申宪漕,唯申经略司,此昔日陕西制也。"[4]元代在广西西部广设土司,朝廷对广西非汉民族聚居区的控制策略也由羁縻制转变为土司制,但土司地方仍不是朝廷实际控制的有效区域。因此,至正二十三年(1363)设置广西等处行中书省后,治所仍选择在静江(今桂林)。明代继续对广西西部的非汉民族实行土司制,但从实际效果看并不好,有明一代广西各民族的反抗斗争旷日持久,而将省会继续设于桂林当在情理之中。降至清代,由于改土归流,极大地削弱了土司的势力,广西非汉民族对清政府的统治已经不构成什么威胁,但是清朝仍沿袭明代的做法,将广西的省会设于桂林。

综观之,清代以前广西政治中心长期位于东北部的桂林,其地缘政治背景主要包括两点:一是桂林与中原联系紧密的区位优势,二是广西长期以来非汉民族占据人口优势的形势所迫。后世学者对迄至明代广西将政治中心选择在桂林没有异议,认为"广西本属瑶壮之区,故有民三壮七之语。有明一代,瑶壮之祸最烈,省之西尚少流官,当日各土司本属羁縻,且视同化外,省会偏在桂林,原属一时权宜,避免瑶壮冲突而设",但对于清代仍将政治中心设于桂林则深表疑惑,"忆自入清以来,改流渐多,徙民亦夥,向时之瑶壮,皆同化于民。其未同化者,只居少数,已失其势力。求如昔时之狼奔豕突,已不可得,且多为民所欺压,自窜于山谷之间。故清二百年来,绝少瑶壮之祸。而省会犹

---

[3] (元)脱脱:《宋史》卷九〇《地理六》。
[4] (宋)周去非:《岭外代答》卷一《边帅门》。

株守桂林,论退守已非其时,谋发展反非其地"⑤。上述观点无疑是非常正确的。事实上,在地缘政治背景已经发生改变的情况下,适时对地理位置明显太偏的政治中心进行调整,不仅必要,而且具有历史的必然性。

(三)从桂林到南宁:清末广西迁移省会的争议

如前所述,历史上广西的民族问题曾长期制约着广西政治中心的选取。但是近代以来广西的地缘政治背景已经发生了很大的变化,特别是中法战争后广西边疆危机凸显,边防问题成为影响地缘政治格局的一个重要因素,于是桂林作为广西省会的弊端便开始显露出来。光绪三十二年(1906),署两广总督岑春煊、广西巡抚林绍年请求清廷将广西省会从桂林迁移至南宁,他们在奏折中说:"各省首郡,虽不必适居正中,然四方相维,不甚悬绝,即如四川、云南两省,幅员较广,而省会距所辖州县,远者不过千里有余。惟广西桂林省城僻在东北一隅,去所辖州县有远至二千五六百里者,平时已觉控制不便,有事更觉呼应不灵。查南宁府治在浔、梧之西,柳、庆之南,太平、泗城、镇安之东,东西适中,襟带江流,百货交通,五方杂处,实为向来军府所驻之地……今则全省注重西南,更非前日可比。当法越用兵之际,三任巡抚均驻南宁,又以提督办理边防,由柳州移驻镇南关……臣等再四筹商,自应移巡抚驻扎南宁,即建为省会,上接云南,下连广东,前俯越防,后蔽全省,屹然重镇,控制最宜,比之桂林地既居中,又称繁庶,于吏事、民情亦极便适。"⑥岑春煊、林绍年在奏折中列举了南宁作为广西省会的三大优势:一是在全省处于适中的地理位置;二是交通比桂林便利,商贸繁荣;三是有利于巩固边防。诚然,南宁是清末广西地缘政治背景下最佳的省会位置,但是该建议却遭到了朝臣的强烈反对。御史石长信认为"广西迁省,劳民费财"⑦。随后一批广西籍京官联名请都察院代奏,声称"广西迁省,贻害全局"⑧。署工部左侍郎唐景崇亦奏:"广西省会,弃桂林,就南宁,未可轻举,以摇人心而贻后患。"⑨面对这种情况,政务处王大臣等作出了一个妥协的方案,一方面否定了迁移省会的建议,另一方面又准许在南宁设立督、抚行署。清廷最后采纳了这一方案,宣告了清末广西迁移省会的失败。

---

⑤ 民国《邕宁县志》卷七《建置志一》。
⑥ 林葆恒编:《闽县林侍郎(绍年)奏稿》卷五《抚桂奏稿》,《近代中国史料丛刊》第31辑,(台北)文海出版社1973年版,第591~594页。
⑦ 《清德宗实录》卷五六〇,光绪三十二年五月癸亥。
⑧ 《清德宗实录》卷五六一,光绪三十二年六月甲戌。
⑨ 《清德宗实录》卷五六一,光绪三十二年六月乙亥。

清末广西迁移省会之争,实际上反映了朝廷保守官僚与地方革新官僚对边疆地缘政治格局发生变化后的不同态度。地方革新官僚主张顺应广西地缘政治格局发生的新变化,对不合时宜的政治中心进行适当调整,而朝廷保守官僚则以所谓的根本不可动摇、劳民伤财等理由加以反对。就朝廷保守官僚而言,一方面背上了历史惯性的包袱,认为政治中心沿袭旧制就可以了;另一方面也有出于私心的考虑,比如桂林籍京官反对最为卖力,因为他们不愿意看到家乡政治优势地位的丧失。最终清政府选择了一个妥协的方案,表面上也安抚了地方革新官僚一方,实际上却是抱残守缺,延续了历史的惯性,而没有下决心对不合时宜的政治中心进行调整,反映出清政府在应对边疆地缘政治新格局方面的局限性。今天的事实证明,广西省会设于南宁是一个正确的战略选择。

## 二、历史地缘政治背景下广西的分省设想

在广西历史上,除了政治中心的选择需要考虑地缘政治背景外,明清时期有关分省的议论也包含了试图对广西地缘政治格局进行调整的思想,尽管这些议论还只停留在设想阶段,但是其所包含的地缘政治思想却有着积极的价值。提出广西分省建议的代表人物有明嘉靖年间的张岳和清末的陈庆林,其中张岳的建议还引起了万历时魏濬和明末顾祖禹的共鸣,而陈庆林的设想更是与清末广西迁移省会的建议相呼应。

### (一)明代张岳的分省设想

嘉靖年间,张岳任广西按察使并督理学政,有感于从省会桂林发出的公文到达西南部需要一个多月,而且由于交通不便,传递艰难,往往存在"沉没拆壤"的情况,能够正常送达往返者不到十分之三。因而在当时人的眼中,"视南宁如在荒服,视两江溪洞不啻化外"。为此张岳提出了广西分省的设想,他在《南宁府志序》中说:"南宁,古邕州地,西通云南,南控交趾,近扼两江溪洞之间……夫古之部置方州,皆因山川形便,与其道里远近所宜。故或因建瓴之势以临制上游,或顺臂指之义以控运四外,要归于建威销萌,以久治安而已。若悉割两江,东包廉、钦、浔、郁,以北尽乎宜、柳之境,属之南宁,使自为牧镇,此所谓臂指之义也。则两江溪洞可以驯服。两江既治,虽以南略交趾可也。或曰:如此,则何以为广西哉?曰:夫桂林,故衡湘地也,天文分野,上属翼轸。九疑、苍梧之山,形势曼衍,首起衡岳,腹蟠八桂,而尾达乎苍梧。湘、漓二水分绕其下,桂林据其上游,若屋极然,此所谓建瓴之势也。衡、永、邵、道、郴、桂(阳)诸郡缀附广西,并故所辖桂(林)、昭、梧三郡统之,其封略故为不小矣。今荆湖

地理阔远,行部使者病于不能遍历,或议欲拆。而衡湘间数郡岁调兵食以给广西,盖犹属之也。若举而移之,经制一定,为服岭安危,计虑久宜,无出于此者。"⑩在张岳的设想中,将广西一分为二:一是将广西东部的桂林府、平乐府、梧州府与湖广行省南部的衡州府、永州府、宝庆府、郴州合并为新的广西省,省会设于桂林;一是将广西中、西部的其他府州与隶属广东的廉州府合并成立一个新省,省会设于南宁。张岳的分省设想虽然并未能付诸实践,但其本意无疑值得我们去思考,那就是如何对广西西部和南部广大地区实施有效的控制和管理,并且寻求更好的外向性发展。在张岳看来,要达到这一目标,设立以南宁为省会的省级政区,无疑是最佳的选择。然而他将广西的桂林府、平乐府、梧州府与湖广行省南部的衡州府、永州府、宝庆府、郴州合并为新的广西省的设想,与元代湖广行省犬牙交错的政区设置类似,从管理的角度看,并不会像他想象的那样便利。也就是说,他在解决了一个不便利的同时,又制造了一个新的不便利。

(二)清末陈庆林的分省设想

近代以来,中国南部沿海、沿边地区成为西方列强势力的聚集地,特别是两广地区,更是受到来自法国的直接威胁,其中广东的海岸线漫长,海防形势非常严峻,而广西则与法国的殖民地越南接壤,有着一千多里的陆上边界线。陈庆林通过考察两广地区的边疆形势,主张将广东的西南部和广西南部划出来,成立一个新的省份,取名"南粤省"或"南海省",省会设于南宁⑪,统一应对边疆危机。其疆域具体包括广东西南部的高州府、雷州府、廉州府、钦州直隶州、海南岛上的琼州府、崖州直隶州,以及广西南部的南宁府、太平府、郁林直隶州、上思直隶厅。陈庆林认为,在两广南部新置一省,不仅能够很好地兼顾两广地区原先各自为政的边防、海防,而且能够解决广西省会偏于东北角,难以有效应对边疆事务的问题,可谓一举两得。而之所以将省会选在南宁,是因为"南宁东连梧(梧州府)、郁(郁林州),西接太平,背负昆仑宋狄青破侬智高处,面屏茅岭,中贯郁江,水陆四达,秉钺于此,颇足以收居中驭外之效"。这一设想虽然未能实现,但是我们如果将其与清末广西迁移省会之争联系起来,不难发现,这些建议都体现了清末一些有识之士在我国面临边疆危机时试图推动地缘政治格局调整的努力。

---

⑩ 嘉靖《南宁府志》卷一〇《文艺志》。
⑪ 民国《邕宁县志》卷三《地理志三》。

## 三、结 语

综合考察历史上制约广西政治中心选择的因子,以民族因素为主导的地缘政治背景无疑是其中最为重要的因素,而地理位置、交通条件等则居于从属地位。广西的政治中心设于桂林近一千年,是由桂林在广西地缘政治格局中的优势地位决定的,这与长期以来广西境内的民族分布格局息息相关,即东部为汉族占优势的区域,而西部、南部则为非汉民族占优势的区域。桂林作为首府,地理位置虽然偏于东北部,但是它毗邻湖湘,有利于加强与中原王朝的联系,适合做中原王朝经略广西的桥头堡。当形势有利时,可以依托该桥头堡向西、向南进取;当形势不利时,则可以收缩防守。因此,将广西的政治中心选择在桂林,实际上主要体现了一种保守、防御型的政治格局。在缺少外敌入侵以及境内非汉民族占据人口优势的地缘政治背景下,桂林保持了作为广西政治中心的稳定性。但是随着清代广西西部非汉民族聚居区的改土归流和移民开发,以前制约政治中心选择的民族因素基本消除,而近代以来广西边疆又面临着外敌入侵的深刻危机,此时桂林作为省会的地缘政治优势已经荡然无存,而是陷入了"论退守已非其时,谋发展反非其地"的境地。与桂林形成鲜明对照的是,位于广西南部的南宁则显示出了潜在政治中心的优势,不论是在地理区位、交通、经贸、对外开放等方面,还是从巩固边防方面,都超过了桂林,可以说,南宁成为广西的政治中心只是时间早晚的问题。如果说桂林作为广西政治中心体现的是一种保守、防御型的地缘政治格局的话,那么选择南宁则体现了一种进取、发展型的地缘政治格局。事实证明,清末两广疆臣岑春煊、林绍年提出的将广西省会从桂林迁至南宁的建议是正确的,清政府的作为,只能说明这个腐朽的封建王朝对边疆地缘政治格局发生的变化已经失去了最基本的判断,陈庆林关于分省的设想则反映了面临边疆危机时一些有识之士试图通过政区调整强化边防的努力。综上所述,当历史上广西的政治中心与地缘政治背景契合时,便能保持长期的稳定性,而当出现背离时,尽管原有政治中心不会主动让出其地位,但最终仍会不可避免地被新的政治中心所取代。

(注:本文原发表于《兰州学刊》2009年第4期)

# 跋美国国会图书馆藏明刻本《宣云约法》

特木勒

[内容提要] 本文所研究的《宣云约法》一书,为美国国会图书馆所藏明刻善本书,按照清代《四库全书》的分类法,应该属于史部"政书"类。本文作者通过版本的考订,相关历史人物事迹的梳理与参证,以及该书主要内容的分析及说明,力求揭示在晚明长城沿线地区明蒙关系曲折演进的大背景下此书所具有独特的语言文献史料价值。

[关键词] 《宣云约法》 长城 明蒙关系

《宣云约法》是美国国会图书馆亚洲部所藏明刻善本,明天启间刻本一册一函四周双栏,白口,黑单鱼尾,九行二十字,版匡高21.5,宽14.0公分。无书名页,版心上题"宣云约法",下题页码,正文卷端题"宣云约法",下无署名。函脊书"宣云约法榜示六十三通"。是书大陆、台湾地区、日本和美国其他图书馆均未见藏,《千顷堂书目》和《中国古籍善本书目》均未收录。且此本字大,刻印俱精,金瓖玉装,是珍贵孤本。1940年1月12日入藏美国国会图书馆,入藏号580875。王重民《美国国会图书馆藏中国善本书目》说:

《宣云约法》一卷,一函一册。明天启间刻本。明吴允中撰。按原书不著撰人姓氏。卷端有王士琦、杜承式两序。王序云"直指吴公,代狩宣云,阅岁而报命,诸所条奏,不啻盈笥。其匡正宗藩、甄别将吏、严核士马、清峙除粟、建辑险隘、铲绝弊蠹、语语为边陲乘永利。"杜序云"侍御吴公,按节阅边,摧暴格奸,威行薄海,得人程士,望重持衡",惜并未举其名字,检觉罗石麟《山西通志》卷七十九所载士琦、承式官职并与两序所署者合,其任职并在天启时。又所载吴姓者,有吴允中,万历间任,与是书〈清查虚冒〉条"即以三十九年为始"之语相符,可证其任职在万历三十九年。因考《曹州府志》云"吴允中,字百含。万历二十六年进士,擢御史,奉敕按宣大,兼视学政。核武备,清军饷,省巨费,边政一新,校士纤毫无私。会代王溺宠废长,廷议纷然。允中廉其颠末,上之,藩储以安。"并与是书内容及王、杜二序所举者合。然则是书为允中所撰审矣。《府志》又云"晋御史台,有疏草宪奏中,有条约、宗禄议,"所称"条约"即是书矣。

王重民(1903—1975)先生是著名的版本目录学家。1939年,他受邀前往美国,在美国国会图书馆亚洲部整理中文善本古籍,1947年归国。就是在那期间,他见到《宣云约法》并撰写了上引题跋。这是笔者所见最早有关《宣云约法》的研究。王先生根据《山西通志》和《曹州府志》考订《宣云约法》的作者为吴允中,尽管简短,其结论是令人信服的。但是,由于体裁的局限,王先生无法就此书史料价值展开讨论。本文试图就《宣云约法》作者以及两序作者的任职时间进行深入考订,并在晚明边疆社会和明蒙关系史的大背景下就该书的史料价值进行讨论。错漏之处,敬请方家指正。

## 一、关于吴允中和两序作者任职时间

《宣云约法》之"宣云"就是明长城中三边的宣府镇和大同镇,也就是该书作者吴允中作为宣大巡按御史的辖区。所谓"约法"应该是就书中所收诸禁约榜文而言。吴允中是山东曹州人,举万历二十六年(1598)进士,[①]《曹州府志》在这一点上是正确的。但是,根据《明神宗实录》的记载,吴允中被任命为宣大巡按御史是在万历四十年(1612)十月,[②]而不是万历三十九年。大约三个月以后,也就是万历四十一年正月,吴允中进《论庤王受封疏》。王士琦序所谓"吴公代狩宣云,阅岁而报命"应该就是此奏疏。(此长篇奏疏后来为《万历疏钞》收录到"边功类"中)至万历四十三年(1615)正月,吴允中被任命为江西巡按,离开宣大。[③]这是吴允中任宣大巡按御史的时间。

《宣云约法》正文前的王士琦"宣云约法叙"末尾署名为"钦差分巡冀北兵备道山西等处承宣布政使司左布政使兼按察司副使王士琦谨书。";王士琦是浙江临海人,万历十一年(1583)进士,是王宗沐次子。我们不知道王士琦被任命为山西左布政使的时间,但是我们知道,万历四十四年七月,王士琦由山西

---

[①] 朱保炯、谢沛霖编:《明清进士题名碑录索引》,上海古籍出版社,2006年,第580页。
[②] 《明神宗实录》卷之五百,万历四十年十月丙戌条,《明实录》第六三册,第9470页。
[③] 《明神宗实录》卷之五百二十八,万历四十三年正月壬申,《明实录》第六三册,第9930页。

左布政任命为巡抚大同。④万历四十五年二月,大同巡抚王士琦被调任为宣府巡抚。⑤万历四十六年(1618)五月癸丑,王士琦卒于宣府巡抚任上。⑥这样,我们大概可以断定,王士琦为吴允中《宣云约法》写叙应该在万历四十四年七月之前。

杜承式的"宣云约法序"末尾署名是"分守口北兵备道山西提刑按察司副使兼布政司右参议杜承式谨书。"杜承式是山东滨州人,万历二十九年(1601)进士。万历三十三年曾经作为刑部主事被派往河南。万历四十四年九月,宣府口北道兵备副使杜承式被加升为山西按察使。⑦万历四十七年三月,"口北道副使杜承式"被任命为甘肃巡抚。⑧据此则杜承式的"宣云约法序"撰写于万历四十四年九月以后,万历四十七年三月以前之前。

当年在美国国会图书馆阅览《宣云约法》时,王重民先生身处亚洲部浩瀚典籍之间,无法确保每个知识点的考证都准确无误。他在题跋中提出的吴允中任宣大巡按御史的时间"在万历三十九年"(1611),而王士琦和杜承式的"任职并在天启时"(1621—1627)等说法都可以稍做修正。根据《明神宗实录》的材料可知,就王士琦和杜承式写序时的职务而言,他们任职都在万历时,而不是在天启时。至于《宣云约法》刊刻的时间,王先生认为是在天启年间。如果《宣云约法》是王士琦和杜承式在任期间陆续编辑的,那么编辑工作应该在万历四十四年七月之前开始,直到万历四十七年三月以前陆续进行的。衷梓时间则有可能晚于万历四十七年三月。王先生他认为《宣云约法》刻于天启年间的观点,虽然没有直接史料,是完全可以成立的。

---

④ 《明神宗实录》卷之五百四十七,万历四十四年七月甲戌,《明实录》第六四册,第10360页。

⑤ 《明神宗实录》卷之五百五十四,万历四十五年二月乙巳,第六四册,第10456—10457页。

⑥《明神宗实录》卷之五百七十,万历四十六年五月癸丑。据《明人传记资料索引》,"王士琦(1551—1618)字圭叔,号丰舆,临海人,宗沐子。举万历十一年进士,历重庆知府。杨应龙叛,士琦往抚定之,寻以山东参政监军朝鲜,有功,累擢右副都御史,巡抚大同,卒年六十八。"见该书第20页。《明实录》第六四册,第10748—10752页。

⑦ 《明神宗实录》卷之五百四十九,万历四十四年九月癸未,第六四册,第10393—10394页。

⑧ 《明神宗实录》卷之五百八十,万历四十七年三月庚子。根据《滨州杜氏家族研究》,"杜承式,字言卿,号象元,为滨州杜家长宗三支七世孙,万历二十八年(1600年)庚子科举人,万历二十九年(1601年)辛丑科进士。"见该书第39页,齐鲁书社,2003年。《明实录》第六五册,第10996页。

## 二、吴允中与"封事结局"

《宣云约法》是在明朝—北元对峙的长城沿线边镇社会产生的文本。该书的产生与吴允中于明蒙关系所起作用有很大关系。王士琦"宣云约法叙"说："吴公代狩宣云，阅岁而报命。诸将所条奏不啻盈笥。其匡正宗藩、甄别将吏、严核士马、清厘除粟、建辑险隘、铲绝弊蠹、语语为边陲乘永利。而其大者，则莫如虏封一疏。方扯酋物故，卜酋次袭。封夷欲难，厌谗间乘，构盖筑舍者七年，庙堂忧议远虑属耳。道路之言，朝夕皇皇，亟欲戢虏氛而崇国体，章满公车已。一时将吏首鼠缩朒，莫知所底。公驻节甫浃旬，于夷夏情形烛然而指诸掌，慨然奋袂起曰'是重镇安危，机键九边，且辅车之不容呼吸，毫发爽也。非余之畴知之、畴言之者'，故亟陈驯鸷驭之方，俞纶夕而涣焉，举朝疑始泮，议始定。"这段评论特别强调了吴允中在解决"封夷"问题上所起的作用，那么"封夷"故事究竟如何？吴允中在其中起到了什么作用呢？

圣母圣心会司律义（Henry Serruys, CICM）神父在其《明蒙关系史研究之二：朝贡体制与外交使团》一书中说：

> 万历四十一年六月初九日（1613年7月26日）卜石兔袭封顺义王，"之后逐条翻译了增加的封贡条款。他在注释中说"扯力克死于1607年4月15日。大同巡抚1611年说扯力克死于六年前，也就是丙午年（1606）四月，错。无论如何，明朝方面很忧虑此事，拒绝封扯力克之孙，继承者卜石兔为顺义王，所以到1611年还没有新顺义王产生。1612年底，北京批准封卜石兔为顺义王，但是1612年12月或1613年初当明朝封使往送封敕的时候，卜石兔及其蒙古人却未能赴约接受封敕，原因是卜石兔忙于内部政事。后来1613年7月12日卜石兔和几位台吉来到大同边境，接受封敕。根据《明实录》的记录，日期是六月初八，而不是初九。⑨

北京批准"北虏卜石兔请袭顺义王"的要求是在万历四十年十月庚辰（1612年11月12日），也就是司律义神父所说的1612年年底。⑩六天以后，也就是万历四十年十月丙戌（1612年11月18日），《宣云约法》的作者吴允中

---

⑨ Henry Serruys, Sino——Mongol Relations during the Ming: Tribute System and Diplomatic Missions, 1400—1600. Bruxelles: Institut belge des hautes etudes chinoises, 1967. p.600.

⑩ 《明神宗实录》卷之五百，万历四十年十月庚辰，《明实录》第六三册，第9462—9463页。

被任命为宣大巡按。⑪

大约在万历四十年年底，北京的封使到达大同镇，新任宣大巡按吴允中也已到任。奇怪的是，卜石兔和其他土默特万户首领却迟迟不来受封。煌煌"龙章紫诰下及腥膻"，竟然得不到蒙古的及时回应，明朝陷入"封使久候，成命难收"的尴尬境地。明朝方面越是急于解决王封问题，越找不到头绪，朝中众多言官呶呶之口也使得边疆"将吏首鼠缩朒，莫知所底"。在宣大两镇经过缜密的考察以后，吴允中于万历四十一年正月呈上《论虏王受封疏》，这也就是王士琦所说的"阅岁而报命"，所谓"阅岁"只是隔了个春节，实际上从吴允中上任到递交奏书前后不过两三个月。在这个奏疏中，他首先指出了卜石兔迟迟未来受封的原因：

> 夫虏既欲封而耽延至今者何也？盖以往年讲封，虏中兵权在三娘子掌握，讲说一定，便无异词，而扯酋一故则不然，素酋系三娘子爱孙，而卜酋以枝派为群酋所附，中间情形大费区处。迨卜石兔四月到边，而六月忠顺物故，在素囊倚嫡孙之亲，以既不得王子之号，须据忠顺之有，而舍荣名以享厚实。在卜石兔凭名分之正，以既受王子之封，应擅忠顺之利，而贪荣名又图厚实。兼以五路狡黠，明暗阴狠，而中国亡命如计龙、计虎等又从而簸弄其中。⑫

"扯酋"是漠南蒙古右翼土默特万户的俺答汗之孙扯力克。"卜酋"，即卜石兔是扯力克之孙。俺答汗之妾三娘子蒙古语名字是Jünggen Qatun，俺答汗去世以后，她先后嫁给黄台吉和扯力克。"半系娘子"，顺义王号"三经易封，始终不肯寒盟，本妇调护之力居多"。1570年（隆庆四年）土默特（Tümed）万户俺答汗（Altan Khan）之孙把汉那吉（Baγa Ači）投奔明朝，使得明朝和蒙古的关系突然出现转机。双方经过多次谈判，明朝将把汉那吉交还蒙古，换回板升"叛逆"诸头目，与漠南蒙古右翼诸万户达成"封贡"关系，史称"隆庆封贡"。这一关系的主要内容是：俺答汗接受明朝"顺义王"封号，明朝与蒙古右翼各万户在长城固定的关口进行定期马市贸易。后来每一次"顺义王"封号传承"成了贡市能否维持的关键"。1581年（万历九年）俺答汗去世，其子辛爱黄台吉

---

⑪ 《明神宗实录》卷之五百，万历四十年十月丙戌，《明实录》第六三册，第9470页。
⑫ 吴允中：《论虏王受封疏》，《万历疏钞》卷四十"边功类"。见《四库禁毁书丛刊》史56—671。计龙和计虎似是兄弟二人，他们是所谓"板升余孽"头目，1571年"隆庆封贡"达成时有板升头目赵全等人被俺答汗擒献给明朝，但是板升汉人及其头目留在漠南蒙古的还有很多。计龙和计虎就是1600年前后在板升社会内部新发展出来的头目。

(Sengge Dügüreng Qung Taiji)即位,称乞庆哈(Sečen Khan),1583年,袭封顺义王。1585年乞庆哈去世,其子扯力克(čürüke)即位,1587年袭封顺义王。扯力克汗死于1607年(万历三十五年)。

万历四十一年(1613年六月初八日扯力克之孙卜石兔(Bošiqtu Khan,清译博什克图)受封顺义王。[13]"方扯酋物故,卜酋次袭"期间的七年中,围绕汗位和顺义王封的继承权,土默特万户内发生激烈争斗。俺答汗之妾三娘子先后被乞庆汗和扯力克汗所收继。把汉那吉(即大成台吉)死于1583年(万历十一年),其遗孀大成比妓被不他失礼收继,后者是俺答汗和三娘子所生子。大成比妓和不他失礼生子素囊。素囊与卜石兔之间为了汗位展开数年的争夺。明朝方面认为"今日封事操纵机宜实边疆数十年安危所关,而未可以易言之。"

也就是说,顺义王封号继承问题迟迟得不到解决是由于土默特部内部的问题。"素囊继承了大成台吉的遗产,又藉祖母三娘子之势,并由板升之众,极称富强,觊觎扯力克遗留下来的爵位和市赏,"[14]正所谓"名正者欲一概鲸吞,而雄踞者垂涎不释也。"[15]而卜石兔是正统枝派,以其"名分之正"为"群酋所附"。在这样的认识基础上,吴允中指出"今日之封且勿急,事之成与不成,惟问邊之安与不安而已"。假设"虏封未定"导致明朝边境安全受到威胁,那么"缓之恐为心腹之忧,势不得不急"。但是,实际情况并非如此。既然土默特万户内部争斗并未威胁到明朝边疆安全,明朝何必急于将封号送出?他建议采取以静制动,以逸待劳的策略。以明朝国家利益角度考虑,吴允中明确指出:"今日虏人自争家事,自相戕伤,实中国之利也,一听其自处自分,而我总不任德任怨"。也就是说,土默特部内部问题应该由他们自己去解决,明朝不应该参与其中。这在当时是非常理智和务实的策略。

当时明朝方面还有人建议利用卜石兔、素囊两派之间的矛盾,坐"收两虎之利",而吴允中却指出"兵家知彼知己,无奈我之非卞庄也",认为不应该从土默特内部斗争中渔利;明朝方面甚至还有人主张在卜石兔和素囊之间"择强而附",加以封王。针对这种意见,吴允中强调明朝"堂堂正正,自有中国之大体,况汉过不先,而各边诸夷闻之且生心耳。"在土默特部内部形势明朗化之前,明朝不该率先作出选择,否则有失明朝"大体"。吴允中指出,解决问题的原则应该是:

---

[13] 《明神宗实录》卷之五百九,万历四十一年六月甲辰条,《明实录》第六三册,第9462页。
[14] 曹永年著:《蒙古民族通史》第三卷,内蒙古大学出版社1991年,第324页。
[15] 吴允中:《论虏王受封疏》,《万历疏钞》卷四十"边功类"。

故今日之封在我原不必急,而惟念及封使,则口虽不言急,而心未常不欲急,赫赫皇命,久稽辱国体,收回亦以伤国体,千万筹度。访之中外,愚臣无所知识,惟仰藉皇上宠灵,就其嗜利之心以折之,则局不难结矣。

至于封贡和赏赐的时间,吴允中建议朝廷"严敕诸酋旦夕就封,姑照往例补给市赏,以示王者无外之仁,再或延迟,敢负国恩,则闭关谢绝,即或坚意乞哀,亦止给当年恩典,而节年旧例尽为革绝,则不惟酋首惮失厚利,即诸头目亦且夺魄,相与悉惠蚤定矣。"使得拖延已久的问题终于得到解决。此前土默特蒙古人主要关注内部汗位继承问题,对于顺义王封号的继承,并不急于解决。吴允中此言一出,"黠虏闻之,啮指加额,不复敢婪狡枝梧,当事者毕力励勤,不逾月而诸酋率部落罗拜关前,受封惟谨"云,如果王士琦此论可信,那么我们可以推断,吴允中在明朝"封事结局"问题的处理过程中应该是起到了重要作用。以往学者大多依据《明神宗实录》的史料,强调宣大总督涂宗浚在此时间过程中"运机解谕"的作用,而对于明朝方面吴允中所起的作用,还没有给予足够的重视,《宣云约法》使得吴允中在其中扮演的角色凸现出来。卜石兔袭封顺义王是1571年"隆庆封贡"以后明朝与蒙古土默特万户"封贡"关系的延续,事涉明蒙双方,关系到土默特万户和明朝内部的政治。《宣云约法》对于了解明朝方面的能动因素具有重要史料价值。

顺义王封号继承问题解决以后,朝廷对于宣大两镇各级文武官吏大加升赏,唯独给吴允中打了个白条:"俟后升赏"。后来有没有兑现承诺呢?《明实录》中没有下文。参照吴允中在宣大发布的大量榜文和他在"封事结局"中所发挥的作用,这个"俟后升赏"非常具有戏剧性和讽刺意味。晚明时代的边疆社会,人心和风气已经败坏到极点。吴允中作为巡按御史按节宣大,发现宣府和大同两镇普遍存在的各种混乱现象。面对这些问题,吴允中很书生气地以为可以他一己之力扭转整个局面,他在榜文中指出大量违法和违规现象,严厉禁止。他还在榜文中动辄以"白简从事"和"三尺"来威胁那些不逞之徒。遗憾的是,面对边疆社会"无乃欺罔故套,牢不可破"的局面,吴允中作为一个外来的新任巡按御史,遭遇的更多的是无奈,甚至他自己也发现了作为"赘疣"的尴尬地位。

## 三、《宣云约法》的内容和史料价值

《宣云约法》卷首有王士琦《宣云约法叙》、杜承式《宣云约法序》。正文部分包括:《封房签约》、《封事申戒》、《查报夷情》、《行查夷情》、《清查抚赏》、《申饬抚赏》、《访查豪恶》、《申饬访查》、《严禁窝访》、《宪约六则》、《宪约十二则》、《恤站六则》、《申饬驿站》、《解散恶宗》、《晓谕宗室》、《晓谕宗民》、《申饬学规》、《慎重选委》、《严禁冒袭》、《训习幼弁》、《禁逐流棍》、《清静地方》、《弭盗安民》、《申明乡约》、《禁息词讼》、《禁革糜费》、《禁约官价》、《禁约买办》、《体恤行户》、《革私役军》、《清查虚冒》、《优恤军士》、《量免合操》、《申禁司官》、《申戒燕集》、《核商税弊》、《行查商税》、《谕修边工》、《修仓恤军》、《修葺仓廒》、《出巡禁约》、《禁约查盘》等四十二大项内容。

在这四十二大项之中，《宪约六则》是针对地方政府官员的约法，内容包括：一禁文职科罚；一禁武官剥削；一禁衙役吓骗；一禁宗室生事；一禁随侍玩法；一禁生员淫荡等六款内容。《宪约十二则》是针对军队和军官的，内容包括：一军官散马；一清革占役；一文职营差；一武官钻刺；一除革屯弊；一清理召买；一禁用酷刑；一武官勘人；一罪人复入；一罪人诈骗；一扰害行户；一清革衙役等十二款内容。《恤站六则》是有关驿站和驿军的，内容包括：一驿军采打青草；一过往衙门所用灯炉夫派拨驿军执打；一各衙门大马所用草料驿军出备；长差驿骡；一驿军定派各项修工等六款内容。

《宣云约法》四十二大项内容之中，《封房签约》等六项与蒙古和明蒙关系有关。吴允中提出的很多问题对于明蒙关系研究具有重要史料价值。以《清查抚赏》为例：

> 照得抚赏缎布乃委官承买，验视高低系经手司权，一有不慎，其间以滥恶充数目，以薄削抬高价，甚至以一冒十，以无为有，贡市年久，弊政多矣。本院前查大同守口堡抚赏库内，白绫六十一匹，盖面仅止二三尺似绫，其内皆麻线草纸挺塞，论价不过二三钱，却冒开一两三钱以上。又大同西路通判陈明职买货不堪，价多剥落，虽将经手拏究，而本官溺职之罪，尚不什然。夫朝廷岁费金钱不资羁款虏酋，而任事不才者又相侵剥，以充私囊，外失夷情，内如漏卮。

大同守口堡是1571年以后增设的互市关堡。⑯吴允中在此堡抚赏库内看到"白绫六十一匹，盖面仅止二三尺似绫，其内皆麻线草纸挺塞，论价不过二三钱，却冒开一两三钱以上。"使我们想起白居易《阴山道》诗句"缣丝不足女工苦，疏织短截充匹数。藕丝蛛网三丈余，回鹘诉称无用处"。此项主要指出了贡市之"弊政"，也就是"抚赏缎布"之粗恶不堪。"抚赏缎布"是每年贡市贸易结束以后，明朝按赏赐给右翼蒙古诸部贵族的赏赐。结合明朝兵部尚书孙镰

---

⑯《蒙古民族通史》第三卷（曹永年撰），内蒙古大学出版社1991年，第332页。

所记"贡市缎布",可以使我们对于明蒙贡市贸易的认识更加立体和丰满。又如《申饬抚赏》:

> 上谷巨镇,神京右臂,昔年丑虏匪茹,门庭振警,迨天心厌乱,蠢尔悔祸,当事者议,藉款饬备,岁定有胡市之额,于兹四十余祀矣。在事诸臣各有封疆之司,进既不能战,退又不能守,而日括内地之膏血以虏,已可痛恨,乃此中不才者,复借名染指,不一而足,是虏明得其六七,而我暗夺其三四,日侵月剥,彼削此减,如群蚁附膻,不尽不止。

所谓"上谷巨镇"就是宣府镇。这里主要讨论宣府镇抚赏蒙古人的财物被宣府镇"封疆之司"贪污侵占的情况。"是虏明得其六七,而我暗夺其三四,日侵月剥,彼削此减"云,可见当时封疆大吏贪污抚赏财物的严重。这些史料对于了解实际层面的明蒙"封贡"关系非常重要。

张锡彤和张广达两位先生20世纪80年代初讨论俄国东方学家巴托尔德的蒙古史研究以及他的《迄至蒙古入侵时期的突厥斯坦》时说:"与我国元史学家及蒙古史学家觉察今后有借重'西域人书、泰西人书'之必要同时,东西各国的东方学家也都日益深刻地认识到:要想更加全面地占有与蒙古史有关的资料,中国史籍依然是一方必须精心巡游的胜地。"张广达先生使用"中国史籍"一词是经过深思熟虑的,"中国史籍"可以涵盖中国境内的汉文和非汉文史籍,但是在这里,张先生所说的"中国史籍"首先应该是指与蒙古史有关的汉文史籍。因为在数量上汉文史籍汗牛充栋,占据了中国史籍中的绝大部分比重。前辈学者在汉文史料方面"深入挖掘,爬罗梳剔"成果丰富,厥功匪细。但是,汉文史料仍然有广阔的发掘空间,我们在美国国会图书馆发现《宣云约法》这样珍贵的汉文文献再一次证明了这个问题。

《宣云约法》提出并禁约的问题对于我们了解大同和宣府边镇社会提供了绝好的材料。明代二百余年是北方游牧政权与农耕民族政权的最后一次对峙,长城沿线是明朝和蒙古互动和交流的最前沿,长城沿线的边镇社会也是有待研究的非常独特的区域。《宣云约法》提出的人群或利益集团有宗室和宗民、买办、行户、武官、文职、生员、军士、军官、驿军、流棍、罪人等各色人群。吴允中张榜禁约的,应该就是宣府大同两镇当时普遍存在的社会问题,仅以《宪约六则》为例,如果我们删除"禁"字,那么当时存在的社会弊病至少有文职科罚、武官剥削、衙役吓骗、宗室生事、随侍玩法、生员淫荡等问题。从社会史角度观察,《宣云约法》对于明代长城沿线边镇的研究具有重要史料价值,正所谓"盖文告之中,有精意存焉"。

中外学者有关长城研究的论著已经非常丰富,当我们以明代"长城"为单位进行论述的时候,"所得出的一般性结论必经过地方性事实和经验的检验,凡未经过此种检验的研究范式或结论至多不过是漂亮的玄想。"如果长城研究的一般性结论不能建立在长城边镇社会及其人群的专深研究基础上,我们就没有理由期待更深入的长城研究。而《宣云约法》无题对于明晚期宣府镇和大同镇研究具有重要的史料价值。

# 体国经野：
# 雍正年间晋北地区的政区改革与行政经营
## ——以新设朔平府为例

李 嘎

[内容提要] 雍正三年朔平府的设置方案，是山西巡抚诺岷综合考虑既利于官府施政又于民有便两方面因素而提出，这具体体现在朔平府治所、幅员、边界的确定三个方面。朔平府设置初期，知府刘士铭颁行的诸多"文告"，显然代表着国家意志，但并非不顾晋北地方社会实际的随意之举。综合来看，诺岷的政区改革方案以及刘士铭的行政经营手段，均是地方统治者在国家意志与地方社会之间寻求双赢的具体体现。

[关键词] 朔平府 国家意志 地方社会 双赢

雍正年间是清代政区改革的高峰时期，诸如设府、升州、立县等，不一而足。从全国来看，山西一省是雍正朝政区变迁最为剧烈的区域之一，晋北之朔平、宁武二府，晋南之蒲州、泽州二府，均系此间设置。雍正三年（1725年）初，山西巡抚诺岷承雍正帝之命巡视晋北一带，史载："雍正三年乙巳，今皇帝上承重熙累洽之后……特命前抚宪诺公巡视关外"[1]诺岷在雍正三年二月的奏折中称：

> 如大同右玉卫、左云卫、平鲁卫均为边疆重地，而右玉卫又为旗民杂沓处所，且隔大同府治数百里，是宜另设一府，与杀虎协副将内外控制，以杜边防。即将右玉、左云、平鲁三卫改为县治，并割大同府所属之朔州、马邑归其管辖。[2]

---

[1] （清）刘士铭：《重修朔平府城垣碑记》，雍正《朔平府志》卷十二《艺文志·碑记》，雍正十一年刻本，第108-109页。
[2] （清）诺岷：《改设朔平府州县奏议》，雍正《朔平府志》卷十二《艺文志·奏议》，第38页。

雍正三年五月朝廷批复诺岷之奏③,统辖一州四县的朔平府由此成立。

晋北一带在明代长期是汉蒙的对峙区域,明清鼎革,该地作为中原王朝北部边疆的角色由此结束。目前虽然有学者关注到了雍正年间的政区改革问题,④但以朔平府的设置为专门论述对象的成果却付诸阙如。本文拟以雍正年间朔平府的设置和初期的行政经营为例,希望由此来回答晋北边疆角色丧失之后,政策制定者在处理国家意志与地方社会关系问题时的基本取向。

## 一、朔平府设置的背景

晋北一带在明代长期充当中原王朝的北疆,明廷于此遍建堡寨、驻扎大军以防范蒙古军队的攻扰。清朝的统一,使长城之外的游牧区域与长城之内的农业区域重归于一个政权的统治之下,晋北作为汉蒙对峙区域的角色由此结束。重修朔平府城垣碑记载:"我皇清定鼎,廓清沙漠,臣服诸部,……虽临边险要,久与内地无异"⑤。这使得此地已无继续驻扎大量军队的必要,裁减驻军数量成为势所必然。笔者将《宣大山西三镇图说》中所载万历年间相关堡寨的驻军数量与雍正《朔平府志》中所载顺治年间的驻军数量加以汇总,制成表1,借以审视晋北边疆区位丧失之后在驻军方面的表现:

表1 明万历、清顺治年间相关堡寨驻军数量变化情况一览表

| 堡寨名称 | 万历驻军 | 顺治驻军 | 堡寨名称 | 万历驻军 | 顺治驻军 |
| --- | --- | --- | --- | --- | --- |
| 杀虎堡 | 778名 | 200名 | 保安堡 | 382名 | 裁撤 |
| 威远堡 | 752名 | 121名(1) | 破鲁堡 | 320名 | 100名 |
| 破虎堡 | 700名 | 100名 | 助马堡 | 634名 | 300名 |

---

③ 参见《清实录》第七册《世宗实录》卷三十二,"雍正三年五月甲子",北京:中华书局,1985年,第495页。

④ 主要成果如下:[日]真水康树:《雍正年间的直隶州政策》,《历史档案》1995年第3期,第86—91页;李嘎:《雍正十一年王士俊巡东与山东政区改革》,《历史地理》第二十四辑,上海:上海人民出版社,2007年,第98—110页;傅林祥:《清初直隶州的推广与行政层级的简化》,《历史档案》2010年第4期,第57—66页。

⑤ (清)刘士铭:《重修朔平府城垣记》,雍正《朔平府志》卷十二《艺文志·碑记》,第108页。

| 堡寨名称 | 万历驻军 | 顺治驻军 | 堡寨名称 | 万历驻军 | 顺治驻军 |
| --- | --- | --- | --- | --- | --- |
| 铁山堡 | 534 名 | 裁撤 | 拒门堡 | 487 名 | 裁撤 |
| 云石堡 | 543 名 | 100 名 | 云西堡 | 345 名 | 裁撤 |
| 马营河堡 | 200 名 | 裁撤 | 云冈堡 | 218 名 | 裁撤 |
| 残虎堡 | 395 名 | 裁撤 | 灭鲁堡(4) | 389 名 | 裁撤 |
| 马堡 | 364 名 | 裁撤 | 三屯堡 | 292 名 | 裁撤 |
| 红土堡 | 275 名 | 裁撤 | 井坪城 | 550 名 | 300 名 |
| 黄土堡 | 321 名 | 裁撤 | 大水口堡(5) | 失考 | 100 名 |
| 祁河堡(2) | 215 名 | 裁撤 | 败虎堡 | 434 名 | 100 名 |
| 牛心堡 | 434 名 | 裁撤 | 迎恩堡 | 545 名 | 裁撤 |
| 威平堡(3) | 279 名 | 裁撤 | 阻虎堡 | 373 名 | 100 名 |
| 云阳堡 | 313 名 | 裁撤 | 乃河堡(6) | 341 名 | 100 名 |
| 威鲁堡 | 416 名 | 100 名 | 灭虎堡(7) | 537 名 | 裁撤 |
| 宁鲁堡 | 392 名 | 100 名 | 将军会堡 | 601 名 | 裁撤 |
| 高山城 | 723 名 | 120 名 | 威虎堡(8) | 467 名 | 裁撤 |

资料来源:万历年间驻军数量据《宣大山西三镇图说》,顺治年间驻军数量据雍正《朔平府志》卷八《武备志·兵制》。

说明:(1)此为康熙六十一年数据,(2)今名上堡,(3)今写作威坪堡,(4)今名管家堡,(5)今名大河堡,(6)今名下乃河,(7)今名阻堡,(8)今名少家堡。

此表所显示的 34 处堡寨均坐落于日后朔平府的行政范围之内,明代万历年间除大水口堡的驻军数失载之外,其他 33 处堡寨的驻军数总和为 14549 名,降至清顺治年间,34 处堡寨的驻军总数骤降为 1941 名,其中 20 处堡寨由于驻军完全裁撤,从而演变为民堡⑥。若将 34 处堡寨标注在地图上可以清晰看出,在顺治年间,去长城稍远的军堡绝大部分均演变为民堡,这显示明代以堡

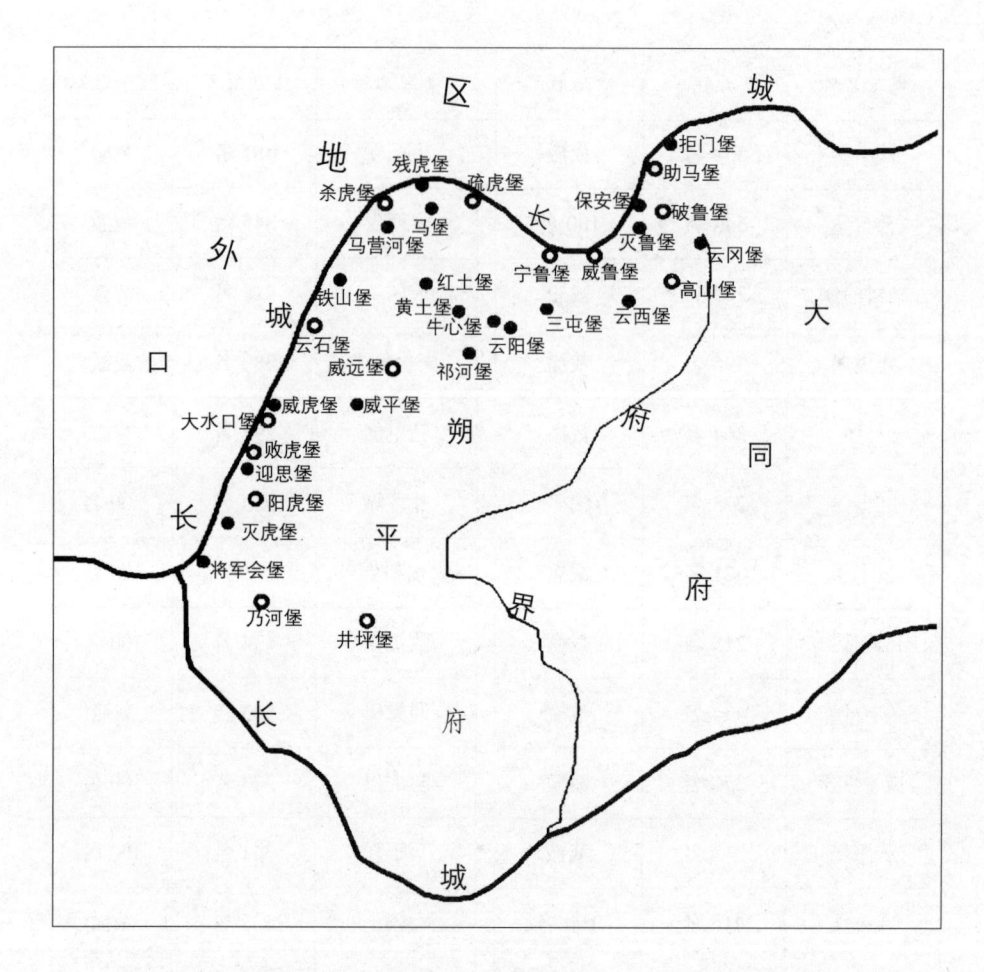

图1 清顺治年间日后朔平府一带明代军堡职能演化情况示意图

寨为主要单位的边疆军事防御体系已经瓦解。

说明：1.底图采自谭其骧主编：《中国历史地图集》第八册"清：山西"图幅，上海：地图出版社，1987年，第20—21页。2.图中符号"○"表示清初仍然驻扎有官兵的军堡，"●"表示明代为军堡，清初已转变为民堡者。

不过，支撑晋北军事防御体系的卫所制度依然存在，这显然与该地政权边疆角色丧失的社会实况极不相称。根据郭红的研究，有明一代，作为与蒙古

---

⑥ 应该指出的是，顺治年间裁撤驻军的拒门堡、保安堡、铁山堡、威虎堡、迎恩堡五堡，于雍正十年（1732年）重又添设官兵，从而由民堡再次成为军堡。参见《清实录》第八册《世宗实录（二）》卷一百一十五，"雍正十年二月癸卯"。

对峙的前线,晋北的卫所制度属于"准实土"性质,[7]它们名义上在大同府境内,实际却占有大量土地和人口。由于明代方志绝大多数拘泥于保密并不标明卫所的地理四至,[8]这使我们无法复原晋北卫所的实际管辖空间,但这些卫所实际构成了明代晋北地方行政系统的一翼是毫无疑问的。顺治、康熙年间,清廷对沿袭于明代的卫所制度有所改革,但度甚小,雍正初年加大了对内地卫所的裁并,然而晋北卫所却丝毫没有触及。大量"准实土"卫所的存在已经严重影响到官府的行政效率和民众的日常生计。诺岷在奏折中称:

> 臣查各卫所原系军籍,是以设守备、千总管理,此即古之军屯也。今则军丁沐浴圣化,安享太平,务农日久,土地日辟,户口日繁,名虽军籍而实与民无异。任斯职者是当以教养为先,而武职非其所长也。况查各卫所地方,或以一隅而分管于数官,或以隔属而遥制于千里。或更有营员而兼管屯徭,界址不清,是于地方有未宜也。即以民情而论,每遇承审,则赴州赴县,如逢考校,则移此就彼,且有完粮系一官,而管民又系一官者,往来跋涉,更于民有未便也。地既未宜,民复未便,而欲求吏治之当也,鲜矣。[9]

上引诺岷奏议总体包含两方面信息,其一,边疆区位丧失之后,晋北地方开发进程加快,军籍民化现象十分明显。其二,大量"准实土"卫所的存在造成了晋北政区地理结构的极大混乱:对于卫所之地而言,一地分管、隔属遥领、职守不明、界址不清等现象严重,使得卫所官员的日常管理效率大打折扣;对于州县地域而言,由于"准实土"卫所与府州县并存,严重影响到了州县官员的施政,造成地方行政资源的极大浪费。

不难看出,及至雍正初年,对晋北卫所大加裁改已势在必行。从雍正朝的卫所改置方式来看不出两途:一是将卫所就近裁入州县;二是将卫所升格为府县。站在官府的立场上,前者定是其首先考虑的改置途径,因为卫所并入州县,可以不必新建衙署,亦可不必任命新的行政长官,可以省却可观的资金投入和人力资源。雍正朝大量内地"非实土"卫所的裁并即循此途。但对于位处沿海和边地的卫所而言,将其归入州县的方式并不可行。原因在于,这些卫所相当一部分属于"实土"或"准实土"性质,均辖有一定的地域空间,附近并无

---

[7] 郭红、于翠艳:《明代都司卫所制度与军管型政区》,《军事历史研究》2004年第4期,第78—87页。

[8] 顾诚:《明帝国的疆土管理体制》,《历史研究》1989年第3期,第141页。

[9] (清)诺岷:《改设朔平府州县奏议》,雍正《朔平府志》卷十二《艺文志·奏议》,第38页。

州县可以归并,若径行裁入州县,原卫所境内民众完粮纳税、申冤上诉依旧不便,常驻州县城的官员对之进行社会控制必然亦有鞭长莫及之感。迫不得已之下,只能循卫所升格为府县之途。大同府地域空间东西向十分狭长,府治又偏居东部一隅,于府境西部"准实土"性质的右玉、左云、平鲁诸卫地域之内新置一府,成为顺理成章之事,朔平府便由此而生。

## 二、朔平府设置的历史政治地理学分析

一般而言,行政区划包括治所、幅员、边界、层级四个要素。[10]雍正三年(1725年)统辖一州四县的朔平府的设置使得今天晋北政区地理结构的框架大体奠定,从这个意义上说,新设朔平府政区的三个组成要素——治所、幅员、边界——就均有深入研讨的必要。

在传统社会,治所的确定可以说是设置行政区划最为关键的一环。原则上说,政区治所的确定应遵循时间上的"历史性"原则和空间上的"居中性"原则。历史悠久的城市通常具备更加优越的地理环境,有着支撑城市本身发展的良好的腹地条件,一般也拥有更多的人口、财富以及完善的城市防御体系;地理空间上处于政区"中心点"的城市,到达政区边界有着大体相仿的空间距离,这样能够更加有效地弹压地方,亦可大大节省行政资源的投入,从而对官府施政大有好处。由上述两原则出发加以分析,朔平府治右玉城均不是最佳的选择。一方面,若从"历史性"原则来看,府境内的五座治所城市之中,朔州城在历史时期的重要地位要远在右玉城之上。按,朔州城市建成区之内早在秦代就有了城市的建制,名曰马邑城,属雁门郡,乃是晋北地区最早兴起的城市之一,[11]汉晋仍之,西晋永嘉年间方告废弃;北齐天保八年(557年)之后,该地复又成为高层政区[12]北朔州的治所;隋唐宋金元时代作为统县政区朔州的治地长期沿而不改。相较之下,右玉城的历史就要逊色多了,其建成区之内最早的城市建制为唐代设立的静边军[13],系唐天宝四载至六载(745—747年)河

---

[10] 邹逸麟主编:《中国历史人文地理》,北京:科学出版社,2001年,第54—55页。

[11] 谭其骧主编:《中国历史地图集》第二册"秦:山东北部诸郡"图幅,上海:地图出版社,1982年,第9—10页。

[12] 就中国历史时期行政区划的层级而言,周振鹤先生主张从高到低可归纳为高层政区、统县政区、县级政区三个层级,本文采纳周先生的观点。参见周振鹤:《行政区划史研究的基本概念与学术用语刍议》,《复旦学报》(社会科学版)2001年第3期,第31—36页。

[13] 谭其骧主编:《中国历史地图集》第五册"唐:河东道"图幅,上海:地图出版社,1982年,第46—47页。

东节度使王忠嗣所筑,但历时未久即归于废弃,及至明代洪武二十五年(1392年)方于此地置定边卫,旋废,永乐七年(1409年)移治大同右卫于此,日后复将玉林卫迁此,称右玉林卫,直至清雍正年间改卫为县。可见,从城市兴起早晚、城市的延续性、充当统县政区城市的时间长短等多个方面来看,右玉城决然不能与朔州城相提并论。另一方面,从地理"居中性"原则来考量,右玉城要明显逊色于其他四城中的平鲁城。右玉城偏居朔平府的北部,距府之北界仅有20余里,但南去朔州、马邑一带却有数百里之遥;比较起来,平鲁城在府境内相对居中的地理位置就优越多了。那么,究竟有哪些因素使得朔平府治最终定址于右玉城呢?笔者以为,至少有以下几个方面的原因。

首先,清前期的杀虎口在军事方面有着非同寻常的重要地位,右玉城因北去此口甚近,这种重要性由此及于右玉城,成为控扼杀虎口的大本营。从微观地理条件来看,杀虎口之东的唐子山层峦叠嶂,西面大堡山蜿蜒连绵,其间苍头河自南向北逶迤而行,河不甚宽,但河谷平坦,杀虎口就位于河之东岸,遂成为连接长城内外的咽喉要道。明代与北方蒙古政权长期对峙,为抵御蒙古进犯,于嘉靖二十三年(1544年)在杀虎口筑堡,复于嘉靖四十三年(1564年)于近关处新筑一堡,名平集堡,与旧堡"唇齿相依,犄角互援"[14]。清代一统长城内外,杀虎口的战略地理价值理当明显下降,但康熙年间准噶尔部噶尔丹之叛使得杀虎口一带又陡然重要起来。此时的杀虎口成为清廷西征噶尔丹的后方补给基地。据《清实录》所载,为满足西征大军庞大的后勤之需,康熙帝曾对相关官员下旨称:"挽输朔漠车辆甚为紧要,尔等其会同山西巡抚,动支正项钱粮,速行备造"[15],"西路挽输较中路尤为要紧,已遣辛宝等督运外,再著原任兵部督辅右侍郎王国昌、大理寺卿喻成龙往助,增造运车四百辆,亦著动支正项钱粮"[16]。康熙帝所言之西路,正是自杀虎口出发的这一路,其在清廷平叛噶尔丹的东、中、西三路大军中,无疑是十分重要的一路。如果说杀虎口是清廷西征的后方补给基地的话,北距杀虎口仅20余里的右玉城就是后方大本营,两地有着唇齿相依的紧密联系,杀虎口战略价值的提升直接使得右玉城亦随之重要起来。康熙三十三年(1694年),清廷派拨满洲、蒙古、汉军八旗官兵5000余名驻防右玉[17],派宗室重臣作为建威将军常驻于此,"望隆位尊,

---

[14] 雍正《朔平府志》卷四《建置志·城池》,第14页。
[15] 《清实录》第五册《圣祖实录》(二)卷一百六十九,"康熙三十四年十二月甲午",北京:中华书局,1985年,第834页。
[16] 《清实录》第五册《圣祖实录》(二)卷一百六十九,"康熙三十四年十二月甲午",第834页。
[17] 雍正《朔平府志》卷八《武备志·兵制》,第4页。

班在督抚之上"[18]，右玉城由此成为全国范围内屈指可数的战略要地之一。雍正间任朔平知府的刘士铭评述这一驻防事件时称："圣祖仁皇帝圣德神功，极天蟠地，蠢兹噶尔丹敢干天讨，旋即荡平，而睿谟宏远，特命大臣统八旗重兵，驻防右卫，以扼杀虎口之冲"[19]，右玉城控扼杀虎口的重要战略价值跃然纸上，这无疑是左云、平鲁、朔州、马邑四城所不可企及的。诺岷在奏折中所言右玉卫"为旗民杂沓处所"[20]正是指此而言。

第二，交通地理方面，右玉城处在自归化城经杀虎口东去北京的商贸大道上，而其他四城均被抛离于这条大道之外。归化城系明末清初主要由于口外贸易的兴盛而迅速崛起的商贸重镇，其中沟通京城与归化城之间的路线无疑是最为重要的商贸大道之一。此条交通线的具体走向因为一帖自杀虎口至京城路程单的发现而得以让今人知晓，现将此路程单全文引录于下：

> 杀虎口至朔平府二十里，朔平府至红土岭十五里，红土岭至黄土坡十五里，黄土坡至牛心堡十五里，牛心堡至云阳二十里，云阳至葛家园二十五里，葛家园至云西堡十五里，云西堡至旧高山十五里，旧高山至新高山十五里，新高山至白庙子十五里，白庙子至云刚（冈）十五里，云刚（冈）至大同府三十里，大同至三十里铺三十里，三十里铺至聚洛三十里，聚洛至王官屯三十里，王官屯至阳高三十里，阳高至三十里铺三十里，三十里铺至天镇三十里，天镇至张家河底三十里，张家河底至枳木贰岭十里，枳木贰岭至柳树屯二十里，柳树屯至新怀安二十里，新怀安至旧怀安二十里，旧怀安至下家屯二十里，下家屯至□□□寨二十里，□□□寨沙岭子十五里，沙岭子至宣化府三十里，宣化府至响水铺三十里，响水铺至鸡鸣马日三十里，鸡鸣马日至保安二十里，保安至沙城二十里，沙城至土木二十里，土木至郎山十五里，郎山至怀来十五里，怀来至榆林二十里，榆林至岔道二十五里，岔道至居庸关三十里，居庸关至南口十五里，南口至昌平州二十五里，昌平州至沙屯观十二里，沙屯观至沙河八里，沙河至怀龙贯十八里，怀龙贯至清河十二里，清河至德胜门二十里。[21]

---

[18] 雍正《朔平府志》卷五《职官志·八旗驻防官员》，第2页。
[19] 雍正《朔平府志》卷前"刘士铭序"，第2页。
[20] （清）诺岷：《改设朔平府州县奏议》，雍正《朔平府志》卷十二《艺文志·奏议》，第38页。
[21] 佚名：《一帖从杀虎口至京都的路程单》，《晋商史料全览·朔州卷》，太原：山西人民出版社，2006年，第324—325页。

该贴记载了从杀虎口至北京德胜门共44站的分段里程,从文中所涉及的地名如"朔平府"、"旧高山"、"新高山"等来看,此帖无疑形成于清雍正三年朔平府成立之后,其用途极有可能是商旅贩运货物时用以掌握行程和落脚地点的。就所涉44站的详细地理坐落而言,右玉城为其经过之地,而位处东部的左云城却没有如此幸运,路线经由左云城北的三屯堡继续东下了,平鲁、马邑、朔州三城更是距此条交通线路甚远。该帖无可辩驳地证明,清代存在一条自杀虎口出发的长达900余华里不同于现今路线的商贸大道直通北京,右玉城正位于这条路线的冲要位置上。(参见图2)

第三,清前期的右玉城本身人口殷盛,经济繁荣。康熙三十三年(1694年)清廷于右玉城安设八旗驻防官兵,其分布遍及城池内外,"南有关厢,南、北、东门外有八旗营房,城内驻扎将军、都统、府、县、参守等官,及镶黄、正黄两旗官兵"[22],初始的八旗官兵数量达5000人之巨,之后有所减少,据笔者计算,雍正年间驻防八旗官兵为3855人[23],规模依旧十分庞大。除八旗官兵之外,尚驻扎有绿营官兵906名[24]。除驻军之外,城关一带的百姓人口达至数千当是没有问题的。综合来看,康雍时期右玉城的常住人口达至万余不会有太大问题,这在晋北一带已是屈指可数的大城了,其他四座治所城市人口不可能超过这一数量。因驻扎大量兵员,日常所需甚巨,庞大的消费需求对于刺激右玉城经济繁荣的积极作用自不待言。

---

[22] 雍正《朔平府志》卷四《建置志·城池》。
[23] 据雍正《朔平府志》卷八《武备志·兵制》"府城现设驻防八旗官兵"条推算而得。
[24] 此是雍正九年时数据,据雍正《朔平府志》卷八《武备志·兵制》"府城现设营汛官兵"条推算而得。

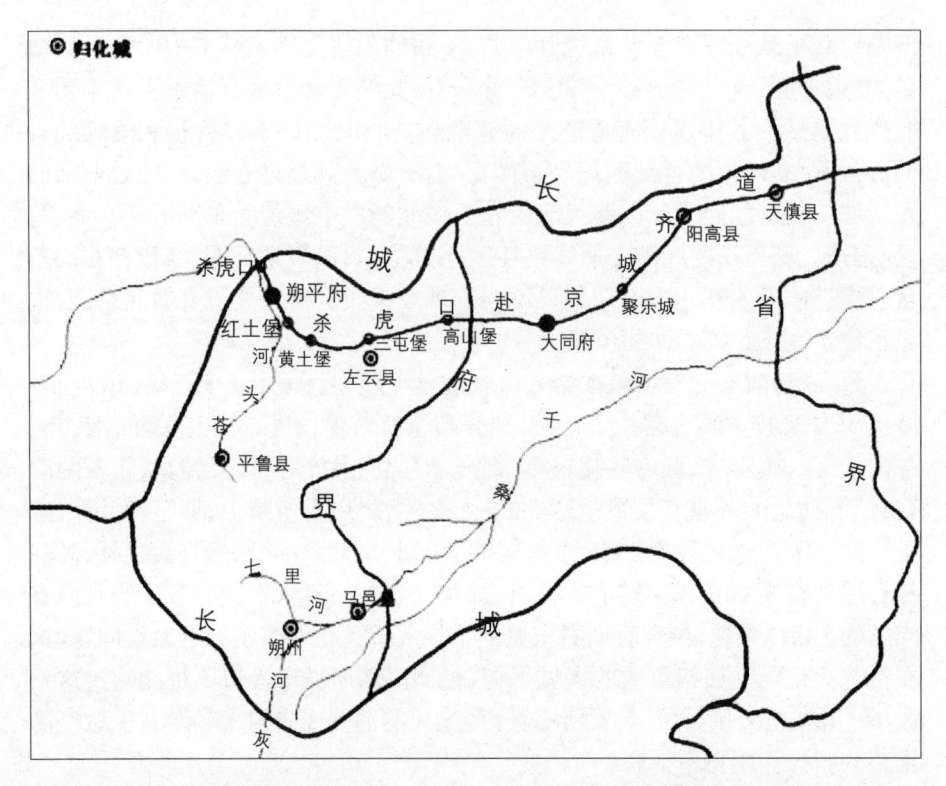

图2　雍正三年新置朔平府空间形态及杀虎口赴京城商道走向示意图

说明：底图采自谭其骧主编：《中国历史地图集》第八册"清：山西"图幅，上海：地图出版社，1987年，第20—21页。

最后，从城池本体的角度审视，朔州城虽具有悠久历史，但顺治初年爆发于大同的姜瓖之乱严重波及了朔州城，城破之日，清兵曾有屠城之举，城池遭受严重破坏，雍正年间依旧如此，史载"国初顺治六年，姜瓖逆党婴城而守，大兵攻破，后虽修补，非前规矣。"㉕而右玉城却并未在此次变乱中遭到波及，以右玉为府治显然可以省却可观的城池修补之资。

不论任何类型的行政区划，必定会分属不同的层级，或为高层政区，或为统县政区，或为县级政区，它们分别有大小不同的幅员，古代曾有"万里之州"、"千里之郡"、"百里之县"的说法。幅员过大或过小，均会对地方官府的日常施政带来不便，因此历史时期中央政府对政区幅员的广狭问题向来重视。诸岷改设朔平府的奏折就体现了清廷官员对统县政区幅员问题的关切：

㉕　雍正《朔州志》卷四《建置志·城池》，雍正十三年刻本，第8页。

> 右玉卫……是宜另设一府……即将右玉、左云、平鲁三卫改为县治,并割大同府所属之朔州、马邑归其管辖。其府名应请御定。至大同府东之阳高、天镇二卫,与直隶宣府接壤,亦为紧要,请将二卫亦改为县治,即隶大同府所属,以补所割二州县。[26]

一般而言,清代府辖州县数量至少在3个以上,新设的朔平府若仅辖右玉、左云、平鲁三县,属县显然过少,幅员太过狭小,仅合乎清代直隶州的规模。在无附近卫所可以改置的情况之下,将毗邻州县度属新设朔平府之下势成必然。从地图上来看,这两个县级政区首先只能是原属大同府的朔州和马邑,况且朔、马二地以内长城为其南界,将其纳入朔平府辖境,可使新府南部占尽地利之便。为保持晋北统县政区幅员的平衡,亦为卫所改置州县计,大同府在失去朔州、马邑之后,又新得阳高、天镇二县,这样大同府的幅员亦不致变动过大。

就行政区划的边界而言,自古以来向有"犬牙相错"与"山川形便"两种划界原则,历史时期统治者将其作为控制地方的重要手段频繁加以利用。[27]从新设朔平府的边界来看,基本上符合"山川形便"的划界原则:府之南、北、西三面分别以长城为界与其他地域相区隔;东部边界则显得不甚规则,并没有高山大川可以遵依,这乃是客观地理环境使然,并非统治者刻意为之。(参见图2)雁门关以北的内外长城之间在气候条件、水系布局、土壤条件、民风民俗等方面均有着高度的趋同性,在中央政权力量足够强大的前提之下,按照"山川形便"原则划分政区边界,显然有利于地区开发和地域社会的发展。当前朔州市除因左云度属大同市,新辖怀仁、应县、山阴三地而导致东部边界变化较大之外,南、北、西三面均继承了雍正初年朔平府的边界,这充分表明新设朔平府的划界是相当科学的。

## 三、朔平府初设时期的行政经营——以知府刘士铭诸"文告"为中心

新的政区产生之后,紧随而至的必然是一系列异常繁杂的行政经营行为,新生的朔平府自不例外。雍正三年(1725年)五月清廷批准诺岷请求改设朔平府的奏折,六月新任山西督抚伊都立便立即上奏请换印信[28],以便新设朔

---

[26] (清)诺岷:《改设朔平府州县奏议》,雍正《朔平府志》卷十二《艺文志·奏议》,第38页。
[27] 周振鹤:《建构中国历史政治地理学的设想》,《历史地理》第十五辑,上海:上海人民出版社,1999年,第13页。
[28] (清)伊都立:《改设朔平府官员换给印信奏议》,雍正《朔平府志》卷十二《艺文志·奏议》,第40—41页。

平府官员开展工作。随后上至驻防右玉的八旗将军,下至山西督抚、布政司、朔平知府等纷纷上奏,请求改设儒学教员生童额数、建立文庙学署、建造衙署、归并州县卫所丁粮、修理右玉城垣等[29],政务可谓千头万绪。不过,此节笔者欲对雍正七年(1729年)新任朔平知府刘士铭颁发的诸多"文告"加以考察,认为这些"文告"均是针对当时的种种社会问题而颁行的,能够切实反映清前期晋北一带的社会实况,体现出朔平府初设时期地方官府的文治努力。

刘士铭,直隶宛平人,康熙五十六年(1717年)举人,曾任山西闻喜知县、太原府同知,雍正七年升任朔平府知府,成书于雍正九年十二月的《朔平府志》即是其主持编修。刘氏颁行的"文告"分别为《劝士要言》、《化民告示》、《劝开垦晓谕》、《申严赌博禁示》、《收埋婴儿骸骨告示》五则,每则均针对不同的人群或社会问题,极有特色。

刘士铭十分重视培养人才,《劝士要言》即是其出于为国家培养士子计而亲自撰写的。清前期的朔平府一带,立朝居官者"寥寥无几,揆其所以,良由近日士子进学补廪,遂不读书,多务农、商,专谋衣、食"[30],这成为刘氏撰写《劝士要言》的直接驱动力。内容凡十条,分别是端心术、正志趋、立品行、养气节、重廉耻、敦孝弟、谨言行、勤学业、安澹泊、黜轻浮,刘士铭竭力用儒家思维"武装"府域之内的青年士子,为国养士取材的良苦用心跃然纸上。

刘士铭还特别强调通过社会教化以改变民间陋俗。他用当时十分罕见的白话文写成的《化民浅语一十八条》是《化民告示》的主体内容,具体包括存良心、孝父母、和兄弟、御妻妾、教子孙、务本业、学勤俭、戒奢华、睦乡里、慎交游、绝嫖赌、息斗殴、寡饮酒、少做戏、禁师巫、完钱粮、惧王法、惜身命,语言通俗,说理透彻,极具特色。特转引两条于下:

> 一存良心。人皆有心,心里皆有个天理。这个良心,就是人心里的天理。存之为良心,发之为善念,做出事来,是好事,及到收成结果,结的是好果。一生富贵、功名、寿数、子孙,都从这良心里边生出来。譬如树木根柢一般,根深柢固,然后生枝长叶,开花结子。若把这良心丧了,就如树木没了根柢一般,不要说不能上长,就是长成了

---

[29] 参见(清)伊都立:《改设朔平府属儒学教员生童额数奏议》(雍正四年二月)、(清)高成龄:《请建文庙学署详议》(雍正三年十二月)、(清)徐荣畴:《建造朔平府属衙署详议》(雍正四年二月)、(清)伊都立:《归并州县卫所丁粮奏议》(雍正四年二月)、(清)觉罗石麟:《修理朔平府城垣奏议》(雍正六年十二月),雍正《朔平府志》卷十二《艺文志·奏议》,第41—48页。

[30] (清)刘士铭:《劝士要言并序》,雍正《朔平府志》卷十二《艺文志·文告》,第51页。

的，也要干朽枯槁了。人若丧了良心，不要说不能昌盛，就是眼前富贵，也要消败了，子孙必不能发达。这是人生第一件要紧的，因此先劝人存良心。

一完钱粮。朝廷以天下为一家，百姓以八口为一家。百姓一家八口，上是父母，中是夫妇，下是子女，或有地租，或有房课，靠此度日。朝廷应征钱粮，就如尔百姓所收的租课一般。普天下官员薪俸、兵马粮饷，一切修城、治河诸大工，都用的是这钱粮。即不得已而出兵，亦是为百姓安居度日。即如去岁办驼屈，今年买马匹，都用的是这钱粮，不肯一丝一毫累及百姓。尔百姓，无可与朝廷效力处，若是有钱粮的，或多或少，不待官府比较，衙役催督，早早完纳，这就是你尽忠报效的本分，这才算做良善百姓。若是累年拖欠，朝廷作何用度？上下一理，你们思量是与不是，何怪官府追逼？因此，劝人完钱粮。㉛

这十八条规则无非是要求百姓做上对得起朝廷、中对得起家庭、下对得起自己的"顺民"、"孝民"、"良民"而已。但从反面来看，上述十八个方面无疑揭示出清初朔平府一带普遍存在着多种社会问题，刘氏所言"目睹边风，心恻愚陋"㉜，正是这些社会问题的宏观概括。

《劝开垦晓谕》显示出刘士铭对农业问题的极大关注。晋北一带山岭绵亘、风劲气寒，较之雁门关之南，在土地开垦方面是较为不利的，加之晋北之地毗邻口外，百姓跑口外经商谋生者所在多有，由此导致清前期晋北民众不务本业、弃农逐末、抛荒土地的现象较为严重。刘士铭在文告中就指出：

所可惜者，游惰之民不知开垦耕种，唯恐衣食无资。甚至有将现在成熟田亩，弃置荒芜，躲避差粮，宁可口外塘工。此所以野多旷土，人有余力，衣食之源未开，无惑乎富庶之象未觏也！㉝

刘氏将民众不务本业视作朔平府贫穷落后的根源。实际上当时的清廷已出台鼓励百姓开垦的优惠措施：

凡有可垦之地，遇有愿开之人，其无力者，即许禀官，量借牛种、

---

㉛ （清）刘士铭：《化民浅语一十八条》，雍正《朔平府志》卷十二《艺文志·文告》，第56、62页。
㉜ （清）刘士铭：《化民告示》，雍正《朔平府志》卷十二《艺文志·文告》，第63页。
㉝ （清）刘士铭：《劝开垦晓谕》，雍正《朔平府志》卷十二《艺文志·文告》，第65页。

籽粒、银两,待地亩成熟,交还原银,五、六年后,升科报垦。[34]

即便如此,朔平府一带依旧是"无一人赴州县具呈开垦,愿借牛种"[35]的尴尬景象,这成为刘士铭《劝开垦晓谕》出台的直接背景。为此他力劝民众"当此皇上高天厚地之恩,宜以勤农力本为务,毋再游手游食,招之不来,使他日追悔无及也"[36]。

《申严赌博禁示》属于整理社会秩序的文告,由此可以窥见清前期朔平府一带赌博成风的社会问题。[37]《收埋婴儿骸骨告示》则是刘士铭为革除清前期晋北严重的弃婴陋习而作。刘氏指出:

> 本府闻朔郡陋俗,凡产育婴儿幼殇者,无论男女,随时弃置野外,暴露风日之中,委为犬狼之食。[38]

为此,刘氏制定了具体的执行措施:一是府属绅衿、军民人等,凡有婴儿夭折,无论男女,均以白木小匣盛之,深坑掩埋于高亢隙地,二是绅士应当主动劝谕普通民众,三是对于无力买匣、无地掩埋者,官府捐俸置地、备匣,派专人经理。此后若再有"将婴儿抛置旷野者,许乡地举报,严行责惩,决不轻贷"[39]。此一告示的出台,对晋北弃婴陋俗的消弭必定有着显著的积极作用。

## 四、结　语

清廷统一长城内外,晋北一带作为中原王朝北部边疆的角色迅速丧失,先前军堡林立的地理景观因之发生了"民堡化"的转变趋势,但该区域府县与卫所并存的现实却对清廷的地方控制带来严重不便,这成为朔平府设置的直接背景。政区改置方案是山西巡抚诺岷综合考虑既利于官府施政又于民有便两方面因素而制定的,实质是在寻求国家意志与地方社会两者之间的双赢:从朔平府治的确定来看,右玉城有着更多的国家资源和政府利益,交通区位冲要,同时亦是晋北一带少有的繁华之所,这是其他四处治所城市所不可比

---

[34] (清)刘士铭:《劝开垦晓谕》,雍正《朔平府志》卷十二《艺文志·文告》,第65页。
[35] (清)刘士铭:《劝开垦晓谕》,雍正《朔平府志》卷十二《艺文志·文告》,第65页。
[36] (清)刘士铭:《劝开垦晓谕》,雍正《朔平府志》卷十二《艺文志·文告》,第65页。
[37] (清)刘士铭:《申严赌博禁示》,雍正《朔平府志》卷十二《艺文志·文告》,第65页。
[38] (清)刘士铭:《收埋婴儿骸骨告示》,雍正《朔平府志》卷十二《艺文志·文告》,第67页。
[39] (清)刘士铭:《收埋婴儿骸骨告示》,雍正《朔平府志》卷十二《艺文志·文告》,第67页。

拟的;而如若朔平府的幅员太过狭小,决然不利于官府施政,对于地方社会的长远发展亦为不利;朔平府的边界大体遵循了"山川形便"原则,无疑十分有利于地方开发,从国家层面来看,"犬牙相错"较之"山川形便"虽然更利于对地方的控制,但清代前期国家集权力量已足够强大,通过政区界线的不规则化达致控制地方的目的已无太大必要。

刘士铭身为知府的"文翁化蜀"式的行政经营手段无疑代表着国家意志,但并非不顾地方社会实际的随意之举。清前期晋北地方士子倦怠科举、百姓不务农事、赌博成风、弃婴现象严重,刘氏颁行的相关"文告"显然是针对当时晋北一带的种种社会问题而为之,它们正是刘氏在国家意志与地方社会之间寻求双赢的具体体现。

(本文原刊载于《山西师大学报》(社会科学版)2012年第4期,今版有进一步增改)

# 边方有警：蒙古掠晋与明代山西的筑城高潮*

李 嘎

[内容提要] 明代山西筑城次数多达646次，存在多次筑城高峰期，其中正统末景泰初年、嘉靖十九至二十二年、隆庆元年至四年为三波规模最大的筑城高潮。正统十四年"土木之变"后的蒙古掠晋、嘉靖十九至二十一年蒙古军队深入山西腹里、隆庆元年蒙古掠晋，是导致三波筑城运动的背景因素。三波筑城均是通过官府自上而下的行政命令组织实施的，督抚—道—州县的组织模式甚为常见。因为蒙古军队波及范围的不同，导致每次筑城运动在空间布局上也存在差异。筑城工程量均颇为可观，从修筑明细可见防范蒙古攻城的战备色彩十分明显。从正统末景泰初到嘉靖、隆庆年间关厢城数量由少而多的史实中，能够折射出山西城市经济不断发展的大趋势。从三波筑城高潮中亦可发现山西士绅群体不断发展壮大的事实，正统末景泰初年的筑城运动中并未见士绅的参与，而在后两次的筑城运动中，士绅群体已经作为一种重要的社会力量参与进来。

[关键词] 筑城 战争 明蒙关系 明代 山西

## 前 言

1368年闰七月，明将徐达、常遇春克通州，元顺帝北退塞外，中国版图上由此出现了南北两个政权，明蒙关系也因之成为此后相当长时期内东亚地区

---

\* 本文最初于2012年11月16—17日在复旦大学召开的"中国历史民族地理研究学术研讨会"上发表，得到了许多与会学者的指正，特别是会议发起人、本论文集主编复旦大学历史地理研究中心教授安介生师、台湾"中央"研究院历史语言研究所邱仲麟研究员对本文给予了诸多关心、指导。又本文的创作还得到2012年度国家社会科学基金项目"环境史视野下华北区的洪水灾害与城市水环境研究（1368—1949）"（批准号：12CZS073）的经费资助。

最为重要的双边关系之一。长期以来,海内外但凡研究明代蒙古史或明帝国边防问题的学者,往往无法回避对明蒙关系的关注,由此累积了丰厚的研究成果。①综而观之,学者们对明蒙关系的探讨多置于王朝国家的视野下来开展。最近,赵世瑜将明蒙关系置于更为宏观的全球史框架下加以诠释,认为蒙古方面对贸易的渴求是整个欧亚大陆中部城镇、商业发展的组成部分,而明朝方面民间贸易的积极态势,也与明朝中叶贸易规模的扩大、市场网络的形成有直接的关联,后者又与国际间的商业发展及贸易需求有关。②赵世瑜的研究无疑提供了进一步理解明蒙关系的新视角。笔者以为,地方尺度的"微观"视野同样可以成为推进明蒙关系问题研究的重要路径,同时认为,这里的"地方"一定要突破仅仅囿于"边界地带"的做法,③而应推及至更广大的"区域"。基于此,本文以明蒙关系恶化情形下的"虏患"问题为切入,以"虏患"在明帝国的区域性影响为议题,集中考察"虏患"背景下的筑城活动,所选择的"地方"则是明帝国的边疆区域——山西省。具体研究路径为,首先全面复原有明一代山西的筑城大势,借此提炼"虏患"所引致的筑城高峰,然后对每次筑城高潮的详细背景、组织情况、波及范围及工程量等问题加以考察,在此基础上,进一步讨论筑城运动折射出的社会经济意义。希望藉此能对明蒙关系问题的研究有所助益,同时能够推动山西区域史的研究。需要说明的是,此处的筑城活动系指地方治所城市的创筑、修筑行为。

学界对明代筑城问题的研究由来久矣,其中,徐泓对明代福建筑城运动

---

① 学界涉及明蒙关系的研究成果极多,仅择其要者胪列于次。日本学界:和田清:《东亚史研究·蒙古篇》(东京:东洋文库,1959年);中译:潘世宪译,《明代蒙古史论集》(北京:商务印书馆,1984年)。萩原淳平:《明代蒙古史研究》(京都:同朋舍,1980年)。松本隆晴:《明代北边防卫体制の研究》(东京:汲古书院,2001年)。欧美学界:Henry Serruys, Sino—Mongol Relations During the Ming, 3 Vols (Bruxelles: Institut Belge des Hautes Etudes Chinoises, 1959——1975). Henry Serruys and Francoise Aubin, The Mongols and Ming China: Customs and History (London: Variorum Reprints, 1987). 中国学界:戴鸿义:《明代庚戌之变和隆庆和议》(北京:中华书局,1982年)。杨绍猷:《俺答汗评传》(北京:中国社会科学出版社,1992年)。达力扎布:《明代漠南蒙古历史研究》(呼和浩特:内蒙古文化出版社,1997年)。于默颖:《明蒙关系研究:以明蒙双边政策及明朝对蒙古的防御为中心》(呼和浩特:内蒙古大学博士论文,2004年)。赵现海:《明代九边军镇体制研究》(长春:东北师范大学博士论文,2005年)。

② 赵世瑜:《时代交替视野下的明代"北虏"问题》,《清华大学学报》(哲学社会科学版)2012年第1期,第63—74页。

③ 实际上,学界对明蒙边界地带相关问题的研究,多数仍旧是基于国家尺度关怀下而产生的成果。

的考察可谓有凿空之功。④徐泓依靠实录及方志资料,对有明一代福建筑城运动的兴起及其背景、筑城经费的筹措、民众对筑城运动的反应等问题作了深入探讨。认为,福建筑城经历了元末明初、明代中期、明代后期三波高潮期,每一波筑城运动的兴起或受民变影响、或为防备倭寇,各自有着不同的背景,每一波筑城的主要地区也并不相同,如何筹措经费是筑城工程能否顺利推进的主要支配因素,至明代后半期,随着乡绅、富民及商人力量的兴起,此一群体成为经费问题能否解决的关键。该文虽丝毫未关涉明代山西的筑城问题,但却是启发笔者创作拙文、乃至确定研究框架的最重要成果。

成一农以归纳出中国不重视筑城的时代为问题关怀,对古代地方城市筑城史进行了考察。就明代而言,成一农统计了明代各省不同时期的修城次数,认为明前期筑城并不十分普遍,属于自唐代即已开始的不重视城墙修筑的时期,但自正统、景泰年间开始,筑城活动急剧增多,且一直持续到明末。⑤成一农指出了明初至正统年间并非筑城高峰期,以及正统十四年(1449年)"土木之变"对华北地区形成筑城高潮有重要影响,这两个观点是该文的重要贡献所在,但却有失之粗疏的现象,一则在于,明帝国地域广袤,诸省份均有不同的地缘特征及社会背景,在自正统末直至明末近200年的漫长时段中,全国或各省内部是否也存在筑城的高低潮?这实在是一个值得深入探究的所在。再者,成一农对明代各省筑城次数的统计很可能有偏低之嫌。理由有二,一是其所依据的资料来源仅为雍正《山西通志》,实际上该资料所记载的筑城活动并不全面,且有诸多地方记载模糊,无法确认究竟是一次还是多次筑城行为,对此必须通过多种资料相互辨析、补充。理由之二在于成一农可能并未将明代大量存在的关厢城的修筑活动列入统计范围。在笔者看来,北宋以降,城市的关厢地带有了明显发展,理当视作城市建成区的一部分,大量方志亦将关厢筑城置于"城池志"篇章加以记载,正是明证,因此,关厢城的修筑实应作为筑城行为加以统计。成一农的大作亦是促使笔者撰写拙文的重要原因。

## 一、明代山西的筑城大势

笔者依靠成化、嘉靖、万历、康熙、雍正、光绪朝所修六种《山西通志》及百余种明清山西府州县志,同时参考《明实录》,对明代山西的筑城次数作了细致统计。统计时的史料取舍原则是:关于某城某次的修筑时间,若相关资料存

---

④ 徐泓:《明代福建的筑城运动》,《暨大学报》1999年第1期,第25—75页。
⑤ 成一农:《古代城市形态研究方法新探》,北京:社会科学文献出版社,2009年,第217—237页。

在记载相左之处,首先以早出的资料为据;如果早出资料记载某次筑城行为在某一时期,但后出的多种资料记载为另一时期且时间相吻合,则不从早出史料;若早出资料记载某一时期无筑城行为,而后出其他史料均记载曾有筑城,且言之凿凿,则亦不从早出资料。在这一工作思路下,得出有明一代山西筑城次数达 646 次,大大超过成一农 439 次的统计结果。⑥若以帝王年号加以归纳,其时间分布如表 1 所示:

表 1　明代山西筑城次数的朝代分布一览表

| 朝代 | 洪武 | 建文 | 永乐 | 洪熙 | 宣德 | 正统 | 景泰 | 天顺 |
|---|---|---|---|---|---|---|---|---|
| 次数 | 37 | 0 | 4 | 1 | 2 | 17 | 62 | 7 |

| 朝代 | 成化 | 弘治 | 正德 | 嘉靖 | 隆庆 | 万历 | 天启 | 崇祯 |
|---|---|---|---|---|---|---|---|---|
| 次数 | 16 | 16 | 48 | 153 | 75 | 126 | 7 | 75 |

资料来源:成化、嘉靖、万历、康熙、雍正、光绪《山西通志》、百余种山西明清修府州县志、《明实录》。

说明:因光宗泰昌帝在位仅 1 月,且期内并无筑城活动,表中从略。

实际上,仅将筑城次数满足于"朝代"精度是远远不够的,仍无法清晰复原出明代山西筑城的高峰与低谷。基于此,笔者进一步将筑城次数精度提高至"年度"级别。经统计,除 109 次筑城行为因记载为"XX(年号)间"、"XX(年号)初"、"XX(年号)末"而无法确定具体修筑时间之外,凡有 537 次筑城行为可精确至"年度"级别。笔者将其绘制为波状图如下:

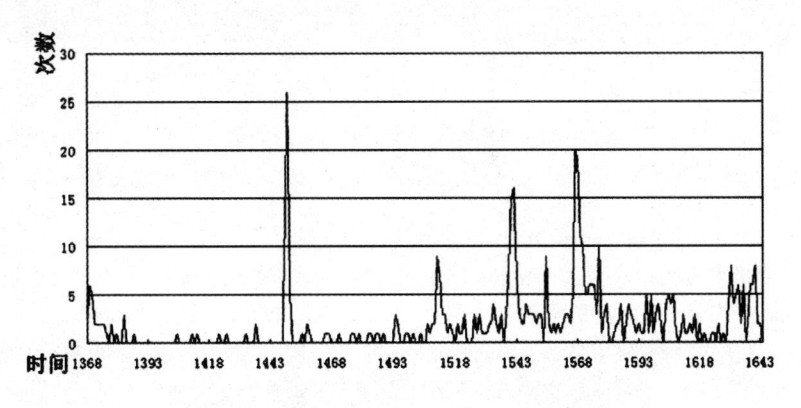

图 1　明代山西筑城次数年际波动图

统计显示，明代山西存在多次筑城高峰期，其中最明显者为景泰元年（1450年），该年筑城次数达26次，实际上正统十四年（1449年）和景泰二年的筑城次数也颇为可观，分别为13次和5次。必须指出的是，文献中记载筑城时间为"景泰初"者另有29次，记载为"正统末"者有1次，若将此30次计算在内，则正统末景泰初的筑城次数高达74次，实为明代山西的第一个筑城高峰。隆庆元年至四年（1567—1570年）为第二个高峰期，筑城次数分别为20、19、11、10次，另有1次因史料记载为"隆庆初"而无法落实具体年度，但必定不出隆庆元年至四年的范畴，则此一时段的筑城次数亦高达61次。第三个峰期出现在嘉靖十九至二十二年（1540—1543年），分别为8、15、16、7次，共46次。正德六年至七年（1511—1512年）可视为第四个高峰期，分别有9次和7次筑城行为；嘉靖三十四年（1555年）、万历五年（1577年）、崇祯四年（1631年）、崇祯十四年（1641年）四个年份的筑城次数分别是9、10、8、8次，亦较为可观。相较之下，洪武年间无论在朝代筑城数量和年际筑城数量方面均不可观，并不是明代筑城的高峰。总体来看，前三个高峰期的筑城次数远远超出其他几次高峰，这是显而易见的。

一般而言，由于成规模的城池修筑，需要消耗大量经费，在无重大人为或自然事件发生的情形之下，地方官府往往不会轻易大筑、大修。以此推之，上述数次筑城高峰的背后就存在颇可探究的"隐情"，现在追溯起来，民变、地震灾害、外敌扰掠是最为主要的三大因素。[⑦]譬如，正德六年至七年16座城池的修筑，就与以杨虎为首的流寇转战山西有直接关联。正德六年，杨虎与流寇刘六、刘七联合，率其中一军转战河北、河南、山西，惨烈战事之后诸多城池均告失守，地方大震，《明实录》记载说：

> 贼杨虎等自河南入山西泽、潞、辽诸州，陵川、壶关、高平、沁水、阳城、翼城、曲沃、襄陵、洪洞、赵城、灵石、介休、平遥、祁、太谷诸县皆残破，杀掠以千万计，司府卫州县官坐逮问者四十二人。[⑧]

上引文所记述的是流寇最终攻破的城池，受到波及的城池实际远不只此数。史料中有不少因"流寇"而筑城的记载，如太谷城，"正德六年，流寇入城，后郡

---

⑥ 成一农：《古代城市形态研究方法新探》，第218页。

⑦ 需要指出的是，淫雨浸霖、洪水冲击等也是古代城墙修筑的重要动因，但此种类型的筑城行为在时间分布上往往是零星的、分散的，并不是诱发筑城高潮的主要因素。

⑧ 台湾"中央"研究院历史语言研究所校勘：《明武宗实录》卷八六，"正德七年四月戊寅"条，台北："中央"研究院历史语言研究所，1962年（以下所载引明代各朝实录并同），第1842—1843页。

司马张冕署邑事,增高二丈五尺,门各加以砖甃,建重楼于上";⑨再如灵石城,"正德辛未(即六年——笔者注),为流寇所破,知县孙璲、主簿郭清筑,加高厚各四分之一,建南北城楼,四隅角楼";⑩又如潞州的长子城,"正德七年,知县史纪值流寇之变,因旧加筑,增高三丈五尺,隍阔二丈,池深一丈五尺,楼橹铺舍一十有九间"。⑪嘉靖三十四年修筑的9座城池有8座位处晋南,即蒲州、曲沃、荣河、解州、夏县、平陆、河津、绛县,全系因该年波及晋陕豫的地震而重筑。《明实录》载称:"山西、陕西、河南同时地震,声如雷,鸡犬鸣吠。陕西渭南、华州、朝邑、三源等处、山西蒲州等处尤甚,或地裂泉涌,中有鱼物,或城郭房屋陷入池中……压死官吏军民奏报有名者八十三万有奇",⑫是我国见于文献记载的伤亡最为惨重的一次大地震。史料记载蒲州城的重建说:"嘉靖三十四年,地震城坏,河东道赵祖元、知州边像重修";⑬曲沃城,"(嘉靖)三十四年,知县张学颜因地震重修";⑭再如绛县城,"(嘉靖)三十四年,地震,楼堞倾圮,知县陈训复加修葺";⑮又如荣河城,"(嘉靖)三十四年,地震城圮,知县侯祁重筑,雉堞俱易以砖,增三门楼,南北各建重门"。⑯崇祯年间的筑城活动无疑与遍地蜂起的"流寇"有关,如方志记载太平城崇祯四年修筑之事称:"崇正四年,知县魏公韩以流寇入境,至城下者三,土墙低薄,采石为基,通甃以砖";⑰记载崇祯十四年绛县城修筑行为称:"崇祯十四年,知县王敏增修北城敌台二座,南门外瓮城加高数尺,上建重楼",⑱虽未明言是因"流寇"而增筑,但从修筑内容上显明的军事防御目的即可明了其中之意。

那么,景泰、嘉靖、隆庆年间大规模的筑城高峰是由何种因素促成的?现在追索起来,皆与"北虏"大举抢掠山西腹里⑲有关,这正是下文所要深入讨论

---

⑨ 乾隆《太谷县志》卷一《城池》,《稀见中国地方志汇刊》第4册,北京:中国书店据清乾隆三十年刻本影印,1992年,第981页。

⑩ 康熙《灵石县志》卷一《地理·城池》,康熙十一年刻本,第6页。

⑪ 康熙《长子县志》卷二《地理志·城池》,《稀见中国地方志汇刊》第5册,北京:中国书店据清康熙四十四年刻本影印,1992年,第33页。

⑫ 《明世宗实录》卷四三〇,"嘉靖三十四年十二月壬寅"条,第7429—7430页。

⑬ 乾隆《蒲州府志》卷四《城池》,乾隆二十年刻本,第2页。

⑭ 康熙《曲沃县志》卷六《城池》,康熙四十五年刻本,第2页。

⑮ 顺治《绛县志》卷二《建置·城池》,《稀见中国地方志汇刊》第7册,北京:中国书店据清顺治刻增修本影印,1992年,第521页。

⑯ 乾隆《荣河县志》卷二《城池》,乾隆三十四年刻本,第1页。

⑰ 乾隆《太平县志》卷二《建置志·城池》,乾隆四十年刻本,第1页。

⑱ 顺治《绛县志》卷二《建置·城池》,《稀见中国地方志汇刊》第7册,第521页。

⑲ 明代山西"腹里",系指雁门关长城一线以南的广大区域,这在《明实录》中多有记载,详细考证从略。

的所在。

## 二、"土木之变"后的山西情势与首次筑城高潮

明帝国创立初期,北退塞外的元室余部依旧保持着强大势力,与明军在塞外有多次残酷较量。洪武二十一年(1388年)捕鱼儿海之战,北元大败,大汗势力衰微,蒙古各部枭雄迭起,蒙古地区遂陷于分裂割据局面,逐渐分为鞑靼、瓦剌、兀良哈和西北诸部,其中,鞑靼与瓦剌两大营垒争夺蒙古霸权的斗争以及蒙古大汗与权臣之间的斗争表现得异常激烈,明朝廷则对之采取击强扶弱的牵制策略,以使蒙古诸部互相消耗,藉此渔翁得利。不过,由于大汗所在的鞑靼部始终是明朝廷打击的重点,瓦剌部得以长时期喘息生聚。正统三年(1438年),瓦剌太师脱欢攻杀阿岱汗,立脱脱不花为可汗(岱总汗)。次年,脱欢卒,其子也先继为瓦剌太师,更大规模地向四周扩展,一时统一了蒙古诸部。塞外的暂时统一,使得自明成祖时期即已开始的朝贡贸易由局部、分散的行为变为整个蒙古地区与明朝的贸易。来自蒙古草原的使臣规模呈现愈来愈大之势,"往者瓦剌遣使来朝多不满五人,今脱脱不花、也先所遣使臣动以千计,此外又有交易之人",[20]这给明朝一方以巨大财政压力,遂被迫采取固定赏赐数额的措施,增人而不增赏,而这正给也先发兵攻明以借口。[21]正统十四年(1449年)七月,蒙古兵分四路大举攻明,也先率主力进攻大同,阿剌知院率部进攻宣府,脱脱不花率所部进攻辽东,另有一路进攻甘州。七月十一日,明英宗听闻大同遭到侵犯,不听廷臣谏阻,出兵亲征。八月初二日至大同,见形势不利,仓促回师。十五日至土木堡,瓦剌骑兵大至,明军大溃,死伤数十万,英宗被俘,朝野大震,是为"土木之变"。九、十月间,也先进而挟英宗进犯北京。十月初四日抵紫荆关,初九日破之。十一日长驱至北京城下,明军在于谦指挥下英勇奋战,也先受挫,五天后自北京撤兵,复经紫荆关、猫儿庄出塞。[22]

"土木之变"后的相当长一段时期内,蒙古军队频繁骚扰宣府、大同防线,史料记载,景泰元年(1450年)正月,"虏入大同塞,总兵郭登击却之",三月,"虏入荞麦川、偏头关,都督杜忠击败之",是月"虏大掠蔚、朔,分寇宣府诸城",山西北部遂无宁日。[23]更为严重的是,还出现了蒙古军队越雁门关南下山

---

[20] 《明英宗实录》卷八八,"正统七年正月戊寅"条,第1764—1765页。
[21] 关于"土木之变"前瓦剌与明朝的矛盾,日本学者和田清已有详细论述,参见和田清:《明代蒙古史论集》,第245—250页。
[22] 吴智和对"土木之变"当时与之后明军在居庸、紫荆二关的防务问题有深入讨论,对于理解此时的明蒙关系大有帮助。参见吴智和:《明景帝监国登极时期居庸紫荆两关之城防》,《明史研究专刊》第5辑(1982年),第279—298页。

西腹里抢掠的新态势。正统十四年十一月,山阴地方官奏称"达贼三千余骑北行至代州,时各关口既塞,天寒雪深,虏骑不得出,因剽掠繁峙诸县",[23]说明已深入至关南的代州、繁峙一带。景泰元年四、五月间的蒙古掠晋事件更是前所未闻。是年四月,"达贼数万自鸦儿崖入境,至广武站分三路攻雁门关",[24]五月掠河曲县及义井堡,分兵自代州而下。本年七月山西地方官员上奏此次蒙古南掠之事称:"前者虏寇深入,攻围忻、代等州、镇西等卫,直至太原城北",[25]可见蒙古军队南下扰掠直达了太原城附近。整个山西中部和北部的多个州县在此次事件中遭受严重破坏。如河曲县,五月乙巳"巡抚山西右副都御史朱鉴奏,达贼数千分道入境,犯河曲县,杀虏人畜殆尽,越四日始退。"[26]又如静乐县,五月己酉"山西静乐县奏报,达贼杀虏男妇八十一口,牛马驴骡一百四十余匹,羊六百八十二只。"[27]太原城东的寿阳县也遭到劫掠,七月甲辰"免山西寿阳县岁办皮张,以其地遭虏寇侵掠,岁饥民艰也。"[28]这无疑是明政权建立以来,山西遭到的首次最严重浩劫。

正统末景泰初的筑城高峰正是在蒙古军队深入山西腹里的情势下出现的,如史料载太平县城历次修筑情况时称:"正统己巳土木之变,成化甲辰人民相食,尝大兴作",[29]记载介休修城说:"明景泰元年知县王俭、彭镛复葺之,以备外患。"[30]正统末景泰初,山西全省共有74次城池修筑行为,如此大范围的集中修筑活动究竟是如何组织的呢?洪洞修城的记载透露了些许蛛丝马迹:

> 明正统十有四年,始奉文创筑土城。周围五里奇,高一丈六尺,厚八尺,池深八尺……景泰初,知县赵翔重修。[32]

引文中的"奉文"二字颇值得重视,这证实当时必有一道高层官员严令全省修

---

[23] (明)郑晓:《皇明北虏考》,薄音湖、王雄编辑点校:《明代蒙古汉籍史料汇编》第1辑,呼和浩特:内蒙古大学出版社,1993年,第207页。
[24] 《明英宗实录》卷一八五,"正统十四年十一月壬寅"条,第3703页。
[25] 《明英宗实录附景泰实录》卷一九一,"景泰元年四月丙申"条,第3966页。
[26] 《明英宗实录附景泰实录》卷一九四,"景泰元年七月甲寅"条,第4085页。
[27] 《明英宗实录附景泰实录》卷一九二,"景泰元年五月乙巳"条,第3984页。
[28] 《明英宗实录附景泰实录》卷一九二,"景泰元年五月己酉"条,第3992页。
[29] 《明英宗实录附景泰实录》卷一九四,"景泰元年七月甲辰"条,第4072页。
[30] (明)李钺:《太平县修城记》,乾隆《太平县志》卷一〇《艺文志》,第19页。
[31] 康熙《介休县志》卷二《建置·城池》,康熙三十五年刻本,第2页。
[32] 万历《洪洞县志》卷一《舆地志·城池》,万历十九年刻本,第11页。

城的公文。虽然文献中更多见的是仅记载州县正印官或僚属率领修城，但由此并不能否认高层官员曾明令地方统一修城的事实，只是史料未予交代而已。可以设想，当时全省上下必是呈现出一番省级要员严令修城、州县官员严格督催、基层百姓无条件参与的筑城热潮。

74次筑城行为涉及73座城市，[33]比例占到了全省96座治所城市中的76%，可见波及面之广。其在空间布局上体现出极为明显的南北分异特征，太原府城东西一线以南仅有为数极少的9处城池未见修筑行为，筑城率高达87%；而太原府城以北的25座城池中，仅11处城池有修筑活动，筑城率为44%。若以雁门关一线将山西划分为腹里和边塞两个地区，这种南北分异特征同样十分明显，边塞11城仅有大同、灵丘2城显示有修城活动，而腹里地带的85座城池中有71座经过了修筑。这是正统末景泰初蒙古军队深入山西腹里大肆剽掠的典型体现。（参见图2）

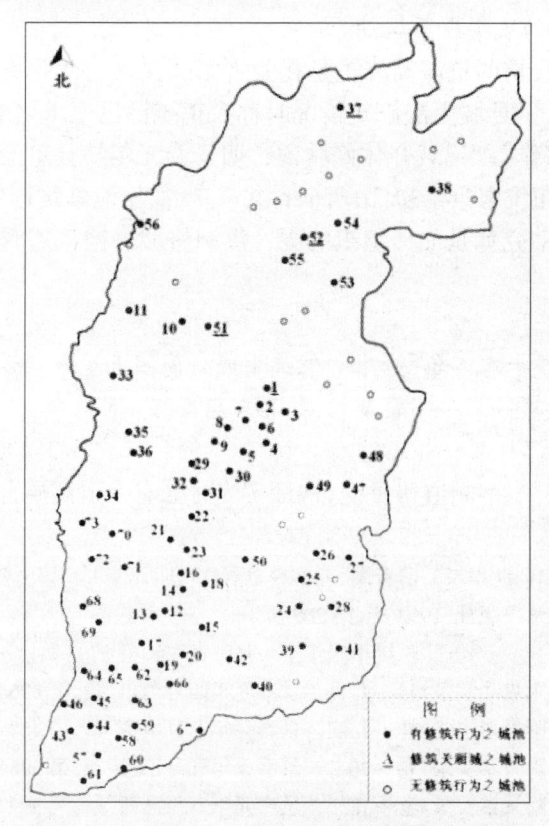

图2 正统末景泰初山西筑城运动空间布局示意图

---

[33] 洪洞城在正统十四年和景泰初年各有1次修筑活动。参见万历《洪洞县志》卷一《舆地志·城池》，第11页。

说明:底图采自谭其骧主编:《中国历史地图集》第七册《明代·山西一》,上海:地图出版社,1982年,第54—55页。

注:1.太原府城 2.太原县城 3.榆次城 4.太谷城 5.祁县城 6.徐沟城 7.清源城 8.交城城 9.文水城 10.岚县城 11.兴县城 12.临汾城 13.襄陵城 14.洪洞城 15.浮山城 16.赵城城 17.太平城 18.岳阳城 19.曲沃城 20.翼城城 21.汾西城 22.灵石城 23.霍州城 24.长子城 25.屯留城 26.襄垣城 27.黎城城 28.壶关城 29.汾州城 30.平遥城 31.介休城 32.孝义城 33.临县城 34.石楼城 35.石州城 36.宁乡城 37.大同城 38.灵丘城 39.高平城 40.阳城城 41.陵川城 42.沁水城 43.临晋城 44.猗氏城 45.万泉城 46.荣河城 47.辽州城 48.和顺城 49.榆社城 50.沁源城 51.静乐城 52.代州城 53.五台城 54.繁峙城 55.崞县城 56.河曲城 57.解州城 58.安邑城 59.夏县城 60.平陆城 61.芮城城 62.绛州城 63.闻喜城 64.河津城 65.稷山城 66.绛县城 67.垣曲城 68.吉州城 69.乡宁城 70.隰州城 71.蒲县城 72.大宁城 73.永和城

就这73座城池而言,此波修城高峰的工程量如何呢？遗憾的是,此类史料并不完整、系统,但我们若拉长时间的界限,转换视角,通过考察正统末景泰初首次修城的比例,当能大致了解工程量问题。史料中对筑城行为的记录有多种方式,第一种方式是类似洪洞县城、太原县城、兴县城的例子,如下所示:

> (洪洞县城)相传旧无城,至明正统十有四年始奉文创筑土城。[34]
> (太原县城)县治初改晋阳城南关,景泰元年知县刘敏因旧基始筑城。[35]
> (兴县城)兴旧为兴州,明初改为县,未有城池,景泰元年枕山始筑土城。[36]

这是明确记载正统末景泰初乃是首次修城的情况,其工程量之浩大自不待

---

[34] 万历《洪洞县志》卷一《舆地志·城池》,第11页。
[35] 嘉靖《太原县志》卷一《城池》,《天一阁藏明代方志选刊》第8册,上海:上海古籍书店据明嘉靖三十年刻本影印,1963年,第5页。
[36] 乾隆《兴县志》卷一五《营筑·城垣》,乾隆十四年刻本,第1页。

言。第二种方式是如夏县城、石楼县城、太平县城的例子,如下引文所示:

> (夏县城)始建于元魏神麖元年,景泰初知县雷缙增筑。㊲
> (石楼县城)土城一座,敌台创自唐,武德二年筑,明景泰元年县丞耿祥修。㊳
> (太平县城)始唐鄂公敬德堡也,贞观七年徙县于此,周围三里六十五步,高四丈,濠深一丈五尺,东门二,南北西各一,明景泰初知县岳嵩修。㊴

此类记载的突出特点是,正统末景泰初年筑城与上一次筑城相隔时间动辄数百年。该记录格式的形成存在两种可能性,一种可能是,两次筑城确实相隔极长的时间,期间并无修筑行为,是史料修撰者据实直书;另一种可能是,期间曾有过多次修筑,志书编纂者纯为简化叙述之便,省略不记。对于后者,笔者的观点是,期间若是对城池的小修小补,则为求简化而略去不书的可能性是有的,但工程量较大的大规模修筑行为,史料修撰者实无省略不记的理由,这并不符合常理。基于这一分析,可以推想,早先创筑的"城池"因长期未经修缮或仅是小修小补,至正统末景泰初年时,很可能已是断壁残垣。因此,对于第二种记录方式,我们大可将发生于正统末景泰初的修筑行为视同为首修,其工程量无疑也是较为可观的。第三种方式即属对筑城活动的翔实记录,例证如下:

> (石州城)秦丁巳三年,赵武灵王破林胡、楼烦始筑。元至元二十一年,河南行枢密院八元恺、郡守尹炳补筑。明景泰元年,州守范宾重修。㊵
> (临汾县城)乃魏王豹建,洪武初因旧城重筑,景泰初重修。㊶

---

㊲ 康熙《夏县志》卷一《建置志·城池》,《中国地方志集成·山西府县志辑》第63册,南京:凤凰出版社据清康熙四十七年刻本影印,2005年,第93页。

㊳ 雍正《石楼县志》卷一《城池》,《中国地方志集成·山西府县志辑》第26册,南京:凤凰出版社据清雍正十年刻本影印,2005年,第476页。

㊴ 乾隆《太平县志》卷二《建置志·城池》,第1页。

㊵ 康熙《永宁州志》卷二《城池》,《中国地方志集成·山西府县志辑》第25册,南京:凤凰出版社据清康熙四十一年刻本影印,2005年,第26页。

㊶ 康熙《临汾县志》卷一《地理志·城池》,清康熙三十五年据明万历十九年刻本增刻,第4页。

>（襄陵县城）宋天圣元年，自宿水店徙治今址，始筑土城，周五里一百六十步。元至正二年，县尹岳贞重筑。明正统十四年，知县赵聪恢拓，为门者三。㊷

就此种记录方式而言，正统末景泰初的筑城显然不能视作首修，但将首修分别定为先秦、秦汉之际、北宋亦不甚妥当，原因在于各与下一次筑城时间相隔过长。稳妥的做法是，将石州、襄陵二城的首修时间定为元代，将临汾城定在洪武初。此种记录方式所揭示的正统末景泰初的筑城工程量一般是较小的。

综合以上论述，笔者对正统末景泰初年所修73座城池的首修时间作了汇总统计，参见表2：

表2 正统末景泰初73座城池首修时间一览表

| 首修时间 | 城池名称 |
| --- | --- |
| 元代 | 交城、襄陵、岳阳、翼城、汾西、灵石、霍州、长子、屯留、黎城、汾州、石州、高平、万泉、荣河、辽州、和顺、沁源、崞县、河曲、解州、闻喜、河津、大宁、永和 |
| 洪武 | 太原府、临汾、曲沃、襄垣、壶关、平遥、临县、大同、沁水、静乐、代州、芮城、绛州 |
| 宣德 | 榆社 |
| 正统间 | 陵川 |
| 正统末景泰初 | 太原县、榆次、太谷、祁县、徐沟、清源、文水、岚县、兴县、洪洞、浮山、赵城、太平、介休、孝义、石楼、宁乡、灵丘、阳城、临晋、猗氏、五台、繁峙、安邑、夏县、平陆、稷山、绛县、垣曲、吉州、乡宁、隰州、蒲县 |

资料来源：成化、嘉靖、万历、康熙、雍正、光绪《山西通志》、百余种山西明清府州县志、《明实录》。

说明：史料记载陵川县城在正统景泰年间凡有两次修筑行为，首次在"正统间"，后次在"景泰初"，因首次修筑并不能确定是在"正统末"，稳妥起见，姑认定为"正统间"。

表2显示，正统末景泰初凡有33座城池系首次修筑，大大超过洪武年间的13座，虽然元代首修的城池有25座，数量亦较为可观，但在时间段上却相对

---

㊷ 雍正《襄陵县志》卷五《城郭》，雍正十年刻本，第1页。

分散，远不如正统末景泰初集中。至此可以认为，正统末景泰初的筑城运动，不仅在筑城数量上十分可观，在工程量方面也是空前的。经过正统末景泰初的筑城高峰，山西完整的城池体系基本上得以奠定。

## 三、嘉靖中期蒙古"大入"山西与筑城浪潮的再起

正统年间也先虽实现了蒙古各部的统一，但由于缺乏稳固的政治经济基础，蒙古草原很快又陷入四分五裂的境况中。先是也先杀脱脱不花汗，随后阿刺知院杀也先，瓦剌势力由此衰落，鞑靼复起，但蒙古大权又落入鞑靼喀喇沁部领主孛来和翁牛特部领主毛里孩手中，大汗和异宗权臣之间的争斗依旧激烈。景泰五年（1454年），孛来立脱脱不花次子马可古儿吉思为可汗，称乌珂克图汗。成化元年（1465年），孛来杀乌珂克图汗。二年，毛里孩起兵攻杀孛来，立脱脱不花长子摩伦为可汗。不久，毛里孩复杀摩伦汗。此后，脱脱不花的季弟满都鲁与其侄孙巴延蒙克（脱脱不花从弟阿噶巴尔济之孙，明人称之为孛罗忽）合兵大败毛里孩。十一年，满都鲁被永谢布领主癿加思兰立为可汗，癿加思兰仗势擅权。十五年，亦思马因杀癿加思兰，收揽大权，是年，满都鲁去世，无子嗣，汗位继承权遂落到先已亡故的巴延蒙克的遗孤巴图蒙克身上。十六年，巴图蒙克继汗位，称达延汗（明人亦称之为小王子）。当时的鞑靼地区主要由六万户[43]组成，分左右翼，左翼三万户称为察哈尔、喀尔喀和兀良哈，右翼三万户称为鄂尔多斯、土默特和永谢布。此时的达延汗名义上是全蒙古的大汗，但直属部只有察哈尔万户，其他五万户均由异宗权臣领有，除左翼的喀尔喀和兀良哈听其指挥外，右翼三万户与达延汗是敌对的状态。至正德五年（1510年），达延汗率左翼三万户在达兰特哩衮与右翼三万户交战，右翼兵败，遂收复右翼三万户。此后，达延汗继续打击和收降未服从的蒙古部落，并不时派兵抑制瓦剌领主的反抗，最终统一了整个蒙古地区。统一蒙古后的达延汗，一改过去由异宗领主分统蒙古诸部的状况，除瓦剌及个别地区外，废除异宗领主、权臣的领地，封诸子分领六万户。大汗为全蒙古最高君主，驻牙于察哈尔万户，统率左翼三万户；济农驻帐于鄂尔多斯万户，统率右翼三万户。达延汗的分封制度形成了由达延汗子孙统治大漠南北的状况，对后世产生深远影响。十二年，达延汗去世，其子右翼济农巴尔斯博罗特主政。十四年，巴尔斯博罗特卒，子衮必里克嗣右翼济农之位（明人以其职位称衮必里克为吉囊）。在巴尔斯博罗特诸子中，以衮必里克和俺答势力最强，二人不相上下。衮必里克占

---

[43] 万户，蒙语称作土绵，亦称兀鲁斯，是一个大的部落集团，也是一块大领地，每一万户又由若干鄂托克组成。

有富饶的河套及以西的大片丰美草原,俺答最初占有开平以北地区,较贫瘠,后以丰州滩为根据地,向四方扩展,条件大为改善。衮必里克晚年放纵酒色,不理军政,济农势力遂衰,俺答相应崛起,控制了右翼三万户,兵马雄冠诸部。[44]

在游牧与农业两种社会间,北方游牧民族因自然环境及生活方式的限制,在经济上不得不依赖于南方的农业民族,这决定了两者之间必须有贸易存在,贡市贸易就是其中最重要的表现形式。俺答时期,蒙古地区的社会秩序渐趋稳定下来,对明朝的通贡互市需求日渐提升,倘若遭遇风雪灾害、蝗灾、疫病等,这种贸易需求会变得更为迫切。嘉靖十三年(1534年),"其四月,俺答挟众欲入贡",[45]这是文献记载中俺答最早提出的入贡要求。令人遗憾的是,明朝世宗皇帝一味执行错误的绝贡政策,朝中虽有大臣主张接受俺答通贡互市需求,但面对刚愎自用的明世宗,终不敢冒险进谏。求贡不得的俺答,遂有对明朝的频繁抢掠之举,明帝国的边防危机由此日趋严重,紧邻俺答活动重心的山西一带自然成为边患的重灾区。

不过,在嘉靖十九年(1540年)以前,极少发生蒙古军队越过雁门关一线而深入腹里的事件,即便偶尔逾关南进,亦未出现景泰元年到达太原城北的严重状况。变化从嘉靖十九年之时开始出现了,是年八月俺答冲破宁武关,大举入掠山西腹里。《明实录》载:

> 给事中张良贵勘上十九年虏犯山西失事状言:虏以八月七日自宁武关狗儿涧水口进入,尚犯岢岚州及静乐、岚、兴等县、镇西等卫,所杀卤居民以万计,抢掠财蓄不可胜算,延住内地十余日,以本月十六日复由狗儿涧出边。[46]

《晋乘搜略》对此次蒙古深入山西的事件记载更为详细,其称:"嘉靖十九年八月,谙达(即俺答——笔者注)由井坪、朔州抵雁门,破宁武关,入岢岚、兴县,遂入太原及交城、汾州、文水、清源。"[47]两则史料揭示,蒙古南进山西腹里乃是自宁武关而入,经晋西北之岢岚、兴县、岚县、石州而入晋中,包括太原盆地之内的多处州县遭到劫掠,最远到达汾州,这显然已是有明以来蒙古南掠山西

---

[44] 此部分对蒙古政治变迁史的论述,参考杨绍猷:《俺答汗评传》,第14—22页。
[45] (明)瞿九思:《万历武功录》卷七《中三边一·俺答列传上》,薄音湖编辑点校:《明代蒙古汉籍史料汇编》第4辑,呼和浩特:内蒙古大学出版社,2007年,第38页。
[46] 《明世宗实录》卷二五二,"嘉靖二十年八月癸未"条,第5064页。
[47] (清)康基田:《晋乘搜略》卷三〇上,太原:山西古籍出版社点校本,2006年,第2322页。

最远的一次了。不过，嘉靖二十年的掠晋事件很快刷新了这一记录。是年，蒙古高原"人畜多灾疾"，对其社会经济产生严重打击，俺答遂有入贡之举，于八月遣石天爵等人至大同阳和塞请通贡市，声称如若明廷不许，"即徙帐比鄙，而纵精骑南掠去"，实际上乃是以战逼市之举。⑱明廷果然拒绝其通贡之请，俺答、衮必里克遂于八、九月间率众先后入犯。俺答之兵首先入掠，其攻破太原盆地北端的石岭关，径趋太原，然后挥兵东向，攻掠"平定州、寿阳、盂县诸处，势逼真定境上"，大有破井陉深入华北大平原的势头，明军不得不由紫荆关分兵至井陉防御。⑲随后，衮必里克自大同平房卫入掠，"长驱入宁武关，而兴、岚、汾、石之间再遭屠剥"。⑳方志记载俺答兵仅在太原县就掠杀二万人："（嘉靖）二十年秋八月，北虏拥众十七万，抢杀本县乡村人口二万，牲畜无算。"㉑史料言及八月俺答杀掠之惨曰："八月间，被丑虏俺答阿不孩深入数百里杀掠，极人烟断绝。"记载衮必里克入掠之状说："地方伤残之惨，当不啻八月，真可痛心扼腕。"㉒明廷对于明蒙两方的损失有详细统计：

　　去岁（指嘉靖二十年——笔者注）虏再深入山西，大掠岢岚、石州、忻、平、寿阳、榆次、阳曲、太原等州县，宗室被卤者四人、仪宾一人，军民被杀卤者五万一千七百余人，诸所焚掠无算，而我兵先后斩获仅三百九十三级。㉓

51700∶393！极不对称的损失比率折射出山西受创之惨烈。更严重的危机在嘉靖二十一年接踵而至。此年蒙古地区疫病流行更为严重，史料记载说："嘉靖壬寅，虏中疾疫，死者亦复过半。"㉔无奈之下，俺答复遣石天爵等人求通贡市，最终石天爵反被明官诱杀，俺答大怒，"遂不待秋期，即以六月悉众入寇"。㉕其自朔州经广武一路南下，在晋中一带大肆杀掠，更进一步南下至潞安、平阳二府之境，整个山西由北到南几乎横扫一遍。《晋乘搜略》综合前代史料，对此次蒙古入掠经过有翔实记录：

---

⑱ 《明世宗实录》卷二五一，"嘉靖二十年七月丁酉"条，第5030页。
⑲ 《明世宗实录》卷二五二，"嘉靖二十年八月甲子"条，第5048页。
⑳ 《明世宗实录》卷二五四，"嘉靖二十年十月癸丑"条，第5101页。
㉑ 嘉靖《太原县志》卷三《祥异》，《天一阁藏明代方志选刊》第8册，第3页。
㉒ 《明世宗实录》卷二五四，"嘉靖二十年十月癸丑"条，第5101页。
㉓ 《明世宗实录》卷二五八，"嘉靖二十一年二月庚午"条，第5171页。
㉔ （明）岷峨山人：《译语》，薄音湖、王雄编辑点校：《明代蒙古汉籍史料汇编》第1辑，第246页。

嘉靖二十一年，谙达纠青台吉及叛人高怀智、李天章等由左卫吴家口入驻朔州，掠广武，南入太原，薄太原城。精兵戴铁浮图，马具铠，刀矢铦利，望之若霜雪，士民惶恐内徙。知府张祉冒雨登陴，昼夜巡警，敌不得逞。城外无所掠，大肆焚烧，指挥王伦等率壮士以矢石火器毙寇数十人。寇焚演武教场，乃移营南走，转掠祁、清等县，驻帐县北三日。抵清源城，冀宁道王仪洞开城门，寇疑，引去。转入太原城，屠戮四万余人，大掠十日。南掠平遥，复至太谷，攻破郭村堡。转至介休城下，破石屯、王里二堡。掠沁、潞而还，至永宁州城下，渡河北返。凡掠十卫三十八州县，杀掳男女二十余万，焚公私庐舍八万余区，蹂躏田禾、杀掠牛马羊豕无数。七月庚午始出。㊺

嘉靖二十二年朝臣在查勘"山西诸臣失事罪状"的奏疏中言：

虏自去年六月十八日进边，至七月二十二日始出，自来流连内境未有若是之久！其所残破卫所十余，州县三十有八，西至河滢，东掠平定、沁、辽，南入洛安、平阳之境，纵横不啻千里，自来蹂躏地方未有若是之广！杀卤男女十余万人，抢劫马牛畜产财物器械至不可胜纪，至不可言之惨未有若是之甚！㊼

一组"未有若是"的排比句，深刻揭示出嘉靖二十一年蒙古掠晋之惨，无论是入掠时间，还是波及范围，抑或明朝一方的生命财产损失，均大大超过嘉靖二十年。这是明代山西遭受的最大一场浩劫！

嘉靖年间边患孔亟，已是人所共知的事实，嘉靖十九至二十一年蒙古多次掠晋事件可为嘉靖"北虏"为患的巅峰之一。面对蒙古穿堂入室般的频繁深入，嘉靖十九年山西巡抚㊽陈讲曾急令全省修筑城池以防不测，新一轮筑城高潮乃由此而起。史料称：

嘉靖庚子秋，匈奴寇边，及我楼烦……时巡抚大中丞中川陈公

---

㊹《明世宗实录》卷二六二，"嘉靖二十一年闰五月戊辰"条，第5210页。
㊺（清）康基田：《晋乘搜略》卷三〇上，第2328—2329页。
㊼《明世宗实录》卷二七一，"嘉靖二十二年二月乙亥"条，第5333页。
㊽ 明代山西巡抚始置于正统十四年，管辖除大同府以外的山西全境，即本文所言的山西"腹里"。参见郭红、靳润成：《中国行政区划通史·明代卷》，上海：复旦大学出版社，2007年，第744—746页。

亟下令,言备于未然,斯无患其来,今郡县外无河山之险,内寡藩垣之固,奈何用戒不虞哉! 其议所以缮城郭、筑堡寨毋缓。⑤⑨

嘉靖庚子即嘉靖十九年,正当蒙古首次大规模入掠山西腹里之时。另有史料记载:"嘉靖庚子秋,诸郡廷议修城",⑥⑩"庚子入岢岚,巡抚陈公檄下郡邑,俾各修城堡防护",⑥①所言无疑均是指陈讲严令全省修城之事。巡抚以下,多见分守道、分巡道官员督责州县官修城。这正是明代中后期巡抚之官行使职权的既定路径——即其并非通过指挥都、布、按三司来行事,而是经由所抚地区的道来开展工作。⑥②是年,冀南分守道于敖曾督修汾州东关城和孝义南关城:"(汾州)东关城,明嘉靖十九年,冀南分守道岷州于公令知州张琯修筑"⑥③,"(孝义城)南门外有堡墙,其外自南绕西有外堡墙,皆嘉靖间分守冀南道于敖因边警所筑。"⑥④嘉靖二十年,冀宁分巡道郭春震檄令修筑文水城:"嘉靖二十年,巡道郭春震檄祁县丞李爵复修之,倍高四尺,建堞台一十有六。"⑥⑤同年,冀宁分守道王仪督令州县官或僚属修筑平定、寿阳、榆次三城:"(平定州城)嘉靖二十年,寇迫城下,参政王仪督知州周尚文兴修",⑥⑥"(寿阳城)嘉靖间蒙古犯境,分守参政王仪檄令县丞徐廷增高益厚,葺饬三门",⑥⑦"(榆次城)嘉靖二十年,俺答入寇,参政王仪檄知县李鹏重葺之"。⑥⑧有分巡道官员还亲自参与筑城活动,武乡城就是一例:"(嘉靖)二十一年,巡道陈耀为寇患议筑南城……亲督城下,期月告成。"⑥⑨当然,更多见的还是州县官员直接主持的筑城活动,如石州城:"嘉靖二十年被掠之后,州守杨润增修。"⑦⑩岚县城:"嘉靖二十年知县张崇

---

⑤⑨ (明)孔天胤:《汾东关建城记》,乾隆《汾阳县志》卷一二《艺文》,乾隆三十七年刻本,第19页。

⑥⑩ (明)苟汝安:《重修东关古城记》,光绪《永济县志》卷一九《艺文》,光绪十二年刻本,第9页。

⑥① (明)高汝行:《徐沟县新筑北关城碑记》,康熙《徐沟县志》卷四《艺文》,康熙五十一年刻本,第16页。

⑥② 周振鹤:《中国地方行政制度史》,上海:上海人民出版社,2005年,第192页。

⑥③ 顺治《汾阳县志》卷一《土地志·疆域·城池》,顺治十四年刻本,第14页。

⑥④ 乾隆《汾州府志》卷五《城池·孝义县城》,乾隆三十六年刻本,第5页。

⑥⑤ 康熙《文水县志》卷二《地利志·城池》,康熙十二年刻本,第10页。

⑥⑥ 乾隆《平定州志》卷四《建置志·城池·下城》,乾隆五十五年刻本,第2页。

⑥⑦ 康熙《寿阳县志》卷二《建置志·城池》,康熙十一年刻本,第8页。

⑥⑧ 乾隆《榆次县志》卷二《城池》,乾隆十五年刻本,第2页。

⑥⑨ 乾隆《沁州志》卷二《城池·武乡县》,乾隆三十六年刻本,第5页。

⑦⑩ 康熙《永宁州志》卷二《城池》,《中国地方志集成·山西府县志辑》第25册,第26页。

德因十九年大遭兵燹，又增筑之。"⑦屯留城："（嘉靖）二十一年，知县任肃因寇乱，复高城深池丈许，改瓶城为方城，周围筑敌台八。"⑫徐沟城："（嘉靖）二十二年，知县周诰觇城上女墙倾圮，并值辛丑、壬寅二岁有边惊，因易以砖碟，又创角楼四座。"⑬

在地方官府"自上而下"的严格督催之下，嘉靖十九年凡有8座城池得到了修筑，二十年和二十一年分别达至15次和16次之多，二十二年蒙古虽未再入山西腹里，因防备"虏患"而筑城的次数依旧高达7次，四年合计为46次。在整个嘉靖年间的153次筑城活动中，有具体年代可考者为137次，除嘉靖三十四年之外，⑭嘉靖十九至二十二年的筑城频率大大高于时期内的其他年份，与蒙古掠晋形势呈现出高度的一致性。

46次筑城活动共涉及40座城池。⑮从其空间布局态势来看，雁门关以北的边防地带依旧是筑城稀疏区，仅灵丘一城显示有筑城活动："嘉靖二十年，因边外入警，知县刘永明重修。"⑯筑城率之所以如此之低，极可能与修城动议提出者——山西巡抚陈讲——的辖区仅限于雁门关以内的腹里地带有关。相较之下，山西中部一带成为集中筑城区，该区域内有修筑行为的19座城池呈现为"⌒"状布局态势，⑰仅有介休、清源2城没有筑城活动，筑城率高达91%。晋中地区连续三年均是蒙古军队蹂躏最为频繁的所在，故而造成了如此高的筑城率。晋南与晋东南的筑城率明显低于晋中一带，但却远远高于边塞地区，这与此四年中蒙古曾经掠及两地有直接关系。（参见图3）

---

⑦ 雍正《重修岚县志》卷二《城垣》，雍正八年刻本，第1页。
⑫ 康熙《屯留县志》卷一《城池》，《稀见中国地方志汇刊》第5册，北京：中国书店据清康熙十四年刻本影印，1992年，第480页。
⑬ 康熙《徐沟县志》卷一《建置·城池》，第9页。
⑭ 嘉靖三十四年因晋南地震，该年有9次筑城活动，这已在上文中予以交代。
⑮ 榆次、徐沟、交城、文水、汾州、沁州6城在嘉靖十九至二十二年的四年中各自有2次筑城行为，故为40座。
⑯ 康熙《灵丘县志》卷一《建置志·城池》，康熙二十三年刻本，第27页。
⑰ 19座城池为：太原府城、太原县城、榆次城、太谷城、祁县城、徐沟城、交城城、文水城、灵石城、汾州城、平遥城、孝义城、临县城、石州城、宁乡城、平定州城、寿阳城、盂县城、乐平城。

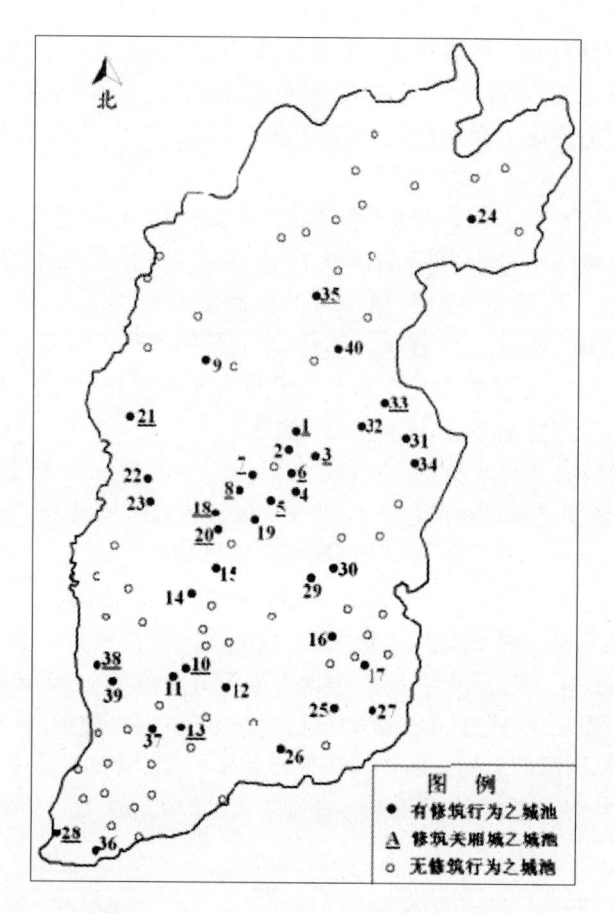

图3 嘉靖十九至二十二年山西筑城运动空间布局示意图

说明:底图采自谭其骧主编:《中国历史地图集》第七册《明代·山西一》,上海:地图出版社,1982年,第54—55页。

注:1.太原府城 2.太原县城 3.榆次城 4.太谷城 5.祁县城 6.徐沟城 7.交城城 8.文水城 9.岚县城 10.临汾城 11.襄陵城 12.浮山城 13.曲沃城 14.汾西城 15.灵石城 16.屯留城 17.壶关城 18.汾州城 19.平遥城 20.孝义城 21.临县城 22.石州城 23.宁乡城 24.灵丘城 25.高平城 26.阳城城 27.陵川城 28.蒲州城 29.沁州城 30.武乡城 31.平定州城 32.寿阳城 33.盂县城 34.乐平城 35.崞县城 36.芮城城 37.绛州城 38.吉州城 39.乡宁城 40.定襄城

嘉靖中期筑城运动的工程量是十分浩大的,这从每座城池的修筑明细中即可得见。具体修筑内容丰富且多样,战备色彩十分明显,增城墙、甃砖石、建敌台、创角楼、砌垛口、浚城壕、筑关厢城等,不一而足。一个突出的特征显而易见,即太原盆地内的筑城工程量最为可观。此外,此波筑城,关厢城的修筑颇引人瞩目,40处城池中有15处存在修筑关厢城的情况,汾州一城修筑有2座关厢城,故而关厢城的实际数量为16座,且绝大部分系创筑,而非重修。这是颇值得讨论的重要课题。(详见表3)

表3 嘉靖十九至二十二年筑城工程量一览表

| 城池名称 | 修筑明细 | 资料来源 |
| --- | --- | --- |
| 太原府城 | 重修南关城:周围5里,高2丈5尺,门5 | 万历《太原府志》卷5《城池·太原府城》,太原:山西人民出版社,1991年,第16页 |
| 太原县城 | 更加补葺,又外增敌台32座 | 嘉靖《太原县志》卷1《城池》,《天一阁藏明代方志选刊》第8册,第5页 |
| 榆次城 | 主城增高5尺,广1尺,撤土甃砖,置敌台20,角楼4,警铺16,池外复列垣为蔽;创筑南关城:周547丈,高1丈9尺,广1丈2尺,池阔2丈,深丈余,上置楼橹、雉堞 | 乾隆《榆次县志》卷2《城池》,第2、5页 |
| 太谷城 | 愈增高厚,于东、北二门创瓮城,西、南各设重门,每面筑敌台6座,上构楼各2楹,深浚城壕 | 顺治《太谷县志》卷1《舆地志·城池》,清顺治十二年据明万历二十四年刻版重修,第5页 |
| 祁县城 | 创筑西关城:周2里,高2丈5尺,底阔2丈,顶阔1丈,陴墙高5尺,门5,敌台8座,西、南、北三面各浚壕一道,深1丈,阔3丈 | 乾隆《祁县志》卷2《城池》,乾隆四十五年刻本,第20页 |
| 徐沟城 | 主城砖甃女墙,创角楼4座;创筑北关城 | 康熙《徐沟县志》卷1《建置·城池》,第9页 |
| 交城城 | 主城增高5尺,补筑坍塌者约10余丈,筑楼1座;创筑东关城:周2里许,高2丈1尺,根厚1丈,顶阔9尺,堑深1丈,广1丈 | 光绪《交城县志》卷3《建置门·城关》,光绪八年刻本,第4—5页 |
| 文水城 | 主城加高4尺,建敌台16座,修东、西2门,城外列垣为蔽;创筑南关城:周3里7分,高3丈,基阔3丈,顶阔1丈,门5,濠深1丈,广1丈 | 康熙《文水县志》卷2《地利志·城池》,第10—11页 |
| 岚县城 | 增筑城池,高3丈,濠深2丈(原城周4里,高1丈5尺,濠深1丈) | 雍正《重修岚县志》卷2《城垣》,第1页 |

| 城池名称 | 修筑明细 | 资料来源 |
| --- | --- | --- |
| 临汾城 | 重修东关城：周1264丈，高2丈5尺，上广9尺，下基2丈，敌台8座，门7 | 康熙《临汾县志》卷1《地理志·城池》，第4—5页 |
| 襄陵城 | 增修城池，高3丈，下阔2丈，上阔1丈，门3，各有郭门 | 雍正《襄陵县志》卷5《城郭》，第1页 |
| 浮山城 | 重修城门 | 雍正《山西通志》卷8《城池·浮山县》，北京：中华书局，2006年，第249页 |
| 曲沃城 | 创筑外城：自旧城东北、西南二角接筑，高2丈5尺，厚如之，周6里50步，垛口470，炮台25座，门6 | 康熙《曲沃县志》卷6《城池》，第1—2页 |
| 汾西城 | 重修城池，铸火器 | 康熙《汾西县志》卷2《城池》，康熙十三年刻本，第1页 |
| 灵石城 | 重修城池 | 康熙《灵石县志》卷1《地理·城池》，第6页 |
| 屯留城 | 城增高丈许，池加深丈许，改瓶城为方城，筑敌台8座 | 康熙《屯留县志》卷1《城池》，《稀见中国地方志汇刊》第5册，第480页 |
| 壶关城 | 砖甃城墙，计高3丈5尺，垛口845 | 道光《壶关县志》卷3《建置志·城池》，道光十四年刻本，第1页 |
| 汾州城 | 创筑东关城：周9里，高3丈，门6；创筑南关城：周5里13步，高3丈，门4 | 顺治《汾阳县志》卷1《土地志·疆域·城池》，第14页 |
| 平遥城 | 补筑河水冲毁之城角 | 康熙《重修平遥县志》卷2《建置志·城池》，康熙四十六年刻本，第1页 |
| 孝义城 | 创筑南关城 | 乾隆《孝义县志》卷1《城池疆域·城池图说下》，乾隆三十五年刻本，第4—5页 |
| 临县城 | 拓筑外城：制高3丈，阔1丈5尺，周围5里3分，瓮城、门楼、敌台、垛口、腰铺俱备 | 道光《临县志》卷2《建置志·城池》，道光二十年据康熙五十七年刻版增刻，第2页 |

| 城池名称 | 修筑明细 | 资料来源 |
| --- | --- | --- |
| 石州城 | 增修城池,周9里3步,高3丈5尺,壕深1丈2尺,门3 | 康熙《永宁州志》卷2《城池》,《中国地方志集成·山西府县志辑》第25册,第26页 |
| 宁乡城 | 创筑敌台 | 康熙《宁乡县志》卷2《地理·城池》,康熙四十一年刻本,第4页 |
| 灵丘城 | 重修城池,高厚倍加 | 康熙《灵丘县志》卷1《建置志·城池》,第27页 |
| 高平城 | 增角楼4座,敌台40座 | 顺治《高平县志》卷2《建置志·城池》,顺治十五年刻本,第1页 |
| 阳城城 | 易以砖堞 | 康熙《阳城县志》卷2《营建志·城池》,康熙二十六年刻本,第1页 |
| 陵川城 | 建门楼3座 | 雍正《泽州府志》卷16《营建志·城池·陵川县》,雍正十三年刻本,第3页 |
| 蒲州城 | 重建东关城 | 康熙《平阳府志》卷7《城池·蒲州》,《稀见中国地方志汇刊》第6册,北京:中国书店据清康熙四十七年刻本影印,1992年,第107页 |
| 沁州城 | 建门楼2座,城楼3间;于敌台上建更楼27座,每座3间 | 乾隆《沁州志》卷2《城池》,第1页 |
| 武乡城 | 筑南面城墙,以石为基,周3里,高丈余 | 康熙《武乡县志》卷1《城池》,康熙三十一年刻本,第18页 |
| 平定州城 | 重修上、下城,楼橹、水门、城门、沟池均有重修 | 乾隆《平定州志》卷4《建置志·城池》,第2页 |
| 寿阳城 | 增高益厚,葺饬三门 | 康熙《寿阳县志》卷2《建置志·城池》,第8页 |

| 城池名称 | 修筑明细 | 资料来源 |
| --- | --- | --- |
| 盂县城 | 重修主城,高3丈3尺,厚2丈,濠深2丈7尺(原高2丈5尺,厚1丈2尺,濠深2丈);创筑东关城:周5里4分,高2丈,厚丈余,濠深2丈,门4 | 乾隆《盂县志》卷4《建置志·城池》,乾隆四十九年刻本,第2—3页 |
| 乐平城 | 建南门楼3间,广深壕堑,立敌楼,设吊桥 | 雍正《山西通志》卷8《城池·乐平县》,第268页 |
| 崞县城 | 加高增厚南关厢城:周3里余 | 乾隆《崞县志》卷1《城池》,乾隆二十二年刻本,第2页 |
| 芮城城 | 增敌台,浚池隍 | 乾隆《解州芮城县志》卷3《城池》,乾隆二十九年刻本,第1页 |
| 绛州城 | 睥睨易之以砖 | 康熙《绛州志》卷1《地理·城池》,康熙九年刻本,第6页 |
| 吉州城 | 增建外城:周4里,皆垒以大石,门四,东、西各建层楼,北建小楼,东门外城前筑瓮城 | 光绪《吉州全志》卷1《城池》,民国初年铅印本,第19页 |
| 乡宁城 | 增筑城池,南城建楼 | 顺治《乡宁县志》卷1《舆地志·城池》,清顺治七年据明万历二十年刻版增刻,第6页 |
| 定襄城 | 城垣增高至4丈(原高2丈5尺),池深1丈5尺 | 万历《山西通志》卷24《武备上·城池》,《稀见中国地方志汇刊》第4册,北京:中国书店据明崇祯二年刻本影印,1992年,第453页 |

## 四、隆庆元年蒙古掠晋与山西筑城高潮的三现

嘉靖二十一年(1542年)以降的明蒙关系依旧主要在求贡与拒贡的背景下展开。二十五年五月,俺答派遣"堡儿塞等三人款大同左卫塞求贡",[78]结果被大同总兵的巡边家丁董宝等杀害冒功;同年七月,俺答又"递至有印番文一

---

[78] 《明世宗实录》卷三一一,"嘉靖二十五年五月戊辰"条,第5835页。

纸,且言欲自到边陈款",[79]准备亲自到明朝边地求贡,又被明世宗拒绝。二十六年"自冬春来(蒙古)游骑信使款塞求贡不下数十余次,词颇恭顺",[80]但最终一一被明世宗拒绝。二十七、二十八年均提出通贡请求,均被明朝拒之。求贡不成而入掠,遂成为此一时期明蒙战端频开的主要动因。《明实录》载俺答之语曰:"以求贡不得,故屡抢。许贡,当约束部落不犯边。"[81]这揭示出蒙古方面以战求和的真正用意,二十九年俺答攻围京师的"庚戌之变"正是其以战逼和的军事举动。三十年,明廷被迫同意开放互市,但至次年即被叫停,明蒙双方又开始了长达20年的战争,直至隆庆五年(1571年)"隆庆和议"始达成。

就山西一省而言,嘉靖二十一年之后,蒙古扰犯山西的次数没有丝毫减轻,但波及的主要区域多限于雁门关以北的边塞地带,仅在嘉靖二十八年(1549年)、三十二年(1553年)、三十九年(1560年)发生过逾关南进的事件,其中以三十九年破坏最甚。是年九月,俺答大举入掠,大同总兵刘汉南保应州,对方乘机自朔州移营而南,攻盘道梁堡,越关大入,此时驻扎宁武的山西镇总兵王怀邦计无所出,避走太原。从《晋乘搜略》的记载来看,明蒙双方曾在太原城外交战,但蒙古军队并未取得明显优势,"寇惧,夜半遁",[82]可见南下之远。《万历武功录》记述此次南掠事件说:"俺答引六万余骑从拒墙堡直捣雁门关、崞县,破寨堡凡一百余所,杀万余人,略畜产亡算。"[83]损失已可谓惨重了,但综合比较,并不能与嘉靖十九至二十一年诸次入掠行为相提并论。

不过,隆庆元年(1567年)的蒙古掠晋事件重又成为一次少有的大灾难。本次南掠完全是由赵全策动的。赵全乃是嘉靖三十三年由晋北逃入蒙古地区的白莲教徒,以其"多略善谋",[84]渐受俺答宠用,"俺答每欲盗边,先击牛酒,(赵)全众计定,乃行",[85]可见对赵全极为倚重的程度。先是隆庆元年赵全引蒙古兵攻掠蓟州一带,被明军守将谭纶大败。九月,赵全说俺答曰:"蓟台垣固,所征卒常选,攻之倅未易入,晋中兵弱,亭障希〔稀〕,石、隰间多肥羊良铁,可

---

[79] 《明世宗实录》卷三一三,"嘉靖二十五年七月戊辰"条,第5862页。
[80] 《明世宗实录》卷三二二,"嘉靖二十六年四月己酉"条,第5983页。
[81] 《明世宗实录》卷三四七,"嘉靖二十八年四月丁巳"条,第6292页。
[82] (清)康基田:《晋乘搜略》卷三〇下,第2392页。
[83] (明)瞿九思:《万历武功录》卷七《中三边一·俺答列传中》,《明代蒙古汉籍史料汇编》第4辑,第70页。
[84] (明)瞿九思:《万历武功录》卷八《中三边二·俺答列传下》,《明代蒙古汉籍史料汇编》第4辑,第79页。
[85] (明)瞿九思:《万历武功录》卷八《中三边二·俺答列传下》,《明代蒙古汉籍史料汇编》第4辑,第80页。

致也。"⑧俺答闻而心动,遂率众六万,分四路,自井坪、朔州、老营、偏关等地侵入,边将不能御,长驱而至石州,营于石州城北,命骑兵至城下索贿,知州王亮采召集富民相商未果,最终"石州遂陷,屠戮甚惨"。⑧史料记载石州之战曰:

> 次日(即九月十三日——笔者注)卯刻,贼众大至,声振天地,四面重围。近城壕皆精兵,铁盔覆首,铁甲连足,矢石加身不动。城下散卒,执杆钩垛,尖镢掘城。州众多被箭伤,亮采闭门不出。谙达责输金一万两,缎三千匹,众议不决。谙达怒,围攻益急,矢下如雨。兵众四散,遂相攀而上,城陷,亮采没于署。⑧

次年,明廷因此次事件而"改山西石州为永宁州",⑧可见石州受创之惨。自石州城破之后,"虏得大掠孝义、介休、平遥、文水、交城、太谷、隰州间,所杀虏男妇以数万计,刍粮头畜无算,所过萧然一空,死者相藉",⑨"山西骚动"。⑨蒙古兵自九月入边,至十月八日始出边,在山西抢掠前后达三十余日。从掠及地域来看,实际远不止上述州县,这从隆庆元年十一月明廷因"虏患"免除州县正官朝觐的诏令中即可得见:

> 免北直隶、山西虏所残破州县昌黎、卢龙、抚宁、乐亭、文水、交城、清源、祁、霍、石、汾州、孝义、介休、平遥,虏入所经县榆次、太谷、徐沟、太原、阳曲、寿阳、孟、平定、乐平及福建滨海晋江等县各正官朝觐。⑨

其中山西州县凡19处。隆庆元年的蒙古掠晋事件是仅次于嘉靖二十一年的第二次大浩劫。

严峻的形势迫使当道者必须寻求地方防御之计。隆庆二年正月,山西督抚官陈其学、杨巍上言边防三事,其中的第一条为"严修守,谓各郡县城堡宜

---

⑧ (明)瞿九思:《万历武功录》卷七《中三边一·俺答列传中》,《明代蒙古汉籍史料汇编》第4辑,第72页。

⑧ 《明穆宗实录》卷一七,"隆庆二年二月癸未"条,第463页。

⑧ (清)康基田:《晋乘搜略》卷30下,第2404页。

⑧ 《明穆宗实录》卷一七,"隆庆二年二月乙巳"条,第487页。

⑨ 《明穆宗实录》卷一七,"隆庆二年二月癸未"条,第463页。

⑨ 《明穆宗实录》卷一二,"隆庆元年九月乙亥"条,第342页。

⑨ 《明穆宗实录》卷一四,"隆庆元年十一月壬子"条,第378页。

修筑高厚,令居民编为保甲,且练且守",隆庆皇帝"从之",批准了该建议。[93]今天的我们仍能真切感受到当时山西各地奉朝廷钦命急筑城池,以保地方的紧张气氛,史料记载称:"隆庆丁卯秋九月,北虏犯晋,破石迫汾,甚急,寻亦宁谧,越明年戊辰春,当道者遵钦命,檄郡邑缮城垒,浚壕堑,修武备,以戒不虞",[94]"去岁丁卯,虏乘边吏之不戒,闯入偏、老,蹂躏汾、岚间,攻陷石州,杀掳极惨,游骑且掠及霍州北境,于是河东大震,民四顾遑遑,莫适保聚。虏既去,监司乃下檄诸郡邑,筑浚城池,督促旁午"。[95]有史料记载说:"隆庆初,虏破石州,阖省修浚城隍",[96]显示全省上下普遍出现了修筑城池的热潮。依明代之制,督抚之下仍旧由管内的分巡道或分守道进一步督令地方具体实施。冀宁分巡道沈人种就饬令州县官修筑了三座城池:"(定襄城)隆庆二年,巡道沈人种檄知县李廷儒加修"、[97]"(静乐城)隆庆二年,巡按沈人种饬署县事县丞刘受兴修城垣"、[98]"(交城城)隆庆四年,冀宁道沈人种饬令所属增筑城垣,知县韩廷用董其事"。[99]知县马秉直则遵上峰之命兴修了乡宁城,"隆庆戊辰,因备虏患,知县马秉直承檄筑北城"。[100]隆庆二年十月,山西督抚官在奏报中详细列举修城表现突出者,并建议朝廷褒奖:

> 山西督抚官陈其学、杨巍等奏报,三晋士民各捐财力,修筑城池堡寨六百余座,省公费不赀。而蒲州、孝义、襄陵、洪洞、榆次、临分〔汾〕等县、东关、头马营堡城垣,工尤倍之。乞录官吏效劳及士民助役者以次给赏。事下兵部复议,从之。[101]

实际上,不待隆庆二年朝廷诏令下达,尚在隆庆元年之时,如火如荼的筑城运动就开始了,例如该年惨遭荼毒的石州城"以城广人稀,难以据守,截去东南

---

[93] 《明穆宗实录》卷一六,"隆庆二年正月庚午"条,第441—442页。
[94] (明)萧縡:《黎城县修城记》,乾隆《潞安府志》卷三三《艺文续编五》,乾隆三十五年刻本,第1页。
[95] (明)张四维:《平阳府襄陵县新建砖城记》,氏撰:《条麓堂集》卷二四,收入《续修四库全书》集部第1351册,上海:上海古籍出版社据明万历二十三年刻本影印,1995年,第666页。
[96] 顺治《潞安府志》卷六《建置·城池》,顺治十六年刻本,第20页。
[97] 雍正《山西通志》卷八《城池·定襄县》,第269页。
[98] 雍正《山西通志》卷八《城池·静乐县》,第269页。
[99] 雍正《山西通志》卷八《城池·交城县》,第247页。
[100] 顺治《乡宁县志》卷一《舆地志·城池》,第6页。
[101] 《明穆宗实录》卷二五,"隆庆二年十月癸未"条,第682页。

半壁而新筑之",[102]城池规模大大萎缩了。综合统计,隆庆元年凡有20次筑城行为,二年为19次,三年和四年仍分别有11次和10次,此外,长治城之修筑言在"隆庆初"[103],必定溢不出隆庆元年至四年的区间,故而隆庆元年至四年山西一省的筑城次数达61次。隆庆五年(1571年),明廷与俺答达成封王、通贡和互市协定,从此边地宁谧,山西的筑城行为迅速下降至仅5次。

  隆庆元年至四年的61次筑城活动共涉及57座城池。[104]这一数量虽次于正统末景泰初,但比嘉靖中期却多出17座。在空间分布方面,与嘉靖中期相比,明显分散不少。具体来说,山西中部仍然保持了极高的筑城率,仅有太原府城、盂县城二处未见修筑行为,"⌒"状布局态势得以保持。晋北地区的筑城率比嘉靖中期大大提高,由当时的岚县、定襄、崞县、灵丘4城增加至9城,这极可能与筑城建议的提出者陈其学的身份有关,其时任宣大山西总督,管辖区域覆盖山西全境,按规定晋北地区亦当补修城池。晋东南地区的筑城数量与嘉靖中期相比,增加并不明显,晋南地区的筑城率却有明显提升,这极可能与嘉靖三十四年(1555年)蒲州大地震的严重破坏有关。该年的大地震对晋南造成极大破坏,但事后很多城池并没有立即修筑,迟至隆庆二年阖省修城的诏令发布之后方得以补修,临晋、猗氏、稷山、垣曲4城就是如此。以稷山修城为例,史料记载说:"嘉靖乙卯以地震尽颓,隆庆纪元秋,逆虏焱突……廷议请西北诸内地悉高城浚池,为不可犯计,以寝其垂涎,诏允行。"[105]知县孙佶遂"奉檄修浚城池,经始于戊辰(隆庆二年——笔者注)三月,迄九月告成"。[106](参见图4)

---

[102] 康熙《永宁州志》卷二《城池》,《中国地方志集成·山西府县志辑》第25册,第27页。
[103] 顺治《潞安府志》卷六《建置·城池》,第20页。
[104] 徐沟、宁乡、临晋、定襄4城在隆庆元年至四年期间各有2次筑城行为,故为57座。
[105] (明)亢思谦:《新筑邑城记》,乾隆《稷山县志》卷九《艺文中》,乾隆三十年刻本,第16页。
[106] 乾隆《稷山县志》卷二《城池》,第1页。

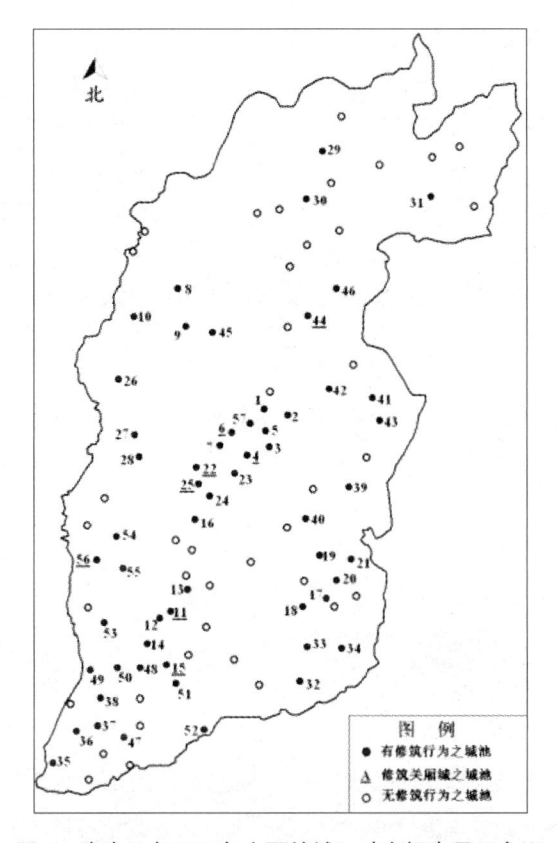

**图 4　隆庆元年至四年山西筑城运动空间布局示意图**

说明:底图采自谭其骧主编:《中国历史地图集》第七册《明代·山西一》,上海:地图出版社,1982年,第54—55页。

注:1.太原县城　2.榆次城　3.太谷城　4.祁县城　5.徐沟城　6.交城城
7.文水城　8.岢岚州城　9.岚县城　10.兴县城　11.临汾城　12.襄陵城
13.洪洞城　14.太平城　15.曲沃城　16.灵石城　17.长治城　18.长子城
19.襄垣城　20.潞城城　21.黎城城　22.汾州城　23.平遥城　24.介休城
25.孝义城　26.临县城　27.石州城　28.宁乡城　29.怀仁城　30.山阴城
31.灵丘城　32.泽州城　33.高平城　34.陵川城　35.蒲州城　36.临晋城
37.猗氏城　38.万泉城　39.辽州城　40.武乡城　41.平定州城　42.寿阳城
43.乐平城　44.定襄城　45.静乐城　46.五台城　47.安邑城　48.绛州城
49.河津城　50.稷山城　51.绛县城　52.垣曲城　53.乡宁城　54.隰州城
55.蒲县城　56.大宁城　57.清源城

隆庆前期波及全省的筑城运动中,工程量同样颇为可观,太原盆地依旧令人关注,与此同时,其他地区的诸多城池同样有着空前的工程量,诸如,晋西的石州城、晋南的临汾城、洪洞城、晋东南的襄垣城、黎城城、辽州城、晋北的兴县城、定襄城等。很多城墙进一步加高增厚,敌台、警铺数量更为增加,先前很多土质垛口、城门、甚至城墙多易以砖石,屏蔽城门的瓮城也多有修筑,这些均是围绕攻城之战而采取的战备措施,防范蒙古劫掠的目的不言自明。本次依旧有不少城池修筑了关厢城,或为创筑,或为增修,总计有祁县西关城、汾州北关城等 8 处,大宁城修筑了东西两座关城,实际共为 9 座,这也是此波筑城高峰中值得关注的现象。(详见表 4)

### 表 4 隆庆元年至四年筑城工程量一览表

| 城池名称 | 修筑明细 | 资料来源 |
| --- | --- | --- |
| 太原县城 | 增城 1 丈 | 雍正《重修太原县志》卷 5《城垣》,雍正九年刻本,第 1 页 |
| 榆次城 | 砖甃四面,增置敌楼 16、警铺 12,三门之上各建大楼 | 乾隆《榆次县志》卷 2《城池》,第 2 页 |
| 太谷城 | 益增高厚,南门加瓮城 | 顺治《太谷县志》卷 1《舆地志·城池》,第 5 页 |
| 祁县城 | 重修西关城:砖甃女墙 | 乾隆《祁县志》卷 2《城池》,第 20 页 |
| 徐沟城 | 城墙增筑高厚,加建东、西、南瓮城 | 康熙《徐沟县志》卷 1《建置·城池》,第 9 页 |
| 交城城 | 加修主城:周围增厚,各楼废坏者仍修饰之,北城墙抬高其基,城之四角各冠以楼,楼各 12 楹,女墙一道,石垒 3 尺,凿池深广各 3 丈,外列垣为蔽,补柳周匝;重修东关城:增高 1 丈,厚得高之强半,外为驰道,为隍,深广各与高等,其堤列垣为蔽,植柳护之,四面铁门内外甃以砖石,各冠以楼橹,设为警铺,陴口 946 | 光绪《交城县志》卷 3《建置门·城关》,第 5 页 |
| 文水城 | 缮修城郭,疏浚壕堑 | 雍正《山西通志》卷 8《城池·文水县》,第 247 页 |
| 岢岚州城 | 重修城池 | 万历《太原府志》卷 5《城池·岢岚州城》,第 18 页 |
| 岚县城 | 砖砌女墙,建城门楼 3 座 | 雍正《重修岚县志》卷 2《城垣》,第 1 页 |

| 城池名称 | 修筑明细 | 资料来源 |
| --- | --- | --- |
| 兴县城 | 砌以砖石,增敌楼 12,角楼 8,复增东南西三面城,高 4 丈,厚 3 丈,东南西三门筑瓮城,重建南城楼 | 乾隆《兴县志》卷 15《营筑·城垣》,第 2 页 |
| 临汾城 | 重修东关城:增高为 3 丈 2 尺,上广 1 丈 8 尺,下基 3 丈,外包以砖,凡正门、小门楼台俱增高广,添角楼台 4 座,增敌台为 17 座 | 康熙《临汾县志》卷 1《地理志·城池》,第 5 页 |
| 襄陵城 | 城墙下部甃以石,上部包以砖 | 雍正《襄陵县志》卷 5《城郭》,第 1 页 |
| 洪洞城 | 益增高厚,计高 3 丈 5 尺,上阔 2 丈 3 尺,砖墁二层,厚 2 丈 5 尺,周围比旧宽 250 步奇,易土以砖,基砌以石,砖石厚 7 尺;六门上改建高楼,并角楼、窝铺 23 座,池阔 3 丈,深半之,马路阔 2 丈 7 尺,周围以栏墙 | 万历《洪洞县志》卷 1《舆地志·城池》,第 12 页 |
| 太平城 | 补修城垣,浚池深阔各 4 丈 | 康熙《平阳府志》卷 7《城池·太平县》,《稀见中国地方志汇刊》第 6 册,第 105 页 |
| 曲沃城 | 增筑内外城,各加高 1 丈,共高 3 丈 5 尺,收顶 1 丈 | 康熙《曲沃县志》卷 6《城池》,第 2 页 |
| 灵石城 | 增高 6 尺,帮筑里城 7 尺,上砌砖垛,内树女墙,各门楼重加整饬 | 康熙《灵石县志》卷 1《地理·城池》,第 6 页 |
| 长治城 | 修浚城隍,四周俱及泉,深 4 丈,阔如之 | 顺治《潞安府志》卷 6《建置·城池》,第 20 页 |
| 长子城 | 重修城池 | 康熙《长子县志》卷 2《地理志·城池》,《稀见中国地方志汇刊》第 5 册,第 33 页 |
| 襄垣城 | 砌砖堞 1500 有奇,敌台 8 座,修四门城楼,增东西南三门瓮城,建重楼 3 座,角楼 4 座 | 乾隆《重修襄垣县志》卷 2《建置·城池》,乾隆四十七年刻本,第 1—2 页 |
| 潞城城 | 增高至 3 丈 6 尺(原高 2 丈 6 尺),置月城 4 座 | 康熙《潞城县志》卷 2《建置志·城池》,康熙四十五年刻本,第 21 页 |

| 城池名称 | 修筑明细 | 资料来源 |
| --- | --- | --- |
| 黎城城 | 创筑敌台20,上各建楼,置角楼4,三门外创建重门,砖甃,增雉堞1500有奇,浚濠,深广各1丈5尺 | 康熙《黎城县志》卷1《地里志·城池》,康熙二十一年刻本,第9页 |
| 汾州城 | 主城益增高厚,底厚4丈2尺,顶阔1丈8尺,高4丈6尺;创筑北关城:周围2里5分,高3丈2尺,基广3丈,门4 | 顺治《汾阳县志》卷1《土地志·疆域·城池》,第13—14页 |
| 平遥城 | 增设敌台94座,俱用砖砌,六门外创吊桥,立附城门 | 康熙《重修平遥县志》卷2《建置志·城池》,第2页 |
| 介休城 | 加高1丈2尺,帮厚8尺,浚壕深阔,增敌台110余座,上各葺窝铺,每间阔2丈有奇 | 康熙《介休县志》卷2《建置·城池》,第2页 |
| 孝义城 | 主城加高丈余,悉甃以砖,炮台、戍楼俱增于旧;大修南关城:补西面之缺,北面与桥北城相连,砖甃女墙,增敌台14座 | 主城之修筑据乾隆《孝义县志》卷1《城池·疆域》,第1页;南关城之修筑据(明)梁明翰:《修南郭城记》,雍正《孝义县志》卷16《艺文中》,雍正四年刻本,第25页 |
| 临县城 | 石包东南北三面城墙 | 道光《临县志》卷2《建置志·城池》,第2页 |
| 石州城 | 城池截去东南半壁而新筑之,高4丈8尺,长1020丈,基厚3丈2尺,顶厚1丈5尺,浚濠 | 康熙《永宁州志》卷2《城池》,《中国地方志集成·山西府县志辑》第25册,第27页 |
| 宁乡城 | 东南北三面各增高5尺,帮厚8尺,北面浚重濠,广2丈,深2丈5尺,筑瓮城,三门裹以铁 | 康熙《宁乡县志》卷2《地理·城池》,第4页 |
| 怀仁城 | 大墙增高4尺,砖甃女墙 | 顺治《云中郡志》卷3《建置志·城池·怀仁县城》,顺治九年刻本,第3页 |
| 山阴城 | 城墙增高至4丈(原高3丈3尺) | 崇祯《山阴县志》卷1《城池》,崇祯三年刻本,第6页 |

| 城池名称 | 修筑明细 | 资料来源 |
| --- | --- | --- |
| 灵丘城 | 重修城垣,高2丈8尺,女墙5尺 | 康熙《灵丘县志》卷1《建置志·城池》,第27页 |
| 泽州城 | 增筑敌台23,创敌楼23,建北城楼1座,重修角楼4座,女墙砌砖 | 雍正《泽州府志》卷16《营建志·城池·凤台县》,第1页 |
| 高平城 | 重修角楼、敌台,浚濠深广各2丈 | 雍正《泽州府志》卷16《营建志·城池·高平县》,第2页 |
| 陵川城 | 增修城池 | 雍正《泽州府志》卷16《营建志·城池·陵川县》,第3页 |
| 蒲州城 | 砖甃全城 | 康熙《平阳府志》卷7《城池·蒲州》,《稀见中国地方志汇刊》第6册,第107页 |
| 临晋城 | 易堞以砖,加浚城壕 | 康熙《平阳府志》卷7《城池·临晋县》,《稀见中国地方志汇刊》第6册,第108页 |
| 猗氏城 | 易堞以砖 | 康熙《平阳府志》卷7《城池·猗氏县》,《稀见中国地方志汇刊》第6册,第108页 |
| 万泉城 | 于北门建重城,重建四门城楼 | 乾隆《万泉县志》卷2《城池》,乾隆二十三年刻本,第1页 |
| 辽州城 | 城墙加高7尺,加厚2尺,建敌台25座,濠设内外重墙 | 雍正《辽州志》卷2《城池》,雍正十一年刻本,第1页 |
| 武乡城 | 城墙加高5尺 | 康熙《武乡县志》卷1《城池》,第18页 |
| 平定州城 | 重修下城 | 乾隆《平定州志》卷4《建置志·城池》,第2页 |
| 寿阳城 | 增置瓮城3所,角楼4,敌台11 | 乾隆《寿阳县志》卷2《城池》,乾隆三十六年刻本,第1页 |
| 乐平城 | 修葺城池 | 雍正《山西通志》卷8《城池·乐平县》,第268页 |
| 定襄城 | 郭外东西北三面筑围墙,基广1丈5尺,高如其数;主城增厚至5丈五尺,高4丈3尺,池浚深至2丈1尺,阔2丈7尺,匝以翼垣,帽以砖垛,窍以敌洞,列以戍楼,焕以新门 | 万历《定襄县志》卷2《建置志·城池》,万历四十四年刻本,第1—2页;雍正《山西通志》卷8《城池·定襄县》,第269页 |

211

| 城池名称 | 修筑明细 | 资料来源 |
| --- | --- | --- |
| 静乐城 | 增城高至3丈8尺，厚至5丈，鸷女墙，修饰南城门，增置楼7，台26，置铺19，垛850 | 雍正《山西通志》卷8《城池·静乐县》，第269页 |
| 五台城 | 城墙之上建南、北二楼，外筑郭垣 | 康熙《五台县志》卷3《建置志·城垣》，《稀见中国地方志汇刊》第4册，北京：中国书店据清康熙二十六年刻本影印，1992年，第839页 |
| 安邑城 | 筑东西二月城 | 康熙《平阳府志》卷7《城池·安邑县》，《稀见中国地方志汇刊》第6册，第109页 |
| 绛州城 | 加高城墙，池浚深1丈5尺，阔倍之，砌石堤长300余丈以防汾河洪水 | 康熙《绛州志》卷1《地理·城池》，第7页 |
| 河津城 | 增修城垣，深浚城濠 | 康熙《平阳府志》卷7《城池·河津县》，《稀见中国地方志汇刊》第6册，第109页 |
| 稷山城 | 城厚至1丈8尺，高视厚增为丈者二，池深为丈者三，阔如之，辟门5，门上各有楼橹，角楼4，敌台25，雉堞1400有奇 | 乾隆《稷山县志》卷2《城池》，第1页 |
| 绛县城 | 墙垣增高5尺，池亦浚深 | 顺治《绛县志》卷2《建置·城池》，《稀见中国地方志汇刊》第7册，第521页 |
| 垣曲城 | 垛口易以砖 | 康熙《平阳府志》卷7《城池·垣曲县》，《稀见中国地方志汇刊》第6册，第111页 |
| 乡宁城 | 修筑北城墙 | 顺治《乡宁县志》卷1《舆地志·城池》，第6页 |
| 隰州城 | 加高增厚，南门二门补建月城，东门外筑墩台4 | 康熙《隰州志》卷7《城池》，康熙四十九年刻本，第1—2页 |
| 蒲县城 | 开南门，浚池深1丈，阔8尺 | 康熙《蒲县新志》卷1《方舆志·城池》，康熙十二年刻本，第6页 |
| 大宁城 | 重筑北寨城，建楼橹，创筑东西关城，筑南门外石堤 | 雍正《大宁县志》卷2《建置集·城池》，雍正八年刻本，第2—3页 |
| 清源城 | 城垣增筑至4丈（原高1丈8尺） | 万历《山西通志》卷24《武备上·城池》，《稀见中国地方志汇刊》第4册，第453页 |

## 讨论:三波筑城高潮所折射的经济与社会意义

上文对明代山西三波筑城运动的考察实际上分别是基于共时性角度的复原,那么,在历时性层面,高潮迭起的筑城行为能使我们得出哪些深层次认识呢?现在追溯起来,城市经济的逐步发展和基层社会的变迁是最值得留意的所在,而关厢城的修筑和士绅群体的动向就是考察这两大问题的极好视角。

### (一)从筑城中关厢城的修筑看明代山西城市经济的发展

西方研究中国城市史的学者提出了"中世纪城市革命"的概念,内容之一即为,北宋以后随着商品经济的发展,城市在城墙之外发展了它的街区,也即关厢地带有了明显的扩展,成为城市建成区的重要组成部分。[107]关厢地带的经济活力实为考察城市发展程度的参考。不过一个较为普遍的现象是,史料中关于关厢地带的经济发展态势,往往记载较少,若有也仅是泛泛而谈,描述较为模糊。相较之下,三波筑城高潮中有不少关于关厢城的记载,这使我们把握明代山西城市经济的发展态势成为可能。此言何据?道理很简单,地方官民之所以在关厢地带修筑城池,无疑是因为该地所拥有的大量人口以及富庶的经济条件受到了外在的安全威胁。倘若在严峻的外部威胁面前,关厢地带未见筑城行为,可以大体说明该地的社会财富尚不足以通过修筑城墙的方式加以维护。

正统末景泰初的首次筑城高潮中,显示有关厢城修筑行为的城市凡有4座,即太原府南关城、大同府北关城、静乐南郭城、代州西关城,均为创筑。不过时至90年之后的嘉靖中期,情况有了很大变化。在这第二波的筑城高潮中,关厢城的修筑数量猛增至16座,即太原府南关城、榆次南关城、祁县西关城、徐沟北关城、交城东关城、文水南关城、临汾东关城、曲沃外城、汾州东关城与南关城、孝义南关城、临县外城、蒲州东关城、盂县东关城、崞县南关城、吉州外城,其中除太原、临汾、临县、蒲州、吉州5座为重修之外,其他11座皆系创筑。再降至隆庆初年,时间虽距嘉靖中期仅20余年,但仍旧有9座关厢城得到修筑,即祁县西关城、交城东关城、临汾东关城、曲沃外城、汾州北关城、孝义南关城、定襄外郭城、大宁东关城与西关城,其中汾州、定襄、大宁等处的4座关厢城为创筑。显然,正统末景泰初年虽在筑城数量上占有优势,但

---

[107] G. William Skinner, The City in Late Imperial China (Stanford: Stanford University Press, 1977),第23——24页 中译:施坚雅主编,叶光庭等译,陈桥驿校,《中华帝国晚期的城市》,北京:中华书局,2000年,第24页。

其关厢城的修筑却大大逊色于嘉靖中期和隆庆前期,这正是明代后期山西城市经济迅速发展的体现。

关厢城地带之富庶喧哗在史料中多有记载。譬如,太原府南关城一带的富庶就成为吸引隆庆元年蒙古入掠的重要动因:

> 穆皇初服丁卯,虏首俺答益鸱张,复谋大举。以太原残伤,入无可掠,奸民赵全等教以"省城南关编户数千,财货毕集,且土城卑薄易破,可满载而归也",于是率数万之众,决驴皮窑口,分道入寇。⑩⑧

从表3中可知,嘉靖中期第二波筑城高峰时曾重修太原府南关城,城墙高2丈5尺,已经颇为可观,但较之主城"三丈五尺"的高度明显低薄,且城墙系土质,故而使得隆庆元年蒙古军队有隙可乘。"景泰初建抚都御史朱鉴令居民筑"⑩⑨南关城,无疑说明彼时的南关已经是富庶之地了。嘉靖二十一年创筑的榆次南关城同样是因该地人烟繁盛所致:"嘉靖辛丑,俺答至城下,大掠十日,关民七千余家,半被焚戮,上司悯之,檄知县李鹏创建土城三面,与大城联络,足资保障。"⑩⑩徐沟北关一带也是"民居辏集",官方的"同戈驿递衙门在焉",于是方有嘉靖十九年创筑北关城之举。⑪⑪交城东关一带"民居稠密",故而嘉靖二十年知县郑镐创筑东关城,"延袤二里许"。⑪⑫临汾东关城创筑于正德七年(1512年),嘉靖中期、隆庆前期均大加修筑,同样是人烟麇集、商业繁盛之地,这从雍正版《临汾县志》的"东关厢图"中即可明了,该图标注了"木厂"、"猪市"、"羊市"、"春牛厂"、"油店"、"柴市"、"茶坊"、"盐店"、"麻店"等明显是专业市场的地名,明清平阳府的税务管理机构——"税课司"也位处东关,均充分反映出该地带的经济活力,此外,还存在阴阳学、义学、关帝庙、蔡伦庙、清凉寺等公共空间,这亦反映出该区域人口殷盛的事实。⑪⑬该图虽然绘制于清代,但考虑到地名往往具有高度的稳定性,故而明代东关已是平阳府城的经济重心区之一应是没有多大问题的,明代中后期东关城的创筑、重修无疑是物阜人丰的体现。嘉靖十九年汾州东关城的创筑也揭示出该区域的经济实力,明代孔天胤在《汾东关建城记》中说:

---

⑩⑧ (明)陈长祚:《三功祠记》,万历《太原府志》卷二三《艺文》,第376页。
⑩⑨ 成化《山西通志》卷三《城池·太原府志》,北京:中华书局,1998年,第95页。
⑩⑩ 乾隆《榆次县志》卷二《城池》,第5页。
⑪⑪ (明)高汝行:《徐沟县新筑北关城碑记》,康熙《徐沟县志》卷四《艺文》,第15—17页。
⑪⑫ 光绪《交城县志》卷三《建置门·城关》,第5页。
⑪⑬ 雍正《临汾县志》卷一《图考·东关厢图》,雍正八年刻本,第7—8页。

> 夫汾编氓十万,城中居者,不及什一,而占东郭外者,殆十之三焉。其势三面当郡孔道,其民市殷富,然旷屏蔽,何以示守焉?故专为一城以保障之,宜莫先此矣。[114]

东关人口已经大大超过主城,创筑后的东关城周围达9里,而主城亦不过是"九里十三步"[115]的规模,东关一带的繁盛程度可见一斑。嘉靖二十一年孝义南关城的创筑也在于"孝义居民西南城外尤为栉密"。[116]嘉靖二十年重建的蒲州东关城在明代亦是民殷物阜之地:"关城所聚,货别队分,百贾骈辏,河东诸郡,此为其最。"[117]

现代城市地理学告诉我们,任何一座城市,在对外联系方向问题上,存在由多个方向组成的力场,不同方向力的强度通常是不均衡的,其最主要的力场所指向的方向即为城市的主要经济联系方向,城市的实体地域会沿着其主要经济联系方向延伸。[118]以上诸城的关厢地带之所以经济发达,实际上与其处于城市的主要经济联系方向有关。从正统末景泰初到嘉靖、隆庆年间关厢城数量由少而多的史实中,我们清晰看到了山西城市经济不断发展的大趋势。

(二)从筑城中士绅群体的动向看明代山西的基层社会

历时性地看待三波筑城高潮所得出的认识不独有城市经济发展的一面,在社会层面上,它还折射出明代士绅群体的逐步壮大。

修筑城池作为一项耗财、耗力、耗时的庞大公共工程,向来是地方官府的大事,基层民众的参与程度无疑起着极为重要的作用,若民众对筑城活动始终持以抗拒、逃避的态度,仅凭官方自上而下的严厉督催恐怕很难功成圆满。然而,在正统末景泰初的首波筑城高潮中,我们却极难见到士绅群体的身影,至少笔者目前尚未接触到明确记载士绅参与到筑城活动中的文献。譬如景泰初太原府创筑南关城,史料载称:"南关城,周围五里七十二步,景泰初建抚都御史朱鉴令居民筑。"[119]再如景泰元年创筑太原县城,史料记载:"县治初改晋阳城南关,景泰元年知县刘敏因旧基始筑城,周围七里,高三丈,壕深一丈,门四,东曰观澜,西曰望翠,南曰进贤,北曰奉宣"[120],均未见及士绅的参与。事例

---

[114] (明)孔天胤:《汾东关建城记》,乾隆《汾阳县志》卷一二《艺文》,第19页。
[115] 顺治《汾阳县志》卷一《土地志·疆域·城池》,第13页。
[116] 乾隆《孝义县志》卷一《城池疆域·城池图说下》,第5页。
[117] 乾隆《蒲州府志》卷四《城池》,第4页。
[118] 周一星:《主要经济联系方向论》,《城市规划》1998年第2期,第22—25页。
[119] 成化《山西通志》卷三《城池·太原府城》,第95页。
[120] 嘉靖《太原县志》卷一《城池》,《天一阁藏明代方志选刊》第8册,第5页。

无需再举,明代前期士绅群体作为一股不可忽视的社会力量尚未形成已然是难以否定的事实。

不过,降至嘉靖、隆庆年间,局面就完全变了。明代中后期随着社会经济的发展以及科举制度的推动,士绅、富民群体逐步发展壮大,在后两次的筑城高潮中,士绅、富民的动向遂频频见诸记载。他们在筑城这一地方"公共领域"中极为活跃,基于保护自身利益的考量,他们常常慷慨解囊,分摊巨额的筑城经费,有时甚至发起群体性的"陈情"运动,借此给地方官府以必须筑城的压力。士绅、富民群体往往能够支配社会舆论,其一言一行对于地方官府的影响是巨大的。地方官员也往往将士绅作为施政所倚赖的对象,筑城活动中遂常见官绅相谋的场景。嘉靖中期、隆庆前期的诸多筑城实例一次次地印证了笔者的上述判断。

譬如,嘉靖二十一年太原县城的修筑:"嘉靖二十一年,因北虏入境,县人王朝立、高汝行等复率邑人劝分财力,更加补葺,又外增敌台三十二座。"[121]王朝立乃是明代重臣王琼之子,"王朝立,少师恭襄公长子,以恩荫授右军都督府都事",[122]士绅身份确定无疑;高汝行则有着进士头衔,曾任广平府知府,"以诬回籍,屡荐未起",[123]乡居士绅身份亦无疑问。嘉靖十九年平遥县城的修筑中也有士绅的身影:"嘉靖十三年因河冲城角,十九年,举人雷洁、监生任良翰督率筑完,得免寇患。"[124]嘉靖二十年平定州修城的决定,则是冀宁分守道王仪与士绅白东泉等人相谋后作出的:"嘉靖辛丑寇入雁门,及会城,旁掠属邑,遂至平定……寇甫退,分守大参文安肃庵王公行部至郡……复谋于郡之士夫白东泉诸公,咸以为兹民命惟公是赖。"[125]从嘉靖十九年徐沟北关城的修筑中,我们看到的是向官府"陈情"筑城的士绅形象:"(嘉靖十九年)九月,右方伯章公按行至县,北关耆民陈被害之状,具可成之图,章公遂命署县经历宗文喜董其役。"[126]同样的例子还有嘉靖二十一年盂县东关城的修筑:"明世宗二十一年绅民张淑名等呈县合力修筑(东关城)。"[127]

相较之下,在隆庆元年洪洞县城大修中,士绅群体发挥的作用就更有典型意义,明人高文荐对此有详细论述:

---

[121] 嘉靖《太原县志》卷一《城池》,《天一阁藏明代方志选刊》第 8 册,第 5 页。
[122] 嘉靖《太原县志》卷二《恩荫·王朝立》,《天一阁藏明代方志选刊》第 8 册,第 27 页。
[123] 嘉靖《太原县志》卷二《科第·高汝行》,《天一阁藏明代方志选刊》第 8 册,第 14 页。
[124] 康熙《重修平遥县志》卷二《建置志·城池》,第 1 页。
[125] (明)李念:《重修平定州城记》,乾隆《平定州志》卷九《艺文志》,第 32—33 页。
[126] (明)高汝行:《徐沟县新筑北关城碑记》,康熙《徐沟县志》卷四《艺文》,第 16 页。
[127] 乾隆《盂县志》卷四《建置志·城池》,第 2 页。

隆庆丁卯，虏寇岢岚路，入陷石州，远迩震怖，说者谓石城不险，于是洪洞诸大夫谋增土垣。行太仆卿韩君廷伟、参政刘君应时、参议王君三接、户部员外郎今封都御史前举人晋君朝臣、巡抚宁夏都御史前太常少卿晋君应槐（即朝臣子）、知县韩君廷芳、敕封御史前县丞于君邦聘，咸集议焉。朝臣独奋然曰：土增新旧不相能，淫雨必溃，且虏狡而易攻，盖砖之为长固计。邑人浅谋者以虑始为难，吝财者以广费为惜，群议沸然。至有榜匿名于通衢，欲集恶少数百人为祸于诸大夫，众愕然。独朝臣曰：此非吾身家事，邑人千百年利也。持议益坚。应时赞之亦力。应槐曰：此诈也，蕞尔之邑，一日之间安得有数百之约？盍焚之，且乡人非可与口舌争也，宜请于郡长。檄下，议遂定。有司白于朝，可其奏。会邑缺长吏，人情汹汹无所倚。朝臣遂身任其事，昼夜殚画，鸠工役、理物料。寻与诸大夫议举里中才行压众者八十人，某也董砖，某也董灰、董土、董木石，工役各因才属之。是时官帑空虚，患无财，议公举所知，自百金至三五钱，量赀为差；患无力，议乏财者侬丁出役；患无石，议各茔移石桌、场圃运碌碡、间架纳顽石；患工匠无食，议照则输食；患财无守，议举行谊老成人于武安王祠收纳，请县之十吏记籍，互相讥防，以原封给砖灰值及丁壮资。诸大夫廷伟、三接慨然曰：吾当总土务，应时曰：吾当总灰务，应槐曰：吾当总砖务，廷芳曰：吾当总工役务……于是增土砌垣，周五里二百五十步奇，原高一丈六尺，今增一丈一尺，共二丈七尺，女墙六尺，共高三丈三尺，原厚八尺，今一丈二尺，共厚二丈，砖基入垣七尺，石叠五尺，有长石为钉，顶有重砖为墁，女墙、铺舍焕然轩翔，拓马路，广二丈七尺，浚壕堑，深一丈五尺，广三丈七尺，壕边植以茂树。工始于戊辰春，讫冬十月，百堵具起，谤者愧伏。时尚楼角未建，邑令王君诏来，焦劳率作，建楼橹六，角楼四，勋劳烺烺。[128]

引文中所提及的晋氏、韩氏、刘氏均是洪洞县的名门望族，多在嘉靖年间借助科举的成功，实现了宗族崛起，从而成为洪洞地方社会中举足轻重的力量。晋朝臣乃是嘉靖十九年举人，官至户部员外郎，万历年间在知县乔因羽的主持下纂修了著名的《洪洞县志》，是洪洞士大夫中的代表人物；朝臣之子应槐是嘉靖三十五年进士，官至宁夏巡抚，是晋氏宗族中官位最高者；韩廷伟、韩廷芳兄弟分别为嘉靖五年和嘉靖二十年进士，同样踏上仕宦之途；刘应时为嘉靖三十四年举人，官至四川马湖府知府。此外，晋氏、韩氏、刘氏三家还世代互

---

[128] （明）高文荐：《重修邑城记》，万历《洪洞县志》卷一《舆地志·城池》，第14—15页。

相联姻,实际上形成了势力异常庞大的洪洞士绅共同体。[129]隆庆元年洪洞修筑砖城的绝大部分工程量实际是在知县"不在场"的情势下单独由士绅率领完成的。从筑城动议的提出,到直面反对修城者的人身威胁,再到动议确定后"陈情"于官府,又到具体谋划筹措,乃至纳金输力,我们从一个个鲜活生动的士绅形象中看到的是士绅群体作为一种社会力量在筑城运动中所发挥的巨大作用。

以上所述城池修筑时有关士绅动向的多个案例,清晰体现出明代后期山西士绅群体日益壮大的事实,这正是一股维持传统社会秩序正常运转的"中坚力量"。

(注:本文已刊载于台北中国明代研究学会主办《明代研究》第 21 期,2013 年 12 月,今版稍有修改)

---

[129] 常建华对洪洞晋氏、韩氏、刘氏三大族宗族组织的形成问题有深入讨论,从中可进一步了解洪洞三大士绅群体在明清时期的发展演变过程。参见常建华:《宋以后宗族的形成及地域化》,北京:人民出版社 2013 年,第 175—244 页。

## 第二部分
经济与环境篇

# 略论先秦至北宋秦晋地域共同体的形成及其"铰合"机制

安介生

**[内容提要]** 从先秦至北宋,秦晋两地形成了密切而复杂的地域关系,古文献中的"秦、晋"并称,正是这种地域关系的体现。本文作者认为:事实上,在相当长的时间里,秦晋之间的地域人群关系已经上升至地域共同体的高度,而这种地域共同体的形成与维系,取决于由一种特殊的"铰合"机制的持续作用。这种"铰合"机制的构成,涉及历史渊源、地域毗邻、交通往来、政区建置、人口迁移以及由之衍生而出的文化共同性等等多种复杂的因素,其中政区建置与人口迁徙是其中发挥关键作用的要素。认识与研究这种"铰合"机制,对于深入了解历史时期秦晋地域关系的内在脉络是必不可少的。

**[关键词]** 秦晋 地域关系 地域共同体 铰合机制

关于历史时期"共同体"的研究,很早便是中外社会史研究者的热门话题,提出不少"共同体"概念,诸如"豪族共同体"、"村落共同体"、"水利共同体"以及"地域共同体"等等。但不难发现,从历史地理学角度所进行的"共同体"问题研究,迄今尚没有得到学者们的充分重视与探讨[①]。

在中国历史地理变迁过程中,今天的陕西(简称"秦")、山西(简称"晋")两省是两块关系异常密切而复杂的地域。在古今文献中,"秦、晋"常常并举或合称,这当然不是偶然的,而应是一种特殊的地域及人群关系的体现。从历史地理的角度探讨这两大地域之间的特殊关系,对于深入理解这两大地域的发

---

① "共同体"是一个较为复杂的、涉及多学科的概念,如英文 community 便有多种汉译名称,如(动植物)群落、(人类)社区、集体、社团、共同体等等。地域共同体意指生活在相同或相邻的地域上的、拥有共同的物质利益(或拥有共同的文化遗产,或拥有共同的社会生活方式以及管理机构)的、具有一定数量的人群及其外在组织形式。相同及相邻的地域是地域共同体产生的先决或必要条件之一。当今世界最有影响的地域共同体无疑是欧洲共同体(Europe Community,现已更名为欧洲联盟)。

展变迁是十分必要的。秦晋之间的密切关系及其影响，引起了不少研究者的兴趣，与之相关的研究成果也相当丰富[②]。在本文中，笔者尝试借用"地域共同体"概念，从长时段及宏观角度揭示秦晋地域人群关系的构成机理以及这种地域人群关系对区域社会历史所产生的深远影响。

## 一、"秦晋之好"与秦晋方言区
### ——先秦至北宋关中与河东密切关系探析

(一)秦晋地缘与族缘关系溯源

秦晋两地的友好关系源远流长。就族缘关系而言，秦国王族的祖先造父曾被周缪王封于赵城，造父之族自此以赵为氏，赵城是其族重要的发祥地之一。"以造父之宠，皆蒙赵城，姓赵氏。"《史记集解》引述徐广之言曰："赵城在河东永安县。"《史记正义》又引述《括地志》之言曰："赵城，今晋城赵城县是，本彘县地，后改曰永安，即造父之邑也。"[③]赵城遗址在今天山西洪洞县赵城镇东北。至周孝王时，被分土为附庸，得到秦邑，自此始号"秦嬴"之族，至秦襄公时期始以"岐、丰之地"建国。而更多的赵氏族人依然留在了河东，"赵氏之先，与秦共祖，"[④]即秦国王族与后来三晋之一的赵国王族本为一族，供奉共同的祖先，成为先秦时期人们的共识。从这一角度来看，秦国王族可视为河东赵氏家族外迁的一支，这种密切的族缘关系在秦晋关系中是不可忽视的。

关中与河东以黄河为界，自先秦时期开始，今天的黄河中游被古人视为天下区域划分之坐标，著名的"三河"地区即以黄河中游一段为界而划定。关于黄河中游特殊的地位与标识意义，清代学者顾栋高在《春秋大事表》卷八下指出："大抵由河曲以北为秦、晋分界，则谓之西河。从河曲之南折，而东经周、郑之界，则谓之南河，更从南河折而东北，穿入卫、齐界，则谓之东河。左氏于诸国行军朝聘之往来皆以一河为经纬，最明晰有法，今据其可见者，约著其地理如此，使后之读左氏者有考焉。"然而，黄河并没有成为大河两岸交通难以逾越的阻隔。早在先秦时期，随着交通工具的发展，关中地区与河东地区之间的交流往来已相当便利。如《左传·昭公元年(前541年)》载：秦景公之弟后子鍼出奔晋国，"造舟于河，十里舍车，自雍及绛，归取酬币，终事八反。"又如秦

---

② 参见邢向东："秦晋两省黄河沿岸方言的关系及其形成原因"，《中国语文》2009 年第 2 期；"秦晋两省黄河沿岸方言词汇中的语音变异"，《方言》2009 年第 1 期；李岩澍："从秦晋之好到秦晋交兵——春秋时期的秦晋关系"，《大同职业技术学院学报》2003 年第 2 期；孙卫国："试论秦晋之好"，《山西师大学报》1988 年第 4 期等等。
③ 参见《史记》卷五《秦本纪》及注释，中华书局 1997 年版，下同，第 175 至 177 页。
④ 《史记》卷四三《赵世家》，第 1779 页。

穆公时期，晋国发生严重灾荒，秦国全力支援，向晋国输送粮食，"自船漕车转，自雍相望至绛。"除车、船之后，有意兼并六国的秦国还努力架设河桥，突破黄河之阻碍。如秦昭王五十年（前257年），"初作河桥。"《史记正义》释云："此桥在同州临晋县东，渡河至蒲州，今蒲津桥也。"⑤将唐代蒲津桥指定为秦时桥，显然有些过于疏阔了。《元和郡县图志》卷二又称："河桥，本秦后子奔晋，造舟于河，通秦晋之道，今属河西县。"虽然我们无法断然割绝二者之间的联系或相似性，但将跨越千年之久的秦桥与唐桥混为一谈，肯定是不妥当的。⑥

"秦晋之好"典故的本意，是指先秦时代秦晋两国王族之间密切的联姻关系，这种联姻关系对于先秦时期秦晋两国的政治进程发生了重要的作用。秦晋联姻的历史极盛于秦穆公时期，如秦穆公四年（前656年），"迎妇于晋，晋太子申子姊也。"⑦后来继位的晋国国君夷吾也是秦缪公夫人之兄弟。在之后的秦晋战争中，夷吾被俘，其姊出面恳求，得到秦缪公的首肯。夷吾献出"河西八城"之地，并将太子圉作为人质留居秦国，秦晋两国由此结盟。秦王又将宗女许配给晋太子为妻，太子圉后逃回晋国，被立为国君，即晋怀公。其后，秦国迎奉重耳归国，又将子圉之妻等五名妇女许配给重耳。"重耳至秦，穆公以宗女五人妻重耳，故子圉妻与往。"起初，重耳以此有辱人格，不愿接受，但随臣司空季子劝说道："其国且伐，况其故妻乎！且受以结秦亲而求入，子乃拘小礼，忘大丑乎！"⑧重耳是在秦国的全力帮助下回国执政的，从这一点上可以说，秦国为晋国的复兴做出了贡献。

秦国建立之初，并没有紧邻黄河，而晋国拥有河西之地。如晋献公时期，"当此时，晋强，西有河西，与秦接境，北边翟，东至河内。"后来，随着秦国的强大，秦、晋两国以及秦与三晋之间开始了对河西之地的长期争夺⑨。河西之地，又称为"河西八城"。《史记正义》又释之云："谓同（治今陕西大荔县）、华（治今陕西华县）等州地。"⑩如晋国国君夷吾被秦国释放之后，即被迫将河西之地割与秦国。《史记·秦本纪》载云："是时，秦地东至于河。"《史记正义》释云："晋河西八城入秦，秦东境至河，即龙门河也。"也就是说，秦国在夺取河西八城之后，才与晋国以黄河为界，可见，夺取河西之地是秦国向东扩张的必由之路。

---

⑤ 《史记》卷五《秦本纪》及注释，第188至218页。
⑥ 南宋王应麟在《玉海》卷一七二"桥梁"中对于先秦至唐五代的桥梁建设进行了系统的梳理与总结，却单单没有提到秦国的"河桥"，不知何故，待考。
⑦ 《史记》卷五《秦本纪》，第185页。
⑧ 《史记》卷三九《晋世家》，第1660页。
⑨ 参见蔡锋："春秋战国时的秦晋河西之争"，《青海师范大学学报》（哲社版）1988年第4期。
⑩ 参见《史记》卷五注释，第188页。

但是，晋国也进行了相当顽强的抵抗。如秦出子二年（前385年），"秦以往者数易君，君臣乖乱，故晋复强，夺秦河西地"⑪河西之地又称为"河曲"之地。如《史记集解》释"河曲"云："徐广曰：一作西，骃案：《公羊传》曰：河千里而一曲也。服虔曰：河曲，晋地，杜预曰：河曲在蒲坂南。"《史记正义》又加按语云："河曲在华阴县界也。"顾栋高在《春秋大事表》卷八下指出："文（公）十二年，晋、秦战于河曲，河曲为今山西蒲州府。《通典》云有蒲津关，西岸为陕西同州府朝邑县，秦之王城在焉。十三年，秦伯师于河西，魏人在东，是蒲州与朝邑东西相望也，秦晋平日往来多于此。"可见两者地域相近，难以截然分开。

三家分晋之后，河东地区及西河等地属于魏国，魏国与秦国及义渠等西戎之国有着相当漫长的边界。魏国成为秦国崛起与东进的巨大障碍。正如商鞅所说："秦之与魏，譬若人之有腹心疾，非魏并秦，秦即并魏。何者？魏居岭阨之西，都安邑，与秦界河而独擅山东之利，利则西侵秦，病则东收地。"《史记索隐》对此解释云："盖即安邑之东，山岭险阨之地，即今蒲州之中条已东，连汾、晋之崄嶝也，阨，阻也。"⑫商鞅变法之后，日益强盛的秦国向魏国发起了猛烈的攻势，河东之地逐渐被秦国蚕食。如魏无忌曾指出："异日者，秦在河西，晋国去梁千里，有河山以关之，有周、韩以间之。从林乡军以至于今，秦七攻魏，五入囿中，边城尽拔……"《史记集解》引徐广之言云："魏国之界千里。"《史记正义》又云："河西，同州也，晋国都绛州，魏都安邑，皆在河东，去大梁有千里也。"⑬除魏国之外，秦国与韩国之间也有着复杂的疆界之争。如先秦时代知名辩士范雎指出："秦、韩之地形，相错如绣。秦之有韩也，譬如木之有蠹也，人之有心腹之病也。天下无变则已，天下有变，其为秦患者孰大于韩乎？"因此极力劝说秦昭王攻占韩国⑭。又如《秦始皇本纪》载称：至秦始皇十三岁当政之时，"当是之时，秦地已并巴、蜀、汉中，越宛有郢，置南郡矣；北收上郡以东，有河东、太原、上党郡；东至荥阳，灭二周，置三川郡。"实际上已为天下首屈一指的强国，具备了一统天下的实力。这也是笔者所想强调的一点，秦国在展开统一全国的战争之前，并非仅靠"雍州"或关中一域，而是占据了相当广大的地域作为其基础与保障，而原晋国之地太行山以西地区已成为其疆域的一部分了，故而也可以说，在秦始皇统一全国之前，秦晋已经在很大程度上并为一体了。

应该说，先秦时期秦晋两国形成了既联合又竞争的密切关系，一方面，秦晋两国在秦晋联姻关系均得益匪浅，秦国甚至多次扶助晋国于危亡之际；但

---

⑪ 参见《史记》卷五《秦本纪》，第200页。
⑫ 参见《史记》卷六八《商君列传》本文及注释。
⑬ 《史记》卷四四《魏世家》及注释，第1860页。
⑭ 《史记》卷七九《范雎蔡泽列传》，第2410页。

是，在另一方面，"晋之强，秦之忧也。"⑮相比之下，先秦时代秦晋两国竞胜的结果是秦国占据了上风，取得了巨大的成功，不仅取得了河西之地，最终吞并了三晋之地。而秦晋一体又成为秦国最终统一天下的客观基础。

(二)文化的相似性与共同性

出于地理及交通的便利，从先秦时代开始，秦晋两地人员往来及人口迁徙相当频繁，相传《商君书》所录"徕民"政策的对象主要是"三晋之民"，应该是这种状况的真实反映⑯。而在秦国发动兼并战争时期，秦国又频繁实施强迁政策。如"魏献安邑，秦出其人，募徙河东赐爵，赦罪人迁之。"⑰这种双向性的人口迁徙，对于增强秦、晋两地之间的经济联系与文化一体化起到了不可忽视的作用。《汉书·地理志》转录《风俗》等著作的观点，其中将关中、西河地区指为"秦地"，而将河东归为"魏地"，笔者以为这种区域判别，过分依赖于先秦时代诸国之间的政治差异，并不能完全反映秦汉以来文化变迁之趋势。

政治区域的划分不仅是地理认知的结果，同样会对区域内的文化发展产生重要影响。就政治区域而言，从西汉至魏晋，河东与关中两地均属于司隶校尉部管辖之下，同属于王朝疆域内最核心的区域，这种情况一直持续至唐代。据《汉书·百官公卿表》与《晋书·职官志》的记载，司隶校尉自汉武帝设置之后，一直存续到两晋之交，其职权范围并没有较大的改变。司隶校尉部的政区等级相当于一个大州，故而后被冠之以"司州"之名，督察的地理范围主要包括"三河(河南、河东、河内)"、"三辅(京兆尹、左冯翊、右扶风)"及弘农郡(治今河南灵宝市北)等七郡。

唐代著名学者杜佑在《通典》卷一九释"司隶校尉"云："督察三辅，隋有司隶大夫，大唐京畿采访使亦其职。"实际上，盛唐在政区建设方面进入了一个全新的阶段，在核心区域的建置情况也充分证明了这一点。唐代有大、小"三都"之置，如大三都为西京、东都与北都太原府，小三都是西京、东都与中都河中府(治今山西永济市西南)。而就畿辅地区而言，又有京畿、都畿以及中畿等多种区域，数种畿区合而为一，就构成了一个"三角区"。换言之，在唐代，秦、晋、豫三地关系的发展达到了一个前所未有的高度，笔者称之为"金三角"时

---

⑮ 《史记》卷五《秦本纪》，第190页。
⑯ 参见拙著：《山西移民史》，山西人民出版社1999年版，第35至41页关于"徕民政策"的内容。
⑰ 《史记》卷五《秦本纪》，第212页。

代。[18]唐人元载极力主张建设中都,在其《建中都议》中对关中与河中地区的密切关系进行了精辟的阐发:"长安去中都三百里,顺流而东,邑居相望,有羊肠、底柱之险,浊河、孟门之限。以辕轘为襟带,与关中相表里,刘敬(即西汉大臣娄敬)所谓'扼天下之吭而抚其背',即此之谓。推是而言,则建中都将欲固长安,非欲外之也……"[19]时至唐代,横跨黄河的桥梁建设也达到一个高峰。蒲津桥是最著名的河桥之一,受到人们的高度推重,被视为"天下之要津"与"万代之奇绝"。[20]

北宋迁都汴梁(今河南开封市),标志着汉族中原王朝政治中心区的整体性东移,关中与河东地区脱离了"京畿路"的范围。但是,在北宋政区建置中,这两个区域却又被纳入了同一个高层政区——永兴军路(治今西安市)。永兴军路辖域广大,如《宋史·地理志》记云:"永兴军路,府二:京兆、河中,州十五:陕、延、同、华、耀、邠、鄜、解、庆、虢、商、宁、坊、丹、环,军一:保安,县八十三,其后,延州、庆州改为府,又增银州、醴州,及定边、绥德、清平、庆成四军,凡府四、州十五、军五、县九十。"河中府与解州(治今山西运城西南解州)均在河东地区,但不隶于当时的以"河东路",我们不妨称之为"小河东",而这一区域与唐代河中府的地域范围基本一致,可以说这种政区组合可以视作是唐代政区格局的一种继承或延续。

地域的毗邻与政治区域之整合,无疑大大增加了河东与关中之间的相关性与文化相似性。语言是最活跃且最生动的文化现象之一。如以古代语言学名著《方言》为例,作者扬雄在书中极力体现语言的区域性差异,列举了大量的当时各地的方言语汇加以证明(见下列表),显示了极强的地域差异,其中涉及"秦晋"的语言例证相当丰富,现代研究者对于当时的语言地理问题进行了相当深入的探讨,并形成了关于秦晋方言区的一些重要共识。[20]如著名语言学家罗常培、周祖漠两先生就根据《方言》资料把当时汉语方言涉及地域分为七大区,它们分别是:(一)秦晋、陇冀、梁益;(二)周郑韩、赵魏、宋卫;(三)齐鲁、东齐、青徐;(四)燕代、晋之北鄙、燕之北鄙;(五)陈楚江淮之间;(六)南

---

[18] 关于唐代政治地理格局中的"金三角地带"问题,参见拙文:"略论唐代政治地理格局中的'枢纽区'——金三角地带",载于范世康、王尚义主编:《建设特色文化名城——理论探讨与实证研究》,北岳文艺出版社2008年。

[19] 《元和郡县图志》卷一二,中华书局1983年版,第324页。

[20] 参见《白孔六帖》卷九引《纪异记》,上海古籍出版社1992年版。

[21] 参见周祖漠、罗常培著:《汉魏晋南北朝韵部演变研究》,科学出版社1958年版;赵振铎、黄峰:"《方言》里的秦晋陇冀梁益方言",《四川大学学报》(哲社版),1998年第3期等。

楚;(七)吴越。两位先生同时强调:"从其中(即《方言》一书)所举的方域来看,有的一个地方单举,有的几个地方并举。依理推之,凡是常常单举的应当是一个单独的方言区,凡是常常在一起并举的应当是一个语言比较接近的区域。"[22]后来有学者着重强调了"秦晋"作为一个方言区的重要性:"在汉代,以首都长安为中心的秦晋方言是最重要的方言,是当时的共同语"通语"的基础。《方言》中秦总共出现109次,其中的单独出现仅10次,如果包括"秦之旧都"、"西秦"则为12次。《方言》中秦、晋并举的条目有88次,包括"秦晋之西鄙"。秦晋并举占秦出现总数的81%。晋在《方言》中出现107次,包括"秦晋之故都"、"晋之北鄙"、"秦晋之际(间)"、"晋之旧都"、"秦晋之西鄙"、"东齐周晋之鄙"等。单独出现仅5次,包括"晋之旧都"、"晋之北鄙"。秦晋并举的88次,占晋出现总数的82%。可见,把秦晋划为一个方言区的理由是充足的。"[23]据笔者所查,《方言》之中多次列举"自关以西,秦晋之间"的例证值得更多关注。根据罗、周二位先生提出的划分原则,在当时,"关"是一个重要的政治、经济、文化的分界线,狭义的"秦晋之间"应是公认的语言相同或相似的方言亚区,大致包括原来秦国国都与晋国国都之间的区域,主要集中于关中与河东两个地区。

### 《方言》秦晋语言相似性例表

| 序号 | 例 句 | 资料来源 |
| --- | --- | --- |
| 1 | (娥)秦曰娥……秦晋之间凡好而轻者谓之娥……自关而西,秦晋之故都曰妍,好其通语也。 | 《方言》卷一 |
| 2 | 秦晋之间,凡物壮大谓之嘏,或曰夏,秦晋之间,凡人之大谓之奘,或谓之壮。 | 同上 |
| 3 | (虔刘)秦晋之北鄙,燕之北郊,翟县之郊,谓贼为虔。 | 同上 |
| 4 | 自关而西,秦晋梁益之间,凡物长谓之寻,《周官》之法,度广为寻 | 同上 |
| 5 | 秦晋之际,河阴之间曰飿,此秦语也。郭璞注:今冯翊、合阳、河东、龙门是其处也。今关西人呼食欲饱为飿饁。 | 同上 |

---

[22] 周祖谟、罗常培著:《汉魏晋南北朝韵部演变研究》(第一分册),科学出版社1958年版,第72至73页。

[23] 李恕豪:"扬雄《方言》中的秦晋方言",《四川师范大学学报》(社会科学版)1992年第1期。

| 序号 | 例　句 | 资料来源 |
| --- | --- | --- |
| 6 | 自关而西,秦晋之间,凡物之壮大者而爱伟之,谓之夏。 | 同上 |
| 7 | 自关而西,秦晋之间,凡取物而逆,谓之篡。 | 同上 |
| 8 | (钊)秦晋曰钊,或曰薄,故其鄙语曰薄努,犹勉努也。 | 同上 |
| 9 | 自关而西,秦晋之间凡大貌,谓之朦,或谓之庬,丰其通语也。 | 《方言》卷二 |
| 10 | 自关而西,秦晋之间,凡美色或谓之好,或谓之窕……秦晋之间,美貌谓之娥;美状为窕;美色为艳;美心为窈 | 同上 |

悠久的历史渊源、便利的交流往来、相同的语言环境以及由之营造共同的文化背景,必然会增进关中与河东两地民风之相似性。如宋代著名文学家苏辙在《蜀论》一文中曾将秦晋之民风与蜀地之民风进行了详细的对比与分析,他指出:"秦晋之勇,蜀汉之怯。怯者重犯禁,而勇者轻为奸,天下之所知也。当战国之时,秦晋之兵弯弓而带剑,驰骋上下,咄嗟叱咤,蜀汉之士所不能当也。然而天下既安,秦晋之间,豪民杀人以报仇,椎埋发冢以快其意,而终不敢为大变也。蜀人畏吏奉法,俯首听命,而其匹夫小人,意有所不适,辄起而从乱。此其故何也?观其平居无事,盗入其室,惧伤而不敢校,此非有好乱难制之气也。然其弊常至于大乱而不可救,则亦优柔不决之俗有以启之耳。今夫秦晋之民,倜傥而无所顾,负力而傲其吏,吏有不善而不能以有容也,叫号纷呶,奔走告诉,以争毫厘曲直之际,而其甚者,至有怀刃以贼其长吏,以极其忿怒之节,如是而已矣。故夫秦晋之俗,有一朝不测之怒,而无终身戚戚不报之怨也。若夫蜀人,辱之而不能竞,犯之而不能报,循循而无言,忍诟而不骤发也。至于其心有所不可复忍,然后聚而为群盗,散而为大乱,以发其愤懑不泄之气。虽有秦晋之勇,而其为乱也,志近而祸浅。蜀人之怯而其为变也,怨深而祸大,此其勇怯之势,必至于此,而无足怪也……"[24]这段议论最值得关注之处,同样是将秦、晋两地视为民风及文化的共同体,这种议论的出现,不应简单视作苏辙的一己之见,而应当是当时一种带有普遍性的观点,即"天下之所知也"。

可以说,关中与河东之间难以分割的密切关系,具有高度的文化相似性,这也使关中与河东地区(尤其是"小河东"地区)之间的联系,成为秦晋地域共同体构造中结合最为紧密的部分,或者可以说所谓"秦晋之间"正是秦晋地域共同体中最牢固的"铰合部位"。

---

[24] 《栾城应诏集》卷五,《四部丛刊》(初编)本。

## 二、黄河两岸是家乡
### ——先秦至北宋时期秦晋中北部之间"铰合机制"的形成

龙门山(即禹门山)是中国上古时期的一个重要的地理分界标志,"鱼跃龙门"的故事广为流传,故黄河中游当时又常被称为"龙门西河"。龙门山,对于秦晋分界而言同样有着特殊的意义,即所谓"龙门一山跨河"[25]。在古史传说中,上古圣王大禹凿通龙门,黄河之水才得以下泄,即"禹凿龙门通大夏"[26]。可以说,龙门山原本连接秦晋之地,凿河之后,始分为二。如《史记正义》引《括地志》云:"龙门山在同州韩城县(今陕西韩城市)北五十里。李奇云:禹凿通河水处,广八十步。"[27]如唐代颜师古曾注释云:"龙门山,其东则在今秦[应为泰]州龙门县(今山西河津县西)北,其西则在今同州韩城县北,而河从其中下流。"[28]可见,古人在龙门山所开"龙门"十分狭窄,宽度仅有八十步。在本文中,为论述便利,笔者以龙门山为界将秦晋边界地区分为两个部分,前一部分便是关中与河东(实指晋西南汾水以南地区,即笔者所称"小河东")的关系问题,后一部分便是西河郡问题,涉及秦晋中北部边界地带。

(一)白狄族分布与上郡、西河郡的建置

根据历代学者的研究,先秦时期在今天山西吕梁地区及陕西北部的古代先民为白狄。白狄,又称为"白翟"。古文献中关于先秦时代"白狄"或"白翟"的记载相当阙略,但关于白狄的地理分布的变迁,却有着较为一致的意见。如《国语·齐语》记载齐桓公曾经"西征,攘白翟之地,至于西河。"《史记·匈奴列传》回顾道:晋文公在位时,"当是之时,秦、晋为强国。晋文公攘戎翟居于河内圁、洛之间,号曰赤翟、白翟。"南宋王应麟在《通鉴地理通释》中指出:"翟,隗姓,白狄有延安府鄜、丹、绥、廓、银、石州之地。"又如郑樵《通志》卷四一也载称:"白狄都西河。白狄与秦同州,今坊、鄜、延、绥间,皆古白狄之地。"其实,王应麟与郑樵等人论述的主要依据来自唐人杜佑所撰《通典》、李吉甫所修的《元和郡县图志》等著作。如《元和郡县图志》分别在绥州(上郡,治今陕西延安市东北)、银州(银川郡、治今陕西横山县东)、石州(昌化郡,治今山西吕梁市离石区)、丹州(成平郡,治今陕西宜川县北)、延州(延安郡,治今陕西延安市)等州分别注明"为春秋时白狄所居",或"白翟之地"。

---

[25] 语见(清)齐召南《前汉书》卷六二考证,文渊阁《四库全书》本。
[26] 《史记》卷六《秦始皇本纪》秦二世之语,第271页。
[27] 《史记》卷二《夏本纪》注释,第67页。
[28] 参见《汉书》卷六二《司马迁传》注释,中华书局1997年版,第2714页。

综上所述,我们可能推测出白狄族在先秦时代分布地域有一个十分明显的逐步退缩的过程。从广袤的雍州之域,退至所谓"圁、洛之间(即今陕西西北部地区)"。三家分晋之后,魏国在河西地区实行了较大的发展,在秦孝公即位之时,魏国在黄河西岸设置上郡。"楚、魏与秦接界,魏筑长城,自郑滨洛以北有上郡。"㉙又"魏有河西、上郡,以与戎界边。"㉚魏国最初后为秦国所兼并。《史记正义》引述《括地志》云:"上郡故城,在绥州上县东南五十里,秦、魏之上郡地也。按:丹、鄜、延、绥等州,北至固阳,并上郡地,魏筑长城界秦,自华州郑县已北,滨洛至庆州洛源县白于山,即东北至胜州固阳县,东至河西、上郡之地,尽入于秦。"㉛很明显,秦国的上郡是继承魏国上郡而来,而《汉书·地理志》记述上郡为"秦置",似有不合之处,究其实,汉朝的上郡与先秦时期的上郡已有相当大的差异了,班固之意或在于此。

白狄所居之地在西汉初期建置为西河郡。西汉时期的西河郡地域广大,涉及今天陕西、山西及内蒙古二省一区之地,而且横跨黄河两岸。关于西汉时期西河郡的建置情况,《汉书·地理志》载:"西河郡(注:武帝元朔四年置,南部都尉治塞外翁龙、埤是。莽曰归新。属并州。),户十三万六千三百九十,口六十九万八千八百三十六。县三十六。"清代著名学者戴震曾对于西河郡沿革问题进行了深入的研究,纠正了不少《元和郡县志》等相关著作存在的阙误㉜。根据戴震的考定以及与相关文献记载参证,我们可以对从先秦到东汉乃至北朝西河郡的变迁过程有了一个较为清晰的认识。首先,北魏太和八年,设置西河郡,郡治在兹氏县(今山西汾阳市东南),这也是西河郡治于兹氏县的开始。"西河"之名,源自先秦,当属于魏地"河西"之地,因此,之前文献中所称"西河"以及相关故事,实际上与兹氏县及汾州府是不相干的。其次,根据《东观记》记载,西河郡建置之初,治于平定县(今陕西府谷县西北),而并非《汉书·地理志》"西河郡"下首列的富昌县,因为"凡县名先书郡治"的惯例是从《后汉书》才开始的。再次,在北魏于兹氏县建置西河郡之前,魏晋时代的西河郡均治于离石县,正是继承了东汉西河郡迁治于离石县的结果。在西河郡变迁中最突出的事件,是迁治于离石县。据《后汉书·顺帝纪》,在羌人与匈奴人的联合攻击下,东汉永和五年九月,"丁亥,徙西河郡居离石,上郡居夏阳,朔方居五原。"李贤注云:"离石,县名,在郡南五百九里。西河本都平定县,至此徙于离石。"自此,其治所从黄河之西移到了黄河东岸,"西河"之名已名不符实,同

---

㉙ 参见《史记》卷五《秦本纪》本文及注释。
㉚ 参见《史记》卷一一〇《匈奴列传》。
㉛ 以上引文均见《史记》卷四四《魏世家》及注释。
㉜ 参见《戴东原集》卷六《答曹给事书(庚寅)》,《四部丛刊》(初编)本。

时，辖域也大为缩减。《续汉书·郡国志》记云："西河郡，十三城，户五千六百九十八，口二万八百三十八。"从三十六县到十三城，两汉西河郡的状况真有霄壤之别。

然而，戴震并没能阐明西河郡变迁的真实原因。实际上，西河郡的变迁涉及多方面的因素，而其中最重要的影响因素之一便是这一广大地区中非汉民族的迁移，白狄的退却与华夏族人的北上实际上为上郡、与西河郡建置创造了条件，而西河郡的东迁，与匈奴以及羌族的内迁又有着直接的关系，因此，在谈论先秦至北宋时期秦、晋北部地区的历史变迁时，千万不可忽视北方民族南迁所形成的决定性作用与影响。

（二）匈奴南迁与北朝时期"山胡区"问题

先秦时期的"白狄"族后来在史籍中神秘消失了，学者们对此做出了不同的解释。如西晋学者杜预《春秋释例》指出："故西河郡地有白部胡。"而唐代李吉甫《元和郡县图志》在记述"白狄"的族类源流时指出："《隋图经》云：义川，本春秋时白翟地，今其俗云：丹州白室，胡头汉舌，其状似胡，其言习中夏，白室即白狄语讹耳。近代号为步落稽胡，自言白狄后也。"[33]又释云："今步落稽，其胄也。"[34]即谓北朝以至隋唐初年的步落稽（即稽胡，又名山胡），就是春秋时代"白狄"的后裔。显然，这种简单的论断缺乏说服力，无法反映这一地区民族发展的真实状况。

陕西及山西北部地区很早以前便是多种非汉民族的混居地域。其中包括了上郡与西河郡。据《汉书·地理志》，"及安定、北地、上郡、西河，皆迫近戎狄，修习战备，高上气力，以射猎为先。"正因为这种地缘的便利性，这些地区自然也成为南迁的北方民族的首选安置地。秦汉时期塞北最强大且最重要的非汉民族非匈奴族莫属，而出于地缘的便利，山西与陕西中北部地区往往是南下匈奴人的优先选择入居的地域。如西汉末年，匈奴内部发生内乱，五单于争立，部族混战迫使为数众多的匈奴部众归依于中原政权的保护之下。据《汉书》卷八《宣帝纪》记载，五凤三年，"置西河、北地属国以处匈奴降者。"又如《汉书·冯奉世传》："初，昭帝（应为宣帝之讹）末，西河属国胡伊酋若王亦将众数千人畔，（冯）奉世辄持节将兵追击。"颜师古注释曰："言西河、上郡羌、胡反畔，子明再追击之。"可见，当时入居于西河与上郡地区的羌人、胡（即匈奴人）的数量已相当庞大。

东汉初年，南、北匈奴正式分裂。后在北匈奴的威胁下，建武二十六年（50

---

[33] 《元和郡县志》卷三"丹州"下，第74页注文。
[34] 《元和郡县志》卷一四"石州"下，第398页。

年),东汉朝廷一方面依照旧例赏赐南匈奴首领,另一方面允许南单于入居云中,徙居西河美稷(今内蒙古准格尔旗西北)。匈奴诸部分别屯居缘边七郡:北地(治今宁夏吴忠市西南)、朔方(治今内蒙古磴口北)、五原(治今内蒙古包头市西)、云中(治今内蒙古托克托北)、定襄(治今山西左云西)、雁门(治今山西代县西北)、代郡(治今山西阳高)。同时恢复缘边八郡(再加上谷郡)的建置,派遣汉民北上,这样就造成缘边郡县匈奴族与汉民杂居的状况。[35]西河美稷成为南单于庭,在这种状况下,西河地区很自然地成为南迁匈奴的一个核心区,如据《后汉书·光武纪》:建武二十三年,"是岁,匈奴薁鞬日逐王比率部曲遣使诣西河内附。"又"(永元二年二月)己亥,复置西河、上郡属国都尉官。"李贤注释云:"《前书》西河郡美稷县、上郡龟兹县,并有属国都尉,其秩比二千石。《十三州志》曰:典属国,武帝置,掌纳匈奴降者也。哀帝省并大鸿胪,故今复置之。"可以看到,东汉一代,民族迁徙促成了宏观性的区域整合,如朔方刺史部被整合入并州,上郡、朔方、西河、太原均属于并州。而在并州区域的民族人口构成中,南迁的匈奴人已占有相当大的比重,这也就是所谓"并州胡"。

南北朝时期,今天山西与陕西北部地区出现了山胡或"稽胡"文化区,而就历史渊源而言,稽胡应该是南迁匈奴与当地其他民族融合而成的一种新的族群类型。如《周书·稽胡传》记云:"稽胡,一曰步落稽,盖匈奴别种,刘元海五部之苗裔也。或云山戎、赤狄之后,自离石以西,安定以东,方七八百里,居山谷间,种落繁炽,其俗土著亦知种田,地少桑蚕,多麻布……"[36]与此相印证,乐史《太平寰宇记》也记述了稽胡分布区的"四至":"离石以西,安定以东,始为所居,约地方七八百里,山谷之间,种落繁炽,其后渐散漫处于邠、晋、鄜、延地,每为边患,周、齐之代,迭攻而灭。"[37]稽胡区在中国北方地区的形成,应该是中国历史文化发展史的一件重大研究课题[38]。就稽胡区地理范围而言,学者们的论述是较为一致的,即分布于东至西河,西至安定的广大区域之内。安定即今甘肃泾川县北,离石即今山西吕梁市离石区,显然这种描述过于疏阔。我们发现史料中往往以居留中心地为各地山胡命名,而这正为我们确定其活动区域提供了方便。这类名号有"离石胡"、"西河胡"、"吐京(今吕梁石楼)胡"、"河西胡"、"并州胡"、"上郡胡"、"汾州吐京胡"等[39]。以黄河一线为界,稽胡区可分为东、西两个部分,而东部应为当时中国北方山胡或稽胡居留最集中的区域。这一区域又以离石、吐京为核心,完全覆盖了今天的吕梁地区。居住于

---

[35] 《后汉书》卷八九《南匈奴列传》,第2945页。

[36] 并见(唐)杜佑撰:《通典》卷一九七"边防典"下"稽胡"条,中华书局1984年版。

[37] 《太平寰宇记》卷一九四,中华书局2007年版,第3717页。

[38] 参见林幹:"稽胡(山胡)略考",《社会科学战线》1984年第1期等。

[39] 参见《魏书》诸帝本纪,中华书局1997年版。

黄河以西的稽胡,被称为"河西山胡"。西部稽胡区则涉及今天陕西北部及甘肃东部地区。又据《周书·稽胡传》记载,当时稽胡聚居的河西州县有:夏州(治今陕西靖边县北)、延州(治今陕西延安市)、丹州(治今陕西宜川县东北)、绥州(治今陕西绥德县)、银州(治今陕西横山县东)等,集中于今天陕西省境内。

(三)党项内迁与北宋时期的麟、府二州问题

自唐代前期开始,又有新的非汉民族迁居于黄河中游地区,这就是党项族(包括部分吐蕃族)。党项族原来居住于青藏高原东部边缘地带,后受到崛起的吐蕃王国的压迫,持续内迁,到唐朝后期,已广泛地分布于西北地区,其中包括秦、晋北部地区。众所周知,内迁党项人的主体建立了西夏王国,而不少党项及吐蕃族人也进入了北宋境内。如早在唐朝后期会昌六年正月,李德裕即在《请先降使至党项屯集处状》中指出:"缘党项自麟、府、鄜、坊,至于太原,遍居河曲,种落实蕃,其间皆有善良,岂敢尽为暴害?"⑩显然,当时的党项族人已内迁至陕西、山西的中北部地区。

关于北宋境内内迁党项的分布状况,宋代学者曾公亮在《武经总要》卷十八上"边防"一节中论述道:"今之夷人内附者,吐蕃、党项之族,居西北边,种落不相统一,欵塞者谓之熟户,余谓之生户。陕西则秦陇、原渭、环庆、鄜延四路;河东则隰石、麟府二路。其酋长则命之戎秩,赐以官俸,量其材力、功绩,世相承袭,凡大首领得为都军主,自百帐以上得为军正……"曾公亮的论述是十分清晰的,内迁的党项人广布于黄河两岸。当时北宋边界地区内附的非汉民族的分布地主要可以分为两大部分,一是陕西地区所属四路,即秦陇、原渭、环庆、鄜延;一是河东地区所属隰石、麟府二路,同样是横跨黄河两岸。曾公亮还对当时入居陕西四部的"蕃部"的数量及驻所进行了明确记载:"凡四路,总六百七族,十五万五千六百人,三万四千三百匹马,其隶鄜延路者居延州保安军界,隶邠宁路者居环庆州界,隶泾原路者居原渭州镇戎军界,隶凤路者居秦凤州界,所以离戎丑之势,张蕃翼之卫也。"

对于内附的党项部族而言,北宋官府给予了相当优厚的待遇。一是授官赐物。如《宋史·曹玮传》载:"降者既多,因制属羌百帐以上,其首领为本族军主,次为指挥使,又其次为副指挥使,不及百帐为本族指挥使。其蕃落将校,止于本军叙进,以其习知羌情与地利,不可徙他军也。"二是赐田。这些优惠政策对于党项族人的吸引力还是相当大的。因此,除陕西地区外,当时不少党项族众还横涉黄河,进入黄河东岸地区。如咸平五年(1002年)十月,宋真宗诏谕河东转运司云:"河西戎人归附者徙内地,给以闲田。"⑪又当年十二月,石、隰副

---

⑩ 《李文饶集》卷一六,《四部丛刊》(初编)本。

都部署耿斌等上言云:"准诏,徙河西投降杂户隶石州平夷等县,给以闲田。今州界绝无旷土。"宋真宗又指示曰:"此辈凡二万余户,虽署以职,然未有养生之计,虑其失所,宜令转运司籍部下逋民田给之。"[42]由此可见,当时进入黄河东岸地区的"戎人"数量相当可观。

在当时的政区建置中,隶属于河东运转司及河东道的隰石、麟府二路,所辖地域横跨黄河两岸,对于秦晋之间关系的维系至关重要。对于北宋的西北边防形势而言,麟、府二州的地位极为关键。如庆历年间,张方平上疏曰:"夫麟、府辅车相依,而为河东之蔽,无麟州则府州孤危,国家备河东,重戍正当在麟、府,使麟、府不能制贼后,则大河以东孰可守者?故麟、府之于并、代,犹手臂之捍头目也。而其上议欲弃其地既知才之不足用也。"[43]其实,我们从政区建置的实际情况来年,麟(治今陕西神木县北)、府(治今陕西府谷县)两州的建置,在很大程度上正是这些外来"蕃部"入居及建设的成果。如宋人张咏《麟州通判厅记》对于麟州的早期建置情况进行了回顾:"……麟州旧壤,实曰新秦,按秦武王转徙东民,以实此土,久用滋富,因名之,汉隶朔方之郡,唐为胜州之域。匈奴接荒,在河一曲,党项部卒,汉民杂居。长城基前,屈野川其左右,带楼烦之境,南偏赫连之乡,惟府由兹,唇齿相辅,开元年中,群藩构逆,燕公致讨,请城麟州,所以安余种也,显宗之末,刘崇不宾,杨侯作藩,移垒斯堡,所以护并寇也。"[44]可见,麟州的建置,完全是为了应对当时多民族混居的复杂状况。

府州的情况则更为典型。如宋人洪迈在《天池庙主》一文中指出:"河外麟、府两州,为西北屏蔽,国朝相承,用王氏世守麟(州),折氏世守府(州)。"[45]折氏是羌族及党项族的大姓,现代研究者对于北宋麟、府地区的豪族政治状况有着较为深入的研究,其中折氏家族研究甚至是探讨五代及北宋时期北方民族关系的重要课题之一[46]。关于折氏与府州之建置问题,乐史在《太平寰宇记》卷三八中进行了相当详备的论证:"府州,今理府谷县,本河西蕃界府谷镇,土人拆大山、拆嗣伦代为镇将。后唐庄宗天佑七年,有河朔之地,将兴王

---

[41] (宋)李焘撰:《续资治通鉴长编》卷五三,咸平五年十月,中华书局1992年版。
[42] 《续资治通鉴长编》卷五三,咸平五年十二月。
[43] 《乐全集》卷二〇,文渊阁《四库全书》本。
[44] 见《乖崖集》卷八,文渊阁《四库全书》本。
[45] 《夷坚支志》庚卷二,清《十万卷楼丛书》本。
[46] 参见韩萌晟:"麟府州建置与折氏源流",《宁夏社会科学》(试刊号);畑地正宪:"五代、北宋的府州折氏",日本九州大学主办《史渊》第110期;李裕民:"折氏家族研究",《陕西师大学报》1998年第2期;张志江:"世代守边御敌的折氏家族",《寻根》1996年第3期;周群华:"折家将与辽、金和杨家将的关系述论",《社会科学研究》1990年第6期等。

业,以代北部属为边患,于是升镇为府谷县。至八年,麟州刺史折嗣伦、男从阮招回纥归国,诏以府谷县建府州,以扼蕃界,仍授从阮为府州刺史……"可以说,府州从小镇,至府谷县,再至府州,每一次的升迁,都是为了满足边疆防御及边区治理的需要。我们在关注部族冲突的同时,也必须承认,大批内迁的非汉民族为中原王朝边疆的拓展与稳定做出了重要贡献,这在黄河两岸显得尤为突出。

## 小　结

地域关系的研究,在历史地理研究中无疑是非常重要的课题。地域关系的实质是人群关系,一方面,任何区域界限与格局的划定,是山川形便、地理认知、政治形势等多方面因素综合作用的结果,其中不可避免地涉及相关区域的人群及文化关系的判别(包括相关性与相斥性研究);另一方面,任何一种区域划分的格局不是一成不变的,而在区域格局变化中,相关区域的兼并与分离便不可避免,而人群的迁徙往来成为决定这种变迁过程的最主要动力。历史时期,秦晋之间的地域关系经历了十分复杂的变迁过程。就行政区划的层级变迁过程而言,今天山、陕两省的分别,实质上是元、明、清以来在行省制度框架下的整合与分割,虽然,这种整合与分割带有一定的必然性的趋向,但我们也必须承认,从这一点上来看,行省制度之前并不存在秦、晋两大地域的整体性分割,而这种分割的"未完成"或也可称为秦晋地域共同体存在的客观前提之一。其次,既相邻又分割的地理基础是秦晋之间地域关系的主导因素之一,然而,秦晋关系更在于两地人民的共同营造,如果没有人们主观性的营建,或事实上的人群联系,那么,"秦晋地域共同体"的提法就会显得苍白而空洞。

从历史地理学的角度探讨"地域共同体"的关键,在于揭示不同地域人群之间共同性、相似性以及联系性,当地域人群间的共同性、相似性与联系性达到一种高度之后,我们就可以认定某种"地域共同体"的存在。笔者认为:从先秦至北宋,秦晋之间的地域人群关系已经上升至"地域共同体"的高度。这种地域共同体的形成与维系,并非纯粹依赖自然地理区域的便利以及部分区域的紧密联系,而在很大程度上有赖于秦晋之间"铰合机制"的长期作用。认识与研究这种"铰合"机制,对于深入了解历史时期秦晋地域关系的内在脉络是必不可少的。这种"铰合"机制的构成,涉及历史渊源、地域毗邻、交通往来、政区建置、人口迁移以及由之衍生而出的文化共同性等等多种复杂的因素,其中政区建置与人口迁徙是其中发挥关键作用的要素。就宏观言之,以龙门山为节点,秦晋交界地带可分为"南(关中与河东相接处)"与"北(西河)"两段。

便利的交通条件与政区一体化举措形成了强烈的文化同一化趋势,很早便使关中与河东(特别是"小河东")两地紧密地结合在一起。而决定秦晋中北部地域关系演变的一个主导因素是民族迁徙。如山、陕中北部的西河地区长期以来就是非汉民族聚居区,黄河之水并没有对两岸人民的往来迁徙造成难以逾越的阻隔,在相当长的时间里,一个又一个非汉民族进入这一广大地区生活、繁衍,创造了一个又一个与周边地区差异较大的异文化亚区。这在中国地域文化发展史上是不应被忘却的一页。龙门山南北两段区域之间长期的紧密联系,在事实上形成了两片巨大的"铰页",将秦、晋两大地域上的人民紧紧在聚合在一起,这也就是先秦至北宋"秦晋地域共同体"构造机制的核心所在。因此,笔者想要强调的是,正是有这种内在构成机制的存在,"秦晋"并称,就成为极其特殊的地域人群关系的精确总结,而绝非简单的地域名称的机械拼凑。

(本文原刊载于《人文杂志》2010年第1期)

# 略论明代山陕地域共同体的形成
## ——基于边防、区域经济以及灾荒应对的分析

安介生

[内容提要] "山陕"一词通行于明代,是山陕地域共同体形成与稳定的显著标志。山陕共同体的形成,不仅于山、陕两地域毗连,更在于在漫长的历史时期两地人民共同承担的政治使命、经贸地位以及举足轻重的合作关系,其中包括国防任务、经贸往来以及共同应对灾荒等等,而山陕两地所承担的政治、经济及社会责任在有明一代达到了极致。山陕两地不仅聚集了多个明朝军事重镇,而且山陕两地百姓又承担了供应边军粮饷的重任。山陕商人利用地缘便利,积极投入于边地商贸活动,为边境地区的物资流动做出了贡献。另外,山陕两地自然灾害频繁,两地百姓在抗灾活动中又并肩顽强奋斗。所有这一切都促使山陕两地结成了非同寻常的共同认知与情感,并成为两地社会经济发展中的重要影响因素。

[关键词] 山陕 地域共同体 边防 区域经济 灾荒应对

## 引 言

笔者收藏有一通《泽被邻封碑》拓片,碑文内容对于解析明清时期的山陕关系有着一定的启示作用。该碑镌立于清康熙五十八年,由刘大成撰文,而碑底落款为"山右沐恩商民"董金、卢其缙等十二人。不难看出,这是一通表彰长安县令冯景夏功德的颂恩碑,碑文相当生动地记录了一个发生于清朝初年的、颇有戏剧意味的商人故事。故事的主角是卢其缙等一群山西商人。清代康熙五十七年(1718年),这群山西商人在河南睢州(今河南睢县)经商时,误与一位奸人合伙经营,结果导致大量物品与银两被盗,损失惨重,"共二千余金",以致同伙商贾数人濒于破产,陷于困境。有人甚至忧愤而死,有的人因不

能偿债而被投入监狱。卢其缙等人全力追踪奸人,最终在陕西长安县衙附近遇到了奸人。县令冯景夏秉公执法,很快做出公正判决,并在一个多月之后就追回了赃物,卢其缙等晋商才得以解脱困境,平安返乡。为了答谢冯景夏的恩德,他们特地请刘大成撰文,并镂碑以志谢意。

表面看来,这通碑文所记属于个案,但其反映的历史地理背景却是耐人寻味的。很多"山右沐恩商民"得到了陕西官员的大力保护,已是不争之事实,而这种保护对于山右商人及商业的发展是相当关键的。更应当指出的是,"泽被邻封"应该是相互的,也应该是有普遍意义的,即陕西与山西两地人民之间久已形成了互助互利的密切关系[①]。已有学者指出:明代是山陕商人关系形成的关键时期[②]。可以说,对于山陕共同体形成过程而言,明代是一个最为关键的发展或成熟时期。而据笔者查证,"山陕"一词的约定俗成以及大量涌现,也正发生于明代,无疑是"山陕地域共同体"形成的最突出的表征之一。而自清代以来,山陕会馆在全国范围内的大量出现,又是"山陕地域共同体"关系后续效应的极好佐证。[③]那么,在有明一代,山西、陕西两地在全国政治、经济地理结构中的作用与影响到底如何?是什么促进因素或驱动力将山西、陕西两地更加紧密地结合在一起,形成令人称道的密切关系?而所谓"山陕地域共同体"的特殊关系,对于山西、陕西两地经济与社会发展又起到了怎么样的作用与影响?诸如此类都是需要研究者深入思考的问题。

近些年来,明清时期山陕商人的研究引起了学术界的极大兴趣,相关研究成果已相当丰富。[④]然而,对于山陕关系以及地域共同体的研究迄今仍然尚显薄弱。在本文中,笔者试图结合山陕地缘政治、经济及社会发展的客观历史地理背景,对于明代山陕地域共同体的形成及演变过程做出较为系统而全面的分析与说明,或许会对于解答上述问题提供一些线索。

---

[①] 关于"山陕共同体",或"秦晋共同体"的前期研究,参见拙文:"略论先秦至北宋秦晋地域共同体的形成及其'铰合'机制",《人文杂志》2010 年第 1 期。

[②] 参见藤井宏:"明代盐商的考察——边商、内商、水商的研究",刘淼辑译《徽州社会经济史译文集》,合肥黄山书社 1987 年;田培栋:"山陕商人的合作问题",载于李希曾主编:《晋商史料与研究》,山西人民出版社 1996 年等。

[③] 近年来,明清时期山陕会馆研究成果十分丰富,参见李刚、宋伦:"论明清工商会馆在整合市场秩序中的作用——以山陕会馆为例",《西北大学学报》2002 年第 4 期;宋伦:《明清时期山陕会馆研究》,西北大学博士论文(2008 年,未刊);宋伦:"明清陕西山陕会馆的特点及其市场化因素",《西北大学学报》2006 年第 5 期;王俊霞、李刚:"从会馆分布看明清山陕商人的经营活动",《中国国情国力》2010 年第 3 期等。

## 一、西北边塞供给需求与山陕地缘共同体的形成

在山西商人研究成果中,日本学者寺田隆信所著《山西商人研究》显得相当独特。该书对于山西商人本体活动的论述并不多,却十分细致而详尽地探讨了"九边"与山西、陕西两地的问题。笔者以为这种处理方式无疑是一种富有洞察力的明智之举。因为如果没有彻底而深刻地认识山西在明代政治版图中的特殊区位及特定的军事地理环境,就商论商,很难解释山西商人在明清时代崛起的缘由。寺田隆信指出:"对于山西商人的发展,北部边塞军事地区的存在,是一个重要的前提。"[⑤]同时,寺田隆信论著中另一个值得肯定的独到观点是,在山西商人的研究中,一开始就将普通山西百姓与山西商人截然分开,其实是不客观的臆测,也是不可能做到的。

正如日本学者藤井宏等人很早就指出的那样,明代"九边"防御体系建立之后,大批军士戍守边塞地区,形成了一个巨大的边镇消费地带,如何满足边镇军士的物质需求,便成为摆在明朝官府面前的一个重大任务[⑥]。出于地缘的关系,山陕两地百姓无可回避地承受起了边镇粮饷的重任。《山西商人研究》一书对于明代的边饷与民运问题进行了相当细致的阐释与说明,其中特别提到了山西百姓的负担问题。但是,在今天的学者看来,寺田隆信所做的统计、处理及说明工作,均较为简略,并不全面,往往仅以宣府、大同、延绥三镇为例。其中,最突出的一点不足是,寺田隆信在书中并没有明确说明:对于供给各边粮饷的负担,各省并不是均摊的,由于地缘的关系,山西、陕西两省的责任最为沉重。而这却是笔者在本文中想要特别强调的一点。

出于行政区划的时代特征,明代的"山陕"覆盖的面积相当广大,事实上

---

④ 在这方面较为重要的论著有:田培栋:"山陕商人的合作问题",载于李希曾编:《晋商史料与研究》,山西人民出版社1996年;王兴亚:"明清时期的河南山陕商人",《郑州大学学报》1996年第2期;刘文峰:"明清山陕商人与儒家文化",《山西师大学报》2003年第4期;许檀:"清代河南的北舞渡镇——以山陕会馆碑刻资料为中心",《清史研究》2004年第1期;宋伦:"论明清山陕会馆的创立及其特点——以工商会馆为例",《晋阳学刊》2004年第1期;李刚、袁娜:"明清时期山陕商人对西部开发的历史贡献及其启迪",《新疆社科论坛》2007年第1期;王俊霞:《明清时期山陕商人相互关系研究》,西北大学2010年博士论文;王俊霞、张琳:"明清时期山陕商人研究综述",《生产力研究》2009年第24期;马静:"明代山陕商人在西北边镇的商业活动及影响",《延安大学学报(社科版)》2011年第3期等。

⑤ [日]寺田隆信著,张正明等译:《山西商人研究》,山西人民出版社1988年版,第10页。

⑥ 转引自寺田隆信著:《山西商人研究》,第14页。

成为明朝疆域内"西北地区"的代名词,与今天山西、陕西两省的行政辖区范围及地域概念有着很大的差异。如据笔者考证,"山西"地区直到元明时期才逐步完成了完整意义上的省域整合⑦。而我们能够看到,由于受到长期认知习惯的影响,在明朝人士心目中,以大同为核心的雁北地区与山西中南部地区之间的差异还是相当突出的。明代北方各地行政辖区与军事卫所辖区相重合,相交织,山、陕两省也不例外。明朝山西布政使司下辖太原、平阳、大同、潞安四府,泽、汾、沁、辽四州。而山西都指挥使司下领太原左、太原右、太原前、振武、平阳、潞州、镇西等七个卫,以及保德州、宁化、沁州、汾州四个所。但与此同时,山西北部又置山西行都指挥使司,下辖大同前、大同后、大同左、大同右、天城、阳和、镇虏、玉林、高山、云川、朔州、威远、安东、中屯等十三卫,以及山阴、马邑二所。⑧

笔者在这里特别强调的是,明代的"陕西"地域十分广大,包括陕西布政使司与陕西行都司的辖区,大致包括了今天陕西、甘肃、宁夏二省一区的大部分地区以及青海省的部分地区,与今天的陕西省的范围有着很大的差异。如同据《明一统志》记载,明朝在西安城(今陕西西安市)设置陕西等处承宣布政使司,下辖西安、凤翔、平凉、庆阳、延安、巩昌、临洮、汉中等八府,又设置陕西都指挥使司,领西安左、西安前、西安后、固原、平凉、庆阳、延安、绥德、榆林、巩昌、临洮、汉中、秦州、兰州、洮州、岷州、河州、宁夏、宁夏中、宁夏前、宁夏后、宁夏左屯、宁夏右屯、宁夏中屯、宁羌等二十五卫,以及凤翔、金州、灵州、镇羌四个千户所。与此同时,又在甘州城(今甘肃张掖市)设置陕西行都指挥使司,领甘州左、甘州右、甘州中、甘州前、甘州后、肃州、山丹、永昌、凉州、镇番、庄浪、西宁等十二卫,以及镇夷、古浪二千户所。

明代"山陕"不仅所辖地域广大,而且在全国边防体系中的地位极为重要。清人万斯同在其所撰《明史·地理志》中对于山西的地理价值高度推重:"山西居京师之上游,藩篱完固,则堂奥可以无虞。大同斗绝,边陲三面皆险,与宣府互为唇齿,故防维最切。而太原以三关为固,套骑充斥,逾河以东,飞越之途,所在多有。三关不守,而汾晋之间皆战场矣,故太原之防,与大同相埒,而为京师保障,则大同尤首冲矣。"同时,他也在《明史·地理志》中高度评价陕西的山川形势与区位价值:"陕西,山川四塞,盖中原之喉吭而天下之肩脊也……据崤、函而拥岍、陇,类可以并吞八荒,鞭挞六合,而西北两边扰我耕牧,户牖之虑,尤炭炭焉。"⑨笔者以为:万斯同的评价,不仅是史家之回顾与

---

⑦ 参见拙文:《"山西"源流新探——兼考辽金时期山西路》,《晋阳学刊》1997年第2期。
⑧ (明)李贤等撰:《明一统志》卷一九,清文渊阁《四库全书》本。
⑨ 《明史》卷八十一,清抄本。

评述,而可以被视为明代人士对于山陕两地区位价值认知的一个概括性的总结。

其实,山西、陕西两地的重要战略地位,主要体现在明代"九边"防御体系之中。"九边"之中,山、陕诸镇实居其大半,举足轻重。综观明代边防历史,"九边"之设置与调整,也经历了一个相当漫长的过程。"初设辽东、宣府、大同、延绥四镇,继设宁夏、甘肃、蓟州三镇。专命文武大臣镇守、提督之(镇守皆武职大臣,提督皆文职大臣——笔者注)。又以山西镇巡统驭偏头三关,陕西镇巡统驭固原,亦称二镇,遂为九边。弘治间,设总制于固原(今宁夏固原市),联属陕西诸镇。嘉靖间,设总督于偏头(今山西偏关县),联属山西诸镇。又设总督于蓟州,联属辽东镇戍,益严密焉。"[10]因此,在所谓"九边"(即九大重镇)之中,山、陕两省实占"六边"之地,即拥有大同、延绥、宁夏、甘肃、山西、固原等六个重镇,如加上宣府,则这也就构成了明代文献中经常提及的"西北七镇"。

"西北七镇"地脉相通,相互倚重,在相当长的时间里,承担了最为严酷的防御重任。如长期奉命驻守陕西边镇的杨一清曾经评述陕西边防形势云:"陕西各边,延绥(初在今陕西绥德县,后徙至今榆林市)据险,宁夏(今宁夏银川市)、甘肃(今甘肃张掖市)扼河山,惟花马池(在今宁夏盐池县)至灵州(治今宁夏灵武市)地宽衍,城堡复疏。寇毁墙入,则固原、庆阳、平凉、巩昌皆受患……臣久官陕西,颇谙形势。寇动称数万,往来倏忽。未至征兵多扰费,既至召援辄后时。欲战则彼不来,持久则我师坐老……唐张仁愿筑三受降城(在今内蒙古包头市等地),置烽堠千八百所,突厥不敢逾山牧马……国初,舍受降而卫东胜(在今内蒙古托克托县),已失一面之险。其后,又辍东胜以就延绥,则以一面而遮千余里之冲,遂使河套沃壤为寇巢穴。深山大河,势乃在彼,而宁夏外险反南备河。此边患所以相寻而不可解也。"[11]而大同镇(在今山西大同市)因突入塞外,防御形势可谓最为凶险。"山西起保德州黄河岸,历偏头,抵老营,二百五十四里。大同西路起丫角山,历中、北二路,东抵东阳河镇口台,六百四十七里。宣府(在今河北宣化市)起西阳河,历中、北二路,东抵永宁四海治,千二十三里。凡千九百二十四里,皆逼巨寇,险在外,所谓极边也。山西老营堡转南而东,历宁武、雁门至平刑关,八百里。又转南而东,历龙泉、倒马、紫荆之吴王口,插箭岭、浮图峪,至沿河口,千七十余里。又东北,历高崖、白羊,至居庸关,一百八十余里。凡二千五十余里,皆峻山层冈,险在内,所谓次边也。外边,大同最难守,次宣府,次山西之偏、老。大同最难守者,北路;宣府最难守者,西路。山西偏关以西百五十里,恃河为险;偏关以东百有四里,略

---

[10] (明)许论:《九边总论》,《明经世文编》卷二百三十二,明崇祯平露堂刻本。
[11] 《明史》卷一九八《杨一清传》,中华书局1997年版,下同,第5226至5227页。

与大同西路等。内边,紫荆、宁武、雁门为要,次则居庸、倒马、龙泉、平刑。迩年寇犯山西,必自大同;犯紫荆,必自宣府。"[12]关于当时的明代北方的"边地"范围,还有一种"六十一州县(处)"的说法。嘉靖年间,著名大臣高拱在《议处边方有司以固疆圉疏》中特别指出:

> 臣惟蓟、辽、山、陕沿边有司,虽是牧民之官,实有疆场之责……臣等查得蓟辽则昌平、顺义、密云、怀柔、蓟州、玉田、丰润、遵化、平谷、迁安、抚宁、昌黎、乐亭、延庆、永宁、保安、自在、安乐等州县;山西则河曲、临县、忻州、崞县、代州、五台、繁峙、定襄、永宁、宁乡、岢岚、岚县、兴县、静乐、保德、大同、怀仁、浑源、应州、山阴、朔州、马邑、蔚州、广灵、广昌、灵丘等州县;陕西则固原、静宁、隆德、安定、会宁、兰州、环县、安塞、安定、保安、清涧、绥德、米脂、葭州、吴堡、神木、府谷等州县,此六十一处,乃是边方,前项事宜惟当行之于此,其他虽是蓟、辽、山、陕所属,不得概以边称。[13]

在上述六十一处"边地"中,山西与陕西便占了四十二处,占了总数的69%。可见,"山陕诸镇,乃四夷之防,"已成为明代朝野之公论,即明代边疆地区抵御所谓"四夷"的最重要任务,是由山、陕诸镇所承担的。[14]明朝大臣杨廷和甚至提出:"西北七镇,尽天下地方之半。"又"西北一半天下"[15]这显然是就"西北七镇"在明朝防御体系中所占地位而言,而不是严格按其面积而论。

当然,就军饷及粮食供给而言,西北七镇的需求量也相当惊人的。正如明人所言:"西北之边,自大同、偏关,以及宁(夏)、固(原),无处不苦,河套增戍糜饷,国家物力大耗于此矣。"[16]然而,更应该看到的是,身处边塞之地,山西与陕西两省百姓不仅身当兵锋,频遭外来侵袭之苦,同时又因地缘关系,在很大程度上承担了供给西北边镇粮饷的重任。这一点在明朝初年已显得无遗。如洪武九年(1376年)三月己卯,朱元璋在"免山西、陕右二省夏秋租税诏"中指出:

---

[12] 《明史》卷一九八《翁万达传》,第5236页。
[13] (明)高拱撰:《高文襄公集》卷八"掌铨题稿",明万历刻本。又见徐日久撰《鹭言》卷十"经制",明崇祯刻本。
[14] 明人孙懋之语,见"戒巡幸以安人心惩循默以服公议",《孙毅庵奏议》卷上,清文渊阁《四库全书》本。
[15] (明)杨廷和撰:《杨文忠三录》卷三,清文渊阁《四库全书》本。
[16] 引自(清)孙承泽撰:《春明梦余录》卷四三"河套"条,清文渊阁《四库全书》本。

> 山西、陕右,地居西北,山河壮丽。昔我中国,历代圣君皆都此,而号召万邦。曩因元主华夏,民无的主,已经百年矣。朕自丁未年,复我中土,继我圣人之位,建都炎方,于今九年矣。其间西征敦煌,北讨沙漠,军需甲仗,民人备之。外有转运艰辛,内有秦、晋二府官殿之役,愈繁益甚,自平定以来,民劳未息,今始方宁,正当与民同享太平之福。朕于今年三月二十五日勅中书度仓库军有余粮,特将山西、陕西二省民间夏秋租税尽行蠲免,以醒吾民……⑰

在这份诏书中,朱元璋特别强调了"比年西征敦煌,北伐沙漠,军需甲仗,皆资山、陕",十分典型地道出了山、陕两地在明代西北地区防御体系建设中的突出位置与贡献。"山、陕供亿军兴",长城南北的战争,给山陕民众带来了沉重的负担,长期以来也成为朝臣关注的焦点问题之一。⑱由山陕百姓承担的"民运",是供给北方边镇物资的最主要方式之一,其作用举足轻重。如明臣庞尚鹏指出:"盖九边额供之数,以各省民运为主,屯粮次之,此十例也。而盐粮乃补其不足,亦千百十一耳。"⑲崇祯元年(1628年),毕自严在《旧饷告匮疏》中也指出:"国初,九边主客兵饷,俱有各省民运,以资供亿,后来间发京帑,不过一时权宜之计……"⑳而明朝大臣的奏疏都反复证明,在给边镇的"民运"份额之中,山、陕两地占有相当大的比重。又如弘治十五年(1502年),韩文在《会计天下钱粮奏》中指出:"然洪武年间,供给南京止于湖广、江西、浙江、应天、宁国、太平、及苏、松、常、镇等处而已,供给各边止于山西、陕西,及河南、山东、北直隶等处而已。"㉑

明代著名学者章潢曾在《屯田盐法总论》中十分生动形象地描述地山陕百姓在供给边地所付出的巨大牺牲:

> ……山、陕之民僦牛车,具徒伍,奔走颠踣于风雪山谷之中,而无救于待哺之期会。平时岁丰,室家不相保;一有兵荒之警,上厪宵旰之忧,亟发内帑以济之,乃至无从得粟,则知实边贵豫,济变贵急……㉒

---

⑰ (明)朱元璋撰:《明太祖文集》卷一,清文渊阁《四库全书》本。
⑱ 吏部尚书林瀚之言,见《明史》卷七八《食货志》。
⑲ (明)陈子龙辑:《皇明经世文编》卷三五七"清理盐法疏"。
⑳ 见《御选明臣奏议》卷三九,清《武英殿聚珍版丛书》本。
㉑ 见《御选明臣奏议》卷十。
㉒ 见《图书编》卷九一,清文渊阁《四库全书》本。

明代朝臣突出反映山陕边民疾苦的奏章还有不少。如弘治八年（1495年），马文升在《陈灾异疏》指出："山、陕二西人民供给各边粮料，终岁劳苦，尤甚他方。及金派天下各王府校尉、厨役、斋郎、礼生，每当一名，不数年，必致倾家荡产。且洪武年间，封建诸王，惟秦、晋等十府，规模宏大壮丽，将以慑服人心，以固藩篱，其余诸王府，俱各差减，盖恐费民财而劳民力也。"[23]又"……加以湖广征蛮，山、陕防边，供馈饷给军旅者，又不知凡几，赋重役繁，未有甚于此时者也。"[24]又如马文升在《题会集廷臣计议御虏才略以绝大患事》中强调："照得顺天及直隶保定八府，实畿内近地，陕西、山西极临边境，河南、山东俱近京师，凡各边有警，其粮草马匹，一应军需，俱藉四省八府之民，偿运供给，必须生养休息，存恤抚摩，使其财力不匮，缓急之际，方克有赖。"[25]地跨边疆之地，又近邻京畿地区，既受外虏之患，又遭边运之苦，山陕两省百姓的处境可谓苦不堪言。

### 北边各镇民运粮食供给简表（嘉靖十八年，1539年）[26]

| 边镇名称 | 粮饷数额 | 供给布政司 |
| --- | --- | --- |
| 辽东镇 | 粮布折银共 123,000 两 | 山东布政司 |
| 蓟州镇 | 粮食 274,588 石 | 山东、河南、北直隶 |
| 宣府镇 | 粮食 547,481 石；马草 700,000 束 | 山东、山西、河南、北直隶 |
| 大同镇 | 粮布折银 473,475 两；马草 2,444,850 束 | 山西 |
| 山西镇 | 粮食 225,449 石（折银 167.396 两），马草 283,236 束 | 山西 |
| 延绥镇 | 粮食 291,385 石，马草 556,086 束（另有河南折银 33000 两） | 陕西、河南 |
| 宁夏镇 | 粮食 143,805 石，马草 161,240 束 | 陕西 |
| 甘肃镇 | 粮食 317,880 石 | 陕西 |
| 固原镇 | 粮食 225,449 石，马草 283,236 束 | 陕西 |

---

[23] 见《御选明臣奏议》卷八。
[24] 见《明史》卷一八二《马文升传》。
[25] （明）陈九德：《皇明名臣经济录》卷十五"兵部二"，明嘉靖二十八年刻本。
[26] 明代边镇物资供给，是一个极为复杂的系统工程，此表据赖建诚著《边镇粮饷：明代中后期的边防经费与国家财政危机（1531—1602）》一书第 127 页—132 页摘录而成，浙江大学出版社 2010 年版。

关于山西、陕西两省的民运困境，明人毕自严曾在《申饬民运考成疏》中特别提到："……如山西一省，原派宣府、大同、山西三镇民运，本色粮三万一千七百八十余石，折色银一百七万六千九百四十余两，节年相沿，俱隔四五年后，方行查参。案查天启五年十二月内，总督冯嘉会会同山西巡抚柯昺、山西巡按安伸方始查参天启元年分欠粮官员，大率仅完及八分。嗣是迄今三年，通未举行。其天启二年后，民运通未查参，至宣大抚臣且绝未与闻矣。如此虽谓之不参可也。陕西一省原派延、宁、甘、固四镇民运，本折粮银九十七万七百三十二石两零，内除减等参罚疲敝烟县粮银外，实该征解粮银八十一万七千七百七十四石两零。案查天启七年正月内，总督王之采会同延宁甘固四抚，并参天启二三四年民运未完钱粮[阙]为一疏，崇祯元年二月内总督史永安会同延、宁、甘、固四抚，查参天启五年分民运未完钱粮，大率已完七分以上，未完二分以上，连疲敝扣减通筹，则所完仅五六分数耳。边饷逋负，未有甚于陕西者也。查参虽总督出名，其实止准陕西抚院咨及据陕西布政司册，而延、宁、甘肃三抚，直挂空衔耳。山、陕二省并无京运内供钱粮，原令以该省全力注之各边，以扞外卫，内而查参之法既疏，民运之逋滋甚，大非祖制，就近输将之意矣……至民运莫多于山、陕，亦莫欠于山、陕，而查参所不及之地，亦莫甚于山陕，诚不得不变而通之。"㉗可以看出，山西、陕西二地百姓，需要负担及承运"西北七镇"的粮饷，而民运负担极重，以致造成逋负严重，"民运莫多于山、陕，亦莫欠于山、陕"，可谓"一语中的"。对于山陕百姓而言，边镇的民运已成为不堪承受的巨大包袱了。长期拖欠，势必成为常态。

为了保证北方边镇的供给，明朝官府也进行了一系列的调整与改革，但是，边镇供给问题却始终成为山陕百姓无法摆脱的沉重负担。如《明史·李敏传》载云：成化年间，"（李敏）寻召拜户部尚书。先是，敏在大同，见山东、河南转饷至者，道远耗费，乃会计岁支外，悉令输银，民轻赍易达，而将士得以其赢治军装，交便之。至是，并请畿辅、山西、陕西州县岁输粮各边者，每粮一石征银一两，以十九输边，依时值折军饷，有余则召籴，以备军兴。帝从之。自是，北方二税皆折银，由敏始也。"即使是在这种状况下，九边缺饷的问题依然十分严重。如时至万历年间，工科给事中王元翰在上疏中指出："……九边岁饷，缺至八十余万，平居冻馁，脱巾可虞，有事怨愤，死绥无望，塞北之患未可知也……"㉘也就是说，"折银"也好，"本色"也罢，只要边镇所需粮饷的总额

---

㉗ （明）毕自严：《度支奏议》堂稿卷二，明崇祯刻本。
㉘ 《明史》卷二三六《王元翰传》。

没有改变(甚至会逐年增加),山陕百姓的负担也不会有实质上的减轻。

边政持续,边镇的粮饷需求是难以改变的,然而,必须看到,山西与陕西两地自然条件并不十分优越,甚至不少地方灾荒频发,故有"十年九旱"的说法。山陕地区的农业及粮食生产会受到各种主客观因素的影响,如一旦发生严重灾荒及饥馑,山陕百姓自身尚无法得到温饱,又如何有余力去供给边镇?最后恐怕不可避免地造成"内外双困"的局面。对此,明人康海曾经明确指出:"……况今边境之扰,未甚妥帖,前日榆林、大同之役,马死食匮,所费不知几千万,而无用之兵,又坐食于边,山、陕之民,丁运之法,无不备举,老幼妇子,流离移析,外患未除,而内地已困,宁不为可惧邪?"㉙康海又在《送别少司徒张公督饷北还图诗序》中同样痛切地指出:"……则天下之饷,莫不仰之河南、山、陕,自戊子至今,频经岁凶,方旱而水,室庐倾覆,禾稼漂没,流移之民,蔽山盈谷,捐弃老稚,哭声遍野,巨村名聚,萧然空堵,厪九重之虑,竭司农之财,匍匐拯救,小得大遗,幸未枕藉郊原而死,如甲辰尔,又能供赋税给边邪?!"㉚毋庸置疑,如果脱离北方人民生存与生活史的实际状况,仅仅从数字上分析与考定明代边镇粮饷供给问题,就根本无法体会到明代山陕百姓为供给边镇地区所做出的巨大牺牲。

可见,"九边"的历史,从某种角度来看,实则明代北方沿边地区的民众负担史。㉛关于明代边镇人民的负担与痛楚,我们从明臣何乔新所撰《大同停征税粮疏》一文中看到相当真切:"臣愚不能远举古昔,且如成化年间,山西、陕西之饥,比时,朝廷亦发太仓银数十万两出赈,臣愚不知彼时银之时,各处地方在官者,岂皆在在赢余邪?亦为当时在官者已竭而后之银,又未知当时各处地方赈之而仍征税粮与否也……大同之饥,实与之同,而又过之,赈济既已不得,求免税粮又所不允,是大同之民既不得与往日山西、陕西之民比,又不得与今日山东、直隶之民比也。夫边民之苦,较之腹里特为异甚。腹里每亩征草二束,而大同乃每亩四束;腹里税粮,每有轻折,而大同存留之外,皆供王府禄米。此其苦一也。地寒霜早,耕获不得其时,或有疠患,人畜俱亡,此其苦二也。军储缺乏,每每有动调人马,辄搜民间。名虽和买,其实害不可言,此其苦三也。商贩不通,无贸易之利,此其苦四也。州县长吏,举人者少,进士者绝无,惟知科索,不知抚字,而各卫所首领官员,及分守守备内臣,比肩而立,皆须供亿,民少官多。此其苦五也。是以数十年来,村邑萧条,版籍凋落,其视成化、弘

---

㉙ (明)康海:《对山集》卷一,明万历十年潘允哲刻本。
㉚ (明)康海:《对山集》卷二十八序,明万历十年潘允哲刻本。
㉛ 参见梁淼泰:"明代'九边'的饷数并估银",《中国社会经济史研究》1994年第4期;"明代'九边'饷中的折银与粮草市场",《中国社会经济史研究》1996年第3期。

治以前，十去六七，此而不恤，必至无民。若苟无民，岂有大同？既无大同，岂复有京师？夫边民者，所以捍御腹里，朝廷恩泽，宜特加优渥。今乃有腹里所无之苦，无腹里所有之恩，何也？"[32]关于"边民之苦"，大同镇的情况，应该是"西北七镇"之中具有代表性的。"有腹里所无之苦，无腹里所有之恩"。山陕民运在西北边镇物资供给中占据着举足轻重的地位，却没有得到什么优惠与体恤。山陕百姓为了保障供给边镇，付出了巨大的牺牲，却没有得到明朝官府的任何认同与赋税上的优免。当然，从另一方面看，笔者以为：这种漫长苦痛的历史，却会极大地拉近了两地百姓之间的情感以及彼此的认同。

## 二、西北边境贸易发展与"山陕边商"群体

从历史上看，山、陕两地人民从供给边地以赢利的做法，从秦汉时期已经开始了。如《史记·货殖列传》载云："及秦文、孝、缪居雍隙，陇、蜀之货物而多贾，献孝公徙栎邑，栎邑北却戎翟，东通三晋，亦多大贾……杨、平阳、陈西贾秦翟，北贾钟代，钟代，石北也。地边胡，数被寇，人民矜懻忮，好气任侠为奸，不事农商，然迫近北夷，师旅亟往，中国委输，时有奇羡。"可见，早在先秦时期，出于地缘关系，秦晋或山陕两地处在了一个十分紧密且特殊的经贸网络关系体系之中。这种经贸关系体系主要体现在两个方面或两种路径：一是秦、晋均地近边界，均有供应边防需要之责任以及与边外民族开展商贸往来之便利；一是秦晋两省之间因地缘的关系贸易交流同样十分频繁，无论是"东通三晋"，还是"西贾秦翟"，秦晋两地都将对方视为区间贸易、交通的首选目标。

而边塞盐粮贸易，同样是促进明代山陕商人势力大发展的主要动力之一。《明会典·盐法》称："国朝盐课，专以供给边方粮饷。或水旱凶荒，亦藉以赈济，其利甚博。"[33]即利用食盐专卖权，来解决边塞驻军的粮饷供给，是明代最重要的经济制度之一。

出于地域毗连的关系，山、陕百姓同样的边境盐粮贸易中发挥着主导作用。如位于晋西南地区的河东盐池是明朝盐业供给的一大基地，明朝特设河东都转运盐使司，河东盐的行销地主要集中于陕西、河南、山西三省之地。根据《明会典》，河东盐运司岁办盐的数量达到 60,800,000 斤。又河东盐运司每岁办盐四十二万引，存积盐一十二万六千引，常股盐二十九万四千引。[34]河东盐的行销地主要有：西安、汉中、延安、凤翔、归德、怀庆、河南、汝宁、南阳、平

---

[32] 载于（明）万表：《皇明经济文录》卷三十六"大同"，明嘉靖刻本。
[33] 《明会典》卷三五，清文渊阁《四库全书》本。下同。
[34] 《明会典》卷三五《户部二十》。

阳、潞安等十一府,汝州、泽州、沁州、辽州等四州。也就是说,河东盐行销地包括了陕西布政司的大半地区与河南布政司部分地区及山西布政司的南部地区。㉟

我们看到,尽管山陕两地百姓付出了巨大的努力与牺牲,但是,边镇的粮饷的供给问题依然难以顺利解决,召商中盐成为解决边镇粮饷问题的一种重要方式。如大臣杨一清在题本中指出:"查得山陕各镇,自来处置边储,不过曰乞运,曰召商,曰籴买,三者而已。弘治十三年间,大虏在套,动调京军,差大臣督理军储,乞运腹里州县粮草,累民陪补,至于破产鬻儿,今日断不可行,况腹里空虚,亦自无粮可乞,惟有召商、籴买二事可行……揆今事,不得不然,惟有召商、报中似为得策。客商射利,虽小必趋,官府储粮,小费何吝。故在客商增一分之价,则官司有一分之益。"㊱

开中制度是明朝官府召商解决边地粮饷问题的最主要方式之一,而开中制度正是山西等地开始的。洪武三年(1370年)六月辛巳,"立开中盐法,从山西行省请,诏商输米而与之盐,谓之开中。其后各行省多召商中盐,以实边储,自五石至一石有差。"㊲《明史·食货志》对此进行了详细的解析:"有明盐法,莫善于开中。洪武三年,山西行省言:大同粮储,令陵县运至太和岭,路远费烦。请令商人于大同仓入米一石,太原仓入米一石三斗,给淮盐一小引,商人鬻毕,即以原给引目赴所在官司缴之,如此则转运费省,而边储充。帝从之。召商输粮,而与之盐,谓之开中。其后各行省边境,多召商中盐,以为军储,盐法、边计,相辅而行。"明臣庞尚鹏在《清理盐法疏》中指出:"窃惟国家经费,莫大于边储,两淮煮海为盐,岁课甲天下,九边之供亿,实赖之。先年边计常盈,公私兼利……"㊳利用盐引之利,来吸引商贾向边镇地区贩运粮食,是开中制度的核心,也是这一制度的高明之处。

不过,明代的开中制度经历了一个相当复杂的变化过程,"善法"并没有得到善终。㊴如应该承认,在相当长的时期间,开中制度得到了广大商人响应,获利甚厚。如明代学者章潢也在《屯盐总论》一文中详细描述了当时的情形:"盖国初供边而以盐利,其制盐利也,盐一引,输边粟二斗五升,故富商大贾,悉于三边,自出财力,自招游民,自垦边地,自艺谷粟,自立堡伍。所以边兵亦

---

㉟ 《万历会典》卷三二至三四《课程》"盐法条",转引自《山西商人研究》,第93至94页。

㊱ (明)万表辑:《皇明经济文录》卷三十二"九边",明嘉靖刻本。

㊲ 《明史》卷二《太祖纪二》。

㊳ 《庞中丞摘稿》,《明经世文编》卷三五七。

㊴ 关于开中法的演变过程,参见张丽剑:《明代的开中制》,《盐业史研究》1998年第2期;孙晋浩:《开中法与明代盐制的演变》,《盐业史研究》2006年第4期。

㊵ 《图书编》卷九一,文渊阁《四库全书》本。

藉商财,春耕借为牛种之费,秋成即为售还之资。千里荆榛,尽成沃壤。成化初年,甘肃、宁夏粟一石易银二钱,边方粟无甚贵之时,以其储蓄之富也。"㊶"石粟易银二钱",一时成为边塞地区经济富庶的典型体现之一。又如王德完《救荒无奇及时讲求以延民命疏》指出:"边塞转运甚难,率三十锺而致一石。惟召商中盐纳粟,谓之飞挽,言无转输之劳,而有刍粟之利也。国朝洪武、永乐时,边商引盐一引,止输粟二斗五升,小米不过四斗,商利甚巨。故耕种甚勤,边地大垦,仓廪自实……"㊶同样出于地缘的便利,山陕商人积极参加"中盐"的行列,从而成为当时"边商"中的骨干力量,为保障西北边镇的供给发挥了至关重要的作用。如涂宗浚在《边盐壅滞饷匮可虞疏》所云:"延镇兵马云屯,惟赖召商买引,接济军需,岁有常额。往时,召集山西商人承认淮、浙二盐,输粮于各堡仓,给引前去江南投司,领盐发卖,盐法疏通,边商获利,二百年来,未闻壅滞。"㊷延绥镇的例子,明白无误地证明了山西商人对于西北边镇供给所做出的重大贡献。

然而,随着时间的推移,从弘治年间开始,开中制度在调整过程中逐渐遭到了废弃,在很大程度上影响了边镇地区的粮食供给与盐粮贸易。其转折点就是颇有争议的所谓"叶淇变法"。《明史·食货志·盐法篇》释云:"明初,各边开中,商人招民垦种,筑台堡自相保聚,边方菽粟无甚贵之时,成化间,始有折纳银者,然未尝著为令也。弘治五年(1492年),商人困守支。户部尚书叶淇请召商纳银运司,类解太仓,分给各边。每引输银三、四钱有差,视国初中米直加倍,而商无守支之苦。一时太仓银至百余万两。然赴边开中之法废,商屯撤业,菽粟翔贵,边储日虚矣。"《明史·兵志·边防篇》又云:"初,太祖时以边军屯田不足,召商输边粟而与之盐。富商大贾悉自出财力,募民垦田塞下,故边储不匮。弘治时,户部尚书叶淇始变法,令商纳银太仓,分给各边,商皆撤业归,边地荒芜,米粟踊贵,边军遂日困。"叶淇变法,导致"开中法"废弛,对于北方边镇的影响是无法否认的。变法之后,发卖盐引之权收归官府,位于北京的"太仓"成为盐引交易的中心。这样一来,商人只须用银两赴京购买盐引即可,再无远赴塞上转运粮饷的麻烦了。但是,以盐引专卖来解决边地粮食短缺为主要目的的开中制度至此开始进入了名存实亡的阶段。

"叶淇变法"不仅导致了边地形势的巨大变化,还直接导致了北方边镇粮食供给的匮乏。明朝官员对此的批评意见相当多,集中反映了人们对此的痛惜之情。弘治十一年(1498年),胡世宁在《陈言时政边备疏》指出:"……今山、陕富民,多为中盐,徙居淮、浙,边塞空虚……"这里的所谓"中盐",已经不是明

---

㊶ 参见《王都谏奏疏》,(明)陈子龙辑:《明经世文编》卷三百五十七,明崇祯平露堂刻本。
㊷ (清)谭吉璁:《(康熙)延绥镇志》卷六"艺文志",清康熙刻乾隆增补本。

初的所谓"开中制度"的概念了。胡世宁对此进行了深入的考察："臣查得淮浙灶丁每盐一引,折纳价银六钱,或四钱。又闻客商中盐边储,每大引不过价银三二钱,是盐课收银比之收盐待中,得利倍也。"㊸商贾趋利,势所必然,既然内地盐引交易获利远高于中盐边储,又有谁愿意舍近求远,远赴塞外呢？对于这种变化及其严重后果,更多的官员与学者也进行了相当深入的思考与反思。如《明史·食货志》又称："明初,募盐商於各边开中,谓之商屯。迨弘治中,叶淇变法,而开中始坏,诸淮商悉撤业归,西北商亦多徙家於淮,边地为墟,米石直银五两,而边储枵然矣。"如明人吴甡在《盐粮关系匪细疏》中云："看得盐政,边计最相关切者也。考永乐中,商自输边,每引止上粟二斗五升。当时内地大贾,赴边垦田,塞粟充盈,盐法通彻,随中随支,价平而息倍,商人乐趋之。自改折之议行,而大商南徙,边储遂匮。不得已招此土著之边商,每引令照时估,纳粟边仓,取偿海上。后因盐法渐壅,边商苦于守支,势不得不卖引于内商,为息渐薄,而边商病,开中者寥寥。至万历三十二年,始定为减四纳六之例,以诱其来,迄于今,相沿日久……"㊹如果仅将盐引交易作为政府利用专卖权来进行营利逐利的一种方式,那么,富商大贾们趋利图便,移居江淮产盐之地,就近进行盐引的购销活动,省去了边地屯粮及运粮的种种麻烦。但是,由此一来,边地被遗弃与被淡忘,就是自然而然的事了。虽然官府与商贾们都可通过盐引专卖收到了丰厚的回报,但是,"开中法"所想解决的主要矛盾,即边粮供给难的问题,却被抛在了一边㊺。

但是,边粮供给问题却是不容长期"悬而不决"的,是离不开广大商贾的贸易活动的。因此,"叶淇变法"后所生的另一个结果,是"边商"与"内商"的分野。万历年间,毕自严在《题遵奉圣谕议修盐政疏》中也对开中问题进行了较全面的分析,同样高度评价明朝前期开中制度的贡献。其中,他特别提到了各镇边商的问题："国初,开中盐引,令商轮粟塞下,名曰飞挽。然以二百斤之官盐,而易商人二斗五升之粟米,官征至薄,商获甚厚,是以富商大贾争趋开垦,塞徼殷阜,职此其繇。嗣是,淮引定价五钱,边商赍至,鬻于内商,仅得其本,商无厚利,谁肯输边？盐臣张养深晰其故,议谓商非本色,不许开中,引非边中,

㊸ （明）胡世宁撰：《胡端敏奏议》卷一,清文渊阁《四库全书》本。
㊹ （明）吴甡撰：《柴庵疏集》卷十六"抚晋",清初刻本。
㊺ 与明代官员及传统学者的观点有较大不同,现代研究者们对于"叶淇变法"的评价则偏向于支持与赞同,参见刘淼："明代势要占窝与边方纳粮制的解体",《学术研究》1993年第3期；高春平："论中期边方纳粮制的解体",《学术研究》1996年第9期；孙晋浩："开中法与明代盐制的演变",《盐业史研究》2006年第4期；王团伟："论明代开中盐法的转变——以叶淇盐法改革为例",《内蒙古农业大学学报（社会科学版）》2010年第1期等。

不许行盐,稍减余盐之价,少增边引之值,诚足以鼓舞边商,而使之向往矣。臣等窃谓时诎举赢,或不能遽如此议,惟得复设库价,少拯边商之苦,亦足以示招徕之意。查得各镇边商,皆系土著小民,原无两副资本,必卖得本年引价,始纳得次年盐粮……"⁴⁶可以说,开中法实施之初,由于利润丰厚,全国各地的富商大贾纷至沓来,因此,并没有"边商"与"内商"之分。"当其时,商未尝有边商、内商之分,内商皆边商也;课未尝有盐课、余盐之分,余盐皆盐课也,而盐亦未尝有河盐、堆盐之分,河盐皆堆盐也。"⁴⁷如明朝人吴易也认为开中制度废弛,始于弘治年间,而大"边商"的出现,则始于嘉靖年间。他指出:"商屯行于洪(武)、永(乐),改折于弘治,其中遂废。虽嘉靖间,山、陕各边多拘土民纳盐粮,号曰边商,然所纳者不多易粮粟,与官揽兑支,无复有垦因之事。⁴⁸"与开中制度的变化直接相关,商人群体出现了明显的地域性的分化。在大批商人包括山陕及淮商大量内迁至江淮之后,又出现了一批活跃在边塞地区的山陕商人,留在边区进行从事贸易活动,他们也被称为"边商",实际上大多原为山陕"土著小民"。

正是在这种状况下,当时的商人群体才逐渐出现了"边商"、"内商"与"水商"不同称谓的区分,即原来的大批从事边贸的商人向江淮地区迁徙,专门从事盐业贸易,是为"内商"。而为了满足边塞物质需求,明朝官府又强迫许多山陕沿边百姓从事盐粮贸易,也就是所谓"边商"了。不过,总体而言,山陕商人在全国商贸领域中的重要地位却没有得到改变。无论是"边商"、"内商",还是"水商",山陕商人都发挥着生力军的作用。

> ……于是商遂分而为三,曰边商,曰内商,曰水商。边商多沿边土著,专输纳米,里草东中盐中己,所在出给仓钞,填勘合以赍投运司,给盐引,官为平引,价听受于内商而卖之,内商多徽、歙及山、陕之寓籍淮扬者,专买边引,下场支盐。过桥灞上堆掣,亦官为定盐价,以转卖于水商。水商系内商,自鲜捆者什一,余皆江湖行商,以内商不能自致,为买引盐,代行官为。总其盐数船数,给水程于行盐地而贩鬻焉。⁴⁹

万历年间,曾经担任过山西按察史的郭子章对盐政及屯田问题有着相当

---

⁴⁶ (明)毕自严:《度支奏议堂稿》卷十五,明崇祯刻本。
⁴⁷ 见(清)储大文所撰:《开中盐法》一文,《存研楼文集》卷九,清文渊阁《四库全书》本。
⁴⁸ 《客问》,清钞本。
⁴⁹ (明)汪砢玉撰:《古今鹾略》卷五,清抄本。

深刻而独到的见解,其所作《屯田盐法议》,也是明代大臣中论述此类问题最为详实的篇章之一,为我们极其生动地展示出明代北方边境经济活动及贸易形势的时代变迁。郭子章本人对于明代边疆地区政策的建议也是相当独特的,他极力呼吁恢复弘治以前之盐法政策与屯田制度[50]。首先,他痛切地指出:"今国家制用理财之法,常赋正供之外,利莫大于盐法、屯田,弊亦莫大于盐法、屯田,弊尤莫大于沿边之盐法、屯田。盖弘治以前,沿边二法合而为一,嘉靖以后,沿边二法分而为二。盖尝熟历雁门诸边,睹二法而流涕,长太息久矣。"在郭子章看来,边疆地区经济开发与粮食供给,与盐法及屯田制度直接相关,如果无法处理好盐法与屯田制度的关系,会直接影响到边疆的物资供应与稳定。以弘治年间为限,明朝政府前后采取了两种不同的取向,即弘治以前,开中措施与屯田活动合二为一,而在弘治以后,盐法与屯田活动分而为二。这种变化甚至成为阻碍边疆地区经济发展的根本原因。

  弘治以前,边外屯田原属荒沙,朝廷视之,全不甚惜,捐而给边将养廉者,又捐而为军士之屯种者。原未履亩定赋,特曰:给此不毛之产优边帅边卒耳!但以种地得石则官之石也,得亩则官之亩也。边外人所驻牧帅臣养廉之地,必整队出边而耕。如总兵则率四千兵以耕,参、游则率三千人以耕,守备则率千人以耕。而各边军之屯田,因藉大众出边,通力竭作,弓马器械,无日不戒。遇敌零骑,则以屯田之众而殱之,敌众至,则纠屯田之众而殱之。敌大至,则纠各屯田众而斗之,而边商遂籍出边兵帅耕作之期,亦纠边民备军器、农器依附,以耕屯田之所不及,恣其耕作,官不问之,而夏秋所获,兵师得之以养生,边商得之以种盐,以故千里莽苍之场,尽成禾黍;万众夏秋之入,尽为粮饷,官富商裕,士饱马腾,遂使石粟,止直一钱,即可种盐二引,买窝卖窝,禁之不止,上粟易引,拒之益至。时则有六便焉:边将富足,号召黑虎,一便;兵有余粟,无待月粮,二便;以边之食,养边之军,三便;户部绝无发银之劳,止操盐引之柄,四便;军士、盐商,出边耕作,屯可为农,阵可为战,即耕作为操练,即力穑为防边,五便;商以荒地之粟,遂获盐引之利,养军之饷,不可胜食,支盐之益,不可胜用,六便;此不可募民,而塞下自充,寔不必发银,而边卒自富强。祖宗御敌之法度,越前代万万者,此也。

  较之南方地区,西北地区自然条件较为恶劣,边镇土地沙化严重,耕作困

---

[50] 郭子章事迹,参见万斯同所撰《明史》卷三三三《郭子章传》,清抄本。

难。弘治之前,为了解决边镇粮饷问题,明朝对于边地屯种采取相当开放的态度,以"养廉"之名,对于官兵开垦土地不收任何税赋,激发起广大官兵从事耕种活动的热忱。不仅边地官兵大规模从事耕种活动,大批商人也积极参与屯田活动,即所谓"商屯"。而且,官兵屯田与商屯活动所得来粮食都可以换取盐引,利益丰厚,"官富商裕"。郭子章强调:这种"藏富于民"的策略,正是明代前期边镇地区富强,超越前代的成功经验之一。

然而,时至正德、嘉靖之间,情况发生了根本性的改变。一方面,明朝官府垄断盐引发放,以银买引,以银给饷,官府稳操利权。另一方面,不准边官拥有"养廉"地亩,同时加收边外屯田赋税,大大打击了官兵从事屯种的热情。结果导致边地粮价高涨,官府发来的大宗饷银仍无法满足边镇的粮食供给所需。

> 正、嘉之际,戴御史者(戴金)忿边商以贱粟,而得贵引,遂定输银之制。若曰天下盐引可坐而得银百万,大司农岂不坐得岁百万称富哉,奈何以惠奸商?粟一石得盐二引,此二引者在户部可得一两之利,在奸商不过二钱之费,徒滋买窝、卖窝之扰。以故大司农银益盈,而边将士之粟日缩,而命愈蹙,粟日益贵,甚至发边之银一两,止易粟数斗,何者?养廉、屯田之利废,而大司农岁发边饷二百万,曾不足易百万之粟,而仅足以养十万之兵。朝廷虽有发边之惠,边众殊无养生之资也。寒心矣!不可言矣!而往年,屯田御史不知边外屯田与腹里屯田不同,徒查出荒沙为寔田,加报虚科为子粒。今日清边帅养廉之亩,明日给边军占种之田,而造册报命以为功,不知养廉清矣,孰与耕之?占种出矣,孰敢领之?何者?边帅不勒众出边耕作,边卒独驱牛负耒出边,则零敌肉耳。此二法分而二之之弊也。

与大多数学者归咎于"叶淇变法"有所不同,郭子章所针对的人物是所谓"戴御史"[51]。在郭子章看来,明代盐法与屯田制度在弘治年间前后有着巨大的差异。弘治之前,明朝朝廷将沿边荒地之耕种权与所获利益均交与沿边官吏与商民,沿边官民与商贾出其力,得其利,边境之地兵强马壮,官富商裕,一片繁盛之象。而在弘治年间之后,戴金等人不思边境官民守边之苦,御寇之险,而只想与之争利,力主由官府来垄断盐法之利,结果导致商民屯田活动无利可图,畏葸不前,结果边地粮价飞涨,边防军队粮食供应吃紧。最后,郭子章提

---

[51] 据笔者查证,此戴御史应为戴金。关于戴金的事迹,参见李剑雄:"戴金事迹小述",《史林》1987年第3期。

出"合二为一"的建议：

> 今宜破拘挛之见,祛近日之害。断自万历十五年,大司农恢复二法于屯田,仍广养廉之土,开占种之禁。如系边外漠地,许令边帅恣意开垦,驱卒出耕,亡有禁令,永不起科则,永不征子粒于盐法,尽复上粟买引之制。严边商纳银之禁,递减户部发边之例。边卒、商人合为一家,屯田、盐法通为一体,如此而户部仍苦发边,边卒仍苦乏食,盐商仍苦贵引。是弘治以前之利当革,而嘉靖以后之弊当因矣。而其几在大司农替一年百万之盐银发边而后可,何则? 盖一年救弊,二年兴利,边商边卒,出边耕作,必一年而后,修此,朝廷之入即损一年百万之费,而可以利边卒,利边商,足边修,建万世之长策,何利不为而坐受困,独奈,何不寒心哉? 此边说也。故边人有言曰:论盐法于弘治以前,唯恐其买窝;论盐法于嘉靖以后,惟恐其不买窝;论屯田于腹里,唯恐其占种;论屯田于沿边,唯恐其不占种。诚有所激而振长策,善二法者也。司计者试流涕借箸焉。[52]

郭子章建议的主要依据之一,便是边疆与内地情况相差悬殊,开发边疆经济不应该完全沿用内地所采用的政策与方法。郭子章的解析是相当全面而富有说服力的,而"边卒、商人合为一家,屯田、盐法通为一体"的主张更是旗帜鲜明,事理通达,令人钦佩。而明代著名学者章潢对于盐法田屯田问题的意见与郭子章相同,并对明朝后期的政策趋向进行了更为深刻而尖锐的批评:"善经国者,不与民争利;不与民争利,则藏富于国,即藏富于民也。善养兵者,能以兵自养,能以兵自养,则足食于边,即强兵于边也……"[53]可以说,对于极度复杂的明朝边镇供应问题而言,简单的经济学原理或者经济及政治手段是无法解析或彻底解决的。而深切领悟到"藏富于国即藏富于民"的道理,是十分重要的。而很明显,绝大多数的明代上层统治者是缺乏如此的智慧与胸襟的。

因此,令人遗憾的是,也许因为与许多朝臣的见解不同,郭子章的建议并没有得到应有的重视,时至明朝末年,明朝边塞盐法制度与屯田政策并没有根本性的改观,积弊日甚一日。上层统治集团惟利是图,大肆搜刮,导致内商

---

[52] 郭子章奏疏内容,参见(清)黄宗羲编:《明文海》卷七八,清涵芬楼钞本。
[53] 《图书编》卷九一"屯粮总论"。

与边商交困,边疆供给陷于困顿。如毕自严在《复议屯田疏》中指出:"近闻秦晋各边多拘土民,以纳盐粮,号曰边商,如蹈汤火,而边商困矣。淮扬之间,又以浮课横行,官盐壅滞,年来大工搜括,正供逋至百万,而内商困矣。边商既困于徼外,内商复困于水次,此盐法之所以愈坏,而边供之所以愈亏也。"[54]他又在《覆宁(夏)镇条议见给边商引价并清厘盐法疏》中强调云:"宁镇数万军马之饷刍,除京、民二运外,强半仰给于盐、粮,而地处绝塞,原无富商大贾,不过就山陕客民强派而应盐商,此辈惟利是视,有利则蚁聚,无利则免脱,情势然也。或即无甚大利,而亦不至偏受大害,犹可笼络上纳,而数万盐独不到无着落耳。今信如各商所控称,则利独专于囤户,害偏归于边商。谁为孝子顺孙,谁肯倾家荡产,以狥国事,见今报逃亡告消乏者,月无虚日,而盐粮又难缺额,不得已间,听各商扳报,土著务农稍足之家,以协纳,此辈积蓄几何,安能堪?"[55]边饷运输已至于无利可图,而所谓的"边商"又都是强征来的"山陕客民",依靠这些客民在无利可图的状况下支撑明代的边防供给,其前景必然是脆弱与充满变数的。简单指责这些"山陕边商"惟利是图既无济于事,更不合情理,也难怪让毕自严等人为此忧心忡忡。

综上所述,有明一代,西北边疆形势发生了极其错综复杂的变化。这种变化与明朝官府的政策直接相关。明代初年,最高统治者们能够考虑到边地形势的凶险程度,因此采取相当宽松的经济及赋税政策,调动起边地官兵与商人们的积极性。我们在明人的奏疏中清楚地看到,开中制度实施之初,由于利润丰厚,受到全国商人(当然也包括山、陕本地商人)们的热烈响应,纷纷来到边地,建筑屯堡,从事农业垦殖活动。然而,以叶淇为代表的明朝官员以"利归朝廷"为宗旨,强制改变"开中"制度。结果,"利归朝廷"之后,却换来了边塞空虚,粮饷不足的恶果。随着开中制度的废止,盐粮交易由边塞转入内地。于是,大批原来在边地从事商贸及耕垦活动的商人开始内迁,离开了边塞之地,专门从事盐业生产与贸易。而在这种状况下,为了保障边镇的供给,边镇官员又强制边塞地区的居民,即"山陕客民",继续从事边地粮食的运输及贸易活动,成为一代新起的"边商"。

无论如何,我们可以看出,从明朝初年"开中法"的实施开始,"山陕商人"就开始大批地参与到边镇地区的经贸活动之中。明朝后期,又是大量"山陕客

---

[54] (明)毕自严撰:《石隐园藏稿》卷六"疏二",清文渊阁《四库全书》补配清文津阁《四库全书》本。

[55] (明)毕自严:《度支奏议》山东司卷六,明崇祯刻本。

[56] 相关论述参见寺田隆信著:《山西商人研究》;张正明著:《晋商兴衰史》,山西古籍出版社1995年版;黄鉴晖著:《明清山西商人研究》,山西经济出版社2002年版等。

民",主动地或者是被迫地充当"边商",依旧在西北边地从事盐粮贸易。可以说,山陕商人群体的命运是与西北边地的命运是无法分割的,而山陕商人群体在明代的崛起,业已成为古今学者们的一个公论㊶。可以肯定的是,无论是以往的"盐商"群体,还是后来新增的"边商"群体,生活在边塞邻近地区的山、陕两地土著居民都充当着商贾储备军与经贸主力军的角色。有明一代,这些前仆后继的"山陕客民"与"山陕边商",都是后来驰名天下的"山陕商帮"群体的真正渊源。

### 三、山陕"灾荒共同体"的形成:从"山陕流民"到"秦晋流寇"

山西、陕西两地一衣带水,紧密的地缘关系所形成的相同及相似之处,很真切地反映在社会生活的方方面面,这很早就引起了人们的浓厚兴趣。明朝人士对于山陕两地的相近及相似之处有着不少生动描述。如谢肇淛《五杂组》卷四记云:"仕宦谚云:命运低,得三西。三西谓山西、陕西、江西也。此皆论地之肥硗,为饱囊计耳。"此处"三西"之论,恐怕着眼于经济发展与社会富庶程度而言,以及由此带来的政治治理方面的问题。

山西、陕西两地同处黄土高原,不仅自然条件颇多相近之处,同时在应对自然灾害方面也有极强的相似性与共同性。例如,不难发现,山陕两地在自然灾害发生的共时性特征就相当突出。明代是历史上的一个灾难高发期,今人称之为"明清宇宙期",山、陕两地同为多灾区域,尤以水、旱灾害最为酷烈。如山、陕两地同时的受灾记载,见于《明史·五行志》者就有[57]:

> 洪武四年(1371年),陕西、河南、山西及直隶常州、临濠、北平、河间、永平旱。
> 宣德二年(1427年),南畿、湖广、山东、山西、陕西、河南旱。
> 正统四年(1439年),直隶、陕西、河南,及太原、平阳春夏旱。
> 景泰六年(1455年),南畿及山东、山西、河南、陕西、江西、湖广府三十三,州卫十五皆旱。
> 成化十八年(1482年),两京、湖广、河南、陕西府十五、州二旱,山西大旱。
> 二十年(1484年),京畿、山东、湖广、陕西、河南、山西俱大旱。
> 弘治三年(1490年),两京、陕西、山东、山西、湖广、贵州及开封旱。

---

[57] (清)张廷玉撰:《明史》卷三十六。

七年(1494年),福建、四川、山西、陕西、辽东旱。

八年(1495年),京畿、陕西、山西、湖广、江西大旱。

十年(1497年),顺天、淮安、太原、平阳、西安、延安、庆阳旱。

正德十六年(1521年),两京、山东、河南、山西、陕西自正月不雨至于六月。

嘉靖七年(1528年),北畿、湖广、河南、山东、山西、陕西大旱。

八年(1529年),山西及临洮、巩昌旱。

十年(1530年),陕西、山西大旱。

二十四年(1545年),南北畿、山东、山西、陕西、浙江、江西、湖广、河南俱旱。

二十九年(1550年),北畿、山西、陕西旱。

三十四年(1555年),陕西五府及太原旱。

三十九年(1560年),太原、延安、庆阳、西安旱。

万历三十七年(1609年),楚、蜀、河南、山东、山西、陕西皆旱。

崇祯十一年(1638年),两京及山东、山西、陕西旱。

尽管十分简略,但我们依然可以看到山陕两地灾荒问题的严重性与同步性。因为两地独自受灾或与其他区域同时受灾的记载可谓不可胜数。与上述灾荒记录相对应,不少大臣在上疏中反复强调山陕地区灾荒所造成的恶劣后果与苦难情形。如早在永乐十九年(1421年),朝臣邹缉就上言道:"今山东、河南、山西、陕西诸处人民饥荒,水旱相仍,至剥树皮,掘草根,簸稗子以为食,而官无储蓄,不能赈济,老幼流移,颠踣道路,卖妻鬻子,以求苟活。"[58]时至弘治、成化年间,山陕地区的灾荒问题已产生了全国性的影响,引起了朝臣们的强烈关注。

外逃趁食,是传统社会平民抵御灾荒最常见的形式之一。文献中的"逃民"或"流民",正是这种形式的记录,笔者称之为"灾荒性移民"。笔者在以往的研究中指出:"可以说,至明朝中叶,"山西地瘠民贫,遇灾即逃",已成为朝野上下的共识[59]。严重自然灾害的记载,也就成为山西各地百姓大量逃亡的标识。"[60]

---

[58] 见《奉天殿灾疏》,载于陈子龙《明经世文编》卷二十一。

[59] 见《明宪宗实录》卷二四四,成化十九年九月户部会官议奏所言,第4147页。

[60] 参见拙文:"明代北方灾荒性移民研究",载于曹树基主编《田祖有神——明清以来的自然灾害及其社会应对机制》,上海交通大学出版社2007年版。

[61] 《明英宗实录》卷一二〇,台北"中研院"史语所整理本,下同,第2421页。

257

明代陕西地区灾荒性移民的状况与山西大致相仿。同样以正统与成化年间为例,陕西地区也是灾荒连绵,同样引发了大规模的灾荒性移民潮。如正统九年(1444年)八月庚戌,镇守陕西右都御史陈镒在上奏中称:"陕西州县,数月不雨,麦禾俱伤。民之弱者鬻男女,强者肆劫掠。"[62]同年十二月甲戌,陈镒又上奏称:"西安等府,华州等州,高陵等县,今年亢旱,人民缺食,流徙死亡,道路相继,甚至将男女鬻卖,以给日用。"[63]至正统十年(1445年)八月壬戌,陈镒又在上疏中奏报灾荒情况:"陕西安、凤翔、乾州、扶风、咸阳、临潼等府州县旱伤,人民饥窘,携妻挈子出湖广、河南各处趁食,动以万计。"[63]

在迁入地的选择中,"地缘便利"原则发挥了主导性作用。如河南地区为山西移民首选之地,京师一带则颇受河北、山东移民的青睐,而汉中地区常常聚集了大批来自陕西其他地区的移民。如《明史·于谦传》载:正统年间,"山陕流民就食河南者二十余万,请以河南、怀庆二府积粟廪给之。"[64]成化年间,林俊在《扶植国本疏》中又指出:"……陕西、山西、河南连年饥荒,陕西尤甚。人民流徙别郡及荆□等处,日数万计,甚者阖县无人可者,十去七八。仓廪悬罄,拯救无法,树皮草根,食取已竭。饥荒填路,恶气薰天,道路闻之,莫不流涕。"[65]然而,天灾人祸并没有停止的迹象。如林可成在万历十五年(1587年)八月所上《水旱异常乞赐轸救疏》又着重提到了山、陕等地相当恐怖的灾荒景象:"臣又闻山、陕、河南等处连年大旱,今岁益烈。虽山西雨泽近报沾足,而陕西、河南至六月尚未得。灾以继灾,岁复一岁,家室真如罄悬,草树亦已削尽,米珠薪桂,何足以喻!"[66]时至明朝末年,我们从大臣奏疏中已经明白无误地看到大厦将倾,人心思乱的惨象:

……齐谚有之:不忧年俭,但忧连俭。数年以来,灾徵荐至,秦晋先被之,民食土矣。河洛继之,民食雁粪矣。齐鲁继之,吴越荆楚又继之,三辅又继之。老弱填委沟壑,壮者展转就食,东西顾而不知所往……今闾阎空矣,山泽空矣,郡县空矣,部帑空矣,国之空虚如秋禾之脉液,将干遇风则速落,民之穷困,如衰人之血气已竭,遇病则难支。以如此事势而值大旱为灾,赈济无策,河流梗塞,边饷匮乏,是岂

---

[62] 《明英宗实录》卷一二四,第2490页。
[63] 《明英宗实录》卷一三二,第2630页。
[64] (清)万斯同:《明史》卷二百十四"列传六十五",清钞本。
[65] (明)黄训辑:《名臣经济录》卷五保治(成化),清文渊阁《四库全书》本。
[66] (明)朱吾弼辑:《皇明留台奏议》卷十二"民隐类",明万历三十三年刻本。
[67] 见《为灾旱异常备陈民间疾苦,恳乞圣明亟图拯救,以收人心以答天戒疏》,(明)陈子龙辑:《明经世文编》卷四百四十。

可不为长虑哉？民既穷矣,既怨矣,亦有穷极怨极而不思乱者否？[67]

可以理解,遭受灾荒最为酷烈的山陕百姓显示出了更强的反抗精神,明朝末年,"秦晋流寇"之名传遍天下。逼迫山陕百姓揭竿而起的首要原因,无疑就是严酷的自然灾害,以及明朝朝廷对于赈灾工作的完全放弃。

  一日不食饥,三日不食死。坚壁而清野,上策无过此。
  贼岂生而然,本来皆百姓。必有不得已,一旦逆天命。

明人余绍祉曾为此诗加按语云:"流贼起关中,由阉党乔应甲巡抚陕西,朱童蒙巡抚延绥,贪黩不恤民。又连岁大祲,故王二、王左挂等并起,而饥民及三边饥军皆响应。帝又从给事中刘懋议裁驿站冗卒,山陕游民仰驿糈者,无所得食,皆从贼。"[68] "山陕流民"与"秦晋流寇"的出现,正是明朝灾荒应对失败的必然产物,实质是暴力化抗灾形式的表达,这种状况在崇祯年间已至无以复加的地步。如崇祯十三年(1640年),"是年,山、陕、河南大旱,蝗起。冬,大饥,人相食,草木俱尽,土寇并起。"[69]而对于"秦晋流寇"产生的渊源,明人陈仁锡的说法相当公允:

  秦晋流寇,原系饥军饿卒,使九边钱粮皆按月给发,有赏之不窃者,谁肯甘心为盗哉？盗起于饥寒,何如早以军饷还军饷,生灵还生灵,御夷弭寇,悉以足食为本,不大为更张,将来有不忍言者……《纪秦晋流寇》
  流贼之为毒于秦、晋间也,窃闻其垂二十年于兹矣,而猖獗则自二三年。顾其人先以逃兵惧法,不敢归营,继以饥民逋赋,无从得食,避罪避役,纷纷攘攘,煌惑牵引,蜂屯蚁集,要之,诛之不可胜诛,而又旋灭而旋起,倏集而倏散,集之则为贼,散之则为民,其灭也,既已千百而起也,仍有千百微闻贼之所在,人尽贼也,即被刼者亦半为贼也,驱之者贼也,即驱之而使杀贼者,半又贼也。《流贼》[70]

"秦晋流寇"应该是山陕流民运动,即灾荒性移民潮的一种变异,也是山陕地区百姓抵御生存危机的一种极端表现。而山陕百姓的"抱团"与联合也是

---

[68] (明)余绍祉撰:《晚闻堂集》卷九,清道光十七年单士修刻本。
[69] (明)文秉撰:《烈皇小识》卷七,清钞明季野史汇编前编本。
[70] 《无梦园初集》漫集二,明崇祯六年刻本。

不可避免的。清人松滋山人所编《铁冠图全传》第三十二回中有这样的说法：
"李闯是陕西人，如今流贼尽是山、陕两省之人，乡亲护乡亲，岂在不顺流贼之理？"可以说，在山陕百姓看来，"顺贼"之举虽不合法，但是合乎情理。

熟语云："成也萧何败也萧何。"的确，正如明人乔祺所云："夫天下大势，在东南，浙江为财赋之区；在西北，山、陕为藩篱之地。近年以来，东南民力，罄竭无余；西北兵威，困惫不振，譬之人身，元气索然，强自支持，其不仆者无几。"[71]如果结合山、陕两地在明朝军事防御中所占据的重要地位，我们就更容易理解"山陕流寇"兴起及反抗精神对于明王朝稳定的威胁了。"九边"之建设，成为捍卫明王朝疆域安全的坚实后盾，但是，没有山、陕两地人民供给各大边镇粮饷，各大边镇也不可能长久维持的。然而，问题的症结在于，山、陕两地农业生产条件并不优越，且受到"土瘠"、"民贫"、"役重"等重重压力，再加之天灾频仍，抵御能力极其欠缺。种种情况甚至造成了山、陕两地百姓的生存危机，这种生存危机早在明代前期已情露无遗，其主要表征之一便是大量灾荒性移民的出现。外来威胁理应全力防范，而边镇粮饷负担，最终成为山、陕两地人民"不能承受之重"。久而久之，这种情况形成恶性循环，其结果是区域之败落，民生之凋敝，而这种后果又直接影响到整个王朝之生存。为摆脱这不堪承受的压力与困境，山、陕百姓最终选择武力反抗的方式，明王朝因此而遭到颠覆，这也许是以农立国的传统封建王朝无法避免的历史宿命。

## 四、余 论

地域共同体研究的本质，是地域相邻关系问题，因此，"地理学第一定律"（或译为"托夫勒地理学第一法则"）对于我们理解历史时期地域共同体的形成是有很大帮助的，或者可以说，"地理学第一定律"为历史时期地域共同体形成问题提供了相当有力的理论支撑，即"任何事物都与其他事物相联系，但邻近的事物比较远的事物联系更为紧密。"[72]当然，较之理论阐释，实际地理环境中的"相邻关系"更为丰富而坚实，意味着相同的气候条件、相似的土壤与水文特征，以及相近的社会风土人情等等。然而，对于地域共同体形成而言，仅有相邻关系是远远不够的，毗连区域之间的分与合，都是相对而言。相邻地

---

[71] 《收可成命以防后患疏》，参见(明)贾三近辑《皇明两朝疏抄》卷四，明万历刻本。
[72] 关于"地理学第一定律"的基本内容及相关问题，参见孙俊等："地理学第一定律之争及其对地理学理论建设的启示"，《地理研究》第31卷第10期(2012年10月)。

域能否形成幅员更为广大的地域共同体,更取决于时间的维度,即由共同的政治、经济与社会演化过程所产生的趋向与趋同,而人们的心理认同,在很大程度上取决于这种趋向与趋同的长期累积。

历史事实证明:明代的山陕两省关系,即"秦晋"或"山陕"地域共同体,并非只是"想象之共同体(imagined community)"[73],而是结成了真实而难以分割的地域共同体(regional community)。所谓"共同体",其核心在于两者之间具有高度的同质性与整合性,而"所谓整合性,不外乎是指多种因素彼此相连,休戚与共。"[74]"地域共同体"的基础,正是生活在相近或毗邻地域的人们在政治、经济及社会生活上的关联度与依存度。[75]

明代的"山陕"之地,实则涵盖了今天西北部的大片地区。"山陕地域共同体"在大明王朝历史演变中所占据的地位以及发挥的作用,首先是一个需要特别关注的政治地理问题。山、陕两地在全国政治地理中的地位与作用,在明代人心目中有着明确的定位,正如明臣杨廷和所云:"西北七镇,尽天下地方之半。"又"西北一半天下"[76]。而著名学者顾祖禹引述夏氏之论断同样振聋发聩:"夫建都燕京,则不得不重山、陕,山、陕,天下之项背,而京师之头目也。山陕有事,其应之也,当甚于救焚拯溺,一或不备,而祸不可挽矣!"这番言论,显然是针对明代的国势而言。[77]这种无与伦比的重要地位,不仅既意味着明朝政治发展对于山陕地区的高度依赖,也有效提升了明代山陕地区的研究价值。

地域或地缘关系,最终还要反映在区域人群关系之上,即人们共同体。因

---

[73] "想象的共同体"一词,出自美国学者本尼迪克特·安德森所著《想象的共同体:民族主义的起源与散布》一书(吴叡人译,上海人民出版社 2005 年)。笔者认为:安德森的论述存在相当明显的缺陷,即仅局限于字面上的论证。事实上,如果没有长期的共同地域的生活经历,如果没有人们在长期共同生活中所凝聚的情感认同,以及彼此之间文化上的共源共生,相互依存,也就不可能出现同一民族或族群的"想象",更不可能取得其他人们的认可。

[74] [德]格奥尔格·西美尔(或译为齐美尔)著:《宗教社会学》,上海人民出版社 2003 年版,第 116 页。

[75] 笔者按:从地理学或地域结构的角度对"地域共同体"或"地缘共同体"问题的理论探索尚不完善。德国著名社会学家斐迪南·滕尼斯在《共同体与社会——纯粹社会学的基本概念》一书中指出:"地缘共同体直接表现为居住在一起……地缘共同体可以理解为动物的生活的相互关系,犹如精神共同体可以被理解为心灵的生活相互关系一样。"(第 53 页,北京大学出版社 2010 年)而这里所云"动物的生活的相互关系",如果置于具体的人类历史环境之中,就应该被更确切地理解为政治、经济、社会、文化等诸种关系的总和。而笔者所谓"地域共同体",则建立在一种更为广袤的历史地理学视野之上。

[76] (明)杨廷和撰:《杨文忠三录》卷三,清文渊阁《四库全书》本。

[77] 《读史方舆纪要》卷九,中华书局 2005 年,第 397 页。

此，就地域共同体形成过程而言，人为因素的影响则是更为关键的。有明一代，山西、陕西两地人民可谓休戚与共，具有太多的、难以类比的地域共同性与相关性。这些共同性与相关性包括：山、陕两地共同的外来威胁，两地共同防御外寇的责任，共同的赋役负担，共同的商贸机遇等等。其中，尤以特殊的的地域结构，以及共同的经济生活的影响及作用最为显著。再加之共同面对的自然灾难、共同的逃离迁徙以及共同的反抗经历，山陕两地人民由此融而为一。密切而难以分割的地缘关系、相近的经济生活环境、共同捱过的苦难历史，促成了明代山、陕两地之间难以剥离的紧密联系，换言之，即形成了高度"整合性"。可以说，明代山陕地域共同体的实质，是"边防共同体"、"商贸共同体"以及"灾荒共同体"的混合体，是真正意义上的"命运共同体"。在这种状况下，作为天下最知名的"命运共同体"之一，"山陕"合称并通晓于天下，山陕地域共同体的出现乃至定型，也就成为自然且必然的趋势了[78]。

中国历史悠久，地域广大，区域关系的演变错综复杂，因此，地域共同体的研究，对于中国历史地理研究而言，具有很大的普遍意义。历史时期秦晋或山陕地域共同体的研究，或许可为其他地域分合的研究提供一些启示。

（本文原刊载于《历史地理》第28辑，上海人民出版社2013年）

---

[78] 笔者注：由"秦晋地域共同体"到"山陕地域共同体"，这种名称变化的背景还涉及更大范围的地理结构的变化。其中最突出的就是政治地理结构的变化，即从先前以长安（即今陕西西安市）为核心的政治地理格局，转为以北京（即今北京市）为核心的政治地理格局。这种政治地理格局的重大变化正是从元明时期开始的。这种政治地理格局变化所产生的影响是相当深刻与广泛的。地域关系认知上的变化同样反映出这种影响。

# 晋学研究之"区位论"

安介生

**[内容提要]** 本文所称之"区位论"与现代经济地理学中的"区位论"有所不同,主要着眼于历史时期特定区域的区位价值与影响的研究与评价。山西地区是在中国政治演变与民族发展史上拥有特殊地位与价值的区域,本文主要从政治演变与民族发展角度对山西地区以及各个亚区的区位价值进行了较为全面的分析与总结,目的在于为微观研究以及区域社会史的深入探讨提供较为客观真实的时空坐标。

**[关键词]** 晋学 区位论 区位价值 整合

区位理论(Location Theory)在现当代地理学理论研究取得了重大突破,对于中外地理学研究起到了重大的推进作用[①]。以美国学者施坚雅教授(Prof. G. William Skinner)为代表的一批学者将区位理论运用于中国城市地理研究中取得了巨大的成功,创立了新的模式,在中外学术界产生了广泛的影响[②]。然而,笔者所称"区位论"与西方学者所创立的、以数理模式为核心的区位理论有着较大差异。笔者所称"区位论"则是以探讨特定区域的人文历史地理价值与历史地位为核心,强调从中国复杂的历史地理演变的实际出发,强调总结中国传统形势论思想,强调"区(region)"与"位(location)"两者并重,通过具体事实的总结与内在相关性的论证,最终对于各个特定区位在历史时期所发挥的价值与作用做出较为全面系统的价值判定。

早在上个世纪80年代,现代历史地理学家谭其骧先生就高度评价了山西在中国历史上的地位,引起学术界的广泛共鸣,实际上为今天国内外学术界"山西研究热"的兴起产生了积极的引导作用[③]。二十余年来,山西地方史研

---

① 参见陆大道编著:《区位论及区域研究方法》,科学出版社1988年版。
② [美]施坚雅:《中国封建社会晚期城市研究——施坚雅模式》,吉林教育出版社1991年版;施坚雅主编,叶光庭等译:《中华帝国晚期的城市》,中华书局2000年版。
③ 参见谭其骧:《山西在国史上的地位》,《长水集》(下),人民出版社1991年版。

究取得了较快的发展,吸引了中外学术界的强烈关注,在这种状况下,夯实这一领域的基础,扩展这一研究的外延与内涵,成为当务之急。笔者大力倡议将"小晋学"扩展为"大晋学",正是基于这种背景与意愿④。而从"小晋学"扩展为"大晋学",本身是学科发展的一个飞跃,需要更多的理论探讨与摸索。在本文中,笔者在扼要总结古今学者相关研究成果的基础上,试图对于中国历史地理变迁中山西的区位价值进行一个更清晰、更系统的阐发。抛砖引玉,以就正于高明。

## 一、历史时期山西区域整合与整体区位价值之评述

(一)山西在中国历史地理上的特殊区位价值

历史时期最早高度评价山西地区的区位价值的著名学者,当推金元时期的郝经。他曾在《河东罪言》一文中明确指出:

> 夫河东,表里山河,形胜之区,控引夷夏,瞰临中原,古称冀州天府,南面以莅天下,而上党号称天下之脊。故尧、舜、禹三圣,更帝迭王,互为都邑,以固鼎命,以临诸侯,为至治之极。降及叔世,五伯迭兴,晋独为诸侯盟主,百有余年。汉晋以来,自刘元海(即刘渊)而下,李唐、后唐、石晋、刘汉,皆由此以立国,金源氏(即金朝)亦以平阳一道甲天下,故河东者,九州之冠也。⑤

历史区位价值的评断,不仅出于历史经验的总结,更在于现在环境的刺激,郝经之论断充分证实了这一点。郝经之所以能够超迈前人,高度评价河东的区位价值,一则出于乡土关系,他本人是生长于山西(原籍为泽州陵川)的学者,对于乡土历史的关切与思考自然多于其他学者;二则河东地区的区位价值在辽金宋夏时代又达到了一个新的高峰,充分利用河东的区位价值为王朝政治服务,也正是郝经上言的主要动机。

当然,与古代学者主要为王朝政治服务的立论宗旨不同,今天的学者们完全可以从更开阔的视野与长期的时间跨度,以及从政治演变史与民族发展史的角度来观察与思考区位价值问题。就晋学研究而言,宏观上的思考与把握是必不可少的。历史时期,影响中国历史演变的因素是错综复杂的,然而政治演变与民族发展,无疑是两种不容忽视的强大力量。下面,笔者试图从以下

---

④ 参见拙文:"晋学研究之'三部论'",《晋阳学刊》2007年第3期。
⑤ 参见《陵川集》卷三二《河东罪言》,《四部丛刊》本。

三个方面来从整体上对于山西的区位价值作一个简要总结。

1、华夏文明的发源地与华夏族国家成长之典范：

先秦时期民族的发展往往以"国"、"邦"等外在政治形式表现出来,族群的发展伴随地域范围的变化。班固在《汉书·地理志》中总结刘向、朱赣等人的著述后提出了一个相当重要的观点:"古有分土,亡(同无)分民。"颜师古释之云:"有分土者,谓立封疆也。无分民者,谓通往来不常厥居也。"从迁徙无定,不常厥居,到分立疆场,封邦建国,均为民族与国家发展与壮大的标志性的阶段特征,而择地定居,分立疆场,意味着地域区位价值认知及利用进入了一个新的时期。在先秦时期,对于今天山西地区区位价值的认知,是与晋国的发展分不开的。

根据现代学者的总结,邦国林立,争霸称雄是先秦时代国家与民族发展的主要表现形态[6]。而春秋战国时期几乎可称为"四大王国"角逐争雄的时代。按其地理方位,西有秦国,北有晋国,南有楚国,东有齐国。如《史记·周本纪》载称:"平王立,东迁于雒邑,辟戎寇。平王之时,周室衰微,诸侯强并弱,齐、楚、秦、晋始大,政由方伯。"东周即春秋战国时期,正是上述著名王国逐渐强盛的时代,就其早期族属而言,齐、晋为华夏,秦、楚则为戎蛮。

先秦时期晋国的发展史是华夏民族与国家成长的一个缩影:就疆域发展而言,从河东一隅"百里之地"崛起,最终发展成为"春秋五霸"之一。后来三家分晋,韩、赵、魏三国之领土几乎覆盖了北半部中国,在"战国七雄"中占了三家。而就族群发展而言,晋国是在周边四裔族的包围下发展起来的。"狄之广莫,于晋为都。晋之启土,不亦宜乎?"[7]晋国的拓展过程充满艰辛与挑战性,日益扩展的疆土对于晋国的治理也带来了严峻的考验。如在晋献公晚期,当时人对于晋国疆域管理发出了忧心忡忡的感叹:"景霍以为城,而汾、河、涑、浍以为渠,戎、狄之民实环之。汪是土也!"[8]然而,尽管困难重重,晋国的发展依然势不可挡。

还必须看到,晋国对于东周王室的存续起到了重要支撑,这已成为学术界共识。如晋国为秦国的强敌,在相当长的时间里有力地阻碍了秦国的东扩。清代学者顾祖禹在《山西方舆纪要序》中指出:"(春秋时期)当是时,秦日以强,缪、康、桓、景诸君,其材足以争雄于中国,而成周无恙,东诸侯之属不遂罹

---

[6] 参见拙文:"中国古史的'万邦时代'——兼论先秦时期国家与民族发展的渊源与地理格局",《复旦学报》(社科版)2003年第3期。

[7] 《国语》卷七《晋语一》,上海古籍出版社1998年版,第270页。

[8] 《国语》卷八《晋语二》,第301页。

秦祸者,不可谓非晋之大有造于天下矣。"⑨而清代学者顾栋高在《晋疆域论》一文中对晋国的建设成就更是备加推重:"……盖天下之无王,自晋始。及势既强大,乃复勤王,以求诸侯,周室之不亡,复于晋重有赖焉……天下扼塞巩固之区,无不为晋有,然后以守则固,以攻则胜,拥卫天子,鞭笞列国,周室藉以绵延者二百年……"⑩

2、地处农牧交错带——连接农耕民族与牧业民族的桥梁与纽带:

山西的自然地理形态是南北长,东西狭,北部地区正处于中国农牧业交错带,而南部地区则深入中原腹地,这种特殊的地理区位使得山西在中国民族发展史上占有极为独特的地位与影响。

首先,山西北部地区长期作为统一王朝的北部边区,战略地位十分重要。长城一线自战国后期以来,已为中原各国北部边界,秦汉建立以来,这一分界线得到前所未有地巩固与认定。"南有大汉,北有强胡",山西北部地区成为中原王朝抵御北边政权南侵的最重要据点之一,也是北方民族政权南侵攻掠的主要地域,史书上的相关记载不胜枚举。

其次,秦汉以来,长城一线在相当长的时间里,不仅是南北政权的疆域分界,也是民族区域的分界线。南北民族往来最为频繁的区域就在山西中北部地区。因此,山西中北部地区在很早的时候在地域文化上显示出过渡性与模糊性的特征。

其三,特殊的地理形态使山西成为北方民族南迁的"孔道"或"首选之地"。如在东汉初期,南、北匈奴分裂后,南匈奴即迁入东汉缘边七郡之中,这七郡地域涉及今天河北、内蒙古、山西等省区。而后来南匈奴则较全面地迁入了山西、陕西交界地区,从"塞外之虏"而演变为"并州之胡",在山西西部的长期定居生活,对民族文化发展产生了十分显著的影响,后来出现的"稽胡"或"山胡"族群正是以南迁匈奴族为核心所形成的民族混合体。

绵延万里的长城涉及中国北方区域非常广大,而很多塞外民族为何选择山西地区作为南迁的首选之地呢?应该说,这肯定不是随兴所之的或然之举,而是经过全面思虑之后的抉择。如北魏名臣崔浩等人曾在饥荒时期力阻明元帝迁都于邺城(今河北临漳县西南)而留守平城(今山西大同市),他着重指出:

> 东州之人常谓国家居广漠之地,民畜无算,号称牛毛之众。今留守旧都(指代都平城),分家南徙,恐不满诸州之地,参居郡县,处榛

---

⑨ 《读史方舆纪要》卷三九《山西方舆纪要序》,中华书局2005年版,第1774至1775页。
⑩ 《春秋大事表》卷四《列国疆域表》,中华书局1993年版,第518页。

林之间,不便水土,疾疫死伤,情见事露,则百姓意沮,四方闻之,有轻侮之意,屈丐、蠕蠕必提挈而来,云中、平城则有危殆之虑,阻隔恒代千里之险,虽欲救援,赴之甚难,如此则声实俱损矣。今居北方,假令山东有变,轻骑南出,耀威桑梓之中,谁知多少?百姓见之,望尘震服,此是国家威制诸夏之长策也。⑪

崔浩所言精辟地总结了当时的政治军事形势,具有很强的代表性,十分有利于我们理解为何北方民族选择雁北地区作为根基之地,并将山西地区作为南下孔道的真实历史地理形势。

3、支撑中原王朝延续与发展的"金三角地带":

山西地区在分裂时代的重要地位,已为学者们所反复强调,但在统一时期的政治地理作用似乎并没有被较深入地讨论过⑫。笔者以为:在历史时期统一王朝时代,山西同样具有并发挥了非凡的区位价值优势。我们可以看到,山西地理区位的另外一大特征,则是深入中原腹地。从秦汉到隋唐,直至在元明之前,长安——洛阳一线在大部分时段都处于中国政治中心区,成为传统中国政治版图中核心的"中轴地带"。首都的选择都在这一线移动。《汉书·地理志》称:"初,雒邑与宗周通封畿,东西长而南北短,短长相覆为千里。"而正是在这种政治地理形势之下,纵贯南北的山西深入到中原王朝的"京畿"之地。在这种客观状况下,无论是定都长安的西汉时期,还是定都洛阳时的东汉及西晋,山西西南部河东郡都为"司隶校尉部"或"司州"(相当于后世的畿辅之区)组成部分,其重要地位可见一斑。而晋朝之得名,源自司马昭封国于晋地,而在西晋时期,河东郡与平阳郡(由河东郡分出)同样是司州的组成部分。

山西地区的政治区位优势在唐代达到了一个高峰,并州的北都,河中府的中都,与上京、东都构成了唐代疆域中的"金三角"核心区。唐代的北都太原府、中都河中府分别与西京长安、东都洛阳构成了大、小两个"金三角地带",而"大金三角地带"又包含了"小金三角地带",正是唐代政治地理版图中最核心、最重要的"枢纽区"。河东地区在唐代政治及文化史上的地位也由此奠定。"安史之乱"后,唐王朝统治受到了致命的威胁,其政治核心区——"金三角地带"也受到严重冲击,甚至面临瓦解崩溃的危险,而作为"金三角地带"最稳固的一角,河东地区的区位优势与价值更为凸现,成为维系唐朝后期政治延续

---

⑪ 《魏书》卷三五《崔浩列传》,中华书局1997年版,第808页。
⑫ 参见河东两京历史考察队编著:《晋秦豫访古》,山西人民出版社1986年版。

的重要支柱[13]。

(二)山西区域之整合历程：

任何一个区域名称都有其时段性，今天"山西"作为一个完整区域的整合也经历了一个漫长的过程。尽管在历史时期今天的山西省并不是一个完整的区域，但是，山西地区的最终整合带有很大的合理性与必然性，从自然地理形势与人文特点上揭示这种合理性与必然性，对于研究山西地区的整合过程是十分必要的。在自然地貌特征上，正如清代著名学者顾祖禹在《山西方舆纪要序》中称赞山西的自然地势"最为完固"，可以说，山西地区边缘地带在自然地貌上构成了一个封闭性很强的地理单元，即左有太行山，右有黄河及吕梁山，北有长城，南有黄河等，与周边地区存在十分明确的地理界线。

但是，自然地理形势的认识与利用，都需要一个时间过程。所谓地理整合过程，实际上是地域观念认识的整合过程，而这一过程往往是通过对于一些较为宏观的地域观念的认识及总结来表现出来。山西地区的整合过程主要以通过分析三个核心词汇来表现出来的。这三个整合词汇便是并州、河东与山西。

"并州"一词最早出于《周礼·职方》："正北曰职方。其山镇曰恒山，其泽薮曰昭余祁。其川虖池、呕夷，其浸涞、易。"先秦时期的并州是理想化的产物，是十二州之一，并非最早的《禹贡》九州之一，而是由九州中的冀州分划出来的。北魏孝文帝在主张南迁洛阳之时，提出的一项理由是平城所在的雁北(云中、恒州)地区在"九州之外"。

并州进入正式政区始于西汉武帝时期，为当时设置的十三刺史部之一，其下领太原、上党、云中、定襄、雁门、代六郡，到东汉时又增领西河、五原、朔方、上郡等，其所辖地域相当广袤，包括今天山西中北部以及河北、陕西北部以及内蒙古狼山、阴山以南地区，但并不包括今天山西晋西南(河东郡)地区。历史时期州制的发展趋势是从"大州"时代逐渐演变为"小州"时代。在当时的管理条件下，在面积过于广袤的政区实现有效治理，是很不现实的，在实际上其管理效能也是十分有限的。在南北朝政区淆乱之后，并州之名往往成为太原府或太原郡的代名词。

与"并州"一词由大而小的变迁过程不同，"河东"却是有一个明显的由小而大的扩展。河东郡为秦朝所置，因地毗关中地区，秦汉时代，河东郡一直被

---

[13] 参见拙文：《略论唐代政治地理格局中的"枢纽区"—"金三角地带"——河东地区在唐史上的地位新探》，载入范世康、王尚义主编：《建设特色文化名城——理论探讨与实证研究》，北岳文艺出版社2008年版。

划入京畿的范围之内。唐代设置有贞观十道及开元十五道,河东道名列其中,这也真正开始了以河东统领今天山西省这片区域的历史。而道制设置之始,与最初的州制相仿,均非正式政区,而是监察区。唐朝中后期,节度使专权,今天的山西地区分为三个节度使,即河中节度使、河东节度使以及昭义军节度使,其各自管辖地域已与河东道大有不同。北宋设置河东路,但是限于整体疆域形势,其所辖地区北并不包括雁北地区(辽朝西京道),南不包括河中府之地。而金朝在今天的山西地区不仅设立了西京路,还设置了河东北路与河东南路,同样将今天山西省的地域分成了三个部分。时至元代,今天的山西、河北、山东以及内蒙古等省区均归入中书省的管辖,而所设置的"河东山西道宣慰司"将山西省的几个部分整合在了一起。

清代学者顾炎武曾在《日知录》卷三一"河东山西"条中指明:"河东、山西,一地也。唐之京师在关中,而其东则河,故谓之河东;元之京师在蓟门,而其西则山,故谓之山西,各自其畿甸之所近而言之也。"然而,通过认真梳理历史文献与形势变迁,笔者认为:历史文献中"河东"与"山西"并不是完全同义的地域名称,以往学者没有能够发掘出"山西"之名演变的真实轨迹。笔者以为:以辽金时期为界限,文献中的"山西"概念内涵演变分为两个阶段。前一阶段的内涵可以称得上传统的"山西"观念,指"陕西华山或崤山以西"地区。辽金时期开始,一种全新的"山西"概念出现了。契丹人习惯以燕山及太行山作为确定方位的坐标,将汉人居留的今山西雁北地区称为"山西五州"。金代在此地区设"山西路",山西之名通行于王朝政令之中。辽金时期的"山西五州"及"山西路"正是元朝"河东山西道宣慰司"设置的依据,为"山西"转化为政区名称的真正渊源[14]。

## 二、历史时期山西境内各亚区之区位价值管窥

在山西地区漫长的整合过程中,其总体价值的体现往往是较为抽象的,较为曲折的;与之相反,历史时期山西地区所属各个亚区的表现却是相当活跃与突出的,在一定程度上可以说,山西在历史时期的区位价值更多的是通过这些亚区所体现出来的。这一点在文献记载中是相当突出的,同样在中国历史上的重要价值,山西地区所属重要的亚区有河东地区、晋东南地区、晋中地区、吕梁地区、雁北地区和忻代地区等。下面笔者分别选择典型时段简要说明山西地区各亚区在中国前近代历史中特殊的区位价值。

---

[14] 参见拙文:"'山西'源流新探——兼论辽金时期山西路",《晋阳学刊》1997年第2期。

## (一)河东(晋西南)地区之区位价值

山西地区地上文物之繁庶,以及在远古历史中的价值与地位,早已为古今学者们所称道。这尤以晋南(晋西南)考古成果为最。"尧都平阳,舜都蒲坂,禹都安邑,今河东地也。"这是古代学者们关于远古都城变迁较为一致的结论[15]。现代考古学家苏秉琦教授根据考古资料,对于晋南(实为晋西南)在上古文化时代的重要地位推崇备至:"史书记载,夏以前的尧、舜、禹,活动中心在晋南一带,'中国'一词的出现也正在此时。"[16]"从中原区系的西瓶和河曲地区的三袋足鬲的又一次南北不同文化传统共同体的结合所留下的中国文字初创时期的物证,到(晋南)陶寺遗址所具有的从燕山北侧至长江以南广大地域的综合体性质,表现出晋南是'帝王所都曰中,故曰中国'的地位,使我们联想到今天自称华人,龙的传人和中国人。"[17]即谓远古邦国时代最初聚集之中心,就在今天山西西南部地区。

从先秦直到秦汉以后,河东地区作为"三河"之一,长期居于中原王朝的政治及文化核心区域。《史记·货殖列传》云:"昔唐人都河东,殷人都河内,周人都河南。夫三河在天下之中,若鼎足,王者所更居也,建国各数百千岁。"逐鹿中原,问鼎中国,而"三河"正是"天下"("中国"、中原)之核心区。在这里,王都集中以及建国时间漫长,都是古人评价区位价值的重要指标。

霍山以南的河东地区是晋国的核心区,也是晋国进一步拓展的基地。又如河东郡最初为秦朝所置,长期隶属于司隶校尉部及司州,为中原王朝所依赖的最重要的政治中心区,这种政治地理地位直到元明以后才发生根本性的变化。

唐朝又是河东地区发展的一个重要阶段,其突出标志便是河中府中都与河中节度使的设置。在唐朝后期,长安地区受到吐蕃军事威胁之下,于是元载等人甚至建议迁都于河中府,虽然建设最终并没有采纳,但学者认为其建议"尽当时利害"[18]。这也都充分证明了河中府地区的重要地位。

## (二)上党(晋东南)地区之区位价值

晋东南地区所在晋东南高原(或称沁潞高原)位于山西高原的东部边缘、太行山西南端,地势较高,海拔 800—1200 米。太行山势西部平缓而东坡陡

---

[15] (宋)王溥撰:《唐会要》卷二七录褚无量之语,中华书局 1955 年版,第 519 页。
[16] 苏秉琦著:《中国文明起源新探》,三联书店 1999 年版,第 161 页。
[17] 《中国文明起源新探》,三联书店 1999 年版,第 127 页。
[18] (唐)李吉甫撰:《元和郡县图志》卷一二,中华书局 1983 年版,第 324 页。

峭,与黄淮海平原形成了较为突出的落差。这种特殊的地势条件对于晋东南地区的发展起到了重要的影响。

正如前引郝经《河东罪言》所云,在古文献中所谓"天下之脊"所指地域不一,而太行山以及上党地区是非常具有代表性的一种说法。上党地区紧毗中原之要区,然地势高耸,居高临下之态自然很早就得到古人的高度关注。"上党初置郡时,奄有潞、泽、沁、辽之地,居太行之巅,据天下之脊,自河内观之,则山高万仞,自朝歌(今河南淇县)望之,则如黑云在半天,即太原、河东亦环趾而处于山之外也,乃其势东南绝险,一夫当关,万军难越,西北绝要,我去则易,彼来则难,夫非最胜之地哉?!"[19]

先秦时期晋东南地区曾有一个很古老的邦国——黎国,后来为赤狄潞子之国所攻灭。地处晋东南地区的赤狄潞氏之国有着相当完备的国家组织,且疆域广大。如清代学者顾栋高着重指出:"潞为上党之潞县,处晋腹心……盖春秋时戎狄之为中国患甚矣,而狄为最,诸狄之中,赤狄为最,赤狄诸种族,潞氏为最。"[20]又"晋之灭潞也,荀林父败赤狄于曲梁,曲梁为今广平府永年县(治今河北永年县),盖反出其东而转攻之,则即一潞氏而疆域之广亘千有余里。"[21]即谓潞氏之国是当时最强大的赤狄国家,疆域横跨今山西、河北两省,因而成为当时赤狄族群之盟主。"赤狄潞氏最强,故服役众狄。"[22]在晋国扩张过程中,潞氏之国曾为其头号强敌。晋国与潞氏国之战,也是晋国扩展历史上最重要的战役之一。

十六国时期,前秦攻灭了慕容鲜卑建立的前燕政权,大批鲜卑被强迁入关中地区。在"淝水之战"之后,盘踞在关中地区的鲜卑人乘机反叛,在残酷的厮杀之后,幸存下来的鲜卑部众力求返回关东地区,而其中慕容永所率领的一支鲜卑部众进居晋东南地区,在长子自立称帝,史称"西燕"。

唐朝中期以后,驻节于泽潞地区的昭义军节度使,因其地处唐朝京畿与河北藩镇之间而成为左右唐朝王朝政治发展的重要力量。其重要的区位价值已为当时人所肯定,如唐人杜牧在《贺中书门下平泽潞启》一文中指出:"……伏以上党之地,肘京、洛而履蒲津,倚太原而跨河朔,战国时,张仪以为天下之脊;建中日,田悦名曰腹中之眼。带甲十万,籍土五州……"[23]当然,无论是"天下之脊",还是"腹中之眼",均着眼于当时的政治军事形势,如果离开了当时

---

[19] (清)顾炎武撰:《天下郡国利病书》,上海科学技术文献出版社2002年版,第1385页。
[20] (清)顾栋高撰:《春秋大事表》卷三九《四裔表》,中华书局1993年版,第2160页。
[21] (清)顾栋高撰:《春秋大事表》卷三九《四裔表》,第2169页。
[22] 《左传》宣公十一年杜预注文,《十三经注疏》(下册),中华书局1980年版。
[23] (唐)杜牧撰:《樊川集》卷一六,上海古籍出版社2007年版,第234至235页。

的政治军事斗争环境,那么这样的评价就会给人以夸大不实之感。

(三)晋中地区之区位价值

今天山西中部地区即晋中,为古代晋阳、太原郡及并州等政区所在地。对于晋中地区的早期发展史,唐人李吉甫等人所撰著的《元和郡县图志》曾进行较详细的考订,认为晋国大夫荀吴击败狄人之地"大卤",正是太原晋阳县之地,进而指出:"按晋,太原、大卤、大夏、夏墟、平阳、晋阳六名,其实一也。"[24]这样六个古地名合而为一,充分证明了晋中地区上古历史的复杂性。但是,在晋国兴起之时,广大的晋中地区确实为戎狄人的居留之地。公元前541年,晋国军队与晋中地区的进行了一场空前大战。《左传》昭公元年载云:"晋中行穆子败无终及群狄于太原。崇卒也,将战,魏舒曰:'彼徒我车,所遇又阨,以什共车,必克。困诸阨又克,请皆卒,自我始。'乃毁车以为行,五乘为三伍……翟人笑之,未阵而薄之,大败之。"晋国在这场大战中取得了决定性的胜利,从此,在晋中地区建立起稳固的统治,进而控制了整个汾水流域。

晋阳太原府为唐王朝创兴之地,天授元年建为北都,天宝元年更改为北京。政治地位达到一个高峰,同时又为河东道驻理之地。"又于边境置节度使,以式遏四夷,河东最为天下雄镇。"[25]可以说,河东镇可谓唐王朝存亡攸关最重要的北方重镇。在安史之乱后,历任河东节度使尚能忠诚于中央朝廷,力挽唐王朝之颓势,居功不小。顾祖禹曾精辟地总结道:"及安史之乱,匡济之功,多出河东。"[26]

与关中地区相仿,以太原为核心的晋中地区也以"四塞之地"著称,因地势险要,易守难攻而为政治割据者们所青睐,先后成为五代时期后唐、后晋、后汉等多个割据政权的政治核心地。

(四)吕梁地区之区位价值

吕梁地区地处山西西部吕梁山脉与黄河之间的晋西高原,在地貌上山脉丘陵居多,与雁北地区同属农业生产条件较为恶劣的区域,由于历史时期汉族人口较为稀少,因此成为北方少数民族南下聚居的理想区域。

吕梁地区在两汉时属于西河郡,"西河"之名,本义谓其初置于黄河之西,而两汉时期所置西河郡则横跨黄河,面积相当广大,包括今天内蒙古南部、陕西北部及山西西部,远远超出今天山西吕梁地区的地域范围。在《汉书·地理

---

[24] 《元和郡县图志》卷一三,第359页。
[25] 《元和郡县图志》卷一三,第361页。
[26] (清)顾祖禹撰:《读史方舆纪要》卷四〇,第1807页。

志》中,西河郡与安定、北地、上郡等一道同属于一个西北边塞风俗区,"皆迫近戎狄,修习战备,高上气力,以射猎为先。"在此值得注意的是,两汉时期西河郡并未以河为界,因此可以说,黄河中游河道在当时并没有成为风俗文化区以及东西两岸交往的阻隔。

东汉初年,南北匈奴分裂后,西河郡并不是安置南迁匈奴部众的"沿边七郡"之一,但是,这并不影响匈奴部众逐渐向这一区域汇聚,进而迫使东汉后期及三国时期西河郡治所的内迁,先后从平定(今内蒙古准格尔旗西南)迁到离石(今山西离石市)与兹氏(今山西汾阳市),治所的迁徙意味着辖地的放弃。最终,"十六国时代"的首作俑者——刘渊汉赵国首先创立于离石,这正是匈奴南迁以及长其聚居这一地区的结果。北朝时期,西河地区为"山胡"或"稽胡"聚集之地。"山胡"或"稽胡"为南匈奴后裔与其他北方部族的混合体,强盛的"山胡"族群成为北朝后期影响北方政治变迁的强大力量。清代学者顾祖禹曾不无感慨地指出:"东汉之季,西河尤为多事,迨至刘渊发难,中原陆沈,祸乱之征,未始不自西河始也。"[27]笔者以为:如果离开民族迁徙的背景,我们就根本无法理解导致当时形势风云突变的真正原因。

辽与北宋对峙时代,雁北地区已划归辽国,山西中西部地区承担了来自"西(夏)、北(辽)二边"的压力,战略位置十分重要,尤其是山西西北部地区,正处于辽朝与西夏的夹击之下。北宋在山西西北部设置有石州、隰州、岚州、麟州、丰州、宪州、府州以及火山军、保德军、晋宁军、苛岚军等,政区及军管区设置之密、等级之高,都是历史上所罕见的。其中丰州、府州、麟州、晋宁军等因地处黄河之西,属于北宋关键性的战略前沿,北宋与西夏在此长期交相攻守,争夺十分激烈。

(五)雁北及忻代地区之区位价值

就其自然地理环境而言,这两个地区很早便是农业民族与牧业民族交错地带,即同时具备了农耕与游牧两种经济活动的自然条件与基础,但是,农业生产条件并不十分优越,交错性与过渡性特征在这一地区的历史上是十分突出的。北朝时期、辽金时期以及明代前中期,山西北部地区在政治与军事史上都占有了极其重要的地位。

三家分晋后,赵国北向发展,占据雁北与忻代地区,华夏汉族第一次全面控制这一地区,而到东汉初年,南、北匈奴分裂,南匈奴部众进入雁北地区,到三国西晋时期,忻代以北地区并弃之,即中原王朝已放弃了这一地区,而拓跋鲜卑正是在这一地区壮大起来,以恒代(雁北)地区为基地,建立起强盛的北

---

[27] (清)顾祖禹撰:《读史方舆纪要》卷四二,第1939页。

魏(或称后魏)王朝。北魏定都平城,是雁北地区区位优势得以发展与利用的一大高峰时期。

南北朝后期以及隋唐时期,塞北又成为南北民族激烈争夺之地,战事频繁,盛唐时期,大量塞北民族南迁,雁北地区在相当长的时间里成为安置北来降众的区域。唐后期及五代时期,契丹人崛起,石晋时期被迫割让"燕云十六州",于是山西雁北地区成为辽朝"西京道"之地,大同也成为辽代"五京"之一,成为其国防体系之的"西大门"。金朝继承了辽朝的"五京制度",大同府所在之地隶属于西京路,同样是金朝西边重镇,西京留守司即驻守于大同。

明代前中期,重返塞北草原的蒙古人频繁侵袭北方边界地区,山西北部首当其冲,承担了巨大的压力。频繁的侵袭给山西百姓带来了惨重的伤害。为抵御北方蒙古人的侵袭,明朝建筑了规模浩大的北方防御体系,号称"九边"。而山西地区建有"二边",即大同镇与太原镇(驻守于偏头关)。山西境内雁门关、宁武关、偏头关,被称为"外三关",与河北省境内的居庸关、紫荆关、倒马关等"内三关",构成了两道拱卫明朝腹地安全的防线。

## 三、余 论

笔者提出的"区位论",是将历史地理学方法论运用于历史时期区域社会研究的一个初步尝试。历史地理方法论的核心在于要求研究者细密编织历史演变延续性的同时,全面展现地域间的相关性与差异性。中国历史演变的纷繁复杂性,在很大程度上是通过区域社会的反映差异来表现出来,过分笼统地谈论"国家"、"社会"、"历史"等宏观概念,其局限性是非常明显的。深入研究与分析这些区域反映出的差异,会大大加深对于中国历史发展的认识。而在另一方面,区域历史是整体历史嬗变的一部分,为了更准确理解与分辨这种反映差异,还需要超越单个区域局限的历史的整体观的把握,从整体上把握中国历史发展的时段差异与地域差异,对于区域社会的深入研究同样是大有裨益的。

以山西地区为例,随着历史的变迁,山西地区的政治归属、民族与人口构成以及经济结构等诸多方面都发生了剧烈的变化,因此在从事区域社会的分析之前,有必要对整个中国历史演变过程的时空环境有个较为清晰的理解,从而为进一步的微观研究提供准确而客观的时空坐标参照系统。山西区域史之发展,实为中国王朝演变史与民族发展史的重要组成部分之一。如就政治区位价值而言,今天山西省所属东(晋东南)、西(吕梁)、南(河东)、北(雁北)、中(晋中)等五个亚区,都有建立都城的经历,这应该在今天中国境内各省区中是极为少见的。同时在民族发展史上,有不少北方民族部众如匈奴、鲜卑(包括铁弗)、吐谷浑、契胡、沙陀等等,都是在长期迁居山西之后消失的,这对于山西当地的人口构成的影响显然是至关重要的。简而言之,山西的各个不同区域在不同的历史时代,构成区域社会的要素都发生了相当显著的变化。如果看不到不同时代、不同区域的差异,简单将区域社会视为亘古不变的"铁板一块",那么就很难得出真实可信的研究结论。

(注:本文参加了2008年在山西大学举办的"社会史研究理论与方法暨纪念乔志强先生诞辰七十周年"国际学术研讨会,得到与会专家的不少鼓励与建议,在此深致谢意!本文原刊载于《晋阳学刊》2010年第5期)

# 西皮与东皮：
## ——明代蒙古与辽东地区毛皮之输入

邱仲麟

[内容提要] 自古以来，蒙古与满洲地区就是珍贵毛皮的主要产地，明代亦不例外。明代境外所输入的珍贵毛皮，如紫貂、猞猁、海獭等，就主要来自于这两个地方。其中，来自满洲东北部的紫貂皮尤其受到喜爱。这两个地区毛皮的输入中国，主要有两个管道，其一是透过朝贡体制及其所附加的贸易，另外则是在边境上的不定期或定期的贸易。由于明朝与蒙古双方敌对，外交关系与边境贸易并不稳定，时断时续，在1502—1571年间，除了1551—1552年外，完全没有外交往来与边境贸易。1571年后，双方在边境上重新展开贸易，直至明朝灭亡。满洲方面，由于双方的关系较为和平，从1402年以后，朝贡关系与边境贸易持续发展，直至1620年代努尔哈赤统一满洲为止，外交与贸易关系才断绝，故满洲地区输入的毛皮，应是比较重要、且数量较大的。整体而言，在1570—1620年代，经由两地输入的毛皮数量，可能是整个明朝最多的阶段，而此也引发国内穿着奢侈毛皮的情况比以前增加。1620年代以后，满洲毛皮输入量极少，价格大涨，商人甚至以蒙古来的西皮，充当满洲的东皮贩卖。

[关键词] 毛皮、蒙古、辽东、朝贡体制、边境贸易

## 前 言

自古以来，毛皮制成衣裘的种类甚多，明代亦不例外。崇祯年间，宋应星(1587—？)《天工开物》言："凡取兽皮制服，统名曰裘。贵至貂、狐，贱至羊、麂，值分百等"。其中，貂产于辽东边外建州之地及朝鲜国内；狐、貉产于燕、齐、辽、汴诸地，纯白狐腋裘的价值与貂裘相仿，黄褐色狐裘则仅值貂的五分之一。羊羔裘以西北所产最佳，麂皮除岭南繁生之外，湖广是一大集散地。[①]此

外,其他地方亦均有各色毛皮,如北直隶隆庆卫境内有虎、土豹、熊、狼、豺、鹿、麋、狍、兔、狐、貛、狸、猬、獭、野猪、山羊、夜猴、山挝、黄鼠、鼠狼。②南直隶凤阳府产绵羊皮、山羊皮、貛皮、野猫皮、水獭皮、貉子皮、獐皮、竹狗皮、麂皮、鹿皮、牛犊皮等。③李时珍(1518—1593)《本草纲目》则记载:四川有特殊的毛皮兽——貘,"似熊而头小脚卑,黑白驳文","其皮温暖"。④至于山东沿海,则有若干海兽。如登州府宁海州文登县有海豹、海牛、海驴。⑤莱州府海上也有海豹、海狗、海鲈、海牛。⑥《本草纲目》还记载:出没山东海上的海獭,"今人以其皮为风领,云亚于貂焉";而海驴、海马、海牛、海猪、海獾等兽,其皮亦可制裘。⑦不过,飘游至山东的海兽不多,产出的毛皮数量应该不大。

正如宋应星所言:明帝国的珍稀毛皮主要产于北方边境。辽东都指挥使司辖区,产貂鼠皮、青鼠皮、水獭皮、土豹皮。⑧陕西临洮府河州亦产土豹,土人称之为舍里孙,其皮可制裘。⑨陕西西宁卫也产舍里孙,即土豹,一名射猎狻,"文彩蔚异,皮可为裘"。⑩另据《本草纲目》记载:"豹,辽东及西南诸山时有之。状似虎而小,白面团头,自惜其毛彩。其文如钱者,曰金钱豹,宜为裘。如艾叶者,曰艾叶豹,次之。又西域有金线豹,文如金线。"⑪长城沿线又有黄鼠,太原

---

① (明)宋应星著,锺广言注释:《天工开物》(香港:中华书局香港分局,1978),卷二,《乃服·裘》,页102—104。
② (明)苏干续纂:(嘉靖)《隆庆志》(收入《天一阁藏明代方志选刊》〔上海:上海书店,1962〕第8册,据明嘉靖二十八年刻本影印),卷三,《食货·物产》,第17b页。
③ (明)柳瑛等修纂:(成化)《中都志》(收入《天一阁藏明代方志选刊续编》〔上海:上海书店,1990〕第33—34册,据隆庆三年重刻本影印),卷一,《贡赋》,第41b—42a页。
④ (明)李时珍:《本草纲目》(北京:人民卫生出版社校点本,1975),卷五一,〈兽部二·兽类三十八种·貘〉,第2825页。按:此兽可能即熊猫。
⑤ (明)李光先、焦希程修纂:(嘉靖)《宁海州志》(收入《天一阁藏明代方志选刊续编》第57册,据明嘉靖刻本影印),卷上,《地里·物产》,第11b页。
⑥ (明)龙文明、赵耀等修纂:(万历)《莱州府志》(青岛:赵氏永厚堂据明万历三十二年刊本铅印,1939),卷三,《物产》,第55b页。
⑦ (明)李时珍:《本草纲目》卷五〇,〈兽部一·畜类二十八种·驴〉,第2779页;卷五一,〈兽部二·兽类三十八种·海獭〉,第2896页。
⑧ (明)陈循等撰:《寰宇通志》(收入《玄览堂丛书续辑》〔台北:国立中央图书馆,1984年〕第10—18册,据明景泰间内府刊本影印),卷七七,〈辽东都指挥使〉,第6b—7a页。
⑨ (明)赵廷瑞修:(嘉靖)《陕西通志》(明嘉靖二十一年刊本),卷七,《物产》,第8b页。
⑩ (清)苏铣纂:〔顺治〕《西镇志》(收入《四库全书存目丛书》〔台南:庄严文化事业公司,1995—1999〕史部第212册,据清顺治十四年刻本影印),《地里志·物产》,第11a页。
⑪ (明)李时珍:《本草纲目》卷五一,《兽部二·兽类三十八种·豹》,第2823页。

镇、大同镇、延绥镇及沙漠等地皆有之,辽东人尤其珍贵,除滋味极为肥美,有如乳猪而脆,其皮亦可制裘领"。[12](紫貂、土豹,参见图一、图二)

整体而言,明代的珍贵毛皮,主要透过蒙古、女真朝贡与互市取得。洪武年间,太祖与蒙古虽有使臣往来,但不许蒙古朝贡与互市。永乐年间,太宗(成祖)采两面外交,对鞑靼、瓦剌既追袭又封贡,双方使节亦有往来,但"贡无定期"。至于兀良哈三卫(泰宁、朵颜、福余),永乐以后,每年二贡(圣节及正旦)。海西、建州、毛怜等女真卫所,每年一贡(正旦)。[13]明朝对于使节来朝,明文规定入关的孔道,如鞑靼、瓦剌来使必由大同城关进入,西北撒马儿罕、吐鲁番、哈密等国则由肃州嘉峪关进入。辽东地区各部族朝贡,其贡路也各有不同,兀良哈三卫由喜峰口入,海西与野人女真由开原卫入,建州女真由抚顺所入。必须指出的是,在朝贡规制上,蒙古与辽东有差别,前者来往以国书,后者则是明朝颁给的敕书,且设定固定配额。原则上,明朝并不欢迎辽东藩属随时前来。至于边境马市贸易,虽以买马为名,但也换取其他土物,主要存在于辽东地区。明朝对于与蒙古贸易的态度并不热衷,甚至采取隔绝的策略,敌对远比和平的时间要多,故交易的情况并不稳定。这种情况,要到隆庆以后才有所改观。

## 一、蒙古方面:从朝贡到互市

明代蒙古地方各部族散布,所处地带有山地、有草原,势力最大者有二,即东部的鞑靼,与西北的瓦剌。鞑靼游牧于草原地带,其地产羺、貂鼠、青鼠、土拨鼠、貂,"皮毛柔软,可为裘"。[14]土拨鼠"皮可为裘,甚暖,湿不能透"。[15]又有银鼠,"白色如银"。[16]瓦剌控制之地,靠近西伯利亚,峯峦起伏,森林茂密,毛皮兽甚伙,常见者如豹、狐、鹿、猞猁、水獭、貂、灰鼠、银鼠等。因此,围捕野兽以弥补游牧之不足,和获取大量珍贵的毛皮,乃其重要副业之一。[17]基于此,蒙古服饰不乏用珍贵毛皮者。万历年间,萧大亨(1532—1612)《夷俗记》曾言:蒙古人积贮虎、豹、水獭、貂鼠、海獭诸皮为帽缘,原因在于用虎、豹皮为帽缘不拈

---

[12] (明)李时珍:《本草纲目》卷五一,《兽部二·鼠类一十二种·黄鼠》,第2910—2911页。
[13] (明)李东阳等编纂:(正德)《大明会典》(东京:汲古书院据明正德四年司礼监刊本,1989),卷九九,《礼部五十八·朝贡四·事例》,第1b—2b页。
[14] (明)陈循等撰:《寰宇通志》卷一一九,《外夷·鞑靼》,第5a页。
[15] (明)李时珍:《本草纲目》卷五一,《兽部二·鼠类一十二种·土拨鼠》,第2909页。
[16] (明)李时珍:《本草纲目》卷五一,《兽部二·鼠类一十二种·黄鼠》,第2911页。
[17] 参见白翠琴著:《瓦剌史》(长春:吉林教育出版社,1991年),第212—213页。

草,用水獭皮不渗露水,用貂鼠、海獭皮美观。部众所穿之衣服,亦多以皮为之。又别有一款服饰,"围于肩背,名曰贾哈锐,其两隅其式如箕,左右垂于两肩,必以锦貂为之"。[18]而除了自己穿着之外,其所贮藏的各种毛皮,往往是朝贡与互市的重要物资。

(一)朝贡贸易

明朝建立后,随着元顺帝退往漠北,并于洪武三年(1370)驾崩,各部酋彼此内讧,汗位继立无常,瓦剌趁机崛起于西北之地,并逐渐往东南发展,成为蒙古两大势力之一。永乐年间,以阿鲁台为主的鞑靼,及以马哈木为首的瓦剌,分据东西,彼此争战。永乐七年(1409),明朝封马哈木为顺宁王;永乐十一年(1413),明朝封阿鲁台为和宁王。永乐十四年(1416)马哈木死,其子脱欢继拥其众,势力日益扩张,西破哈密与东察合台汗国,东败阿鲁台,统一漠北。宣德九年(1434),退往辽东的阿鲁台被脱欢袭杀。正统四年(1439),脱欢迎立具成吉思汗血统的脱脱不花(1422—1452)为大汗,自为太师。同年,脱欢死,其子也先(1407—1454)继太师位,兵力更加强盛,遂有正统十四年(1449)南下与明帝国决战之事。景泰三年(1452),也先击败脱脱不花,次年(1453)自立为大元田盛(天圣)大可汗,建号添元(天元),封其子为太师,势力东抵兀良哈、建州,西及赤斤蒙古、哈密等卫,并西征回回,是为瓦剌的全盛期。景泰五年(1454),阿剌知院因太师之位落空,加上二子为也先所害,趁其西征时起兵袭击,也先在败走中被杀。翌年(1455),东蒙古喀剌沁部酋孛罗又击败阿剌知院,瓦剌由鼎盛走向衰微,控制地域随之发生变化,东西蒙古一统的局面,也因此再度分裂。[19]

永乐至宣德年间,蒙古来使人数不算特别多。以鞑靼阿鲁台为例,永乐十二年(1414)十二月,遣使三百九十人;[20]永乐十五年(1417)五月,三百四十九人;[21]宣德三年(1428)三月,四百六十人;[22]宣德六年(1431)正月,六百六十人。[23]

---

[18] (明)萧大亨撰:《夷俗记》(明万历《宝颜堂秘笈》本),《帽衣》,第16b—17a页。
[19] 参见:白翠琴著:《瓦剌史》,第35—59、73—139页。曹永年著:《蒙古民族通史》第三卷(呼和浩特:内蒙古大学出版社,1991),第70—138页。
[20] 《明太宗实录》(台北:中央研究院历史语言研究所校勘印行,1962。以下所引明代各朝实录并同),卷一五九,永乐十二年十二月丁酉,第3a—3b页。
[21] 《明太宗实录》卷一八八,永乐十五年五月丁酉,第1b页。
[22] 《明宣宗实录》卷四〇,宣德三年三月癸巳,第1a—1b页。
[23] 《明宣宗实录》卷七五,宣德六年正月丙戌,第4b页。

瓦剌来使之数,初期均少于百人,如宣德二年(1427)十二月,遣使六十七人。[24]宣德五年三月,仅二十二人。[25]宣德六年四月,为八十五人。[26]正统年间,脱欢与也先所派使臣人数渐增。如正统二年(1437)八月,脱欢等遣使臣二百六十七人。[27]由于人数渐增,朝廷觉得必须限制。正统三年(1438)正月,英宗敕大同总兵陈怀等曰:"得奏,知瓦剌脱欢又遣人来朝,然虏情谲诈,不可不防。敕至,尔即谕令正使三、五人赴京,所贡马驼,令人代送,其余使臣、从人,俱留止大同。"[28]稍后,瓦剌正使兀思答阿里等五人至京。[29]然而,正统四年十月,脱脱不花等遣使千余人,朝廷竟全数放入。[30]正统五年(1440)十一月,脱脱不花所遣则是男妇六百四十四人。[31]由于人数迭增,会同馆容纳不下,正统六年(1441)九月,英宗降旨于玉河西堤建房一百五十间,以馆待蒙古使臣。[32]同年十二月,脱脱不花等所遣使臣达二千一百九十人。[33]正统七年(1442)正月,英宗敕大同总兵朱冕(?—1449)等曰:

> 往者,瓦剌遣使来朝多不满五人,今脱脱不花、也先所遣使臣动以千计,此外又有交易之人。朕虑边境道路,军民供给劳费,已令都指挥陈友等赍敕往谕瓦剌,令自今差遣使臣,多不许过三百人,庶几彼此两便。此后,如来者尚多,尔等止遵定数容其入关,余令先回,或令于播儿庄俟候使臣同回,从彼自便,故预敕尔知之。[34]

但正统七年十一月,脱脱不花及也先所遣使臣二千三百零二人至京,[35]看来明朝还是未便拒绝。正统八年(1443)十月,脱脱不花及也先到京的使臣亦达一千八百六十七人,也先之母敏答失力阿哈,并托使臣贡狐白皮献予皇太

---

[24] 《明宣宗实录》卷三四,宣德二年十二月庚申,第 3a 页。
[25] 《明宣宗实录》卷六四,宣德五年三月戊午,第 8a 页。
[26] 《明宣宗实录》卷七八,宣德六年四月甲寅,第 5a 页。
[27] 《明英宗实录》卷三三,正统二年八月辛未,第 3a 页。
[28] 《明英宗实录》卷三八,正统三年正月戊子,第 1b 页。
[29] 《明英宗实录》卷三八,正统三年正月癸卯,第 4b 页。
[30] 《明英宗实录》卷六〇,正统四年十月丁亥,第 3b 页。
[31] 《明英宗实录》卷七三,正统五年十一月癸卯,第 2b 页。
[32] 《明英宗实录》卷八三,正统六年九月丙辰,第 4a 页。
[33] 《明英宗实录》卷八七,正统六年十二月甲辰,第 4a 页。
[34] 《明英宗实录》卷八八,正统七年正月戊寅,第 3b——4a 页。
[35] 《明英宗实录》卷九八,正统七年十一月癸亥,第 4b 页。

后。[36]正统十二年（1447）十一月，瓦剌使臣到者二千四百七十二人。[37]正统十三年（1448）冬天，脱脱不花、也先使臣及买卖回回等抵达大同，报称共三千五百九十八名，大同总兵等即支给下程。十二月至京，会同馆点名，原报脱脱不花使臣四百七十一名，只有四百一十四名；也先使臣二千二百五十七名，只有一千三百五十八名；买卖回回八百七十名，只有七百五十二名，实际才二千五百二十四名，比原报数少一千七十四名。为此，礼部奏请治大同总兵等军官之罪。[38]

经过土木堡之变，明朝与也先关系一度中断。景泰元年（1450）七月，都御史杨善等为接回英宗抵达也先大营，也先随即问起正统十三年年底之事："两家和好年久，今次如何拘留我使臣，减了赏赐。"杨善回答："太师尔父在永乐年间，差使臣朝贡不过三、四十人，所讨对象，随意与之，都不计较，所以长久和好。今差使臣多至三千余人，或带来之人为奸为盗，潜自藏躲中国，留他何用？使臣到京，虚报数多，朝廷只照见在者赏赐，虚报者不与，不是减了。"[39]八月十五，也先遣五百余名骑兵护送英宗回北京。[40]十月间，即又派使臣二千五百人进贡。[41]景泰二年（1451）十月，所遣亦有一千六百五十二人。[42]景泰三年十一月，到北京的使臣有二千九百四十五名。[43]景泰四年正月，赐宴也先的使臣亦达二千八百七十六人。[44]由于也先所遣人数太多，锦衣卫小旗聂忠曾进言：

> 洪武、永乐间，外夷遣使朝贡，不过三、五十人。今虏使来朝动二、三千，不惟疲于供亿，抑恐包藏祸心。乞敕大臣计议，将见来虏使，编戍烟瘴之地，禁绝往来。[45]

从外交的角度看，他的提议自然不会被接纳。不过在同月，景帝给也先的信上曾言："今者太师遣人来多，两次共三千余人，边关守将不肯放入。朕念太师忠诚，姑令俱放。今后太师只可少着人来，且与总数文书为凭，庶免边关阻

---

㊱《明英宗实录》卷一二二，正统九年十月癸丑，第2b页。

㊲《明英宗实录》卷一六〇，正统十二年十一月甲辰，第5b页。

㊳《明英宗实录》卷一七三，正统十三年十二月庚申，第3b页。

㊴《明英宗实录》卷一九四，景泰元年八月庚寅，第18b页。

㊵《明英宗实录》卷一九五，景泰元年八月庚寅，第12a页。

㊶《明英宗实录》卷一九七，景泰元年十月庚寅，第8a页。

㊷《明英宗实录》卷二〇九，景泰二年十月丙戌，第9a页。

㊸《明英宗实录》卷二二三，景泰三年十一月甲子，第2b页。

㊹《明英宗实录》卷二二五，景泰四年正月丙子，第11a页。

㊺《明英宗实录》卷二二五，景泰四年正月癸未，第14b—15a页。

当。"[46]十二月间,也先使臣知院哈只等言:"奉旨令进贡少遣人,故今使臣甚少",但还是有一千一百四十三人。[47]

蒙古遣使前来朝贡,其贡物中多半有貂鼠、青鼠等毛皮。如宣德十年(1435)九月,瓦剌顺宁王脱欢等遣使臣贡马及貂鼠、青鼠皮。[48]正统六年(1441)闰十一月,赐瓦剌使臣阿都赤等纻丝绢匹,"以续进马及青鼠皮也"。[49]景泰三年(1452)十一月,瓦剌也先使臣续进马匹、貂鼠皮、玉石等物。[50]景泰四年十月,也先遣使臣来朝贡马及貂鼠、银鼠皮。[51]成化二年(1466)九月,瓦剌酋长阿失帖木儿遣使臣贡马及貂皮等物。[52]同年十二月,阿失帖木儿又遣使臣来朝贡马及银鼠等物。[53]难得的是,《明英宗实录》记载了瓦剌进贡毛皮的若干数量。(参见下表)

| 进贡年月 | 进贡毛皮数量 |
| --- | --- |
| 正统三年十月 | 貂鼠等皮二千九百三十二张。[54] |
| 正统四年十月 | 貂鼠皮三千四百张、银鼠皮三百张。[55] |
| 正统五年十一月 | 银鼠等皮三百二十张。[56] |
| 正统六年十月 | 貂鼠、银鼠等皮二万一千二百个。[57] |
| 正统十年十二月 | 青鼠皮十三万张、银鼠皮一万六千张、貂鼠皮二百张。[58] |
| 正统十二年十一月 | 貂鼠、银鼠、青鼠皮一万二千三百张。[59] |
| 景泰元年十月 | 貂、银鼠皮五百张。[60] |

[46] 《明英宗实录》卷二二五,景泰四年正月丙戌,第15b页。
[47] 《明英宗实录》卷二三六,景泰四年十二月甲申,第2a——2b页。
[48] 《明英宗实录》卷九,宣德十年九月己丑,第5b——6a页。
[49] 《明英宗实录》卷八六,正统六年闰十一月丙子,第4b页。
[50] 《明英宗实录》卷二二三,景泰三年十一月己巳,第5b页。
[51] 《明英宗实录》卷二三四,景泰四年十月戊戌,第5b页。
[52] 《明宪宗实录》卷三四,成化二年九月丙戌,第6b页。
[53] 《明宪宗实录》卷三七,成化二年十二月丁未,第2b——3a页。
[54] 《明英宗实录》卷四七,正统三年十月丙寅,第6a页。
[55] 《明英宗实录》卷六〇,正统四年十月丁亥,第3b页。
[56] 《明英宗实录》卷七三,正统五年十一月癸卯,第2b页。
[57] 《明英宗实录》卷八四,正统六年十月甲申,第6a——6b页。
[58] 《明英宗实录》卷一三六,正统十年十二月丙辰,第5b页。
[59] 《明英宗实录》卷一六〇,正统十二年十一月甲辰,第5b页。
[60] 《明英宗实录》卷一九七,景泰元年十月甲午,第9b页。

景泰五年,也先为阿剌知院所杀,瓦剌势力相对衰落,随之鞑靼孛罗(孛来)平章又击败阿剌知院。景泰六年(1455),毛里孩立脱脱不花幼子、年仅七岁的马可古儿吉思(1449—1465)为可汗,明人以其年幼,称其为小王子。毛里孩与孛来则并为太师。㉖景泰七年(1456)十二月,孛来遣使臣五百余人前来朝贡;天顺元年(1457)四月出京抵大同,因大同西路参将李显等供馈不满所欲,出关至高山站,杀伤护送官军百人,捶打都督马政之子马鉴,尽掠其马匹、兵器、甲胄而去。㉗孛来自知理亏,不敢遣使前来,明朝与鞑靼关系一度中断。至天顺五年(1461)十月,孛来才与明朝通和,遣使由大同旧道入贡,既而又改道自兰县入京;十二月至京,赐宴于礼部。㉘天顺六年(1462)五月,孛来所遣使臣入大同卫驿馆安歇,又有三千人马护送在边。㉙英宗敕谕正使察占曰:

　　　今得大同奏报,尔领三百人来京朝贡,跋涉远路,勤劳可嘉,兹特遣太监吴昱、都督喜信前去慰劳。然天顺元年,曾有敕与太师孛来,凡遣人朝贡,不可过多,今三百人来,其数多矣。往年为因人多,致生是非,遂失和好。今日当戒前失,以图久远。尔可与吴昱、喜信商议,将紧要使臣带领来京,其余从人俱留大同安歇,给与口粮下程,有货物交易者,听其就彼交易。㉚

　　但六月间孛来使臣进京者,还有有四百零五名。㉛七月,英宗再敕谕孛来:"来人数多,已依正统年间例,止将紧要使臣五十余人接取来京,其余俱留大同馆待……今后宜坚守和好,若再遣使,止可三、五十人,不必过多。"㉜然天顺七年(1464)四月,小王子(马可古儿吉思)遣使至北京,人数仍达五百余人。㉝同年十二月,鞑靼使臣平章朵罗秃等来朝贡,留在大同者八百有余,入住北京乌蛮驿者千人。㉞

---

㉖ 参见曹永年著:《蒙古民族通史》第三卷,第138——140、143——144页。
㉗ 《明英宗实录》卷二七三,景泰七年十二月丙午,第2a页;卷277,天顺元年四月甲寅,第11b页。
㉘ 《明英宗实录》卷三三三,天顺五年十月辛卯,页5a;卷335,天顺五年十二月丁亥,第4a页。
㉙ 《明英宗实录》卷三四〇,天顺六年五月丁巳,第4b页。
㉚ 《明英宗实录》卷三四〇,天顺六年五月壬戌,第5a页。
㉛ 《明英宗实录》卷三四一,天顺六年六月癸未,第4b页。
㉜ 《明英宗实录》卷三四二,天顺六年七月壬子,第5b——6a页。
㉝ 《明英宗实录》卷三五一,天顺七年四月戊寅,第5a——5b页。
㉞ 《明英宗实录》卷三六〇,天顺七年十二月戊申,第5a页。

宪宗即位后，马可古儿吉思王子及其太师孛来，又于天顺八年（1465）正月，遣知院满都等来朝，人数亦有千人。⑩这年年底，马可古儿吉思及其太师孛来，再派使臣二千一百九十四名前来，于成化元年（1466）正月抵达大同边境。宪宗敕命太监叶达等前往迎接，使臣留于大同者十分之七，入京者六百六十余人。⑪而在天顺八年遣使之后，马可古儿吉思为孛来杀死，毛里孩旋即击杀孛来，立脱思为可汗，但不久又将其杀害。成化四年，毛里孩死，其后鞑靼内部彼此混战。成化十一年（1475），满都鲁被拥立为大汗。⑫是年六月，满都鲁等遣男女一千七百五十余人进贡，宪宗准许五百人入京。⑬成化十五年（1479），满都鲁被太师亦思马因所杀，把秃猛可即可汗位（即达延汗，约 1474—1517），因其年纪幼小，明代史料称之为小王子。⑭

弘治元年（1488）五月，鞑靼小王子奉番书求贡，自称大元大可汗，所遣使臣六千多人；六月，大同巡抚许进奏言贡使一千五百三十九人入边，安置于大同驿馆，请裁定入贡人数。经兵部议定，准五百人赴京。⑮弘治三年（1490）年初，鞑靼与瓦剌同时来贡，朝廷有旨：鞑靼许一千一百名入关，四百名入朝；瓦剌许四百名入关，一百五十名入朝。⑯同年十一月，瓦剌太师再遣使入贡，孝宗敕太监杨穆莅边验放瓦剌使臣，准许二百人入京，其余俱留边关，以俟给赏。⑰弘治四年（1491）正月，小王子遣使进贡至大同，镇守官员以其番书非真，不许入关。小王子续遣正副使计一千五百人，换真书后复来。自是遣来者达五千人，准放入关者一千七百人，准入京者五百人。⑱弘治九年（1496）五月，鞑靼再遣使请求入贡，欲偕三千人入京，大同镇守官员奏闻，朝臣会议止许一千人。未几，小王子复言瓦剌兄弟相攻，欲回兵加以袭击，俟至秋天再来朝贡。⑲然

---

⑩ 《明宪宗实录》卷一，天顺八年正月丁丑，第 12a—12b 页。

⑪ 《明宪宗实录》卷一三，成化元年正月庚申，第 2b 页；卷一三，成化元年正月乙丑，第 4b 页。

⑫ 参见曹永年著：《蒙古民族通史》第三卷，第 149—150、154 页。

⑬ 《明宪宗实录》卷一四二，成化十一年六月戊戌，第 2a 页。

⑭ 参见曹永年著：《蒙古民族通史》第三卷，第 157—158、182—183 页。

⑮ 《明孝宗实录》卷一四，弘治元年五月乙酉，第 13a—13b 页；卷一五，弘治元年六月癸卯，第 5b—6a 页。(明)申时行等编纂：(万历)《大明会典》(台北：东南出版社据明万历十五年司礼监刊本影印，1963)，卷一〇七，《朝贡三·北狄》，第 3b 页。

⑯ 《明孝宗实录》卷三五，弘治三年二月癸巳，第 3a 页。

⑰ 《明孝宗实录》卷四五，弘治三年十一月癸卯，第 5b 页。

⑱ 《明孝宗实录》卷四七，弘治四年正月乙酉，第 1b—2a 页。(万历)《大明会典》卷一〇七，《朝贡三·北狄》，第 3b 页。

⑲ 《明孝宗实录》卷一一三，弘治九年五月己未，页 2b。

而,此后使臣并未前来。至弘治十一年(1498)二月,小王子忽派遣使臣六千人,至边关请求入贡,朝廷准许二千人入关,五百人入京。[80]弘治十七年(1502)年初,小王子遣使臣阿黑麻等六千人求贡,而番文之年月、称号不类,朝廷会议后命大同官员勘报,令使臣返回易书再来。阿黑麻不欲回,奏言往年曾谋入贡,贡书已完成而事未果行,其地纸张极为难得,故仍用旧书,并无他意。大同镇守官员因此上奏。三月间,官员会议后建请依照十一年之例,准令二千人入关。[81]但明朝准其入贡后,使臣却迁延不至,反屡入大同境内杀掠。[82]自此以后,小王子未再遣使前来,明朝与蒙古的朝贡关系随之断绝,即使至隆庆年间双方达成和议,朝贡使臣仅能留在大同,不准进入北京。

笔者之所以不厌其详,对蒙古贡使之人数加以叙述,乃欲说明毛皮与使节人数之间的关系。虽然从前举正统至景泰年间之数字看来,瓦剌进贡毛皮数量起伏不一,但使节团人数多,与毛皮入贡之数应该还是呈正比。再加上留在大同的人数更多,则在边境交易的毛皮应该也不再少数,只是已无数字可以证明。

除了鞑靼、瓦剌之外,西北的哈密、土鲁番等部族也有进贡貂鼠等珍贵毛皮的记录。如永乐十七年(1419)九月,哈密等处使臣及经商回回等二百五十人,贡马及貂鼠皮、碙砂等物。[83]正统五年四月,倒瓦答失里遣使来朝,贡马、驼、鹰、貂鼠皮等物。[84]景泰四年四月,哈密忠顺王倒瓦答失里与瓦剌等处使臣来朝,贡马、驼、玉石、貂鼠皮等物。[85]成化二十年四月,土鲁番等处王孙女阿黑察等遣使臣来朝,驼、马、镔铁、刀、银鼠皮、玉石等物。[86]另外,嘉靖十年(1531)十一月,吐鲁番苏勒坦莽苏尔王遣使臣玛哈玛特和里鼐翁等谢恩进贡,至肃州东关寺安住,镇守太监陈浩差家人王洪,索去好马五匹,萨哈廉一个,玉石一块,舍力孙皮三十个,鐵角皮三十条,西羊布二疋,银鼠皮一百八十个,大葡萄六斗,小葡萄五斗,未曾给价。次年年底使臣至京,乃上书礼部状告此事。[87]由此可见,西北诸国使臣前来朝贡,同样携带一定数量的毛皮。

---

[80] 《明孝宗实录》卷一三四,弘治十一年二月己巳,第1a页。
[81] 《明孝宗实录》卷二〇九,弘治十七年三月壬午,第9a页。
[82] 《明孝宗实录》卷二一三,弘治十七年六月癸未,第10b页。
[83] 《明太宗实录》卷二一六,永乐十七年九月丁巳,第3a页。
[84] 《明英宗实录》卷一七三,正统十三年十二月庚申,第3b页。
[85] 《明英宗实录》卷二二八,景泰四年四月庚戌,第4b页。
[86] 《明宪宗实录》卷二五一,成化二十年四月戊寅,第6b页。
[87] (明)夏言撰:《南宫奏稿》(收入《景印文渊阁四库全书》〔台北:台湾商务印书馆,1983〕第429册),卷四,《夷情疏》,第24b—18a页。

依照明代制度,外藩或边族朝贡,朝廷除嘉勉来贡、钦赐赏物之外,例须就所贡之物给予回赐,其中所贡毛皮依照等级,回赐之物各有不同。永乐九年(1411)回赐顺宁等王,白狐皮二十七个,赏彩段四表里。宣德年间(1426—1435)回赐顺宁王及使臣人等,银鼠皮二百个,赏十二表里;貂鼠皮二个,赏绢一疋;青鼠皮十个,赏绢一疋;土豹一个,赏绢七疋半。正统元年(1436)回赐使臣,银鼠皮每六个,赏绢一疋。正统二年,回赐脱脱不花王及头目所贡,貂鼠皮五十个,赏四表里;使臣贡者,银鼠皮每五十个,赏二表里;白兔皮三个,赏绢一疋;白狐皮一个,赏绢一疋。正统三年,貂鼠皮每十个,赏一表里。正统四年,貂鼠皮每三个,赏绢一疋。正统五年,银鼠皮赏熟红绢。正统六年,青鼠皮每二十个,赏绢一疋。⑧⑧景泰四年正月,回赐瓦剌太师也先所遣使臣三千余人所贡马及貂鼠皮,即用了各色织金彩素纻丝二万六千四百三十二疋,本色和各色缎绢九万一百二十七疋,衣服三千八十八袭,其他还有靴鞋、毡帽等不知其数。⑧⑨

又,正统四年回赐撒马儿罕,狮子皮一张,赏彩段二表里;金线豹皮每张,赏一表里。⑨⑩弘治三年回赐哈密,豹皮(即舍列孙皮)每二张,赏一表里;哈喇卜花二十张,赏绢一疋;狮子皮一张,赏二表里;哈剌虎剌皮每张,赏一表里。银鼠皮六个,貂鼠皮三个,青鼠皮二十个,白兔皮三个,白狐皮一张,驼皮、獭皮每一个,各赏绢一疋。乩马尺(即羊甸皮)五张,赏绢二疋;卜剌硖儿皮(即牛甸皮)四张,赏绢一疋;金线豹皮一张,赏一表里。⑨⑪

有趣的是,正统十年十二月,瓦剌所贡青鼠皮达十三万张,银鼠皮有一万六千张、貂鼠皮二百张,朝廷因其所贡数量过多,除貂鼠皮全数收取外,青鼠皮、银鼠皮各收一万,其余悉令瓦剌使臣自行鬻卖。⑨⑫除了贡品之外,域外使臣多半私下带来许多土货。依照规定,鞑靼与瓦剌使者在会同馆贸易,由礼部出告示,"除违禁物不许贸易,其缎绢布疋,听于街市与官员、军民人等两平买卖"。正统十年(1445)定例,许买卖五日。⑨⑬至于哈密则为:

---

⑧⑧ (正德)《大明会典》卷一〇一,《礼部六十·给赐一·诸番四夷土官人等一·事例·迤北、瓦剌》,第15b—16b页。

⑧⑨ 《明英宗实录》卷二二五,景泰四年正月丙戌,第15b—16a页。

⑨⑩ (正德)《大明会典》卷一〇二,《礼部六十一·诸番四夷土官人等二·事例·撒马儿罕》,第8a页。

⑨⑪ (正德)《大明会典》卷一〇二,《礼部六十一·诸番四夷土官人等二·事例·哈密》,第2b—3b页。

⑨⑫ 《明英宗实录》卷一三六,正统十年十二月丙辰,第5b页。

⑨⑬ (正德)《大明会典》卷一〇一,《礼部六十·给赐一·诸番四夷土官人等一·事例·迤北、瓦剌》,第17a页。

使臣进贡到京者，每人许买食茶五十斤，青花磁器五十副，铜锡汤瓶五个，各色纱罗、绫叚各十五疋，绢三十疋，三梭棉布、夏布各三十疋，药饵三十斤，果品、砂糖、干姜各三十斤，纸马三百张，花毯二条，颜料五斤，棉花三十斤，乌梅三十斤，皂白矾十斤，不许过多。就馆中开市五日，除违禁之物，并鞍辔、刀箭外，其余叚疋、纱罗等项，不系黄紫颜色、龙凤花样者，许官民、各色铺行人等持货入馆，两平卖买。该城兵马司差人密切关防，及令通事管束，毋得纵容铺户、夷人在外私自交易，如有将违禁等物，及通事人等故违者，许各该委官体察，通行拿问。[94]

在此情况下，蒙古及哈密等处使臣所带的土物（包括貂鼠皮、青鼠皮等），通过会同馆交易而流入市面。实际上，瓦剌与鞑靼使团乃是大型的商团。这一点，明代官员也有所了解。景泰三年十一月，兵科给事中苏霖等在奏疏上就说："迩者也先遣使朝贡，反来市易"。[95]正德末年，土鲁番、撒马儿罕、哈密诸国贡使，假藉进贡之名，在北京贩卖货品，甚至有留在会同馆三、四年者。[96]

（二）边境互市

早在永乐年间，明朝在甘州、凉州、兰州、宁夏等处，已开设随来随市的不定期马市，以与回回、鞑靼之卖马者交易。[97]如永乐元年（1403），太宗派遣使臣赍诏前往哈密，准其送马入中国交易。[98]永乐四年（1406），又敕甘肃总兵宋晟曰："西北番国及诸部落之人，有来互市者，多则遣十余人，少则二三人入朝，朕亲抚谕之，使其归国宣布恩命。"[99]永乐十一年，敕甘肃总兵李彬曰："别失八

---

[94] （正德）《大明会典》卷一〇二，《礼部六十一·诸番四夷土官人等二·事例·哈密》，第4a—4b页。

[95] 《明英宗实录》卷二二三，景泰三年十一月丁丑，第9a页。

[96] 《明世宗实录》卷三，正德十六年六月庚子，第14a—14b页。

[97] 参见江嶋寿雄：《辽东马市における私市と所谓开原南关马市》，收入《重松先生古稀记念九州大学东洋史论丛》（福冈：九州大学文学部东洋史研究室，1957年），第21—22页。秦佩珩：《明代蒙汉两族贸易关系考略》，《中国古史论集》（长春：吉林人民出版社，1981年），第325页。白翠琴：《从经济交流看瓦剌与中原地区的关系》，收入杜荣坤、白翠琴：《西蒙古史研究》（乌鲁木齐：新疆人民出版社 1986年），第76—77页。曹永年撰：《蒙古民族通史》第三卷，第167—169页。

[98] 《明太宗实录》卷二五，永乐元年十一月甲午，第4a—4b页。

[99] 《明太宗实录》卷五八，永乐四年八月壬子，第5a页。

里王马哈麻敬事朝廷，遣使来贡，如至，可善待之。其市易者，听自便，盖远人慕义而来，当加厚抚纳，庶见朝廷怀柔之意。"[100]而在蒙古东部，亦有此类举措。永乐十七年十一月，中城兵马指挥司奏言：鞑靼和宁王所遣贡使横恣无赖，于街市上抢夺，现擒得一人，请治之以法。永乐皇帝命械送回蒙古，由和宁王自行处治，并赐敕谕和宁王曰："自今遣人朝贡，及于边境市易者，宜戒约之，能守朝廷之法，则两使往来，边境晏安。"[101]由后面这段文字看来，当时边境上已有互市，但地点在何处则不明。

英宗年间，明帝国亦与瓦剌展开马市交易。正统二年年底，瓦剌太师脱欢遣使前来朝贡，英宗在正统三年正月敕谕大同总兵陈怀等曰："敕至，尔即谕令正使三、五人赴京，所贡马、驼，令人代送，其余使臣从人俱留止大同，并脚力马给与刍粮，听其与民交易"。[102]四月间，刑部尚书魏源（1382—1444）等官员奏请援辽东开原之例开设马市，奏疏中提及六事，即置马市、选贡马、输供具、严禁约、择通事、设牙行。但英宗以开设马市劳扰军民，批示不必设置。[103]间隔数日，巡抚大同右佥都御史卢睿奏言："大同宜立马市，庶远人驼马，军民得与平价交易，且遣达臣指挥李原等通其译语，禁货兵器铜铁"。朝廷的态度一百八十度大转变，随即允从其请，大同马市因之展开。[104]

清人所纂《明史》曾云：正统十四年，大同巡抚沈固请支山西行都司库银买马，"时也先贡马互市，中官王振裁其马价，也先大举入寇，遂致土木之变。"[105]实际上，此一记载有误，因为沈固奏请乃在土木堡事件后。[106]在事变之后，明帝国停罢大同马市。天顺六年五月，鞑靼使臣抵达大同，英宗敕谕正使察占，令其将紧要使臣带领来京，其余随从人等俱留在大同安歇，"有货物交易者，听其就彼交易"。[107]成化六年二月，鞑靼脱脱罕、阿剌忽知院遣使二百五十人进贡，朝廷谕令止许二十余人入京，其余留在大同等候，上等马选进，次等给边军骑操，余者听军民买卖。[108]从这两条记载看来，当时明朝与蒙古的边境贸易，仅在贡使到来时展开，并非每年连续的制度性交易。孝宗即位以后，小王子多

---

[100] 《明太宗实录》卷一一七，永乐十一年七月丙午，第3b页。
[101] 《明太宗实录》卷二一八，永乐十七年十一月辛丑，第1a页。
[102] 《明英宗实录》卷三八，正统三年正月戊子，第1a页。
[103] 《明英宗实录》卷四一，正统三年四月丁丑，第11a页。
[104] 《明英宗实录》卷四一，正统三年四月癸未，第12b页。
[105] （清）张廷玉等纂，郑天挺等点校：《明史》（北京：中华书局1985年），卷八一，《食货志五·马市》，第1982页。
[106] 《明英宗实录》卷一八五，正统十四年十一月丙申，第16b页。
[107] 《明英宗实录》卷三四〇，天顺六年五月壬戌，第5a页。
[108] 《明宪宗实录》卷七六，成化六年二月壬戌，第8a页。

次入贡,但双方并未建立互市关系。弘治八年二月,山东兖州府推官丁伯通疏言三事,其一为"制夷狄",内言:

> 瓦剌精兵数万,岂无窥觎中国之心,特以小王子部落隔绝其间,往来必假道而后得入。朝廷能与小王子通和,若汉之呼韩,唐之突利,使为外藩,瓦剌虽强,岂能越小王子而入哉?若严绝之,或与瓦剌合而为一,其为中国之忧甚矣。……夷狄入贡,实怀窥觎之计,莫若仿前代之法,就于近边之地,特立互市,凡赏赐宴犒之类,预为之备。若其来朝,即命彼处大臣馆之,不必亲至京师。如此,既可以省我道路之费,亦可以通彼向化之心,而其窥觎之萌亦可潜消矣。[109]

丁伯通的建议,乃是仿前代(可能指正统年间)之法,在贡使前来时开设马市。奏疏递上之后,孝宗命官员详议奏闻,后续结果未见记载。弘治十一年七月,兵部在奏疏中提到:"大同、宣府缺马,近闻北虏进贡,多挟马入边私市,市者得之,皆以归势家,因取厚利。"[110]此奏所言乃指弘治十一年二月,小王子派遣使臣六千人入贡,朝廷准许二千人进入大同关,其中五百人入京;留于边关者,按旧例互市交易。当时,大同总兵神英、都督宋澄、马仪,左副总兵赵昶,参将李玛、秦恭,镇守大同奉御侯能,及游击将军刘淮,皆令家人以段布市马,而神英、赵昶家人甚至以违禁之花云段与蒙古人交易。提督大同使馆都指挥李敬也藉此买马做为私产。后来,鞑靼使臣完者欲引境外部众入关互市,托言在大同驿馆部众多染疾,希望出关至往牧马处所躲避,乃以马一匹贿赂李敬,李敬代向镇守大臣请求获准,尔后互市交易,蒙古人"纵横出入,居民苦之"。既而鞑靼部众又以迎接归使为名,赶马入小边"诱贸铁器",镇守太监孙振、大同巡抚刘瓛及总兵神英不加防制,"故远近商贾多以铁货与虏交易,村市居民亦相率犯禁"。为此,遭到六科给事中及十三道御史弹劾,朝廷派刑科给事中吴世忠前往查勘,后来相关官员都受到惩处。[111]由此看来,弘治十一年所开马市,仅系贡使前来时的私市,并非常态性的马市。基本上,正统十四年以后,朝廷并未在大同重开制度性的马市。而此,王圻(1530—1615)在《续文献通考》已经谈到:正统十四年,英宗御驾亲征,在土木堡被俘,"天顺(应为景泰)以

---

[109] 《明孝宗实录》卷九七,弘治八年二月甲戌,第5a—5b页。
[110] 《明孝宗实录》卷一三九,弘治十一年七月己亥,第1a页。
[111] 《明孝宗实录》卷一四二,弘治十一年十月丁亥,第8a—8b页;卷一四四,弘治十一年闰十一月丙子,第3b—4a页;卷一四五,弘治十一年十二月壬寅,第6a—6b页;卷一四七,弘治十二年二月辛卯,第1a页;卷一五〇,弘治十二年五月壬午,第6b—8a页。

后,贡市遂绝,彼以贡马为名,边将啖以厚利,羁縻而已。"[112]

明代中叶,大同马市虽未恢复,但西北边境却有若干蒙古部族与中国展开互市。如弘治八年,野乜克力地方酋长亦剌思王、满哥王、亦不剌因王,各遣其头目川哥儿等三十四人至肃州,言其为大达子(小王子)劫杀,欲避至近边住牧,恐中国不信,故乞请入贡与互市。甘肃镇守太监陆訚、总兵刘宁、巡抚许进会奏,建议许其有难之时,暂就境外威远城躲避,无事时仍在亦集乃等地方住牧;并依哈密之例,许其限年入贡,依赤斤罕东之例,每季许其至肃州城互市一次。经过兵部及廷臣会议,允许其就近住牧、互市,但不准入京朝贡。[113]另外,嘉靖二十四年(1545),甘肃边外之回酋马黑麻速坛,亦被准许在边境互市。[114]

如前所言,大同马市乃在贡使前来时临时开设,而弘治末年至嘉靖中叶,因小王子、俺答(1506—1582)等不断侵扰,明帝国与蒙古间的朝贡关系断绝,马市自然未再开设。不过,嘉靖十一年(1532),巡抚顺天、蓟镇等处右副都御史王大用(1479—?),尝于喜峰口擅开马市买马,后以朵颜入犯失事,被勒令闲住。[115]又,嘉靖中叶,大同总兵仇鸾尝言:"辽东、甘肃、蓟州喜峰口,俱有互市之例"。[116]至于大同马市,则已停歇多时。嘉靖二十年(1541)七月,俺答阿不孩遣石天爵、旨切至大同镇阳和塞请求入贡,俺答于书信上言其父諲阿郎,"在先朝常入贡,蒙赏赉,且许市易,汉达两利",后以贡道不通,故每岁入掠。若能许贡,则必约束麾下,永不相犯。巡抚大同都御史史道疏闻其事,世宗命兵部会议,部臣均不敢决定。既而俺答见石天爵等久未回复,拥众南下,遣人相告,若贡事不谐,必三道进兵。朝廷于是命兵部添注尚书樊继祖(1480—1558)为宣大总督,前往边关御敌。[117]

嘉靖二十九年(1550),俺答率部入犯,包围北京,旋即饱掠而去。次年(1551)四月,因总兵仇鸾(?—1552)奏请,开大同马市;五月,开宣府马市。同年又于延绥开马市,与吉能互市;于宁夏开马市,与狼台吉互市。迨嘉靖三十一年(1552)三月,世宗降旨罢大同马市,九月又罢各边马市,双方的互市机会

---

[112] (明)王圻:《续文献通考》(台北:文海出版社据明万历三十一年刻本影印,1979年),卷三一,〈市籴考·市舶互市·皇明〉,第20a—20b页。
[113] 《明孝宗实录》卷一〇一,弘治八年六月甲寅,第1a—2a页。
[114] 《明世宗实录》卷三〇一,嘉靖二十四年七月丙子,第5a—5b页。
[115] 《明世宗实录》卷一四四,嘉靖十一年十一月丁卯,第3b页;卷154,嘉靖十二年九月庚子,第1a—1b页。
[116] 《明世宗实录》卷三六四,嘉靖二十九年八月丁丑,第4b页。
[117] 《明世宗实录》卷二五一,嘉靖二十年七月丁酉,第2b—4a页。

又告中断。隆庆四年(1570)九月,因俺答之孙把汉那吉(？—1583)至大同纳降,藉由大同巡抚方逢时(？—1596)、宣大总督王崇古(1518—1588),与阁臣高拱(1512—1578)、张居正(1525—1582)的努力,明朝与蒙古双方展开封贡之议。隆庆五年(1571)春,封贡之议成,诏开宣府、大同、山西三镇马市。后来,延绥、宁夏、甘肃诸镇也相继开设马市。在大同镇者有三处,即得胜堡、新平、守口;宣府镇一处,即张家口;山西镇一处,即水泉营;延绥镇一处,即红山寺堡;宁夏镇有三处,即清水营、中卫、平房卫;甘肃镇有二处,即洪水扁都口、高沟寨。除此之外,各地亦有若干小市,与蒙古小部族交易。双方互市的物品,汉人以绸缎、布绢、棉花、针线索、改机、梳篦、米盐、糖果、梭布、水獭皮、羊皮盒等,交换蒙古的马、牛、羊、骡、驴及马尾、羊皮、毡裘、皮袄、柴草、木材等物。其中,官市主要交易缯帛、马匹,民市交易的商品种类则较多。[118]

经由隆庆和议,重开马市贸易,蒙古的毛皮再度进入中国,其中不乏珍贵的貂皮。万历三十八年(1610)七月,户部郎中张涛(？—1618)奉命督饷至宣府,在奏疏上提到:军中有役使兵丁朋买貂皮,不足则强迫其加貂价之事。[119]兵丁合买貂皮,自然是透过马市向蒙古人购取。

至明朝末年,蒙古东部局势不靖,马市曾受到影响。崇祯元年(1628),插汉儿(察罕儿)部酋虎墩兔憨(即林丹库图克图汗)入犯宣府、大同边境,大同马市为此停罢七年,至崇祯八年(1635)年初始再重开。[120]而由于女真与中国交

---

[118] 相关研究,参见:侯仁之:"明代宣大山西三镇马市考",《燕京学报》第23辑(1938),第190—237页。田村实造:"明と蒙古との関係についての一面観——特に馬市を中心として",《史学杂志》52:12(1941),第1—26页。阿萨拉图:"明代蒙古地区和中原间的贸易关系",《中国民族》1增刊(1964),第51—56页。札奇斯钦:《北亚游牧民族与中原农业民族间的和平、战争与贸易之关系》(台北:正中书局1972年),第429—466页。秦佩珩:"明代蒙汉两族贸易关系考略",第329—334页。白翠琴:"明代大同马市与蒙汉关系刍议",《中国蒙古史学会论文选集(1981)》(呼和浩特:内蒙古人民出版社,1986),第180—188页。萧国亮:"明代后期蒙汉互市及其社会影响",《中国社会科学院研究生院学报》1987:2,第64—70页。曹永年:《蒙古民族通史》第三卷,第332—344页。杨绍猷:《俺答汗评传》(北京:中国社会科学出版社,1992),第62—68页。姚继荣:"明代西北马市述略",《青海民族学院学报》1995:2,第74—25页;"明代宣大马市与民族关系",《河北学刊》1997:6,第102—107页。余同元:"明后期长城沿线的民族贸易市场",《历史研究》1995:5,第55—70页。曹永年,"「明后期长城沿线的民族贸易市场」考误",《历史研究》1996:3,第161—171页。

[119] (明)张涛:《边腹多艰见闻有綮谨陈利弊仰祈采察以图安攘疏》,收入(明)吴亮辑《万历疏钞》(收入《续修四库全书》〔上海:上海古籍出版社1995—2002年〕第468—469册,据明万历三十七年刻本影印),卷一,《圣治类》,第146—147页。

[120] (明)杨嗣昌著,梁颂成辑校:《杨嗣昌集》(长沙:岳麓书社,2005年),卷七,《边情疏》(崇祯八年二月二十八日题),第161——165页。

兵,中国所需要的貂皮等物输入困难,蒙古人甚至从事居间贸易。如崇祯二年(1629),蒙古束不的部以荒旱无食要求互市,明督师袁崇焕(1584—1630)于宁远高台堡开市,本来祇同意以布米易换关外的柴薪,后来经过商议,同意对方要求,亦"互市貂、参"。貂皮、人参历来为女真互市之商品,值此明、金交战之际,蒙古束不的部遂将其运至高台堡交换布、米。[121]此即杨嗣昌(1588—1641)所言:"所易东目皮张、柴草等物,与马匹实资征战者霄壤悬殊"。[122]

晚明七十年,伴随着双方的互市贸易,蒙古毛皮不断进入中国,可惜的是交易数量未能留存至今。清康熙二十八年(1689),屈大均(1630—1696)〈送人之延绥〉诗四首,有两首述及边境马市,其一为:

风吹沙绉作龙鳞,沙柳烟含雾柳春。
耕少家家惟黑黍,战余处处有青磷。
受降未拓三城旧,互市频开万帐新。
茶布好从蒙古易,紫貂银鼠莫辞贫。[123]

屈大均写此诗,明朝已灭亡四十五年,清廷与蒙古依然互市,诗中咏及汉人以茶、布交换蒙古的紫貂、银鼠,这种情况或许在明末亦然。而在明朝与俺答展开互市之后,西北的毛皮也销售至南京等地,晚明《南都繁会图卷》中就绘有店铺出售西北的皮货。(参见图三)

## 二、辽东地区:朝贡与互市并行

自古以来,辽东一向是珍贵毛皮的主要产地。汉代时,位处黑龙江下游及乌苏里江中下游以东、直至日本海的挹娄国,即以产貂著名。当时,松花江中游的夫余国,也是貂皮的著名产地。而居于大兴安岭以北的鲜卑,所产的貂、豽、䶂子,"皮毛柔软,天下以为名裘"。三国时,人们心目中的好貂,还是挹娄的貂皮。汉末魏初割据辽东五十余年的公孙氏,甚至曾以东北所产的貂皮,进行经济与政治交易。迄至南北朝时期,夫余、室韦仍以产貂著名,挹娄的后代

---

[121] 参见曹永年:《蒙古民族通史》第三卷,第223页。
[122] (明)杨嗣昌著,梁颂成辑校:《杨嗣昌集》卷七,《边情疏》,第164页。
[123] (清)屈大均著,赵福坛、伍锡强校点:《翁山诗外》(北京:人民文学出版社《屈大均全集》本,1996年),卷一一,《送人之延绥》,第987页。

勿吉,犹以捕貂为业。隋唐时期,室韦仍多貂皮,夫余、黑水靺鞨、渤海靺鞨等地亦然。辽代时,貂皮主要取自松花江、黑龙江流域的女真部落。辽开泰七年(1018),铁骊五部就进贡了貂皮六万五千张。在金代,女真部落所产的貂皮,仍然是重要的交易商品。[124]

迄至明代,辽东仍以盛产珍贵毛皮著名。景泰《寰宇通志》记载女真土产,就有虎皮、熊皮、豯皮、黑白黄狐、狸皮、黑白兔、海豹皮、海驴皮、海獭皮、海猪皮、海牛皮、海狗皮、失剌孙(即土豹)、貂鼠皮、青鼠皮等。[125]又,《本草纲目》记貂鼠云:"今辽东、高丽及女真、鞑靼诸胡皆有之";紫貂大如獭而尾粗,毛深寸许,紫黑色,蔚而不耀;毛带黄色者,为黄貂;白色者,为银貂。[126]《天工开物》则说貂鼠毛色有三种,白者称为银貂,又有纯黑与黯黄者。[127]据清初数据记载,上等的貂皮产于黑龙江流域及其以北的西伯利亚森林中,其中如黑斤、索伦、鱼皮国等部族,所产貂皮皆上等的紫貂,皮极轻暖;而靠近辽东边境一带的貂鼠毛色偏黄,乃是次级品。[128]对照所载地点,好的紫貂皮产于海西及野人女真地域,黄貂则多在建州、毛怜等卫一带。

(一)朝贡贸易

明代辽东毛皮输入中国的管道主要有二,其一为朝贡贸易。据嘉靖《辽东志》记载:松花江之可木族以貂鼠为贡,乞列迷产海青、皂鵰、白兔、黑兔、黑狐、貂鼠,今皆入贡;北山野人水产海驴、海豹、海猪、海牛、海狗皮,旧曾入贡,今已不来。[129]又载诸夷进贡物品:乞列迷贡黑狐、貂鼠等,北山野人贡海豹皮、海骡皮、海獭皮;福余、泰宁等达达卫所,与建州、兀者等女真、野人卫所,俱贡失剌孙、貂鼠皮、金钱豹皮。[130]

明初以降,辽东各族进贡貂皮之记录,可谓不胜枚举。举例来说,努尔干

---

[124] 参见徐学良:《贡貂考略》,《北方文物》1983.3,第99—100转107页。林仲凡:《东北的紫貂与貂皮》,《古今农业》1988:2,第120页。丛佩远:《东北三宝经济简史》(北京:农业出版社,1989),第175—184页。谢成侠:《中国皮毛兽——貂狐獭貉及其产品的历史》,《农业考古》1994:3,第282—283页。

[125] (明)陈循等撰:《寰宇通志》卷一一六,《外夷·女真》,第12a页。

[126] (明)李时珍著:《本草纲目》卷五一,《兽部二·鼠类一十二种·貂鼠》,第2910页。

[127] (明)宋应星著:《天工开物》卷二,《乃服·裘》,第102—103页。

[128] 参见河内良弘:《明代東北アジアの貂皮貿易》,《東洋史研究》30:1(1971年),第104—107页。

[129] (明)任洛等重修:(嘉靖)《辽东志》(收入《辽海丛书》〔沈阳:辽海书社,1931—1934年〕第2集第1—4册),卷九,《外志·外郡》,第5a—5b页。

[130] (明)任洛等重修:(嘉靖)《辽东志》卷九,《外志·外夷贡献》,第12b页。

都司在永乐十二年及正德五年(1510)曾进贡貂皮。[131]而在辽东居住的鞑官亦常上贡貂皮，如正统三年，自在州、安乐州住坐鞑官贡貂鼠等皮；[132]正统五年，东宁卫寄住达官亦来朝贡貂鼠皮。[133]其他如朵颜、泰宁、福余三卫，与野人、海西、毛怜、建州等女真卫所，更是进贡貂皮之大宗，在此难以赘举。依照明朝制度，亦准泰宁卫、朵颜卫、福余卫贡使在领赏之后，于会同馆开市贸易三日，"铺行人等，照例将货入馆，两平交易"。[134]海西女真等亦然。[135]

　　如前所言，外族朝贡例有封赏，因此人数迭次增加。英宗即位以后，对海西、建州诸卫入贡人数曾加以限制。[136]宣德十年八月，辽东总兵巫凯奏言边情八事，其中谈到：兀良哈三卫及海西、野人女真等远来朝贡，"近奉敕撙节，止许二三人，多不过二十人，其余从人悉留关外"，恐外族有所猜疑，乞请其至边时皆准其入朝。英宗从其所请。[137]但至正统二年十月，兵部又上奏：兀良哈及鞑靼、女真等来朝贡者，贡马三、五匹，动辄三、四十人，有回至中途又来者，总兵及镇守等官一概纵放进入，乞请禁止。英宗于是敕命辽东总兵等官："今后外夷以事来朝者，止许二三人，或四五人，非有印信公文，毋辄令入境。"[138]正统四年八月，英宗又敕辽东总兵曹义等曰："辽东境外女真、野人诸卫，多指进贡为名，往往赴京营私"，应谕令其"有市易生理，听于辽东开原交易，不必来京"。[139]正统六年二月，锦衣卫带俸都指挥佥事陈友等奏："辽东东宁卫及安乐、自在二州寄住达官人等，累年进贡，不限时月，多带家人，贪图赏赐"，故乞请降敕辽东镇守、总兵等官，谕令其今后皆在农隙之时前来，进贡不得多带家人。英宗准奏。[140]

---

[131] 《明太宗实录》卷一五五，永乐十二年九月辛未，第1a页；《明武宗实录》卷六一，正德五年三月丁巳，第1b页。

[132] 《明英宗实录》卷三九，正统三年二月癸未，第8b页；卷四〇，正统三年三月戊申，第8b页。

[133] 《明英宗实录》卷六五，正统五年三月丁未、丙寅，第2a、11a页。

[134] （正德）《大明会典》卷101，《礼部六十·给赐一·诸番四夷土官人等一·事例·泰宁卫、朵颜卫、福余卫》，第18a—18b页。

[135] （正德）《大明会典》卷一〇一，《礼部六十·给赐一·诸番四夷土官人等一·事例·海西女真》，第19a—19b页。

[136] 参见江嶋寿雄："明正统期に于ける女真朝贡の制限"，《东洋史学》第6辑（1952），第27—44页。

[137] 《明英宗实录》卷八，宣德十年八月己酉，第3a页。

[138] 《明英宗实录》卷三五，正统二年十月癸未，第10b—11a页。

[139] 《明英宗实录》卷五八，正统四年八月乙未，第7a—7b页。

[140] 《明英宗实录》卷七六，正统六年二月戊寅，第4b—5a页。

然而,朝廷虽一再重申禁令,但诸部族来者仍然甚多。至天顺八年十月,朝臣议准:"建州、毛怜等卫,卫许百人;海西、兀者等卫,卫许三、五十人,不得重复冒名,审验然后入关。"[141]除入贡人数之外,贡品数量也有限制。据朝鲜数据记载,礼部定拟名数,入贡者须马一匹、黑貂皮三十张,方许入贡。[142]为此,各部族颇不高兴,于是借口扰边,且不向明帝国进贡。成化二年十月,整饬边备左都御史李秉(?—1489)奏言:

> 建州、毛怜、海西等诸部落野人、女真来朝贡,边臣以礼部定拟名数,验其方物,貂皮纯黑,马肥大者,始令入贡,否则拒之。且貂产于黑龙江迤北,非建州、毛怜所有。臣闻中国之待夷狄,来则嘉其慕义,而接之以礼,不计其物之厚薄也。若必责其厚薄,则虏性易离,而或以启衅,非圣朝怀柔远人、厚往薄来之意。今年海西、建州等夷人,结构三卫,屡扰边疆,进贡使臣,一介不至,凡以此也。[143]

礼部尚书姚夔(1414—1485)认为:"朝廷抚驭外夷,厚往薄来,固不在其方物多寡善恶,惟来则嘉其慕义而已。况女真野人僻陋丑恶,所贡马匹、貂鼠皮不足轻重,合无行移辽东镇守、总兵、巡抚等官,今后女真、野人所进马匹、貂鼠皮,验看明白,即与收管,不必过为拣选,有失夷人之心。"后奉圣旨准行。[144]有趣的是,距中国较近的建州三卫女真,多冒充毛怜卫人入贡,及至毛怜人到边,守关之人以其额数已满,不准进贡,致令毛怜人心生怨怼。成化三年正月,整饬边备左都御史李秉奏准朝廷,敕命建州头目毋再诈冒。[145]

然而,辽东各部族来贡的人数并未减少。成化五年十二月中旬,礼部尚书邹干(1409—1492)等上奏:"天顺年间,因建州等卫野人女真来朝日众,供给浩繁,敕令一年一次来朝,其数不许过五十人。其后本部复会官议:建州、毛怜等四卫,每卫岁不过百人,海西、兀者等卫,每卫岁不过四、五十人,已经通行遵守。然今年自正月起,至十二月止,海西等处女真人等进贡,到者已有一千八百三十二名,未到者尚多,供给愈难"。[146]成化七年闰九月,朝廷为因应来者

---

[141] 《明宪宗实录》卷一〇,天顺八年十月乙巳,第 10a—10b 页。
[142] 参见河内良弘:《明代东北アジアの貂皮贸易》,第 65—66 页。
[143] 《明宪宗实录》卷三五,成化二年十月甲寅,第 5b—6a 页。
[144] (明)姚夔撰:《姚文敏公遗稿》(收入《四库全书存目丛书》集部第 34 册,据明弘治姚玺刻本影印),卷一〇,〈礼部为声息等事〉,第 68a—69b 页。《明宪宗实录》卷三五,成化二年十月甲寅,第 6a 页。
[145] 《明宪宗实录》卷三八,成化三年正月辛未,第 1b 页。
[146] 《明宪宗实录》卷七四,成化五年十二月己巳,第 4b 页。

日众的情况,降敕辽东镇守太监叶达等:

> 今后建州、毛怜等卫夷人来朝贡者,先遣通事谕以利害祸福,必赍本卫印信、文书,方许上京。如有诡姓名者,定行追夺赏赐,别行处置。[147]

成化十年(1474)三月,建州卫都指挥孛哈答等乞增入贡人数,礼部议奏:成化六年(1470)以前,每年各卫入贡总数不过八、九百人,至八年(1472)以后增至一千二百余人。乞照先年之数验放入贡,宪宗于是命令限定建州等卫入贡之数,不许增加。[148]成化十四年(1478)十二月,朝廷又因礼部之请,敕命辽东镇守官:"自明年十月始,凡各夷入贡人数悉如旧,勿得朦胧冒赏。"并颁敕于会同馆,谕令各夷遵守。[149]成化十九年(1483)六月,朝廷令寄住于建州卫境内之毛怜卫三姓夷人郎引答忽赤等二百五十家,每岁于毛怜卫贡额一百名外,再增加一十二名。[150]

实际上,在开原等处验放入贡的官员与军官,常有勒索外族土物之事。成化初年,忠义中卫带俸都指挥吴广,提督大喜峯口等关,每当朵颜三卫进贡至关,故意不让其按例纳入,俟其饥困之时啖以酒食,与之贸易,取其良马及狐皮、豹皮以百计。[151]成化年间,海西兀者前卫都指挥散赤哈也曾上番书,言及开原验放夷人的管指挥受其珍珠、豹皮。[152]这种现象似乎颇为常见,故魏焕(嘉靖四年举人)曾言:明初女真入贡,"守土之臣验之而入,无敢留难焉";晚近则不然,"其来也,守边者索之,索之不足,则怒詈之"。[153]

弘治年间,海西兀者前卫野人都指挥尚古,因乞升都督不遂,遂不时犯边,且率兵阻绝海西诸夷入贡。至弘治十三年十二月,成讨温卫女真伍因住等一百三十余人,始至开原马市求贡。[154]弘治十四年(1501)正月,伍因住等到京,

---

[147] 《明宪宗实录》卷九六,成化七年闰九月庚戌,第1b页。
[148] 《明宪宗实录》卷一二六,成化十年三月甲辰,第6a页。
[149] 《明宪宗实录》卷一八五,成化十四年十二月丁未,第4a页。
[150] 《明宪宗实录》卷二四一,成化十九年六月癸未,第5a—5b页。
[151] 《明宪宗实录》卷一二〇,成化九年九月辛丑,第4a页。
[152] (明)邓士龙辑,许大龄、王天有点校:《国朝典故》(北京:北京大学出版社,1993年),卷九七,《马端肃公三记中·抚按东夷记》,第1948页。
[153] (明)魏焕:《巡边总论一·辽东镇·辽东经略》,收入(明)徐孚远、陈子龙等编,《皇明经世文编》(北京:中华书局据明崇祯年间云间平露堂刊本影印,1962年),卷二四八,第20a—20b页。
[154] 《明孝宗实录》卷一六九,弘治十三年十二月己酉,第9b页。

乞请每卫增加十人,朝廷不许。⑬弘治十六年(1503)二月,建州左卫夷人革里右得等,又请在进贡定额之外,许增二、三人赴京,亦未获准。⑭三月间,阿速江卫与堉坎、苏分地面野人,及寄住建州之毛怜等卫女真都指挥我里哥等,及其子孙札答、林脱等,至辽东乞求入贡,辽东镇守、巡抚等认为:"各夷不惮跋跎,纳款归城,若拒沮使回,必致嗟怨,乞每年准令三、五人轮流朝贡,以慰远人之心"。兵部覆奏:"建州寄住毛怜女真,岁有来朝之数,阿速江卫、苏分地面野人旧无来朝,今乃欲求朝贡,其向化之情,有可悯念",应宜令辽东官员量加犒赏,送回原地。⑮弘治十八年(1505)十月,因林脱等又乞请入贡,经礼部复议,武宗准令每岁五人入关。⑯

至嘉靖四年(1525)五月,礼部奏言:"女真朝贡夷人,自巡抚都御史张琏许其额外增贡,迩遂多至五百余人,引朝引赏,殆无虚日。"⑰张琏(?—1543)出任辽东巡抚,在嘉靖二年(1523)六月,女真增贡应在二年六月至四年五月间。其后,名额续有增加。据万历《大明会典》记载:"近年定:海西每贡一千人,建州五百人。岁以十月初验放入关,十二月终止。"其具体出现时间不明,江嶋寿雄认为是在嘉靖十六年(1537)至二十四年间。⑱嘉靖二十四年闰正月,巡抚辽东都御史董珊奏:"建州贡夷额该五百名,止二百六十名如期先至,续至夷人得都等言,以贼阻故迟,欲拒之,恐沮远夷向化之心。"礼部议覆,得旨:"得都等姑准入贡,以后不许踰额擅放"。⑲此后,女真朝贡定额未再增加。嘉靖四十三年七月,三河驿丞杨枌即奏称:泰宁三卫、海西诸夷入贡,"夷使至率数百人,多且千人,不惟一时供应卒办为难,且挟众横暴不可御"。⑳依照规定,女真入贡必须有马或貂皮方许放入,则进关人数多寡与貂皮贡入量必成正比。

除了建州及海西女真外,朵颜等三卫也一再要求增加人数。成化二年九月,朵颜卫右都督朵罗干遣使传报夷情,并乞请差来使臣不须限定五十人。经礼部官员会议,宪宗准令每卫放入百人,须以本卫印信文书为凭。㉑弘治二年

---

⑬ 《明孝宗实录》卷一七〇,弘治十四年正月甲寅,第3a页。
⑭ 《明孝宗实录》卷一九六,弘治十六年二月壬子,第8b—9a页。
⑮ 《明孝宗实录》卷一九七,弘治十六年三月乙亥,第4a—4b页。
⑯ 《明武宗实录》卷六,弘治十八年十月丁巳,第3b页。
⑰ 《明世宗实录》卷五一,嘉靖四年五月甲子,第2a—2b页。
⑱ 参见江嶋寿雄:〈明代女真朝贡贸易の概观〉,《史渊》77(1958),第23页;〈明末女真の朝贡に就て〉,收入《清水博士追悼记念明代史论丛》(东京:大安株式会社,1962年),第490—491页。
⑲ 《明世宗实录》卷二九五,嘉靖二十四年闰正月癸酉,第3a页。
⑳ 《明世宗实录》卷五三六,嘉靖四十三年七月戊申,第2b页。
㉑ 《明宪宗实录》卷三四,成化二年九月戊寅,第4a—4b页。

(1489)二月,泰宁、朵颜、福余三卫进贡,又奏乞增加进贡人数。礼部覆奏定制不敢擅改,故孝宗未准。[164]正德初年,由于海西、建州入贡人数获准增加,朵颜三卫在正德九年(1514),亦思援引女真诸夷之例,由岁许三百人,增加为六百人。经过辽东官员与兵部会议,建议此次暂且允从,以后仍照旧数,勿再要求。十一月间,朵颜、泰宁、福余三卫都督花当等遂遣使六百人贡马,补贺万寿圣节。[165]嘉靖年间,朵颜三卫夷人朝贡,仍是"岁二行,额三百员"。[166]嘉靖二十年五月,朵颜卫都督革兰台因求增入贡人数不许,大肆杀掠。[167]六月间,革兰台又率部落百余人叩关,乞增六百人进贡,经礼部复议,世宗命兵部传檄巡抚等,令其谕革兰台回去,验放入贡人数如故,不许再增一人。[168]九月间,革兰台以不得增贡,万寿节将至而贡使不至,官员建议:若其悔改,姑容其补贡。世宗于是应允,革兰台乃遣三百人来补贡。[169]至嘉靖二十二年(1543)十二月,革兰台又求添增贡数,朝廷依然未准。[170]

正德以后,辽东各族入贡,出现诸多异常情事。正德四年(1509)十一月,海西女真察剌秃山卫指挥使的力吉奏讨番文,借用渚冬河卫印信。[171]正德十二年(1517)六月,辽东建州左卫指挥张家奴等来朝贡,则洗改原敕职名。[172]正德十四年(1519)二月,海西渚冬河卫女真都指挥佥事松吉答等,冒用其父、祖旧名来贡,而兀者左卫指挥同知也克赤,则是原赐敕书字迹磨灭不可辨。[173]嘉靖元年(1522)正月,海西建州女真夷人都指挥佥事锁努尔等入贡,被发现原颁敕书与来者的年貌不相符。[174]同年三月间,女真通事王臣奏言:

> 夷人敕书,多不系本名,或伊祖父,或借买他人,或损坏洗改,每费审驿。宜令边官审本敕亲子孙,实名填注,到京奏换。[175]

---

[164] 《明孝宗实录》卷二三,弘治二年二月壬辰,第2a页。
[165] 《明武宗实录》卷一一六,正德九年九月戊子,第9a页;卷一一八,正德九年十一月己巳,第3b页;卷一一八,正德九年十一月戊子,第9b——10a页。
[166] 《明世宗实录》卷一四〇,嘉靖十一年七月癸丑,第2b页。
[167] 《明世宗实录》卷二五〇,嘉靖二十年六月己卯,第5a页。
[168] 《明世宗实录》卷二五〇,嘉靖二十年六月己未,第1b页。
[169] 《明世宗实录》卷二五三,嘉靖二十年九月戊子,第2b——3a页。
[170] 《明世宗实录》卷二八一,嘉靖二十二年十二月庚寅,第4b页。
[171] 《明武宗实录》卷五七,正德四年十一月乙酉,第4b页。
[172] 《明武宗实录》卷一五〇,正德十二年六月癸亥,第3a页。
[173] 《明武宗实录》卷一七一,正德十四年二月辛巳,第5a页。
[174] 《明世宗实录》卷一〇,嘉靖元年正月壬申,第13b页。
[175] 《明世宗实录》卷一二,嘉靖元年三月乙卯,第3b页。

嘉靖八年(1529)十二月,海西呕罕河等卫女真都督褚羊哈等入贡,朝廷例外加赏,遂引发海西诸夷"兢相慕效,争以贡入,数溢其旧,几至一倍。甚有洗改敕书,易置别卫,概以听抚为名,混进徼赏者"。嘉靖十年三月,兵部疏议及早申明旧例,严为禁约,并令辽东官员严格控管入关人数。[176]嘉靖十二年(1533)三月,兵部议准女真、海西、建州、毛怜等卫夷人升袭事例,其中一条为:"夷人入关朝贡,必盘验明白,方许放进,其敕书内有洗改诈伪字样,即省谕阻回。守关人员朦胧验放者,治罪如例。"[177]而贡使涂改敕书之事,直至嘉靖三十一年仍见于记载。[178]

嘉靖年间,魏焕《巡边总论》曾云:"夫验贡以敕为准也,今之敕皆私相货市,非其人之子姓也矣。"[179]这句话点出一个重要的现象,即入贡敕书成为可以交易的对象。而其背后,自然有专门搜括这种特许凭证的"窝主",即至入贡之期,再从中分配贡敕以取利。这种情况,类似资本雄厚的盐商取得"根窝"(盐引),再行转手资本较小的盐商承包的情况。明代中叶以后,女真入贡所以出现涂改敕书等弊端,原因就缘于这类势力的操纵,其中海西塔山前卫部酋就是幕后最大的黑手。正德、嘉靖年间,塔山前卫势力崛起,直至万历初年仍然称霸一方。一开始的要角为塔山前卫左都督速黑忒,其自弘治末年起,屡屡入贡;[180]嘉靖元年三月,速黑忒进贡,乞请赏赐折银,世宗特准,下不为例。[181]当时,速黑忒雄霸海西,女真通事王臣曾建议,令其招抚屡次犯边之塔鲁木卫酋竹孔革(祝孔革)。[182]嘉靖初年,开原边外山贼猛克,常拦截各卫进贡的使臣,夺其赏赐,速黑忒在嘉靖九年(1530)将其击杀,嘉靖十年三月入贡,以此获赐狮子彩币、金带、大帽等。据《明世宗实录》记载:"速黑忒居松花江,距开原四百余里,为迤北江上诸夷入贡必由之路,人马强盛,诸部畏之。"[183]速黑忒死后,朝廷曾于嘉靖十三年(1534)三月赐祭。[184]

---

[176] 《明世宗实录》卷一〇八,嘉靖八年十二月辛巳,第 7b 页;卷一二三,嘉靖十年三月庚寅,第 6b 页。
[177] 《明世宗实录》卷一四八,嘉靖十二年三月壬子,第 2b 页。
[178] 《明世宗实录》卷三八九,嘉靖三十一年九月庚子,第 6b 页。
[179] (明)魏焕:《巡边总论一·辽东镇·辽东经略》,第 20b 页。
[180] 《明孝宗实录》卷一九三,弘治十五年十一月壬辰,第 4b 页。《明武宗实录》卷一九四,正德十五年十二月庚戌,第 7b 页;卷一九五,正德十六年正月戊辰,第 3b 页。《明世宗实录》卷四,正德十六年七月乙丑,第 13b 页。
[181] 《明孝宗实录》卷一二,嘉靖元年三月甲寅,第 3a 页。
[182] 《明世宗实录》卷一二,嘉靖元年三月乙卯,第 3a—3b 页。
[183] 《明世宗实录》卷一二三,嘉靖十年三月甲辰,第 16b 页。
[184] 《明世宗实录》卷一六一,嘉靖十三年三月乙酉,第 6a 页。

速黑忒死后,海西诸夷因兀允住阻挠,入贡有所减少。[185]速黑忒长子王中(王忠),曾与兀允住联合,攻破者帖列山等卫部酋把秃等,抢夺其敕书三十五道。有名叫把大者起兵为把秃等复雠,杀死兀允住,敕书则留在王中处。嘉靖十九年(1540)三月,王中令部众额克捏等,冒充古城等卫指挥同知哈塔等人之名入贡,为同时入贡之海西朵林山等卫女真都督佥事额真哥等揭露。朝廷下旨将两帮人分押,送至辽东巡抚处勘究,得出实情。为此,明朝不准王中入贡。[186]嘉靖二十一年(1542),朵颜卫夷人将侵辽东,王中预先传报军情,明军有所防备,得斩首四百余级,朝臣建请论功行赏,次年遂赏王中银三十两,彩缎二袭,并升其为都督佥事。[187]但王中仍以抢夺敕书为事。嘉靖二十九年,益实左卫歹答力等入贡,返回途中被塔山卫部落夺去敕书。嘉靖三十年(1551)三月,歹答力再次来贡,遂奏闻此事,世宗命辽东巡抚等谕命王中归还。[188]同年七月,王中获袭父职为都督。[189]

实际上,女真各部所以争先恐后前来朝贡,看重的是明帝国的回赐,与朝贡贸易的附加利益。但由于入贡须有勒书,各部酋争夺勒书时常可见,背后则是貂皮的利益纠葛。经过部酋彼此侵轧,最后塔山前卫的王中掌握了海西女真的九百九十九道勒书。[190]在此情况下,海西女真各族前往明朝朝贡,须至王中之处取得敕书,再赴开原关城查验。但各部前来之人未必与原敕相符,遂有前面所言涂改敕书之事。当时,貂皮贸易是一大利薮,诸部莫不想藉此获利,而野人女真赴明帝国朝贡必经过开原,该地遂成为海西女真意欲操纵之所在。据《万历武功录》记载:

> 貂皮自开原东北数千里而远,江上之夷人,贩之东北天山间,岁以秋七八九月一入中国,必取道海西行,夷遮道分其利,然后入中

---

[185]《明世宗实录》卷二三四,嘉靖十九年二月丁卯,第1b页。

[186]《明世宗实录》卷二三五,嘉靖十九年三月己未,第5a—5b页。按:《开原图说》、《辽夷略》、《东夷考略》、《万历武功录》等书均作王忠,此处则依从《明实录》。

[187]《明世宗实录》卷二七三,嘉靖十九年三月己未,第3a—3b页;卷二七六,嘉靖二十二年七月辛酉,第3a页。

[188]《明世宗实录》卷三七一,嘉靖三十年三月甲辰,第8a页。

[189]《明世宗实录》卷三七五,嘉靖三十年七月辛卯,第2a页。

[190] 相关研究,参见江嶋寿雄:《明末女真の朝贡に就て》,第494—506页。三田村泰助:《清朝前史の研究》(京都:京都大学文学部内东洋史研究会,1965年),第三章,《ムクン·タタン制の研究》,第144—157页。河内良弘:《明代东北アジアの貂皮贸易》,第62—67、113—114页。栾凡:《明代女真社会的"商人"群体》,《社会科学战线》2005:4,第146—150页。

国。[191]

由于王忠兵力强盛,当时女真诸部一百八十二卫、二十所、五十六站,皆听其约束。[192]据《开原图说》记载:"忠自嘉靖初,始从混同江上,建寨于靖安堡边外七十里,地名亦赤哈答,以便贡市。亦赤哈答在开原东南,故开原呼为南关也。"[193]既而塔鲁木卫酋长台出(竹孔革之子,后为王忠女婿),亦仿效而立市于开原镇北关外,时称北关。[194]

王忠有子二,即汪撒纪、汪古六,均先殁。王忠死后,其弟克失你之子王台袭都督,继为南关部酋,分得勅书六百九十九道;王忠之婿台出,则分得三百道。但台出不愿屈居王台之下,遂首先叛去,日以争勅书构兵。[195]嘉靖三十七年(1558)五月,王台将侵犯紫河堡之台出等执送至京。[196]又,开原边外海西夷人忽失塔等数来犯边,嘉靖四十一年(1562)三月,亦为王台麾下哈乞纳所擒,世宗命辽东巡抚斩之。[197]隆庆末年,建州卫酋王杲入犯,朝廷命王台加以牵制。隆庆六年(1572)十二月,王杲曾约王台一齐送还所掳人口。[198]当时,王台兵马精强,"为房中所惮,而贪嗜抚赏,颇怀效顺"。[199]万历二年(1574),建州酋王杲再次入犯,王台出兵协助,除送回王杲所掳军士外,并于万历三年(1575)七月,将王杲逮送至边关;八月间,辽东官员将王杲解送至京正法,明朝以王台缚送首恶,忠顺可嘉,加授勋臣衔,二子俱升都督佥事。[200]明人曾云:"王台世居海西,统管夷众,明我耳目,受我约束。自收二奴,制建州,岐东夷、北虏而二之,则海西为开原蕃卫,而开原倚海西为安,已非一朝夕矣。"[201]至万历十年

---

[191] (明)瞿九思:《万历武功录》(收入《续修四库全书》第 436 册,据明万历刻本影印),卷一一《东三边·卜寨那林孛罗列传》,第 31b 页。

[192] (明)冯瑗:《开原图说》(收入《玄览堂丛书初辑》〔台北:国立中央图书馆,1981 年〕第 5 册,据明万历间刊本影印),卷下,第 5a 页。

[193] (明)冯瑗:《开原图说》卷下,第 5a—5b 页。

[194] (明)冯瑗:《开原图说》卷下,第 2b—3a 页。

[195] (明)冯瑗:《开原图说》卷下,第 5b—6a 页。

[196] 《明世宗实录》卷四五九,嘉靖三十七年五月庚申,第 4a 页。

[197] 《明世宗实录》卷五〇七,嘉靖四十一年三月己亥,第 6b 页。

[198] 《明神宗实录》隆庆六年十月己卯,第 17b—18a 页;卷八,隆庆六年十二月丁丑,第 15a 页。

[199] 《明神宗实录》卷二五,万历二年五月癸卯,第 8a 页。

[200] 《明神宗实录》卷三〇,万历二年十月乙丑,第 7a 页;卷四〇,万历三年七月甲子,第 5a 页;卷四一,万历三年八月辛未,第 1a 页。

[201] 《明神宗实录》卷一九〇,万历十五年九月癸丑,页 6a—6b。

(1582),王台病死,朝廷曾命赐祭。[202]

北关在台出被王台擒杀后,其子仰家奴、逞家奴不敢相犯,"北关实听命于南关"。[203]王台死后,其子虎儿罕继为南关酋,仰家奴、逞家奴遂乘机构衅,与虎儿罕雠杀。[204]万历十一年(1583),虎儿罕死,其弟猛骨孛罗立,乞请明朝给敕书一道,以便弹压北关逞、仰二奴,及海西、建州诸部。朝廷准给敕书,以便其约束部落。[205]当时,由于南、北两关互构,开原关外局势颇不安定,且中国边境亦受波及。万历十一年,辽东总兵李成梁(1526—1615)为救南关,诱杀逞家奴、仰家奴于开原马市。但南关猛骨孛罗及虎儿罕之子歹商的势力,并未因此而大振,逞家奴之子卜塞、仰家奴之子那林孛罗,则以报父仇为名,屡次派兵攻战,猛骨孛罗于是逃往混同江,歹商则投入开原城中。万历十六年(1588),李成梁奉旨争讨北关后,召回猛骨孛罗,命其将所拥有的敕书六百九十九道,拨一百九十九道予卜塞、那林孛罗,以求合解双方纷争,自是北关得敕书四百九十九道。万历十九年(1591),北关酋卜塞诱杀歹商,携其部落生畜,收其敕书一百三十七道,猛骨孛罗势力愈孤。其时,建州女真已渐强大,猛骨孛罗遂与努尔哈赤(1559—1626)结姻以求援,而此正中努尔哈赤下怀。万历二十七年(1599),假以助防为由,纳猛骨孛罗于寨中,乘机掳其部众,旋于次年(1600)将其杀害,收其敕书三百六十三道。[206]经明朝降敕切责,欲问擅杀猛骨孛罗之罪,革其互市贡赏,努尔哈赤遂以女嫁猛骨孛罗之子吾儿忽答为妻,并厚送回南关。至万历三十一年(1603),那林孛罗与卜塞之子白羊骨,又纠众攻抢吾儿忽答,吾儿忽答困窘之余,又投往努尔哈赤,从此未再返回,而其所拥有之敕书、屯塞、土地、人畜遂尽为努尔哈赤所有,[207]南关(即满清史料所谓的哈达部)于是灭亡。[208]

南关灭亡之后,努尔哈赤之实力已在海西女真之上,故《明神宗实录》云:"南关燔,乃蚕食北关,尽并海西诸夷,奴酋自此益强,遂不可制矣"。[209]实际上,这是鹬蚌相争的后果。万历后期,《开原图说》曾云:

---

[202] 《明神宗实录》卷一二,万历十年十月乙未,第2a页。
[203] 《明神宗实录》卷二〇三,万历十六年九月戊寅,第7a页。
[204] 《明神宗实录》卷一三一,万历十年十二月壬辰,第4a页。
[205] 《明神宗实录》卷一四〇,万历十一年八月乙卯,第5a页。
[206] (明)冯瑗:《开原图说》卷下,第5b—6b页。
[207] 《明神宗实录》卷五二八,万历四十三年正月乙亥,第12b页。
[208] 王台死后,南北两关以争夺敕书构兵,后来南关为努尔哈赤所灭之过程,参见三田村泰助《清朝前史の研究》第三章《ムクン・タタン制の研究》,第157—167页。
[209] 《明神宗实录》卷三六六,万历二十九年十二月辛未,第5a—5b页。

西皮与东皮：明代蒙古与辽东地区毛皮之输入

  北关曾祖祝孔革、祖台出，皆南关所自出，受南关卵翼者世世矣。至逞、仰二奴，见南关微弱，遽谋兼并，宁远（李成梁）诛之。乃那、卜继世，不能洗其先日之恶，且益仇南关，苟可诱杀，不顾亲戚。歹商既死，猛骨孛罗穷猿投林，不暇择木，遂甘就建夷网罗。不知灭南关者建州，而所以灭南关者北关也。今北关子孙渐微，建州强盛，且相构未已。除弱邻而得强对，夫谁非逞、仰、那、卜四酋为谋之不臧哉！[210]

  万历三十二年（1604）三月，兵部奏言：海西、建州二夷，每以岁贡为名，熟窥中国情弊，故议请照朵颜三卫事例，"或令在边听给供赏，或十人止令一人进京"。[211]当时，努尔哈赤虽有南关敕书，操纵海西女真朝贡，仍得藉吾儿忽答之名，万历三十五年（1608）入贡后，以明朝派兵救北关，曾有两年不遣使进贡。[212]万历三十七年（1609）二月，努尔哈赤与吾儿忽答遣使入贡，人数达一千五百人。工科给事中王元翰乃有裁减近例，仿照祖宗时朝贡止许三百余人之议。[213]至万历四十一年（1613）春，努尔哈赤并吞毛怜等卫，夺其敕书、印信，又囊括海西乌剌部酋卜占台、南关猛骨孛罗等所属卫所，仅北关那林孛罗与其弟金台（金台失）竭力死守，苟延旦夕。[214]同年四月，总督蓟辽兵部右侍郎薛三才（1555—1619）奏言：

  奴酋窥伺我开原志久不小，所忌南北二关款酋，为我开原藩篱，未敢遽逞。比年席卷南关，蚕食卜酋，而又厚结暖宰西酋，阴谋大举，群驱耕牧，馨垦猛酋旧地，震惊我开原边垒，此其志岂在一北关哉！无北关则无开原，无开原则无辽，无辽而山海一关谁与为守？[215]

  同月，努尔哈赤派兵驻扎清河市中，又纠合蒙古部落一同抢掠北关，辽东巡抚张涛告急。[216]万历四十二年（1614），辽东巡抚郭光复疏称："迩年以来，奴

---

[210]（明）冯瑗：《开原图说》卷下，第3a—3b页。
[211]《明神宗实录》卷三九四，万历三十二年三月丙辰，第2a—2b页。
[212]（明）冯瑗：《开原图说》卷下，第6b—7a页。
[213]《明神宗实录》卷四五五，万历三十七年二月壬戌，第3b页。
[214]《明神宗实录》卷四四四，万历三十六年三月丁酉，第2b—3a页。
[215]《明神宗实录》卷五〇七，万历四十一年四月甲午，第2b页。
[216]《明神宗实录》卷五〇七，万历四十一年四月乙巳，第4a—4b页。

酋自称恭顺，每以北关戕杀南关为口实"；"我南关既失，止靠北关如线之藩篱，若再失守，则奴酋纠结西虏，害可胜言哉？故今日筹辽，必以救北关为主。"[217]前此努尔哈赤遣使入贡曾达一千五百名，当政者遂建议加以裁抑，因而数年不入贡。礼部官员条议，欲令照俺答事例，免其入京，俱在边守候。至万历四十三年（1615）三月，蓟辽督抚奏称努尔哈赤欲入贡，且进贡使臣仅十五名。兵部认为此中必有阴谋，实际上未必恭顺，应令各边加强武备。[218]

果不出所料，努尔哈赤于万历四十四年（1616）在赫图阿拉称帝，年号天命，正式与明朝绝裂，边境情势更加紧张。尔后，海西女真到者极少。万历四十五年（1617）十二月，海西卜颜等卫进贡者仅三十名。[219]万历四十六年（1618）二月，北关金台失等六百三十六员，前来补进三十五、三十六年份正贡。[220]万历四十七年（1619）八月，北关寨被努尔哈赤攻陷，部酋金台什力战而死，白羊骨被俘见杀，家人、部落悉被俘虏，北关（满清史料所谓的叶赫部）自是灭亡。[221]明朝与辽东诸部族的朝贡关系，从此也画下句点。

### （二）边境互市

关于明代辽东的马市，前人已有相当多的研究，[222]在此仅根据《明实录》略

---

[217] 《明神宗实录》卷五二八，万历四十三年正月乙亥，第12b—13a页。
[218] 《明神宗实录》卷五三〇，万历四十三年三月丁未，第1a—1b页。
[219] 《明神宗实录》卷五六四，万历四十五年十二月壬子，第2b页。
[220] 《明神宗实录》卷五六六，万历四十六年二月己亥，第2a—2b页。
[221] 《明神宗实录》卷五八六，万历四十七年九月甲申，第4a页；卷五九四，万历四十八年五月戊戌，第6b页。
[222] 相关研究，参见稻叶岩吉：《明代辽东の马市（一）》，《史学杂志》24:1(1913)，第47—63页；《明代辽东の马市（二）》，《史学杂志》24:2(1913)，第201—212页。江嶋寿雄：《辽东马市起源》，《东洋史学》9(1954)，第1—25页；《辽东马市管见》，《史渊》70(1956)，第27—50页；《续辽东马市管见——兀良哈马市の再开について》，《史渊》82/83（1961），第63—80页；《明末辽东の互市场》，《史渊》90(1963)，第67—94页；《明末辽东の互市场补遗》，《史渊》100(1968)，第157—167页；《辽东马市における私市と所谓开原南关马市》，第19—39页。田静：《明代辽东的马市贸易》，《史学月刊》1960:6，第11—17页。杨余练：《明代后期的辽东马市与女真族的兴起》，《民族研究》1980:5，第27—32页。林延清：《明代辽东马市性质的演变》，《南开史学》1981:2，第135—159页。李健才：《明代东北》（沈阳：辽宁人民出版社，1986年），第173—181页。陈祺：《明代辽东马市及其历史影响》，《东北师范大学学报》1987:1，第47—52页。杨旸：《明代辽东都司》（郑州：中州古籍出版社，1988年），第125—138页。萧国亮：《明代汉族与女真族的马市贸易》，《平准学刊》第5辑（北京：光明日报出版社，1989年），下册，第463—476页。姚继荣：《明代辽东马市述论》，《辽宁师范大学学报》1998:4，第85—88页。

述其开设及后续变化过程。建文四年(1402),燕王夺位成功,即帝位以后,曾遣人诏谕兀良哈卫,至永乐元年三月,兀良哈夷人至辽东,欲进京朝贡,太宗特遣军官赴辽东,谕其"岁时贡献,经商市易,一从所便"。[223]永乐三年三月,野人女真头目喃不花等人进京朝贡,奏称部众欲来卖马,但至北京须费时两月,太宗于是命辽东总兵孟善,令其就广宁、开原两地,择有水草之处立马市。[224]同月,兀良哈等处鞑靼亦赶马至辽东互市,朝廷命兵部订定马价。[225]至永乐四年三月,辽东开原、广宁正式开设马市二所。[226]永乐十年(1412)四月,又以水草方便之故,将广宁卫铁山之马市徙至团山。[227]永乐年间,辽东开设之马市,究系二市或三市,记载并不清楚。据《明宪宗实录》记载:永乐时马市计有三处,其一在开原城南关,对象是海西女真;其一在开原城东五里,其一在广宁城,对象为朵颜三卫夷人。[228]江嶋寿雄则认为仅有二市,开原马市针对海西女真,广宁马市则以兀良哈三卫为对象。[229]正统十四年也先南侵,朵颜三卫漏泄边事,朝廷为此停罢兀良哈二马市,惟开原南关马市独存。[230]至天顺八年,宪宗敕辽东镇守、总兵等官:"遇有建州等卫女真到边,须令从抚顺关口进入,仍于抚顺城往来交易",[231]抚顺马市自是开设。

天顺至成化年间,泰宁等三卫一再乞请重开广宁马市,朝廷皆不许。[232]至成化十四年三月,巡抚辽东都御史陈钺奏言应重开马市,经朝臣会议,遂下诏复开辽东广宁马市。[233]据嘉靖十六年所修《辽东志》记载:广宁有马市一,成化十四年设于团山堡后。开原有马市二,其一为女真马市,成化年间改设于关城南门外;另一为达达马市,成化年间添设于古城堡南,嘉靖三年(1524)改至庆云堡北。抚顺所有马市一,即达达马市,在所城东门外一里。[234]另外,嘉靖中叶,

---

[223] 《明太宗实录》卷二〇下,永乐元年五月乙未,第3a页。
[224] 《明太宗实录》卷四〇,永乐三年三月癸卯,第2a页。
[225] 《明太宗实录》卷四〇,永乐三年三月甲寅,第4a页。
[226] 《明太宗实录》卷五二,永乐四年三月甲午,第3b页。
[227] 《明太宗实录》卷一二七,永乐十年四月癸亥,第1b页。
[228] 《明宪宗实录》卷一七六,成化十四年三月丙戌,第10a页。
[229] 参见江嶋寿雄,《辽东马市管见》,第28—40页。
[230] 《明宪宗实录》卷一七六,成化十四年三月丙戌,第10a页。
[231] 《明宪宗实录》卷四,天顺八年四月乙未,第4b页。
[232] 《明英宗实录》卷三〇九,天顺三年十一月丙午,第6a页。《明宪宗实录》卷一四三,成化十一年七月庚申,第2b—3a页;卷一五八,成化十二年十月壬申,第1a—1b页。相关讨论,参见江嶋寿雄,《续辽东马市管见——兀良哈马市の再开について》,第63—80页。
[233] 《明宪宗实录》卷一七六,成化十四年三月丙戌,第10a—10b页。
[234] (明)任洛等重修:(嘉靖)《辽东志》卷二,《建置·公署》,第12b、14b—15a页。

辽阳长安堡亦曾有马市。据学者考察,可能设于嘉靖二十七年(1548)至二十八年(1549)间。当时,泰宁卫部酋恩孛罗,因受鞑靼小王子侵扰,乞请近塞住牧,并开市交易,经朝廷批准。嘉靖三十四年,其孙果力个导引鞑靼入犯,且不受约束。嘉靖三十九年(1560),辽东巡抚侯汝谅诱杀果力个于长安堡马市,互市随之废革。[235]隆庆年间,据《四镇三关志》记载,辽东仍是四马市:开原马市,在开原南门外,西女真夷人交易;抚顺马市,在抚顺所,建州诸夷交易;广宁马市,在团山堡,朵颜、泰宁三卫诸夷交易;庆云马市,在庆云堡,海西、黑龙江等卫夷人交易。[236]两书所载抚顺马市的对象存在歧异,嘉靖《辽东志》所记或有误。

又据万历四年(1576)正月巡按辽东御史刘台奏言,辽东边外部族之分布,自宁前抵喜峰口,为朵颜;自锦州、义州经广宁至辽河,为泰宁;由黄泥洼越沈阳、铁岭至开原迤西,为福余;开原迤北,为山寨,为江夷,迤东则是海西、毛怜、建州。当时有五关五市:"广宁设一关一市,以待朵颜、泰宁等夷;开原设三关三市,以待福余、西北等夷;开原迤东至抚顺,设一关市,待建州等夷"。其中,开原的三关三市,即南关王台由广顺关入市东果园,离镇城十五里;北关逞家奴等由镇北关入市马市堡,离镇城二十里;福余等夷由新安关入市庆云堡,离镇城四十里。[237]同年三月,经蓟辽总督杨兆、辽东巡抚张学颜(?——1598)会议,又于永奠堡北开设一市,许宽奠等处住牧东夷,藉此换取米、布、猪、盐。[238]根据其他数据记载,同时开设者有宽甸、清河、瑷阳三马市。[239]万历中叶,土蛮之子撦臣憨纠合小歹青,既得每年互市抚赏,又要比照宣、大两镇抚赏,且时常放纵部众抢掠,辽东巡抚张思忠以所费不赀,遂于万历二十六年(1598)议罢朵颜三卫马市。至万历二十九年(1601),诸部酋屡来求开马市,歹青、撦臣憨等亦至边境,陈言愿听明朝约束。辽东总兵李成梁断以复开马市为便,请以身任其事,蓟辽总督万世德亦力言开市之利,朝廷于是在十二月下令重开朵颜各卫马市。[240](辽东马市地点,参见图四、图五)

明初以来,马市交易以马为主,民间甚至与官方争买马匹。[241]至明中叶,则

---

[235] 参见江嶋寿雄:《明末辽东の互市场》,第77—79页。
[236] (明)刘效祖:《四镇三关志》(收入《四库全书存目丛书》史部10册,据明万历四年刊本影印),卷五,《骑乘考·兑给附互市》,第21a—21b页。
[237] 《明神宗实录》卷四六,万历四年正月丁未,第5a页。
[238] 《明神宗实录》卷四八,万历四年三月庚子,第3b页。(万历)《大明会典》卷一二九,《兵部十二·镇戍四·各镇分例一·辽东·贡市》,第15a页。
[239] 参见江嶋寿雄:《明末辽东の互市场》,第89—91页。
[240] 《明神宗实录》卷三六六,万历二十九年十二月辛未,第4a—5a页。
[241] 《明宣宗实录》卷一一三,宣德九年十月丁巳,第6b页。

貂皮、人参的重要性日增。弘治十六年，给事中邹文盛奏称：先年在广宁、开原设立马市交易，对方以马换盐米，"彼得食用之物，我得攻战之具"，近则多不以好马，交易者惟榛、松、貂鼠及瘦弱之牛、马而已。[242]即使如此，当地人对于貂皮等物却趋之若鹜。弘治五年（1492），石珤尝说："辽俗尚刚劲，民多事弓矢，不乐为诗书。地通商，有貂皮、人参之利，人竞趋之"。[243]《二刻拍案惊奇》还述说到正德初年，徽商程宰、程宰兄弟带了数千两银子，至辽阳地方经商，买卖人参、松子、貂皮、东珠之类货品。[244]由于貂皮之利润甚高，汉人甚至不惜犯禁越界。嘉靖《辽东志》曾载："辽边四壁近房，境外多物产，如貂皮、人参、材木、鱼鲜之类，人图其利，往往踰境而取之。"[245]万历初年，刘效祖亦言："辽东之互市，其来远矣，不独可以裨戎行，而居民估客，蛮貉边鄙，往往以贸易为奇货。"[246]

按照明朝所订马市抽分税率，貂皮每张抽银二分，豹皮每张抽银一钱，熊、虎皮每张抽银三分，鹿皮每张抽银一分，狐狸、睡貉皮每张抽银一分，麂皮每二张抽银一分。[247]但在正税之外，常有额外勒索等弊端。成化十四年，开原、广宁马市重开之后，诸夷每月两市，后因通事刘海、姚安侵吞，勒索舍里孙等物，诸夷怀怨，进寇广宁，不复来市。[248]成化十四年十一月初四日，朝廷降下敕谕：

> 辽东开设马市，许令海西、朵颜三卫达子买卖，俾得有无相济，各安生理，此系怀柔远来之道。永乐、宣德年间已尝行之，两有利益。但恐中间奸诈求贿之徒，妄生事端，阻坏边务，横惹边衅，贻患将来，殊非细故，恁部里便出榜晓谕禁约马市。开原，每月初一日至初五日，开一次。广宁，每月初一日至初五日、十六日至二十日，开二次。听巡抚官定委布、按二司管粮官，分投亲临监督，仍差拨官军，用心防护，省谕各夷，不许身带弓箭器械，止将马匹并土产物货赴彼处，委官验放，入境开市；本处亦不许将有违禁物货之人与彼交易。市毕

---

[242] 《明孝宗实录》卷一九五，弘治十六年正月甲午，第7b—8a页。
[243] （明）石珤：《熊峯集》（收入《景印文渊阁四库全书》第1259册），卷一〇，《李侍御考绩序》，第31a页。
[244] （明）凌蒙初著，石昌渝校点：《二刻拍案惊奇》（南京：江苏古籍出版社，1990年），卷37，《迭居奇程客得助·三救厄海神显灵》，第701页。
[245] （明）任洛等重修：（嘉靖）《辽东志》卷三，《兵食·边略》，第29b页。
[246] （明）刘效祖：《四镇三关志》卷五，《骑乘考·辽镇骑乘·互市》，第23b页。
[247] （明）任洛等重修：（嘉靖）《辽东志》卷三，《兵食·抽分货物》，第30a页。
[248] 《明宪宗实录》卷二二〇，成化十七年十月己酉，第3b页。（明）田汝成辑，《辽纪》（收入《四库全书存目丛书》史部49册，据清初钞本影印），成化十四年冬十月，总第18页。

即日打发出境，不许通事并交易人等专一与夷欺侮出入，贪多马价及偷盗货物，亦不许拨置夷人，以指货物为由，符同诈骗财物分用。敢有擅放夷人入境，及纵容官军人等无货者任意入市，有货者在内过宿、窥取小利、透漏边情者，许审问明白，俱发两广烟瘴地面充军，遇赦并不原宥。或本处通事，俱不许有所求索，或因而受害，就彼查处。其镇守总兵等官，尤专心体察，并一应势豪之家，俱不许私将货物，假充家人伴当，时常在市出名买卖，俾所司畏势纵容，无法关防。如有，听彼处巡按御史缉访拿问，具招发遣，罪不轻贷。敢有容情，一体治罪，不许故违！[249]

成化十七年（1451），兵部尚书陈钺又奏准申严禁例，每次互市，令参将及布政使司、按察使司官员各一人监督，"有侵刻者重罪之，庶无激变之患"。[250]但这种情况仍然常见。弘治十二年（1499），巡按辽东监察御史罗贤奏言："广宁、开原、抚顺三马市，每遇夷人持马、貂诸物来市，被镇守等官及势家，纵令头目、仆从减价贱市，十偿三四，夷人受其挫勒折阅，积久怀怨殊深，往往犯边，多坐此故。"[251]直至嘉靖年间，勒索之弊仍在。嘉靖《辽东志》即记载：青鼠皮、貂鼠皮产于海西、黑龙江、毛怜、建州诸夷，"互市以易而至开原、抚顺，往往困于征求"。[252]

现存辽东档案中，残留有若干毛皮互市交易的数字，如嘉靖二十九年八月，从广顺关、镇北关、新安关等马市交易输入的皮货，计有貂皮二百零七张、鹿皮六十七张半、熊皮十六张半、猪獾皮五十八张、水獭皮三张、狍皮四百七十九张、豹皮一张、虎皮一张、狐睡皮四百零三张。[253]万历十一年（1583）七月至十二年（1584）三月，海西女真在广顺关与镇北关，售出貂皮四千九百二十八张、羊皮一千四百六十四张、狍皮七百一十七张、其他毛皮七百五十七张。[254]另一统计则云：万历十一年七至九月、十二年一月至三月，镇北关、广顺关互市交易，有貂皮四千七百三十四张、狍皮七百六十一张、狐皮五百七十七张。[255]又

---

[249] （明）刘效祖：《四镇三关志》卷七，《制疏考·辽镇制疏》，第1b—2b页。
[250] 《明宪宗实录》卷二二〇，成化十七年十月己酉，第3b页。
[251] 《明孝宗实录》卷一五四，弘治十二年九月丁丑，第8a—b页。
[252] （明）任洛等重修：(嘉靖)《辽东志》卷一，《地理·物产》，第25a页。
[253] 参见关克笑、麻秀荣：《满族崛起时期的多元经济》，《满族研究》1998:1，第23页。
[254] 参见杨余练：《明代后期的辽东马市与女真族的兴起》，第32页。
[255] 参见周远廉、谢肇华：《明代女真与汉族的关系——明代辽东档案研究之四》，《中央民族大学学报》1981:2，第114页。

有学者指出,万历十二年三月,广顺、镇北、新安三关互市,女真售出貂皮四千四百八十二张。[256]

河内良弘曾经指出:自明中叶以来,女真若干人物透过与中国、朝鲜的貂皮贸易,积聚巨大财富,势力迅速膨胀,从而与明朝册封之旧部酋势均力敌,并对女真社会的政治秩序进行重建,努尔哈赤即是这种人物。[257]此一看法,就建州女真言之或有其道理,但在海西女真则有待商榷,毕竟貂皮贸易的利益完全掌握在部酋手中。前面谈到的海西塔山卫酋速黑忒、王中、王台就是明显的例子,其除藉由掌握朝贡敕书以抽取回赐之利益外,并从事貂皮的居间贸易。而为了操纵貂皮之利,王中遂将部族移至开原附近,塔鲁木卫酋台出亦加以仿效。据《开原图说》记载:

> 参、貂、马尾之利,皆东夷所产。东夷有远自混同江来者,有远自黑龙江来者,或千余里,或二三千里,非有近夷为居停主人,其何所依而重译焉?昔南关夷酋王忠,建寨于静安关外,以专其居停之利。北关效之,亦建寨于此,盖争其利也。[258]

万历年间,《开原图说》尝言:"夷长王忠初建寨于广顺关外,东夷诸种无不受其约束者,无论近边各卫站岁修贽贡,惟忠为政,即野人女真僻在江上,有来市易,靡不依忠为居停主人"。在当时,"广顺关外夷络绎不绝,而开原举城争和戎之利者熙熙穰穰"。[259]海西塔山卫、塔鲁木卫移住开原附近这一举动,后来也得到明朝的认可。隆庆五年,兵部题准:"海西属夷,俱在开原东北分寨住牧"。[260]至万历初年,南、北两关频频入开原互市,辽东巡按御史刘台即谈到:"近年王台、逞家奴等,皆得径至开原南城墙,混列杂处,安肆贸易,略无界限。"[261]另外,建州卫酋王杲辖下部夷来力红,也以"鬻贩貂皮、人参、松板以为利,结毂连骑,炫横于道"。[262]万历十年王台死后,南北两关互构,在此情况下,

---

[256] 参见丛佩远:《东北三宝经济简史》,页一八七。
[257] 参见河内良弘:《明代东北アジアの貂皮贸易》第107—114页;"明代东北亚的貂皮贸易",《庆祝王钟翰先生八十寿辰学术论文集》(沈阳:辽宁大学出版社1993年),第498—499页。
[258] (明)冯瑗:《开原图说》卷下,第2b—3a页。
[259] (明)冯瑗:《开原图说》卷上,第56a页。
[260] (万历)《大明会典》卷一二九,《兵部十二·镇戍四·各镇分例一·辽东·贡市》,第15a页。
[261] 《明神宗实录》卷四六,万历四年正月丁未,第5b页。
[262] (明)瞿九思:《万历武功录》卷一二,《东三边·阿台阿海阿革来力红列传》,第13b页。

貂皮利薮遂有转移。其后,福余卫酋恍惚太立寨于混同江口,"凡东夷过江入市者,皆计货税之",自混同江以东,黑龙江以西,数千里之内,"数十种夷,每家岁纳貂皮一张,鱼皮二张,以此称富强安心"。[263]而受到海西女真南北两关相互仇杀的影响,万历一、二十年间,混同江上的夷人至开原者渐少,"于是貂亦不可得,颇鲜"。[264]但不论女真内部如何变化,开原始终是入贡的孔道与貂皮交易的中心,故万历末年辽东巡抚张涛曾言:"东珠、紫貂,天下之厚利也。利从江夷来,是卜占台之部落也。此利向从江上到南北关贩卖,开原人甚利之,而辽阳人不能分其利。"[265]

自明中叶以来,海西女真以貂皮利益为中心,不断进行内部的统合与重整,从南关之兴起,与北关之角逐,可以看出这一情势。努尔哈赤渐强之后,亦欲介入貂皮等物产之交易。然而,乌喇部控制貂皮产地之要路,开原贸易又为哈达部所掌握,故努尔哈赤为夺取貂、参之利,屡屡出兵与哈达、乌喇争战。在灭哈达部之后,万历三十五年(1607)灭辉发部,万历四十一年灭乌喇部,后又继续东进,直抵黑龙江口,于是"库页内附,岁贡貂皮"。[266]故《清太祖武皇帝弩尔哈奇实录》记载:

> 本地所产有明珠、人参、黑狐、玄狐、红狐、貂鼠、猞猁狲、虎、豹、海獭、水獭、青鼠、黄鼠等皮,以备国用。抚顺、清河、宽奠、叆阳四处关口,互市交易,照例取赏。因此,满洲民殷国富。[267]

万历四十一年,辽东巡抚张涛亦云:"东建据参、珠、貂皮之利,辽人及天下奸人多为所用"。[268]万历四十二年四月,开原兵备道薛国用呈称:"奴酋擅貂、参、海珠之利,蓄聚綦富"。[269]茅元仪(1594—1630)所辑《武备志》,也提到努尔哈赤"岁以貂、参互市,得金钱十余万"。[270]万历四十六年,蓟辽总督汪可受(?

---

[263] (明)冯瑗:《开原图说》卷下,第 8b 页。

[264] (明)瞿九思:《万历武功录》卷一一,《东三边·卜寨那林孛罗列传》,第 31b 页。

[265] (明)张涛:"东北虏情议",收入(明)程开祜辑《筹辽硕画》(台北:台联国风出版社据明万历四十八年刻本影印,1968 年),卷二,第 5a 页。

[266] 参见丛佩远:《东北三宝经济简史》,第 188—189 页。

[267] (清)佚名:《清太祖武皇帝弩尔哈奇实录》(北平:故宫博物院铅印本,1932 年),卷一,戊子年四月,第 8b 页。

[268] (明)张涛:"退欲陈愚疏",收入《筹辽硕画》卷二,第 17b 页。

[269] 《明神宗实录》卷五一九,万历四十二年四月丁酉,第 7a 页。

[270] (明)茅元仪辑:《武备志》(收入《四库禁毁书丛刊》[北京:北京出版社,2000 年]子部第 23—26 册,据明天启刻本影印),卷二二八,《占度载·度四十·四夷六·女真考》,第 6a 页。

—1620）奏言："努尔哈赤并有南关、江夷、灰扒、瓦喇以益其众，召集中华亡命以助其狡，擅数十年貂参之利以成其富"。[271]明朝官员竟以为衹要对貂皮、人参进行经济封锁，努尔哈赤力量就会弱化。万历四十七年，兵部尚书黄嘉善（1549—1624）即题请"禁貂参以窘奴利"，边民"但有与奴交易者，无分米粟貂参，俱以私贩铁器之罪罪之"。神宗未回应。[272]万历四十八年（1620）三月，南京户部主事牛维曜亦奏言："奴酋之必败者，地瘠人贫，惟貂参是仰。絶貂参之市，奴可坐困"。[273]

努尔哈赤与明朝絶裂之后，原与建州交易的清河、宽奠、瑷阳三处马市既已失去功能。万历四十六年四月，努尔哈赤利用互市交易，明军战备松懈之时，里应外合，攻下抚顺。[274]署兵部尚书薛三才奏言："夫抚顺互市之关，奴酋岁貂参利不下数万，此中国所为操钩饵以制驭建夷者也。今且公然攻陷我城堡，杀掳我官民，奴似无利此关市，而甘与我为难矣。"[275]同年七月，清河也陷落。[276]万历四十七年六月，开原亦陷落，[277]辽东马市亦仅剩广宁一处。迨天启二年（1622）正月，广宁又失陷，辽东互市全部停罢。[278]

辽东城邑相继失陷之后，貂皮贩运的路线有所转移，部分通过蒙古草原东缘，由蓟镇辖境关口运入。天启二年二月，兵部言："奸商欲贩貂参，必辟径于桃林"。[279]其所言的桃林，即蓟镇桃林口关，位于北直隶永平府卢龙县北。自此以后，辽东貂参的贸易大衰。同年四月，辽东经略王在晋（？—1643）奏称：辽东"泽梁之禁虽弛，水陆之珍不至，商廛久絶乎貂参，士女罔余乎布粟。"[280]在此情况下，辽东与朝鲜之间的皮岛，也一度成为人参、貂皮的集散地。文秉（1609—1669）《烈皇小识》言：

---

[271] （明）汪可受：《再允兵部续议饷银疏》，收入《筹辽硕画》卷五，第20a页。
[272] （明）黄嘉善：《敬陈末议图万全疏》，收入《筹辽硕画》卷一九，第42b—43a页。《明神宗实录》卷五八一，万历四十七年四月己未，第6a页。
[273] （明）王在晋编：《三朝辽事实录》（台北：台联国风出版社据明崇祯元年刊本影印，1970年），卷二，第30a页。
[274] 《明神宗实录》卷五六八，万历四十六年四月甲辰，第4a—4b页。
[275] （明）薛三才：《薛恭敏公奏疏》（台北：伟文图书出版社据抄本影印，1977年），卷九，〈奴酋攻陷抚顺议处兵饷疏〉，第468页。
[276] 《明神宗实录》卷五七二，万历四十六年七月戊申，第11b页。
[277] 《明神宗实录》卷五八三，万历四十七年六月丙寅，第8a页。
[278] 参见：江嶋寿雄：《明末辽东的互市场补遗》，第157—162页。李云霞，《试论明代广宁的马市》，《满族研究》1989:4，第17页。
[279] （明）王在晋编：《三朝辽事实录》卷七，第45a页。
[280] （明）王在晋编：《三朝辽事实录》卷八，第32b页。

311

毛文龙向为辽东参将,辽阳陷没,文龙逃至海滨。适有难民数千人,文龙以术笼络之,遂同航海至皮岛。盖皮岛居辽东、朝鲜、登莱之中,称孔道。文龙斩荆棘、具器用,招集流民,通行商贾,南货缯币,北货参貂,咸于文龙处输税挂号,然后敢发。不数年,遂称雄镇。[281]

当时,朝廷自山东登州海运粮饷赴皮岛,"辽地一切参貂之属,潜市中土者,亦由登地内输";因此"商旅之往来,云集登海上",登州府境之繁荣,遂甲于山东其他六府。[282]但在崇祯二年(1629),袁崇焕斩毛文龙(1576—1629)之后,此一管道亦随之切断,貂皮的来源于是更加局促。

由于买卖貂皮的利润可观,驻守辽东的官员、将领与军士也涉足其中。成化十四年,巡按山东监察御史王崇之奏言:辽阳各处有"军余、土人,不畏法度,阴将盐米包裹刀箭、甲叶,黑夜于墙下空野去处,与夷人易换貂鼠、参、松等物"。[283]除此之外,军官私役军士采办貂皮者亦大有人在。万历元年(1573),兵部右侍郎汪道昆(1525—1593)奉命阅视蓟辽边务,即曾疏劾辽东原任抚顺备御齐可擅役军士,"今日贩貂皮,明日贩人参,明日贩松板,擅用官车而络绎不绝"。[284]万历十九年,侯先春(1545—1611)巡按辽东,亦在奏疏中谈到:"夫边军所以备征战也,迩来私役百端,科索万状,即如镇静之夷马,开原之貂皮,清河、抚顺、宽奠、瑷阳之人参、皮张、松果等类,无论其把持夷市,压买商贾,而牧放夷马,治料参斤,以至搬运百货,约用军士不止千名";军官又将役使所得,勒令军士收买,"皮袄一,则索银七钱,或五六钱。皮裤一,则索银四钱,或三钱五分。披肩段一块,长不满尺,阔不及半,则索银一钱"。[285]山海关一带更对貂商收取陋规。万历中叶,聂尚恒(1572—?)任直隶永平府抚宁知县时,曾以

---

[281] (清)文秉:《烈皇小识》(上海:神州国光社,1951年),卷二,第42页。标点有所改动。

[282] (清)佚名:《崇祯长编》(台北:中央研究院历史语言研究所据抄本影印,1967年),卷五五,崇祯五年正月辛丑,第3a—3b页。

[283] (明)王崇之:"陈言边务",收于(明)黄训编《皇明名臣经济录》(明嘉靖三十年序刊本),卷四〇,〈兵部·职方中之上〉,第28a—28b页。《明宪宗实录》卷一七五,成化十四年二月庚子,第2a页。

[284] (明)汪道昆撰,胡益民、余国庆点校:《太函集》(合肥:黄山书社,2004年),卷九三,〈旌别将官功罪疏〉,第1909页。

[285] (明)侯先春:《谏草》(清光绪六年侯晟重刊本),卷上,〈安边二十四议疏〉,第64b—65a页。

"却貂客贩参之常例,慎审丁影射之积奸",为当事者所忌,遂迁官福州。[236]而驻地的高级军官,甚至成为走私的窝主。万历三十七年正月,辽东巡按熊廷弼(1569—1625)就劾奏防海副总兵吴有孚、镇江游击吴宗道,"役纵水兵,兴贩海上,每装载货物,撒放中江,勒商民取直,甚至改换丽服,潜入属国,压取貂参。其资本出有孚,而宗道为之窝顿地主。"[237]崇祯二年,掌河南道御史蒋允仪(？—1642)等,也纠劾王之臣在天启七年(1627)至崇祯元年总督蓟、辽期间,曾遣施喇嘛等出口互市,"貂参所入不胜计"。[238]

## 三、结　语

天启三年(1623),艾儒略(Giulios Aleni,1582—1649)译著的《职方外纪》,谈到一个遥远的国度—莫斯哥未亚(Moscowia),当地天气极寒,每年八月至来年四月,国人皆衣皮裘。其地多兽皮,如狐、貉、貂鼠之类,"一裘或至千金"。境内产皮处,"即用以充赋税,以遗邻国,多至数十车"。[239]实际上,莫斯科大公国输出的毛皮不仅数十车。欧洲中古时期,俄罗斯一向是日耳曼、法兰克、不列颠及南欧等地奢侈毛皮的主要供应地。[239]这种情况,就像蒙古、女真地区是明帝国珍贵毛皮的主要来源一样。明帝国辖境虽出产各色的皮货,但珍贵的貂鼠、青鼠、银鼠、海獭、猞猁等毛皮,主要还是来自蒙古与女真地区,其途径系透过两个管道,即朝贡体制与边境互市。就输入量而言,互市是比较主要的来源,而朝贡则属附加性质。

蒙古与明朝的朝贡关系,建立于永乐年间,正统十四年土木堡事件后,双方关系时断时续,至弘治末年断绝。由于明朝回赐给朝贡者的彩缎、绢匹颇丰,蒙古与女真各部前来人数不断增加,正统以后屡次重申禁例,要求各部族不得多遣,但情况未见转变,瓦剌也先与鞑靼小王子的贡使常达数千人。隆庆四年,明朝与蒙古达成封贡,但蒙古贡使仅能留在大同,不准进京朝见。相较

---

[236] （清）董谦吉、李焕斗等修纂:〔康熙〕《新淦县志》(台北:成文出版社据清康熙十二年刻本影印,1989年),卷一一,〈乡贤传〉,第34a页。(清)施闰章、高咏等修纂:(康熙)《临江府志》(台北:成文出版社据清康熙七年刻本影印,1989),卷一二,《人物志上·列传》,第51a页。

[237] 《明神宗实录》卷四五五,万历三十七年二月癸丑,第1a页。(明)熊廷弼:《按辽疏稿》(收入《续修四库全书》第491册,据明刻本影印),卷一,《重海防疏》,第52a—52b页。

[238] 《崇祯长编》卷一八,崇祯二年二月乙卯,第38a页。

[239] （意）艾儒略原著,谢方校释:《职方外纪校释》(北京:中华书局,1996年),卷五,《莫斯哥未亚》,第100页。

而言,辽东各族与明朝的朝贡关系则较稳定,直至万历末年因努尔哈赤统一各部才终止。由于朝贡有利可图,兀良哈三卫、海西女真与建州女真,也不断要求增加贡使的名额,至嘉靖年间,海西女真每年限千人,建州女真限五百人,兀良哈三卫限三百人。有趣的是,正德以后,海西女真塔山卫(南关)部酋速黑忒、王中、王台雄霸一方,并掌握大量的敕书,宰制海西各部的朝贡长达半世纪以上。至万历年间,海西塔鲁木卫(北关)与塔山卫互相攻伐,而给予建州女真可乘之机,遂先后为努尔哈赤所灭。明代蒙古与女真所贡土物各有差异,蒙古有马与貂皮、青鼠、银鼠等,正统十年瓦剌所贡毛皮甚至高达十四万六千余张。辽东兀良哈三卫多贡马,间或有貂鼠等毛皮,女真则以进贡貂皮为主,由于辽东各部族年年携带貂皮进贡,其累积数量亦不在少数。而不论蒙古或女真,各部族携至会同馆贸易的货品中,亦不乏珍贵的毛皮。

边境互市方面,自永乐年间起,已有与蒙古边境互市之零星记载。至正统三年,大同正式开设马市,但至正统十四年因战争而罢。其后,逢蒙古使臣前来朝贡之时,朝廷准许留在大同的使臣就地互市,但未开设制度性的马市。嘉靖三十年至三十一年,边境马市短暂开设而又止;至隆庆四年双方和解,宣

㉙ 俄罗斯地区一向盛产毛皮,其第一个毛皮交易中心,乃是位于窝瓦河(Volga River)的保加尔(Bulgar),九至十世纪间有着遍及北方与穆斯林世界的商业网络。而在十世纪至十二世纪,保加利亚毛皮贸易圈的参与者——罗刹人建于聂伯河(Dnepr River)的基辅(Kiev),也开始发展自己的毛皮贸易,逐渐对前者造成威胁且取而代之,成为毛皮贸易的新转运中心。与此同时,在十一至十二世纪,基于保加尔与拜占庭对毛皮的需求,诺弗哥罗(Novgorod)于毛皮交易中的地位也日益重要。公元1240年,蒙古摧毁了基辅,诺弗哥罗随即取而代之,成为新的毛皮集散中心。诺弗哥罗与汉萨(Hansa)之间的松鼠皮(squirrel)贸易,是十四至十五世纪欧洲最重要的毛皮交易网络。至十五世纪下半叶,诺弗哥罗与汉萨之间的贸易关系恶化,加上西欧的一些国家如英格兰、勃艮地(Burgundy)及其他北欧的商业重镇,开始需求更高级的紫貂(sable)、狐狸及貂鼠(marten),对于松鼠皮这种下层百姓皆可买到的毛皮已经不感兴趣。而以专门提供灰鼠皮(gray squirrel)为主的诺弗哥罗,显然无法配合。与此同时,莫斯科与喀山(Kazan)则日渐成为奢侈毛皮的中心。在十五至十六世纪,位于窝瓦河上的喀山,控制了来自西伯利亚鄂毕河(Ob River)的珍贵毛皮货源,成为中亚各国毛皮的主要供应者,并与控制北方毛皮货源的莫斯科彼此竞争。不过,莫斯科掌握了出口克里米亚、鄂图曼以及欧洲的珍贵毛皮商业网络,喀山仅是这一商业网络中的毛皮供应者。莫斯科出口至欧洲的毛皮,除了透过欧洲和俄罗斯商人,经过立陶宛运往日耳曼内地外,也沿着传统的汉萨商路运到卢北克、汉堡等地,远至尼德兰与英格兰。因此,莫斯科成为当时最大的皮货交易中心。参见 Janet Martin, Treasure of the Land of Darkness: The Fur Trade and its Significance for Medieval Russia (Cambridge: Cambridge University Press, 1986年),第5—109页。

府、大同、山西、延绥、宁夏、甘肃各镇边境展开互市,一直维持至明末。明朝与蒙古的边境互市,交易之物虽以马匹为主,但亦有毛皮等物品,晚明甚至有图像描绘南京店铺出售西北的皮货。辽东地区的马市,正式开设于永乐四年,地点在开原与广宁,对象为海西女真与朵颜三卫。正统十四年,朵颜三卫马市停革,迄至成化十四年始重开,马市增为三处,即开原南关马市,对象为海西女真;开原古城堡马市与广宁团山堡马市,对象则为朵颜三卫。而在此期间,天顺八年新开抚顺马市与建州女真互市。成化以后,辽东马市维持四处,迄至万历四年,又开宽甸、清河、瑷阳等马市。辽东马市交易,皮货居于重要地位,特别是貂皮等珍贵毛皮。嘉靖中叶,海西部酋王中为操纵貂皮的利益,甚至从松花江迁至开原边外,成为中介野人女真进入开原互市的要角。直至万历年间,海西女真仍然操纵貂皮之利。努尔哈赤势力壮大之后,为全盘掌握貂皮贸易,陆续兼并海西女真各部,盛产貂皮的黑龙江、乌苏里江流域及库页岛等地,随之也被纳入后金的版图之内。

　　整体而言,在万历末年以前,女真经由朝贡与马市输入的毛皮数量稳定而且持续,是明代珍贵毛皮最重要的来源。蒙古方面,则因断续不定,属于次要地位。也就因为蒙古方面的不稳定,故供需之间呈现起伏。永乐至弘治年间,蒙古时时朝贡,女真又有朝贡与马市双重管道,故到货量较高;弘治末年至隆庆初年,蒙古方面中断,仅依赖女真的朝贡与马市,输入相对减少。隆庆后期至万历末年,与蒙古展开边境互市,附以女真的朝贡与马市,进口数量达于顶峰。因此,万历年间士庶穿着貂皮的记载较以前增加。[291]天启至崇祯年间,因辽东兵兴,女真朝贡与互市断绝,毛皮输入主要依赖与蒙古的边境交易。辽东的一些貂皮,则转由蒙古东部草原,经蓟镇辖境关口运入。辽东皮岛与山东莱州之间的海运线,也曾经是貂皮输入的管道之一。靠近辽东的一些蒙古部族,甚至从事转运女真貂皮的三角贸易。

　　晚明时,虽然珍贵毛皮输入日少,但还是有专事贩运的商人,如俞振龙(?—1639)"素以贩貂为业,故人称俞貂鼠"。[292]而据崇祯年间《酌中志》记载,万历末年至天启年间,每年经由北京宝和等官店抽分的皮货,貂皮约一万余张,狐皮约六万余张,杂皮约三万余张。[293]这些皮货在抽税后流入北京市上,晚明《皇都积胜图》中就有摊贩售卖鼠皮的景况。(参见图六)崇祯年间,黄淳耀

---

[291] 参见邱仲麟:《温暖、炫耀与权势——明代珍贵毛皮的文化史》,将刊于《中央研究院历史语言研究所集刊》第80本(2009)。
[292] (清)陈鼎:《东林列传》(清康熙五十年铁肩书屋刊本),卷五,《卢象升传》,第23b页。
[293] (明)刘若愚撰,冯宝琳点校:《酌中志》(北京:北京古籍出版社,1994年),卷一六,《内臣衙门职掌》,第131页。

(1605—1645)本想在北京灯市买一部《杜工部集》,却遍寻不着,尝赋诗感叹道:"东吴儒生羁旅客,欲货珍奇双手赤。那知市货也寻常,只有貂皮与狐腋。"[294]由此可见,北京市上貂、狐皮还是不少。明代貂皮有东貂、西貂之别,东貂指女真所产,又称东皮;西貂则为蒙古所出,又称西皮。明末因东貂货源短缺,价格随之大涨。崇祯十一年(1638),刘城(1598—1650)至北京,所赋句即有"天下今非万历时,貂产辽东真不贱"之句。[295]别首又言及"西皮争作东皮看",诗注云:"貂以东皮为上,自辽左陷而直贵矣,鬻者伪以西皮市焉"。[296]这种东皮短缺的情况,要到满清入关才有所扭转,而且输入量极大,即连江南地区,很快也出现了穿着貂鼠、海獭等珍贵毛皮的风尚。[297]

---

[294] (明)黄淳耀:《陶庵集》(清光绪十八年顺德龙氏刊《知服斋丛书》本),卷一八,《庙镫二市歌》,第11b页。

[295] (明)刘城:《峄桐诗集》(民国九年《贵池先哲遗书》本),卷八,《借人暖耳追和谢方石李西涯王凤洲韵》,第15b页。

[296] (明)刘城:《峄桐诗集》卷八,《借人暖耳追和谢方石李西涯王凤洲韵》,第15a页。

[297] (清)叶梦珠撰,来新夏点校:《阅世编》(上海:上海古籍出版社,1981年),卷八,《冠服》,第176—177页。

西皮与东皮：明代蒙古与辽东地区毛皮之输入

图一 紫貂
图版来源：百度百科紫貂条，http://baike.baidu.com/view/1041797.htm 撷取日期2007.10.12

图二 土豹
图版来源：百度百科猞猁条，http://bk.baidu.com/view/66455.htm. 撷取日期2007.10.12

图三 《南都繁会图卷》局部
图版来源：中国历史博物馆编著：《华夏文明史》(北京：朝华出版社，2002年)，第四卷，第93页。

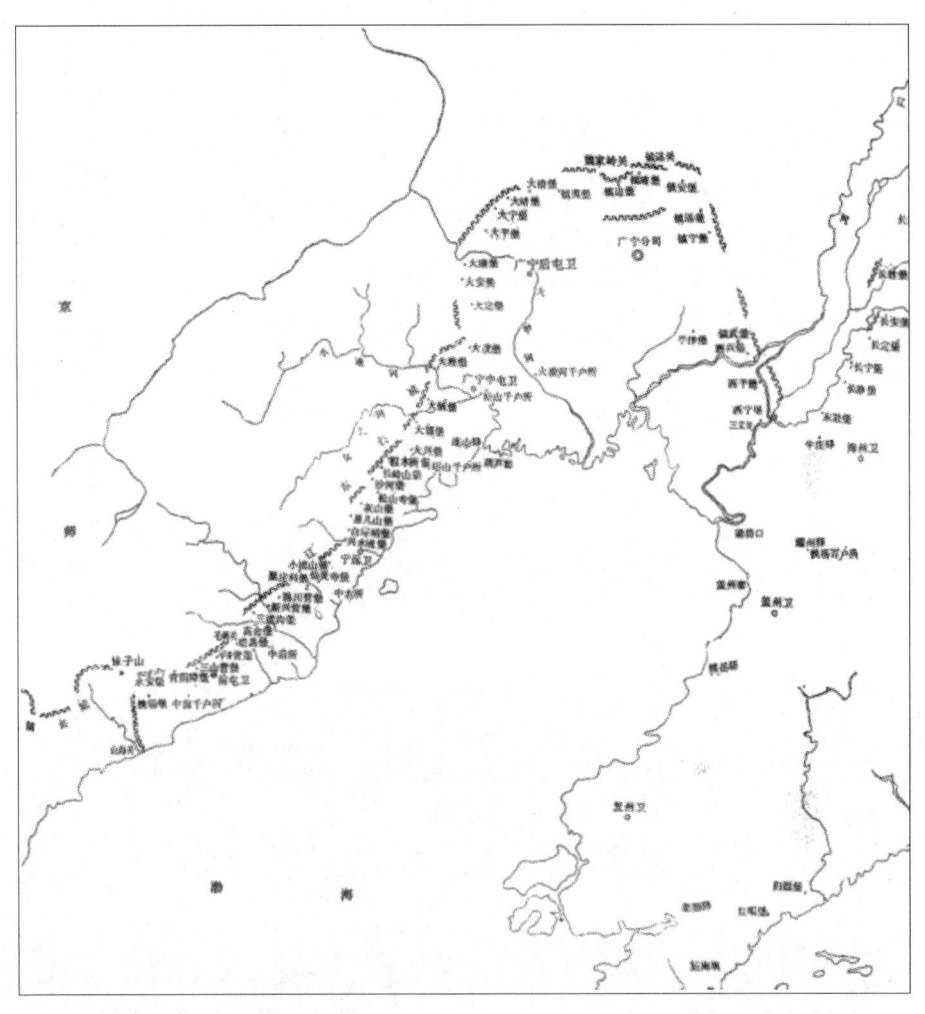

图四　明代辽东广宁马市位置
图版来源：刘谦：《明辽东镇长城及防御考》（北京：文物出版社，1989），节6—7页间夹页。

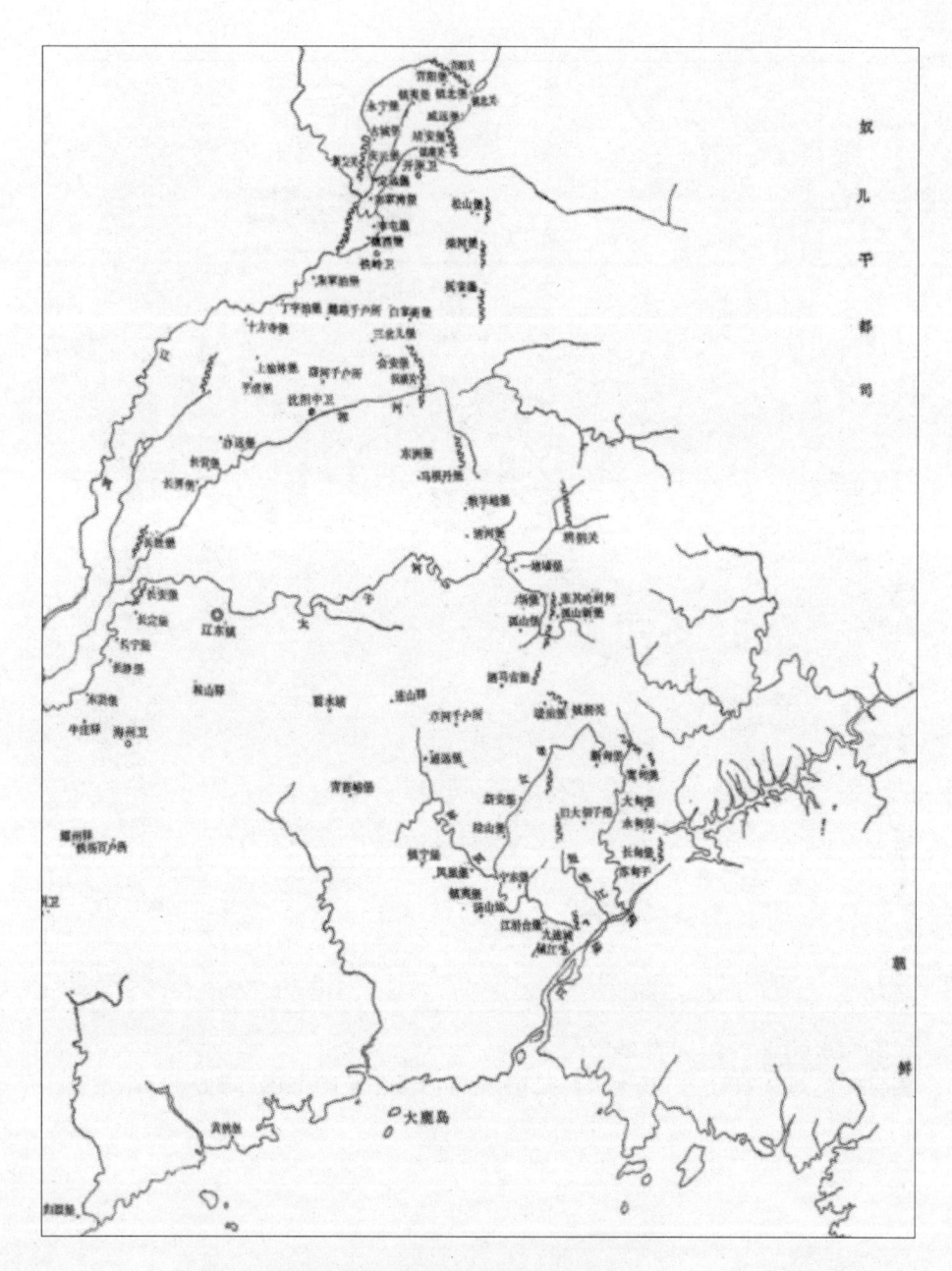

图五　明代辽东开原、抚顺等处马市位置

图版来源：刘谦：《明辽东镇长城及防御考》，第 6—7 页间夹页。

图六 《皇都积胜图》局部
图版来源:中国历史博物馆编著:《华夏文明史》,第四卷,第 90 页。

# 明清晋北的山地开发与森林砍伐

邱仲麟

[内容提要] 本文考察明清晋北地区太行山、五台山、恒山、芦芽山地等地森林遭受砍伐及其日益稀少的情况。而追索其原因,建材市场的扩大,是晋北森林锐减的一大主因。早在十五世纪上半叶,商人已砍取北太行山蔚州一带的森林,顺桑干河而下至卢沟桥贩卖。十六世纪以后,山西木商在五台山、恒山一带的活动频频,而汾河上游的大片森林,也顺流而泛至陕西、河南、山东、河北等地出售。直至明朝灭亡前夕,木商对于宁武关一带禁山仍不死心,冀望能够全面开放砍伐。这种情况,在明代后期已经明显,满清入关以后则毫无限制、更加严重。另外,许多学者均认为:明代军方在边区垦殖,是造成黄土高原水土流失的重要原因。但军人的数量与其开垦的规模,实际上不大且呈性。且自宣德年间起,边关军屯即逐步败坏。而与军屯大量抛荒、无人耕种相比,民田反而步步进逼、满布山头。自十五世纪起,百姓已大量往北太行、恒山及五台山等禁山开垦,而在晋中的太岳山与芦芽山亦都有之。在垦山的过程中,除了砍伐林木之外,有时还以焚林的方式取得耕地,这样的手段为森林带来严重浩劫,直至晚清在五台山区犹然。从这个角度看,流民垦山所发挥的破坏力量恐怕更为惊人。迄至清代,军事屯田逐渐消失,但百姓垦山却未中止,因此山西许多缓坡、浅山,都出现垦田直达顶上的情况。而百姓基于生计的要求,不断向山区垦拓进而焚林,又成为山西生态破坏的另一元凶。

[关键词] 明清 晋北 山地开发 森林砍伐

## 前 言

在中国历史上,山西北部曾是重要的森林覆盖之区,唐代开元、天宝年间为修宫殿,即曾于汾河上游的岚州,采取五、六十尺长的大木。[①]柳宗元(773—819)在《晋问》中,也说"晋之北山有异材,梓匠工师之为宫室求大木者,天下皆归焉"。仲冬时节,"万工举斧以入","罗列而伐者,头抗河汉,刃披虹霓,声振连峦,柿填层溪"。林木被砍倒者,"札戛捎杀,摧莩块圠,霞披电裂,又似共工触不周而天柱折"。接着,"断度收罗,捎危颠,芟繁柯,乘水潦之波,以入于河而流焉"。②文中所谓的北山,应即汾河上游的芦芽山、句注山或吕梁山。

至辽代,大同于重熙十三年(1044)被升为西京,除广建宫室之外,又大量兴筑佛寺,建材皆采自附近的山林。③而被中国建筑界称为奇构的应州木塔,亦是辽代雁北森林富有大木的例证。清初朱彝尊(1629—1709)在〈应州木塔记〉曾云:"去应州治西北百步,有释迦佛塔,建自辽清宁二年(1056),上下以木为之,其高三百六十尺。州居绝塞之冲,土风苦寒,无良材珍木之产,一木之运,百车牛乃达"。④实际上,辽代时大同与恒山一带森林尚茂密,取材绝非清初时人所想的那般困难。另一方面,战争亦为森林带来劫难。北宋仁宗时,刘永年(1020—？)知代州,辽朝为阻挡宋军北上,取代州西山之木,"积十余里,辇载相属于道,前守不敢过",永年遣人焚之,一夕而尽。《辽史》亦记载两国交战,常砍伐林木,兵退亦有焚木之举。⑤

金熙宗天会十三年(1135),曾征集燕、云两地河夫四十万,赴蔚州之交牙山采木为筏,经由唐河及创开河运至雄州之北虎城,建造战船,欲由海道入侵江南,但以"百姓大困,啸聚蠭起,其事中辍"。⑥又据《元史》记载:至元十二年(1275),置蔚州、定安等处山场采木提领所。⑦但在此之前,蔚州已有采木提举司。如蔚州人杨赟,在至元四年(1267),曾率三千人采木,提供大都造城门之用。既而佩银符,获元世祖召见于广寒殿,授职蔚州采木同提举。至十六年(1279),佩金符。在此十余年间,凡四度为采木提举。⑧另外,北京路总管王遵

---

① 张永禄:《唐都长安》(西安:西北大学出版社,1987年),第17页。
② (唐)柳宗元:《柳河东集》(北京:中华书局,1960年)卷一五《晋问》,第272—273页。
③ 翟旺等,《雁北森林与生态史》(北京:中央文献出版社,2004年),第109—111页。
④ (清)朱彝尊:《曝书亭集》(台北:台湾商务印书馆,1983年)卷六七,《应州木塔记》,第398—399页。
⑤ 翟旺等著:《五台山区森林与生态史》(北京:中国林业出版社,2009年),第53—54页。
⑥ (宋)宇文懋昭撰,崔文印校证:《大金国志校证》(北京:中华书局,1986)卷九,《纪年九·熙宗孝成皇帝一》,第138页。
⑦ (明)宋濂等撰,翁独健等点校:《元史》(北京:中华书局,1976年)卷八九,《百官志五·随路诸色人匠都总管府》,第2257页。
⑧ (元)赵孟頫:《松雪斋文集》(台北:台湾学生书局,1970)卷八,《蔚州杨氏先茔碑铭》,第316—317页。翟旺等:《雁北森林与生态史》,第110页。

(1225—1288)之长子,也曾担任蔚州采木提举。⑨大德元年(1297),为皇太后建寺,由司程陆信总理其事,"驱迫人民入山谷伐木运石,死者万余"。而为保护五台山的景观,朝廷在元祐七年(1320),诏命"禁五台山樵采"。⑩

比较特别的是,北宋与明代曾将北部边区的山林视为国防的一环,不准军民随便砍伐。如《忠献韩魏王家传》记载:真定府"北寨谷口有连房界者,山林旧禁采伐,后于寨南三十里悉禁之";定州西北之山林亦为禁区,百姓不得樵采。⑪除了河北之外,河东边区也有禁山,故绍兴六年(1136)宋高宗曾言:"河东黑松林,祖宗时所以严禁采伐者,正为藉此为阻,以屏捍外国耳"。⑫明朝自明初以来,相关的禁令更是不断重申。⑬而其目的,正如董应举(1557—1639)所言:"林木丛密,则敌骑不能入,非惟不能入,且不敢入;非惟不敢入,且不敢近。何也?彼惧有伏故也。夫林木之中,小车可由也,步卒可屯也,骑不可骋也,兵伏则莫测多寡,此敌人所以畏也"。⑭然而,边区森林虽有禁令,却抵不住军民的滥伐。

由于明清山西森林砍伐之记载,远远超过前此各朝代,因此给予学者更多讨论的空间。关于此一问题,史念海先生的关注最早,并提出概括性的结论:明清黄河中游的森林遭到摧毁性的破坏,其中在明代中叶以后,山西北部森林的破坏尤为严重。⑮但若以史料之挖掘而言,则截至目前,无人能出翟旺先生之右。翟先生在山西林业单位服务数十年,工作之余即抄录山西森林史相关史料,并陆续撰成七本专书,各书中对于明清山西森林变迁的讨论实已

---

⑨ (元)王恽:《秋涧先生大全集》(台北:新文丰出版公司,1985年)卷五七,《大元故昭勇大将军北京路总管兼本路诸军奥鲁总管王公神道碑铭并序》,第126页。

⑩ 翟旺等:《五台山区森林与生态史》,第56、64页。年代及陆信官职有错误,已订正。

⑪ (宋)韩忠彦:《忠献韩魏王家传》(台南:庄严文化事业公司,1996年)卷四,第691页。

⑫ (宋)李心传:《建炎以来系年要录》(台北:文海出版社,1968)卷一〇〇,绍兴六年四月辛酉条,第3218页。

⑬ 邱仲麟:"国防在线:明代长城沿边的森林砍伐与人工造林",《明代研究》8(2005),第1—49页。

⑭ (明)董应举,《崇相集》(北京:北京出版社,2000年)卷三,《损益陈建屯田条款》,第127页。

⑮ 史念海:〈历史时期黄河中游的森林〉,收入《河山集》第二集(北京:三联书店,1981款),第283—285、287—290、294—295、303—305、283—285、287—290、294—295、303—305页。

远远超越前人。[16]另外，王杰瑜《政策与环境》一书，也有若干内容述及明清山西西北部一带的森林变化。[17]多年前，笔者撰〈国防在线〉一文，探讨明代北部边境的森林砍伐与人工造林，其中亦涉及山西北部。此文则针对山西做更进一步的考察，并将时间往下延伸至清代，以观察清代以降山西北部森林的重大变化。讨论的范围大约是北纬38度以北的区域，山系主要为太行山北段、五台山、系舟山、恒山、芦芽山、赤岱山、洪涛山等。而由于各山系森林遭受破坏的原因有所不同，因此以下的讨论以山系做为主轴，叙述时采顺时钟方向，先起于太行山北段，而止于洪涛山。

## 一、太行山北段

本节所要讨论的地域，系明代大同府、大同镇、山西行都司辖区的东半部，宣府镇辖区的西半部，是边关上犬牙交错之区。其中，主要河川为桑干河支流葫芦水，而拒马河、滱水亦发源于此区内。葫芦水（壶流水）夹在恒山与太行山之间，起源于大同府广灵县，中间流经蔚州，再注入桑干河。河流以东靠近太行山的区域，森林极为茂密，故成为官方取材的来源地之一。宣德三年（1428）二月，工部为修理内府房屋及库厂、桥梁，奏请派官至此地督民采木，宣宗认为"民方务农，姑缓之"。[18]在农耕期过后，工部仍令百姓于蔚州伐取木材。宣德七年（1432）十二月，工部又奏请遣官前往监督。宣宗曰："今正严寒，姑停止，俟春暖为之可也"，于是暂停蔚州伐木之役。[19]

除了官方之外，百姓亦时常进山伐取。宣德九年（1434），工部尚书吴中（1372—1442）奏称："蔚州、美峪、九龙口、五福山等处，俱产材木，宜长养以资国用。今军民擅自采伐，亦乞禁止。"宣宗云："卿为国计，意甚厚，但山林川泽之利，古者与民共之，今不必屑屑，姑已之。"工部于是议定："蔚州及美峪、九

---

[16] 除了前面已经引到的《雁北森林与生态史》、《五台山区森林与生态史》之外，另有《太行山系森林与生态简史》（太原：山西高校联合出版社，1994）;《管涔山林区森林与生态变迁史》（太原：山西高校联合出版社，1994）;《太岳山区森林与生态简史》（太原：山西高校联合出版社，1996）;《太原森林与生态史》（太原：山西省社会科学院，1999）;《山西森林与生态史》（北京：中国林业出版社，2009年）。

[17] 王杰瑜：《政策与环境：明清时期晋冀蒙接壤地区生态环境变迁》（太原：山西人民出版社，2009年），第111—130页。

[18] （明）杨士奇等撰：《明宣宗实录》（台北：中央研究院历史语言研究所，1966年）卷三七，宣德三年二月癸酉，第914页。

[19] 《明宣宗实录》卷九七，宣德七年十二月丁未，第2196页。

宫口、五福山、龙门关等处山场,除成材大木不许采取,其小木及椽枋之类,听人采取货卖,经过抽分去处,每十根抽三根。"[20]从此以后,这一带山区的木材,可以通过桑干河泛运至卢沟桥变卖,成为北京官民主要建材来源之一。

至正统初年,因修德胜门等门城楼,在京各厂局所贮木料取用殆尽,正统四年(1439)开春,又将修建正阳门城楼,工部于是在正统三年(1438)年底上奏,请求派军人一千名,给与口粮,至蔚州、保安卫等处山场采木,编成木筏,自浑河(桑干河)顺流而下,运至小屯厂贮放,以备修门时支用。英宗降旨准依所请办理。[21]

直至晚明,北京神木厂中,有一巨木横躺,"长二十四丈,高则骑者过左右不见其顶,径二丈余",即采自北太行山。正统年间,采木于山西,怀来卫报土木堡地界有巨材,"为三代时物,土人奉以为神,祈祷香火不绝,恐不可伐"。某宦官率属下查验,勒索居民银子百两,期限满而未得银,遂以可采怂恿镇守太监。太监择日砍伐,宰牛致祭,风雨骤至,不能成礼,破土的役夫还殒绝倒地。花了半个月才将其砍倒,而太监亦在树倒之时以急病身亡。随行副监急欲争功起运,但即使做滚木、绳拽、木船、木撬,人夫聚集上万,号呼之声撼山,官员以太牢、少牢祭告,诸事无所不为,最后还是不能移寸步。于是呈请总督亲往拜祝,始能移动。但从早到晚走不上一里,口粮与索损日费银四、五百两,遇到上陡坡与过岭,每日更仅能以尺寸计。当土木之变时,万夫野宿于其旁,据说皆闻涕泣声。景帝摄政后,遂暂停此事。至天顺复辟,又谕令搬进,所过地方得动用库藏接济所需。沿途"三日一祭告,随地文武肃衣冠在前,力夫从役辇而拜于后者,必万人呼声震山谷",计在途中十几年,核算公私花费,"如木之高大不啻也"。到北京之后,贮放于山西大木厂。这一直径超过六公尺,长七十多公尺的大木,历经各次修殿,因找不到别根可以匹配,遂被放着不用。经过约二百年,至崇祯时,巨木渐陷入地中,且"半有朽蠹"。[22]此一记载虽有其不合理处,但可见当时蔚州一带有神木。

---

[20] 《明宣宗实录》卷一一一,宣德九年六月甲戌,第2499页。(明)申时行等撰:(万历)《大明会典》(扬州:江苏广陵古籍刻印社,1989)卷二〇四,《工部二十四·抽分》,第2742页。

[21] (明)陈文等撰:《明英宗实录》(台北:中央研究院历史语言研究所,1966)卷四三,正统三年六月壬戌,第835页。

[22] (清)花村看行侍者:《花村谈往》(台北:大华印书馆,1961)卷二,《神木显灵》,第171—174页。

| 宣府前卫 | 3,000 |
| --- | --- |
| 宣府左卫 | 1,500 |
| 宣府右卫 | 1,500 |
| 永宁卫 | 800 |
| 怀来卫 | 800 |
| 保安卫 | 2,000 |
| 美峪所 | 400 |
| 蔚州卫 | 15,000 |
| 广昌所 | 5,000 |
| 合　计 | 30,000 |

除此之外,自明初以来,宣府镇每年例须上贡杨木长柴三万斤。[23](参见右表)位处该镇辖境内的大同府蔚州、广昌两地,在数量就占了三分之二,可见森林之茂密。起初所贡皆为实物、不折银,但至明代后期政策改变,据崇祯《蔚州志》记载:"贡杨木长柴,共一万五千斤,动领公费银参百两",[24]已改为折银缴纳。

至于拒马河,发源于大同府广昌县,下流经过太行山区的紫荆关,进入保定府易州地界。滱水又称唐河,起源于山西大同府灵丘县,下流经太行山区的倒马关,进入直隶保定府唐县地界。境内的太白山,在灵丘县南,海拔达2234公尺。另外,马水口、龙泉关、平型关也都在附近。在明代,这一带也是森林茂密之区,官方亦曾在此砍伐木材。如永乐年间,因营造之需,朝廷命鸿胪寺卿王玘,至山西紫荆关一带采木。[25]而工部虞衡司员外郎王士嘉(1369—1455),亦曾奉命至紫荆关采木。据记载:"时宫殿大材,皆积紫荆关,山西军民防守虑有失,以公临之,令严而事妥"。[26]另外,正统七年(1442)正月,山西广昌县呈

---

[23] (明)王崇献纂修:(正德)《宣府镇志》(北京:线装书局,2003)卷四,《田赋·土贡》,第16b—17a页。

[24] (明)来临纂修:(崇祯)《蔚州志》(北京:北京图书馆出版社,2003)卷三,《田赋》,第420页。

[25] (明)郑文康:《平桥稿》(台北:台湾商务印书馆,1983)卷一〇,《金主簿墓志铭》,第601页。按:永乐十一年,王玘由鸿胪寺右少卿升任山西按察使,其记载所言采木事应在此后。

[26] (明)王直:《抑庵文后集》(台北:台湾商务印书馆,1983),卷三二,《侍郎王公墓志铭》,第249页。

报：“广昌站木厂火，焚松木八千八百余株”，工部因此奏请令山西按察使司治管理者之罪。[27]由此可见，工部在广昌县设有官方的贮木厂。

由于紫荆关、倒马关、龙泉关、平型关等地，为外敌东下京畿之要道，自明初以来，其地位视同边关，禁山森林不准私自砍伐。而在成化七年(1471)，李震(？—1474)以兵部左侍郎，奉敕巡视紫荆关一带山场，曾"置立界牌，禁养林木，卫护关隘，防御贼寇"。[28]由于禁山派军驻守，设有边墙与关卡，百姓无法直接入山，故直至明代中叶，禁山上还有不少森林。弘治十七年(1504)七月二十六日，通政司左参议丛兰(1456—1523)奉命巡视紫荆关至宁静口，"入其境，林木蓊翳"；八月二十二日，过倒马关辖下之曹水岭，"崎岖高耸，树木茂密，不能形容。迤南特出一峰，土人悉谓自来无人能到者。望之，围圆皆石，约有数里，形如古塔，顶上松林一丛，不知几千万"。八月二十四日，巡阅龙泉关辖下之黄土坡、黑窑沟、银沙沟等八口，"远近山涧，松柏等树木可为栋梁者难以数计"。[29]

但相对于之前，这一带森林已渐被砍伐。弘治十七年八月初五日，丛兰巡阅紫荆关之沿河口，日记上记到："此口迤北六十里，通河合口，乃筏木通行河道也"。[30]可见山西境内之木材，编成木筏而下。又据丛兰在巡边奏疏言："近年以来，管口官旗罔知法度，纵令附近军民樵采柴薪，踏通道路"；"此等宿弊不但紫荆关为然，倒马、龙泉二关尤甚"；三关所属隘口一百五十余处，"其不纵人往来者十无一二，或山涧产有林木者，则纵人砍伐林木；或山坡有荒地土者，则纵人开垦地土；或山西客商前来真、保地方放牧羊只者，则纵人出入羊只。其间亦有本口官旗纵放附近军民，遇有合抱大树密生地内，有妨耕种，力不能伐者，则用火烧根，或用刀周围削去树皮，以致枯槁"。因此，建请将把守官军"敢有仍前纵人出城砍伐树木、开垦土地者，查例问拟重罪"，"其用火焚烧树根，及削去树皮，以致枯槁，图地耕种者，亦就拟砍伐树木之罪发落"。[31]

即使如此，情况似乎未见好转。嘉靖元年(1522)，直隶巡按御史杨谷谨仍提到紫荆关等处，"军民私自樵采，伐薪烧炭，出口垦田，而把守人员，通同容

---

[27] 《明英宗实录》卷八八，正统七年正月乙酉，第1772页。

[28] (明)商辂：《商文毅公集》(台南：庄严文化事业公司，1997)卷九，《兵部左侍郎李公神道碑铭》，第113页。

[29] (明)丛兰：《经略录》(上海：上海图书馆藏明抄本)卷上，弘治十七年七月二十六日、八月二十二日、八月二十四日。

[30] 《经略录》卷上，弘治十七年八月初五日。

[31] 《经略录》，附录，《钦差紫荆关等处经略边务通政使司左参议臣丛谨题为边务事》。

纵,弊端深痼",㉜可见北直隶军民仍然越界进入山西境内(即所谓的"出口")山区垦殖。隆庆三年(1569),兵部覆奏保定巡抚朱大器所奏事宜时,依然谈到:"马水口所属边隘,东北起沿河口,西南止金水口,计二百五十余里,口内属宛平县、涿州、易州、涞水县地方,其口外属保定卫、保定州、蔚州地方,其口外山林丛茂,正所以保障口外,而往往为民间樵采、垦种,有司不能禁止",㉝显然在太行山以西的大同镇禁山上,百姓垦田的踪迹并未消失。更糟糕的是,山民为了垦田,常将大片的森林烧毁,这看在山西人张四维(1526—1585)眼里,是特别感到忧心。隆庆末年,张四维在给大同巡抚刘应箕的信上说:大同自多事以来,大约三十余年,种树未有成果,其难栽可见,故"闻东人焚山,心窃惜之"。㉞另一封信又云:

> 三关内险,龙泉、平刑一带,多藉林木为障,近五台诸处,乃因游民开田,纵火赭山,殊于防御计为非宜。此皆百年所育,砍伐且恐通道,奈何任其焚荡也。希台下为一诘禁之。㉟

不久,刘应箕下令禁止烧山垦田,并致信告知张四维,张四维回信道:"仰承明台申严伐山之禁,此地方莫大幸也"。㊱但这种开荒垦田、滥伐森林的情况,不可能就此止息。隆庆六年(1572),朝廷任命易州兵备道高文荐的敕文上,仍有"紫荆关迤西,浮图峪之外,地势平旷","各关军民私出口外樵采、耕种,守把人员通同容纵,其弊多端"之语。㊲万历元年(1573),保定巡抚孙丕扬(1531—1614)亦提到:"紫荆关所属乌龙潭总下有王平口,设置宛平县地方,相距紫荆关三百余里,奸军勒抽商税,私采禁林"。㊳

另一方面,明代曾在真定府境内设立山厂(即所谓易州山厂),砍伐太行

---

㉜ (明)杨谷谨:《议复兵备宪臣以重边防疏》,见(明)王士翘编:(嘉靖)《西关志》(北京:北京古籍出版社,1990)卷六,《章疏》,第348页。

㉝ (明)张居正等撰:《明穆宗实录》(台北:中央研究院历史语言研究所,1966)卷三三,隆庆三年六月辛巳,第858页。

㉞ (明)张四维:《条麓堂集》(上海:上海古籍出版社,1995年)卷一八,《又复刘宪吾》,第554页。

㉟ 《条麓堂集》卷一八,《复刘宪吾二》,第554页。

㊱ 《条麓堂集》卷一八,《又复刘宪吾》,第554页。

㊲ (明)刘效祖:(万历)《四镇三关志》(北京:北京出版社,2000)卷七,〈制疏考·真保镇制疏·诏敕〉,第262页。

㊳ (万历)《四镇三关志》卷七,《制疏考·真保镇制疏·题奏》,第387页。

山东麓的木柴烧炭,供应皇家及内府使用。[39]而随着前山树木渐次减少,采木烧炭遂越过太行山,进入山西境内搜寻。如此一来,柴炭采集与边关防守便相冲突。正统四年(1439),大宁都司有意将所辖山岭、关口封禁,管理柴厂左通政陈恭为此上奏:"京师采薪,多出山后,今大宁都司,欲尽塞官座等岭、沙峪等口,则采薪不通;且山后有居民四里,隶籍涞水县,往来路阻,亦为不便。"事下兵部、工部会议,决议"请塞其山口无关者,有关则置排栅,令夜闭昼启,薪夫及居民有文验,则听其来往,庶边防严而人亦便"。英宗准从所议施行。[40]但薪夫与炭商越界滥采的问题,后来一直存在。天顺元年(1457),朝廷下令:"易州一带山场,系关隘人马经行去处,不许采取柴炭"。[41]成化末年,丘浚(1418—1495)在析论边关防卫时也谈到:

> 臣窃以为,今京师切近边塞,所恃以为险固者,内而太行西来,一带重冈连阜;外而浑、蔚等州,高山峻岭,蹊径狭隘,林木茂密,以限虏骑驰突。不知何人,始于何时,乃以薪炭之故,营缮之用,伐木取材,折枝为薪,烧柴为炭,致使木植日稀,蹊径日通,险隘日夷。[42]

这一段话指斥的对象,虽亦涉及宫室营缮,但主要针对的还是采烧柴炭之制。不过,即使他对柴炭制度有所批评,既定事实并未改变。伴随着巨额柴炭不断征派,至弘治年间,易州近山的森林已近枯竭。弘治六年(1493),李东阳(1447—1516)就指出:"易州诸处柴炭,所需林木已空,渐出关外一、二百里"。[43]为了维持内府柴炭正常供应,工部于正德十年(1515)奏准:"山厂采运柴炭官夫商人,经过紫荆关口、蔚州、灵丘、广昌等处,守备等官即便放行,不许阻滞。"[44]

但随着边警时闻,镇守当地的巡抚等官员,基于国防安全,每思加以严格

---

[39] 邱仲麟:"人口增长、森林砍伐与明代北京生活燃料的转变",《中央研究院历史语言研究所集刊》74:1(2003),第157—165页。

[40] 《明英宗实录》卷五四,正统四年四月辛丑,第1045页。

[41] (明)李东阳等撰:(正德)《大明会典》(东京:汲古书院,1989)卷一六三,《工部十七·柴炭》,第403页。

[42] (明)丘浚:《大学衍义补》(台北:丘文庄公丛书辑印委员会,1972)卷一五〇,《治国平天下之要·驭夷狄·守边固圉之略上》,第1439页。

[43] (明)李东阳撰,周寅宾点校:《李东阳集》(长沙:岳麓书社,1984—85),第2册,《文前稿》卷一九,《应诏陈言奏》,第283页。(明)李东阳等撰,《明孝宗实录》(台北:中央研究院历史语言研究所,1966年),卷七六,弘治六年闰五月甲辰,第1455页。

[44] (万历)《大明会典》卷二〇五,《工部二十五·柴炭》,第2746页。

管制。嘉靖元年(1522)，保定巡抚周季凤(1464—1528)奏言："缘边隘口山木，先朝皆有厉禁，近被奸民盗采，为生炭以觅利，宜申明旧约，犯者如法勿贷。"管理山厂工部侍郎沈冬魁(1454—1536)认为："易州山厂采买薪炭商人，道经紫荆关出入，今阻守隘口，不便于输纳。"周季凤覆奏：

> 山厂薪炭，虽称出自广昌、蔚州、灵丘等处，其实奸商不利远涉，各就紫荆、倒马二关，取以供命，皆禁山也。今方欲禁之以资障蔽，又纵其斩伐，则法难行矣。宜令易州山厂，凡召买薪炭，发银给文，赍赴大同府收买，该府给文，传送以归。管粮通判从中勘验出入公文真伪，如有私自采取、关隘留难者，各治其罪。

奏上之后，兵部仍请令季凤、冬魁两人再议。㊺后来，工部于嘉靖五年(1526)奏准：

> 山厂柴炭铺户，出入紫荆关收买大炭，不许挟带别项柴炭，并不明之人出入禁关，亦不许樵采应禁山林。本厂将铺户姓名、年貌、籍贯，该买大炭数目，造册三本。一本送巡查御史，一本发把关官员盘诘，一本存留本厂备照。仍行都察院，转行巡关御史，查照施行。其各衙门年例供应柴炭，止许召商于腹里地方买办，违者巡关官盘诘拏问，柴炭入官。㊻

不过，命令颁布与实际执行之间，难免有其落差。嘉靖六年(1527)，御史穆相奏言："射利之徒，以易州山厂柴炭，及惜薪司杨木供应为辞，往往越关樵采，而守关军不能御"。㊼另据嘉靖《紫荆关志》记载："厂户乘机多结伙伴，名为出关采办，实则取诸关内，公行砍伐"。㊽杨守谦(？—1550)〈紫荆考略〉亦云："紫荆自易州设山场，关之山木斩伐殆空，非复昔之险隘。关内即唐、完二县，人每载米由诸口，于蔚州、广昌卖之，诸口日益夷漫宽衍矣。"㊾针对边山禁区出入管制的问题，工部在嘉靖三十一年(1552)题准："行该抚按巡阅等官，会

---

㊺ (明)张居正等撰：《明世宗实录》(台北：中央研究院历史语言研究所，1966)卷一〇，嘉靖元年正月庚戌，第364页。

㊻ (万历)《大明会典》卷二〇五，《工部二十五·柴炭》，第2746页。

㊼ 《明世宗实录》卷七八，嘉靖六年七月丁丑，第1731页。

㊽ (嘉靖)《西关志·紫荆关志》卷三，《山厂》，第310页。

㊾ (万历)《四镇三关志》卷七，《制疏考·真保镇制疏·集议》，第417页。

同易州厂郎中，亲诣山前、山后山场，逐一踏勘，将应禁、应采地方，议处明白，遵照采烧，炭户给票入山，于原议地方采纳，不许侵越。”(50)

隆庆元年(1566)，户科都给事中魏时亮(1529—1591)在奏疏中云：“紫荆全恃三隘口为外户，曰乌龙、曰宁静、曰浮图，今者木炭加增，林木砍尽，隘口之险难据”，(51)可见紫荆关的森林已遭到严重破坏。而商人还是常贿赂把守关口军士，以便进入禁山砍伐。万历元年(1573)，兵部侍郎汪道昆(1525—1593)阅视边关之后，曾奏请京西山林应严禁炭商砍伐，(52)奏疏内云：

> 马水口沿边林木，深入内边，修者百里，次者数十里；紫荆关、虎张口、倒马关、茨沟营等处，亦不下数十里，此皆先朝禁木，足为藩篱。访得易州炭厂奸商，假借烧炭为名，通同守关隘官，侵伐沿边树木，近该工部郎杨归儒出示禁约，第恐此辈犹复觊觎……倒马关一带，界属山西灵丘、广昌地方，隔省分区，尤难禁约。查得先年边臣，尝以伐木受法，今在畿辅重地，情罪过之。及今修边，应照部议，申明厉禁，即有通同假借，及乘机盗斫者，比律重科，仍行山西巡抚衙门，一体禁缉。(53)

此奏获得朝廷支持，但随着采烧柴炭日益艰难，炭商进入深山采集，恐怕也是意料中事。而为了顺利采办御用马口柴，兵部在万历十年(1582)还议准：“上供顺柴，出马水一带，山中道路险远，采办艰难。行该口守备官，如遇商人到彼，照旧于石港等口，可通水路，听其就近采运，不得故行刁难”。(54)

明末清初，山西因为战乱，人口一度下降，森林复育又出现一线曙光，如康熙《灵丘县志》记太白山云：“山多丛木丰草，樵采者及麓即返，缘邑中兵后，村落半虚，空谷久无足音”。(55)雍正《山西通志》载太白山亦云：“径多丛木茂

(50) (万历)《大明会典》卷二〇五，《工部二十五·柴炭》，第2746页。

(51) (明)魏时亮：《题为摘陈安攘要议以裨睿采疏安攘要议〉，收入(明)陈子龙等编，《明经世文编》(北京：中华书局，1987)卷三七一，《魏敬吾文集》，第4022页。

(52) (明)顾秉谦等撰：《明神宗实录》(台北：中央研究院历史语言研究所，1966)卷一六，万历元年八月丁巳条，第480页。

(53) (明)汪道昆：《太函集》(台南：庄严文化事业公司，1997)卷九〇，《经略京西诸关疏》，第332—333页。

(54) (万历)《大明会典》卷一五六，《兵部三十九·柴炭》，第2187页。

(55) (清)宋起凤纂修：(康熙)《灵丘县志》(南京：凤凰出版社，2005)卷一，《方舆·山川》，第81页。

草","虎狼错迹,樵采殊险"。[56]蔚州直至清初,也还有不少森林,乾隆《蔚县志》就说:"前明时,以南山一带近紫荆关,禁人砍伐,特命守备官及时巡逻,今则资之为利矣。"[57]此记载呈现两层意见,其一为明代边山因国防因素封禁,故至清初犹饶森林。其二,清朝开放这些山林,供百姓与商人砍伐牟利,并未加以禁制。换言之,山西北部的边山,随着政权转换,不再是管制区,出入相当自由,而此对于明代官员极力保护的森林,并非是一件好事,木商与居民滥砍反而更为严重。乾隆《广灵县志》亦云:"广邑山多无材木,水多无鱼虾,产值千金者即推巨富,故素有穷山、穷水、穷财主之嘲"。[58]至晚清,森林益稀,如光绪《怀来县志》记载:"怀,瘠土也,山确而童,水激而浅,风沙时起,种植不肥。所幸生逢盛世,无掠粮毁室之苦,耕田凿井者可以优游事蓄矣。然生聚日繁,野无剩土,耕获不给"。[59]

　　清承明制,蔚州等卫须上贡杨木长柴,旧例为永宁卫八百斤,保安卫二千斤,怀来卫八百斤,美峪所四百斤,宣府前卫六千斤,蔚州卫一万五千斤,宣府南路广昌城守备五千斤。至康熙十四年(1675)题准:"宣府各卫,停其办解杨木长柴,折银解交户部。怀来、保安、美峪所仍照原额解送"。康熙三十年(1691)题准:"怀来、保安、美峪所增解杨木长柴三千八百斤,共额七千斤"。康熙三十二年(1693)题准:杨木长柴归并由怀来县采办解送。[60]据康熙《怀来县志》记载:杨木长柴产于宝凤山,"柴烟直上,以为郊天、祭地、神坛、宗庙焚帛之用,产于他山者,皆不堪入用"。又载:"每年四月初旬入山斫伐,九月十八日编筏起解,十月十一日起批文投部,必于冬至前交纳,方不误大典"。[61]乾隆八年(1743),又命怀来县增解二千斤。[62]迄至道光十二年(1832)以前,岁额达九千五百斤,之后又加一千五百斤,总计为一万一千斤。[63]实际上,若加上已经折

---

[56] (清)觉罗石麟、储大文等修纂:(雍正)《山西通志》(台北:台湾商务印书馆,1983)卷二一,《山川·灵丘县》,第678页。

[57] (清)王育榞、李舜臣等修纂:(乾隆)《蔚县志》(台北:成文出版社,1968)卷一五,〈方产〉,第67页。

[58] (清)郭磊纂修:(乾隆)《广灵县志》(台北:成文出版社,1976)卷末,《杂录》,第370页。

[59] (清)朱乃恭、席之瓒修纂:(光绪)《怀来县志》(台北:成文出版社,1969)卷四,《物产志》,第42页。

[60] (清)清高宗敕撰:(乾隆)《钦定大清会典则例》(台北:台湾商务印书馆,1983)卷一三七,《工部·屯田清吏司·薪炭》,第329页。

[61] (清)许隆远纂修:(康熙)《怀来县志》(台北:中央研究院历史语言研就所傅斯年图书馆藏刊本)卷四,《土贡》,第11a、12a——b页。

[62] (乾隆)《钦定大清会典则例》卷一三七,《工部·屯田清吏司·薪炭》,第329页。

[63] (光绪)《怀来县志》卷四,《土贡志》,第44页。

银的二万六千八百斤,清末采办之数较明代增加七千八百斤。

## 二、五台山区

五台山位处太原府东北隅,为滹沱河所环绕。滹沱河发源于太行山脉平型关附近的泰戏山,以反时钟方向流经繁峙、代州、崞县、沂州、定襄、五台等县境内,穿过系舟山东去,由榆树关进入北直隶,流至真定府境内,明朝在真定府城设有抽分机构,对木材加以抽税。其流域境内,即定沂盆地,西有句注山,南有系舟山,而森林则以五台山为最。五台山主峰海拔3058公尺,为山西境内最高峰。据明人云:"自古相传,五峰内外,七百余里,茂林森耸,飞鸟不度,国初尚然"。[64]

由于林木茂密,朝廷营建宫殿、府库,均曾指定其为采木之区。永乐四年(1406),以修建北京宫殿,派遣官员分赴天下各地采伐大木,右金都御史仲成(?—1413)就被派往山西五台山督率军民采木。[65]次年(1407)十月,朝廷以山西早寒,采木军夫辛苦,命副都御史刘观驰往山西,传谕遣散还家,命明年春天再行赴工。[66]

实际上,五台山附近的百姓"素利五台山木",但是官方有禁令不得砍伐。景泰四年(1453),陈翌(1404—1472)出任山西右布政使,在任五年期间,曾下令弛禁。[67]

明朝中叶,官方依然在这一带伐木取材。嘉靖二十二年(1543)暮春,工部营缮司郎中边彦骆(1493—1543),因奉命"采木晋赵,感太行之岚寒",回至真定而病逝。[68]另外,嘉靖三十年(1551),因内官监题请差官抽印木料以备供应,朝廷曾动支京运银一万四千四百六十五两,行令五台知县杨启充、忻州同知王宦等采运。嘉靖三十一年(1552)冬,工部因楠杉、板枋及柁散等木料已用

---

[64] (明)释镇澄:(万历)《清凉山志》(海口:海南出版社,2001)卷五,《侍郎高胡二君禁砍伐传》,第51页。

[65] (明)杨士奇等撰:《明太宗实录》(台北:中央研究院历史语言研究所,1966)卷五七,永乐四年闰七月壬戌,第835页。仲成在山西采木之地点为五台山,见《明太宗实录》卷一三九,永乐十一年四月癸亥,第1674页。

[66] 《明太宗实录》卷七二,永乐五年十月丁未,第1011页。

[67] (明)王锡爵:《王文肃公集》(台南:庄严文化事业公司,1997)卷七,《南京户部尚书陈公神道碑铭》,第373页。

[68] (明)王教:《中川遗稿》(台南:庄严文化事业公司,1997)卷三〇,《明故工部营缮司郎中边公墓记》,第707页。

尽,上奏分派各产地采买解运至京,世宗准其所议。工部将柁散等木派行山西、真定采送,期限五个月。山西巡抚许论(1487—1559)会同巡按御史李一瀚(1505—1567),令地方官"召募识木商人,及情愿上木殷实之家",采买柁木三千根,散木、松木各四千根,松橡木一万根,运至张家湾报缴。至嘉靖三十二年闰三月,工部行文谓"今经半年,未据解报。近议建筑外逻土城,工程用木紧急,相应行催以济急用"。⑥新任山西巡抚赵时春(1509—1567),为此除上书内阁,请其"密谕工部,速为停止"⑦之外,并上奏朝廷乞请暂缓此举:

> 照得山西西南面一带山场,千里赤地,俱各砍伐无木,惟五台一带,东北至平形、紫荆关,西北至雁门等边关,林木密迩边外,旧时不敢砍伐,巍然尚存。节因屡派大木,有司无以应命,只得将此砍伐……看得五台去朔州、马邑甚近,东下真定、阜平尤捷。迤南迤东,无木无险,胡骑半日可至,则井陉、紫荆等关口,俱为虚设矣。惟仗迤西迤北,俱是山林。胡马原习登山,惟畏林木阻陇……林木之中,其小者,小民自能采取,臣愚窃意尚当立限制禁。惟其大者,民力不能制作般运,且又不能自通道路,故千万大树林立,胜武骑千群……小民窃采,尚当严禁防护,凡有径路,俱应封闭阻绝,岂可更令官采大木,广开道途,小民因循,市买求利,数年必尽,荡无限制,数百里间,尽通胡骑,不知何以御之。⑦

他认为:此山距离陵寝禁山不过数百里,俱为太行山脉所在,事干社稷与军机,尤不可横肆滥伐。况且工部原来行文,只说"泛采候用",而地方已行砍伐。近因修筑京师外城,急需木料应用,出于不得已,本应遵照办理。但此山俱是一些松散树木,原乏杉、楠木之类美材,实不堪供奉上用,而白白让木商牟利,且损坏到关隘防卫。故他除已行文地方官府,将领官款木商所砍伐的大木,与其他木商违禁私砍还留在山上的木材,不论大小,尽数盖上印记,发给水陆运价,迅速送至张家湾,以备工部查收之外,其不足之数,乞请敕令工部即行停止。以后即严禁采木,若有其他牟利之徒,不顾"陵寝风气,边方大计,假公营私,撤去畿甸天险,阴与逆虏开路者",听任其与山西巡按御史,及直隶

---

⑥ (明)赵时春:《浚谷先生集》(台南:庄严文化事业公司,1997)卷四,《乞禁五台一带伐木疏》,第542页。按:杨启充原作杨启光。

⑦ (明)赵时春:《赵浚谷文集》(台南:庄严文化事业公司,1997)卷七,《论禁五台山一带伐木书》,第376—377页。

⑦ 《浚谷先生集》卷四,《乞禁五台一带伐木疏》,第542—543页。

巡抚、巡按等官指名参奏。[72]赵时春所言虽甚恺切，但不久他便因应战失利而遭到解职，这一请求应该是未获准。

嘉靖三十六年（1557），工部为营建朝门午楼，议准材木先尽量取之神木厂，其次再差派御史、郎中各一员，巡查先年沿途所遗大木解京运用。同年，又命令四川、贵州、湖广三省采木，山西、真定采松木，浙江、徽州采鹰架木。[73]据万历《临洮府志》记载：杨启充出任五台县令时，"世宗建三殿，采木于邑，公募民伐山，得木二十万"，适逢亢旱水竭，艰以挽运，杨启光对天祈祷云："朝廷营建在迩，当事征木孔亟，民力疲矣，愿锡之雨。"当天晚上，"果大霈如注，木尽浮出"。[74]按世宗建三殿即在嘉靖三十六年，故杨启充祈祷之事应该发生在这一年。

嘉靖末年，王士翘曾说：太行山上的龙泉关，在未筑边墙以前，"四望山林，悉属关隘，砍伐有禁"；修了边墙之后，墙东的太行山区"官军守之"，墙西的五台山一带，则是"僧商合党，旦旦而伐之，无所畏惮"。[75]僧人与商人合谋，将山上林木出售砍伐，成为当时森林一大患。又据万历《清凉山志》记载：五台山一带，"诸州傍山之民，率以伐木自活，日往月来，渐砍渐尽。川木既穷，又入谷中，千百成羣，蔽山罗野，斧斤如雨，喊声震山。寒岩隐者，皆为驱逐，夺其居，食其食，莫敢与之争。当是时，清凉胜境几为牛马场矣"。万历初年，御史贺一桂曾经题请禁止盗伐边关山木，其后木商虽稍收敛，但还是不肯就此罢休，"视贩木为奇货"，每年所采动以万计。而且，又以搜买旧木为名，但却私自砍伐，冀图夹带出山。加上深山人迹罕至，未曾设官管理，五台山的僧官又势力微弱，不能与之抗衡。因此"奸商之辈，夏则千百为群，肆行窃取。秋则假买旧木，因之驾运"。在官府以为旧木并无太大用处，与其任其朽败而无用，不如加以变卖，"取千百之利以济边"。而木商熟知有变卖旧木之例，于是辗转砍伐以谋利。万历四年（1575），山西巡抚高文荐下令严禁，"一切寸木，不许变卖"。木商见无法得逞，乃投靠权要，以"真定抽印，以供造办"为由，冀得获利。[76]

万历四年七月，胡来贡升任雁门兵备道，曾入五台山造访释德清（1546—1623）。十月间，释德清至代州见胡来贡，并待了一段时日，过年前准备回寺，曾向来贡说道："台山林木，苦被奸商砍伐，菩萨道场将童童不毛矣。"胡来贡

---

[72]《浚谷先生集》卷四，《乞禁五台一带伐木疏》，第543页。
[73]（万历）《大明会典》卷一九〇，《工部十·物料·木植》，第2592页。
[74]（明）荆州俊、唐懋德等修纂：（万历）《临洮府志》（北京：中国书店，1992）卷一九，《人物列传中》，第191页。
[75]（嘉靖）《西关志》卷首，《故关图论》，第510页。标点有所改正。
[76]（万历）《清凉山志》卷五，《侍郎高胡二君禁砍伐传》，第51—52页。

遂具疏上请严禁。[77]而万历《清凉山志》则言:万历八年(1580),胡来贡守河东道,巡视雁门及五台山,目击森林受到严重砍伐,回至太原后,曾向巡抚高文荐提及,文荐乃具奏朝廷,请求严禁滥伐滥垦。[78]实际上,河东道辖区在晋西南,驻所在平阳府蒲州,不可能巡视至雁门等地。胡来贡巡视雁门及五台山,系在其任雁门兵备道时,故当以《憨山老人梦游集》所载为正确。而高文荐上疏朝廷,应该是万历五年(1576)。高文荐在奏疏中提到:原本"林木葱郁"的北楼、宁武一带,与昔年"重岗深树"的五台山区,已非旧时景象。而"父老相传,谓两山之树,往者青霭相接,一目千里"的森林覆盖率,至此也砍伐殆尽,"所存者百之一耳"。鉴于五台山森林滥伐越来越严重,故他建议:

> 其在五台,僧官、巡检带领弓兵,日夜巡缉,一有奸商、豪势砍伐入山,擒获赴道,以凭问罪。以后,不论新木、旧木,不开变卖之端,但有一木出山至河川者,即坐本官以卖放之罪。奸商、势要不得假抽印之名,复滋砍伐。

奏上之后,奉圣旨:"兵部知道,准议施行。"[79]万历年间,释镇澄于《清凉山志》曾说:经过高文荐题准严加禁革后,五台山的林木砍伐随之停止。[80]释德清亦指出:"自后,国家修建诸刹,皆仗所禁之林木,否则无所取材矣。"[81]事实上,这可能夸大了禁令的效力,五台山森林还是持续有人盗砍。

万历十二年(1584),神宗降旨修建大峪山寿宫,工部因木材缺乏,题请楠杉大木、鹰平条槁由四川、湖广、芜湖等处解送,松木五万九千五百余根则依例召商买办。获准之后,工部批令张家湾木行铺户耿应祯等分别收集松木,既而耿应祯等承办者呈报:"张家湾等处并无客木,即往山西产木处所收买,经过五台县河门口地方,见有漏抽入官长㪷木四千余根、松木二万八千余根,召人认买,变价济边。又有在山内木大小六万余根,告乞查处"。工部于是咨文山西巡抚,请其派员调查。山西方面回复:"五台县河门口堆放木植,果有三万一百九十二根。"工部所差舍人吴大经亦禀称:"本处木料除河门口外,各山尚有六万余根。"山西客商李希夔等呈报:"五台地方见在松木三万有余,乞批拽

---

[77] (明)释德清:《憨山老人梦游集》(上海:上海古籍出版社,1995)卷三九,万历四年丙子条,第3267页。
[78] (万历)《清凉山志》卷五,《侍郎高胡二君禁砍伐传》,第51页。
[79] (万历)《清凉山志》卷五,《侍郎高胡二君禁砍伐传》,第51、52页。
[80] (万历)《清凉山志》卷五,《侍郎高胡二君禁砍伐传》,第51页。
[81] 《憨山老人梦游集》卷三九,万历四年丙子条,页326—327。

运"。当时,工部屯田司郎中葛昕(1542—1602)负责修建寿宫事务,为此上奏:

> 臣等看得大工物料,节奉明旨:"着上紧办造",川、广大木虽已派采,而柁檝、松木召买颇难,各厂正值匮乏,尤宜急行措处。今五台县既有存积木料数多,又经咨行山西巡抚衙门查勘前来,相应题请,合候命下,本部移咨山西巡抚都御史,转行该司道官,督同府县等官,即将前项入官松木,照依咨开堪用数目,给文差官,管解赴部,以济大工之用。其水脚,酌量地里,估计合用若干,就于该府收贮本部事例银两,募夫拽运前来,不得分毫派扰小民。其各商原报在山松木,听令原领有本部批文者,许其入山自运前来,不得阻勒。解到之日,仍听本部拣选,照估给价收买应用,庶木料有备而需用不乏矣。

奏疏上了之后,奉圣旨:"是!"[82]从这段内容看来,五台山上被砍伐的木材,除了堆放在河口者外,不少仍散落在山谷中,其中不乏商人盗伐者。有趣的是,万历十四年(1586),山西巡按陈登云奏称:"本省五台山木,非边防所关,议欲暂弛山禁,俾各饥民樵采,以博鬻贩之利。"[83]后续发展虽不清楚,但可以看出既得利益者不肯罢休,于是请托巡按官员,以其他理由试图解除禁令。要之,山西木商对于森林的利益,自始至终并未放弃。迄至万历二十四年(1596),山西商人在五台山所采木材,仍沿着新落河(滹沱河)而下,运至真定赵堡口交税,[84]再贩运至其他地方。

除了商人的活动之外,矿徒也聚集在五台山上。万历三年,山西巡抚郑雒(1530—1600)曾奏请重申"山西五台、繁峙二县奸民结聚盗采矿砂之禁"。[85]然而,其成效不彰。五台山广约七百里,"其间林木茂盛,丛杂土石,甚崎岖"。五台县人张守清,与其党徒郭西山、张尽忠等聚众三千人,居于鐡铺村,专以开矿为务。其后,代藩潞城、新宁二王与张守清通婚姻,人数聚集渐增,乃以郭西山为大头目,何矮子为小头目,设立头子二百余名。万历十八年秋,朝廷命巡抚勘验,宣大山西总督萧大亨(1532—1612)与御史贾希夷(?—1597)亦檄令归降,否则派兵进剿。于是,张守清向总督呈状,称说"盗矿则有之,实无它

---

[82] (明)葛昕:《集玉山房稿》(台北:台湾商务印书馆,1983)卷一,《议取官木以济工用疏》,第389—390页。

[83] 《明神宗实录》卷一八一,万历十四年十二月乙酉,第3385—3386页。

[84] 《明神宗实录》卷三〇二,万历二十四年九月癸卯,第5662页。张海鹏、张海瀛主编《中国十大商帮》(合肥:黄山书社,1993年),第13页。

[85] 《明神宗实录》卷三八,万历三年五月庚申,第897页。

肠"。既而,鐵铺村人袁秉臣上状,内容相同,"愿立为保长,使开矿纳税"。萧大亨命雁平兵备道张惟诚处理,惟诚令代州知州黄思道、五台知县常自新查明,两人勘查后,"请以铁铺村土著,及晋府佃民流寓,大率四百九十二户,编为一甲",立张守清为保长,郭贵为保正,许廷珍为保副,丁厮为老人,"开矿取砂,岁赋一千五百两,封输县官,以佐邊"。当时,山西巡抚李采菲(1523—1595)认为所得矿砂官七民三,而黄思道、常自新则力主"官取其五,而以半予民",于是张守清以所建屋三十五所,改为乡约所,而总督与巡抚皆以为可行,于是上奏"请立循环文簿,每二季一算",所得运往布政使司,岁末转解户部。其后,巡按张贞观奏言开矿有五不可,最后经户部、兵部覆奏,降旨矿洞封闭、矿徒归籍,并赦免张守清死罪,谴送回籍。⑥

另外,五台山上垦田亦日渐兴盛。万历二十二年(1594),山西巡抚吕坤(1536—1618)针对"地不属于有司,人不入于编户",各处流民聚集山中不下万家的情况,曾题请将五台山僧人及寄居的流民,在繁峙者属繁峙县,在五台者属五台县,俱由县里编入保甲,严加盘查。此外,建议对百姓开垦的土地照亩征租,僧人开垦者则减半起科。⑦即使如此,滥垦之趋势仍未停止。万历《繁峙县志》即云:"五台一带,繁峙居民甚少,皆系四野流民,自行辟垦,遂成村落,亡命不逞之渊薮也。往往为他郡豪右,及振武卫官侵为己业,间有不得其平者,即投献王府"。⑧

前此,高文荐曾提议由五台山僧人巡逻并保护森林,而实际上五台山僧人却时常参与盗砍。吕坤就说:"其五台山寺僧不下数千,伐木奚啻百万"。⑨另外,万历三十八年(1610),王思任(1572—1646)在五台山游记上提到:"山尽豫章之材,居僧苦其荒塞,斧斤不力,在在付之一炬",⑩则五台山僧人不仅不护林,反而常放火烧林。另外,五台山佛寺修筑,为取得需要的建材,也对附近

---

⑧ (明)瞿九思:《万历武功录》(成都:巴蜀书社,1993)卷一,《两京北直隶·矿盗张守清列传》,第31—32页。《明神宗实录》卷二二七,万历十八年九月乙丑,第4220—4221页;卷236,万历十九年五月乙丑,第4373页;卷二四〇,万历十九年九月癸酉,第4463页。

⑨ (明)吕坤撰,王国轩、王秀梅整理:《吕坤全书》(北京:中华书局,2008年),《去伪斋集》卷1,《摘陈边计民艰疏》,第41页。

⑩ 见(清)顾炎武编:《天下郡国利病书》(上海:商务印书馆,1935),第17册,《山西》,第782页。

⑨ 《吕坤全书·去伪斋集》卷一,《摘陈边计民艰疏》,第40—41页。

⑩ (明)王思任:《王季重杂著·王季重历游记》(台北:伟文图书出版社,1977),《游五台山记》,第619—620页。

森林造成破坏。[91]

　　清康熙十年(1671)，潘耒(1646—1708)游五台山，有〈五台县〉诗云："路入滹沱左，城开五顶西。女墙晴翠没，牛屋断崖齐。谷井悬梯汲，山田抱犊犁。边城霜落早，红徧数村梨。"[92]由此可见山中垦田的景象。而在接近清凉谷时，竟见"十数里红叶漫山"，有诗云："晋山虽巃嵷，而无林水秀。眼豁此山椒，十里张锦绣。"[93]似乎在清凉谷附近，森林尚有可观。又，康熙《五台县志》云："古者建都邑，后世分郡县，皆有山川林麓以附丽于其境，所以备财用宫室而佐民用焉"。[94]言下之意，五台县的木材仍可自给自足。康熙二十二年(1683)二月，清圣祖巡幸五台山，驾临中台，特谕达喇嘛各寺住持及地方官员，"不许砍伐山厂，各要栽培树木，壮丽名山风水"。[95]乾隆三十年(1766)，生员郑良翰等，盗伐五台山下堡子山树木八十余株，曾被查获上报。[96]因此，五台山高海拔处还有不少森林。如乾隆《五台县志》记载：青山"巍然高耸，青松茂密"；紫罗山"峰峦高峙，苍松茂郁"；黑山"转缘百折，林木丛茂"。[97]乾隆《代州志》亦记载：桦木出五台，"可作器皿，制为盘盒等类，大者径三尺者，皆刊整木为之"。[98]

　　实际上，清代五台山的森林应是日渐稀少，毕竟其已不再是边关重地，朝廷与地方官未必如明朝那般保护。据学者指出：康熙三上五台山，从阜平往西过龙泉关前行，见丛林茂密，惧刺客藏匿，令弓箭手以喷箭四射，箭及之处，尽处烧毁。康熙住在台怀镇时，亦将行宫四周之丛林烧毁。然山火一旦燃起，蔓延不止，被焚林野，岂只一箭之遥？由于焚林加上滥砍，导致森林日减，故康熙末年，雍亲王随往五台山时尝感叹道："往昔林麓蓊郁，今林凋尽，已无蓊郁之

---

[91]　陈玉女：《明五台山诸佛寺建筑材料之取得与运输——以木材、铜、铁等建材为主》，《成大历史学报》27(2003)，第67—74页。

[92]　(清)潘耒：《遂初堂诗集》(台南：庄严文化事业公司，1997)卷一，《五台县》，第516页。

[93]　《遂初堂诗集》卷一，《将至清凉谷十数里红叶漫山溪流清驶如行图画》，第516页。

[94]　(清)周三进纂修：(康熙)《五台县志》(北京：中国书店，1992)卷二，《山川》，第830页。

[95]　(雍正)《山西通志》卷一七一，《寺观四·五台县·台怀佛刹》，第303页。(清)佚名：(乾隆)《钦定清凉山志》(海口：海南出版社，2001)卷7，《巡典·恩赉附》，第311页。

[96]　《清高宗纯皇帝实录》，卷七四八，乾隆三十年十一月甲申条，第10664页。

[97]　(清)王秉韬续修：(乾隆)《五台县志》(台北：中央研究院历史语言研究所傅斯年图书馆藏刊本)卷二，《山川》，第11a、12a、13a页。

[98]　(清)吴重光纂修：(乾隆)《代州志》(台北：台湾学生书局，1968)卷二，《物产》，第311页。

观"。[99]而皇帝巡幸五台,亦每每重修行宫。[100]如乾隆四十六年(1781),高宗巡幸五台山时,雁平兵备道缪其常驻扎五台山,督办修筑行宫各工程,曾砍伐五台山的大木,令百姓舁抬至行宫工地。[101]另外,官方亦听任百姓入山砍柴。如乾隆《五台县志》记载:"凡山林川薮之所生,亦听民取用而不禁焉"。居民在九月农获之后,即"入山收薪樵、伐木为炭"。[102]在垦田方面,乾隆十一年(1746),清高宗游五台山,其〈射虎川〉诗注云:"五台旧闻多虎,今则垦田艺植,猛兽避迹矣"。[103]乾隆二十六年(1761),〈射虎川〉诗又云:"三驱弧矢罢平野,万户耕桑遍大田。"诗注:"承平日久,垦辟率无隙地,不似康熙初年,此地尚有野兽可行围也"。[104]乾隆末年,《钦定清凉山志》亦云:"山中素称多虎且猛鸷,今则耕种日开,虎渐避迹矣"。[105]迄至晚清,光绪《五台新志》记载:"地狭人满,田不足以耕",无田者"履险登山,石罅有片土,刨挖下种,冀收斗升,上下或二、三十里"。又云:"闲民腰斧,入山砍柴,扪萝攀葛,履貔貙之径,蹈虺蝎之窟,负归卖于街市,易一升粟。"[106]而焚林开荒的习惯,直至民国时期犹然。民国《重修崞县志》就记载:"土人不惜一炬,往往由山四周一齐纵火,林莽灌草,禁化为灰,作肥田之料,俗名『放荒』。每放一次,其火经旬不熄,至夜间光达数里,人俱见之"。[107]

附带一提的是,五台山的西方,隔着滹沱河,有句注山脉,主峰海拔2428公尺。句注山东麓为忻州,据万历《忻州志》记载:忻州山地多石,"薪木绝少"。[108]其实,这种石山在山西境内并不难见到,至于山上何以多石而无木,笔者曾请教翟旺先生,他认为应该是土壤流失的结果,即原本在岩石上仍有森林及土

---

[99] 翟旺等著:《太行山系森林与生态简史》,页20;《五台山区森林与生态史》,第99、104页。

[100] 翟旺等著:《五台山区森林与生态史》,第97—98页。

[101] (清)孙汝明、杨笃等修纂:(光绪)《五台新志》(南京:凤凰出版社,2005)卷三,《名宦·王秉韬》,第88页。

[102] (乾隆)《五台县志》卷四,《食货》,第2a页;卷二,《星舆志·节序》,第20a页。

[103] (清)清高宗:《御制诗初集》(台北:台湾商务印书馆,1983)卷三六,《射虎川》,第542页。

[104] (清)清高宗:《御制诗三集》(台北:台湾商务印书馆,1983)卷一一,《射虎川》,第440页。

[105] (乾隆)《钦定清凉山志》卷二二,《物产》,第466页。

[106] (光绪)《五台新志》卷二,《生计》,第80页。

[107] 翟旺等著:《太原森林与生态史》,第177页;《五台山区森林与生态史》,第93页。

[108] (明)杨维岳纂修:(万历)《忻州志》(北京:中华全国图书馆文献缩微复制中心,2000)《物产》,第273页。

壤覆盖,但因森林砍去以至水土保持破坏,最后才导致现今石头裸露的情况。据科学研究指出:地球上土壤形成的过程相当缓慢,大约100—400年才能形成约10公厘的土层,但流失后很难再恢复。[109]翟旺先生的推断实有其道理。

五台山的南方,隔着滹沱河,则是系舟山脉,主峰2102公尺。系舟山区,北有定襄,东南有盂县。清代定襄县百姓,亦常滥伐森林及放火烧山以垦田,故乾隆年间,定襄县举人樊先瀛《保泰条目疏》卷上第一百零一条建议:"斧斤以时入山林,严为限制,火烧蔓延,议必加罚";卷下第八条建议设木正,"专山林之守,以护成材大林,之外樵采不禁";第十二条则言司树"种树为裕子孙之计,平地多材木,则山林得以休息矣"。[110]以上诸多建议,对于山林保护裨益甚多,可惜官方并未采纳。[111]而系舟山西南余脉的阳曲县,清末因为森林日少,县北小店郑家梁村民,在同治九年(1870),曾立〈禁山碑记〉于龙王庙,碑记中规定:"有无耻之徒,放火烧山者,罚款壹拾千文。牛羊上山,人等割柴者,以例照究。"[112]

## 三、恒山一带

山西北部的恒山山脉,挟在桑干河与滹沱河之间,为晋北最重要的屏障,上有许多著名的关口,如北楼口、雁门关、阳方口等,其山峰在2000公尺以上者颇多,如雁门关东北的馒头山2426公尺,浑源州南边的恒山2016公尺,广灵县北的六棱山2375公尺。山北之桑干河,又名浑河,发源于宁武之岢岚山,流经朔州、马邑、山阴、应州、怀仁、大同等州县。比较重要的支流,南为浑源川(流经浑源州)、北为合河(流经大同城)。其下游进入北直隶,于怀来与洋河汇合,再流至卢沟桥,官方在此设有机构,对木材加以抽税。

明朝初年,因山西北部接近边境,"恐樵采通道路,以滋边患",故禁止军民砍伐边山树木。至正统十二年(1447),山西按察使司奏言其"不便军民",英宗于是命弛山西军民樵采之禁。[113]正统十四年,土木堡之变后,兵部在景泰元年(1450),又建请重申居庸关、雁门关、紫荆关等边关山林不得砍伐之令,得

---

[109] 张志杰:《环境生态学》(台北:科技图书股份有限公司,1994年),第107—108页。

[110] (清)郑继修、邢澍田等修纂:(光绪)《定襄县补志》(南京:凤凰出版社,2005)卷一二,《艺文中》,第485、486页。

[111] 翟旺等著:《五台山区森林与生态史》,第100页。

[112] 翟旺等著:《太原森林与生态史》,第182页。

[113] 《明英宗实录》,卷一五二,正统十二年四月己未,第2989—2990页。

[114] 《明英宗实录》,卷一八九,景泰元年二月己卯,第3867—3868页。

到景帝批准施行。[114]不过,禁令虽再次重申,军民砍伐山西边林之事,还是时有所闻。成化初年,彰武伯杨信在大同总兵任上,还曾私役边军伐木营利,而为巡按御史参奏。[115]而恒山附近百姓亦多有以砍伐为业者。成化《山西通志》记载:浑源"民好俭啬,性亦淳美,近山者采木为生,近川者力田为务"。[116]实际上,山西边关林木禁采之禁,颇有人希望解除。成化六年(1470),兵科给事中梁璟(?—1502)上言雁门关官军,不应禁止百姓入山樵采,兵部议覆,内称:"雁门关一带关口,南至崞县、忻州,北至繁峙县,山内有居民征粮田地,北口官军不可禁其樵采、止其出入,以为民害。宜移文山西巡抚等官,会议处置。"宪宗允之。[117]当时山西巡抚为李侃,讨论结果如何,现已不明。又据方志记载:弘治十年(1497),陈梁以举人出任浑源知州后,"地有恒山,素禁樵采,梁奏弛禁,民获利"。[118]

弘治元年(1488),太监金辅接送北房贡使,由大同回京,奏陈备边事宜,谓"宣府、大同,宜增修城堡,其木植请量采备用。"经兵部覆奏,孝宗传谕:"木植不必采。"[119]但即使孝宗不准采取,军镇私砍林木的情况,实际上已存在相当长的时间。弘治六年(1493),兵部尚书马文升(1426—1510)奏言:

> 永乐、宣德、正统年间,边山树木,无敢轻易砍伐,而胡房亦不敢轻犯。自成化年来,在京风俗奢侈,官民之家,争起第宅,木植价贵,所以大同、宣府窥利之徒、官员之家,专贩筏木,往往雇觅彼处军民,纠众入山,将应禁树木,任意砍伐。中间镇守、分守等官,或徼福而起盖淫祠,或贻后而修造私宅,或修盖不急衙门,或馈送亲戚势要,动辄私役官军,入山砍木,牛拖人拽,艰苦万状,怨声盈途,莫敢控诉。其本处取用者,不知其几何;贩运来京者,一年之间,岂止百十余万。且大木一株,必数十年方可长成,今以数十年生成之木,供官私砍伐

---

[115] (明)刘吉等撰:《明宪宗实录》(台北:中央研究院历史语言研究所,1966)卷三九,成化三年二月乙巳,第784页。

[116] (明)李侃、胡谧修纂,李裕民、任根珠总点校:(成化)《山西通志》(北京:中华书局,1998)卷二,《风俗》引《浑源州志》,第42页。

[117] 《明宪宗实录》,卷七九,成化六年五月庚寅,第1538页。

[118] (清)桂敬顺纂修:(乾隆)《浑源州志》(南京:凤凰出版社,2005)卷五,《名宦》,第309页。按:(乾隆)《浑源州志》叙事记为成化年间,查(明)张钦纂修:(正德)《大同府志》(台南:庄严文化事业公司,1996)卷八,《宦迹·浑源州》,陈梁于弘治十年到任,十五年去任(见第296页),其非成化年间事可知。

[119] 《明孝宗实录》卷二〇,弘治元年十一月甲戌,第474—475页。

之用,即今伐之,十去其六七,再待数十年,山林必为之一空矣。[120]

马文升此奏所谈及的情况,包括大同镇所在山区与宣府镇蔚州一带,问题似乎相当严重。当中谈到各种砍伐的背景,如贩卖取利、人情馈赠、修建私宅、造寺盖庙、营建衙署等等。而其根源所在,则为明中叶以后,京师官员崇尚高屋华厦之风,与寺庙的大量翀建。这一浪潮之兴起,为数十年才能长成的树木带来严重的危机。[121]因此,他建议于应禁山林山口、木筏经过河道关口,派遣能干官军把守,"除内外官司奉有明文,修理营造、筏运官木,并小木柴炭,查验明白,照旧通放外,其余私自贩卖等项大木经过,即便拏送",依律究问,原木尽数入官。其敢有隐瞒纵放者,事发后俱问以受财枉法坐赃之罪。[122]

正德十年(1515),提督山西三关都御史陈天祥(?—1516)奏云:"雁门、宁武、偏头关,旧有山隘峻险,以扼北虏。近因势豪伐木,居民开垦山坡,渐成通衢,易以冲突。"兵部议令总制、提督、巡抚等官不时整饬,武宗从其所议。[123]陈天祥所言之地,雁门关附近即恒山,宁武关附近即芦芽山,偏头关附近有赤岔山余脉,均有移民进入山区垦种。同年稍后,陈天祥又奏言:"各边关禁例,砍伐林木者治罪,而未有开垦山场之禁。以故,奸豪往往垦田立庄,道路日辟,关险寖夷,较之伐木,为患尤甚,乞一体重治。"[124]同时,给事中黄锺亦言:"自浑源以西,至雁门、宁武、偏头等关,三、四百里皆为禁山,盖借林木以资形势。迩年规利之徒,斩伐平旷,致使盗贼逃窜,奸细出没,边关失险,夷狄乘便。"武宗俱命兵部会议后上奏,兵部覆奏谓:

> 此弊不独山西三关为然,紫荆、倒马、居庸、龙泉等关亦有之,达虏深入,实由于此。宜令提督都御史及各镇巡官严加禁约,凡垦禁山、毁关隘者,悉以砍伐林木例治之,遇赦不宥。[125]

奏上之后,武宗报可。由此看来,除了山西边山之外,太行山及燕山等处亦出现类似现象,朝廷乃开始禁止百姓于边关开垦,以免影响国防安全。朝廷

---

[120] (明)马文升:《马端肃公奏议》(扬州:广陵书社,2009)卷一一,《禁伐边山林以资保障事》,第1849—1850页。

[121] 邱仲麟:《人口增长、森林砍伐与明代北京生活燃料的转变》,第150—151页。

[122] 《马端肃公奏议》,卷一一,《禁伐边山林以资保障事》,第1853—1854页。

[123] (明)费宏等撰:《明武宗实录》(台北:中央研究院历史语言研究所,1966)卷一二一,正德十年二月壬辰,第2432页。

[124] 《明武宗实录》,卷一二三,正德十年四月戊申,第2471—2472页。

[125] 《明武宗实录》,卷一二三,正德十年四月戊申,第2472页。

虽定出禁止在禁山开垦的处罚依据,但这种情况并未停息。

明中叶,乔宇(1457—1524)游恒山至虎风口,尝见"其间多横松强柏,状如飞龙怒虬,叶皆四衍,蒙蒙然怪其太茂"。随行者告以当地人认为,此片山林是岳神所保护,"人樵尺寸必有殃,故环山之斤斧不敢至"。[126]然而,恒山许多森林已经遭到严重砍伐。嘉靖二十二年(1543),山西三关兵备道胡松(1490—1572)在回复宣大、山西总督翟鹏(1481—1545)的信上谈到:

> 查得雁门东西十八隘口,崇冈复岭,回盘曲折,加以林木丛密,虎豹穴藏,人鲜经行,骑不能入……数十年以来,官府狃于治平,人庶习于苟玩,以致深林茂树,日斩月伐,山径之蹊,介然成路,则今之隘,非昔时之所谓隘矣。诚宜及是时申严法禁,加意爱养,增置守戍,专任责成。[127]

信中又提到代州、朔州、崞县、繁峙之间,有土名鱼儿川等处,地形颇为广阔,截长补短约有数千顷,有四方游民在此建造屋庐,久住而不思归,据说曾"伏藏间谍,至难诘禁",并且"斩伐山木,日相吞食"。由于人口来源混杂,"其人之为甲为乙,籍之或军或灶,皆不可得而闻"。倘若以强硬手段加以驱离,似于人情有所不通,而且惧生变乱。但若任其耕作而不过问,似又不可为训。胡松认为当今之计,不如明白告谕山民:"凡其旧所自垦者,并听树艺为世业,而不复有所予夺于其中",但其人之乡贯、姓氏,及其家之男妇、丁口悉令如实报明;就于其中推选为众人所信服者,使其担任保长、总小甲,令其管辖全村。每逢防秋之时,官方授予兵器、甲胄,令其摆边以保卫家产。据闻山中开垦者颇众,而收入亦颇丰,应遣公平明恕之吏,依据户口簿籍仔细审度,每年令其每亩纳穀或菽麦一升,草则数斤,做为操试、犒赏之用。[128]后来翟鹏如何处置,因数据未见,未能确知。

嘉靖二十三年(1544),宣大总督翟鹏准许大同镇于恒山北楼口山内采木,运送至边堡,修盖营房。但该镇军官至北楼口,不肯远赴深山砍伐,即于关口东西两坡,采伐大小木头万余株。后经山西巡抚与兵部会议停止。嘉靖二十四年(1545),大同总兵周尚文(1475—1549)又呈文,申请于僻山及山南地方

---

[126] (明)乔宇:《恒山记》,见(清)张崇德等撰:(顺治)《恒岳志》(台南:庄严文化事业公司,1996)卷中,《碑记》,第 66 页。

[127] (明)胡松:《胡庄肃公文集》(台南:庄严文化事业公司,1997)卷五,《答翟中丞边事对》,第 191 页。

[128] 《胡庄肃公文集》卷五,《答翟中丞边事对》,第 194 页。

采取。雁门兵备道刘玺认为:"雁门东西十八隘口,多系通贼要路,山木禁例,始自国朝",故建议新任宣大总督翁万达(1498—1552)移文周尚文,将所需木材数目计算好,不必命军人前来砍伐,而委派大同府所属官员一员带领民夫,会同北楼口游击,查勘偏僻非敌骑可通行之处入山砍伐,按数报缴至官署,游击于木材上用印烙记,接着大同镇再派军士前来搬运,不准携带刀斧之类工具,运送由关口出入,逐一计算。翁万达看后奏陈:"山西、大同两镇,相为唇齿,一于禁,则不便于大同,一于不禁,则不便于山西。法不宜偏,事当有处。山场袤阔,树木丛多,若系紧要路口者,存之以捍虏,僻远无碍者,取之以济用,则适所以相资而非所以相病也。"故建议"将合用木值,就于北楼口等山无碍去处及时砍伐,敢有混斫、盗斫紧要应禁树木者,照例问罪。以后,凡遇起盖军营,一体查酌施行,不必烦琐奏渎。"[129]军人以盖建营房为由砍伐山林,似已成默许的通例。而且,如果翁万达奏言中所建议,"以后凡遇起盖军营,一体查酌施行,不必烦琐奏渎",后来获得准许的话,则军官更有理由伐木。边关上驻守的军人,终究是山西边山森木消失的凶手之一。

嘉靖二十六年(1547),山西巡抚孙继鲁(? —1547)奏言,指称宣大总督翁万达"伐木修营房、敌台等用,而执以为犯禁"。翁万达亦上奏辩解:"臣先奉钦依,于北楼口采取,若系紧要路口,存以捍虏。其与盗伐贩卖者,何可同也?"[130]既而孙继鲁受到解职处分,押解京师,死于诏狱。嘉靖三十八年(1559),大同总兵又以修盖营房,移文于北楼口采山木,山西巡抚葛缙闻知此事,乃上奏制止:

> 北楼一带,系燕晋咽喉,先年虏犯阜平、越紫荆,由喜峯以窥真定,皆从此入。今豪民伐木通道,浸成祸本,而其多辖大同,臣虽节行禁约,所在有司,莫有协心奉行者。夫两镇唇齿之地,休戚相关,不宜自分彼此,乞下明旨禁之。今后,悉按治豪民以法,其该镇修造,亦不得辄伐北楼山木。

又云:"雁门关、北楼口、大小石等处,山深木茂……伐山有禁,令典甚严,然奸民犹时时盗伐不止"。兵部覆奏:"伐山之禁,当如议申明。至于大同公用,但当择偏远之处量采足用,不许官吏因而为奸。"世宗命从部议施行。[131]

---

[129] (明)翁万达撰,朱仲玉、吴奎信校点整理:《翁万达集》(上海:上海古籍出版社,1992),《文集》卷五,《及时修武攘夷安夏以光圣治疏》,第124—126页。
[130] 《明世宗实录》卷三二二,嘉靖二十六年四月丙戌,第5974页。
[131] 《明世宗实录》卷四六九,嘉靖三十八年二月癸亥,第7893页。

在嘉靖年间，藩王曾将雁门关等地山林占为产业。后来，因晋王、代王及河东王各宣称三堡、三不管庄，与宽平、黑石寺等处为其庄田，朝廷派潞安府推官牛珠前往履勘，牛珠勘后上呈："前地系应禁山林，各府称为田庄，并无凭据。"又在同时，镇守山西总兵官王继祖也请求拨给胡峪、马兰等处荒闲养廉土地，召人佃种。山西巡抚苏佑（1493—1573）认为：雁门关东西十八隘口，林木茂盛，形势俱全，见有明例，禁止砍伐，王继祖所请土地，逼近应禁山场，"诚恐佃种人役，罔知禁例，趁耕应禁地土，宜当退出等因，备行本道禁革还林"。嘉靖二十七年（1548），苏佑为此两事奏请："其应禁山林，及晋府三堡等处草场，与代府所争宽平等处，并总兵官退出地土，各俱还林，申明禁例，将在山居住人民，尽数逐赶，原有房屋尽行烧毁。但有开垦、砍伐应禁山场，问发烟瘴地面永远充军。"并将禁缉砍伐、耕垦事宜，于各隘门刻石立碑，以示永久。都察院覆奏："看得晋、代、河东三王府，互争禁山内地土，及逐赶在山居人、尽烧房屋等情，尚欠明妥，驳行雁门兵备道覆勘。"雁门兵备道覆勘后上奏：

  查得雁门东西十八隘口，黄崖、牛心寺、三堡等处居民，居住年久，俱成村落，起盖房屋，不下二千余家。据例似应逐赶、烧毁，以杜开垦、砍伐之渐，但其定居不止百年，干碍人众，一旦逐出，不惟人情不堪，抑恐无处安插，遂致流离。以故，先年户科给事中黄锺，虽奏有明旨，亦姑容留，盖难处也。乞将各王府地土，退革还林；在山旧居人户，姑留住坐，各务本等生理，不许擅将禁山林木、地土砍伐、开垦，以坏藩篱，违者照例拏问发遣。

奏上后奉圣旨："这事体还着总督衙门行新巡抚官查议，如果有益边防，再加计处停当，会奏来行。钦此！"苏佑与总督翁万达会议后，仍建请朝廷重申砍伐、开垦禁山之事例，并责成提调各官巡缉，竖立石碑以便永久遵守。关口以北之朔州、浑源州、山阴、马邑等处军民，若禁山之内有征粮田地，行文大同巡抚衙门查册处置，以杜绝纷争。至于各王府争占的土地，则"革退还林"，在山之百姓听其居住，但不许砍伐山木、开垦土地。[132]此奏后来获得应允施行。现今朔州还留下一块嘉靖二十八（1549）所立的石碑，碑文内容与此相符。此一碑文实系山西按察使杨宜所撰，题为〈为修理关隘□重险以□疆国事〉，碑文内云：

---

[132] （明）苏佑：《谷原先生奏议》（台北：故宫博物院藏明嘉靖刊本），《畿内疏议》卷四，《修理关隘设重险以固疆圉疏》，第40a—45a页。

雁门、宁武、□关□西□十八隘口□切禁山地退□还林,□□
□民听□安住,应该征粮,查册处分。禁山事例,责成提调官□来巡
示,禁缉砍伐林木事宜……今后一□人等敢有擅入禁山砍伐林木,
耕垦地土,参将、守备、守□等官□便擒解道,问发南方烟□。[133]

此即万历《繁峙县志》所说的:"晋、代二藩,争占为庄,后皆勘革还林"。然而,在朝廷"勘革还林"之后,山区皆为浑源州、应州百姓所据,禁山森林亦被其砍伐,"日见其濯濯矣"。[134]

万历二年(1574),山西巡按御史贺一桂上疏云:宁武、雁门一带禁山,有"州县奸民窃据,垦田、盗木,法禁荡然",故建请禁约。[135]次年(1575),兵部题准将山西宁武、雁门一带山场,"原居流民,编立保甲,分立界限,责成看守界内林木。自盗者,照例问罪。纵人盗而不举首者,一体连坐。"[136]然而,禁者自禁,为者自为,垦山与盗林,遂成为晋北禁山的两大问题。万历初年,大学士张四维在给山西巡抚高文荐的信上曾说:"弘、正以前,三关少警,则林深势阻耳。自伐山适道,遂不禁蹂躏"。[137]给雁门兵备道胡来贡的信亦指出:三关一带,"国初遍地林木,一望不彻,故虏患绝少。近日树木砍伐净尽,遂无限隔耳"。[138]万历五年,高文荐为此题请严禁,题本内云:

在北楼一带,则大同、浑、应,居民庄窝盘据,以砍伐为本业。诘
之则连逮党众,不能尽举而置之法,稍稍治其首恶,而余者又复放纵
如故。且浑、应州官,秦、越异视,往往护其奸民,辄归罪于山西之缉
捕者。[139]

由此可见,大同镇的州县官对于其百姓越界在北楼口等地开垦,与山西巡抚辖区官员的立场与态度南辕北辙,并不想真正解决这一问题,且怪罪山西境内地方官缉捕其百姓。长此以往,恒山森林大量被砍的情况未能获得改

---

[133] (明)杨宜:《为修理关隘□重险以□疆国事》,收入张正明、科大卫编,《明清山西碑刻资料选》(太原:山西人民出版社,2005),第1—2页。按:编者未系作者之名,又将此碑文定名为《退耕还林碑》,实则当以《退革还林碑》较为妥确。
[134] 转引自《天下郡国利病书》第17册,《山西》,第782页。
[135] 《明神宗实录》卷二九,万历二年九月辛卯,第714页。
[136] (万历)《大明会典》卷一三二,《镇戍七·各镇通例》,第1875页。
[137] 《条麓堂集》卷一八,《复高凤渚》,第555页。
[138] 《条麓堂集》卷一八,《复胡顺庵》,第555页。
[139] (万历)《清凉山志》卷五,《侍郎高胡二君禁砍伐传》,第51页。

善。因此，高文荐奏请："为今之计，在北楼，则尽行浑、应二州，无籍人等，尽行驱逐。而两州掌印官，亦当以边疆为重，不许党护编民，则生异议"。[140]此奏虽获批准，但亦仅能短暂遏阻，后续情况依然。至万历二十二年，山西巡抚吕坤犹说：

> 山西沿边一带树木最多，大者合抱干云，小者密比如栉。自贪功者藉开垦之名，喜事者倡修理之说，犯法亡命，避役奸民，据深山为固巢，以林木为世产。延烧者一望成灰，砍伐者数里如扫。又大同州县居民，日夜锯木解板，沿边守备操防，不惟不能禁约，且索斧锯等钱，通同卖放。彼百家成聚，千夫为邻，逐之不可，禁之不从。[141]

由此可见烧山焚林与盗砍事件越来越严重。为此，吕坤疏请严加禁止，其〈议禁山以别利害〉云：雁门、代州一带山林，为易州、保定西面之保障，盗砍禁例甚严，似不能不加以禁制。他又指出：晋王曾将盗砍禁山的校尉陈卿杖毙，并于山下竖立界碑，禁止诸校尉入山砍伐。另外，当地被罢的乡居官员王干亨，与其兄弟"伐山不下万株，罪恶不止一种"，他已将王坤亨等四人问发充军。[142]吕坤并建议："砍伐山林，最难缉禁。臣欲于沿边一带山峦，除百里之外照前禁约，其百里之内树木大小不下千百万，论法则严禁为得，论势则槩禁不能。与其纵恣奸盗岁以为资，不若课与商民，官收其利"。[143]吕坤的目的在于，与其禁不胜禁，森林被不法之徒盗砍，不如加以区分，距边关百里以内者不准砍伐，百里以外者则准许采取，再抽分课税以充实国库。另外，他又想到一个办法，即由商人来代管可以砍伐的山林：

> 工部每有勘合，采木此山，且禁且开，法令似难一切。合候命下该部，容臣估计树木若干，计其满抱以上，即于树身号以价值，课与商民，任其留卖。有司催征价银，解入户部管粮衙门，抵充军饷。满抱以下计其数目，责令看守，每十年一估计。擅伐、盗伐者，责成原课商民拏获盗砍之人坐赃问罪，仍重捉捕之赏。[144]

---

[140] （万历）《清凉山志》卷五，《侍郎高胡二君禁砍伐传》，第52页。
[141] 《吕坤全书·去伪斋集》卷一，《摘陈边计民艰疏》，第40页。
[142] 《吕坤全书·去伪斋集》卷一，《摘陈边计民艰疏》，第40页。
[143] 《吕坤全书·去伪斋集》卷一，《摘陈边计民艰疏》，第41页。
[144] 《吕坤全书·去伪斋集》卷一，《摘陈边计民艰疏》，第41页。

吕坤的做法，系将一人抱以上的大树，按大小编定价格，书写在树干上，卖予贩木的商人，征课木植之税，解交户部衙门收纳。数木或砍或留，悉听商人自便。至于一人抱以下的树木，则令商人守护，每十年估价一次。若有人盗砍林木，准许承购商人逮捕，拏送至衙门问罪，并赏给捉捕奖金。至于所留百里宽的禁山，"竖石为界，严责守备等官，一面年年栽种，一面严禁砍伐。但有寸棘尺树盗砍伐、擅烧灼者，俱照例问遣"。[145]此法比起官方自行管理似乎要好得多，但不知是否施行。

万历三十九年（1611）孟冬，杨述程游恒山至紫芝峪，曾见到"古榆数千百章，葳蕤翁郁，最大者名双离，树株可蔽牛，而苍枝连理，若虬龙轩举之状，人以为果老系树云。"[146]由此看来，恒山上的森林虽然日受砍伐，但相较而言，还是存留下少古树。而实际上，盗伐的情况一直存在。万历三十一年（1603），杨时宁（1537—1609）《宣大山西三镇图说》记北楼口附近边防云："山南一带，层峦崒嵂，林木丛茂，大为内地障蔽"，"林木砍伐禁例甚严，其所为防范之计意念深矣。乃今奸猾营军、近山居民，闻亦有盗伐营利者"。[147]由于长期砍伐，有些地方的山林已颇稀少。万历《代州志书》就提到："旧称代山翁葱，松柏蔽日，今四顾如童，岂材胥盖于虹梁大厦耶？且樵苏远至百里，而十束薪钱一缗，恐它时或如桂矣。"[148]由此看来，当时松柏大量被砍伐做建材，而柴薪十束需铜钱一贯，一束要价百文钱。

这种情况持续发展，进入清代以后，开垦边山不再是禁忌，地权随之亦皆发生转移。如恒山北楼口至雁门关一带的明代禁山，至清代已皆转为民地。光绪《繁峙县志》就记载："今自中外乂安，边防久弛，十口禁山，悉垦为良田"，浑源、应州客户，久已成为土著。而南山一带独多佃庄，昔日卫所军官、王府所有者，现皆归代州之富民与黄教之喇嘛，而为其耕作者，则繁峙县民。然而，"榛莽虽尽辟，贫瘠乃益形"。[149]

---

[145] 《吕坤全书·去伪斋集》卷一，《摘陈边计民艰疏》，第41页。

[146] （明）杨述程：《登恒山记》，见（顺治）《恒岳志》卷中《碑记》，第65页。

[147] （明）杨时宁编：《宣大山西三镇图说》（台北：正中书局，1981）卷三，《山西镇》，第433—434页。

[148] （明）周弘禴纂：（万历）《代州志书》（台北：故宫博物院藏刊本）卷一《舆地志·建置》，第10a页。

[149] （清）何才价、杨笃修纂：（光绪）《繁峙县志》（南京：凤凰出版社，2005）卷一《疆域》，第208页。

## 四、芦芽山区

明代所谓的芦芽山,在今日的山西地图上,将其画为吕梁山脉北段的一部分。其地势颇高,如岢岚州东之芦芽山海拔2784公尺,宁武关西南的岢岚山亦有2603公尺。而桑干河即发源于岢岚山东麓,汾河则发源于其南麓。由于广武一带为南边芦芽山、东边恒山、西北赤岔山三大山系交界之区,其中多有孔道可资交通,往北循桑干河谷可至大同,往南循汾河河谷可赴太原,往东循滹沱河可往真定,往西北可至偏头关,可见宁武实为枢纽地位,蒙古铁骑亦可能由此穿越,故明代对此关口特别重视,附近森林也禁止砍伐,以延缓敌人的行进速度。

据清人康基田(1732—1813)所撰《合河纪闻》记载:明朝初年,"元裔盘踞芦芽山,山木斩伐殆尽,道路四达,从水泉营下岢岚,从宁化入静乐,俱为坦途"。[150]笔者遍查相关资料,但见有元宗室四大王,于大都沦陷后逃入静乐岢岚山中,聚众结寨,侵扰大同、太原等地,但未见记载砍伐林木之事,不知其所据为何?但大约十五世纪中叶,则已出现百姓聚居芦芽禁山之事。成化十三年(1477),守备偏头关都指挥使戴广奏称:"山西岢岚州等处边方,山岭深峻,树林翁郁,中多游民,私立庵堂,擅自簪剃,招集无赖为非",乞请移文该州县出榜禁约,并令督守大臣,凡是新剙寺观,即拆毁充公,无度牒僧人、道童遣回原籍。事下礼部议,覆奏如所请,宪宗亦从之。[151]岢岚州所在山岭即芦芽山,奏文虽未提及垦山之事,但游民于山中居住,为生活之需,势必种田。

本文第二节曾谈到,正德十年,提督山西三关都御史陈天祥奏言雁门、宁武、偏头关等地,"因势豪伐木,居民开垦山坡,渐成通衢"。同时,给事中黄锺亦言:浑源以西,至雁门、宁武、偏头等关,三、四百里内的禁山,有"规利之徒,斩伐平旷"。由此看来,从宁武关以西,至黄河边的偏关,百姓在禁山上开垦已经相当严重。嘉靖十八年(1539)九月,太原府城隍庙因火焚毁,山西巡抚陈讲召集三司官会议重修,当时适有人"贩禁山之木以为利",知府报知巡抚陈讲,勒令将木材没收,十九年(1540)九月,兴工重建城隍庙时,这批木材正好派上用场。[152]虽然记载中未言明砍伐地点,但以经过太原而被查扣,当伐自太原西北的芦芽山。

明中叶以后,宁武关一带山地,垦殖活动与森林砍伐越来越盛。隆庆年

---

[150] (清)康基田:《合河纪闻》(台北:中央研究院历史语言研究所傅斯年图书馆藏清嘉庆三年刊本)卷8,第4a—b页。

[151]《明宪宗实录》卷一七〇,成化十三年九月丙戌,第3087页。

[152]《胡庄肃公文集》卷四,《太原府重修城隍庙记》,第146页。

间,庞尚鹏(1524—1581)受命清理九边盐法及屯政,在山陕边关上勘查,奏章上曾说:"臣岭南人士,本农家子,常叹北方不知稼穑之利。顷入宁武关,见有锄山为田,麦苗满目,心窃喜之"。[153]万历二年,山西巡按御史贺一桂在奏疏亦谈到:宁武、雁门一带禁山,被"州县奸民窃据,垦田、盗木"。[154]除了百姓垦田之外,官方营建工事也常取材于芦芽山。如万历三十四年(1606),太原城外新筑汾河石坝,即采木于宁武关宁化所,计用"官椽七千根,市椽九百根"。[155]可见芦芽山仍然多佳材。万历三十一年,杨时宁在《宣大山西三镇图说》提到:宁武关西的五寨,"逼连芦芽山,丛木茂林,土寇易于啸聚"。[156]而由于森林茂密,木商盗砍亦日甚。万历三十五年(1607),《三关图说》就指出:宁武道之盘道梁堡附近,"各崖茂林,近被奸民砍伐,仍宜严禁。"[157]在宁武南边的静乐县山区,情况亦然。万历末年,静乐知县王近愚云:"芦牙禁山,砍伐殆尽,道路四达,虏骑无遮。"[158]又据万历《静乐县志》记载:

    曩时林木参差,干霄蔽日,遮障胡虏,俨然天堑长城。迩来禁令稍弛,有借称王府、势宦斫伐者,有假托寿木、桥梁采取者,有贫民、小户盗贩圈版者,络绎道路,日夜不休。[159]

迄至万历末年,仍有官员奏请严禁砍伐宁武关一带林木,如万历四十一年(1613),巡按宣大御史苏惟霖摘陈三关紧要事宜,其中仍有"禁樵采以保险阻"一款。[160]万历四十三年(1615),兵部左侍郎崔景荣(?—1631)也提醒:"山西虏患较他镇为缓,然雁门密迩云中,虏一日可至。宁武之盘道梁最为冲要,禁山林木多被盗伐,则虏骑易驰"。[161]而这种往山区开发的风潮,一直持续未中

---

[153] (明)庞尚鹏:《百可亭摘稿》(台南:庄严文化事业公司,1997)卷三《清理山西三关屯田疏》,第202页。

[154] 《明神宗实录》卷二九,万历二年九月辛卯,第714页。

[155] (明)万自约:《新建河神晏金神庙碑并沿河砌筑石土坝记略》,收入(明)关廷访、张慎言修纂(万历)《太原府志》(台北:故宫博物院藏刊本)卷二三《艺文》,第32a—b页。

[156] 《宣大山西三镇图说》卷三《山西镇》,第516页。

[157] (明)康丕扬:《三关图说》(台北:中央研究院历史语言研究所傅斯年图书馆藏明万历刊本),《宁武道中路》,第26b页。

[158] 《天下郡国利病书》第17册《山西》,第781页。

[159] 《天下郡国利病书》第17册《山西》,第781页。

[160] 《明神宗实录》卷五〇四,万历四十一年正月癸酉,第9585页。

[161] 《明神宗实录》卷五三四,万历四十三年七月甲子,第10115页。

断。万历末年，山西巡抚吴仁度（1548—1625）曾发下令牌，禁止砍伐边关山林，内云：

> 照得山西逼近沙漠，沿边林木俱系阻胡禁山，巡缉设有官役，私伐律有明例，犯者遣戍烟瘴，获者加以奖赏，法亦密且严矣。奈何日久玩生，近访得豪强势要，假以开垦荒田，将应禁林木尽行私伐，兴贩肥家，遂至蓊蔚山林，尽为坦夷大道。利归奸恶，害贻疆场，违禁干纪，莫此为甚。

他除将拏获的盗伐者范文泽、李思兰，重责四十大板，发配烟瘴地面充军之外，并命各兵备道严行所属州县、将领，勘查所管辖山区，注明林木位置及其范围大小，责令巡捕官役昼夜巡视，"即萌芽不得割毁"。同时令各将领、州县设置巡环簿二扇，将近山村庄军民编为保甲，举报庄头、小甲姓名，明载其为某庄某人，靠近某山某口，协同捕役盘查。[162]

明朝灭亡前夕，山西木商一直希望宁武山的森林能正式开放砍伐，也愿意缴纳木税。崇祯元年（1628），宣府、大同、山西总督王象干（1546—1630）与大同巡抚张宗衡（？—1642）条陈抽木税一事，户部尚书毕自严（1569—1638）议覆，仍持反对立场，说道："看得宁武一带，为晋鄙藩篱，山林有樵采之禁，非商贾之所得问"。[163]崇祯二年（1629），山西巡抚耿如杞（？—1631）又疏请：

> 宁武西山，林木茂密，绵亘可百数十里，名为阻胡禁林，其实胡不由此。奸民盗材木，浮巨筏，贩鬻于陕西、河南、山东、北直之间，年利无算。臣又细询土人云：盗者先伐大木，仆地令干，徐以刀锯取其材。经今二百余年，其既砍在地，取之不尽。臣谓宜募人将已伐者搬运出山，召商卖贩，而酌取其税。其未成材者，挨年采取。官与民交利，而山亦不至于童。五台之杉，尤为佳木，可得善价。秋水时至，宁武木浮南河而下，五台木浮滹沱而东下，必有趋之如流水者。[164]

---

[162] （明）吴仁度：《吴继疏先生遗集》（台南：庄严文化事业公司，1997）卷九《禁约砍伐阻胡山牌》，第647—648页。

[163] （明）毕自严：《度支奏议·边饷司》（上海：上海古籍出版社，1997）卷一，《议覆大同抚臣条陈六款疏》，第11页。

[164] （清）顾炎武撰，谭其骧等点校：《肇域志》（上海：上海古籍出版社，2004），《山西·太原府》，第907—908页。

这则记载透露了一段长远的滥伐历史,可见木商在山中将大木砍倒,等机会偷运出山,再编成木排,循汾河而下,卖往陕西、河南、山东、河北等地。耿如杞的意思甚为明白,即与其盗伐者得利,不如开放砍伐,宁武者由汾河运出,五台山者由滹沱河运出,官府也可以增加税收。但毕自严认为:"禁林縣来已久,一采鬻,恐或开童赭之端",不应批准。[165]

具有讽刺意味的是,明代官员执守的禁令,在政权转换之后,约束力越来越弱。而随着庐芽山垦殖日众,聚集成为村庄,田地转为私有,遂有"纳粮民山"之说。据康熙二十三年(1684)〈民山碑〉记载:宁化所所属之芦芽等山,宁武所所属之高乔等山,西屯神池堡所属之虎北等山,岢岚州所属之乱村等山,镇西卫五寨堡所属之店坪等山,周围长阔约二百余里,内有居民村庄九十余处。诸山产木之处无几,"非真有大木乔松可以为栋为梁者","其中皆小杆桦柳,止堪作椽木,微有大杆,或盘坡田之上下,坟墓之左右,或长沟涧陡崖之中,或长山岭峭石之上"。即使如此,还是有商人希望加以开采。〈民山碑〉又云:

> 宁武界在边陲,地瘠民贫,古称上疲。所属宁化、芦芽以及西山一带,其间环山而居者,乡村屯堡,不知凡几。若地若粮若山厂,输纳正供,由来久矣。奸民射利之徒,借口有名藩产,指为官山,觊觎开采,而控院、而呈部、而叩阍,往往赴愬不休,即守土之职亦未敢有仔肩之者。

其所谓"奸民射利之徒",即木商许国柱等人,一开始认木税一千两,继而三千两,后来增至万两,"即少亦不下七八千两"。而据宁武府中粮厅同知李文焕查勘:国柱等人明知宁化、芦芽诸山大木已是无多,其所觊觎的乃是由宁武可通黄河,进而贩运黄府川之板片。但黄府川与蒙古接壤,出疆贸易,久有严禁,若加同意,恐生边衅,"是裕国而反以扰国,便民而实以殃民",故建议仍照顺治十六年(1659)题覆禁例,不应批准。几经勘查,山西官员决议不予批准,山西巡抚据此奏报朝廷,奉旨:"知道了,该部知道,钦此!"后经户部会议:"晋抚穆既称宁化、芦芽等山,据各属称系民山,开采势必扰害黎民,实难开采等语,应无容议。"奉旨:"依议。"[166]芦芽山的森林以此而暂获保全。

值得注意的是,乾隆《宁武府志》曾经记载:"明万历中,都御史吕坤,请令

---

[165] 《度支奏议·山西司》卷一《覆晋抚因大地自然之利疏》,第459页。
[166] (清)黄图昌纂修:(康熙)《静乐县志》(上海:上海图书馆藏刻本)卷一〇《杂记》,第7b—10a页。

沿边诸山谷并栽植树木,仍禁斩伐,以御敌骑之入。今郡人尚有称山中官树者,黄花岭亦有数十株,意其昔时所遗也。"又载:"郡西山多杆树,秋时青红可爱,人取其材,颇坚。"[167]直至清中叶,芦芽山仍有不少森林。道光十九年(1839),李光涵出任宁武府知府,在任十二年期间,常有人试图开采。据记载:"郡属有芦芽山者,自国初迄今封禁,有富商贿以数千金,禀请批准开山伐木,并按年纳课"。光涵立即谢绝,说道:"此时开山伐木,纳税自有赢余,不十年,取材已尽,而国课无着,岂不贻后人累!吾虽穷宦,决不受此不义财。"遂将递禀批驳立案。[168]基于此,清末宁武附近仍富森林,故民初日本东亚同文会的调查报告《中国分省全志·山西省志》说:"由宁武至宁化所一百一十华里路段,左右山峦重迭,西面山脉尤其巍峨高耸,山上森林茂密,盛产木材"。[169]

但除少数被封禁的区域外,芦芽山脉的许多森林,还是无法逃脱逐渐枯竭的命运。如宁武府最北的神池县,至清中叶山林日稀。咸丰年间,神池知县黎铨《行部口占》云:"绝无草木万山空,赢得山名只号童。图画写来难出色,要添云气作奇峰。"[170]但光绪《神池县志》记载杆树则云:"南山中多有之,俗谓之山场。性耐寒,其树大可为棺椁及梁柱檩椽等物"。[171]或许县城南方的芦芽山还有一些次生林。

神池县南的宁武县,在乾隆年间,县城西南六十里的棋盘山,山上犹多青、红杆树;宁化西南三十里的神林山,高二千丈,周围二十余里,北接芦芽山,西连荷叶坪,东通州胡口,"林木阻深"。[172]阳房堡马山上,原亦有不少森林,修建清居禅寺时,各庙宇所取材"莫非此山之饱林俊木";但至清中叶,为整修寺庙,"欲伐山林,亦已濯濯乎殆尽矣"。后来,"山中突起小松,稠密如缝",僧侣"望其林成山饱,修补有赖,充用无穷",于是在同治十年(1871),寺僧与各村寺主公议,所有正沟渠阴阳两坡,禁止砍伐,永久保育,"斧斤不得入,牛羊

---

[167] (清)魏元枢原本、周景柱补纂:(乾隆)《宁武府志》(成都:巴蜀书社,2010)卷一一《余录》,第305、310页。

[168] (清)周家楣、缪荃孙等修纂:(光绪)《顺天府志》(北京:北京古籍出版社,1987)卷一〇三《人物十三·先贤十三》,第4965页。

[169] 日本同文会编,孙耀等翻译:《山西省志》(太原:山西省地方志编纂委员会办公室,1992)第173页。

[170] (清)崔长清、谷如墉修纂:(光绪)《神池县志》(南京:凤凰出版社,2005)卷一〇《艺文》,第465页。

[171] (光绪)《神池县志》卷九《风俗·物产附》,第445页。

[172] (乾隆)《宁武府志》卷二《山川·宁武县》,第185—186页。

不得牧"。[173]光绪二十年（1894），寺僧补修寺庙，完工之余，寺僧协同寺主，又在次年（1895）立碑，禁止砍伐该寺附近阴阳两坡森林变卖，"无论住持、寺主，自禁之后，如有冒犯不遵者，惩官判断"。[174]

位处宁武南方，芦芽山东麓的静乐县，也有森林渐少的问题。嘉庆六年（1801），李銮堂〈重修太子寺碑记〉谈到："环静多秃山列巘，而黄琢代之，材无靓也"；惟西北隅之黄华山，"万松成林"；玉皇阁后之七佛寺，"径愈深，松愈密"，"山储良材"，重修太子寺时，即"伐其木，取其材"。[175]

芦芽山西麓的岢岚州，距离芦芽山主脉不远，当地虽有若干森林，但百姓日渐砍伐，林木应该也呈减少之势。光绪《岢岚州志》记载：境内多山，但"山林几何"，可种之地仅十之二三，"崇冈迭巘，山木祇供夫樵采"。[176]又载："地界万山中，甚硗瘠，耕稼而外，别无生理，举火尤艰。邻境虽有石炭，价值贵且负贩罕至，民间唯资积薪而已。岁每于纳稼后，即沿山刊木，以备爨火之用"。[177]

而在芦芽山西麓缓坡边缘、靠近黄河的兴县，位于黄河支流蔚汾河上。蔚汾河发源于芦芽山西麓，县境偏南之黑茶山，海拔 2203 公尺。明代中叶，百姓在附近山地大量开垦，后来衍生出生态性的负面影响。嘉靖三十六年（1557），太原府岢岚州兴县知县王完，在〈兴县增修城垣记〉谈到：

> 嘉靖以前，山林茂密，虽有澍雨积霖，犹多渗滞，而河不为患耆肆。今辟垦日广，诸峦麓俱童土不毛，每夏秋时，降水峻激，无少停蓄，故其势愈益怒涌汩□，致堤岸善崩，而南郭民舍萧然，荡徙无存者，即东西郭人亦播迁患苦矣。[178]

由此可见，兴县境内原本森林茂密，但在十六世纪以后，因山地不当开发，破坏水土保持，以至雨水无法含养，直接冲激而下，造成堤岸崩坍，百姓身家性命受到威胁。这段记载虽未谈及垦山时是否放火，但据康基田《合河纪

---

[173] （清）吴清懋：《重修清居禅寺禁伐山林木植碑序》，收入王树森主编：《宁武县志》（太原：山西人民出版社，1989 年），第 558—559 页。

[174] （清）胡希贤：《重修清居禅寺好善乐施并禁山碑后序》，收入《宁武县志》，第 559 页。

[175] 原见（同治）《静乐县志》《艺文志》，转引自翟旺等著：《管涔山林区森林与生态变迁史》，第 99 页。

[176] （清）吴光熊、史文炳等修纂：（光绪）《重修岢岚州志》（南京：凤凰出版社，2005）卷二《山川》，第 561 页。

[177] （光绪）《重修岢岚州志》卷一〇《风土志》，第 612 页。

[178] （明）王完：《兴县增修城垣记》，收入（明）朱学介、缑纯修纂：（万历）《兴县志》（台北：故宫博物院藏刊本）卷下《艺文》，第 6a 页。

闻》记载：兴县"邑东乡在万山之中，林木丛翳，土多硗瘠，乡人垦种，必举火焚之，然后播种，名曰开荒。"[179]或许兴县百姓烧山垦田之事，早在明代已经存在。

兴县林木资源的利益，也是若干人士觊觎的目标。清朝初年，县城南方的阳山，"松桧数万株，皆合抱"。[180]山上有敕封广应大王神祠，万历三十五年（1607）曾立碑记，载明寺地之四至，并记官府免其税粮事。雍正初年，因"神地嘉木葱郁，材值千金"，近寺的舍滩沟村民张如硕，欲图吞取山木之利，捏照寺僧逃粮之事，至县控告。寺僧获悉后吓一跳，如何竟有税粮？张如硕为使奸计得逞，还将藏于城隍庙的碑文，削去"并无粮草"之"粮"字，欲使其无从争辩。此事引起县人共愤，联名书状，并拓下碑文，向知县杨公呈告，知县据实断明寺本无税，并治张如硕之罪。雍正四年（1726），县人在原碑阴面补刻此一始末，"以杜后之垂涎山木者"。[181]

## 五、赤岔山与洪涛山

位于大同盆地西偏的朔州，与南边的宁武关（明代山西镇镇城）隔长城对峙，由于其地接近西北的赤岔山（主峰人马山，海拔 1834 公尺）与宁武关的芦芽山，大木取得极为容易，故城内营房所用建材甚好，明代谚语所谓的"大同婆娘，蔚州城墙，宣府教场，朔州营房"，最后一句就指此事。但嘉靖年间，苏佑《逌旃琐言》言："朔州近山易采木，市房檐廊，今颇倾颓"。[182]当时，朔州城内许多建筑倾倒未修，可能与建材取得日渐不易有关。万历年间，朔州附近森林砍伐日甚，故万历末年陈仁锡（1581—1636）由北京前往洛阳，途中经过山西，在纪闻中说道：朔州阳方口东边的薛家窊王野儿梁，"先年俱有大树，累年乡民砍伐木植，将地遗空"。[183]而由于朔州附近无木可采，建材往往取自长城以南的芦芽山区。崇祯四年（1631），兵备道窦可进（？—1644）欲重修朔州南关城楼，"一以歉岁苦物力之不充，再以僻郡苦木材之难措"，往日建材必取自楼烦的虎北山（芦芽山支脉），但朝廷以此山可以"蔽房"，有旨严禁采木。正苦计无所出，忽有人说：朔州虽乏木材，但有前任兵备道仙克谨（1562—1642）所储文场

---

[179]《合河纪闻》卷一〇《杂纪下》，第 90b 页。
[180]（清）程云、孙鸿淦等修纂，刘嘉诰续纂：（乾隆）《兴县志》（南京：凤凰出版社，2005）卷五《山川》，第 30 页。
[181]（清）刘承恩：〈重修阳山岭碑记〉，收入（乾隆）《兴县志》卷一七《艺文》，第 131 页。
[182]（明）苏佑：《逌旃琐言》（台南：庄严文化事业公司，1995）卷上，第 3 页。
[183]（明）陈仁锡：《无梦园初集》（北京：北京出版社，2000），《海集》卷三《洛游·太行道中纪闻》，第 310 页。

之木可用。窦可进于是将这些木料挪用,乃得以重修城楼。[184]

赤岔山经井坪所斜向西南,越过内长城,即进入老营、偏关一带地界。明朝初年,附近还有不少森林。宣德七年(1432),镇守山西都督金事李谦奏言:"偏头关外,地临黄河,皆边境冲要之处,草木茂盛,或有寇盗往来,难于瞭望"。[185]嘉靖十六年(1537),朔州西南方长城边上的老营堡,因召募新军三千余名,山西巡抚韩邦奇(1479—1555)曾亲赴该堡,督同兵备副使贾启,"沿山履野,逐一验看经画",于堡东筑城垣一座,堡内盖营房一千五百间,依千字文编号,分给新军居住。[186]当时,盖营防的建材可能即来自赤岔山余脉的森林。另外,偏关城东百里的大虫岭,昔日亦多茂林,但至康熙年间"则童矣"。[187]

老营堡再斜向西南,为河曲县地界。河曲滨临黄河,位处晋、陕及蒙古三处交界之区,山地相对较为平缓,故坡地开发直达山顶。道光年间,知县曹春晓〈过火山〉诗有云:"崖边有路土兼石,高逾千丈阔逾尺","山头山脚咸耕耘"。[188]有鉴于树木稀少,曹春晓曾颁示〈劝民种树谕〉,要"村落居民,或岭脚山陂,或田头地角,凡不可耕作之处,悉行栽植。审土性之所宜,勤加培护,乡邻互相戒约,毋得砍伐损伤"。[189]

另一方面,在大同盆地北面的洪涛山脉,西南起于马邑县境,东北至天镇卫(天镇县)一带,中间有大同附近的合河由北而南穿过,在阳高、天镇附近则有洋河发源。马邑县北的洪涛山,海拔1947公尺;阳高西南的采凉山,海拔2144公尺;天镇北方的大梁山,海拔1818公尺。洪涛山北有外长城,与内蒙古仅一墙之隔。成化四年(1468),刘定之(1409—1469)在〈大宁观碑〉尝言:

> 洪武初创道观,以大宁为名,厥有意焉。然其地寒,故山林无杰木巨材,其人劳于戍守、馈运、征行,故于取木、伐石、陶壁之役有不暇构架,涂墁、绘饰之巧有非素习,则维王公将帅官府、廨署有不逮

---

[184] (明)翁应祥:《重修朔州南城楼记》,收入(清)汪嗣圣、王霨等修纂:(雍正)《朔州志》(台北:成文出版社,1976)卷一二《艺文》,第806页。

[185] 《明宣宗实录》卷九五,宣德七年九月丁巳,第2143页。

[186] (明)韩邦奇:《苑洛集》(台北:故宫博物院藏明嘉靖刊本)卷一六,《钦遵勅谕因时察势益兵据险以防敌患以卫中华事》,第10b页。

[187] (清)马振文增修:(康熙)《偏关志》(台北:成文出版社,1968)卷上《山川》,第33页。

[188] (清)金福增、张兆魁等修纂:(同治)《河曲县志》(南京:凤凰出版社,2005)卷八《艺文》,第286页。

[189] (同治)《河曲县志》卷八《艺文》,第271页。

中土者,况于观固宜因陋就简也。[190]

大宁观位于大同城内西南隅,原名湛然堂,始建于辽代,洪武十年(1377)改建,改名大宁观。[191]从引文中可知,洪武年间即使是官署亦多简朴,更不用说是寺观,但至明中叶则不同。成化四年,大宁观重修完工,较诸以前之简单,而今是"间架高广深邃",[192]而此并非特殊个案。实际上,十五世纪初以来,大同镇边区庙宇越盖越多。景泰四年六月初一日,山西右参政叶盛(1420—1474)题奏时曾谈到:

> 臣近看得口外地方,神栖庙宇、寺观、庵院、祠堂、碑亭不啻数千百处、数千余间。俱是比先边境无事,总兵镇守等官,剥削下人,科敛财物,克减粮料,私役军余盖造……然口外一隅所见如此,四方万里未必不然。乞敕兵部计议,通行各边关镇守内外文武官员及各该司府州县,钦遵节次诏书事理,今后自非祀典神祇坛庙,不许兴工修理。[193]

其所谓的口外,系指大同镇(府)所在地区,而在寺观林立的背后,自然是斩乏大量木材,其数字虽无从估计,但可以断定的是,洪涛山、恒山等地的森林必受到影响。叶盛此份奏疏探及的现象,亦可与前面所引马文升所言互相参照。盖建寺观虽非森林破护的主因,却与其他各种因素结合在一起,渐次侵蚀森林的覆盖率。迄至明代后期,大部分山岭已经林木稀少。如大同城西南的怀仁县,就有木材缺乏的问题。万历初年,知县杨守介在任上修《怀仁县志》,未出版而转任;万历二十七年(1599),党照苾任知县,见所修县志尚未刊刻,于是"捐俸金购材七百里外,得梨版若干",后来几经转折,始得付梓。[194]学者认为:刊刻《县志》须购版于七百里外,显见当地已无好的木材。[195]

---

[190] (明)刘定之:《呆斋续稿》(台南:庄严文化事业公司,1997)卷四《大宁观碑》,第211页。若干文字有脱漏,据《明文海》卷六七补。
[191] (成化)《山西通志》卷五《寺观》,第256页。
[192] 《呆斋续稿》卷四,《大宁观碑》,第212页。
[193] (明)叶盛:《叶文庄公奏疏》(台南:庄严文化事业公司,1997),《边奏存稿》卷二《题为禁约无益害军奸弊事》,第673—674页。
[194] (明)赵邦翰:《怀仁县志》后序,见(明)杨守介等纂修(万历)《怀仁县志》(台北:中央研究院历史语言研究所傅斯年图书馆藏刊本)卷下,第1a—4a页。
[195] 翟旺等:《雁北森林与生态史》,第153页。

崇祯十年(1637)，宣大山西总督卢象升(1600—1639)曾谈到："臣窃见宣、大、山西各边，一墙之外，树木阴翳，草薪茂密。而墙以内，则童山赭土，一望平沙，束草三分，担柴百钱，如此其贵也。"[196]此一记载虽或有夸张之处，但边墙内与边墙外，其森林覆盖率确实呈现强烈的对比。明朝灭亡后，李长祥于顺治年间，北游至大同，曾说："塞外树多不生，难有树"。[197]其所谓的塞外，指的乃是恒山以北。就如朱彝尊所言："大同之隶山西，在雁门以北，其地沙碛，其泉麟，其山童"，[198]森林应该已经不多。清朝中叶，大同附近的大木已采伐殆尽，故道光《大同县志》云："闻百余年前，合抱之木产于东塘坡，是以一切公廨及各庙宇，榆栢名材无不取给于此，今则拱抱之桐梓亦鲜矣。"[199]而光绪《怀仁县新志》则记载：大峪山"林木森郁"，南寺山"林木茂盛"；大桦岭中多林木，"乡人恒樵采于此"。[200]或许仅是一些次生杂木。

洋河上游的大同镇天镇卫，清代改为大同府天镇县，境内原亦产巨木。康熙三十五年(1696)十二月十四日，清圣祖征噶尔丹回銮，驻跸天镇县贡生罗士廉家，召见时问道："此房建自何年？木植得之何处？"士廉与生员罗士智、罗锦回话："相传本邑南十里许，名沙梁坡，产大木，因采用之，其刱建不知何年。"[201]从罗家不知创建年代推测，应该是远在晚明以前，甚至明中叶，当时沙梁坡还有大木。但在清初，则森林已经甚少，故雍正四年(1726)，天镇知县陈际熙在〈盘山记〉说："云中山皆童，榆柳未能成荫"。[202]迄至晚清，光绪《天镇县志》记沙梁坡云："相传山产大木，今则斧斤尽矣"。[203]

---

[196] (明)卢象升：《卢象升疏牍》(杭州：浙江人民出版社，1985)卷八《请停禁止樵采疏》，第202页。

[197] (明)李长祥：《天问阁文集》(北京：北京出版社，2000)卷二《云中古佛岩记》，第196页。

[198] 《曝书亭集》卷69《大同府三皇庙新建财神祠碑》，第420页。

[199] (清)黎中辅、杨霖等修纂：(道光)《大同县志》(南京：凤凰出版社，2005年)卷八《风土·物产》，第105—106页。

[200] (清)江大浣、马蕃等修纂：(光绪)《怀仁县新志》(南京：凤凰出版社，2005年)卷二《山川》，第268—269页。

[201] (清)胡元朗纂修：(乾隆)《天镇县志》(北京：中国书店，1992年)卷三《巡幸》，第679页。

[202] (乾隆)《天镇县志》卷八《艺文下》，第770页。

[203] (清)洪汝霖、杨笃等修纂：(光绪)《天镇县志》(南京：凤凰出版社，2005年)卷二《山川志》，第429页。

## 六、结　论

自古以来，人类与森林即结下不解之缘，生活的节奏与林木的消耗也息息相关，而举凡从生到死都离不开木材。为了温饱与栖息，为了垦殖与交换，砍伐森林成为必要，然而这仅是破坏到近山的植被；更大的破坏，往往来自寺庙的建造、地方公共工程的循环性需要、朝廷修建宫殿的征取，与市场经济的不断扩大。揆诸前面所述，山西北部森林之渐次减少，亦离不开以上几个因素。

明清时期，山西北部寺庙甚多是不争的事实，至于因公共工程而伐木，明清两代亦均有其事。以上两个因素，本文虽未专门讨论，但其不可能天天举行，故尚非森林破坏的最重大原因。而朝廷为了修建宫殿，在山西砍伐木材，永乐、宣德、正统、嘉靖年间曾有之，万历时则曾经收买，其地点以北太行山、五台山为主。清代以后，则未见有此举。换言之，这方面的砍伐也非经常性。不过，其次数虽不多，但所伐木材却都巨硕，对特定的林木具有较大的破坏力。

整体来说，建材市场与燃料需求的扩大，才是山西森林锐减的一大主因。早在十五世纪上半叶，商人已砍取北太行山蔚州一带的森林，顺桑干河而下至卢沟桥贩卖。十五世纪下半叶，随着物质生活的提升，北京官员争相修建华宅广厦，连带使宣府、大同边区禁山的巨木大量遭到砍伐。与此同时，北直隶易州山厂的承办商人，也越过太行山进入蔚州和五台山境内伐木烧炭，这种情况一直到万历年间未变。十六世纪以后，山西木商在五台山、恒山一带的活动频频，而汾河上游的大片森林，也顺流而泛至陕西、河南、山东、河北等地出售。直至明朝灭亡前夕，木商对于宁武关一带禁山仍不死心，冀望能够全面开放砍伐。清代以后，木商在长城线附近的活动，相对记载较少，但这并不表示建材市场不盛。实际上，百姓砍伐或盗卖森林所出售的对象，非山西木商莫属。笔者认为，在整个山西森林逐渐消失的过程中，商人勾引百姓、僧道，对原来残存的森林大肆砍伐，是生态破坏的两大元凶之一。这种情况，在明代后期已经明显，满清入关以后，除芦芽山之外，多半毫无限制，森林遭到滥伐更加严重。

另外，有许多学者认为：明代军方在边区垦殖，是造成黄土高原水土流失的重要原因。[204]但笔者以为：军屯对于水土保持虽有破坏，却非关键性的因素。

---

[204] 史念海：《历史时期黄河中游的森林》，第300—301页。杨昶："明朝政令对生态环境的负面效应"，《华中师范大学学报》37:1(1998)，第90页。李心纯：《黄河流域与绿色文明——明代山西河北的农业生态环境》(北京：人民出版社，1999年)，第56—70页。翟旺等：《雁北森林与生态史》，第145—148页；《五台山区森林与生态史》，第75—77页。

首先，军人数量与其开垦的规模，实际上不大且呈局部性，而黄土高原的水土流失乃是全面性，冲入黄河的黄土主要也非来自边区。其次，自宣德年间起，边关军屯即逐步败坏，屯田子粒逐年下降；弘治年间，屯田已经有名无实；至嘉靖年间，名存实亡。为了解决这样的情况，万历年间曾有官员提议令富贵者领种屯田，授予官职。[205] 而与军屯大量抛荒、无人耕种相比，边区民田反而步步进逼、满布山头。[206] 山西同样置身这个浪潮之中，见诸记载者，自十五世纪起，百姓已大量往北太行山、恒山及五台山等禁山开垦。十六世纪中叶，甚至藩王也因觊觎恒山的田庄而彼此争执，朝廷为此还做出"退革还林"的决定。至于其他未记载的山地，则可能正被百姓的锄耙逐步啃蚀。在垦山的过程中，除了砍伐林木之外，有时还以焚林的方式取得耕地，这样的手段为森林带来严重浩劫。焚林的记载，最早见于十五世纪末的北太行山区，十六世纪以后记载更多，五台山、芦芽山等地均有此事，直至晚清在五台山区犹然。从这个角度看，流民垦山所发挥的破坏力量恐怕更为惊人。毕竟，军人屯种是被强迫的，且仅是点状进行，更不用说最后不成功；而移民垦山却是自发的，如蜂如蚁般往山上前进，带有全面性。迄至清代，军事屯田逐渐消失，但百姓垦山却未中止，因此山西许多缓坡、浅山，都出现垦田直达顶上的情况。易言之，百姓基于生计的要求，不断向山区垦拓进而焚林，乃是山西生态破坏的另一元凶。

乾隆年间，《浑源州志》曾有一段话："山有时而丛茂，有时而童秃，气脉盛衰使然"。[207] 这句话相当耐人寻味，其所谓"气脉"涉及风水观念，即气脉之重视与否，与森林之茂不茂密息息相关。实际上，如果我们把"气脉"换成"气运"，似乎更能解释明清两代山西森林变化的原因。明代的气运与清代不同，北方有强敌蒙古，为了阻滞蒙古骑兵南下的速度，晋北内外长城附近的山岭，及太行山中段以北各处，皆列入国防禁山，不许随便砍伐与开垦。但为修筑工事、营房而砍伐森林，应属常有之事，军士平时炊爨与取暖，亦均需要采取柴薪。成化、弘治年间，因为物质生活的提升与商品经济的发展，森林砍伐速度加快，再加上人口增长与土地缺乏，百姓开始大量往山区移垦，这两者不仅发生在北部边区，其在晋中、晋南可能更加剧烈。隆庆年间，明朝与俺答（1507—1582）达成所谓的封贡关系，边境情势日趋和缓，军事冲突相对大减，因此在万历以后，禁山森林之盗伐更加严重，甚至有商人建议开放。晚明七十年间，边关气运的转好，导致的是森林覆盖率的下降。至清朝定鼎，气运更加美好，

---

[205] 王毓铨：《明代的军屯》（北京：中华书局，1965年），第218—222、338—340页。
[206] 邱仲麟："国防在线：明代长城沿边的森林砍伐与人工造林"，第37—48页。
[207] （乾隆）《浑源州志》卷二《山川》，第279页。

特别是康熙中叶以后,国防线愈益往北移,长城成为腹里通往边区的过渡地带,这一带山林之砍伐未受到禁制,加上山西未受到外敌的骚扰,经济发展相对较明代稳定,森林砍伐应该是越来越盛。但奇怪的是,清代晋北关于森林砍伐的记载却大量减少,以至于有学者误认森林砍伐没有明代严重,而实际情况恐怕并非如此。原因在于,历史材料之出现或制造,往往与时代氛围或国家政策有关,而明代在此方面与清代实大大不同。明代官员基于长城沿线的国防重要性,视森林为防卫体系之一环,对其受到砍伐往往一再奏言,甚至不惜以极度夸张之词语来取得朝廷的重视,这也就使得"砍伐殆尽"屡见不鲜,而实际上直至明末清初,晋北禁山森林的覆盖率虽持续下降,却还未减到几近于零的地步,故清代还可以持续再砍。清代则晋北不再是边关重地,官员对此亦不再重视,奏疏提及森林砍伐者寥寥可数,但这绝不代表明代留下的禁山森林完好如初,毕竟商人与百姓绝不会放弃着大好的机会,其向山区砍伐与垦荒的速度,伴随着"盛世滋生"的婴儿潮到来,应该是更加明显,而北太行山、恒山、芦芽山、五台山等地森林真正"砍伐殆尽",应该是清代的事。

(注:本文原载于夏明方主编《新史学》第六卷《历史的生态学解释》,北京中华书局2012年,重新收入本论文集时,内容稍有增补)

# 明以来岭南地区壮族的地理分布及变迁研究
刘祥学

[内容提要] 壮族是中国人口最多的少数民族。明代以来由于受政治、经济与军事等因素的影响，以及外省移民的不断进入，岭南地区壮族的地理分布有一个复杂的变迁过程。左右江流域与红水河流域壮族核心聚居区不断内缩，且成镂空发展之势，岭西东部与北部广大地区演化为多民族杂居区域。兴安、全州、灌阳、资源一带，是壮族分布较稳定的东北界线。

[关键词] 明代 岭南地区 壮族 地理分布 聚居区

壮族是中国人口最多的少数民族，近百年来，中外学术界对壮族历史进行了较为深入的研究，但壮族历史的重大问题——壮族分布区域的变迁未见论述。目前，只在张声震主编的《壮族通史》中对宋以来壮族分布区域有简单探讨，[1]但也没有反映其变迁过程和原因。研究壮族分布区域的变迁，是了解岭南地区民族地理及民族关系的基本内容，因此，本文试对明以来岭南地区壮族分布的变迁及其原因这问题作一专门研究。

## 一、明中叶岭南地区壮族的地理分布

明代，尽管壮族还有"僮"、"狼"、"土人"、"土蛮"等诸多称谓，但"僮"已开始成为文献中的常称，这标志壮族的发展已进入到一个新的阶段。这一时期受明朝治边政策的影响，一些壮族自西向东迁移，成为影响壮族分布区域变化的重要因素。《明史》称"广西瑶、僮居多，盘万岭之中，当三江之险，六十三山倚为巢穴，三十六源踞其腹心。其散布于桂林、柳州、庆远(治今宜山市)、平乐诸郡县者，所在蔓延。而田州(治今田东)、泗城(治今凌云县)之属，尤称强

---

[1] 参阅张声震主编:《壮族通史》,民族出版社 1997 年 6 月版,第 575—580 页。

悍。种类滋繁，莫可枚举。蛮势之众，与滇为埒"②。不过，由于明代统治时间长达270多年，其间壮族的分布难免会发生一些变化。在此，本文主要以正统至万历间的明中叶为研究对象，研究这一时期岭南地区壮族的分布情况。

这一时期岭南地区壮族的分布可分为几大区域：

左右江及邕江流域。左右江流域是土司集中之地，大大小小的土司盘踞其中。史称"南宁故称邕管，牂牁崌其西北，交阯踞其西南，三十六洞错壤而居。延袤几千里……南宁领州四，曰新宁（扶绥），曰横州（横县），为流官；曰上思州，曰下雷州（治今大新县下雷乡），为土官。县三，曰宣化（治今南宁市），曰隆化（治今扶绥县西南），曰永淳（治今横县峦城镇）。"③其中宣化县"无徭僮，民多安堵乐业"；又隆安县"为朗宁（南宁）极西之区，无徭、僮、伶、侗，但三面联络诸土州"；永淳县"地广民稀，俗朴而陋……然弥者亦稍稍知所向矣"④；从记载看，永淳县的居民为壮人无疑，否则不会有"向化"的必要。横县虽为流官统辖，却是壮汉杂居之地。据记载在县境北与宾州、贵县交界之处分布有壮，在县境南部、东南部的乐山、端峰里等处驻有少量从归德州调来的"狼兵"（壮族一支）。据此推断，明代南宁盆地至隆安段的右江河谷一带，汉族居民数量不少，明朝统治者以南宁为中心，将统治力量沿左右两江河谷推进。左江河谷自扶绥以南，右江自隆安以西，皆为土司之地。属南宁府辖者为归德州（治今平果县归德村）、果化州（治平果县果化镇）、上思州、下雷州（治今大新县下雷镇）4州。太平、思明、镇安皆为土知府，田州、归顺州（治今靖西旧州）、都康州（治今天等县都康乡）、泗城州、奉议州（治今田阳西南旧城村）、利州（治今田林利周乡）、龙州、向武州（治今天等向都镇）、江洲（治今崇左市）、思陵州（治今宁明县思陵村）、凭祥州等皆为土知州，其中左江的黄姓土司与右江的岑姓壮族土司是当地统治的主宰，也是威胁明朝在广西统治的重要力量。这些土司的族属皆为壮人，其治下民众也主要以壮人为主。

红水河流域——柳江流域，主要指思恩土府（治今武鸣县北），以及庆远府、柳州府部分地区。明代的思恩土府主要由岑氏土司统辖，当地的壮族被明

---

② 《明史》卷三一七，《广西土司》。
③ 《明史》卷三一七，《广西土司一·南宁》。
④ （明）杨芳：《殿粤要纂》卷三，《宣化县图说》、《隆安县图说》。

朝统治者称为"土蛮",当地壮族军队被称为"土兵",被征调赴桂林等处哨守。当地虽有部分瑶族分布,但以壮人居多。嘉靖时思恩府的八寨地区,即思吉、周安、古卯、古逢、古钵、都者、罗墨、剥丁。隆庆时,又有龙哈和咘咳二寨,遂称十寨。其实,不论是八寨还是十寨之名,并不只是8个或10个具体的自然村寨,而是一个地区泛称,其方位在今上林、忻城两县相邻地区,这是壮族的重要聚居地。明人称的"八寨贼巢,实为柳、庆、思恩各贼渊薮"⑤,王守仁曾率大军加以征剿。之后,为加强防御,明廷在思恩府地设巡检九司,即兴隆、那马、白山、定罗、旧城、下旺、安定、都阳、古零。⑥庆远府在明初为壮族头人莫天护统辖,其境内有瑶、壮、茆滩、仫佬等族,故史称庆远府"诸蛮相煽为乱"⑦,是汉人较少,瑶、壮较多的区域,"郭以外,民之家一而徭僮之穴九"。从明代的政区设置形势看,境内凤凰山至河池、罗城一线以南地区,为壮族的聚居之地。除河池县在弘治时由县升州,改为流官统治外,"东兰、那地、南丹皆土官,县五,忻城土官。又长官司二,曰永安,永顺。"⑧其境内所辖之民皆称土民。"土人"为左右江、红水河等地壮族的自称,史料所载广西境内的"土民"、"土蛮"、"土兵"、"土人"等均指当地的原住民壮族。其中,永安司由天河县(今罗城境)分设,是壮人的聚居之地,史载该县"旧十八里,后渐为僮贼所据,止余残民八里"。永顺司则由宜山县分设。两长官司之设皆因当地壮人多汉人少,明廷无力实行直接统治。明正统间又于宜山东南设永定长官司,为此,明廷在"宜山东南弃一百八十四村地,宜山西南弃一百二十四村地"⑨,交永定长官司统辖。明朝被迫放弃统治的村地均在壮族聚居的区域之内,因此其居民主体就是壮族。柳州府也是壮族分布较多之地,但多与瑶族杂居。所谓"郭以外,绕地率徭僮"⑩。但从史料记载看,柳州府南部上林、迁江(治今来宾市迁江镇)、象州一线以北,罗城以东,怀远以南地区,是壮人的聚居之地,其余则为杂居之地。上林县,"徭僮最稠"⑪,明代设有上林土司。迁江县"民少僮多";来宾县"诸僮反侧"⑫,"城以外,比迹僮人"⑬;马平县(今柳江县)"郭以外,山川曾阻,夷种环

---

⑤ (明)刘尧诲重修:《总督苍梧军门志》卷二十四,林富:《议处思田事宜疏》。
⑥ 《明史》卷三一八,《广西土司二·思恩》。
⑦ 《明史》卷三一七,《广西土司一·庆远》。
⑧ 《明史》卷三一七,《广西土司一·庆远》。
⑨ 《明史》卷三一七,《广西土司一·庆远》。
⑩ (明)杨芳:《殿粤要纂》卷一,《柳州府图说》。
⑪ (明)杨芳:《殿粤要纂》卷一,《上林县图说》。
⑫ (明)杨芳:《殿粤要纂》卷一,《柳州府图说》。
⑬ (明)杨芳:《殿粤要纂》卷一,《来宾县图说》。

居";象州"山多田少,自郭三里而外,徭僮丛错"[14];洛容县(今鹿寨县)境,当地壮族多与瑶族相杂,"所辖五乡,徭僮丛杂。重邻修、荔,数肆剽掠,丰轨乡地最险,有五练、大木诸村,皆经剿遗种,而托定、洛斗及木头、马腰诸累累又皆狼性,不可测也"[15],当地僮人为数不少。柳城县"四面崖岗蟠结,僮逾其半……西北与罗城连,内称盗区;东北有上油岗、达古、龙古、古板等村,皆贼寨也";融县(今融水、融安县境)"辽阔多僮"。[16]最南部的宾州(今宾阳县)"地饶民庶,徭亦不甚为梗"[17],少量壮人杂居其中;最北部的怀远县,"徭、僮、狑、侗蟠居山谷,最繁又最悍"[18];西部的罗城"伶壮居之,西北通那地土州,与徭僮交煽乱。……而婴田、芦荻、古盘又皆系贼巢"。[19]思恩县(今环江毛南族自治县)"僻在万山,徭僮杂居";荔波县"各里徭僮又最称勇悍"。[20]但明代思恩县与荔波县是以瑶族为主要民族的地区,史称"徭居十八"[21],说明壮族人口只占其中很少一部分。结合现代地形与明代政区设置综合分析,右江与红水河的分水岭青龙岭——都阳山——大明山一线以东,武鸣——宾州一线以北,凤凰山——河池州——天河县——罗城县——怀远县以南,象州县以西地区是壮族的聚居区。融县——罗城县——河池州一线以北地区为杂居区,越往北壮族分布越少。

东部地区。主要指柳州府——南宁府一线至粤西,大致相当于天平山——大瑶山——罗阳山——十万大山一线以东,珠江三角洲以西的广大区域。在这个区域内,壮族多与瑶、汉等族杂居,呈典型的大杂居,小聚居格局。在这个杂居区域中,有几个小的聚居区域。它们分别为:

洛清江中游——府江流域聚居区。洛清江流淌在天平山与驾桥岭之间,流域中南部为低山、丘陵地区,是明代广西东部壮族聚居之地。中游所经为古田县,即今永福县境,明代中期又于境内分设永宁州、百寿县,当地分布有较多的壮族。史载"桂林古田僮种甚繁,最强者曰韦,曰闭,曰白,而皆并于韦。"[22]凤凰寨、永宁州、桐木、百寿等地是著名的壮族聚落点。如百寿县"城廓十里外,

---

[14] (明)杨芳:《殿粤要纂》卷一,《象州县图说》。
[15] (明)杨芳:《殿粤要纂》卷一,《洛容县图说》。
[16] (明)杨芳:《殿粤要纂》卷一,《马平县图说》、《柳城县图说》、《融县图说》。
[17] (明)杨芳:《殿粤要纂》卷一,《宾州图说》。
[18] (明)郭应聘:《西南纪事》卷三,《复征怀远》。
[19] (明)杨芳:《殿粤要纂》卷一,《罗城县图说》。
[20] (明)杨芳:《殿粤要纂》卷二,《思恩县图说》、《荔波县图说》。
[21] (明)胡文焕辑:《华夷风土志》卷四,《广西省·庆远府》。中华风土志丛刊第1册。
[22] 《明史》卷三一七,《广西土司一·桂林》;(明)杨芳:《殿粤要纂》卷一,《永福县图说》亦载"徭僮种类浸繁"。

俱壮夷"[23]。明隆庆、万历间,当地壮族掀起反抗明朝的持久斗争,明廷将这里的壮人分为"良僮"与"恶僮",所谓"上四里为良僮,宜抚","下六里为恶僮,宜剿"[24]。为镇压当地壮人的反抗,明隆庆年间将古田升为州,实行"以狼制僮"[25]之法,从南丹、庆远一带征调当地"狼兵"驻屯防御,这些"狼人"集中分布在永宁州南的一百余里的山地之中。[26]府江是指阳朔而下至昭平县,流经平乐府属境内的一段桂江。从史料记载看,府江两岸是壮族的又一重要分布地。当地壮族多与瑶族杂居,人口占有较高比例,"平乐郡中瑶僮十居七八"[27]。其中府江流域的平乐县、荔浦县与昭平县境是壮族最主要的聚居地,史载"府江有两岸三洞诸僮,皆属荔浦,延袤千余里,中间巢峒盘络,为瑶僮巢穴"[28],当地有"编氓三而瑶与僮七"[29]之说,僮主要在县境西部山区;修仁县(治今荔浦修仁镇)"地僻邑小,东北僮稀而良……而仁化、归化二里,内有顽僮梗瑶,构仇格斗,殆无虚日"[30],当地僮人以梁、罗二族为大姓,"生齿繁夥,汉民仅二三户,良僮类汉者仅九十户。"[31]平乐县"为民村者一百一十有五,为瑶僮村者,不啻倍焉";昭平"编氓于瑶僮十之三"[32];尤其是县境的北陀"故称夷窟",僮人较多。此外,永安(治今蒙山县),原称力山,也分布有相当的壮人,与瑶族相杂,史称"永安在深谷中,瑶僮顺轨,固亦无虞。"[33]

武靖州(治今桂平市大宣乡南)聚居区。浔州府的山区丘陵地带,是瑶、壮的错杂之地,人口不少。如史载浔州府境"地广山深,瑶狼错杂,沙田、藤峡、山心、罗运、九怀等巢,所在难以一二计"[34],其中的武靖州是僮族的重要聚居地。明成化间平定大瑶山瑶族起义后,实行"以夷制夷"之策,从桂西征调"狼兵"驻防,在位于大瑶山东南丘陵、河谷地区设立武靖土州。初置时,以上隆州土知州岑铎为知州,土人覃仲英为土官吏目。因而最初这里的壮人多由桂西一

---

[23] (清)顾炎武:《天下郡国利病书》卷一〇九,《广西》。
[24] 《明穆宗实录》卷四八,隆庆四年八月甲子。
[25] (明)郭应聘:《西南纪事》卷一,《复征古田》。
[26] 参阅刘祥学:《明清时期桂东北地区壮族的分布、迁徙及与其他民族的相互影响》,载《民族研究》1999年第5期。
[27] (明)杨芳:《殿粤要纂》卷二,《平乐府图说》。
[28] 《明史》卷三一七,《广西土司一·平乐》。
[29] (明)杨芳:《殿粤要纂》卷二,《荔浦县图说》。
[30] (明)杨芳:《殿粤要纂》卷二,《修仁县图说》。
[31] (明)杨芳:《殿粤要纂》卷二,《平乐府图说》。
[32] (明)杨芳:《殿粤要纂》卷二,《昭平县图说》。
[33] (明)杨芳:《殿粤要纂》卷二,《平乐府图说》。
[34] (明)杨芳:《殿粤要纂》卷三,《浔州府图说》。

带迁来。至万历时,这些壮族已出现一定程度的汉化倾向,时人称"武靖州有僮而与编氓同"[35]。

浔江下游流域聚居区。在藤县至苍梧一百余里的浔江下游地区,壮族的分布相对较为集中,存在一些较为密集的壮族聚落点。如史称藤县"江山险扼,民与夷杂居。外则赤篱、古稔等瑶,牛岭、高段等僮"[36];苍梧"层嶂纡廻,瑶僮环列。而东安多贤,诸乡复与蛮獠错,时没时出"[37]。

其余各地,壮族多与瑶等族错杂,呈点状零星分布。如桂东北的临桂"西有僮五十余村"[38];灵川"瑶僮惟六都、七都最多"[39];阳朔"西南界连荔浦横木,僮人时启戎心"[40];义宁(治今临桂五通镇)"户口止十二里,余皆瑶、僮、伶、狙等丛居,有上中下团,有九户,有桑江七十二团"[41];富川"多高山邃谷,瑶僮凭为巢穴,而县峙其中。有抚瑶、抚僮、抚民,多奉约束。"[42]贺县"民夷杂居,溪谷易于啸聚,西与北陀接,数称阳山枭徒,瑶僮出没之冲"[43]。兴安、灌阳两县虽无壮族分布的记载,但根据明人杨芳《殿粤要纂》所绘军事地图标示,在兴安东部与西部山区,灌阳县西部山区都有少量的壮村分布。桂东南一带,"狼兵"的驻防,是影响壮族分布的重要因素。容县"山川夷旷,民作息耕凿而无瑶僮者四,其余即有,鲜有为我梗者,而辛墟水源罗龙诸狼,则不惟不为我梗,且听我分班调护焉"[44];博白"无僮,独错狼瑶二种,近且向化与编民齐,然周廻、万山实为贼薮,西南密迩海洋,两省亡命之徒互勾结剽劫为害"[45];岑溪在县治东部、南部大峒城有少量壮村。陆川"东四十里为四贺山,林深岭阻,萦连北流、信宜"[46],明朝在此设有部分狼兵驻守,县境的南部山地也有部分狼兵,与民村

---

[35] (明)杨芳:《殿粤要纂》卷三,《武靖州图说》;(明)刘尧诲重修:《总督苍梧军门志》卷四,《舆图·广西布政司·武靖州》载"上隆州土知州岑铎犯奸嫂杀兄,在禁。(韩雍)奏宥其罪,迁其原官土兵男妇于此,世为武靖土官"。
[36] (明)杨芳:《殿粤要纂》卷二,《藤县图说》。
[37] (明)杨芳:《殿粤要纂》卷二,《苍梧县图说》。
[38] (明)杨芳:《殿粤要纂》卷一,《临桂县图说》。
[39] (明)杨芳:《殿粤要纂》卷一,《灵川县图说》。
[40] (明)杨芳:《殿粤要纂》卷一,《阳朔县图说》。
[41] (明)杨芳:《殿粤要纂》卷一,《义宁县图说》。
[42] (明)杨芳:《殿粤要纂》卷二,《富川县图说》。
[43] (明)杨芳:《殿粤要纂》卷二,《贺县图说》。
[44] (明)杨芳:《殿粤要纂》卷二,《容县图说》。
[45] (明)杨芳:《殿粤要纂》卷二,《博白县图说》。
[46] (明)杨芳:《殿粤要纂》卷二,《陆川县图说》。

相杂。兴业县"在万山丛中,孤城斗绝,境内民狼杂处"[47];贵县(治今贵港市)"险阻绵亘,猺撞(僮)错居。自北至西以折而南,所接五山、九怀诸峒,其人桀骜负固,根连株结始末,未尝不跳梁"[48]。北部湾沿岸的廉州府,是"民夷杂处"[49]之地,有部分僮、"狼"分布,其中僮人"来自广西上思州,为人赁耕,岁久土著"[50];而"狼"人则是受明廷征调,驻防瑶、壮而来,与瑶壮呈杂居状态,"狼、猺杂居,岩障幽阻……附郭之民,朴茂而稍知分。至于远乡,不服勾稽,不供税赋,一或被获,宁甘服毒。否则群起而夺之,逃于他境,以为常。其语音杂侏𠌯,师巫之流,相为授受,所撰俗字,官师不能识"[51]。境内的钦州壮人分布稍多,"去郭三十里,多无舍宇,结木为栅,覆以茅竹,中半架阁,人居其上,牛居其下,谓之高栏。"[52]州西部接近十万大山地区,还有僮族的"四峒",明时曾设土司,"使之约束峒民"[53]。灵山县东的百零山,"狼、猺出入"[54]。

总之,明代中叶广西地区壮族分布情况以左右江、红水河流域至柳江流域为聚居之地,以南宁、浔、梧等府为散居之地,正如明人王士性所称:"广右异于中州,而柳、庆、思三府又独异。盖通省如桂平、梧、浔、南宁等处,皆民夷杂居,如错棋然,民村则民居民种,僮村则僮居僮耕。州邑乡村所治犹半民也。右江三府则纯乎夷,仅城市所居者民耳,环城以外悉猺僮所居"[55]。

粤西地区。怀集县是壮族的重要分布之一,史称"地险隘,与猺僮项背相接"[56],县境的三鸦、鸡笼岭等处是壮族的分布地;连山县壮族也不少,明英宗天顺年间,当地因"猺僮出没,地方残破"[57],而被迫将县治迁走。肇庆府是壮族的重要分布地,其中高要县的"鸡笼山僮"在天顺时十分活跃,"合广西流贼陷开建";成化年间,粤西地区瑶族蜂起反抗,明廷"用狼兵雕剿,肇庆自罗旁、绿化至怀集要害皆置戍兵"。正德年间在征讨阳春瑶人时,明廷又"以石绿僮为导"[58],但因壮与瑶暗中相通而遭失败。此外,有壮人活动的地方有:封川县、德

---

[47] (明)杨芳:《殿粤要纂》卷二,《兴业县图说》。
[48] (明)杨芳:《殿粤要纂》卷三,《贵县图说》。
[49] (明)胡文焕辑:《华夷风土志》卷三,《湖广·廉州府》。
[50] (清)顾炎武:《肇域志·广东·廉州府》。
[51] (清)顾炎武:《肇域志·广东·廉州府》。
[52] (清)顾炎武:《肇域志·广东·廉州府》。
[53] 《明神宗实录》卷四六二,万历三十七年九月乙未。
[54] (清)顾炎武:《肇域志·广东·廉州府》。
[55] (明)王士性:《广志绎》卷五,《西南诸省》。
[56] (明)杨芳:《殿粤要纂》卷二,《怀集县图说》。
[57] (清)顾炎武:《肇域志·广东·广州府·连山县》。
[58] (崇祯)陆鏊、陈烜奎纂修:《肇庆府志》卷二十四,《猺僮》。

庆州和阳春县。嘉靖元年(1522年)、嘉靖二十二年(1543年)、嘉靖二十三年(1544年),这些地区的壮人在郑公音、苏公乐等人领导下先后起来反抗明朝统治,被明廷称为"叛僮"。史料又载封川县陆眼等村有"良僮三十九家",南竹、花根等村有"良僮七十六家",罗林村有"良僮一家",下湖村有"有良僮四家"。这些壮人皆因嘉靖间起义被镇压后,从山区迁出,以佃耕为生。[59]高州府"西北多杂峒落,与中原音乡相戾"[60];罗定州"郡当新兴、阳春、德庆之间,荆棘横野,瑶、僚未辑。自大征以后,兵垒棋布,虽无遗策,然教化日浅,残僮狡焉。……州有小江,源出播山,东北流,入大江。小江东为东为东山,西为西山,皆瑶、僮所居"。[61]从这些记载分析,这两个地方的壮族人口不多,分布也较零散。

此外,明代也存在一些广西壮族越境进入广东、湖南活动的现象,这也有可能造成僮族分布区域的变化。从《明实录》的记载看,广西壮族进入广东活动的地方计有连山、阳山、封开、化州、阳江、阳春、英德、信宜以及湖南的江华一带。[62]因此可以判断,明代广东壮族的分布区域主要在北江——珠江三角洲以西地区。(见图1)

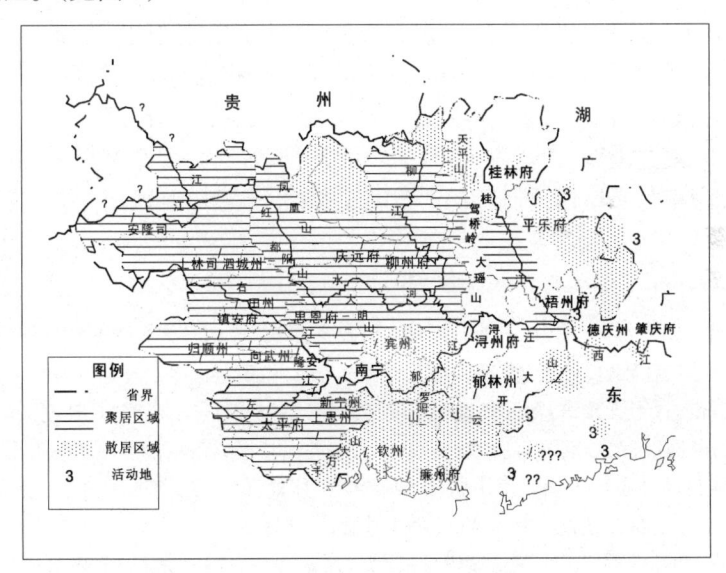

图1 明代岭南地区壮族分布示意图

(根据谭其骧主编:《中国历史地图集》第七册,中国地图出版1982年10月版,第74—75页改绘。)

---

[59] (崇祯)陆鏊、陈焻奎纂修:《肇庆府志》卷二十四,《瑶僮》。
[60] (清)顾炎武:《肇域志·广东·高州府》。
[61] (清)顾炎武:《肇域志·广东·罗定州》。

## 二、清朝康、道时期壮族的地理分布

清朝统一全国后,即不断加强对边疆的控制。在壮族地区,随着改土归流的完成,破除了原有土司之间的界限,有利于壮族与其他各族的交往,这对壮族分布区域的变化有一定程度的影响。康熙至道光时期,岭南地区的壮族分布情况,同前代一样,也可分为几大区域。

左右江与邕江流域聚居区。这一区域大致以十万大山以北,宾州以南横州以西的广大地区。因为自称与他称混用的缘故,史料对这一区域的壮族记载有"僮人"、"狼人"、"土人"、"侬人"等多种称谓,均指其时壮族的不同支系,人口占有相当的比重。史载"宾州以南多僮"[63],横州则"民一僮三"[64];上思的"那懒墟及那标上、下洒三村,徭僮杂处"[65];而南宁府属的归德、果化、忠州(治今扶绥县旧城)皆为土州,治下民众多为壮人。太平府则以土人居多,兼杂狼人、侬人。史称"太平,骆越地也。无徭僮杂居,编户皆土人"[66]。府辖崇善县(今崇左市)"三厢十屯六十三村,土、狼杂处";左州(治今崇左市东北)、养利州(治今大新县)、永康州(治今扶绥县北中东镇)、宁明州境居民皆为土人、狼人;"太平土州(治今大新县太平镇)分三卫七甲,皆土、狼也"[67];安平土州(治今大新县龙门)"西接交阯……今存者四十四村,皆狼人";"思城土州(治今大新县西南恩城),治有二厢,亦狼人";万承土州(治今大新县东北龙门)"地僻土饶,狼人戮力田作";"茗盈土州(治今大新县茗盈村)与全茗土州(治今大新县全茗镇)相距二里许,皆狼人";"龙英土州(治今天等县西南龙茗)所部有二

---

[62] 如《明英宗实录》卷三〇一,天顺三年三月己亥条载"连山及贺县僮贼纠众流劫湖广江华县"。又江华壮族《贝氏族谱》载其先祖于明万历时,由贺县南乡洞迁往井头村(今江华小圩、清塘一带);《韦氏族谱》则云其先祖于洪武八年(1375年)自南宁宾州,迁至江华。可见至明代时迁往江华的壮族又有所增加。具体参阅湖南江华瑶族自治县县志编纂委员会编:《江华瑶族自治县志》,中国城市出版社1994年5月版,第577—578页;伍新福著:《湖南民族关系史》(上卷),民族出版社2006年4月版,第191页。
[63] (嘉庆)谢启昆纂修:《广西通志》卷二七八,《诸蛮一·僮》;(雍正)金鉷修,钱元昌纂:《广西通志》卷九十三《诸蛮·蛮疆分录》也载宾州"僮七民三,而宾州以南,厥类尤繁"。
[64] (雍正)金鉷修,钱元昌纂:《广西通志》卷九十三,《诸蛮·蛮疆分录》。
[65] (雍正)金鉷修,钱元昌纂:《广西通志》卷九十三,《诸蛮·蛮疆分录》;(乾隆)谢钟龄:《横州志》卷五《化蛮》还载永淳(今横县西)"蛮僮而间狼","各属乡村,僮人杂处,有间以徭、狼、獠、蜑者。上思地界极边,为类尤夥"。
[66] (清)傅恒等撰:《皇清职贡图》卷四。
[67] (雍正)金鉷修,钱元昌纂:《广西通志》卷九十三,《诸蛮·蛮疆分录》。

峒四季、二皈及陆地等村,皆狼人";结安土州(治今天等县东北结安村)"亦狼人";"都结(治今隆安县西都结乡)土州瑶狼杂处";"思州土州(治今宁明县东思州村)有瑶、狼、侬三种";"下石西土州(治今凭祥市夏石镇)与上石西土州(治今凭祥市东南上石镇)相距不数里,户皆狼人";"凭祥土州所统皆狼兵也";"罗阳(治今扶绥县西北罗阳)土县多狼人"。[68]镇安军民府境内居民主要以狼人、僮人为主,如史载上映土州(治今天等县西上映乡)"多狼人"[69]。"城郭军民杂处……郭十里外俱僮夷"[70]。右江上游流经的思恩府西部、及泗城府虽有不少壮族分布,但与其他民族呈交错杂居之势,这种分布态势越往北、往西越是明显。如史载田州等地,散居着被称为侬人的壮族,而泗城府境内少数民族主要为"瑶人"和"狼人";其中西隆州(治今隆林各族自治县)"民有四种,曰侬,曰俍,曰俫啰,曰仲家";[71]此外,西隆州还有部分被称为"土人"的壮族,其"村舍多在山脊"[72]。泗城府北部地区分布被称为"侬苗"的一支,主要分布在贵州"永丰州罗斛、册亨等处,雍正五年(1727年)自粤西改隶黔省"[73]。至乾隆之后,这一地区除在贞丰州仍有少量"侬苗"分布外,[74]黔西南其余各地,主要居民以"仲家"(布依族)为主,往北则杂有苗、瑶等族。[75]这部分"侬苗"后来发展成为布依族的一部分。[76]因此从地形上看,清代壮族与布依族的分布是基本上是以南盘江为分界线的。至于南宁附近的宣化县、武缘(今武鸣县)汉人分布较多,与当地壮族呈杂居状态,如史载武缘县"杂民夷"[78]。结合明代这一地区壮族的分布情况分析,从邕宁沿左江流域至扶绥东北,沿右江流域至隆安东南仍是以汉族分布为主的区域,兼有部分壮族杂居其间。

红水河流域、柳江流域与黔江流域。主要包括庆远府、思恩府与柳州府大

---

[68] (雍正)金鉷修,钱元昌纂:《广西通志》卷九十三,《诸蛮·蛮疆分录》。
[69] (雍正)金鉷修,钱元昌纂:《广西通志》卷九十三,《诸蛮·蛮疆分录》。
[70] (光绪)羊复礼纂:《镇安府志》卷八,《风俗》。
[71] (雍正)金鉷修,钱元昌纂:《广西通志》卷九十三,《诸蛮·蛮疆分录》。
[72] (雍正)金鉷修,钱元昌纂:《广西通志》卷九十三,《诸蛮·蛮疆分录》。
[73] (清)傅恒等撰:《皇清职贡图》卷四。
[74] (雍正)鄂尔泰监修,靖道谟等纂:《贵州通志》卷七,《苗蛮》。
[75] (清)爱必达撰:《黔南识略》卷二十八《贞丰州》载"苗系侬家、仲家二种,风俗与各处同"。
[76] (清)爱必达撰:《黔南识略》卷二十七《兴义府》载"仲苗居十之八九,猓夷居十之一二";同书卷二十八《册亨州》载"苗惟仲家一种";卷三《广顺州》载"汉人、仲家苗";卷五《永宁州》载"苗有仲家、蔡家、花苗、革佬、猓猡、瑶人六种"。
[77] 参阅刘锋著:《百苗图疏证》,民族出版社2004年3月版,第180—183页。
[78] (雍正)金鉷修,钱元昌纂:《广西通志》卷九十三,《诸蛮·蛮疆分录》。

部分辖地,以及浔州府西部地区。这一区域的北部是多民族杂居之地,大致以思恩县——天河县——罗城县——融县一线为界,这一线以北,僮族分布数量不多,且多与苗、侗、瑶等族杂居。东部则以融县——雒容——象州一线为界,以东也是多民族杂居之地。如史载庆远府"宜山而外,北为天河,地尽徭;西则思恩、河池,亦号蛮薮;而西北之荔波,极西之东兰,尤诸夷奥区"[79]。北部的荔波县,计有"水、佯、伶、侗、瑶、僮六种,杂居荔波县。雍正十年(1732年)自粤西辖于黔之都匀府"[80]。贵州东南部的黎平府古州(今榕江县)也零星分布着一些壮族,史载当地"苗有洞苗、山苗、水西苗、瑶苗、僮苗五种……僮、瑶皆自粤迁来者,统计洞苗、山苗十之七,水西苗、僮、瑶十之一二"[81]。又载柳州府"融、雒、象州以东,交错桂平,固多瑶僮;而罗城、怀远以北,界接黔中,亦杂苗狼"[82]。怀远县"有瑶、僮、侗、伶、狚、苗六种"[83];在上述分界以南、以西地区,僮族分布较多,主要与一些瑶族相杂。如庆远府的河池州"瑶僮十居八九"[84];天河县"多夷种……西则僮人,南则狼种"[85];思恩县"在城三里,民僮杂居。思恩、金城、镇宁三乡系僮人"[86]。此外,县境内的"五十二峒及仪凤、茅滩上中下疃皆瑶僮"[87]。罗城县"平西、布政、高悬里咸狼种"[88]。庆远府西部的南丹土州与那地土州分布的基本上都是"狼人"或"土人"。其中那地州"尽是狼人"[89],南丹土州则"土"、"狼"杂处。位处红水河腹地的忻城土县"瑶狼杂处"[90],但以壮族为多,史称该县"瑶三僮七"[91]。永定长官司"只有土僮",而永顺副长官司"狼僮杂处"[92]。

---

[79] (雍正)金鉷修,钱元昌纂:《广西通志》卷九十三,《诸蛮·蛮疆分录》。
[80] (雍正)鄂尔泰监修,靖道谟等纂:《贵州通志》卷七,《苗蛮》;(清)爱必达撰:《黔南识略》卷八《都匀府》载当地"僮苗住八迁、鸢甫三洞,巴容、瑶庆五里,俗与仲家相似";此外,清人陈浩在其所撰《八十二种苗图并说》第三十二图中,将荔波的"僮"人称为"仡僮"。
[81] (清)爱必达撰:《黔南识略》卷二十二,《古州同知》。
[82] (雍正)金鉷修,钱元昌纂:《广西通志》卷九十三,《诸蛮·蛮疆分录》。
[83] (雍正)金鉷修,钱元昌纂:《广西通志》卷九十三,《诸蛮·蛮疆分录》。
[84] (雍正)金鉷修,钱元昌纂:《广西通志》卷九十三,《诸蛮·蛮疆分录》。
[85] (乾隆)李文琰修,何天祥纂:《庆远府志》卷十,《诸蛮》。
[86] (乾隆)李文琰修,何天祥纂:《庆远府志》卷十,《诸蛮》。
[87] (雍正)金鉷修,钱元昌纂:《广西通志》卷九十三,《诸蛮·蛮疆分录》。
[88] (雍正)金鉷修,钱元昌纂:《广西通志》卷九十三,《诸蛮·蛮疆分录》;(嘉庆)谢启昆修:《广西通志》卷二九八,《诸蛮一·僮》则称"咸僮人"。
[89] (乾隆)李文琰修,何天祥纂:《庆远府志》卷十,《诸蛮》。
[90] (雍正)金鉷修,钱元昌纂:《广西通志》卷九十三,《诸蛮·蛮疆分录》。
[91] (乾隆)李文琰修,何天祥纂:《庆远府志》卷十,《诸蛮》。
[92] (乾隆)李文琰修,何天祥纂:《庆远府志》卷十,《诸蛮》。

大明山以北的思恩府地,是僮族重要的分布地。清代官修地方文献称思恩府"愚僮、顽苗在在皆是者也",尤其以地处红水河下游的迁江、上林等地较多。当地壮族有"僮"、"狼"、"侬狼"、"僚"、"土人"等多种称谓。如载迁江县"编户上下二里,实系狼、瑶、僮三种";上林县"东北乡顺业里瑶狼杂处,又东西抚上下一、二、三等图有秀马、清水、刁博、猪婆各隘,崇岗叠嶂,狼獠凭依"[93];古零土司(今马山县东南古零)"多狼苗,谓之土人"[94];又载"侬人自称曰侬,散居思恩、田州等处……设那马(治今马山县西南周鹿)、兴隆(今马山县兴隆)、安定(治今都安瑶族自治县)各土司分治之"[95]。

柳州府中南部,主要是指地处柳江中下游的融县、柳城、马平以及红水河下游的来宾等地,也是壮族分布聚集之地。如史载融县"瑶僮甚夥,有僮村、瑶村,或分地而居,或彼此相错";柳城"上油洞诸巢皆蛮窟也,其种有侬、瑶、水、伢,言语不通"[96];马平县"去城十里外则有僮,百里外则有瑶"[97];来宾县"县近城者皆居民,郭外十数里则皆僮"[98],少量的汉人明显处于壮族的包围之中。除此之外,雒容、象州、武宣等地也有相当数量的壮族聚居。雒容县"僮人与伶、狼杂居";象州"诸邑各有瑶僮"[99]。浔州江府西部的武宣、贵县一带壮族也有一定数量分布。贵县"五山、九怀狼僮杂居"[100];武宣"南乡之分岭、桐岭等村接贵县界,北乡盘古、牛栏等村接来宾界,皆僮人也"[101]。

东部地区。主要指广西东部的桂林府、平乐府、梧州府、浔州府东部、直隶郁林州以及珠江三角洲以西的广东省广大地区。其分界线大致相当于天平山——驾桥岭——大瑶山——罗阳山——十万大山一线以东地区。这一地区与明代相比,变化不大。壮族呈大杂居,小聚居的分布格局。这一地区又可分为几个小聚居区:

一是洛清江流域。洛清江流经的太平山南部地区,为永福县、永宁州(今

---

[93] (雍正)金鉷修,钱元昌纂:《广西通志》卷九十三,《诸蛮·蛮疆分录》。
[94] (雍正)金鉷修,钱元昌纂:《广西通志》卷九十三,《诸蛮·蛮疆分录》。
[95] (清)傅恒等撰:《皇清职贡图》卷四。
[96] (乾隆)王锦修,吴光升纂:《柳州府志》卷三十,《瑶僮附方言》。
[97] (乾隆)王锦修,吴光升纂:《《柳州府志》卷三十,《瑶僮附方言》。
[98] (乾隆)王锦修,吴光升纂:《柳州府志》卷三十,《瑶僮附方言》。
[99] (雍正)金鉷修,钱元昌纂:《广西通志》卷九十三,《诸蛮·蛮疆分录》。
[100] (雍正)金鉷修,钱元昌纂:《广西通志》卷九十三,《诸蛮·蛮疆分录》;(清)傅恒等撰:《皇清职贡图》卷四。
[101] (雍正)金鉷修,钱元昌纂:《广西通志》卷九十三,《诸蛮·蛮疆分录》;《武宣县志》卷十六,《杂录·诸蛮》。

永福县寿城乡)以及临桂县部分辖地,这是壮族聚居的区域。金鉷所修《广西通志》在描述桂林府形势时说,桂林"为粤西省会,控制百蛮,东北起于全州,带灌阳与湖南蛮夷错壤,南则阳朔,西则永福、永宁,崇岗叠障,号称蛮窟。而附郭之临桂,西北之灵川与兴安、义宁,大抵皆民夷杂处"[102]。清楚地表明桂林府南部与西部地区壮族的聚居情况。其中永宁州"僻在山谷,有狼、僮二种";永福县"民三僮七"[103];临桂县的壮人在"西南二乡,界连阳(朔)、永(福),多有之"。

二是府江西岸地区。与上述区域相临的是府江西岸地区,包括阳朔西部、荔浦县、修仁县(今荔浦修仁乡及金秀瑶族自治县部分地区)、永安州等地。史载阳朔"僮人有两种,来自零陵者曰南僮,来自永福者曰北僮。各里所在皆有之……今县治西南有金宝堡、庄头、鬼子、擂鼓、严塘、阳朔峒诸巢,悉北僮盘踞。"[104]荔浦县"僮则来自柳、庆、古田,散居于咸、亨、通、津四里";修仁县"正西老县村至寨堡石墙汛,去汛五里曰头排,至五排、十排,峰峦险僻,自石墙西而来曰九排、八排、七排、六排,则皆僮人"[105]。永安州"民居三,猺僮居七。猺居深洞中……僮则与民杂处"[106]。

府江东岸地区,因为壮族的汉化现象较为严重,从而使壮族的分布由原来的聚居变成了散居状态,且多与瑶族、汉族杂居,数量已然不多。史称平乐府"府江两岸故猺僮渊薮也,恭城而北,昭平以南……比年群夷向化,穷陬奥谷,靡不蒸蒸"[107]。其中恭城县"附县八村,民僮杂处";昭平县东北、西南、西北皆为瑶族所居,"其余各乡则民僮杂处,恩来里、北陀四十里……原为僮薮"[108];贺县壮人"居县属南乡,有生熟二种"[109]。桂林府其余地区,壮族也呈散居状态,在部分县境有少量的村落。如灵川"七都多僮";兴安"僮人居富江"[110];义宁县"编户有僮里……县治西北边分上、中、下三寨,则皆僮人所居"[111]。

---

[102] (雍正)金鉷修,钱元昌纂:《广西通志》卷九十三,《诸蛮·蛮疆分录》。
[103] (雍正)金鉷修,钱元昌纂:《广西通志》卷九十三,《诸蛮·蛮疆分录》。
[104] (雍正)金鉷修,钱元昌纂:《广西通志》卷九十三,《诸蛮·蛮疆分录》。
[105] (雍正)金鉷修,钱元昌纂:《广西通志》卷九十三,《诸蛮·蛮疆分录》。
[106] (雍正)金鉷修,钱元昌纂:《广西通志》卷九十三,《诸蛮·蛮疆分录》。
[107] (雍正)金鉷修,钱元昌纂:《广西通志》卷九十三,《诸蛮·蛮疆分录》。
[108] (雍正)金鉷修,钱元昌纂:《广西通志》卷九十三,《诸蛮·蛮疆分录》。
[109] (清)傅恒等撰:《皇清职贡图》卷四。
[110] (雍正)金鉷修,钱元昌纂:《广西通志》卷九十三,《诸蛮·蛮疆分录》;(清)傅恒等撰:《皇清职贡图》卷四。
[111] (嘉庆)谢启昆纂修:《广西通志》卷二九八,《诸蛮一·僮》。

明以来岭南地区壮族的地理分布及变迁研究

三是连山县。虽然这里的壮族也与瑶族、汉族杂居,但壮的人口占多数。当地县志称"各村民僮杂处,僮多民少"[112]。在当地一些山区,壮族主要与瑶族杂居,当地有"九村(指连山九个壮族聚居乡,清时为宜善巡检司所辖)开辟自明朝,一半狼民一半瑶"[113]之谚流传,由此可见明,自明以来,壮族占当地人口一半以上的事实。

其余各地,壮族或与汉族相杂,或与瑶族错居。壮族没有大片的聚居区域,其聚落零星分布。如桂东南地区的梧州府,苍梧县"僮则自为一种⋯⋯居外峒者与民杂,居深山者与猺杂⋯⋯而北陀东岸、西岸皆僮人也"[114];"六围,与六山相近,其僮多良⋯⋯俱在长行乡山槽中"[115];藤县"在山者曰猺僮⋯⋯至于大黎里、杨峒里、大任里皆僮人也"[116]。从史料记载看,当地壮族的分布较之前代为少。岑溪"北科峒土地肥美,宜五谷。万历时狼目韦月率兵种。韦衰,徐胜继之。遂属徐胜子孙管辖"[117];容县"猺与僮杂处⋯⋯所居曰六便、六青,曰龙坟山、鸡笼山、东叶山、东瓜山、石羊山、横山,各有酋目隶属,而石羊山独蕃盛"[118]。怀集县的壮族"居外岗者与民杂,居深山者与猺杂"[119]。在浔州府中东部地区,当地的壮族与瑶、汉相杂,人口不多。桂平县"狼猺杂处";平南县"乌路里民猺狼杂处,归政里民狼杂处⋯⋯又大同里多猺僮"[120]。直隶郁林州的壮族,清代称为"土狼",人口更少,主要分布在"州东北四十里,抵大容山","按州治平原广泽,民居八九,狼处一焉"[121]。今桂南沿海地区,清属广东廉州府,分布有少量的壮人和"狼人"。其中"狼人"是以军事驻防的形式留下的,境内的三冬信是狼兵驻防地,清代在"牛藤闸、马头闸、水鸥闸、冷水闸"各处隘口,各设有狼兵数十名把守。[122]部分"狼人"则居"西北大山中"[123];又载灵山县境的壮人"本

---

[112] (康熙)刘允元纂:《连山县志》卷一,《村落》。
[113] 连山《壮族瑶族志》编写组:《连山壮族瑶族自治县壮族瑶族志》,中国文联出版社2002年7月版,第14页。
[114] (雍正)金鉷修,钱元昌纂:《广西通志》卷九十三,《诸蛮·蛮疆分录》。
[115] (乾隆)吴九龄修,史鸣皋等纂:《梧州府志》卷八,《猺僮》;又瞿昌文:《粤行纪事》卷一载"苍梧之西北,万山攒峙,僮猺错处"。
[116] (雍正)金鉷修,钱元昌纂:《广西通志》卷九十三,《诸蛮·蛮疆分录》。
[117] (清)傅恒等撰:《皇清职贡图》卷四。
[118] (嘉庆)谢启昆纂修:《广西通志》卷二九八,《诸蛮一·僮》。
[119] (乾隆)顾旭明修,唐廷梁纂:《怀集县志》卷十,《杂事》。
[120] (雍正)金鉷修,钱元昌纂:《广西通志》卷九十三,《诸蛮·蛮疆分录》。
[121] (雍正)金鉷修,钱元昌纂:《广西通志》卷九十三,《诸蛮·蛮疆分录》。
[122] (乾隆)周硕勋修,王家宪纂:《廉州府志》卷十,《兵防》。
[123] (乾隆)周硕勋修,王家宪纂:《廉州府志》卷四,《风俗·狼人附》。

广西狼兵……散处县属之十万山中"[124]。从以上记载分析,这一地区的壮族主要分布在十万大山东南沿地区。

　　珠江三角洲以西的粤西地区,虽然有史料称"肇、高、廉三府与广州、雷州亦数县有之"[125],但壮族的分布更散。肇庆府的阳春县有少量汉化程度较高的壮族,其县志载"正德间宪臣汪鋐督兵讨瑶,以石绿僮子为向导……方今德化所加"[126],已趋于汉化。德庆州境内"瑶僮杂处"[127],当地活动的壮族主要来自广西。高州府的茂名县、电白县、信宜县和化州,各有少量的"狼兵"或"僮兵"与"狼寨",其中茂名县有狼兵"陆百陆拾陆名",计有"大屯、牛反、石壁、清湖、大桑、军堡、甘竹"等11个狼寨。电白县"有僮兵一百陆拾伍名"。信宜县"狼兵伍百玖拾伍名";计有"铜鼓、陈村、西村、六哨、六婴、那贡、潭村、潭波"等48个狼寨。化州有"狼兵一百玖拾肆名",计有"文弄、平曲、那良、平和、潭榕、雷岗、大路、谢路、西屯大寨"等21个狼寨。[128]连州的阳山县,"僮居白芒、稍陀等山,本广西狼兵,明天顺间奉调征剿,就此生聚。"[129]又《阳山县志》引连州旧志载"山居为瑶,峒居者为僮"。当地壮族主要分布在山前丘陵、平原地带。(见图2)

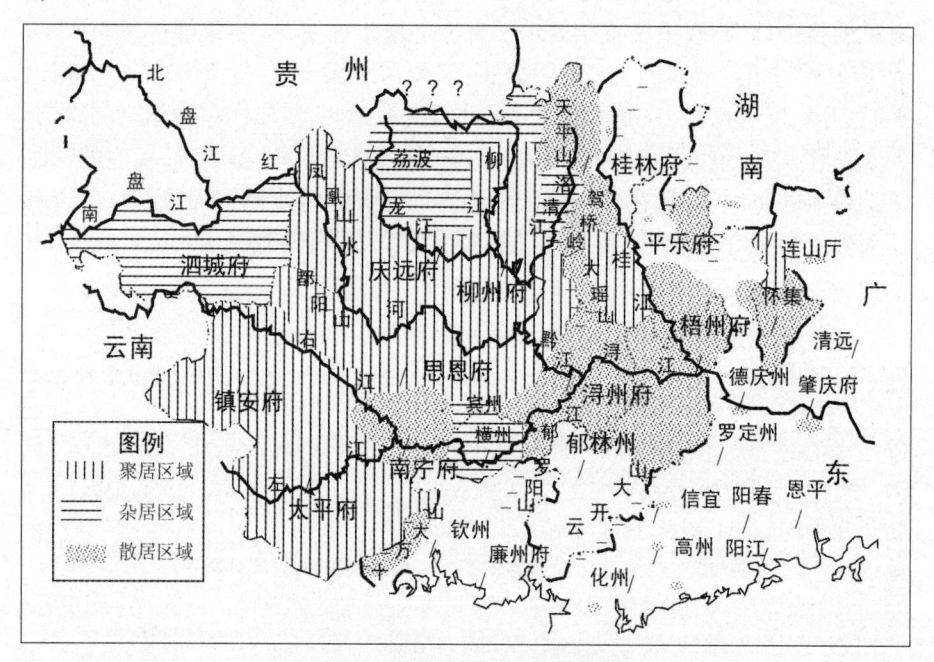

图2　清代岭南地区壮族分布示意图

(根据谭其骧主编:《中国历史地图集》第八册,中国地图出版1982年10月版,第46—47页改绘。)

---

[124]　(清)傅恒等撰:《皇清职贡图》卷四。

## 三、民国时期壮族的地理分布

民国时期,随着社会调查的进一步深入,对一些民族人口进行了统计,但因统治当局并不认为壮族是一个民族,因此有关记载往往将壮族附会成汉族,因而有关壮族的人口统计数据,极不可靠。如记载1931—1938年间广西的壮族,只有3492户,共18858人,分布在义宁(今属临桂、龙胜)、龙胜、钟山、忻城、宜山、罗城等地,[130]这显然是不正确的。由于史料记载的缺失,要了解民国时期壮族的具体分布情况,需要借助建国后的一些民族学调查材料,加以分析。

左右江流域。这一区域仍是壮族最主要的聚居之地,但在民国时期留下的史料记载上,有壮族分布的只有少数几个县市,而且人数不多。如百色县(今百色市)"全县住民,概分为汉、僮、苗、瑶、回五族,就中以汉人为最多……僮人次之,瑶与苗更次之"[131];凌云县"分汉、瑶、僮、侬四族……至若僮、侬二族,未与同化者,总共不及百户也"[132];同正县(今扶绥县)"多系他省他县迁来之汉人,土著则为瑶、僮二族"[133];崇善县、龙津县(今龙州)"全县住民,概为汉族"[134]。其中,崇善县汉族人数较多,时称"汉族生齿日繁,汉族人数已达五万余人……惟僮散居县之各乡"[135]。由于壮族在编修家谱时,多伪托祖先系由中原各地迁来,故民国时期往往将不少汉化程度较高的壮族,视为汉族。因此,民国时期这一区域的地方志,多称本县居民汉人为多。如龙州、大新、宁明等县志即是如此。实际上,这些"汉人"都是壮族。如同正县志载"县属人民,多是汉

---

[125] (雍正)郝玉麟修,鲁曾煜纂:《广东通志》卷五十七,《岭蛮》。
[126] (乾隆)姜山修,吕伊纂:《阳春县志》卷十五,《瑶僮》。
[127] (乾隆)宋锦、李麟洲纂修:《德庆州志》卷十一,《风土》。
[128] (乾隆)王概纂修:《高州府志》卷八,《狼瑶》。
[129] (乾隆)陆向荣修,刘彬华纂:《阳山县志》卷五,《瑶僮》。
[130] 参阅广西省政府统计处1948年印:《广西年鉴》(上册)第三回,《民族与语言》,第195—196页。
[131] (民国)方光汉编辑:《广西》第四编,《地方志·百色县》。中华书局1939年8月版,下同。
[132] (民国)方光汉编辑:《广西》第四编,《地方志·凌云县》;(民国)何景熙修,罗增麟纂:《凌云县志》第一编,《人口·风俗》也载县境"有少数僮、侬之属"。
[133] (民国)方光汉编辑:《广西》第四编,《地方志·同正县》。
[134] (民国)方光汉编辑:《广西》第四编,《地方志·龙津县》;(民国)李文雄修,陈必明纂:《龙津县志》第四编,《社会·民族》。
[135] (民国)黄旭初监修,吴龙辉纂:《崇善县志》第二编,《社会·民族》。

族……其为古来土养之民人,则多作岭峒中……当是徭僮遗种"[136];再如,田阳县"土多客少,大姓为黄氏"[137]。这些土著也是原先的壮族,土多客少,正好说明壮族人口占多的情况。雷平县(今大新县)居民有"中原民族"和"土著民族",但"全县通行交际,皆用土语"[138]。再结合二十世纪50年代初期所的民族调查分析,也可印证这一点。如上思县,除十万山南桂、米强、常隆等三个纯瑶族乡外,其余各乡均为壮族聚居地。[139]龙津县,在1953年统计人口时,除在镇上有少量汉族外,居民绝大部人是壮族。平果县,县内主要居民也是壮族。[140]隆安县虽然有一些汉族分布,但壮族更多。民国时修县志载"县属人民,除少数土著外,纯属汉族,皆来自他省,尤以山东为多数",但在载及方言时则称"隆安普通方言,概属土音"。此外,县境西南山区还分布一种被称为"陇人"的族群,"亦南荒土著也,聚族而居,村之大者达数百家以上"[141],经民族学综合研究,这些"陇人"实际上也是属于壮族的一个分支。[142]武鸣"汉、土客庄犬牙交错"[143],当地壮族与汉族呈明显的杂居之势。至于靖西、德保、那坡等地,清中叶以来一直都是壮族的聚居区,民国间变动不大。如靖西县,民国时当地方志称"县属非汉族一曰僮族,一曰侬,约占全县人口总数百分之一,多分布于县之西北区,能操土音",但其后又称"县属语言最普通者是土语,约占全县人口百分之八十"[144]。显然,这些讲土语的人口,绝大多数是世居此地的壮族。田林、西林、隆林则为多民族杂居之地,当地的壮族与汉、瑶、彝、仡佬等族交错杂居,[145]但以壮族人口为多。如西林县"岑、覃、潘、许四姓,为邑巨族。明神宗时,西林属

---

[136] (民国)杨北岑等编纂:《同正县志》卷七,《种族》。
[137] (民国)蒙启鹏:《广西通志稿·社会编·氏族二·田阳县》。
[138] (民国)梁明伦等纂:《雷平县志》第二编,《社会·人口》;第三编《社会·方言》。
[139] 参阅广西壮族自治区编辑组:《广西壮族社会历史调查》第三册,广西民族出版社1985年7月版,第2页。
[140] 参阅广西壮族自治区编辑组:《广西壮族社会历史调查》第七册,广西民族出版社1987年9月版,第1页、190页。
[141] (民国)黄朝桐、刘振西纂:《隆安县志》卷三,《社会》。
[142] 参阅广西壮族自治区编辑组:《广西壮族社会历史调查》第七册,广西民族出版社1987年9月版,第200页。
[143] (民国)温德溥、曾唯儒纂:《武鸣县志》卷一,《图经》。
[144] (民国)封赫鲁修,黄福海纂:《靖西县志》第二编,《人口种族之组成》。
[145] (民国)黄旭初修,岑庆沃纂:《田西县志》第二编,《人口之组成》载当地有汉族和非汉族两种,非汉族为苗、瑶、倈三种,汉族则多系随狄青征侬智高时落籍,分布于城市、平原乡村,成为当地土著,"然风俗习惯仍保持其旧,惟言语则习普通之土语",可见这部分"汉族"当为壮族。

泗城土官岑氏,其土目有覃、潘、许三姓,分地驻守,隶上林长官司,其裔甚繁,布于全境"[146]。

再看邕江流域。邕宁县,史载民族"有四:汉、回、土、僮是也……土族与僮族别,而言语与僮族同……沿河东南岸一带皆其部落,然与汉人杂错而居"[147];横县,由于汉族人口的不断迁入,壮族所占比例有所减少,民国史料称"前志所载民一僮三,至今无从分辨矣"[148]。据建国后调查统计,壮族多居住在县城西北、东北的平马、良圩、六景、石塘、灵竹、校椅、云表、镇龙和南部的飞龙、新福、南乡等镇,据1982年统计壮族人口达307451人,占全县人口的36.48%[149]。民国时横县的壮族分布的实际情况应与此相近。

综合分析,这一区域以那坡——百色一线以南,隆安——扶绥以西,十万大山以北地区为壮族的聚居区;百色以北至南盘江为壮、瑶等多民族杂居区;自武鸣盆地沿左、右江两岸平原的隆安、扶绥一线以东至邕江流域,为壮汉杂居区。

红水河、柳江与黔江流域。红水河流域北部的南丹与东兰是壮族分布较为集中之地,其中南丹"全县人口,莫氏五分占其二,其族自宋以来,世为土官"[150]。壮族莫氏仍是当地最主要的大姓,人口所占比例较高。东兰县,史载"全县住民有汉、瑶二族,而汉人又分为土著与客民两种"[151],土著居民中,以韦姓人口最多,约占全县人口4/10。黄、陈、覃、牙、马、廖、邓、孙、罗等姓,共占3/10。"客族各姓,则十分之二"[152]。这当中的土著"汉人",从其所操壮语的情况看,其实就是壮族。在凤山与乐业两县,壮族多与汉、瑶等族杂居,如史载凤山"除汉族外,有瑶族杂处山间。汉族分为本地与客人"[153],那些称为"本地"的汉族,通行壮语,当属壮族无疑。红水河中游与下游是壮族聚居的重要区域。如忻城的壮族"巨族为韦、莫二氏,韦氏之族有二系:一系为土著,一系来

---

[146] (民国)蒙启鹏:《广西通志稿·社会编·氏族二·西林县》。
[147] (民国)莫炳奎纂:《邕宁县志》卷四十,《社会志一·民族》。
[148] (民国)王文焌、谢凤训纂修:《横县志》第二编,《社会·民族》。
[149] 参阅横县县志编纂委员编:《横县县志》,广西人民出版社1989年10月版,第593页。
[150] (民国)蒙启鹏:《广西通志稿·社会编·氏族二·南丹县》。
[151] (民国)方光汉编辑:《广西》第四编,《地方志·东兰县》。
[152] (民国)蒙启鹏:《广西通志稿·社会编·氏族二·东兰县》。
[153] (民国)方光汉编辑:《广西》第四编,《地方志·凤山县》;(民国)谢次颜、潘鼎新修,黄文观等纂:《凤山县志》第二编,《人口》载当地的"特种民族"有苗、瑶、僮、倷、伝僚、罗倮等,显然是个多民族杂居之地。

自东兰……两族先代,迭为土官"⑭;都安(今都安和大化两个瑶族自治县地),是个壮多瑶少之地。1955 年人口统计时,当地瑶族人口为 101238 人,壮族有 41 万多,占全县人口的 75.79%,主要分布在县境内红水河北岸的高岭、五竹、地苏、安阳、三弄、澄江、古山、大兴、保安、大化、百旺等乡。民国 35 年(1946 年)时,当地瑶族仅有 23598 人,占总人口的 8.17%。⑮若以壮族约占 90% 计算,则为 26 万左右。隆山县(今马山县),主要居民有汉族与非汉族,史料称非汉族主要以瑶族为主,而汉族人口占多数,这里的"汉族"实际上很多就是讲壮话的壮族。⑯上林,全县"通行僮话"⑰,可见壮族占绝大多数。迁江,"土著之民,狼、徭、僮、蜑杂处,僮人尤多"⑱;来宾县,史志载当地"韦氏男口最众,覃氏、黄氏次之","韦氏之族几满布县境……有族谱言其先世于明季来自庆远府属之南丹土州……其祖堂供奉所书韦氏并列韩氏宗亲"。南丹土州,向为壮族聚居之地,明代当地狼兵多迁桂东屯防。而伪托韩信后裔,是壮族韦姓的一种文化现象,因此可以肯定来宾的韦姓中,有相当部分皆为壮族。作为第二大姓的覃氏,"散处县属南北诸乡",时人考证"覃"乃汉代之"潭",读如"寻"音,为岭南土著。又载县境内,除官语外,"尚有土语、客语、粤语、闽语、侬语……以土语为最多,县境殆遍……曩时官书称土语之乡民为僮"。⑲今来宾等地,韦姓与覃姓多为壮族。由此可以认为,民国时来宾也是壮族的聚居地。宾阳县,则只在"与贵县、迁江接壤之乡间,有操僮话之村庄者",从"僮话占百分之八"⑳的情况看,壮族显然已经不多。

柳江流域各地,壮族多与瑶、苗、汉等族杂居,民国时出现了部分壮族"汉化"与部分汉族"壮化"的现象,不过总的来说是壮族汉化现象较多。从各地方志记载的情况看,这一区域南部仍然是壮族分布较为集中之地,如柳城县"僮人为居留此地最早之民族,多处于县境之西北部",另外当地还有"百姓人,闻

---

⑭ (民国)蒙启鹏:《广西通志稿·社会编·氏族二·忻城县》。

⑮ 参阅都安瑶族自治县志编纂委员会编纂:《都安瑶族自治县志》,广西人民出版社 1993 年 6 月版,第 161 页;(民国)《都安县志稿·社会志·民族》则称"本县民族,大别有三,土族、客族、瑶族是也……土族原非本县原有之民族,乃皆来自他省之汉族……而尤以来自山东青州府为多……随狄武襄公征侬智高,事平后留居桂南,日久而被化为各邻县之土族"。(见都安瑶族自治县地方志办公室整理,2002 年 5 月刊印本,第 201 页)这与其他各地壮族族谱记载的情况基本一致,因此当地的土族实际上是壮族。

⑯ (民国)吴克宽修,陆庆祥纂:《隆山县志》第二编,《人口》。

⑰ (民国)杨盟修,黄诚沅纂:《上林县志》卷六,《社交部·风尚》。

⑱ (民国)黎祥品、韦可德修,刘宗尧纂:《迁江县志》卷三,《风俗》。

⑲ (民国)宾上武修,翟富文纂:《来宾县志》上篇,《姓氏》、《方言》。

⑳ (民国)胡学林、陈学人等修,朱昌奎等纂:《宾阳县志》第二编,《社会·人口之繁殖》。

其先多迁自湖南,散居于县境北部古砦、洛崖、大埔等区,性颇诚朴,较僮族为勤勉努力,然以居留年代已久,其风俗习尚暂为僮族所同化"[161]。习俗能够为壮族所同化,正说明此地壮族数量较多的事实。又《广西通志稿·社会编·氏族二·柳江县》载当地"韦氏之族,原籍东兰,明万历间迁来,散居各乡。中道一区,丁口尤众,今二万五千有奇","覃氏之族,有土客两系",其中土著覃氏,即为壮族。史称县属"住民除汉人外,尚有瑶、僮、狼、伴、伢等族"[162]中渡县(今鹿寨县中渡乡),"本县人口土著占三分之一……瑶民仅十余户……韦氏于明隆庆间,征古田之乱,有从东兰征来"[163];榴江(今鹿寨县境)"县属瑶僮杂处,据民国二十二年(1935年)调查,共有九万七千八百七十余丁口,僮人约百分之六……僮人久已汉族同化"[164]。雒容(鹿寨),"民与僮并居"[165];象县,壮族与汉族同居,仅有语言可以分别,"即操僮话者,谓之僮人",其与汉族杂居的范围在瑶山之西,大河(即柳江)之东地区。民国时《象县志》又载全县汉族占95%以上,其中超过半数有姓氏来源可考者,其余则为"数典忘祖","多操僮语"的"汉族"。[166]因此保守估计,民国时象县尚讲壮语的壮族至少也在50%左右。位处黔江流域的武宣,原即是壮族聚居之地,清末时当地方志文献称"土语多僮音"[167]。民国时距清末不远,此地也应该是僮族的重要分布地。宜山县,壮族以"覃、莫、蓝、韦四姓最巨,邑土著也,人口半全县"[168]。而在罗城——融县一线以北地区,壮族呈零散分布状态。如河池县"有僮、瑶、苗、侗等族,僮人多与汉人同化"[169],但以壮族人口占大多数,所谓"邑之巨族,覃、韦、莫三姓称最,全邑丁口,十分有其六"[170];融县,"邑多土著……汉、土互化,为时已久"[171],据民国所修县志载侗、壮共约有户1万,4万余人。[172]当然这不包括已经汉化的那部分壮族,若加上那一部分,壮族的实际人口肯定要高于此数。但已不占当地人

---

[161] (民国)何其英等修,谢嗣农等纂:《柳城县志》卷四,《民事·民族》。

[162] (民国)方光汉编辑:《广西》第四编,《地方志·柳江县》。

[163] (民国)蒙启鹏:《广西通志稿·社会编·氏族二·中渡县》。

[164] (民国)吴国经等修,萧殿元等纂:《榴江县志·民族》。

[165] (民国)臧进巧修,唐本心纂:《雒容县志》卷上,《舆地》。

[166] (民国)苏瀚涛纂修:《象县志》第二编,《人口》。

[167] (光绪)褚兴周、夏敬颐纂修:《浔州府志》卷五十四,《民俗附瑶僮种俗》。

[168] (民国)蒙启鹏:《广西通志稿·社会编·氏族二·宜山县》。

[169] (民国)方光汉编辑:《广西》第四编,《地方志·河池县》。

[170] (民国)蒙启鹏:《广西通志稿·社会编·氏族二·河池县》。

[171] (民国)蒙启鹏:《广西通志稿·社会编·氏族二·融县》。

[172] (民国)黄志助修,龙泰任纂:《融县志》第二编,《社会·民族》。

口的多数了；天河县，"有徭人、僮人、伶人、狼人、水伴人、阳山人，分居岩岗"，其中僮人"一千八百余户，居西乡"，"狼人居南乡"[173]；罗城县"查县属民族除山防区之苗山有徭侗僮各原始民族外，其余各地人民俱由外省迁来……苗徭僮占百分之三十"[174]；当地壮族主要以韦姓为主，"有土、客二系"，其中"客系"韦氏于明正德间来自东兰、河池。[175]三江县，"汉居十之四强，苗徭侗僮居十之六弱。……僮人居徭龙田赛河、蕉花白杲江边等地，及浔江之永吉三峒一带"[176]，当地壮族"多韦、覃二姓"[177]。思恩县（今环江毛南族自治县）"汉人口日以增加，僮人口日以减少，所余少数僮人亦归同化，至今已道一风同，无汉僮之别矣。"[178]宜北县（今环江境）居民"原乃苗、徭、僮三族混居……近惟有治安乡达科村仙桃洞赵姓数户苗族后裔而已，其余全系汉族"[179]，壮族显然已经完全汉化。

综合分析，在都安以上的红水河西岸地区，壮族分布不多，主要与瑶等族杂居；这一区域南部的宾阳一带与北部一带，壮族分布也不多。壮族较为集中之地主要在红水河以东，大瑶山以西，河池——罗城——融县一线以南，大明山以北地区。

东部地区。即前述天平山——驾桥岭——大瑶山——罗阳山——十万大山一线以东地区，包括今粤西与湘南的江华一带。这一区域的壮族，总体上人口不多，分布也较为零散。至民国时主要在以下几个小范围区域内聚居：

桂东北地区。在永福一带仍是壮族的聚居地，民国《广西通志稿》载百寿县（今永福百寿乡）有"黄、莫、罗、韦，邑称四大姓，丁口最多"，"四姓之中，亦有汉人，但其数较寡"[180]。又载其族本为明代自河池、南丹、东兰一带迁来的狼兵，后不断繁衍，散居于修（仁）、荔（浦）、平（乐）、钟（山）、富（川）、贺（县）诸县。此外，当地还有少量土著壮族。永福县"僮姓有黄、莫、罗、韦、覃诸氏"[181]，来源与百寿县基本相同。平乐、荔浦、阳朔一带，有少量的壮族分布，所占总人口比例不高。如平乐县"上盆乡民治村之牛角园自然村，旧有瑶族僮族各数户，久已与汉族同化……古营乡上启善村僮族约三百人，下启善村僮族约四百

---

[173] （民国）杨家珍总纂：《天河县乡土志》。
[174] （民国）江碧秋修，潘宝幪纂：《罗城县志·民族》。
[175] （民国）蒙启鹏：《广西通志稿·社会编·氏族二·罗城县》。
[176] （民国）魏任重修，姜玉笙纂：《三江县志》卷二，《民族》。
[177] （民国）蒙启鹏：《广西通志稿·社会编·氏族二·三江县》。
[178] （民国）梁杓修，吴瑜等纂：《思恩县志》第二编，《民族》。
[179] （民国）覃玉成纂：《宜北县志·民族》。
[180] （民国）蒙启鹏：《广西通志稿·社会编·氏族二·百寿县》。
[181] （民国）蒙启鹏：《广西通志稿·社会编·氏族二·永福县》。

人,莲塘村僮族约四百人。"这部分壮族是还保留本民族语言地那部分,那些汉化较为严重,不再讲壮语的那部分,民国时已不将其计为壮族之列,故当地史志明载"查本邑瑶僮人口本不止此数,但因与汉族同化已久者,自忘其为瑶族僮族,外人亦几难于分辨。兹之所列,瑶族尚操瑶语,僮族尚操僮语"[182];阳朔"汉族生齿繁殖,以全县人口十二万计算,约占十分之六,壮族占十分之二,客籍约占十分之一而约,瑶族约占十分之一而约"[183];灵川县的壮族"分居六、七两都"[184];龙胜,为多民族杂居之地,壮族分布不多。据当时统计,"全县人口汉族十之二,苗族十之一,瑶僮合占十之三,侗族最多,约十之四"[185]。全县(今全州县)的壮族极少,与当地瑶族共约占全县人口的1/40,"多居于县属西南二部"[186]。钟山、富川、贺县一带,少量的壮族多与瑶族杂居。如钟山"县西北之花山,及西南之桔芬,南区之义安……向为瑶僮所居"[187];贺县"民族以汉族为最盛,僮次之,瑶又次之……僮与汉族同化已久"[188],其中的南乡是壮族最主要的聚居之地;信都县(今贺州市信都乡)"僮人散处乡村,衣服饮食与齐民无异"[189]。昭平县壮族稍多,其中"文化一里有民六僮四之说……宁化里民僮杂处,民居其二,僮居其一焉"[190]。壮族主要分布在县境中部山区。

桂东南地区。贵县、桂平、平南一带有少量壮族分布。据清末所修方志称,贵县的郭东、郭西、郭东、水北、山北诸里有"狼",郭北、北山、水南、水北、山北诸里有"僮";桂平县西南谷里、北河、三里有"狼",宣一里、二里,"十罗、九古皆僮村也";平南县、罗陵、蒙化、川一、惠各诸里有"狼",川一、川三、表里有"僮"。[191]平南以东各地,原有壮族多已同化于汉族之中,如北流县"除汉族外,原有瑶、狼二族,今已完全同化"[192];岑溪"本县住有瑶、僮二族,今已完全同

---

[182] (民国)黄旭初监修,张智林纂:《平乐县志》卷二,《社会·民族》。
[183] (民国)张岳灵修,黎启勋纂:《阳朔县志》第二编,《社会·民族》。
[184] (民国)李滋繁纂:《灵川县志》卷四,《种族》。
[185] (民国)蒙启鹏:《广西通志稿·社会编·氏族二·龙胜县》。
[186] (民国)方光汉编辑:《广西》第四编,《地方志·全县》。
[187] (民国)潘宝疆等修,卢钞标纂:《钟山县志》卷十六,《瑶僮》。
[188] (民国)韦冠英修,梁培煐、龙玉珏纂:《贺县志》卷二,《社会部·民族》。
[189] (民国)罗春芳修,玉崑山纂:《信都县志》卷二,《瑶僮》。
[190] (民国)李树楠修,吴寿崧、梁材鸿纂:《昭平县志》卷七,《夷民部·瑶僮》。
[191] (光绪)褚兴周、夏敬颐纂修:《浔州府志》卷五十四,《民俗附瑶僮种俗》;(民国)欧卿羲修,梁崇鼎等纂:《贵县志》卷二,《社会·民族》亦载"今县属语言,大率僮话、客话与普通语,杂然并行",反映了境内还有部分壮族分布的情况。
[192] (民国)方光汉编辑:《广西》第四编,《地方志·北流县》。

化",苍梧县"僮与蜑户早与汉化同化"。[193]至于原来壮族分布较多的藤县、容县等地,当地方志已明载本县全为汉族。而原来壮族分布本来不多的博白、兴业、陆川、灵山等地,在地方史志资料中已基本不见壮族的踪迹了,原因就是因当地壮族汉化程度较深,民国时县志修撰人员已将其视为汉族的一部分,而不再另载。

十万大山以南的北部湾沿岸地区,主要在西北部的山区有少量壮族分布。如防城县西北部的深山密林中,"分布三种蛮族:曰瑶、曰苗、曰僮";当地还有被称为"偏人"的壮族,"散居于十万大山一带"[194];合浦县,当地史料称"今考合浦人民俱汉族,惟寨墟、乐民横岭间有狼族居住"[195]。可见民国时合浦只在个别山区尚有少量壮族分布。

粤西地区。民国间广东壮族的分布范围大为缩小,只在怀集、连山一带有分布,而以连山最为集中。[196]其中在连山县,民国史志称"瑶人之外,又有所谓僮人者……或谓广西之狼僮,向居邑西徼诸山洞"[197]。据1953年的人口统计,壮族为16729人,占总人口的21.65%;汉族33571人,占人口总数的77.01%。与民国四年(1915年)统计的壮汉人口共44307人较为接近。[198]据此推断,民国年间,连山的壮族约在15000人左右。(见图3)

---

[193] (民国)方光汉编辑:《广西》第四编,《地方志·岑溪县》、《苍梧县》。
[194] (民国)黄知元等纂修:《防城县志初稿》第七章,《风俗》。
[195] (民国)廖国器修,刘润纲纂:《合浦县志》卷一,《户口种子附》。
[196] 参阅练铭志:《试论广东壮族的来源》,载《广东民族研究论丛》第十辑,广东人民出版社2000年5月版。
[197] (民国)凌锡华纂修:《广东连山县志》卷十,《瑶排志·僮俗》。
[198] 参阅《连山壮族瑶族志》编写组:《广东连山壮族瑶族自治县壮族瑶族志》,中国文联出版社2002年7月版,第23—24页。

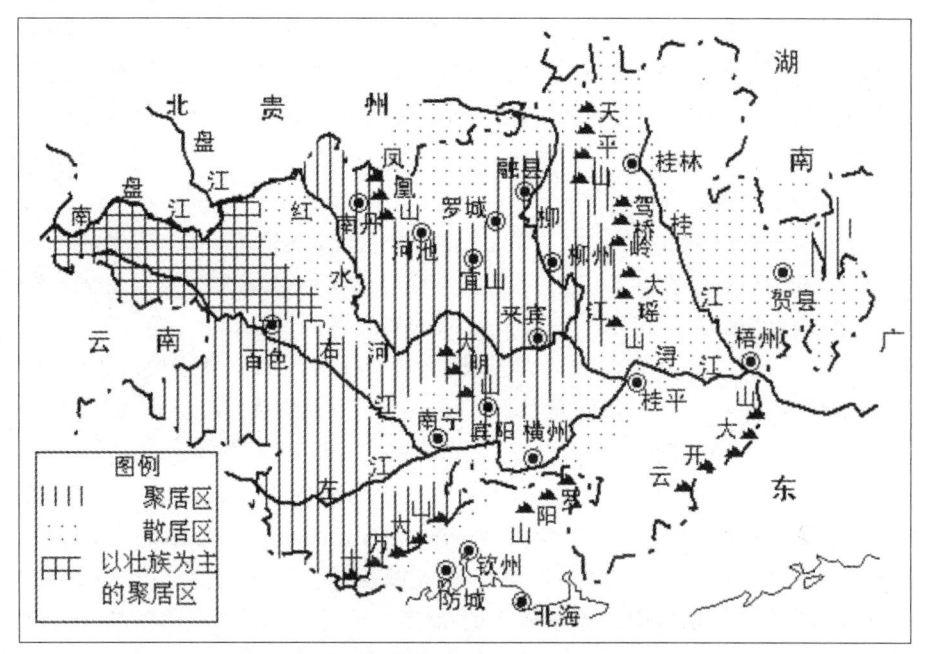

图3 民国时期岭南地区壮族分布示意图

（根据民国年间出版广西行政区划图改绘）

## 四、壮族地理分变迁的原因分析

明以来，壮族地理分布的变迁，反映了岭南地区民族关系的变化趋势，究其根源，主要是受到自然地理因素与人文地理因素双重影响的结果。从壮族地理分布变迁的规律看，主要呈现出以下特征：

（一）核心聚居区域内缩。从明以来岭南地区壮族地理分布的变迁看，壮族有两个聚居区域，即广西的左右江流域与大瑶山以西的红水河与柳江流域。以天平山——驾桥岭——大瑶山——罗阳山——十万大山一线为界的桂西两个壮族聚居区域，自明代后，即不断收缩。先是在南宁至扶绥，南宁至隆安段的左、右江河谷两岸平原地区，随着汉族的不断迁入，而成为壮汉杂居区。清代，南宁盆地周围的武鸣、邕宁一带，也成为壮汉杂居区。民国时，宾阳平原一带成为壮汉杂居区。百色以北的桂西北地区，壮族虽然占大多数，但自清以后，渐成为壮、汉、瑶、仡佬、彝等多民族杂居区。左右江流域的壮族聚居区遂退缩至百色以南，隆安——扶绥一线以西，十万大山以北的桂西南地区。明代时，融县——罗城县——河池州一线以北地区发展成壮、瑶、苗、侗等多民族杂居区，越往北僮族分布越少。民国时，壮族聚居区的北界南移至罗城——柳城一线。红水河流域内部则在都安至巴马的红水河南岸一带，成为瑶族的聚居区域。这样，随着壮族聚居区域内，多民族杂居区的发展，壮族聚居区总体上呈不断缩小的趋势。这些互不连接的杂居区域，在壮族聚居区域内，形成镂空之势。

（二）东部壮族杂居区域呈不断收缩之势。从小范围看，壮族的聚居区域虽然存在明显的变化，但以左右江流域为核心的聚居区域始终没有变化。在自宋至民国的七八百年间里，一直是壮族的聚居区，壮族人口占绝大多数。发生明显变化的，主要是东部的杂居区域，这个变化可以追溯到宋代。宋代，今粤西的德庆、南恩、雷州等地，是壮族先民"夷僚"相杂的地方，至元代时，这些地区已不见有关"夷僚"的记载。明代，征调狼兵往桂东与粤西一带屯戍，使壮族的分布区域又重新有所扩展。由于这些屯戍的狼兵，数量一般不多，且较为分散。其后一些狼兵逃回原住地，留下的狼兵后裔不断与屯戍地的民族融合。因此，至民国年间，粤西一带的壮族分布区域萎缩至连山与怀集间狭小的山区地带；平南县以东以南的桂东南各地，壮族分布不断减少。北部的桂东北地区，原来的府江西岸地区，是壮族的聚居区域，民国时当地壮族已属少数。灌阳县在明代有少量的壮人村落分布，至清代时已不见踪影。因此，清代时，壮族分布的北界在兴安——恭城——富川一线，这一线以北的桂东北地区，是壮族分布的空白区域。虽然其后民国间这一线以北区域有零星壮人极少量分布，但随即淹没在汉族的汪洋之中。

（三）大杂居是壮族分布变化的总趋势。从严格的意义上说，在全区域内壮族都与汉族杂居，但东部地区主要与汉、瑶两族杂居为主，北部与西部地区则呈多民族格局。自秦以来，中原汉族人口即开始向壮族地区迁移。宋以前，汉族人口迁移的数量不多，因而这些汉族人口多分布在重要交通线及治所周围，无法改变壮族大范围聚居的分布格局。明清之后，大量汉族人口源源不断向这一区域迁移，并深入到壮族聚居区域内部发展。使壮族原本完整的聚居区域出现分化，空间分布开始向破碎方向发展。从整个壮族区域看，即使是壮族高度聚居的区域，也有一定数量的汉族分布。但在壮族地区的桂东与粤西地区，主要与汉族、瑶族杂居，北部则与侗、苗、瑶、毛南、仡佬、仫佬等族相杂。基本规律是距离聚居中心地域越远，壮族分布越少，杂居现象就越严重。

（四）从历代壮族分布的情况看，存在一条明显的东北界线。即灵川以北的桂东北地区，约相当今之兴安、全州、灌阳、资源一带，虽因壮族"狼兵"屯驻、迁移曾经存在过少量的聚落点，但这些聚落点都不稳定，持续存在的时间不长,因此这一区域并不属于壮族的传统分布区域。这与壮语"那"、或"纳"字首地名在广西的分布情况大体是相吻合的。

壮族分布区域的分化,既受岭南自然地理因素的影响,同时岭南民族区是明以来重要的边疆区,壮族分布区域的变迁,与历代统治者的治边政策及其中的人文因素有密切关系。

从自然地理因素看,高山大川作为民族间天然的分界线,是影响到壮族分布的重要地理因素。壮族地区北接云贵高原,南临大海,故从地形上看,往东或往西无疑是壮族较为有利,也是较少障碍的发展方向。从壮族聚居区往西,虽有一些山脉与河流的阻隔,但多处云贵高原西南缘,海拔不高,并不构成壮族发展的重大障碍。在一定条件下,壮族仍可以缓慢向前发展;向东则为低山丘陵地带,虽存在一些东北——西南走向的山脉,但多是海拔1500米以下的低山,且山脉之间,并不连贯,存在不少较宽的低平空隙地带,壮族也可以通过这些地区不断向东发展。但这些自然地理条件只是为壮族发展提供了可能。它能否发展,如何发展,同样还要受到诸多人文因素的制约。它们是:

一是民族间实力的大小强弱。一个民族的发展方向,要受到其他民族分布的影响,可以说,民族间的大小强弱是影响到民族分布的重要因素。在一定地域内,当一个民族人口较少,通常无力阻挡其他民族往本区迁移;而当一个民族人口众多,就会有足够的力量阻挡其他民族往本区发展。东部地区是历代中央王朝能够直接控制的地区,也是中原汉族迁居的主要地区,迁入的人口数量远较其他民族地区为多。在汉族尚未大规模进入这一区域之前,这一区域当然也是壮族先民的聚居区域。然而,当汉族人口达成到一定规模,在政治、经济、文化又占有优势的情况下,原先居于此地的壮族先民,或是退避,或被同化,从而会造成壮族空间分布版图的变迁。自然状态下,壮族如要从聚居区往东部区域发展,必然要遭受来自汉族的阻力。即使有少量克服阻力往东发展的壮族,一般也只能在汉族力量相对较弱的山地形成小范围的聚居局面。而原先分布在平原地区的壮族,随着汉族影响的加大,不断汉化,导致民族特征消失。只有在汉族影响较弱或未及的少数山区地带,壮族还能顽强地保持本民族特征。这样,形成小聚居,大杂居的分布格局。至于滇东南地区,正好处于彝、傣两大民族的交汇地带。壮族往北发展要遭到彝族给予的阻力,往西发展则要遭到傣族给予的阻力。壮族在滇东南以北和以西的地区都不可能形成大范围的聚居之地。而壮族区域正北面的云贵高原地区,苗、侗两大民族都有较强的实力,壮族往北发展同样会遭到其巨大的阻力,根本无法形成较大面积的聚居区域。

二是人口的迁移。壮族分布格局的改变,最终还要受人地关系变迁制约之下的人口迁移。当一个地区人地关系极其紧张,生存竞争较为激烈,就会首先促使其内部进行调整，或是通过改进生产工具，提高生产技术与效率，提高作物产量，以缓解当地的人地矛盾。或是迫使部分人口外迁，以减少当地的人口压力。而从人口的迁入地考虑，它需要有足够多的土地，人地关系较为宽松，不致因外来人口的迁入，产生生存压力。只有人地关系较为宽松之地，才能为人口的迁入，提供现实的可能。如在明代中期，随着外来人口的不断增加，桂东一带的人地关系渐趋紧张，迫使部分壮族往人地关系稍为宽松的粤西山地流徙。史载广东连山的部分壮族，就是天顺四年（1460年）时，广西部分壮人反抗，遭到明朝征剿后，"流落内峒，占据荒芜，不入版图"[199]，发展而来的。因此，民族迁移也是改变壮族地理分布的重要因素。虽然，作为农耕民族，壮族主体迁移性并不强，但在历史时期却存在下列因素导致壮族的部分迁移：政治与军事因素。如明代为实行"以夷制夷"政策，从桂西壮族聚居区，征调"狼兵"，到桂东以及粤西地区屯戍，镇压瑶族反抗。这些"狼兵"一般分布在汉族与瑶族之间，在当地发展繁衍后，遂与汉、瑶形成杂居分布格局；还有的则是因为反抗中央王朝统治失败后，被迫由平原向山地流徙，或离开原聚居地，远走他乡，从而形成新的聚落分布点。再就是其他民族的迁移因素。凡是在民族迁移路线上的地区，往往形成壮族和一个或两个以上民族杂居的分布格局。经众多学者研究证实，历史上瑶族自武陵源地区向南发展的过程中，有三条最主要的迁移路线：东路由湖南南部进入粤北，向粤西发展；中路由湖南进入桂东北地区后，由恭城——荔浦——金秀——来宾——都安——百色等左右江流域一带向越南或云南发展；北路由湘西南沿桂黔边界地区往西迁移。[200]对照壮族的分布版图，即可看出，在这些地区壮族都与瑶族杂居；又如唐宋之后，原分布于云南高原的彝、汉、仡佬等族，先后进入桂西的隆林、那坡等地，形成小范围的聚居区，这样在壮族人口较多的桂西地区，事实上也形成了多民族杂居分布格局。这些民族的迁移活动，是造成壮族聚居区域逐渐压缩的外在动力。

　　三是政区的变动。通常情况下，民族的分布版图并不由政区而定。但在特殊情况下，政区变动也会引起民族地理分布的变化。这主要是由于政区变动而产生的民族识别问题。如在明代，广西泗城府与安隆司辖境一直跨有南盘江南北，在其境内的贞丰、册亨、兴义等处分布的"侬苗"、"侬家"或"侬家苗"，

---

[199] （康熙）刘允元纂：《连山县志》卷二，《僮俗》。
[200] 参阅江应樑：《广东瑶人之过去与现状》、《苗人来源及迁徙区域》，载《江应樑民族研究文集》，民族出版社1992年2月版，第38—39页、114—116页；吴永章：《瑶族史》，四川民族出版社1993年8月版，第245页；参阅刘祥学：《明清时期桂东北地区的瑶族及其与其他民族的关系》，载《中央民族大学学报》1999年第1期。

史志载其"相传为侬智高之裔"[201],无论其语言,还是习俗均与广西境内的壮族别无二致。雍正五年(1727年)将南盘江以北改隶贵州,设兴义府。之后,贵州地方政府即将南盘江以北的这一部分"侬人",视作"仲家"即布依族的一个分支,而广西则仍将其当作"僮"或"侬"。主要原因是贵州地方志的修撰者都认为,贵州实际上并无壮族,所有的壮族均由原属广西的部分地区改隶贵州而来的。如荔波县,原属广西庆远府,雍正年间划由贵州管辖之后,居于此地的壮族遂成为贵州的壮族。因此,在清代之前,贵州的相关典籍,几乎未见有关壮族的记载。[202]建国后,经过民族识别,贵州除与广西交界的荔波、榕江、从江等地少量的壮族外,在黔西南一带主要少数民族为布依族。这样,清代以后,南盘江既是桂黔两省的行政分界线,同时也成了壮族与布依族的分界线。

(本文原载于《历史地理》第23辑,上海人民出版社2008年)

---

[201] (乾隆)靖道谟等撰:《贵州通志》卷七,《苗蛮》。
[202] 参阅刘锋著:《百苗图疏证》,民族出版社2004年3月版,第180——183页、241——243页。

# 明蒙军事冲突背景下山西关厢城修筑运动考论
## ——以地方志为中心

郝 平

[内容提要] 在明蒙军事冲突背景下,明代山西关厢城在空间分布上表现为中部串状盆地地区和西部黄河沿线两个密集地带,修筑时间则集中于景泰元年前后、嘉靖十九年至嘉靖二十一年、隆庆元年至隆庆四年、明代末期四个高峰时段。就个体城市而言,拥有一座关厢城的城市数量最多,而相对于主城的分布位面而言,以南关城和东关城所占比重最高。从关厢城与主城规模大小比较来看,与主城规模相伯仲的关厢城并不鲜见,数量达9座,十分引人注意,这揭示出明代此类城市的关厢地带社会经济高度发达的事实。

[关键词] 山西 关厢城 时空分布 城市规模

## 一、引言:从康熙《山西通志》"城池图"说起

至晚到北宋时,主要由于商品经济的发展,中国发生了西方学者所谓的"中世纪城市革命",这场城市大变革的表现之一,即是城池的关厢区域有了明显的发展。[①]关厢一带实际上成为了城市建成区的有机组成部分。不过,不少学者在研究宋代以降的城市史或城市地理问题时,却完全忽视了关厢区域的存在。譬如,有学者在探讨城市人口规模时,单单统计主城部分的人口数量;有学者在论述城市的占地规模时,仅以主城城墙围合区域的大小立论;也有学者在探讨城市外部形态时,以主城城墙围合区域所表现出来的形态为据。凡此种种,均是不符合历史实际的做法。在研究宋代以来的城市问题时,理应对关厢部分的变迁给予特别的关注。当然,我们也应看到,出现上述研究

---

① (美)施坚雅:《中华帝国的城市发展》,施坚雅主编,叶光庭等译,陈桥驿校:《中华帝国晚期的城市》,北京:中华书局,2000年,第23—24页。

弊端的主要原因在于：地方长官最为重视的是衙署、文庙、书院等所在的城墙之内的区域，对关厢一带的关切程度明显逊于主城区域，致使记载关厢一带的相关史料往往相对缺乏。

相比之下，康熙《山西通志》卷1《图考》中对于山西治所城市关厢城的关注倍显珍贵。该卷绘制了康熙年间山西境内治所城池的分布情况图，每府州[②]一图，凡8幅，分别为"太原府所属州县城图"、"平阳府所属州县图"、"潞安府所属州县城图"、"汾州府所属州县图"、"大同府所属州县图"、"泽州所属县城图"、"辽州所属县城图"、"沁州所属县城图"。[③]《图考》不仅将清初山西境内治所城市主城的外部形态如实加以绘制，对关厢城的形态也绘入其中，虽然图幅中忽视了个别城市存在关厢城的情况，不过数目较少。这足以说明当时《图考》的绘图者显然已意识到关厢区域是治所城市的必要组成部分。由于清代前期山西境内并未出现大规模的城池修筑浪潮，《图考》所绘"城池图"实际上能够基本反映明代后期山西治所城市的外部形态。众所周知，山西在明代是帝国的北部边陲，由于明蒙关系长期紧张，军事冲突不断，导致了全省范围内较为普遍的筑城运动，遍布全省的军堡、民堡大量产生，对此已有学者有所涉及[④]，不过以治所城市的修筑运动为考察对象的成果尚未出现。

综合以上分析，笔者不揣浅陋，希冀对治所城市重要组成部分的关厢城予以考察，具体则从明代山西关厢城修筑的时空分布特征、关厢城与主城的关系两个方面展开研究，不当之处，敬请斧正。

## 二、明代山西关厢城修筑的时空分布特征

对明代山西关厢城的记载除康熙《山西通志》卷1《图考》"城池图"较为集中外，其他资料多散见于府州县志中的"城池图"及"建置志"之中。笔者对上述资料进行了细致梳理，得出曾有过关厢城修筑行为的治所城市凡41处，详见图1：

---

② 明代地方行政区划实行三级与四级混合的复式层级关系，此处所言之州系指直属于布政使司的州。
③ （清）穆尔赛修，刘梅纂：康熙《山西通志》卷一《图考》，康熙二十一年刻本。
④ 王绚、黄为隽、侯鑫：《山西传统堡寨聚落研究》，《建筑学报》2003年第8期；王杰瑜：《明代山西北部聚落变迁》，《中国历史地理论丛》2006年第1辑。

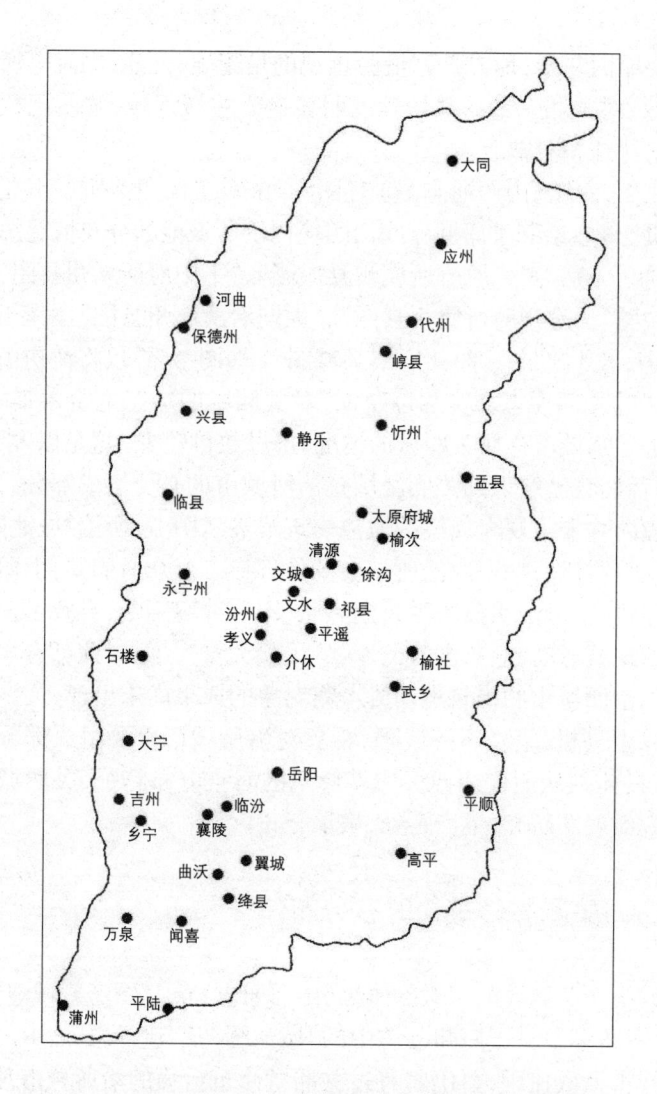

图 1　明代筑有关厢城之治所城市空间分布示意图

宏观来看,关厢城在空间布局方面明显表现为两个密集区,一是由河流所串联起来的大同盆地、忻定盆地、太原盆地、临汾盆地等断陷盆地区,二是黄河沿线一带。这一分布特征的形成显然与明代蒙古军队入掠山西的行军路线有关。东北—西南向布局的断陷盆地区虽然并不紧相连属,但隔绝彼此的地理障碍并非难以逾越,盆地之间多有关隘相通。如联系大同盆地与忻定盆地的雁门关,沟通忻定盆地与太原盆地的石岭关,连接太原盆地与临汾盆地的冷泉关等,这一带状区域很早就成为连接塞北与中原的重要交通路线,譬如在国力空前强盛的唐代之时,太原为王朝北都,这一交通线就十分重要而繁忙⑤。有明一代，蒙古军队多以骑兵侵扰山西，地势相对开阔平坦的盆地区成为其最为重要的行军路线，史料对此多有记载。例如嘉靖二十一年（1542年）六月至七月间蒙古入掠山西，《明实录》对行军过程有详细记述：

> 虏骑十余万从左卫旧古城双山墩入寇……虏军朔州，守臣以闻……虏至马邑……虏拥众突至广武天屹塄攻墙，我兵败绩，虏乘夜趋雁门沙沟墩，越关南代州……虏掠太原……虏由太原南下欲犯平阳、泽、潞，山西抚按官请发京兵赴援……虏寇潞安，大掠沁、汾、襄垣、长子等处……虏复回太原，由忻、崞、代州出雁门关，从白草沟旧路北遁。⑥

由此条史料不难发现，蒙古军队系由今左云一带至朔州，后越雁门关，趋代州，再破石岭关至太原，并进犯沁州、汾州等地。同样，沿黄河一线亦是蒙古军队入掠山西的一条重要路线，隆庆元年（1567年）蒙古掠晋即循此路，史料对此有详实记载：

> 隆庆元年八月，谙达（即俺答——笔者注）举部众大入，由老营至偏关，……由偏关西北驴皮窑入犯岢岚，逾鹿径至岚县……贼遂长驱至兴县之南川……九月，谙达由临县之石门塌入石州……寇分兵纵掠文水、交城、介休、灵石、平遥，遣人入汾内应……攻汾八昼夜，不克，大掠十四日引去……仍东趋雁门……寇不敢度雁门，还趋石州故道，由菜园沟渡河，且行且掠，遣黄台吉寇偏头关，至十月八日出边。⑦

此次蒙古军队系由偏关入境，在黄河沿线先后掠岢岚、岚县、兴县、临县，随后进至石州，然后纵掠晋中数城，回返之途则仍由偏关出晋。

蒙古兵锋经常光顾的区域自然成为地方社会自我防卫的重点所在，在关厢地带筑城自卫也就不难理解了，不过进一步考察，在关厢城密集分布的两

---

⑤ 参见严耕望：《唐代交通图考》第一卷《京都关内区》之图五"唐代两京馆驿与三都驿程图"和第五卷《河东河北区》之图一八"唐代河东太行区交通图（北幅）"，上海：上海古籍出版社，2007年。

⑥ 《明世宗实录》卷二六三至卷二六四，"嘉靖二十一年六月辛卯"至"嘉靖二十一年七月丙寅"，台湾"中央研究院"史语所校勘本。

⑦ （清）康基田：《晋乘蒐略》卷三〇下，太原：山西古籍出版社，2006年，第2403—2404页。

个区域中,晋中太原盆地可谓"密中之密"。从图 1 来看,太原盆地中筑有关厢城的城池有:太原府城、榆次、清源、徐沟、交城、文水、祁县、平遥、介休、汾州、孝义等,凡 11 处,仅有太原县城、太谷、灵石三县城未见关厢城修筑之事,比例占到了近八成。个中原因何在呢?笔者认为可从以下三个方面加以追索。其一,蒙古军队不论经由雁门关入掠内地还是取道黄河沿线略晋,进入晋中地区之后,如欲进一步南下,太原盆地皆为必经之地,由此导致晋中盆地受到蒙古军队掳掠的频率更高。其二,太原盆地所处的晋中一带自明代开始就是整个晋省最为富庶的所在,是传统晋商麇集的区域,平遥、祁县、太谷、介休等县汇集了大量的社会财富,人口密集、农业发达、民生富足、文化昌盛,凡此种种,均给蒙古一方以极大的吸引力。其三,太原盆地面积达 5000 平方公里,空间可观,且地势平坦开阔,有着良好的战斗回旋空间,十分有利于蒙古军队所擅长的大规模骑兵作战。

除两处密集分布区之外,晋北、晋南、晋东南则为关厢城的稀疏分布区。晋北一带筑有关厢城的治所城仅有大同、应州 2 处,比例极低,与其地处明帝国北疆前线的区域特征极不相符,这又应作何解释? 在笔者看来,在主要原因在于,广泛存在于晋北地区的军事性卫所堡寨承担了护卫帝国北疆前线的作用。有明一代,为了抵御蒙古军队南下攻掠,明帝国在晋北一带广建卫所堡寨,驻扎大兵常川防卫。大量"准实土"卫所实际上部分发挥了地方政区治所的功能[⑧];军事堡寨更是无所不在,成书于万历年间的《宣大山西三镇图说》有对大同镇内相关城堡军寨驻军数的详细记载,堡内兵员少则 200 余名,如红土堡,多则 700 余名,如杀虎堡,总数十分可观。总之,卫所堡寨的存在使得关厢城的防卫功能退居次位。晋南运城盆地的关厢城有绛县、万泉、闻喜、蒲州、平陆 5 处,数量虽较为可观,但晋南地带城池林立,比例仍旧很低,究其原因,显然与该区域距离晋北前线过于遥远,蒙古兵锋鲜有波及有关。晋东南一带的关厢城则更为稀疏,仅有平顺、高平 2 处,显然是这一区域对外联系不便、距边杳远导致的。

大量府州县志的记载表明,关厢城的修筑时间亦呈现出一定的规律性,在景泰、嘉靖、隆庆、万历、崇祯等阶段修筑者最多,进一步而言,集中在景泰元年前后、嘉靖十九年至二十一年、隆庆元年至隆庆四年、明代末期四个时段,个中缘由何在呢? 明代末年因大规模农民战争的爆发,明政权风雨飘摇,地方上为了自保,广筑关厢城自不难理解。其他三个高潮时段则完全是由于蒙古内犯造成的。正统十四年(1449 年),以也先为首的蒙古瓦剌部以明廷削

---

[⑧] 根据郭红的研究,明代晋北的卫所大部分属于"准实土"性质。参见郭红、于翠艳:《明代都司卫所制度与军管型政区》,《军事历史研究》2004 年第 4 期。

减赏物和求娶明廷公主未允为口实,大举攻明,明英宗在宦官王振唆使下轻率亲征,由此导致了"土木堡之变"的发生。该事件之后,蒙古军队多次进犯山西,该地成为十分敏感的区域,重视地方军事防御由此成为地方社会的不二选择,景泰元年之后出现的第一次关厢城修筑高峰就是在这一背景下形成的。如大同北关厢城:"景泰间,于城北筑小城,周六里,高三丈八尺,门三。"[9]在城北筑城,显然与蒙古军队的进攻有关。代州西关厢城:"西关土城,周三里百九十六步,壕深丈许,景泰元年参政王英筑。"[10]太原府的南关城:"南关城,明景泰初,巡抚朱公鉴令居民筑,周围五里七十二步"[11]。

景泰八年(1457年)正月明廷发生"夺门之变",英宗复辟,此时蒙古瓦剌部首领也先已死去,鞑靼部的一部分在天顺年间入居河套地区,对山西造成直接威胁。嘉靖十年(1531年)之后,蒙古军队几乎无岁不寇大同,并且时常深入内地,嘉靖十九年(1540年)即经朔州深入内地[12],嘉靖二十年更是大举内犯,时任山西巡抚都御史陈讲"报房分道入犯,俺答阿不孩下石岭关,径趋太原,吉囊由平房卫入,众各七八万"[13]。嘉靖二十一年(1542年)时蒙古寇晋达至高潮。是年,俺答汗派使者石天爵入大同求贡互市,大同巡抚龙大有将其诱捕并押送北京,石天爵最终被杀。俺答闻之大怒,亲率大军大举入寇山西:

嘉靖二十一年,谙达纠青台吉及叛人高怀智、李天章等,由左卫吴家口入驻朔州,掠广武,南入太原,薄太原城……城外无所掠,大肆焚烧……乃移营南走,转掠祁、清等县,驻帐县北三日……转入太原城,屠戮四万余人,大掠十日。南掠平遥,复至太谷,攻破郭村堡。转至介休城下,破石屯、王里二堡。掠沁、潞而还,至永宁州城下,渡河北返。凡掠十卫三十八州县,杀伤男女二十余万,焚公私庐舍八万余区,蹂躏田禾、杀掠牛马羊豕无数。七月庚午始出。[14]

这是明代山西遭受的最大的一场浩劫。在蒙古军队屡次寇掠山西的情形下,嘉靖十九年之时,山西巡抚都御史陈讲遂命令省内州县卫所修筑城池堡寨以为自卫之计,"嘉靖庚子秋,巡抚大中丞中川陈公下令曰:'虑事之未至,始可防患于将来……今郡县外无河山之险,内寡藩垣之固,何以戒不虞哉?其议所以缮城郭、筑堡寨无缓'"[15]。由此促成了山西境内第二次关厢城集中修筑

---

⑨ (清)王轩、杨笃等纂:光绪《山西通志》卷二八《府州厅县考六》"大同府城"条,光绪十八年刻本。

⑩ (清)吴重光纂修:乾隆《直隶代州志》卷一《舆地志·城池》,乾隆五十年刻本。

⑪ (清)戴梦熊修,李方蓁、张尔质等纂:康熙《阳曲县志》卷三《城池》,康熙二十一年刻本。

⑫ 《明世宗实录》卷二四〇"嘉靖十九年八月辛巳"。

⑬ 《明世宗实录》卷二五二,"嘉靖二十年八月甲子"。

⑭ (清)康基田:《晋乘蒐略》卷三〇上,第2328—2329页。

⑮ (清)周超等修,邢秉诚、赵日昌等纂,康熙《汾阳县志》卷二《城池》,康熙六十年刻本。

的高峰。盂县东关城，"明世宗二十一年绅民张淑名等呈县合力修筑"[16]；交城东关城，"东关延袤二里许，民居稠密，明嘉靖二十年知县郑镐创筑"[17]；祁县西关城，"明嘉靖二十年知县王允言创筑"[18]；徐沟北关城，"嘉靖二十年辛丑秋八月，有寇警……巡抚陈公檄下郡邑，俾各修城堡防护……十月起工，先筑东、北二面，未半而以冻辍工，明年壬寅二月，大尹周新至，提调、典史、老人分督之，四月土工毕，独南面未完，按察司佥事陈公继至，易甓储材，遂成完璧"[19]；榆次南关城，"南关土城，周五百四十七丈，高一丈九尺，广一丈二尺，池阔二丈，深丈余，上置楼橹雉堞，明嘉靖二十一年知县李鹏、主簿梁柱创建"[20]；汾州南关城，"明嘉靖二十一年知州张琯、曹宠相继建筑，周围五里十三步，高三丈，门四"[21]；临县外城："嘉靖二十一年兵备副使赵瀛亲度纠民，拓展外城，制高三丈，阔一丈五尺，周围五里三分"[22]；曲沃外城："嘉靖二十二年，知县陈万言自旧城东北、西南二角接筑，高厚如旧城，周六里五十步"[23]；孝义南关附城"前明嘉靖间守道于公因寇警所筑"[24]，极有可能亦是此番蒙古内寇之际所修。

隆庆元年(1567年)的蒙古寇晋事件则是导致第三波关厢城修筑运动的根本原因。《明史》记载说：

(隆庆元年)秋，(俺答)复率众数万分三道入井坪、朔州、老营、偏头关诸处。边将不能御，遂长驱攻岢岚及汾州，破石州，杀知州王亮采，屠其民，复大掠孝义、介休、平遥、文水、交城、太谷、隰州间，男女死者数万。[25]

此次事件的波及范围如此之广，地方受害如此剧烈，从而成为嘉靖二十一年蒙古掠晋之后的第二次大浩劫，山西各城市由此再掀关厢城修筑高潮。

---

[16] (清)胡予翼、马廷俊等修，吴森纂：《盂县志》卷四《建置志·城池》，乾隆四十九年刻本。

[17] (清)夏肇庸修，许惺南纂：光绪《交城县志》卷三《建置门》，光绪八年刻本。

[18] (清)陈时修纂：乾隆《祁县志》卷二《城池》，乾隆四十五年刻本。

[19] (明)高汝行：《徐沟县新筑北关城碑记》，载(清)王嘉谟纂修：康熙《重修徐沟县志》卷四《艺文》，康熙五十一年刻本。

[20] (清)钱之青修，张天泽等纂：乾隆《榆次县志》卷二《城池》，乾隆十五年刻本。

[21] (清)周超等修，邢秉诚等纂：康熙《汾阳县志》卷二《城池》，康熙六十年刻本。

[22] (清)杨飞熊修，崔鹤龄等纂：康熙《临县志》卷二《建置志·城池》，道光二十年据康熙五十七年刻版增刻。

[23] (清)潘锦修，仇翊道纂：康熙《曲沃县志》卷六《城池》，康熙四十五年刻本。

[24] (清)邓必安修，邓常纂：乾隆《孝义县志》卷一《城池》，乾隆三十五年刻本。

[25] 《明史》卷三二七《鞑靼传》，北京：中华书局，1974年，第8485页。

这一年,曲沃外城在嘉靖二十一年修筑的基础上,进一步提升其规模,"隆庆元年,知县郭廷梧增筑内外城,各加一丈,共高三丈五尺,收顶一丈"。兴县城的东、南、西三关厢城则是在隆庆三年兴建,"郭门三座,东郭曰启明门,南郭曰观箕门,西郭曰长庚门,俱隆庆三年知县李瑚建"[26]。再如汾州北关城,"明隆庆三年,知州宁策创筑,周围二里五分,高三丈二尺,基广三丈,门四"[27];万泉北关城,"隆庆三年,知县李廷陈于北门建重城"[28];永宁州新关城,"隆庆间,巡抚杨巍以遭兵火后,城广人稀,遂截东、南半壁新修筑之"[29],这就是光绪《重修永宁州志》卷一《舆图·城池图》中标注的"新关"。

## 三、关厢城与主城关系考论

通过对相关城市关厢城的个数及相对于主城的分布方向、关厢城与主城的规模比较等问题的考察,可以深入了解明蒙军事冲突背景下城市本身所面临的具体态势,同时亦可管窥有明一代山西城市的实际发展水平。本小节即从以上几个方面展开探讨。

1.个体城池关厢城数量及相对于主城的分布方向考

对大量省府州县志所载关厢城资料的统计表明,城池之间关厢城的数量和分布方向差别明显,详细情况如下表所示:

表1 明代山西个体城池关厢城数量及分布方向一览

| 城池名称 | 关厢城数量 | 关厢城分布方向 | 资料来源 |
| --- | --- | --- | --- |
| 汾州 | 4 | 东、西、南、北 | 乾隆《汾州府志》卷首《图·府城图》 |
| 翼城 | 4 | 东、西、南、北 | 乾隆《翼城县志》卷1《图考》 |
| 大同 | 3 | 东、南、北 | 乾隆《大同府志》卷首《图考》 |
| 应州 | 3 | 东、西、南 | 光绪《山西通志》卷28《府州厅县考六》 |

---

[26] (清)程云原本,蓝山增补:乾隆《兴县志》卷一五《营筑》,乾隆二十八年增刻本。
[27] (清)周超等修,邢秉诚等纂:康熙《汾阳县志》卷二《城池》,康熙六十年刻本。
[28] (清)毕宿焘修,张史笔纂:乾隆《万泉县志》卷二《城池》,乾隆二十三年刻本。
[29] (清)姚启瑞修,方渊如纂:光绪《重修永宁州志》卷六《城池》,光绪七年刻本。

| 代州 | 3 | 东、西、北 | 光绪《代州志》卷4《建置志·城池》 |
| 兴县 | 3 | 东、西、南 | 乾隆《兴县志》卷15《营筑·城垣》 |
| 武乡 | 3 | 西、南、北 | 乾隆《武乡县志》卷首《图考》 |
| 岳阳 | 3 | 西、南、北 | 民国《新修岳阳县志》卷1《图考志》 |
| 高平 | 3 | 东、西、南 | 乾隆《高平县志》卷2《图谱》 |
| 襄陵 | 3 | 东、南、北 | 雍正《襄陵县志》卷1《图志》 |
| 忻州 | 2 | 南、北 | 乾隆《忻州志》卷1《城池》 |
| 太原府城 | 2 | 南、北 | 乾隆《太原府志》卷2《图考》 |
| 清源 | 2 | 东、南 | 光绪《清源乡志》卷首《图考》 |
| 闻喜 | 2 | 西、南 | 光绪《闻喜县志斠》卷首《图考》 |
| 平顺 | 2 | 东、南 | 民国《平顺县志》卷2《封域志·城池》 |
| 保德州 | 1 | 南 | 乾隆《保德州志》卷1《因革·城垣》 |
| 河曲 | 1 | 南 | 同治《河曲县志》卷3《疆域类》 |
| 静乐 | 1 | 南 | 民国《静乐县志》卷3《城池》 |
| 盂县 | 1 | 东 | 光绪《盂县志》卷1《图制·县城图》 |
| 交城 | 1 | 东 | 光绪《交城县志》卷2《图考》 |
| 祁县 | 1 | 西 | 光绪《祁县志》卷1《舆图》 |
| 文水 | 1 | 南 | 光绪《文水县志》卷1《图考》 |
| 平遥 | 1 | 东 | 光绪《平遥县志》卷2《城池》 |

| 徐沟 | 1 | 北 | 康熙《徐沟县志》卷1《图考》 |
| --- | --- | --- | --- |
| 榆次 | 1 | 南 | 同治《榆次县志》卷首《城池图》 |
| 绛县 | 1 | 东 | 乾隆《绛县志》卷3《城池》 |
| 临汾 | 1 | 东 | 乾隆《平阳府志》卷1《图考》 |
| 蒲州 | 1 | 东 | 光绪《蒲州府志》卷首《图考》 |
| 万泉 | 1 | 北 | 康熙《山西通志》卷1《图考》 |
| 乡宁 | 1 | 西 | 顺治《乡宁县志》卷1《舆地志·图考》 |
| 石楼 | 1 | 南 | 康熙《山西通志》卷1《图考》 |
| 榆社 | 1 | 西 | 康熙《山西通志》卷1《图考》 |
| 永宁州 | 附城1 | 东南环绕主城 | 光绪《永宁州志》卷1《舆图·城池图》 |
| 崞县 | 附城1 | 西南局部环绕主城 | 康熙《山西通志》卷1《图考》 |
| 介休 | 附城1 | 东北局部环绕主城 | 康熙《山西通志》卷1《图考》 |
| 孝义 | 附城1 | 西南环绕主城 | 光绪《孝义县志》第2册《城池疆域志·城池》 |
| 大宁 | 附城1 | 东西北环绕主城 | 康熙《山西通志》卷1《图考》 |
| 临县 | 附城1 | 东南北环绕主城 | 康熙《山西通志》卷1《图考》 |
| 曲沃 | 附城1 | 东南环绕主城 | 康熙《山西通志》卷1《图考》 |
| 吉州 | 附城1 | 东南西局部环绕主城 | 康熙《山西通志》卷1《图考》 |
| 平陆 | 附城1 | 西北局部环绕主城 | 康熙《山西通志》卷1《图考》 |

首先需要解释的是，表中所列永宁州、崞县、介休、孝义、大宁、临县、曲沃、吉州、平陆9城的主城之外所筑城池并不完全与关厢地带相吻合，而是在外部形态上对主城形成或大或小的环抱之势，可看作是一种特殊意义的关厢城，笔者称之为"附城"。由上表的统计可以看出，拥有四座关厢城的城市数量最少，仅有汾州与翼城2城，其次为拥有两座关厢城者，凡5城，再则为筑有三座关厢城者，共8城，拥有一座关厢城的城池数量最多，达17城。之所以如此，不外乎以下原因。第一，受制于微观地理条件或人文因素的影响，很多山西城市并不是四关均具备，实际上仅存在三个关厢甚至更少的例证并不鲜见。其二，现代城市地理学告诉我们，任何一座城市，在对外联系方向问题上，存在由多个方向组成的力场，不同方向力的强度通常是不均衡的，其最主要的力场所指向的方向即为城市的主要经济联系方向，城市的实体地域会沿着其主要经济联系方向延伸。[30]这一规律对于古代城市同样适用，古代城市关厢的大小即是集中体现城市主要经济联系方向的"指示器"，因此，明代山西城市关厢区的发展很不均衡，关厢大小差别悬殊。基于保护主要关厢区民众生命财产的需要而筑城也就不难理解了，而经济欠发展的关厢区则会放弃筑城的打算，故而形成了筑有一座关厢城的城池数量最多的事实。

就关厢城相对于主城的分布方向而言，9处附城暂且不作论述，其他32座城池中，20座城池筑有南关城，11座城池建有北关城，16座城池筑有东关城，12座城池建有西关城。若对17处仅筑有一座关厢城的城池进行考察，6处为南关城、2处为北关城、6处为东关城、3处为西关城。寻求其中的规律可以发现，北关城的数量最低，其次为西关城，南关城与东关城所占比重明显最高。其内在原因何在呢？笔者认为以下两点因素不容忽视。其一，中国古代，北方被认为是不吉的方向，北门被视作"鬼门"，[31]就明代山西而言，有些城市根本就不开北门，如此，于北方修筑关厢城以护卫主城也就没有必要了。其二，与城市的主要经济联系方向有关，受此影响，处于主要经济联系方向上的关厢区域势必发展最为充分。审视筑有关厢城的32座城市，主要经济联系方向为东方或南方的占了绝大多数，如汾州、临汾、盂县、交城等城为东方，大同、太原（府城）、清源、石楼、榆次、文水等城为南方，仅有祁县、榆社等少数为西方，[32]于发达的关厢区域筑城也就成为顺理成章之事。

---

[30] 周一星：《主要经济联系方向论》，《城市规划》1998年第2期。
[31] 章生道：《城治的形态与结构研究》，(美)施坚雅主编：《中华帝国晚期的城市》，第105页。
[32] 关厢区域的大小可从相关城市的"城池图"中加以审视，可参见相关州县志的"城池图"，此处不详细列举资料出处。

## 2. 关厢城与主城的规模比较

对历史时期城市规模的考察,一般由人口数量、城市占地面积、城周三个指标,受资料及城市外部形态规则与否的限制,前两个指标的可操作性较差,因此城周也就成为当前学界使用较多的考察城市规模的重要指标,笔者据此制成表2如下:

表2 明代山西个体城市关厢城与主城规模一览

| 城名 | 关厢城 | 关厢城周长 | 主城周长 | 城名 | 关厢城 | 关厢城周长 | 主城周长 |
|---|---|---|---|---|---|---|---|
| 汾州 | 东关城 | 9里 | 9里13步 | 翼城 | 东关城 | 不明 | 6里许 |
| | 西关城 | 3里 | | | 西关城 | 不明 | |
| | 南关城 | 5里10步 | | | 南关城 | 不明 | |
| | 北关城 | 2里5分 | | | 北关城 | 2里许 | |
| 大同 | 东关城 | 5里 | 13里 | 应州 | 东关城 | 合长260丈 | 5里85步 |
| | 南关城 | 5里 | | | 西关城 | | |
| | 北关城 | 6里 | | | 南关城 | | |
| 代州 | 东关城 | 3里 | 8里185步 | 兴县 | 东关城 | 不明 | 2里210步 |
| | 西关城 | 3里196步 | | | 西关城 | 不明 | |
| | 北关城 | 2里许 | | | 南关城 | 不明 | |
| 武乡 | 西关城 | 不明 | 3里 | 岳阳 | 西关城 | 不明 | 3里10步 |
| | 南关城 | 3里许 | | | 南关城 | 不明 | |
| | 北关城 | 不明 | | | 北关城 | 不明 | |
| 高平 | 东关城 | 不明 | 4里 | 襄陵 | 东关城 | 不明 | 5里160步 |
| | 西关城 | 不明 | | | 西关城 | 不明 | |
| | 南关城 | 不明 | | | 南关城 | 不明 | |
| 忻州 | 南关城 | 不明 | 9里12步 | 太原 | 南关城 | 5里余 | 24里 |
| | 北关城 | 不明 | | | 北关城 | 2里 | |

| 城名 | 关厢城 | 关厢城周长 | 主城周长 | 城名 | 关厢城 | 关厢城周长 | 主城周长 |
|---|---|---|---|---|---|---|---|
| 清源 | 东关城 | 不明 | 6里13步 | 闻喜 | 西关城 | 不明 | 5里36步 |
| | 南关城 | 2里248步 | | | 南关城 | 不明 | |
| 平顺 | 东关城 | 不明 | 2里 | 保德 | 南关城 | 1里 | 7里250步 |
| | 南关城 | 不明 | | 河曲 | 南关城 | 不明 | 6里 |
| 静乐 | 南关城 | 不明 | 3里30步 | 盂县 | 东关城 | 5里135步 | 3里30步 |
| 交城 | 东关城 | 2里 | 5里90步 | 祁县 | 西关城 | 2里 | 4里30步 |
| 文水 | 南关城 | 3里7分 | 9里 | 平遥 | 东关城 | 不明 | 9里13步 |
| 徐沟 | 北关城 | 不明 | 5里10步 | 榆次 | 南关城 | 547丈 | 5里13步 |
| 绛县 | 东关城 | 不明 | 5里13步 | 临汾 | 东关城 | 近8里 | 12里112步 |
| 蒲州 | 东关城 | 8里 | 8里349步 | 万泉 | 北关城 | 不明 | 5里30步 |
| 乡宁 | 西关城 | 不明 | 4里40步 | 石楼 | 南关城 | 2里余 | 1里96步 |
| 榆社 | 西关城 | 3里 | 3里20步 | 永宁 | 附城 | 不明 | 5里240步 |
| 崞县 | 附城 | 798丈 | 4里13步 | 介休 | 附城 | 4里 | 8里 |
| 孝义 | 附城 | 7里许 | 4里30步 | 大宁 | 附城 | 不明 | 3里42步 |
| 临县 | 附城 | 不明 | 6里5步 | 曲沃 | 附城 | 6里50步 | 3里50步 |
| 吉州 | 附城 | 4里 | 4里 | 平陆 | 附城 | 5里 | 2里50步 |

说明：表中"太原"指"太原府城"；关厢城规模资料参见相关州县志"建置志"，附城资料来自康熙《山西通志》卷六"城池"。需要指出的是，石楼南关城周长资料系推算得出，光绪《山西通志·城池》"石楼县城"条载："石楼县城，明景泰元年修，周一里九十六步……南城外有外城……合内外城，计周三里三十步"，由此推算，南关城约2里余。

由于涉及关厢城周长的史料并不像主城那样完备、成系统，故而在明代山西68座关厢城中，有34处周长数据付诸阙如，失载比例恰好一半。仅就34处有周长记录的关厢城而言，笔者以其与主城周长之比分为三类情况，第一类为关厢城周长/主城周长>0.9，可视为关厢城规模庞大，与主城规模相伯仲；第二类为二者之比在0.5~0.9，可视为关厢城有一定规模者；第三类为二者之比<0.5，可视为关厢城规模较小者。通过统计可以得出，属于第一类

情形者有汾州东关城、武乡南关城、盂县东关城、蒲州东关城、石楼南关城、榆社西关城、崞县附城、孝义附城、曲沃附城、吉州附城、平陆附城11座；属于第二类情形者有汾州南关城、榆次南关城、临汾东关城、介休附城4座；剩余19座关厢城则属于第三类情形。

第一类关厢城规模庞大，尤其值得重视。11座城市的关厢城之所以异常庞大，其关厢地带繁盛的社会经济是极为重要的因素，也就是说在明蒙军事冲突的背景之下，这些关厢城的修筑，其最为重要的目的并非是出于主城的安危，而是以保护关厢地带为旨归。对此，史料中不乏记载。如汾州东关城：

> 嘉靖庚子秋匈奴寇边及我楼烦……是时，左参政叠川于公方徙镇冀南，埋轮汾上，式宏宪典，爰理化机，诛锄奸秽，照察隐微，盗贼远遁，流亡四归，群生和植，百务允恢，得兹缮城之议，即慨然语吏民曰："是在我矣，夫汾编氓十万，城中居者不及什一，而占东郭外者息十之三焉，其势三面当郡孔之道，其民市殷富，然旷屏蔽，何以示守焉。故专为一城以保障之，宜莫先此矣。"遂檄州判马君负图等，迹久湮之故址，复强占之原基，定之表经，载以绳约，谕居民各以其力而修筑之。而太守张侯又新政而善作，于是百姓欣然以焉为己防患，乃协心趋事，并力献工，不阅月而厥城告完。延袤九百丈有奇，楼堞四望而森严，视内制盖翼翼如也。[33]

史料明确记载，汾州东关一带市场繁荣，民众殷富，东关人口占到了整个汾州的十分之三，也即30000人左右，是主城区域人口规模的三倍，故而"专为一城以保障之"成为敌军压境之下的当务之急。

再如盂县城的东关厢城亦是如此。由于主城的东侧存在一条自然河道秀水河，且该河在明清时期经常有洪水之患，对盂县城造成很大威胁，地方民众不得不修筑河堤以护城，由此城西一带的发展受到极大限制，受制于东西向的城市对外联系方向，主城东关一带遂成为商品交流异常活跃之地，东关区域发展明显，大有超越主城之趋势。史料对盂县东关城的修筑有详实记载：

> 东关外城……明嘉靖二十一年绅民张淑名等呈县合力修筑，西倚内城，东南北周六百丈，合内城共周五里四分而弱，高二丈，厚丈余不等，收顶七尺，濠深二丈，门四，东二，曰朝天、曰拱翠，南曰凝

---

[33] （明）孔天胤：《汾东关建城记》，光绪《汾阳县志》卷一二《艺文志》，光绪十年刻本。

秀,西北曰边陲,各有捲台、谯楼。㉞

嘉靖二十一年正是蒙古第二次内犯山西的年份,东关城就是在这样的背景下修筑的,周长五里余的规模显然已超过主城,明代盂县城的经济发展态势由东关城的修筑得以明了。

又如蒲州东关城,据乾隆《蒲州府志》载:"东关城,旧志以为即金时所截之余。明嘉靖二十年河东道郭时叙、知州赵统重建"㉟,可见其是在山西关厢城修筑的第二次高潮——嘉靖二十一年前后——所筑。明中叶蒲州"关城所聚,货别队分,百贾骈轸,河东诸郡,此为其最"㊱,繁盛气象可见一斑。还有孝义附城,史载:"城外半里许俱有郭门,皆建楼,俗谓之关城,南附城筑土墙二层,如外城状,前明嘉靖间守道之公因寇警所筑……孝义居民西南城外尤为栉密。"㊲可知孝义主城外西南一带本来就是城市社会经济异常发达之地,西南附城明显是为保护该地带本身的安危而筑。

实际上,第二类关厢城的规模同样是颇为可观的,其在一定程度上也形象地反映出城市本身的经济发展实况。如榆次城处于太原盆地北端,主要经济联系方向为南向,由此南关厢的发展较为充分,于该区域筑城就显示了地方社会对这一区域的关注,547丈约合3里有余,数据绝对值虽不甚高,但相对于周长仅5里的主城而言,已经颇为可观的了。

第三类关厢城规模普遍较小,这表示关厢一带的发展很不充分,则基于主城的安危而在关厢地带筑城就成为首要的目的。这亦是不难理解的问题。一般而言,地方官府通常在御敌的主要方向设置关厢城以作为主城的外围防护线,这样敌人到来时,只有先将关厢部分攻克才可能进一步深入到城池主体。基于军事防守的需要,此类关厢城规模不宜过大,某种程度上与瓮城发挥的作用相类似。

## 四、余 论

关厢城本身虽然是呈现为某种空间结构特征的人文地理现象,但此类空间结构特征的形成却主要是非空间的社会、经济、军事活动的反映。如某地经济力量雄厚,或一定时期内战争环境严峻,或关厢一带士绅力量庞大,或地方

---

㉞ (清)张岚奇等纂修:光绪《盂县志》卷七《建置考·城池》,光绪八年刻本。
㉟ (清)周景柱撰:乾隆《蒲州府志》卷四《城池》,乾隆十九年刻本。
㊱ (明)苟汝安:《重修东关古城记》,乾隆《蒲州府志》卷四《城池》,乾隆十九年刻本。
㊲ (清)邓必安、邓常纂修:光绪《孝义县志》第2册《城池疆域志·城池》,光绪六年刻本。

长官的奋力有为等,均是导致关厢修筑并最终使关厢城形成一定空间结构的主导因素。也即关厢城的出现并在空间上形成一定的结构特征,主要是人类活动的结果,地理环境在其中仅仅扮演了一种前提性的隐而不彰的角色。

随着历史城市地理学研究的不断进展,在考察城市外部形态和占地规模时,以城墙围合区域所构成的形状和面积作为标准的做法已经愈来愈被认为是荒谬之举。这一方面是由于中国古代的很多时期推行不筑城的政策,大量城市长期根本无城墙存在[38];另一方面则是随着北宋以后城外关厢地带的不断发展,不少关厢区域实际已经成为城市建成区的一部分,将此类地带排除于"城区"之外显然是不合适的,虽然有学者已经意识到应重视关厢地带的形态和规模问题,但限于史料,此类研究很难取得进展。由此反观本文的研究,可以认为,史料中关于明代山西关厢城的大量记载,使得今人探讨相关城市"真正意义"上的外部形态和占地规模问题成为可能。

---

[38] 参见成一农:《宋、元以及明代前中期城市城墙政策的演变及其原因》,[日]中村圭尔、辛德勇编:《中日古代城市研究》,北京:中国社会科学出版社,2004年,第145—183页。

# 流域的分开与结合
## ——以黑河流域平天仙姑信仰为中心①

井黑忍

**[内容提要]** 分别彼此的界线是为了区别自己和别人,有的是被人制定的,有的是自然发生的。无论哪个界线一旦形成,人们就不得不受其限制,甚至会影响到个人的思维模式。结果人们为了保护自己的生命与生活,不顾虑别人的生命。在这种情况之下,各种矛盾和冲突随之而来。国境线、长城与边墙等是可视的界线,宗教、语言、文化和习惯的差别是不可视的、精神上的界线。精神上的界线比可视的难掌握,但是在对人们的影响力比后者有过之而无不及。自从八世纪以来,黑河整个流域一直被吐蕃、西夏和蒙元统一支配。由于明朝驱逐蒙元占领河西,连续六百年间的黑河流域的统一状态结束,上游、中游、下游之间的斗争日趋激化。为了保卫中游,明朝修筑边墙在中游和下游之间,创造可视的界线。还有民众形成平天仙姑信仰,创作不可视的界线。在故事之中,仙姑架黑河桥,援助霍去病击退匈奴,在她的神力之下,匈奴也皈依仙姑修建其庙。仙姑象征当地民众的两大愿望—攘灾和逐虏。但是,桥的功能是连接人和人、地方和地方,原来带有双方性的作用,决不是一方性的。随着南北对抗的常态化,在边墙外建立的板桥仙姑庙成为蒙古游牧民和汉族共同祈祷之所。而且仙姑由架桥故事跟贤觉圣光菩萨连接,仙姑从地方神变到黑河之神。于此,从逐虏和分开之神化到马睦和结合之神,仙姑的象征面貌改变了。

---

① 本文基于 2011 年 9 月在中山大学"流域历史与政治地理学术研讨会"上的报告。其后井上充幸发表了《平天仙姑小考—黑河中流域における水神信仰の过去と现在》,《立命馆东洋史学》,第 35 号,2012 年(其文基于 2011 年 8 月在日本京都"立命馆东洋史学会大会"上的报告)。虽然有的部分跟本文重复,但是不同的见解也不少。请一并参看。

[**关键词**]　界线　黑河　平天仙姑　让灾　逐房　分开　结合　碑刻　宝卷

# 导　言

随着张掖等绿洲农业开发的进展,1950年代之后灌溉用水量越来越多,导致黑河断流、地下水位下降与植被恶化等环境问题,1961年末端湖—嘎顺淖儿终于干枯了。在年间降水量不足150mm的气象条件之下,从古至今黑河流域的民众都靠黑河维持生活。在乾隆朝甘肃巡抚黄廷桂的奏本里"泡根水,淋心雨"的民谚出现,对此黄廷桂解释说"盖谓苗稼得力于渠流,而雨水仅止淋洗留心已足也"[②]。这代表了当地民众的水观念。

黑河分为三段:上游是蒙古、藏族等游牧的祁连山区;中游是汉族等农业的绿洲地区;下游是蒙古族游牧的沙漠性草原地区。本来黑河之恩惠能遍及全流域的人畜,但是由于人为的因素、特别政治性的因素,黑河流域屡次被分开,而其恩惠偏在一隅。从历史上看,明确的界线存在于中游与下游之间的时候,也就是王朝丧失对下、中游的统一支配的时候。两个地域被完全地分开,滔滔的黑河化为供给中游灌溉用水的一条水渠。分别彼此的界线是为了区别自己和别人,有的是被人制定的,有的是自然发生的。无论哪个界线一旦形成,人们就不得不受其限制,甚至会影响到个人的思维模式。结果人们为了保护自己的生命与生活,就不顾虑别人的生命。在这种情况之下,各种矛盾和冲突随之而来[③]。

国境线、长城与边墙等是可视的界线,宗教、语言、文化和习惯的差别是不可视的、精神上的界线。精神上的界线比可视的难掌握,但是对人们的影响力比后者有过之而无不及。本文以平天仙姑信仰为切入点,研究民众心理怎么产出来黑河流域的分开与结合,以及其结果导致怎么样的问题[④]。研究平天

---

[②] 乾隆十一年(1746)六月初九日《甘肃巡抚黄廷桂奏查办各属从前被旱及现在得雨情形由》,《清代甘肃地区生态环境档案》9741—37。

[③] 关于界线和环境问题的关系,请看井黑忍:《雍乾时期甘肃河西地区的"界线"—开发、环境、纷争》,安介生、邱仲麟主编:《边界、边地与边民—明清时期北方边塞地区部族分布与地理生态基础研究》,济南,齐鲁书社,2009年,第206—215页。

[④] 关于黑河流域的历史,参看中尾正义编:《オアシス地域の歴史と環境:黒河が語るヒトと自然の2000年》,东京,勉诚出版,2011年。其中跟本文关系密切的论文,佐藤贵保:《隋唐～西夏时代の黑河流域—多言语资料による流域史の复元》;井上充幸:《明清时代の黑河流域—内陆アジアの边境から中心へ》。

仙姑的论文有方步和《张掖仙姑的历史意义》[5]，车锡伦《清代民间宗教的两种宝卷》[6]、《明清民间宗教与甘肃的念卷和宝卷》[7]和《清康熙刊本〈敕封平天仙姑宝卷〉简介》[8]，崔云胜《张掖平天仙姑信仰考》[9]和《西夏黑河桥碑与黑河流域的平天仙姑信仰》[10]。史料方面来看，关于平天仙姑的史料有限，本文也将利用前人已经利用的史料。但是，从解释方面来看，有的研究没有意识到各个资料的时期和性质的差别，探讨传说和史实混在一起。本文特别关注仙姑信仰的变迁过程，进行研究。

## 一、仙姑传说的形成过程

平天仙姑，又叫仙姑菩萨、仙姑娘娘，其传说象征黑河流域的分开与结合的悠久历史。关于仙姑信仰，最早的具体内容始见于万历六年（1578）《重修仙姑庙记》[11]。

> 夫鬼神之在天地，则极其众。其有设庙以敬祀者，盖由生而有功于人，殁而显灵于世，御灾悍患，报国救民而已。甘镇北堡名曰板桥，境外庙曰仙姑。穷所从来，自汉大将军霍去病和戎之继，百姓始得耕耨，见一女身体轩昂，宛然有不凡之像。因黑河之源水溢，非舟可渡，于是设桥以济人。斯民不患徒涉，而河西北亦且便耕行，称便利而姑之功不在禹下。但时远水发而桥崩废，姑亦随水而逝，踪迹则不昧，或显身于昼夜，或行施以风雨。民感其灵，寻尸而葬，故立庙以祀，而庙之设由此以始焉。是以民间风波旱潦祈福禳灾者，随祷即应，不啻影向。然时则钟鼓自鸣，空中恒有管钥之音。一日，风雨大作，折木扬

---

[5] 《河西宝卷真本：校注研究》，兰州大学出版社1992年，第341—353页。
[6] 《兰州学刊》，1995年第4期，第49—52页。
[7] 《敦煌研究》，1999年第4期，第40—49页。
[8] 《中国宝卷研究》，桂林广西师范大学出版社2009年，第276—278页。
[9] 《河西学院学报》，2003年第1期，第78—82页。
[10] 《宁夏社会科学》，2006年第4期，第102—106页。
[11] 《临泽县采访录》金石类，载入《创修临泽县志》。2006年9月13日，笔者进行实地考察，确认这碑现存于临泽县板桥镇香古寺仙姑殿内。但是隔着玻璃柜看，文字不太清楚。尤其在碑阴也有刻字，这份记载一定十分重要。笔者盼望这份数据的公开，准备再次进行考察。关于上次实地考察，请参看井黑忍：《石刻资料でたどる黒河中流域の古跡—黒河にまつわる信仰、祭祀のあとを尋ねて》，《地球環境を黒河に探る》，アジア遊学99，东京勉诚出版社2007年，第64—71页。

沙,斯庙能现一铁牌,上书平天仙姑,而仙姑之名由此称焉。是以万古灵威,千载感应。时有北虏犯边,见其像毁之,其人即毙。虏怒以火焚之,其九人自死于火中。自此,北虏至庙者不敢正视,但以手而加额,敬畏不暇。万历丁丑,恭逢抚台大司马侯公下车,巡行郊野,谒见是庙,悚然起敬。但规模卑狭,未足以满我公敬神之心。遂择委平川守备王经命匠宏厂,添筑墙垣,续盖享堂三间、厢房四间、大门一座,彩绘侍卫,栽植树木,森然弱水合黎之胜境。自此,香火日繁,人益敬信。民感公德,尽善尽美,纪录始末功业,勒诸金石以垂不朽云尔。

其内容大致可划分为两个部分:第一是黑河架桥的故事,第二是击退北方游牧民族的故事。关于黑河架桥的故事,不少学者提及在西夏乾佑七年(1176)《黑河建桥碑》[12]里有相关的记载。

敕镇夷郡境内黑水河上下所有隐显一切水土之主、山神、龙神、树神、土地诸神等,咸听朕命。昔贤觉圣光菩萨悯此河年年暴涨,飘荡人畜。故以大慈悲,兴建此桥,普令一切往返有情咸免徒涉之患,皆沾安济之福。斯诚利国便民之大端也。朕昔已曾亲临此桥,嘉美贤觉兴造之功,仍馨虔恳躬,祭汝诸神等。自是之后,水患顿息,固知诸神冥歆朕意,阴加拥佑之所致也。今朕载启精虔,幸冀汝等诸多灵神廓慈悲之心,恢济渡之德,重加神力,密运威灵,庶几水患永息,桥道久长。令此诸方有情俱蒙利益,佑我邦家,则岂惟上契十方诸圣之心,抑亦可副朕之弘愿也。诸神鉴之,毋替朕命。大夏乾佑七年岁次丙申九月二十五日立石。

这碑现存于张掖大佛寺,碑阳是汉文写的,碑阴是从汉文翻译的藏文写的。其大概内容是西夏第五代皇帝仁宗李仁孝对贤觉圣光菩萨的黑河架桥深受感动,命令诸神稳定黑河和保护桥梁。依据康熙八年(1669)袁州佐《重修龙王庙合祀碑记》[13]。

张掖龙神之建,邈无所考。余尝访之故老,披阅诸旧志,爰知构

---

[12] 《北京图书馆藏中国历代石刻拓本汇编》,第47册,187页。关于这碑,日本最新的研究成果是佐藤贵保、赤木崇敏、坂尻彰宏、吴正科:《汉藏合璧西夏〈黑水桥碑〉再考》,《内陆アジア言语の研究》第22号,2007年,第1—38页。
[13] 《甘州府志》卷一四《艺文志》。

宇设像,昉自大夏干佑七年二月间,分为上中下三处。一在城西南八十里,一在西南二十里,一在城西八里。春祈秋报,阅历已久。元末毁于兵燹。明洪武、嘉靖间,递有修复。

按照两则资料的内容,乾佑七年西夏推进了有关黑河水利的祭祀活动,作为国家事业的一环,在新建的下龙王庙里树立《黑河建桥碑》[14]。因为西夏统治黑河全流域,黑河的稳定对交通、物流、生产活动与国防等各方面有非常重要的意义。因此,西夏皇帝李仁孝既祭祀将黑河神化的龙王,又纪念贤觉圣光菩萨的架桥,树立《黑河建桥碑》。一般来说,桥不仅仅是物理上的交通设施,也是一种有象征性的东西,它能连接自己和别人、生和死(此岸和彼岸)、圣和俗、神和人等等。特别从佛教思想来看,架桥有济度众生的旨趣、引导彼世的意义[15]。通过架黑河桥,贤觉圣光菩萨连接黑河南边和北边、中游和下游,给黑河流域的人们很大方便。

有的学者认为贤觉圣光菩萨就是平天仙姑。虽然这碑确实记述黑河架桥的故事,但是其主体是贤觉圣光菩萨,不是平天仙姑。而且贤觉圣光菩萨在张掖西郊黑河之上架桥,仙姑在临泽板桥架桥,两个地方不一致。另外,在《黑河建桥碑》里仙姑一词一次也没有出现。依据史金波、聂鸿音和沈卫荣等研究[16],贤觉圣光菩萨有可能是西夏时期的敦煌佛典底页中的一位高僧,叫贤觉帝师。虽然在乾隆四十四年(1779)编纂的《甘州府志》里确实有平天仙姑就是贤觉圣光菩萨的记载[17],但是在西夏时期将仙姑与贤觉圣光菩萨视为同一的想法未曾存在。

另外,关于击退北方游牧民族的内容,数据之间有几个变种。依据咸丰五年(1855)《仙姑庙灵异记》[18]。

---

[14] 《甘州府志》卷5《营建》。民国时期这碑搬到张掖城内二郎庙,1986年移筑二郎庙大殿之际,再次搬到大佛寺。

[15] 周星:《橋の民俗—漢民族の橋の事例を中心に》,《比較民俗研究》,第3號,1993年,第4—25页。

[16] 史金波:《西夏的藏传佛教》,《中国藏学》,2000年第1期,第39—40页;聂鸿音:《西夏帝师考辩》,《文史》,2005年第3期,第207—213页;沈卫荣:《宗教的信仰与环境的必然性—11—14世纪的中央ユーラシア・カラホト地域におけるチベット密教の実践》,井上充幸、加藤雄三、森谷一树编《オアシス地域史论丛—黑河流域2000年の点描》,京都松香堂2007年,第45—46页。

[17] 《甘州府志》,卷一一《人物・张掖县・汉・仙姑》。

[18] 《鼎新县志》,文艺志《碑碣》。

窃称汉代霍去病将军西征,时路遇仙姑显圣,化桥渡兵过河。及平时木造板桥,济众耕种沙田。神灵赫赫,载在本传甚详。嗣经奉玉帝勅,封为平天仙姑。由来久矣。

于此,仙姑架桥的故事作为霍去病征匈奴的一个场面出现。崔云胜已经说过在万历六年《重修仙姑庙记》之中"自汉大将军霍去病和戎之继"的记载只不过说明一个时间概念,霍去病和仙姑之间没有直接的关系[19]。天启三年(1623)盛思温《重修平天仙姑庙记》[20]里也没有有关霍去病征匈奴的记载,就是说明末之前仙姑黑河架桥和霍去病征匈奴的故事是两回事,明末清初之后把架桥和逐虏作为结合的媒介,平天仙姑和贤觉圣光菩萨被视为同一,仙姑架桥被编入霍去病征匈奴的故事。

## 二、攘灾与逐虏

平天仙姑的故事体现黑河中游的民众心愿,即黑河泛溢等自然灾害和游牧民族的入侵是威胁他们生活的最大问题,假托平天仙姑的故事,他们祈求攘灾与逐虏。把攘灾和逐虏结合的想法在明代陈棐《甘泉祠谢雨文》明显地表现出来[21]。

　　天道无为,而干元化者存乎神。神远无方,而契冥漠者在乎人。惟天人交应,贵感格之精禋。刞自徂暑而夏,旱魃为虐而弗仁。凡有斯土之寄,俱切疢患于身。愿禾苗之槁,如吾毛发之剪落。愿黔黎之厄,如吾赤子之灾屯。叩灵泉而雩祀,获灵雨之通晨。且南亩甘泽之降,适西宁献馘之辰?获北虏七十一首,莫中朝亿万千春。考古昔,胜敌而年丰,师兴而即雨。由神人之胥悦,洒霡霂之惟匀。所以欢声雷动,勇气若云陈。注银潢而洗甲,驱屏翳以清尘也。造化无私而当报,如膏涓滴而为珍。谨竭虔而致奠,托谢悃之斯伸,冀灵神之锡贶,更霖雨之浃旬,使三农之望满,而五郡之施均。

黑河流域位于年间降水量150毫米以下的干燥地带,人们常常遭受旱

---

[19] 《张掖平天仙姑信仰考》,第80页。
[20] 《临泽县采访录》,金石类,载入《创修临泽县志》。
[21] 《甘州府志》卷一三《艺文志》。

灾,并且因为植被不足,集中性暴雨容易导致大规模的洪水。从历史上,黑河泛溢成灾,流域受害甚大。尤其临泽板桥附近位于扇形地末端,从祁连山脉流下来的几条河川在板桥南边流入到黑河。而且北边合黎山耸立而遮挡黑河,黑河向西流下,板桥附近常常导致泛溢[22]。就是说,张掖位于扇央部,以旱灾为中心,临泽位于扇端部,以水害为中心。平天仙姑的架桥故事暗示她的力量不仅能给与人们方便,也能克服时常泛溢的黑河—即自然界的暴力。

  平天仙姑击退游牧民族进攻的故事在《仙姑宝卷》更明显地表现出来。依据车锡伦的研究[23],《敕封平天仙姑宝卷》初刊于康熙三十七年(1698),故马隅卿(廉)先生收藏,现在北京大学图书馆所藏。其他在河西地区发现许多民间手抄本。笔者看过三种抄刻本:民国三十年(1941)抄《仙姑宝卷》(《河西宝卷真本校注研究》本)[24],清刻本《平天仙姑宝卷》一卷(《中国宗教历史文献集成》本)[25]与《仙姑宝卷》(《金张掖民间宝卷》本)[26]。这三种抄刻本都有共同的主题大致划分为三个部分:第一是仙姑修行,第二是汉代仙姑援助霍去病击退匈奴,第三是仙姑劝善惩恶。除了这三种主题以外,《中国宗教历史文献集成》本和《金张掖民间宝卷》本在末尾添明代弘治、嘉靖、天启与崇祯年间的故事。这三个抄刻本的内容如下。

| | 《河西宝卷真本校注研究》本 | 《中国宗教历史文献集成》本 | 《金张掖民间宝卷》本 |
| --- | --- | --- | --- |
| 第一品 | 仙姑修板桥 | 仙姑修行 | 仙姑修心 |
| 第二品 | 仙姑得道升仙 | 仙姑修桥 | 仙姑修板桥 |
| 第三品 | 仙姑显骨 | 骊山老母度仙姑 | 骊山老母度仙姑 |
| 第四品 | 仙姑设桥渡汉兵 | 仙姑炼魔 | 仙姑炼魔 |
| 第五品 | 夷人焚庙 | 仙姑得道升仙 | 仙姑得道升仙 |
| 第六品 | 仙姑三次殃夷人 | 仙姑显骨 | 仙姑显骨 |
| 第七品 | 仙姑三次殃夷人 | 仙姑设桥渡汉兵 | 仙姑设桥渡汉兵 |
| 第八品 | 夷人修庙 | 彝人焚庙 | 夷人焚庙 |
| 第九品 | 仙姑救周秀才 | 仙姑一殃夷人 | 仙姑一殃夷人 |
| 第十品 | 仙姑娘娘将送?妇变狗 | 仙姑二殃夷人 | 仙姑二殃夷人 |
| 第十一品 | 仙姑救王志仁 | 仙姑三殃夷人 | 仙姑三殃夷人 |
| 第十二品 | 仙姑救单氏母子 | 夷人修庙 | 夷人修庙 |
| 第十三品 | | 仙姑救周秀才 | 仙姑救周秀才 |
| 第十四品 | | 仙姑将逆妇变狗 | 仙姑将逆妇变狗 |
| 第十五品 | | 仙姑救王志仁 | 仙姑救王志仁 |
| 第十六品 | | 仙姑救单氏母子 | 仙姑救单氏母子 |
| 第十七品 | | 玉帝降敕与仙姑 | 玉帝降敕与仙姑 |
| 第十八品 | | 八洞神仙庆仙姑 | 八洞神仙庆仙姑 |
| 第十九品 | | 仙姑近代显应 | 仙姑近代显应 |

---

[22] 《秦边纪略》甘州北边《板桥堡》载:"黑河而南,分流至此而合一。堡之平衍土膏,与西坝平川埒。"

[23] 《清代民间宗教的两种宝卷》,第49页;《清康熙刊本〈敕封平天仙姑宝卷〉简介》,第276页。

[24] 方步和编著:《河西宝卷真本校注研究》,兰州:兰州大学出版社1992年。

虽然《金张掖民间宝卷》没有解说其文本的年代,从车锡伦的研究[25]来判断,它就是康熙三十七年《敕封平天仙姑宝卷》,或者从这刻本抄出来的文本。如上所说,从万历六年《重修仙姑庙记》来看,架桥和逐房是两回事,而且仙姑和霍去病之间没有直接关系。仙姑宝卷的成书年代是明代末年,这意味着仙姑宝卷开始连接架桥和逐房、并且创造出来仙姑援助霍去病的结构。崔云胜已经考证过仙姑宝卷的夷人焚庙之中出现的匈奴浑邪王的部下,鞑王绰什噶的次子卜什兔就是在《明史·外国传》有记载的顺义王[28]。更准确地说,卜什兔又作卜石兔、卜失克兔、卜石克兔,他是阿勒坦汗长子皇太子的曾孙,第四代顺义王博什克图。更进一步说,在宝卷中作为他的父亲绰什噶,有可能是博什克图的祖父,第三代顺义王扯力克[29]。依据《万历武功录》卷八《扯力克列传》。

  其明年(万历十七年:笔者注)正月,扯力克至甘州,纵诸部公行黑松、古浪间,挟平西事为奇货,阳以泰山自视,而阴济其贪暴,不自知彼于我汉,汉亡当也……(中略)其七月,扯力克在甘肃,使真相、火落赤、卜失兔等公行劫略,大肆杀戮。曩所称送佛及仇蛙刺平西宁,皆嫚言以欺人耳。

万历十五年(1587)扯力克袭封顺义王,万历十七年(1589)向甘肃进军破坏二十年来的和平。到万历十九年(1591)返回,甘、凉、洮、岷、西宁一带处于混乱状态。此时火落赤跟扯力克西来互相呼应,从黄河上游的莽剌川、捏工川东进袭击洮河一带[30]。甘肃遭受南北夹攻,大量的蒙古部落出入甘肃、青海之

---

[25] 中国宗教历史文献集成编纂委员会编纂:《民间宝卷》,第 13 册,合肥:黄山书社 2005 年。

[26] 徐永成主编:《金张掖民间宝卷》,兰州:甘肃文化出版社 2007 年。

[27] 《清康熙刊本〈敕封平天仙姑寶卷〉簡介》,第 276—277 页。

[28] 《西夏黑河橋碑與黑河流域的平天仙姑信仰》,第 105—106 页。

[29] 关于阿勒坦汗及顺义王家已有很多研究,笔者参考如下研究。和田清:《东亚史研究:蒙古篇》,东京东洋文库 1959 年;青木富太郎:《万里长城》,东京近藤出版社 1972 年;萩原淳平:《明代蒙古史研究》,京都:同朋舍出版 1980 年;吉田顺一等共注注:《〈アルタン=ハーン传〉译注》,东京:风间书房 1998 年;乌云毕力格:《十七世纪蒙古史论考》,呼和浩特:内蒙古人民出版社 2001 年。

[30] 若松宽:《明末内蒙古土默特人の青海地区进出—ホロチ・ノヤンの事迹—》,《京都府立大学学术报告·人文》,第 37 号,1985 年,第 87—96 页;江国真美:《青海モンゴル史の一考察》,《东洋学报》,第 67 卷第 3·4 合并号,1986 年,第 113—145 页;李文君:《明代西海蒙古史研究》,北京:中央民族大学出版社 2008 年。

415

间。火落赤是多罗土蛮部人,万历五年(1577)阿勒坦迎佛之际,跟其兄歹言黄台吉和扯力克等一起作为迎接使前往青海,任务结束之后,他们多罗土蛮部留在青海,在莽剌川、捏工川一带扩大势力。他们在祁连山中的扁都口跟明朝互市,从此往来南北。依据达力扎布的研究[31],阿勒坦等右翼蒙古向青海的主要进军路线是由黄河沿岸水草丰盛之地溯黄河南下,向西南翻越贺兰山,穿越宁夏卫境,又经甘肃庄浪卫或者凉州卫境,进入青海。另外还有一个向甘肃的路线,自嘉峪关折边,经过肃州镇夷堡,从川底进入甘州之境。这条是沿着黑河进入甘肃的路线,川底就是黑河变宽的板桥、平川一带[32]。就是说,黑河流域相当于南北游牧民族往来的路线,板桥一带位于防卫北方游牧民族侵攻的第一线。

在这样政治地理条件下,当地民众产出仙姑宝卷,它带有非常浓厚的逐虏色彩。虽然假托西汉跟匈奴的战争,其内容确实反映万历十七年到十九年由于顺义王扯力克西来甘肃勾结青海的火落赤等多罗土蛮部人,黑河中游汉族百姓陷于风中之烛的危险境地。在仙姑宝卷之中,仙姑用神力三次打垮夷人,夷人不禁肃然起敬,而修复仙姑庙。对这个内容,崔云胜说"仙姑不仅是汉族的保护神,而且还能惩罚夷人、劝化夷人,使他们不敢为非作歹,从而反映了当地民众迫切希望民族间和睦相处的良好愿望"[33]。但是,笔者无法看出当地民众祈望民族之间维持良好关系,反而能窥见他们希望借助于仙姑的神力击退游牧民族,在其神威之下游牧民族被迫服从汉族的统治。仙姑宝卷始终主张从汉族百姓的视线来看待击退游牧民族的愿望。于此,笔者能推测仙姑传说本来只有修行和劝善惩恶的内容,经过明朝中、后期蒙古族侵攻加剧,把逐虏的内容添上了。明代末年仙姑宝卷成立,它对逐虏象征的形成起了决定作用。至于明代,为保卫河西建设了边墙,为保护生活民众产出了仙姑信仰。这样可视、不可视的两种界线把黑河流域划分两个地方。

## 三、从分开之神到结合之神

《敕封平天仙姑宝卷》中的故事说明河西走廊的政治情况,不仅在明代,

---

[31] 达力扎布:《明代漠南蒙古历史研究》,海拉尔:内蒙古文化出版社1997年,第52—66页。

[32] 《甘州府志》卷四《地理·板桥夜月》载:"板桥,贤兴圣觉菩萨所建者,今湮。而黑水至斯,积成巨浸。"

[33] 《张掖平天仙姑信仰考》,第81页。

即使清初也仍动荡不安。依据车锡伦的研究[34]，清刻本的卷末有题识如下：

> 康熙参拾柒年伍月吉旦，板桥仙姑庙住持经守卷板／太子少保振武将军孙施刊／吏部候铨州同知金城谢廛编辑／将军府掾书张掖陈清书写／刻字凉州罗友义王璋福建颇顺贵甘州韩文

车锡伦已经考证过施刊人孙就是甘肃提督孙思克，从康熙二年（1663）到三十九年（1700）一直统辖甘肃军务，承担防备厄鲁特蒙古侵攻的任务[35]。康熙三十五年（1696），康熙帝亲征准格尔部噶尔丹，孙思克统帅西路军的一部分，从宁夏进军到图拉河畔，在昭莫多击败噶尔丹。经过三次亲征，康熙三十六年（1697）康熙帝终于成功消灭噶尔丹。孙思克资助《敕封平天仙姑宝卷》的出版时间相当于刚刚结束跟宿敌噶尔丹多年的斗争。虽然噶尔丹灭亡，环绕河西的情况还是前途叵测。在西藏，第巴桑结嘉错掌握一切权力对抗清朝。在新疆，准格尔部首领僧格之长子策妄阿拉布坦占领伊犁溪谷和塔里木盆地，意图扩大势力。康熙二十六年（1687），孙思克撰了《重修万寿寺碑记》[36]曰：

> 余以谫劣，历甘肃提镇两任者二十五年，甫壮秉钺，今已龙钟，裹疮罢战，残疾支离，岂犹为一己福田利益计哉。无非祝国佑民而已。矧兹河西边境，地瘠民贫，四面环彝，岂易享宁宇。

看到万寿寺宝塔的损坏，为了护国佑民，他既主动捐助宝塔的修复，又撰其碑记。因此，可以认为《敕封平天仙姑宝卷》的出版也表示河西平安的愿望，特意在末尾追加明代弘治、嘉靖与崇祯年间的逐疬故事。更进一步说，为了对抗黑河下游的游牧民，孙思克利用民间信仰的渗透力，意图提高黑河中游的凝聚力。

另外，仙姑庙的布局也能表现作为逐疬之神的仙姑形象。如《甘州府全图》[37]所绘，板桥仙姑庙本来位于边墙之外。关于此点，《甘州府志》卷四《古迹》载："仙姑庙，城东北一百二十里。今庙在边墙内，与故庙相望云。故庙处即其尸所在也"。另外，卷五《坛庙·抚夷厅》也有"仙姑庙，城东北三十里边城内。先

---

[34] 《清代民间宗教的两种宝卷》，第49页；《明清民间宗教与甘肃的念卷和宝卷》，第41页；《中国宝卷研究》，桂林：广西师范大学出版社，2009年，第269页。

[35] 《清代民间宗教的两种宝卷》，第50页；《清康熙刊本〈敕封平天仙姑宝卷〉简介》，第278页。

[36] 《甘州府志》卷一四《艺文》。

[37] 《甘州府志》卷首《地图》。

有旧庙在边城外相望。土人云,其骸在焉。以祷祀多不便,营此"的记载。依据这些资料,仙姑庙建于边墙外的表面理由是在那里发现仙姑的遗体。但是,根据本文议论,可以看透其言外之意,一言以蔽之,逐虏。为了击退游牧民的侵攻而保卫自己的家乡,人们特意选择敌人方面的边墙之外建立仙姑庙。在《仙姑宝卷》里借鞑王绰什噶的口说:

> 再说浑邪王部下有一头目,名曰绰什噶,也是个鞑王。一日领番兵前来仙姑庙打围,忽见庙宇比以前宽敞,而且焕然一新,甚是惊奇。遂令奸细打听,才知道是仙姑娘娘显化神桥救度了汉兵,朝廷重修了这座庙宇。绰什噶听说勃然大怒,来到庙里对着仙姑娘娘金像说,你的庙宇盖在我们边外地方,你既在鞑子地方居住,就该扶助我们才是,为何要颠倒扶助汉兵,这是什么道理。你好不公道㊳。

如上所说,这段绰什噶焚庙的故事假托西汉和匈奴的斗争,叙述万历十七年至十九年的顺义王扯力克西来的事情。就是说,在明代当地民众确实认为边墙之外是蒙古的地盘。打个比方,门神该在门外,不在门内。为了保护自己生命,仙姑庙应该建在边墙外。

仙姑庙移建的时期不太清楚。但是,根据天启三年(1623)徐承业捐俸重修此庙㊴,天启三年至乾隆四十四年(1779)《甘州府志》出版之前,仙姑庙已经搬到边墙内。在梁份《秦边纪略》卷三《甘州北边》里有如下记载。

> 仙姑庙。庙而已,无城堡,无屯戍。北山南水,亦类平川。东板桥而西柳园,见距之道里均焉。庙在边外,夷人祷之,祈灵观兵焉。鼎新小庙,跨于墙垣,中外之分,几无畔岸。

梁份进行三次实地考察,完成了《秦边纪略》(又作《西陲今略》)。他的第一次考察是康熙二十一年(1682)至二十五年(1686),第二次是康熙三十二年

---

㊳ 《金张掖民间宝卷》本《夷人焚庙第八品》。
㊴ 盛思温:《重修平天仙姑庙记》,《临泽县采访录》金石类,载入《创修临泽县志》。

(1693)至三十三年(1694),第三次是康熙四十八年(1709)[40]。笔者不能判断仙姑庙的记载基于第几次的考察结果,但是可以说康熙中期仙姑庙一定还在边墙外,乾隆四十四年之前搬到边墙之内。

于此,可以看到特别重要的是夷人也在板桥边墙外的庙里祈祷仙姑而实行观兵。这意味着康熙中期仙姑信仰已经传播到游牧民族之间,有的带兵的蒙古首领也皈依仙姑。依据《甘州府志》卷十六《杂纂》。

> 甘属庙宇甚多,在城实内有名者俱采入志,其村堡中及永固、洪水、镇彝、梨园等十余营,在在都有。缘本地素无纪载,亦有仅额番字者,无由识其修建始末。即如定羌庙,作把总驻札。平川之仙姑庙,更有口外夷王献匾,堆积悬挂。

平川的仙姑庙就是板桥的仙姑庙,在此庙里蒙古首领奉献的匾额堆积如山,悬挂墙上。跟其他庙宇一样,这些匾额也应该有用蒙古字写的。还有梁份叙述越过边墙的鼎新(毛目)也有仙姑小庙,塞外的蒙古族和边墙内的汉族共同皈依仙姑的情况对梁份还是有特殊的意义,"中外之分,几无畔岸"表示他的心理之中还有华夷之分,但是仙姑信仰已经超越逐虏和分开之神的性质。

板桥仙姑庙的移建和其他仙姑庙的修建情况,说明仙姑的象征性的变化——从分开之神到结合之神。参考崔云胜等的研究[41],把仙姑庙修建的事例整理如下。

> 临泽:板桥仙姑庙。创建时期不明,万历五年、天启三年重修,康熙中期至乾隆四十四年之前搬到边墙内,同治年间重修,民国八年(1919)至十年(1921)扩建,1952年拆除[42]。县城东关仙姑庙。明代建,同治年间拆毁,光绪初年重修,民国十年(1921)重修[43]。

---

[40] 内藤虎次郎:《秦边纪略の嘎尔旦传》、《再び秦边纪略に就て》、《三たび秦边纪略に就て》以及补录,都载入《读史丛录》,京都:弘文堂书房1929年;汤中编著:《清梁质人先生份年谱》,台北:台湾商务印书馆1980年;韩光辉:《梁份与〈秦边纪略〉》,《历史地理学丛稿》,北京商务印书馆2006年,第15—26页;张钰:《清代西北边陲地理要籍〈秦边纪略〉述论》,《河南理工大学学报(社会科学版)》,第9卷第4期,2008年,第513—517页。

[41] 《西夏黑河桥碑与黑河流域的平天仙姑信仰》,第105页。

[42] 临泽县县志编纂委员会编:《临泽县志》第4章《文物古迹·古遗址·仙姑庙遗址》,兰州:甘肃人民出版社2001年。

[43] 王存德修,高增贵纂:《创修临泽县志》卷二《建置志》。

甘州：城内仙姑楼。顺治二年(1645)以后[44]，乾隆四十四年以前建立[45]。

肃州：北门外仙姑庙。顺治十四年（1657）以后[46]，雍正元年(1723)以前建立[47]。

高台：城外西北仙姑庙。清康熙五十年(1711)修建。梧桐泉仙姑庙，镇夷香山仙姑庙[48]。

鼎新：仙姑小庙。康熙中期以前建立。东石冈仙姑庙。咸丰年间创建[49]。

民乐：黄泥沟沿[50]。

靖逆卫：南门外仙姑庙[51]。

巴尔坤：地藏寺仙姑庙(甘肃会馆)

可以看到以康熙中期开始黑河流域仙姑庙相继建立，并且在黑河流域之外的肃州、靖逆卫和民乐也建立了，同时板桥仙姑庙从边墙外搬到了边墙内。这意味着康熙中期仙姑已经消失其地域性，成为黑河全流域的神。这样变化有可能跟前文所说的贤觉圣光菩萨有关系。本来仙姑的架桥和贤觉圣光菩萨的架桥的地方和时期都不一样，但是乾隆四十四年《甘州府志》编纂的时候把他们视为同一的想法已经广泛地传播[52]。因此，板桥的仙姑摇身变成黑河的仙姑。仙姑是板桥的地方神的时候，其信仰圈有限。但是，由于她成为黑河的神，其信仰圈既扩大到黑河流域，又获得了超越流域的力量[53]。另一方面，由于明朝的灭亡，边墙慢慢地结束划分中外的作用。康熙三十六年(1697)刚灭亡噶

---

[44] 顺治丁酉(二年：1645)杨春茂撰：《重刊甘镇志》没有有关仙姑和仙姑楼的记载。

[45] 《甘州府志》卷五《营建志》。

[46] 顺治十四年(1657)高弥高、李德魁等纂修：《肃镇志》，没有有关仙姑和仙姑庙的记载。

[47] 黄文炜等纂：《重新肃州新志》肃州伍册《祠庙》。

[48] 程先甲修、徐家瑞等纂：《新纂高台县志》卷三《祀实》。

[49] 虞文澜撰：《仙姑庙灵异记碑文》；张维等纂：《鼎新县志》，文艺志《碑碣》。

[50] 民乐县县志编纂委员会编《民乐县志》，兰州：甘肃人民出版社 1996 年，第 513 页。

[51] 黄文炜等纂：《重新肃州新志》，靖逆卫册"仙姑庙在南门外。"

[52] 在临泽板桥香古寺仙姑殿仙姑菩萨铜像的两侧有万历六年《重修仙姑庙记》和乾佑七年《黑河建桥碑》的复制品。

[53] 张维纂：《肃州新志》，营建《庙观·仙姑庙》载："一在肃城北门外半里许……(中略)……一在城西北一里。一在金塔下坝。雍正十三年修。……(中略)……西夏敕封贤觉圣光菩萨。故肃、甘各处多奉祠祀之。"

尔丹之后,清朝正式设立阿拉善旗,阿拉善蒙古完全归属于清朝,清朝对黑河整个流域加强统治和管辖[54]。于此,仙姑从逐虏和分开之神化为结合之神,黑河下游的蒙古族和中游的汉族共同祈祷仙姑保佑。仙姑正式在人和人之间架桥了。板桥仙姑庙的庙会极其壮观,清代甘州府知府亲临庙会,或者派员督察秩序[55]。现在,除了临泽、张掖、高台、民乐、山丹、肃南的民众之外,武威、酒泉、内蒙古阿拉善右旗的牧民也赶赴四月初八的庙会。

## 四、结　语

自从八世纪以来,黑河整个流域一直被吐蕃、西夏和蒙元统一支配。由于明朝驱逐蒙元占领河西,连续六百年间的黑河流域的统一状态结束,上游、中游、下游之间的斗争日趋激化。为了保卫中游,明朝修筑边墙在中游和下游之间,创造可视的界线。还有民众形成平天仙姑信仰,创作不可视的界线。在故事之中,仙姑架黑河桥,援助霍去病击退匈奴,在她的神力之下,匈奴也皈依仙姑修建其庙。仙姑象征当地民众的两大愿望—攘灾和逐虏。但是,桥的功能是连接人和人、地方和地方,原来带有双方性的作用,决不是一方性的。随着南北对抗的常态化,在边墙外建立的板桥仙姑庙成为蒙古游牧民和汉族共同祈祷之所。而且仙姑由架桥故事跟贤觉圣光菩萨连接,仙姑从地方神变到黑河之神。于此,从逐虏和分开之神化到和睦与结合之神,仙姑的象征改变面貌了。由于灭亡准格尔平定新疆,乾隆中期河西走廊的情势才能完全地稳定。但是,乾隆五十六年(1791)以蒙古越界导致争讼为理由,清朝树立石碣修筑俄卜,再次界定阿拉善蒙古和山丹的交界[56]。于此,可视的界线重新出现了。在历史上反复起来的分开和结合,人类需要多少个仙姑?

---

[54] 梁丽霞:《阿拉善蒙古研究》,北京民族出版社,第92—93页。
[55] 临泽县县志编纂委员会编《临泽县志》第3章《文艺·庙会》,兰州甘肃人民出版社2001年。
[56] 刘斌:《汉蒙交界碑文》,《甘州府志》卷首《地图》。

# 南京国民政府时期移民开垦事业与学术界的关系

岛田美和

**[内容提要]** 从晚清王同春等地方商人的大规模农业经营的蒙地开垦开始,到南京国民政府时期,后套开发的主要实施人变为晋系地方军事势力,实施了以军人移民为中心的屯垦政策。但是另一方面,关于南京国民政府时期段绳武和顾颉刚进行的后套开发中,可以看到两个特点:第一是具有救济灾害移民的社会救济目的;第二,与该地无直接利害关系的城市汉人知识分子参与计划。

**[关键词]** 后套地区　顾颉刚　救济灾害　西北开发

## 序　言

位于内蒙古西部黄河流域河套地区北部的后套地区,是晚清时期由民间汉商(地商)主导推行水利事业,并成功运作了大规模商业性农业的地区。在南京国民政府时期,后套地区进行了国民党政府和阎锡山等晋绥系统的军事势力,以及民间组织主导的移民开垦与乡村建设。同时,在北京和上海等地,各经济团体和舆论界、学术界等提倡的"西北开发"(以下无引号)中,赢得了全国性的瞩目。1930年代前半期,内蒙古后套地区为何会被全中国所瞩目呢。

在以往的研究中,主要从社会经济史的角度来考察晚清至民国时期,内蒙古西部地区的开垦政策和水利事业。其中,多通过水利开发带来的地商经济的发达,考察后套由牧区向农业区转移的变化过程,体现出中国农业的近代化[①]而且,由现在中国政府推进的西部大开发,来讨论国民党政府时期的西

---

① 相关论述,请参阅[日]铁山博:《清代农业经济史研究》构造《周边的视角力山》,御茶的书房,1999年。陶继波:《清代以来内蒙古地区的土地开垦与社会变迁—以河套地区为例(1644—1937)》中国人民大学清史研究所,2004年。

北开发问题,并由此寻找出历史连续性的研究也很显著。在这样的研究中,主要以现代西部大开发的主要地区陕西省为考察对象,多将西北开发置于"国家与开发"这一观点,试图把握国民政府对地区社会及非汉人地区权力渗透的尝试。[②]另外,还有不仅仅局限于国家与地方政府,通过分析西北开发的民间组织及学术界的动向,来综合讨论中国社会中西北开发意义的论证。[③]如果着眼于这一点,就必须考虑1930年代中国社会对移民的反应及其特征。比如说,孙语圣以1931年的水灾为例,就灾害救济的社会化原因,作出了民间慈善团体的传统性,近代经济的发展,新兴社会势力的增长,大众媒体的协助等说明。[④]即1930年代移民的特质,不是清末民初所常见的移民送出和移民接受这两种流动关系,而是必须考虑随着大众媒体和经济的发展,在移民输送和移民接受的地区以外,特别是媒体发达的城市地区,移民与舆论界和学术界的接触与相互作用。

在这一问题意识下,本文首先确认南京国民政府时期,在西北开发中蒙古地区的定位,同时通过考察汉人对后套的开垦过程,来分析西北开发思想和内蒙古地域社会变迁的相互关系。而且,着眼于对后套地区开发十分关心的《禹贡》杂志及其代表顾颉刚关于后套地区的言论,在阐明西北开发中学术与乡村建设之间的关系同时,发掘出南京国民政府时期西北开发的特色。

## 一、后套与西北开发

"天下黄河百害,独富一套"。所谓一套,是指位于内蒙古西部地区,面向黄河的河套地区,即鄂尔多斯地区。这句俗语,表现了河套地区利用黄河水进行渠道灌溉的高水平农业生产力。后套位于河套北端,是指黄河主河道南迁后黄河以北的地区。从地理位置上来说,北临阴山山脉,南靠黄河,西境阿拉善旗东侧,东倚乌拉山,面积约为一万平方公里。国民政府时期的行政范围,包括内蒙古西部汉人居住地绥远省五原县、临河县、安北县三县,蒙古人居住地的伊克昭盟达拉特旗和杭锦旗的一部分,还有乌兰察布盟的乌拉特西后旗

---

[②] 相关论述,请参阅(日)吉泽诚一郎:《西北建设政策の始动—南京国民政府における开发の问题》,《东洋文化研究所纪要》第148册,2005年。张力:《全国经济委员会与西北开发》,《罗香林教授纪念论文集》珠海文史研究所学会,1992年。

[③] 相关论述,请参阅(日)片冈一忠:《近现代中国における西北への关心と研究の历史》,《历史人类》第34号,2006年3月。赵夏:《民国时期国人西北研究之考察》,北京大学博士研究生学位论文,2004年。

[④] 相关论述,请参阅孙语圣:《1931·救灾社会化》,安徽大学出版社2008年。

的西南地区。

在清朝统治时期,由于导入了外藩蒙古的盟旗制度,后套地区在清朝的盟旗制度下拥有一定的独立性。后套地区对于汉人来说,就成为没有国家权力直接支配的地区,因而其作为自由的经济活动空间,旅蒙商大为活跃。旅蒙商带来的蒙古贸易发展,其后发展成为追求高利润的谷物现地生产要求,所以在晚清时旅蒙商转变为地商。后套的地商,通过渠道(民间组织的民办水利)的建设和荒地的开垦使土地肥沃,并主动地展开事业,来获得实质性的土地所有权。在这里可以看到后套地区地商经济的发展。[5]到了民国时期,内蒙古地区内设置了绥远、热河、察哈尔这三个特别区,后套地区被规划至绥远特别区。当然,因为这是蒙古人居住区域,1912年制定了《蒙古待遇条例》。而1914年,又制定了《禁止私放蒙荒通则》和《垦辟蒙荒奖励办法》,禁止蒙古人和汉人之间的自由土地买卖,而且规定蒙旗土地的支配权为政府所有。1915年,绥远设立垦务总局,以伊布昭盟为中心的开垦地的整理作业逐渐推进。这样后套地区,不仅是晚清地商开垦事业发达的地区,也是北京政府时期推进官方土地整理事业的地区。[6]

进入南京国民政府时期后,中国社会上对于西北开发的关心升温。只是这里所说的西北,包含了其倡导人物或团体等多种含义。例如,地理学者王金绂,在1932年出版的《西北地理》中,介绍了各个论者关于西北的范围概念,对内蒙古西部特别是绥远省进行了以下说明。"绥远居陕西之北,今人之谈西北者,旧有远近之别,远西北系曰新疆,近西北就指绥远而言,陕西绥远又为经营西北之基础"。而且对西北的范围进行了定义"本书范围是包括,陕西绥远甘肃宁夏青海及新疆六省区域"。[7]值得注意的是,虽然其中可见绥远这一名称,但并没有见到内蒙古西部的另一个省察哈尔省。这里可以理解为绥远在当时的西北地理中,位于西北概念的最东端。

那么,国民党政权是怎样叙述当时的西北或西北开发的范围的呢。南京国民政府成立后,在国民党政权内部曾几度提出中国西北部的开发,而最早系统性提出的,应属1931年5月国民会议中关于西北开发的提案。"欲谋全国平均发展,宣泄内地过剩人口,巩固边防,潜弭内乱,要无不以经营西北根本之图……提前完成汽车路,以为入手之第一者。其目的在先移植内地过剩人口,繁孳于西北荒漠之地,协助西北人民,开辟西北利源,共同改善其生活,

---

[5] 参见铁山博:《清代农业经济史研究构造と周边の视角から》,第84—87页。
[6] 参见金海·白拉都格其等:《蒙古民族通史》第5卷(上),内蒙古大学出版社2002年。
[7] 王金绂:《西北地理》,利达书局1932年,第1—3页。

以增进其物质享用之幸福,并以谋全民经济之平均发展"。⑧在这里,西北开发的目的是将内地过剩人口西迁,防止内乱,为此首先必须整备交通,而且提出通过移民开垦对西北的资源开发,改善人民生活等。然后,西北的范围是"一以新疆全省包括天山南北路及新附之塔城阿尔泰两道,为本案经营之最终一段,二以甘肃西北部(兰州以西)及宁夏青海为本案经营之中间部分,三以甘肃东南部及陕西省为本案经营之基础,约言之本案所谓西北包括陕西甘肃宁夏新疆5省。⑨由此可见,西北的范围里不包括绥远省。国民政府的西北开发启动,是全国经济委员会的宋子文和陕西省的邵力子计划的甘肃、宁夏、陕西、绥远等西北建设案。这里有水利、牧畜、交通、卫生、农村建设等相应的计划。其后,宋子文亲自考察陕西、甘肃、宁夏、青海,推动了计划实施。但是,在这里,除了民生渠这一水利事业,绥远省也没有成为西北开发的对象。⑩其原因可以推测为是被南京国民政府时期"中央—地方"关系所影响。国民政府的西北开发方案实施之际,地方政府的配合是不可或缺的,在绥远省,没有晋绥系阎锡山和绥远省主席傅作义的协助是无法进行的。可以说南京国民政府和地方政府的关系,左右着当时中央政府主导的西北开发方案的实施。

在国民党政权之外,还出现了提倡西北开发的政策建议民间团体。其中代表性的团体要数以边疆研究为主旨的新亚细亚学会。名誉董事长戴季陶,于1929年12月对进行西北开发的西北范围作了以下说明"各位要到西北地方从事工作,这西北就是甘肃宁夏青海陕西新疆和蒙古等处"。且"总理计划的西北铁路系统,将来必希望渐次实施。现在我以为西北所有政治教育农工商医种种事业,都应该及时推经,造成平衡的发展"。提及孙文《建国方略》中的铁道建设,倡导西北地区政治、教育、农业、工业、商业、医疗方面的发展。⑪将戴季陶的西北开发案更加具体化的是在《新亚细亚》杂志和在《开发西北》上率先提倡西北开发的马鹤天。他更加具体地叙述了西北的范围"西北包括蒙古新疆青海及甘肃宁夏绥远诸部,面积约一百七十余万英方里,人口仅千万人左右"。⑫关于西北开发的顺序和方法,他则计划道"开发西北之步骤与方法:甲,交通西北各地的产业未与文化落后,原因固多,但交通梗塞,是一重大

---

⑧ 刘镇华:《开发西北计画书》,1931年,第1—2页。

⑨ 同上。

⑩ 参见(日)吉泽诚一郎:《西北建设政策の始动—南京国民政府における开发の问题》,《东洋文化研究所纪要》第148册,2005年,第46—60页。

⑪ 戴季陶:《开发西北工作之起点》,1929年12月25日,戴季陶著《西北》,第35页,第37—38页。

⑫ 马鹤天:《开发西北之步骤与方法》,同上,第41—43页,第50—51页。

原因。故开发西北,第一须便利交通,否则一切无从者手。乙,垦殖为开发西北之最要事项,夫人而知。交通便利后,则可开始进行,移民移兵,从事农耕,兼及林牧。惟事前后,须有种种计划与准备,如垦区之分配,移植之进行,以及经费等等…"。如此,马鹤天首先从交通(铁道、道路、航路)入手,其次是教育(学校教育、社会教育、党务教育),最后提出工业和矿业。关于绥远,"此区交通较便,其惟一垦区为河套之地。河套包括五原,临河大余太三县,五原为其中心"。将五原县即后套地区置于绥远开发的中心。这些提倡西北开发的民间团体,新亚细亚学会(上海)、开发西北协会(南京),西北问题研究会(上海),后来联合主办西北文物展览会,对南京国民政府时期的西北开发作出了贡献。以上明确了南京国民政府时期地理学者、国民党政权、民间组织关于西北的范围及其内容,很难说他们都是一致的。地理学者和民间组织虽然将绥远归入西北范围之内,但实际进行中国民政府的西北范围,则不包括绥远民生渠以外的蒙古地区。总而言之,这一时期西北开发中内蒙古地区的定位,可以理解为只有绥远省被视为西北开发的对象,即西北的概念范围中包括绥远省。

## 二、1)地方政府主持的开垦

南京国民政府时期,内蒙古西部地区的实力人物,是盘踞山西的晋绥系军阀阎锡山和绥远省主席傅作义。阎锡山编制了晋绥军屯田兵,并开始开发以包头为中心的西部地区。1931年,阎锡山提倡西北开发和重视生产,制定了"兵垦""民垦""蒙垦"以及新农村建设的计划。1932年,王靖国、傅作义、晋军第72师师长李生达、绥远垦务总局总办石华严等人,在包头成立绥远省垦殖联合办事处,处长由石华严担任。同年7月,太原绥靖公署制定《绥区屯垦计划纲要》,决定组织并输送屯田兵前往绥远西部。8月,在包头成立绥区屯垦督办办事处,阎锡山任督办,傅作义、王靖国等任会办,石华严任主办。由王靖国作为代理督办常驻包头,替阎锡山总揽大权。[13]由此可知,傅作义在绥远西部的开发政策上,不得不将主控权交给晋系地方军系,承认晋军在绥远省西部地区。屯田兵主要由晋军的失业军人所组成。太原绥靖公署公布失业军官垦殖优待办法,其目的在于救济失业军官和先导西北开发。[14]被晋绥军率领的屯垦部队,于1933年在后套各地建设新村(参照【表1】)。

---

[13] 《绥区屯垦第一年工作报告书序》,《绥区屯垦第一年工作报告书》,绥区屯垦办事处编印,1933年,第1页。

[14] 《绥区屯垦第一年工作报告书组织》,同上,第22页。

【表1】

| 地区乡名开垦部队 | 开垦地 | 总面积 | 可耕地面积 | 所有权 | 前所有者 |
|---|---|---|---|---|---|
| Ⅰ 占元乡(419团第3营屯垦) | 通兴堂 | 1000顷 | 100顷 | 办事处杭锦旗(包租) | 王氏 杭锦旗(包租) |
| Ⅰ 敬生乡(419团第3营屯垦) | 沙灌庙召地 | 500余顷 | 200顷 | 办事处达拉特旗(包租) | 王氏 达拉特旗(包租) |
| 觉民乡白头王又吉 | 南牛犋同左 | 计850余顷 | 309顷67亩8分180顷 | 办事处 | 王氏包租 达拉特旗(永租地) |
| Ⅱ 折桂乡(第2营屯垦) | 增盛茂 | 500余顷 | 231顷33亩1分 | 办事处 | 王氏包租 |
| Ⅱ 乐善乡(第3营第9连屯垦) Ⅱ 子厚乡(第10连屯垦) | 刘福全 | 计350余顷 | 193顷54亩7分 | 办事处 | 达拉特旗(永租地) |
| Ⅱ 负喧乡(409团第1营屯垦) | 新公中 | 300顷 | 313顷20亩3分7厘 | 达拉特旗(包租) | 王氏 达拉特旗(包租) |
| Ⅲ 良忱乡(410团第1营屯垦) | 五分子 | 500余顷 | 400顷 | 办事处 | 达拉特旗(永租地) |
| Ⅲ 可言乡(第12连屯垦) | 崇发公 | 90余顷 | 63顷42亩4分1厘 | 办事注 | 无主地 未开垦地 |
| Ⅲ 通三乡(第3营第9连屯垦) | 公产地 | 100顷 | 108顷83亩3分 | 办事处 | 无主地 未开垦地 |
| Ⅲ 寿轩乡(第8连屯垦) | 苏太庙 | 100顷 | 217顷42亩8分7厘 | 办事处 | 苏龙贵庙 |
| Ⅲ 贵生乡(第6连屯垦) |  | 100顷 |  | 办事处 |  |
| Ⅲ 广盛乡(第3营第5,7两连屯垦) | 八代 | 300余顷 | 201清53亩1分6厘 | 办事处 | 无主地 未开垦地 未开垦地 |

＊办事处是绥区屯垦督办办事处的略称。出自《绥区屯垦第一年工作报告书建筑》《绥区屯垦第二年工作报告书》198—201页。同左,《绥区屯垦第一年工作报告书土地》215—240页。

427

屯垦部队建设的新村,分为四个区域,后套地区有第一区(占元乡、敬生乡)、第二区(折桂乡、乐善乡、子厚乡、负暄乡)、第三区(良枕乡、可言乡、通三乡、寿轩乡、贵生乡、广盛乡)。第四区是包头县河西东大社屯垦地(第407团第2营)。这些新村不仅为将来的住居地,还计划建设村公所、学校、医院等公共设施。[15]晋绥系的屯垦,主要以后套地区为中心开展起来。

办事处为了开垦新村首先要获取土地,其方式主要有三个:1.遵照垦务局章程取得;2.包租蒙古人的土地;3.政府规划给土地。[16]因后套渠附近的开垦地原是王同春及其子王乐愚自蒙古王公处借来的土地,所以就把土地借用权移到办事处,成为向蒙古王公纳租的形式。如果是蒙古王公永租地,则向垦务局归还,办事处取得土地所有权。关于其他的未开垦地,则视为无主地,办事处掌有土地所有权。这样,晋绥系军事势力在后套的土地所有形态的特点,可以以晚清民初地商王同春及其子王乐愚获得蒙古人包租地和蒙旗永租地为例。通过这些事例可以看出土地所有权由汉人或蒙古王公等既有的土地所有者转移至办事处,就地方政府,由此预见绥远省行政区域的扩大和税收的增加。地方政府对后套地区的移民政策,通过因南京国民政府成立后晋军缩小而产生的失业军人问题的解决,"九·一八事变"后的边防问题,以及针对傅作义的阎锡山的势力扩大等等,可以看到地方政府的意图在当时西北开发言论下被实施这一侧面。

## 二、2)民间事业中的移民开垦

当时,推进内蒙古移民开垦的,不仅是如晋绥系地方实力派这样的地方政府。民间组织开展的内蒙古移民开垦也正在开始进行。其中之一是1934年,以出身于中国东北的朱霁青等人为中心成立的西北移垦委员会。他们以北平为中心,聚集组织东北难民,进行向西北即内蒙古的移民开垦。参加这一开垦的,不是以地方政府组织的屯田兵为主,而是因东北满洲国的成立而逃往北平的士兵及其家属。[17]另外,还有以段绳武为中心成立的河北移民协会组织的移民开垦。河北移民协会,于1934年1月在保定成立本部,其最高权力机关为董事会,负责收集经费和监督指导,由干事会根据董事会的指示来

---

[15] 《绥区屯垦第二年工作报告书建筑》,《绥区屯垦第二年工作报告书》,绥区屯垦办事处编印,1934年,第198—201页。

[16] 《绥区屯垦第二年工作报告书·土地》,同上,第215页。

[17] 李荣芳:《安北和硕公中垦区调查记》,《禹贡》第6卷第5期,1936年11月,第87—104页。

开展实际工作。[18]因此在干事长段绳武的领导下进行了实质性的移民策划工作[19]。为何要从河北向内蒙古西部移民呢。1933年黄河泛滥，河北省政府和民间慈善团体制定临时措施，救济河北省长垣、濮阳、东明三县和河南省滑县的难民。然而无法问题从根本上解决，所以谷九凤、齐晓山、刘润琴提议让难民向西北移民。同年11月1日，难民100户，计312人到达包头，成立了河北新村。[20]1936年6月，难民100户向五原县移民，成立了明轩新村。由包头变为五原的理由是，包头的土地碱性过大难以收获。[21]包头县河北新村与五原县明轩新村的总移民数有1100余人，两个新村都由移民协会直接管理。[22]下面，来看一下五原县移民的详细过程。1936年，作为第三次移民，河北省长垣、濮阳等黄河水灾地的男女幼童331人被集合在一起。5月19日他们从保定出发，6月17日到达五原，三天后即20日成立明轩新村。明轩新村根据河北移民新村组织规章，以村民大会为权力机关。村长为陈世五干事，副村长为张嗣贤，间长4人，以20邻为一编制，临长由移民自由推选。移民协会给与每户100亩田地。

开垦地位于负喧乡的东南，原为王同春之子王乐愚的土地，有600余顷。可以断定开垦地是从王同春、王乐愚父子处买入的。王乐愚还是河北移民协会的董事长。除此之外，兴学校教育，儿童共计63名，于6月20日成立武训小学（无校舍），由王干事和张副村长充当教师。高年级的学生以劳作为主，低年级学生以识字和游戏为主。8月3日，校舍建成。[23]

河北新村的特征，第一是由非盈利以社会救济为目的的民间组织来建成的。第二是对学校教育的重视。在后套地区移民开垦的历史中，由山西等地前来后套的经济移民，或者地商进行的大规模农业经营式开垦，以及地方政府以扩大势力或边防为目的的屯垦，与这些移民相比，河北新村在社会救济活动这一性质上有着本质上的不同。

---

[18] 董事长:谷九峰,副董事长:齐晓山,张清廉,董事:刘润琴,邓仲之,步梦周,邢赞庭,段子筠,王剑志,尚节之,杨德敷,安寿轩,张和春,王乐愚,郑采庭,米迪刚,贾佩卿,王森然,刘照澜,车云生,李惠方,干事长:段承泽、干事:陈世五,冯守扑,张嗣贤,王健初,李德祥,张桐茂,陈德润,高德川。
[19] 《河北移民协会章程》,河北移民协会《河北移民报告书》,1937年,第29页。
[20] 段承泽编述:《河北移民之过去与未来》同上,第1—2页。
[21] 《河北移民报告书》,第7—8页。
[22] 段承泽编述:《河北移民之过去与未来》,同上,第1—2页。
[23] 《河北移民报告书》,第19—24页。

## 三、学术界对后套地区的关心与参与

对后套地区河北新村这样由民间组织的移民开垦事业表示出极大关心的,是北京和天津的学术界。随着满洲国成立以及其后日本军队对内蒙古西部的逼近,北京学术界的抗日氛围高涨。1934年2月,顾颉刚主编,北平知识分子参与的中国历史地理学杂志《禹贡》发行。《禹贡》是1931年"九·一八事变"之后北京知识分子试图用历史学或地理学手法保全中国东北这一背景和目的下诞生的。顾颉刚于1934年春考察内蒙古西部地区的察哈尔省和绥远省,会见要求内蒙古高度自治的德王等人,同时也接触了傅作义等绥远省政府要人。[24]当时,顾颉刚频繁听到王同春与河套开垦之事,对其产生了兴趣。1935年2月,顾颉刚发表《王同春开发河套记》,进行了以下赞扬。"王同春是一个民族的伟人,贫民靠了他养活了多少万,国家靠了他设立了三个县。然而他的事业是及身而失败了,他的名誉除了绥远一带之外是湮灭了。如果我们再不替他表章,岂不是证明中国太没有人了!"顾颉刚赞扬了王同春的贫民救济和设县举动,称其为中华民族的伟人。[25]就这样,汉人知识分子对内蒙古,即西北开发范畴内的绥远后套地区的开发,因历史学者顾颉刚对王同春的传记而再次受到瞩目。

值得特别提到的是,禹贡学会以外的学术团体,也对作为西北建设乡村建设实验的后套水利事业和河北新村表示关心,对其进行了视察(参照【表2】)。

【表2】 访问绥远省包头后套地区的学术调查团

| 考察团名 | 团员 | 行程 | 目的活动等 |
| --- | --- | --- | --- |
| ①南开大学西北考察团 | 李适生(庆麟):美国伊利诺斯州农业经济博士大学、南开大学农业经济学教授 林同济:政治学教授 鲍觉民:教员、南开大学学生等合计16人 | 1935年4月17·18日 | 在五原考察农村经济,访问屯垦处驻五原办公处,农业试验场、包头河北新村,与段绳武交谈移民近况。 |
| ②北京大学西北考察团 | (化学系、地质系) 徐集乐、徐集霖、钟咏汉、陈国达、陈茂椿、叶显相 | 1935年7月8日—11日 | 目的:考察西北方面的生产,工业,和边疆的文化政治教育经济等,将其介绍给国人,唤起全国同胞对西北的注意。政府、中央政治学校、永茂毯厂、毛织物工业。11日:访问包头河北新村 |

| 考察团名 | 团员 | 行程 | 目的活动等 |
|---|---|---|---|
| ③北京大学夏季西北边疆考察团 | 张佐华 等8人 | 1935年7月25日·26日 | 参观河北包头新村,由段绳武任向导 |
| ④后套水利考察团(禹贡学会燕京大学) | 张维华 队长·张玮瑛女士(会计)、侯仁之(交际)、陆钦墀、蒙思明(庶务)燕京大学李荣芳途中张印堂与其率领的清华大学地学系学生4人会合 | 1936年7月6日—26日 | 与傅作义等绥远省各界任务会面。访问绥远毛织厂·绥境蒙政会、包头河北新村、和硕公中新村、王乐愚先生住居、绥西屯垦督办办事处附设农业试验场。在绥西屯垦督办办事处了解百川堡。参观沙河渠、新皂渠、负暄乡公、王同春祠、四大股庙(祭祀最早出资开渠的四家族的庙。与段绳武会面。 |
| ⑤通俗读物编刊社、燕京大学学生调查团 | 王日蔚(通俗读物编刊社)、历史系李宗赢、社会系朱煮谱、新闻系朱祥麟、另有通俗读物编刊社社员2名 | 1936年10月2—12日 | 目的:绥远省府、绥境蒙政会、包头河北新村、与段绳武会面。访问五原河北新村。 |

①《包头日报》1935年4月18日
②《包头日报》1935年7月9日、11日
③《包头日报》1935年7月26日
④后套水利调查专号:《禹贡》第6卷第5期、1936年,第190页
⑤《包头日报》1936年10月7日。

1935年到1936年之间,南开大学、北京大学、燕京大学等华北区域的大学教授们组织西北考察团视察后套,其中包括对包头河北新村或五原河北新村的视察以及与段绳武的会谈。这个教授阵营中,有农学、地理学、化学、地质学、历史学等不分文理各个领域的专家,对五原的移民开垦很有兴趣。而且,顾名思义,西北考察团这个名字本身说明包头后套地区是西北开发的一个重要地点。

这些学术调查团中,对后套表示了极大关心的,是登载王同春传记的顾

㉔ 参见(日)岛田美和:《顾颉刚の疆域概念》,西村成雄·田中仁编:《中华民国の制度变容と东アジア地域秩序》,汲古书院,2008年,第157—174页。
㉕ 顾颉刚:《王同春开发河套记》,《禹贡》第2卷第12期,1935年2月,第2—10页。

颉刚。他于 1936 年 9 月召开燕京大学边疆问题研究会,与谭其骧一起对包括绥远事件在内的绥东问题,以及内蒙古西部地区的汉人移民开垦进行了讨论。㉖9 月 19 日,段绳武访问北平,对通俗读物编刊社说明了西北的形势和移民情况,赞同编刊社的做法,表达了互相合作编纂适合西北大众的通俗读物的愿望。编刊社一方也认为有去西北一看的必要,所以便由顾颉刚介绍了三名学生,与他们结成了西北考察团。其目的有以下五点。第一,作为在野学者代表顾颉刚的代理,与傅作义会面,对傅作义卫国努力誓守绥远表示慰劳和鼓励。第二,调查西北的社会文化与通俗教育,为编辑适合西北大众的通俗读物做准备。第三,扩大通俗文化运动,宣传编刊社宗旨,谋求西北教育当局的配合。第四,与段绳武会面,商讨通俗读物编刊的具体合作计划。第五,参观段氏组织的河北新村明轩村,加深关于西北移民开垦的认识。㉗当然,1936 年 10 月绥远事件爆发前内蒙古西部地区的紧张气氛中,通俗读物社必须为适应时局进行援绥活动,其中一环即为代表顾颉刚激励绥远省政府。然而,关于其他的目的,如通过包头后套一带的实地调查来编辑适合当地的读物,并将现地工作委托于段氏,以及将段氏的乡村建设作为西北开发的模型来参观等事,皆超出了援绥活动的范畴,可以视为北京与内蒙古,或者与西北地区的合作计划。考察团一行参观新村后(参照【表 2】),于 1937 年 4 月 7 日在包头河北新村设立北平通俗读物编刊社分社,段绳武就任社长。㉘其成立目的是在西北各地直接推动通俗读物编刊社的工作。第一,可以直接地推动本社在西北各地的工作。第二,因为绥远乃国防前线,而换起民众,保障抗敌工作的最后胜利的先决条件,所以科学知识的灌输爱国思想之激发的,民众教育是十分迫切的需要。第三历来本社的工作对象,是落后的乡村民众,而在内地大都市里所编者的读物,未免于民众的实际生活隔离太远,绥远虽系省城,但较北平更易接近乡村民众,且对于边疆情形亦可得到深切的了解。㉙就这样,在段绳武的努力下,通俗读物编刊社支部在绥远成立一事,不仅仅是顾颉刚等北平学术界在绥远的抗日宣传据点的成立,也是他们对西北边疆工作的第一步。

1937 年 4 月 25 日,段绳武和顾颉刚为了西北及边疆工作的实施,成立了西北移垦促进会。发起人有段绳武、顾颉刚、梅胎宝、李安宅、马松亭、李锡九、刘定武、杨钟健、刘慎谔等 30 余人(参照【表 3】)。其特征第一点为,梅胎宝、李安宅、杨钟健、刘慎谔等北平的大学中的地质学者、农学者、文化人类学者们

---

㉖ 《顾颉刚日记》第 3 卷,联经出版事业 2007 年,第 529—534 页。
㉗ 王日蔚:《绥远旅行记》,《禹贡》第 6 卷第 5 期,1936 年,第 197 页。
㉘ 《包头日报》1937 年 4 月 8 日。
㉙ 《包头日报》1937 年 7 月 27 日。

的联名。第二点为马松亭、李锡九等与北平或西北相关,积极组织抗日活动的人物的参与。关于促进会的意义,"因本会系由经办移民实际工作人员感觉知识与力量微少,与由专家学者要求于空的知识以外,获取实际工作经验而合作组织,故本人于本会成立,谓为实行家与学者对移垦事业联合努力之开头云"[30],表达了学者与移民工作实践者合作关系的必要性。

**【表 3】西北移垦促进会主要成员履历**

| |
|---|
| 梅胎宝:(1900—)天津人。南京大学毕业后,留学美国并取得芝加哥大学博士学位。1931年任燕京大学教授,35 年任山东省济南齐鲁大学校长,41 年任成都燕京大学代理校长,49 年任美国爱荷华州立大学教授等。 |
| 马松亭:(1895—1992)回族,1931 年与顾颉刚一起创立中国第一所经书图书馆福图书馆。抗日战争时期在北平参见抗日运动,48 年任台北清真寺教长,51 年任北京西单清真寺教长,中国回民文化协进会副主任等。 |
| 李锡九:(1872—1952)河北安北人,曾参加中国同盟会,留学日本。1922 年加入中国共产党。30 年阎锡山在北平召开扩大会议时,曾任陆海空军总司令部总政治部主任。1931 年九一八事变后参加抗日民主活动,40 年任河北省政府委员,中华人民共和国成立后任中央人民政府委员。 |
| 杨钟健:(1897—1979)字克强,陕西华县人,1918 年入北京大学理科地质学系,20 年参加旅京陕西学生联合会。22 年加入陕西实业社中国地质学社与北京大学社会主义青年团。23 年取得北大理学学士学位后留学德国,在慕尼黑大学学习古脊椎动物学。27 年取得哲学博士学位,28 年归国。先后就任中央地质调查所技师、国立北京大学、北京师范大学地理系、中国地质学会技师长。在实业部中央地质调查所协助参与新生代研究室周口店发掘,翌年为该所主任。29 年成立中国古生物学会。同年 12 月 2 日,发现北京原人头盖骨。35 年,任中央地质调查所北平分所所长,36 年任中国地质学会理事长,43 年人经济部资源委员会专门委员,47 年任国立北京大学地质系教授,49 年任第一届中国人民政治协商会议代表。 |
| 刘慎谔:(1897—1975)字士林,山东牟平人。1920 年留学法国,入兰斯大学农学院。24 年加入中国农学会。后在克莱蒙大学、里昂大学、巴黎大学作研究,29 年被授予博士学位。31 年参加中国法国西北学术考察团。34 年在国立北平大学、私立北平大学、国立北平大学农学院、私立北平中国大学教授植物学。36 年成功将植物研究所移至陕西武功,与西北农学院共同成立植物调查研究所。41 年随北平研究院向昆明的移动,前往云南大学教授植物学。50 年任哈尔滨东北农学院东北植物调查所所长。 |

＊参照：徐友春主编：《民国人物大辞典》，河北人民出版社，2007年。

在西北或边疆进行实际移民开垦工作的边疆劳动者们需要移民开垦的专门知识，而学者们需要实践知识的场所，两者的期望相互吻合。同年7月，河北移民协会西北移垦促进会燕京大学通俗读物编刊社等三个团体组织西北考察团，分五组对绥远包头五原临河宁夏等地分别进行调查。[31]这样社会救济西北开发学术及宣传活动，所有活动的互动基础成型。西北考察团以顾颉刚为中心，即使受到7月7日卢沟桥事变的影响，他还是在21日于北京出发，至27日在绥远与傅作义等人会面。后经南京继续前往兰州西宁等地考察，9月到达西安。[32]然而，随着抗日战争的全面爆发，北平知识分子们西迁，北平学术界的西北移垦促进会的活动也无法避免地受到了影响。

## 四、结　语

南京国民政府时期关于西北的范围，由其开发事业的必要性，可以认为内蒙古西部，特别是绥远省西部地区，是中国西北地区的东端。位于开发中心区的后套地区，由于其黄河流域的肥沃土地这一优越条件，在晚清、清末，北京政府时期及南京国民政府时期均是积极进行土地开垦和移民事业的地区。从晚清王同春等地商的大规模农业经营的蒙地开垦开始，还有北京政府时期汉人地方政府的土地整理事业，以及随之而来的土地所有权由蒙古王公至汉人地方政府的转移。至南京国民政府时期，后套开发的主要实施人，变为晋系地方军事势力，实施了以军人移民为中心的屯垦政策。因此，后套地区的晋绥系地方军事势力和绥远省行政区划，以及汉人居住地得以快速扩大。这样一种土地权利的转移能够顺利实施的背景，是地商租用蒙古王公土地而实现的汉人土地使用权的落实。总之，后套土地开发事业的主体，是与该地有直接利益关系的地方商人，地方势力派及地方政府。

另一方面，关于南京国民政府时期段绳武和顾颉刚进行的后套开发中，可以看到与以前相异的几点特征。第一，具有救济灾害移民的社会救济目的。第二，与该地无直接利害关系的城市汉人知识分子参与计划。对于强烈谋求中国边疆开发的知识分子们来说，蒙古人居住地的绥远，特别是后套地区是

---

[30]《西北移垦促进会成立大会纪要》，《天津大公报》1937年4月26日。
[31]《包头日报》，1937年7月25日。
[32] 参见小仓芳彦：《抗战下の中国知识人——顾颉刚と日本》，筑摩书房1987年，第110—309页。

中国西北部的新开拓地,因汉人主导的移民开垦事业的成功,可以认为是边疆开发事业的模范地区。在某种意义上,后套地区是最能体现南京国民政府时期西北开发思想和运作的地区。

抗日战争时期,这样关于西北开发和边疆开发的讨论,被关于南京国民政府时期西北开发的种种行动所继承,展开了更加活跃的讨论。1937年冬天,顾颉刚的西北考察团的团员、刘克让在昆明的《益世报》上发表了调查报告书。当时,昆明是北平知识分子躲避战火之地,北平的边疆研究也被昆明所继承。刘克让对绥远省广大土地未有耕作,巨大牧场没有充分利用等现状提出异议,并提倡蒙古人自发开垦土地,推进农耕化。然而,他没有否定牧畜业自身,而是将从事定居型牧畜业作为农耕化的初步阶段作了推奖。[33]在远离内蒙古的西南之地昆明,对内蒙古的开发事业及蒙古人农耕化的讨论,也是抗日战争时期的一个特征。而在这里,也可以看作是战前中国知识分子对内蒙古西北开发所作尝试的影响。

## 参考文献:

《河套调查记》,绥远省民众教育馆丛书,1934年。

闫天灵:《汉族移民与近代内蒙古社会变迁研究》,民族出版社2004年。

秦孝仪:抗战前国家建设史料－西北建设(一),《革命文献》第88辑,抗战前国家建设史料－西北建设(二),《革命文献》第89辑;抗战前国家建设史料——西北建设(三),《革命文献》第90辑,中央文物供应社,1981年。

石华严:《绥远垦务计划》,1932年。

绥区屯垦办事处编印:《绥区屯垦第一年工作报告书》,1933年;《绥区屯垦第二年工作报告书》,1934年;《绥区屯垦第三年工作报告书》,1935年;《绥区屯垦第四年工作报告书》,1936年。

田树:《西北开发史研究》,中国社会科学出版社2007年。

董兆祥、满达人编:《西北开发史料选辑1937—1947》,经济社会科学出版社1998年。

《王同春与河套水利》,《内蒙古文史资料》第36辑,中国人民政治协商会议编,1989年。

乌兰少布:《中国国民党对蒙政策》,《内蒙古近代史论丛》第3辑,内蒙古人民出版社1987年。

张克非、王西劲主编:《西北近代社会研究》,民族出版社2008年。

---

[33] 《边疆》第40期《益世报》副刊,1939年10月2日。

# 清代山陕黄河滩地鱼鳞册研究

胡英泽

[内容提要] 清代山、陕黄河滩地鱼鳞册具有独特而重要的类型意义，由于河道变迁、土地形态转化、村庄迁徙、边界冲突、土地买卖等原因，村庄要应对滩地出没、地权转移、人的流动等不稳定因素，滩地制度的形成是生态环境、土地所有制、社会相互关系不断调适的过程。鱼鳞册显示，沿河村庄形成严密的边界制度，田块位置及其地权性质利于维护地界。家户私有滩地地权分配不均，村庄公有、家户分耕的"份地"较为普遍。部分村庄的滩地鱼鳞册从清初一直沿用至民国，反映了区域社会对滩地稳定有序的管理。

[关键词] 清代 黄河 滩地 鱼鳞册 地权

## 引 言

鱼鳞册是中国历史研究的一个重要课题。从20世纪80年代以来，国内外学者对于鱼鳞册的研究相对开始活跃，具体状况可参阅相关综述论文，例如，栾成显较早对日本收藏的中国鱼鳞册及其研究进行了介绍[1]，研究者除对国内外鱼鳞图册研究加以全面述评外[2]，还出现了一些专题性的讨论，如栾成显就鱼鳞册研究与中国古代土地制度的若干问题进行了检讨和反思[3]，胡英

---

[1] 栾成显:《鹤见尚弘关于清代鱼鳞图册的研究》，《中国史研究动态》1983年第3期；栾成显:《日本所藏鱼鳞图册及其研究》，《中国史研究动态》1989年第2期。
[2] 梁敬明:《鱼鳞图册研究综述——兼评兰溪鱼鳞图册的重要价值》，《中国经济史研究》2004年第1期；胡英泽:《营田庄黄河滩地鱼鳞册及相关地册浅析——一个生态史的视角》，《中国史研究》2007年第1期。
[3] 栾成显:《中国古代农村土地制度研究刍议》，《河北大学学报(哲学社会科学版)》2008年第2期。

泽结合自身研究,重点从鱼鳞册与历史时期地权研究的角度予以评介。④上述论文不仅从各个角度较为全面地介绍鱼鳞册研究的基本状况,大体也对鱼鳞册研究存在的突出问题形成一些共识:其一,从资料方面来看,应认识到类型的多样性,学界运用各地所存的鱼鳞册多涉及常态类型土地,非常态、不稳定的黄河滩地鱼鳞册则比较少关注,它对认识历史时期的土地制度研究有重要价值。其二,从研究视角来看,研究者或考证鱼鳞册制度⑤,或利用地册记载资料进行统计分析,开展地权分配、租佃关系、土地买卖等方面的研究,比较强调社会的因素,相对忽略生态环境、土地性质等自然因素对土地制度的影响。其三,从资料运用方面来看,只对鱼鳞册简单地进行数据统计分析并不可取,而是要采取实事求是的科学态度,对资料完整性于否要有清楚认识,不能以偏概全;对一些基本概念要详加考辨,不能错判误读;对资料运用全面客观,不能有主观选择。否则,就会影响到结论成立。

具体到清代山、陕黄河滩地鱼鳞册,研究者已经认识到它具有独特的类型意义和重要学术价值,出现了一些专题性成果。一是对明清以来黄河小北干流河道变化与行政区划边界线进行研究,指出清代至民国随着河道游荡性加剧,为了处理省际滩地纠纷,山、陕在小北干流由"以河为界"逐渐演化为"以河为界"与"平分其田"并举,两省空间结构发生了重大变化。⑥二是以村庄为个案进行分析,强调黄河滩地册的类型意义,滩地的田制、地权状况,与河道摆动、涨溢产生的地界争执有关,也体现了地域社会的技术选择。⑦三是针对"关中模式"历史溯源的资料运用,集中对陕西一侧清代至民国年间的黄河滩地册进行研究,从根本上纠正了人们对于这些地册性质的认识,并重新对地册所载地权状况进行统计分析,发现其资料运用的诸多问题,无法推论出清初至民国的"关中模式"。⑧不过,上述专文或以村庄为个案,或以河西为重

---

④ 胡英泽:《流动的土地与固化的地权——清初至民国关中东部地册研究》,《近代史研究》2008年第3期。

⑤ 栾成显:《龙凤时期朱元璋经理鱼鳞册考析》,《中国史研究》1988年第4期;《弘治九年抄录鱼鳞归户号簿考析》,《明史研究》1991年第1期;《徽州府祁门县龙凤经理鱼鳞册考》,《中国史研究》1994年第2期;《洪武鱼鳞图册考实》,《中国史研究》2004年第4期。汪庆元:《清代徽州鱼鳞图册考——以〈休宁县新编弓口鱼鳞现业之名库册〉为中心》,《历史研究》2006年第4期。

⑥ 胡英泽:《河道变动与界的表达——以清代至民国的山、陕滩案为中心》,《中国社会历史评论》第7卷,天津:天津古籍出版社2006年版。

⑦ 胡英泽:《营田庄黄河滩地鱼鳞册及相关地册浅析——一个生态史的视角》,《中国史研究》2007年第1期。

⑧ 胡英泽:《流动的土地与固化的地权》,《近代史研究》2008年第3期。

点,或针对"关中模式"的资料运用,虽取得一定进展,但仍存在明显不足:第一,这些研究均集中于陕西一侧,对新发现的大量山西省黄河滩地鱼鳞册绝少涉及,没有把山、陕黄河滩地鱼鳞册放在区域生态环境里综合考察、比较分析。第二,没有从生态环境、土地所有形式、社会三者动态关系的角度入手,对山、陕黄河滩地鱼鳞册的地权制度进行全面研究,从整体上揭示其在中国土地制度史的学术价值。本文则重点研究新发现的山西一侧地册状况,并与陕西一侧合而观之,从区域整体凸显其类型意义。同时,从新的角度入手,对滩地地权进行研究,剖析"流动的土地"之上区域社会秩序长期维持的原因,尝试建立新的解释框架。

## 一、山、陕黄河滩地鱼鳞册介绍

近年来,我在山、陕黄河小北干流(龙门至潼关段)沿岸田野考察过程中,发现、搜集了 40 余种民间修造的黄河滩地鱼鳞册,其中有的藏于地方档案馆,有的存于山、陕沿河各个村庄,最早为雍正七年(1729),晚至民国三十五年(1946),跨越较长历史时期。其中,山西省的黄河滩地鱼鳞册为笔者在沿河村庄田野考察所得,包括河津县的张家崖,荣河县的南寨子,永济县的西仪、小樊、黄龙、大鸳鸯、辛营、薛崖、上源头、中王、匼河等村,三县各村鱼鳞册共计 22 册。最早为雍正八年(1730),最迟为民国三十五年(1946)。陕西省的鱼鳞册存于大荔县档案馆的有南乌牛、北乌牛、雷村、营田庄、东林、广济、下鲁坡、赵渡镇等村镇,自雍正七年(1729)至民国二十一年(1932)计 19 册,韩城市档案馆存有张代村嘉庆十四年(1809)的滩地鱼鳞册。另外,下鲁坡村光绪十六年鱼鳞册记载的是常田土地类型,但可能与滩田有重大关联。民国三十四年(1945)《和衷乡第一保各甲纳粮田赋底册》、《乌牛乡第二保各甲纳粮田赋底册》虽非鱼鳞册,但其中记载了 8 个村庄各个家户的土地及粮额,后者还记载店干等 4 个村庄家户占有滩地的状况。这样,山、陕两省合计滩地鱼鳞册 43 册之多,田赋底册 2 册,共计 45 册。另外,在田野考察中,还搜集了 80 余块滩地碑刻资料,在北方地区集中发现数量较大的黄河滩地鱼鳞册及碑刻,为研究中国土地制度史提供了极为珍贵的资料。

这些鱼鳞册多数为民间修造,承担着维护秦、晋两省滩界,一省之内村际滩地边界,村庄内部滩地管理等多项功能,因此,沿河各村对鱼鳞册的修造、保护非常重视。滩地随河水涨落而此出彼没,位置因河道变化而腾挪缩移,相较常田,属于"流动的土地"。围绕滩地,这些鱼鳞册记载了河水泛滥、河道变迁、村庄移徙、土地变化、边界争端、地册修造、农田制度、地权状况等极为丰富的内容,具有重要的史料价值和独特的类型意义。行走在黄河两岸,身临其境,面对村民严加保管的滩地碑刻、田野访谈中老农讲述的乡村故事、夕阳下井井有条状如棋盘的滩田,更加深了我对滩地鱼鳞册的认识与理解。田野考察对运用鱼鳞册研究的启示在于:不能将其视为一个平面静态的数字,进行简单地统计分析,不能割裂滩地地权与其生态环境、地域社会的联系。滩地地权蕴含了黄河小北干流河道和地域社会变迁的内容,是地域社会应对生态环境过程中环境与社会、土地所有者相互关系调适的过程和结果。在研读这些滩地资料的过程中,我了解到清初至民国"关中模式"的历史溯源所运用的地册资料即为陕西一侧的黄河滩地册,显然这与反映土改前"关中模式"所用的常田地权分配相互之间缺乏逻辑性,由此引发了重新检讨"关中模式"的思考,并尝试探索黄河滩地鱼鳞册研究的新思路。⑨

笔者以为,要充分体现"关中模式"所运用的关中东部的滩地册资料的价值,必须把它从所谓"关中模式"中剥离出来,还原其本来面目,重新放置在黄河小北干流"三十年河东,三十年河西"的生态环境中,结合新发现的大量的山、陕滩地鱼鳞册,进行重新阐释和整体考察,从生态环境和社会相互关系的角度建立新的解释框架。本文所言地权研究,主要指土地的所有和占有。土地所有形式涉及两种关系:一是劳动者对自然界(土地)的关系,即土地公有制、私有制相互组合及其消长。这里所说的对劳动的自然条件的占有,即对滩地的占有,并不是劳动的产物,而是自然。一是以土地为媒介的劳动者之间形成的社会关系。这种把土地当作劳动的个人的财产来看待的关系,直接要以个人作为某一村庄的自然形成的、或多或少历史地发展了的和变化了的存在,要以他作为村庄成员的自然形成的存在为媒介。这两种关系的背后却有着生态环境的深刻影响,马克思曾指出:

> 不管怎样,公社或部落成员对部落土地(即对于部落所定居的土地)的关系的这种种不同的形式,部分地取决于部落的天然性质,部分地取决于部落在怎样的经济条件下实际上以所有者的资格对待土地,就是说,用劳动来获取土地的果实;而这一点本身又取决于气候,土壤的物理性质,受物理条件决定的土壤开发方式,同敌对部落或四邻部落的关系,以及引起迁移、引起历史事件等等的变动。⑩

---

⑨ 胡英泽:《营田庄黄河滩地鱼鳞册及相关地册浅析——一个生态史的视角》,《中国史研究》2007年第1期。

⑩ 《资本主义生产以前的各种形式》,中共中央马克思恩格斯列宁斯大林著作编译局译:《马克思恩格斯全集》,第46卷(上),北京:人民出版社,1982年,第484页。

这就是说,研究土地所有形式,要综合考察社会本身的性质、土地的类型及开发方式,并将三者的关系置放在动态的历史过程中。马克思对各类社会形态的分析框架,以及对生态环境、土地所有制、社会形态相互关系的思考,对研究清初至民国山、陕黄河滩地册具有重大的理论借鉴意义。它的启示在于,不同的生态环境决定了土地类型及其开发利用方式的差异,从而对村庄内部个人或家户的土地所有形式产生影响,土地所有形式体现了社会与环境关系的调适。土地所有形式是建立在土地所有或占有基础上人与人之间相互关系的体现,生态环境的流动性因素可能引发土地所有者关系的变化。总而言之,土地所有形式是劳动者与生态环境以及劳动者相互关系动态调整的产物。

## 二、三十年河东　三十年河西

前述有关山、陕黄河滩地鱼鳞册研究成果各有侧重,但对明清至民国时期黄河小北干流生态环境变化、地册修造等问题多有详述,为避重复之嫌,在此不欲重复考论,然而又切实与本文密切联系,有意研读者可一并参阅之,此处着重讨论山西省鱼鳞册所反映的生态环境变化、滩地农田制度等内容。

(一)河水泛滥、河道变迁,引发村庄及其土地空间格局的变化

在山西河津、荣河河段,自河津县连伯村至荣河县南寨子20多个村庄经历了由河滩向内迁移,再由河滩迁往崖底,由崖底迁至塬上的迁居过程。明洪武二年(1369)河津县张家崖居住在葫芦滩,雍正年间,由于河道东移,村庄迁建到崖下。乾隆十三年(1748),黄河直抵崖根,村落又迁至塬上。[11]万荣县五星庄原来居于汾水之西的河滩,明天启二年(1622),汾水侵坍,村庄迁居汾河之东。雍正八年(1730)又被黄河侵冲,乾隆八年(1743)村庄东社迁居于崖下,乾隆九年(1744)因河水继续东侵,村庄最后迁至塬上。[12]孙家咀原居于黄河滩,乾隆年间黄、汾二水交流,村庄冲没,于是村人迁居塬上,改名兴隆庄。[13]寺后村、岔门口、北百祥等村庄则由崖畔向东内迁了一次。新安村原名永安营,原来在黄河滩居住,明天启二年(1622),黄河、汾河二河交浸,村庄无法安居,遂

---

[11] 山西省河津县张家崖《民国六年张户滩地册》,第1页。
[12] 山西省荣河县五星庄乾隆十年创建庙宇布施花名碑。本文所用碑刻均为笔者田野考察收集,不再一一注明。
[13] 山西省荣河县孙家咀道光二十二年《圣母宫碑记》。

迁于永安营。⑭乾隆元年(1736)，由于黄河连年向东冲崩，村庄房屋大半被冲塌，村民拆房露宿，无处居住者有百十余家，后有人捐出官崖一所，用于受灾穷民盖房居住。乾隆五十四年(1789)又遭河侵，复迁于塬上，建立新村。⑮南甲店村也属原在黄河滩居住村庄，嘉庆六年(1801)至同治三年(1864)，黄、汾交浸，河岸持续崩溃，村庄难以生存，同治七年(1868)村庄迁居于崖下沟口，光绪四年(1878)，又有部分居民迁于沟上坡口，十之八九的居民先后迁往西师、东师、南火上、老庄等村。⑯南寨子村古有后土神庙，明洪武二十七年(1394)被黄河坍没，遂迁建神庙。⑰此后，神庙屡经河水倾圮迁徙不一，乾隆三十八年(1773)被河水坍没，村人遂将之迁建于村东，三十余年后，神庙又被河水冲塌，村人遂将其迁建在崖畔东沟口。⑱道光三十年(1850)，河复侵崩，逼近神庙，村庄将神庙迁于村东。⑲荣河县城北一带村庄，由于受河水泛滥、冲蚀影响，不能安居，大多经历了数次迁移过程才形成了今天这样的分布格局。

在村庄迁移过程中，由黄河滩迁来的村庄和原来的村庄在空间距离上更加接近，杂居相处。例如，荣河县大兴村位于塬上，虽黄河、汾河冲毁了村庄的部分土地，但并没有危及村庄。新安村、北甲店原来在河滩居住，相互为邻，迁居塬上之后，新安村位于大兴村南，北甲店位于大兴村北，大兴村则位于两村中间。由于河水泛溢、河道迁移引发村庄格局、土地状况的变化，导致新安村和大兴村长期因为滩地问题发生冲突。

从一般意义来讲，村民的土地一般应围绕村庄周围，村庄及其毗连的土地是构成村落景观的最重要部分。河道较大幅度的摆动，极易导致村庄与土地的空间分隔。从明末至康熙四十九年(1710)，朝邑县村庄数量从300余个减少至187个，村庄原有土地部分隔在河东，部分沦为洪流，一些村庄迁移后，没有或缺少土地，仅留村庄。而在一些较大面积的滩涂，则没有村庄和居民，出现"有地无村"、"有村无地"的村庄和土地空间分离状况。另外，有些村庄受灾以后，居民散于各村，无法重建新村，出现另一种"有地无村"，如光绪十九年(1893)左右，朝邑县城关里第九甲的于家庄黄河西边有地无村，村民散住别村，而第十甲南严伯村、广积庄则是黄河东边有地无村，人亦散居各

---

⑭ 山西省荣河县新安村《王氏族谱》。

⑮ 山西省荣河县乾隆十五年《永安营等沿河各村⑤保守滩地碑记》；嘉庆二十一年捐献村基碑记。

⑯ 山西省荣河县南甲店村2004年《南甲店村变迁志(略)·三易四处》。

⑰ 山西省荣河县南寨子村嘉庆十四年《重建碑记》。

⑱ 山西省荣河县南寨子村道光三十二年《重建后土庙碑记》。

⑲ 山西省荣河县南寨子村道光三十二年重建神庙碑记。

村。[20]

(二)小北干流沿河村庄逐渐形成明确的滩地边界

山、陕沿河部分村庄的滩地边界在政府勘界的过程中同时确立,构成一个严密联结的体系。沿河村庄滩地边界称为"口岸","口岸"有明确标记和精确尺寸,由于自北而南的河道东西摆动对滩地产生垂直方向的侵蚀以及河水的涨落,滩地东西边界随河而定,因此,"口岸"只讲南北尺寸,不计东西长度。在那些涉及秦、晋滩地之争的村庄,才有明确的四至边界。

不少地册记载了多个村庄滩地边界的口岸尺寸。其中永济县乾隆四十八年(1783)照抄《雍正八年大庆关西南沿河各村滩地口岸册》、匼河村乾隆十五年(1750)《大庆关西南沿河各村滩地口岸册》、中王村嘉庆元年(1796)《大庆关西南沿河各村滩地口岸册》,记载了大庆关西南沿河各村的滩地边界。朝邑县《雷村中华民国二十一年照抄雍正七年山、陕定界河西河东六转减名清册》、嘉庆二十年(1815)十月《雷村河东减明、河西鱼鳞册》记载了乌牛、北延寿、雷村、南延寿、辛村、加里庄、营田庄、岐村、上辛庄9村的滩地口岸。道光十九年(1839)《南乌牛村河东口岸花名册》不仅记载了上述9村的滩地边界,而且记载了隔河而望的山西省永济县丰乐村、昭底村、十里店、涧庄村、南苏村、韩家营、余叶村的滩地口岸尺寸。以荣河县孙家崖等八村滩地口岸为例,其北界以孙家崖高原大冢为界,西对韩城县梁代村中界,东西相射成一直线,南至于家沟口为中心定界,用罗盘根据"辰山戌向,三星照一"东西定界,各村口岸尺寸分别为:

孙家崖北至高原大冢,南至岔门口,南北 800 步
岔门口北至孙家崖,南至寺后村,南北 120 步
寺后村北至岔门口,南至南百祥,南北 420 步
南百祥村北至寺后村,南至薛家寨,南北 800 步
薛家寨北至南百祥,南至上王信村,南北 120 步
上王信村北至薛家寨,南至下王信村,南北 600 步
下王信村北至上王信村,南至永安营,南北 240 步
永安营北至下王信,南至北甲店,南北 360 步
上八村口岸南北共阔 3560 步[21]。

---

[20] 光绪《朝邑县幅员地粮总说》,第 4—5 页。
[21] 山西省荣河县上王信村民国七年《滩地口岸碑记》。

由此可见，一些地册仅仅记载了以村庄为单位的口岸尺寸，并未存录各个家户占有土地状况，所以无法从中计算中地权分配吉尼系数。具体到陕西一侧，上述朝邑县《雷村中华民国二十一年照抄雍正七年山、陕定界河西河东六转减名清册》、嘉庆二十年（1815）十月《雷村河东减明、河西鱼鳞册》、道光十九年（1839）《南乌牛村河东口岸花名册》均属此类，令人惊讶的是，"关中模式"竟然据此计算出地权分配吉尼系数。

具体到一个村庄，滩地边界更为细致、明确。朝邑县辛村滩地边界"自西老崖下起尺，丈至牛王道，长四百五十五步。自牛王道丈至本村长二百八十九步。本村占地长二百五十五步。村东进河丈至蒲、朝大界，长三千一百四十四步。上四行共该长四千一百四十三步。河东阔五百九十七步，河西阔七百二十步。"㉒

虽然确定了村庄边界，但河水泛滥、泥沙淤积又常常湮没了沿河村际村内的滩地，一旦河水消退，河道稳定，村庄要重新恢复零碎田块的原有边界就显得非常困难，为了克服重新划界分配土地的障碍，从而形成村庄集体划界的需要。永济县辛营村黄河滩地分为三类，康熙四十三年（1704），黄河东崩，村庄地亩尽失，"村家各有凭承，恐年深日久，或生奸滑，无中生有，是以合村公议，将三色地之家册，集为村册……以为后凭，将退河之日，依册分地，其余家册、私契、文约俱系无用。"㉓家册演变为村册，只是一种恢复旧貌的单纯集合，一些村庄的小田块还经历了合并规整的过程。荣河县南寨子村咸丰五年（1855）《官道东落河宅场并地官册》记载，"河水忽东忽西，连年以来，宅场地亩错乱者亦不少"，咸丰五年村庄依据旧册修造新册时，"一家有宅场田亩数块者，晓于其主，折算成一段。"康熙二十年（1681）以后，朝邑县加里庄村内三社因河水消退滩地复出发生争端，相打相告十有余年，最终"按蠲免之数，除租粮之实，折下剩之余，将三社鱼鳞相搀、多寡不同、长短不齐之地，照数算清，兑为一段，各占一所，永息争端，自此三社复和，誓遵界畔，永不违约。"㉔

河水涨溢泛滥，河道东西不定，滩地出没无常，边界争端屡起，村庄的滩地边界不断需要重新确定，在开发利用"流动的土地"的长期历史中，沿河村庄建立了较为完善的划分边界的农田技术制度，确立道路、划分田块和长条地畛，构成了制度的核心内容。永济县大鸳鸯村滩地中有三条大道，北为正西道，中为范良道，南为马王道，其间土地各有步尺，村庄每次划分滩地，"先正西道，次范良道，又次马王道，先提其畛，后提其人。长阔其地有一段两三截

---

㉒ 陕西省朝邑县辛村雍正七年《河滩地界碑记》。
㉓ 山西省永济县辛营村光绪二十一年《口岸步数总册》，第2页。
㉔ 陕西省朝邑县道光七年《加里庄滩地册》，第1页。

者,上书某人阔若干,后书某人长若干,今人一见而如身履其地焉。"[25]朝邑县加里庄滩地册特别申明"以后欲正地界,先端道路,道正则界亦正,道明则地亦明。"[26]这说明,村庄在划分滩地时,首先确立道路,也就划分出大的田块,然后在每个大田区内划分小的田块,道路分割的田块形状十分整齐。长条田畛是沿河村庄农田技术的一个突出特征,采用长条田畛和降低耕作风险、土地等级平均、便于划分地界有关。

对于田块齐整及其组合长期固定不变,"关中模式"的解释一方面认为是"关中无租佃"的原因,因为土地交错插花与分散出租相对应;另一方面又认为是传统宗法共同体对土地所起的凝固和调节作用,由于河道摆动、漫滩,"社"在进行土地重分与处理纠葛中起着重要作用,也因此才能长期保持规整的条田体系。形成这种自相矛盾、造成解释困境的原因,乃是由于牵强地注重租佃关系的发达与否。这即是问题的实质。

(三)滩地因为所处位置有别,村庄在边界划分、田块设置时让不同所有制类型的土地承担了不同的功能。村庄公有地田块位置和应对环境与社会的双重压力有密切关系。一方面临河田块容易受到河水泛滥的影响而遭受淹没或崩蚀,土地面积不稳定;另一方面,近河滩地位置因为河道摆动可能发生位移,或被完全隔于黄河一侧,或被河身分割为东西两部分。同治五年(1866)陕西省朝邑县营田庄滩田作为"垦地"东临黄河,考虑到河道移徙影响,村庄对河道变化后"垦地"的位置、地畛方向等采取了因应措施。[27]地册所载"垦地"位于村庄滩地的最外缘,对于山、陕交界的村庄,近河滩地属于界畔田块,河道变化最易引发省际村庄间的滩界争端。地册显示,村庄公有、家户分耕的"份地"基本位于秦晋交界地带,具有明显的护界作用。

滩地除可能遭受河道泛滥、崩蚀导致的损失外,还要经常面临相邻村庄边界冲突的压力。出于减少损失、缓和压力的考虑,村庄公有地和私有地的田块位置,呈现出不同特征。

村庄滩地形势各不相同,有的面临南北村庄侵界的压力,这类情形主要是在河东或河西一侧的村庄之间。有的则面临东西方向的滩地争夺,这类情形主要是在山、陕两省河东、河西村庄之间。有的村庄则要同时面临东西南北多方向的侵界压力。民国年间山西省永济县黄龙村滩图显示,该村北界与尊村相邻的"北短畛地"、"顶河长畛地"划归村中"官地",南界与辛营村相接的

---

[25] 山西省大鸳鸯村民国八年《滩地鱼鳞清册》,第2页。
[26] 陕西省朝邑县道光七年《加里庄滩地册》,第3页。
[27] 陕西省朝邑县同治五年《营田庄存北社鱼鳞册》,第2页。

"南分子地"、"南短畛地"、"顶河长畛地"也定为村中"官地",这些"官地"所围绕的土地则属于家户私有以及街巷庙田、各族祠田等。[28]以东西相接的村庄为例,陕西省朝邑县营田庄同治五年、民国年间地册显示,该村滩地分为河东、河西两部分,河东滩田名为"垦地",属村庄公有,划为217份分配给村庄家户耕种。陕西省广济村的情形与之类似,该村河东滩地为村庄公有,村庄109户家庭按照一定比例分配耕种。

界畔的田块或濒临河水,或毗连邻村,所处位置敏感,界畔的田块划为村庄公有,围绕其中的田块属于家户私有,这种安排并不能完全避免村庄田界不受侵犯,但它所具的缓冲压力作用使村庄公有地可能受到一定程度的损失,却有效保护了家户私有土地的利益。村庄公有、家户分耕的界畔田块,充分把个体家户的利益和村庄的整体利益结合起来,有利于巡守界线和外部村庄发生冲突时的集体行动。

滩地是村庄耕地的附属或延长部分,一些村庄旧址甚至化为滩涂,在土地变化与村庄迁居过程中,基于村庄和土地长期的历史联系,沿河村民"由于持久地保持农田与房屋的关系,就形成了共同体的生活。"[29]滩地并非村庄土地的全部,但明确、细致的滩地口岸,说明山、陕沿河村庄具有严密的、有条不紊的边界制度,土地界线也确定了一个个村庄共同体。

### 三、黄河滩地鱼鳞册地权研究

通过对鱼鳞册的分析,沿河各村滩地地权可分两类,一类为村庄公有,一类为家户私有。

其中村庄公有之田根据所有、占有关系不同又分为两类,其一,土地为村庄整体所有,村庄单个的人或家庭并非占有者,土地以村庄公有的形式进行出租并获得收益,用于村庄公共事务。其中包括祠田、庙田、学田等形式。其二,滩地为村庄所有,作为村庄的成员,以家户为单位,或以每个家户男性成员和家户相结合的单位,平均分割为"份地",男性成员和家户占有村庄公地。除村庄整体所有的土地外,还包括村庄内部更小单位的公有地,如某一宗族的祠田、街巷的庙田等。

"关中模式"并没有注意到村庄公有、家户分耕的"份地"和家户私有的滩地的区别,混淆了两类不同性质的地权,由于"份地"分配平均,计算出的吉尼

---

[28] 山西省永济县黄龙村民国年间(年代不详)滩地图。
[29] (德)斐迪南·滕尼斯著:《共同体与社会》,林荣远译,北京:商务印书馆,1999年,第78页。

系数非常低,显然不妥。本研究则强调两类地权性质的差异,对两者进行分类分层次的研究,以凸显各自的意义,并对滩地地权分配状况进行重新评价。

(一)滩地村庄公有

村庄的滩地为村庄整体所有,村庄内部的个人或家户并不占有滩地。山西省河津县东窑头村原来居于河滩,后因河灾迁至现址。光绪三年(1877)后,村庄吕氏家族将滩地遗失,后经查访、诉讼,于民国九年(1920)将滩地收回,起名"大胜会",土地每年租金用于办理公益事业。民国十五年(1926)又将滩地归于本村学校,作为教育经费。[30]河津县三迁庄的许姓先祖世代居于葫芦滩,清雍正年间,黄河侵崩,村庄迁居新集。乾隆年间河又侵崩,再迁于黄河岸边东崖下,四处迁散,荡析离居。几经移徙,最后择居于塬上居处,村名定为"三迁"。村庄迁离后,葫芦滩的滩地尽为水占。道光十七年(1812),黄河归西,滩地复出,族中之人下滩分地,争议纷纷,经耆老、绅士调停,划定与南北相邻村庄界线。据载,南北定界后,许氏滩地南北共计360步,东西共长5畛(1畛长240步),许氏把滩地定为东西直通的"杆子地","各经各业"。"各经各业"系指和南北邻村定界之事,还是指家族内部各个家户分耕土地,在家谱中并无明确记载。[31]而村庄留存的民国年间的两份租地合同,则明确记载了村庄滩地的地权形式。民国五年(1916),三迁庄将240步滩地租于张姓、阮姓等人。民国六年(1917),其余的140步滩地租于族内本姓。合同规定,"上下若有侵畔,以业主是问。"[32]这说明,土地属于家族整体所有,以出租的形式获得收益。

这两个村庄的滩地为村庄公有,作为整体的财产,村庄内部的个人或家户是所有者,但却未能以份地的形式,取得对土地的实际占有。从现有资料来看,形成这种土地所有形式的原因大致如下。其一,村庄建立在血缘关系的基础上,同姓的家族共同体成为村庄土地公有的一个前提。村庄内部单个的人只有把自己作为共同体的成员,才能成为所有者。其二,村庄经历了多次的流徙迁移,居住地距离土地较远,给农业耕作带来诸多不便。其三,村庄和土地空间上的分离,加大了邻村侵界的可能,为保持村庄同时也是家族的共同财产,是家族内的各个家户面临共同的任务,因而保证了集体行动的一致性。

(二)家户私有

家户私有指滩田各地段完全为家户私有,或者家户私有滩地比重较大,

---

[30] 山西省河津县东窑头村民国二十年《大胜会吕家滩碑记》。
[31] 山西省河津县三迁庄《许氏六门家谱》。
[32] 山西省河津县三迁庄《许户民国五年租地合同》、《许户民国六年租地合同》。

各类公有地仅占较少的份额。反映村庄滩地家户私有的地册有山西省有永济县小樊村道光二十四年(1844)、民国七年(1918)《合村滩地簿》,大鸳鸯村民国八年(1919)《滩地鱼鳞清册》,河津县张家崖民国六年(1917)《张户滩地簿》;陕西省有韩城县嘉庆十四年(1809)《带留里张带村黄河滩地鱼鳞册》,道光年间华阴县《寺南里滩地册》,朝邑县赵渡镇《道光八年滩地册》、道光二十六年(1846)《东街关帝庙南韩家畛官册》、嘉庆十年《李加才置北畛丈册》、《赵渡镇各姓所占地册》、《滩地事务所民国十七年东滩丈册》,道光六年(1801)《广济村抄录丈簿》等。这些地册反映的以户为单位的土地分配吉尼系数,陕西则可参照已有之研究成果③,山西则见文中之表。综合比较山、陕滩地鱼鳞册所载家户占有土地面积,沿河各村家户私有滩地分配吉尼系数基本在 0.6 左右,说明这一区域家户私有滩地地权分配十分不均的现象普遍存在。

民国三十四年(1945)《乌牛乡第二保田赋底册》、《和衷乡第一保田赋底册》较全面地反映了村庄的土地状况,前者所载土地类型兼有滩地和常田,据其所录而计算的家户私有土地分配吉尼系数分别为 0.637437、0.539305,可见地权集中。

通过比较,不难发现家户私有滩田和常田的土地分配吉尼系数基本一致,表明地域社会地权分配不均,土地集中程度较高,村庄内部家户存在分化。

从一些村庄不同时期的滩地册可以概括出家户私有地权分配长期变化的趋势。永济县小樊村滩地大部分为家户私有,滩地由靠近村庄、相对稳定、有具体面积的各块滩田和紧临黄河只有南北之阔没有东西之长的"顶河长畛"。据道光二十四年(1844)地册计算,两类滩田的土地分配吉尼系数分别为 0.57468、0.541095,而民国七年(1918)地册两类田块地权分配吉尼系数分别为 0.570499、0.475361,道光二十四年和民国七年地权分配相比,变化甚小。除小樊村外,荣河县南寨子村各个时期地册反映的地权状况是,乾隆三十五年(1770)地权分配吉尼系数为 0.575261、乾隆四十三年(1778)为 0.646473,咸丰六年(1856)为 0.61704,其中后两者所载田块一致,在 77 年的时间内地权分配吉尼系数略有下降,但变化不大。根据陕西省赵渡镇道光八年(1828)、民国十七年(1928)两本地册计算的土地分配吉尼系数分别为 0.60687、0.559727,在长达 100 年的时间地权集中程度下降,但变化甚小。

在上述研究的基础上,可以对家户私有滩田的地权分配及变化的长期趋势有一个基本的判断。从地权分配来讲,滩地地权分配极不平均,和常田的分配吉尼系数相近。从地权分配变化来看,滩地地权基本维持在 0.5—0.65 之

---

③ 胡英泽:《流动的土地与固化的地权》,《近代史研究》2008 年第 3 期,第 130 页。

间,同时,山、陕两省一些村庄的地权分配呈现了一定程度的分散趋势。

在滩地家户私有的形式下,村庄的家户并不像滩地村庄公有那样,是村庄公有土地的所有者,也并非滩地村庄公有的另外一种情形,即村庄家户因耕种"份地"而成为实际的占有者。不同的是,村庄的家户是土地私有者。

家户私有滩地是否可以买卖,视具体村庄而言。有的村庄私有滩地可以买卖,有的则禁止。据陕西省一些村庄的鱼鳞册记载,土地买卖率在15%左右。为避免土地买卖引发滩地管理混乱的可能,一些村庄还制定了严格的管理制度。

在滩地家户私有的形式下,真正发挥作用的是基于地缘关系而建立起的居住地——村庄。村庄的家户表现为一个个独立的土地私有者,由于没有公有地或公有地所占比例很少,他们并非村庄公有地的所有者或占有者。

这些村庄有的是建立在血缘关系基础上,有的则是建立在地缘关系基础上。如河津县张家崖就是一个以张姓为主的强单姓家族构成的村庄,村中滩地属于112个家户私有。永济县大鸳鸯村也是一个包括21姓的单主姓村。陕西省韩城县的张带村是一个以张姓为主的强单主姓村。还有一些村庄则为双主姓、复主姓、杂姓村庄。如永济县小樊村是一个有33姓的复主姓村,朝邑县广济村则是一个由38姓构成的复主姓村,赵渡镇则是有65姓的杂姓村。这说明,村庄滩地家户私有的形式和村庄本身是否建立在血缘、地缘的基础上,并不存在必然的对应关系,共同居住的地缘关系更具决定性。

在这种形式下,各个家户是平等的土地私有者之间的相互关系,村庄体现为作为土地私有者的家户的统一或联合,水来成河水去成滩的环境,进一步强化了这种统一或联合,并且体现为一个历史过程。清代永济县辛营村黄河滩地各有家册、私契、文约,出于村庄集体划界的需要,家册最后演变为村册,其中并未发生土地所有状况的改变,然而作为个体私有者的家户由于面临生态环境所带来压力的共同守界任务,在村庄集体权力的压力下逐步走向联合。

作为土地私有者,村庄内部家户之间因为滩地而经常发生争执和纠纷。大鸳鸯村地册卷首曾有这样的记载,"庶几耕无越界,强者不得依势凌人,弱者何至退诱无地。"[34]黄龙村则是"旧册每分门之多寡不同,久有强悍侵夺之弊。"[35]但是为了保护村庄整体的滩地边界不受侵犯,在和邻村发生对抗与冲突时,他们却会走向联合。一方面,村庄的家户是土地私有者,另一方面,这些土地私有的家户也是村庄的成员,土地是他们的私有财产,同时也是村庄成

---

[34] 山西省永济县大鸳鸯村民国八年《黄河滩地鱼鳞清册》,第4页。
[35] 山西省永济县黄龙村民国二十五年《黄河滩地册》,第1页。

员的身份,家户保持私有土地也就是保持村庄成员的身份。张家崖滩地册记载:"本户滩地所接四邻,若有不遵册簿,横行拥挤者,合户同办,不得袖手旁观,退缩不前,亦不得恃少不理。"村庄表现为土地私有家户的联合,个体家户因其私有土地面积不同进行利益权衡并可能做出积极或消极的反应,从而使村庄成为一种消极的、作为土地私有者个体家庭的联合。

面对生态环境、社会冲突的双重压力,为了保持村庄整体边界和维护个体家户的私有滩地,村庄特别强调个体家户作为村庄成员的身份。道光二十二年(1842)六月,黄河向西侵崩,陕西省华阴县田家庄、寺南等三村九社庐舍田园崩塌,旱地、沙滩地共计500余顷。灾前村庄居民共计千有余户,灾后"地无锥剟,居无栖枝,所留者不过三百余户,所居桃林寨并公庄、吊桥等处,更有穷民借居庙宇者甚多,遮席藏身者亦不少矣。"虽然居民四散而亡,田亩毁失殆尽,遗留村民仍承纳没入河中土地的粮银,"积粟沽之,以纳害粮",同时制定数条社规,对于"不遵守者,准被逐之,以作外人,勿谓其害粮逃奔他处。"㊱

民国十九年(1930)荣河县新安等8村与对岸韩城县沿河村庄因为争夺滩地而进行武装争斗,韩城一方雇用了配有枪支的土匪。新安等8村也组织了民团,规定各村所有滩地者,根据各家滩地多寡,分摊承担所需费用及人力。在这种情况下,新安村有6个家户因为滩地泥泞不能耕种,但民团所需捐款又接连不断,更重要的是因为每家要出男丁帮助战斗,死伤恐怕在所难免,于是他们各持地契,表示愿意将各家滩地归于民团。当时民团要钱不要地,这些家户应捐之款最后由新安村滩首代交,而6家的滩地也即为滩首所有。事后,6家又想要回滩地,从而与滩首进行了长期诉讼,最终每家各出钱若干,才将滩地从滩首中赎回。

在土地家户私有的形式下,作为土地私有者,个体家户受到村庄共同体权力的约束和限制,个人或家户可能会因各种原因主动或被动放弃了土地,与此同时也丧失了村庄成员的身份。村庄的家户不是为了维护村庄公有的土地,而是保障由各个家户私有滩地形成的村庄共同体的整体边界,家户是作为土地私有者,同时也是村庄的成员而存在的。家户和村庄的联系,是以它所有的土地为媒介的,村庄是以各个家户在面对内外两方面的联合而存在的,村庄因家户捐款、出力、纳粮等形式而得以保障,家户也因村庄的存在而得以保障。

(三)村庄公有、家户私有并存形式

鱼鳞册反映,有些村庄的滩地同时包括村庄公有、村庄公有家户分耕、家

---

㊱ 陕西省华阴县寺南里道光二十四年《黄河阡地图》。

户私有三种形式。为集中讨论问题，这里所指村庄公有为土地村庄公有，家户按一定比例分耕，土地不得买卖，并且这类滩地所占比例较大。

沿河滩地部分或全部为村庄共同体所有，按一定标准分配给村庄家户耕作。上辛庄、营田庄、南乌牛、北乌牛自南而北，位于朝邑县东北乡。史料记载，光绪年间上辛庄有"垦地 277 分（份）"，"垦地"属于滩地。[37]民国年间，上辛庄全村所耕滩地 277 份，一份 40 亩，俗称"份子地"，村中规约禁止买卖，只许耕种。滩地要定期收回，重新分配，客观上限制了滩地买卖。[38]据鱼鳞册记录，朝邑县营田庄村庄公有的"垦地"面积达 8200 余亩，由 217 户分耕，户均 50 余亩，在乾隆二十年（1755）、嘉庆二十五年（1820）、同治五年（1866），村庄始终遵守"垦地"村庄公有、217 户分耕的制度[39]，时至民国二十年（1931）《营田庄新崩旧崩滩地连接一册》附录的滩图，"垦地"的标识依然十分醒目。地册图示，南、北乌牛村东滩田有"龙王庙"、"观音堂"之名称，显然不属家户私有，而滩田第四、五畛系"三十六分门分地"，顶河属各家"烟甬（卤）地"，合村滩地一半以上不属家户私有。[40]就地册记载而言，朝邑东北乡各村公有滩地比例较大，超过村庄全部滩地的二分之一。村庄公有滩田，部分为庙田、祠田，租佃耕种，部分由村庄集体所有、出租，部分以"份地"形式，长期分配给固定家户耕种。一些地册中，每个家户的地亩面积十分平均，例如，同治五年《营田庄垦地减名册》只在册首分别记载了东、西两号每户耕种的步数，册中每户地亩记载非常简洁，仅在业户名下标注"一分（份）"而已。

朝邑县东林村的"份地"和上述村庄有所差异。据地册所录，河东"份地"从山、陕大界开始，自东向西依次为交界畛、二畛、三畛、四畛、退水畛共计五畛，由村庄各姓 109 名花户分种。其中"东成业"名下，"交界畛二十五分，二畛六十分，三畛十七分，四畛二十三分，退水畛十八分。"而"程一定"名下，"交界畛十五分，二畛六十八分，三畛五十七分，四畛三十五分，退水畛七十分。"仅从这两个家户比较来看，两者所占份地相差较大。但从 109 户所占份地的地权分配整体状况来看，土地分配吉尼系数为 0.165927，说明家户对于份地的占有还是相当平均。[41]

滩地村庄公有、家户分耕的现象在山西省沿河的一些村庄同样存在。荣

---

[37] 光绪《朝邑县幅员地粮总说》，第 20 页。
[38] 《朝邑县二区一乡与一区八乡土地问题处理的报告》，1952 年 4 月 17 日，陕西省档案馆：198—3—625，第 78—80 页。
[39] 陕西省朝邑县同治五年《营田庄垦地减名册》。
[40] 陕西省朝邑县清代《雷村河东减明、河西鱼鳞册》，第 24 页。
[41] 陕西省朝邑县民国二十一年《东林村东王庄地亩丈册》，第 47 页。

河县大兴村民国年间滩地地权分散,分配吉尼系数为0.121214。根据滩地鱼鳞册记载,全村553户占有2118亩滩地,平均每户占地3.8亩,其中每户占地3.1亩的有264户,每户占地4亩的有243户,每户占地6.2亩的有4户,每户占地7.1亩的有40户,其余两户占地分别为8亩和11亩。村有之地,按"户"耕种,是荣河县大兴村滩地地权分散、吉尼系数低的原因。该村地册记载,汾河以西之"草地",以及再西之"谷粮地"是按"户"耕种。[42]划分滩田时,按滩田面积和户数平均分配,如村西第一畛滩地,共分40"门",每"门"分种滩地阔3步,长248步,每"门"折地3亩余。[43]其余地块的滩地分配和占有情况也均如此。村庄公有地还存在其他分配形式。乾隆三十五年(1770)荣河县南寨子村的临河滩地作为村庄公有地名为"办献丁地",它不是以家户为单位,而可能是根据每个家户的男丁数量来分配的,其吉尼系数为0.126296,乾隆四十三年(1778)则为0.233307,其间变化原因尚不清楚,但分配还是比较平均。

我们再对上述滩地公有家户分耕之外的家户私有滩地地权状况进行考察。据地册所载,在这些村庄公有滩地之外,同时存在家户私有的滩地,其中土地所有形式不同的田块,土地分配状况差异较大。民国二十一年(1932)陕西省《东林村、东王庄地亩丈册》所载土地分为河西、河东两块,河西的土地为家户私有,经过计算,家户私有土地分配吉尼系数为0.639243,说明家户私有土地分配十分不均,河东"份地"由109户分配,吉尼系数0.165927,地权较平均。经过分类研究,不难发现,同样依据该地册的"关中模式",所计算的吉尼系数却为0.3647,其很可能是模糊了两类地权的区别,因而没有揭示出家户私有滩地地权分配不均的事实。

相类的情形亦见于其他地册。山西省荣河县乾隆三十五年(1770)《南寨子村地亩官册》所载,家户私有土地分配吉尼系数为0.575261,而村庄公有地"办献丁地"的土地分配吉尼系数为0.126296。乾隆四十三年(1778)南寨子村《落河宅场并地官册》所载,家户私有田块,土地分配吉尼系数为0.646473,公有地"办献丁地"的分配吉尼系数为0.233307。土地村庄公有和家户私有并存的双重形式,家户一方面是独立的土地私有者即独立的所有者,另一方面同时也是村庄共有土地的所有者或占有者。"份地"按照一定份额平均分配给村庄家户耕种,这类土地可以出租,但不许买卖。

村庄在对公有地以"份地"形式进行初始分配时,村庄内部参与初始分配的个体家户及其成员一起成为村庄公有地的占有者。对于个体家户而言,只有它把村庄内部的其他家户看成和自己是平等的土地共有者时,它才成为村

---

[42] 山西省荣河县北屈村民国(年代不详)滩地册,第1页。
[43] 山西省荣河县北屈村民国(年代不详)滩地册,第4页。

庄的公有土地的所有者。那些参与初始分配的家户，会因为人口增长、家庭析居、村庄迁徙等发生变化，尤为重要的是，此后衍生的新的家户也具有村庄成员的资格，村庄公有地的"份地"分配则会随着家户数量的增多变得越来越少，地块的零碎化会导致村庄的离散倾向。但是从地册来看，一些村庄公有地长期按照固定的家户进行分配。朝邑县营田庄的"垦地"、营田庄的"份地"在较长时期内，均由固定数量的家户分耕。这说明地册所载村庄的家户和现实村庄的家户并不一致。这些固定不变的家户可能是参与初始分配的实际的家户，但经过长期的历史变迁后，地册所载家户的意义已经发生了变化，由原来村庄"份地"初始分配的实际家户演化为村庄公有滩地的分配单位，或者说是村庄成员的身份。

家相当于法人，并和财产密不可分，并拥有某些权利，如拥有一块土地和使用森林、山里的公共牧场。所以，家是一个实体，它能使死去的人继续存在，它是掌握所有遗产的真正主人。[44]家户作为村庄公有地所有者或占有者，是以它作为村庄成员的身份为媒介。参与初始分配的家户把自己作为村庄成员的身份进行再生产，作为村庄公有地的占有者亦被再生产。这种旧形式的再生产，也是村庄内部家户相互之间关系以及村庄本身的再生产。这种再生产包括滩地的边界划分、道路设置、田块位置、地畛形态等方面所形成的制度。这是村庄公有地长期以固定的份额分配，土地分配平均，与之并存的家户私有土地的地权分配却较集中的根本原因。

鱼鳞册所见山西省沿河村庄家户土地分配吉尼系数统计表

| 村名 | 年代 | 吉尼系数 | 计算依据 |
| --- | --- | --- | --- |
| 上源头 | 雍正十二年 | 0.249034 | 上源头村《雍正十二年薛、武两户护岸鱼鳞册》 |
| 上源头 | 年代不详 | 0.350504 | 上源头村年代不详地册 |
| 大鸳鸯村 | 民国八年 | 0.616358 | 永济县大鸳鸯村民国八年《黄河滩地鱼鳞册》 |
| 黄龙村 | 民国二十五年 | 0.56898 | 永济县黄龙村民国二十五年滩地册 |
| 黄龙村 | 民国二十五年 | 0.476596 | 永济县黄龙村民国二十五年滩地册（顶河长畛） |
| 小樊村 | 道光二十四年 | 0.57468 | 小樊村道光二十四年《阎村滩地簿》 |
| 小樊村 | 道光二十四年 | 0.541095 | 小樊村道光二十四年《阎村滩地簿》（顶河长畛） |
| 小樊村 | 民国七年 | 0.57049 | 小樊村民国七年《阎村滩地簿》 |

---

[44] （法）埃马纽埃尔·勒华拉杜里著：《蒙塔尤：1294—1324年奥克西坦尼的一个山村》，许明龙、马胜利译，北京：商务印书馆，1997年，第50页。

| 小樊村 | 民国七年 | 0.475361 | 小樊村民国七年《阎村滩地簿》(顶河长畛) |
| 南寨子村 | 乾隆三十五年 | 0.575261 | 乾隆三十五年《南寨子村地亩官册》 |
| 南寨子村 | 乾隆三十五年 | 0.126296 | 乾隆三十五年《南寨子村地亩官册》(办献丁地) |
| 南寨子村 | 乾隆四十三年 | 0.646473 | 乾隆四十三年南寨子村《落河宅场并地官册》 |
| 南寨子村 | 乾隆四十三年 | 0.233307 | 南寨子村《落河宅场并地官册》(办献丁地) |
| 南寨子村 | 咸丰六年 | 0.61704 | 南寨子村《官道东落河宅场并地官册》 |
| 永安营 | 乾隆十五年 | 0.433192 | 《永安营乾隆十五年滩地碑记》 |
| 大兴村 | 年代不详 | 0.121214 | 大兴村民国年间滩地册 |
| 张家崖 | 民国六年 | 0.426352 | 河津县张家崖民国六年《张户滩地簿》 |

说明:1.小樊村道光二十四年、民国五年地册"顶河长畛"只有南北步数没有东西长度,因此地权分配是按照各个家户所占南北步数计算的吉尼系数。

2.南寨子村乾隆三十五年、四十三年的"办献丁地"土地分配吉尼系数和小樊村相同。

3.其他村庄的滩地分配吉尼系数均系以亩计算。

滩地资源为村庄共同体的提供了经济基础,土地所有制形式的差异不仅对村庄共同体的建构而且对滩地引发的社会冲突产生了不同影响。文献记载,韩城沿河村庄的滩地只有少部分为家户私有,大多为村、社、学校所有,这些村庄公有滩地一直出租给隔河对岸的山西省荣河县农民耕种。[45]前已述及,民国十九年(1930)陕西韩城县张代等村与山西荣河县新安等8村因争滩开战,韩城一方雇用了配有枪支的土匪。新安等8村针锋相对也组织成立民团进行战斗,规定"每地一门,需帮一人",作为民团成员。同时规定,沿河各村"所有滩地者,由团起款,每步七元八角,每门四十元作为民团饷费。"当时,新安村有6家"一则因为地不能种,款起无底,二则因帮同开仗,恐有死伤,各持地契,均愿将滩地归团。"

从土地所有和滩地冲突过程中的组织形式来看,韩城、荣河两县的差异是明显的。韩城沿河各村的滩地多为村、社、庙、学公有,滩田公有所取得的地租,为村庄公共事务积累了较为丰足的储备,除内部事务外,如果因为和外部发生滩地争端,村庄公共费用的筹措则相当便利。但是在荣河县情况就要远为复杂,因为滩地家户私有,为了保护土地资源和村庄边界的共同任务,各个家户要根据土地面积分摊承担共同任务所需要的资金和人力,家户出于利益考量,使得用于滩地事务的公共费用的筹措就存在一定的困难,从而可能影

---

[45] 《荣韩两县沿河农民争种滩地纠纷材料整理报告》,1951年11月25日,山西省档案馆:C64—3—27,第8—9页。

响到村庄滩地事务的整体利益。

"三十年河东,三十年河西",韩城、荣河沿河村庄因为滩地因所有形式不同所产生的对社会冲突的影响和滩地边界的保护,在蒲州、朝邑两岸却发生了有趣的换位。据民国《平民县志》记载,山、陕两省滩地争斗中往往晋人胜而秦人败,究其原因,"盖以武力则晋人半属土著,号召自易;秦人渡河涉远,集中为难,是客客之势异也。以兴讼则晋人佃田诸秫,款不筹而自丰;秦人按地摊钱,日久而无以继,是贫富之形殊也。"[46]

## 四、结　语

简言之,土地在一般意义上指耕作稳定的土地形态,我们对于历史时期土地制度的认识,多藉由反映常田的鱼鳞册。黄河滩地则属于"流动的土地",因此,相较常田鱼鳞册,山、陕黄河滩地鱼鳞册具独特的类型意义和重要的学术价值。更为重要的是,它的开发利用受到"三十年河东,三十年河西"生态环境的深刻影响,黄河滩地地权牵涉到滩地本身因为河水泛滥、河道移徙所具有的流动性,村庄自身的构成,村庄迁居与人口流动,山、陕两省空间格局的变化,相邻村庄间的边界冲突等极为复杂的内容。如果仅仅按照单纯数据统计分析的地权研究方法,去了解山陕黄河滩地册可能会脱离历史实际,进行简单化的处理,更会掩盖了它所应有的类型意义,而且在研究过程中容易出现偏差。

据此思路,需要对曾经运用过小北干流陕西一侧的清初至民国滩地册的"关中模式"重新进行检讨和反思。"关中模式"虽然指出关中东部地册有独特的生态背景,但遗憾的是,其在具体的研究中,并未能对地册的性质及其生态环境予以充分的考虑,将其视之为常田,因而对资料的价值出现了误判,对一些概念的理解出现了偏差,最为突出者,是把滩地的田块形状及其组合的齐整性、稳定性,土地买卖率低,地权分配平均且长期保持稳定等农田技术和地权状态的特征,简单地和土改前关中地区常田的地权状况对接,造成论据和结论缺乏必然的逻辑对应关系。尤其是村庄公有、家户分耕的"份地"的地权平均不能等同于家户私有土地的地权平均,甚而在研究过程中,对于一些地权分配吉尼系数较高的地册未加利用而有所取舍,乃至从一些并不能计算地权分配吉尼系数的地册中,也算出了所谓吉尼系数,从而根本上影响了"关中模式"的结论。

我们认为,在进一步扩充新资料的基础上,需要把滩地鱼鳞册从清初至

---

[46] 民国《平民县志》卷二《滩地志》,第7页。

民国的所谓"关中模式"中剥离出来,把山、陕黄河滩地鱼鳞册回归到黄河小北干流"三十年河东,三十年河西"的生态环境中,从环境与社会的相互关系中加以整体考察,才能真正体现它的类型意义和学术价值。了解历史上小北干流黄河滩地地权状况,必须掌握两方面的关系,一方面地权分配离不开"流动的土地"性质及其开发利用方式,它体现了环境与社会的关系,为了控制、保护土地资源,维持村庄的完整性,村庄对土地所有类型进行制度安排,从而影响地权类型及其分配。另一方面地权也是社会关系的反映,由于村庄内部结合性质、土地构成、村庄迁徙、边界冲突等方面的差异,对"流动的土地"的控制与保护形成了不同的选择,土地所有者相互结合的关系及其调适成为地权的核心。虽然村庄之间土地所有形式存在一定差异,但这些村庄相较而言具有一些鲜明的共同特征,即有明确的村庄边界,强调土地所有者或占有者和村庄平等的成员身份的联系,村庄整体权力对个人或家户具有强大的约束力,村庄的存在和延续是这两种关系的再生产,同时也是村庄边界、农田状态的再生产,并呈现出相对稳定的特征,家户私有滩田地权分配的不均和村庄公有家户分耕滩田地权分散的状况长期并存。

  山、陕黄河小北干流滩地地权状况虽然具有特殊的生态环境背景,仍然可以作为历史上地权研究的参照,就家户私有滩地地权分配及其长期趋势而言,和章有义的判断比较相符,也和马若孟根据《惯调》研究得出地权不均、且出现了地权分配更趋平均的认识接近。[47]小北干流地权的特殊性在于村庄公有、家户分耕的"份地"长期存在。或可称为"小北干流类型"。滩地册并不能反映黄河小北干流地区域社会的整体面貌,但却记载了它非常重要的一面,据此,我们仍可能对清初至民国的小北干流区域社会的特点进行简单概括。第一,生态环境与社会的相互关系中,生态环境对社会的压力相对突出,村庄之间因为不同级别的边界冲突和资源争夺表现出"冲突——联合"的特征,村庄内部也有冲突,但人与人之间的对立不严重。第二,村庄共同体特征明显。在地权分配方面,山、陕沿河村庄强调家户"身份"。村庄内部家户之间既形成分化,又有平等。从表面来看,村庄内发地形成了共同体,其实是生态环境外力压迫所致。第三,部分村庄的滩地鱼鳞册从清初一直沿用至民国,反映了区域社会对"流动的土地"稳定有序的管理。生态环境不稳定的区域社会秩序之所以能够建立并长期维持,实有赖于黄河滩地鱼鳞册所载的土地制度。

(注:本文原刊载于《中国经济史研究》2010年第4期)

---

[47] (美)马若孟著:《中国农民经济》,史建云译,南京:江苏人民出版社,1999年,第249—257页。

# 从边疆到内地：地方化进程中的边陲社会变迁
## ——以清代山西河曲县为中心的个案考察

张俊峰

[内容提要]　历史上河曲县长期作为军事边塞而存在,这种状况至明末清初开始发生变化,尤其是随着清代大一统局面的完成,"蒙汉分治"取代"蒙汉对峙",蒙汉交流范围日渐扩大,蒙地开发程度愈益加深。河曲县遂由过去单一的边塞军事区域向地方化经济区域过渡,出现了地方化趋势。随着时间的推移,这种地方化的进程越来越快。与明以前相比,已发生了重大的历史变迁。本文欲从社会史视角出发,对地域社会的这一历史进程加以实证分析,以展示边陲社会历史变迁的独特性。需要强调的是,清代河曲县的个案并非孤例,而是代表了清代北方长城沿线汉蒙交界地带同一类型区域共同的历史变迁轨迹。

[关键词]　边疆　内地　地方化　河曲　社会变迁

河曲县自古"极临边境",位于汉族与北方游牧民族的分界地带,军事地位突出,是边陲社会的一个典型代表。春秋时期,这里最早居住的区域人群以戎、狄为主,靠游牧为生。魏晋时期,又为匈奴活动区域。直到五代十国时期,这里才建立了正式的行政机构。割据山西的北汉政权刘崇为对抗后周政权,置雄勇镇,驻军守御,家喻户晓的杨家将故事即与此有关。北宋太平兴国七年(982年),这里正当宋、辽、夏三国边界。为抗击辽及西夏政权,宋在北汉雄勇镇基础上设置火山军。宋室南迁后,火山军沦为金地,金与西夏政权复以黄河为界,长期对峙,此地军事地位依然突出。大定二十二年(1182),火山军升格为火山州(后更名隩州,隩即河岸弯曲的地方)。元代江山一统,军事地位下降,至元二年(1265年)省隩州建置,归并保德州。明代,退居漠北的蒙元军事实力强大,对明王朝造成极大威胁,汉蒙长期对峙,本地军事地位再次凸显。于是在洪武十三年,置河曲县,筑长城、修卫所,构筑军事防御体系,县境军堡、民堡林立,石梯隘口即为蒙古南犯之咽喉要道,派驻重兵把守,是为九边要塞。①由此可见,自北汉以来,长期军事斗争的需要,使得河曲县所在区域一直是作为历代军事边塞而存在的。

这种状况至明末清初开始慢慢发生变化,尤其是随着清代大一统局面的完成,"蒙汉分治"取代"蒙汉对峙",蒙汉交流范围日渐扩大,开发程度愈益加深。河曲县遂由过去单一的边塞军事区域向地方化经济区域过渡,出现了"地方化"的趋势。随着时间的推移,这种地方化的进程越来越加快。与明以前相比,已发生了重大的历史变迁。本文欲从社会史视角出发,对地域社会的这一历史进程加以实证分析,以展示边陲社会历史变迁的独特性。需要强调的是,清代河曲县的个案并非孤例,而是代表了清代北方长城沿线汉蒙交界地带同一类型区域的历史变迁轨迹。

从学术史来看,有关汉蒙交界地带社会历史变迁的研究成果颇多。近年来代表性的成果主要有张萍对清代陕北沿边区域社会变迁的系列研究,她提出"北部农牧交错地带社会的转型建立在民族人口、经济结构以及社会生产方式转变的基础上"这一观点。②需要指出的是,这一研究侧重于从"汉"族立场来探讨边疆地区的变化。与此不同,内蒙古大学蒙古学研究中心N·哈斯巴根以清代鄂尔多斯地区各扎萨克衙门的蒙古文档案为主,对康熙中叶以来鄂尔多斯地区农耕经济的发展及其"蒙"地的社会变迁进行了研究。③两文提供了两种不同的角度,对本研究均颇有助益。此外,与本研究直接相关的,是王新文博士从历史地理学角度对河曲县城址迁移问题的研究,他认为河曲县城由依山而建向沿河发展的变化,是城镇职能转化的一种体现。④该研究虽然厘清了河曲城址变化的历史,却疏于探讨这一现象背后的深层次社会变迁,缺乏社会史的学术关怀。因此,本研究将在借鉴上述研究的基础上,从社会史的视野出发,探讨河曲这样一个边陲要塞在不同时代主题下的社会变迁。

一、从"隆庆议和"到"蒙汉分治":蒙汉交流加强与河曲治所的迁移

明代"隆庆议和"熄灭了燃烧在长城沿线一百多年的战火,此后直至明末

---

① 关于这方面的详细考证,可参见王新文:从"依山筑城"到"沿河发展":不同发展背景下的城址选择——以10—19世纪河曲县城城址选择及迁移为例,《三门峡职业技术学院学报》,2009年第2期。

② 张萍:边疆内地化背景下地域经济整合与社会变迁——清代陕北长城内外的个案考察,《民族研究》,2009年第5期。

③ N·哈斯巴根:鄂尔多斯地区农耕的开端和地域社会变动,《清史研究》,2006年第4期。

④ 见前引王文。

70多年的时间里,蒙古族和明王朝始终保持着和好的关系,未再发生重大的军事对抗。取而代之的是,明王朝在长城沿线开辟多处市场,与蒙古族进行互市贸易。汉蒙对峙的局面出现松动迹象。不仅如此,自明隆庆以来,内地民人到蒙古族鄂尔多斯地区从事农耕的活动也日渐频繁,清末河套所立《重修诸神庙并开渠筑堤碑》就记载说:"俺答议和,河套世为百姓耕种,世宗命总兵移镇榆林,边外尽入蒙古矣。百姓春种秋归,谓之'雁行'。"⑤隆庆末年,从河套返回的汉民供称"虏中中国之人居半",以致"套中不能容住"。⑥可见,自明末16世纪晚期以来,长城沿线汉民私往蒙地耕垦的行为已相当普遍。

明亡清兴,满族人建立起统一的王朝。对于长城内外的汉人和蒙古人,实行分而治之的统治策略。在山、陕两省各县边墙口外直北划定"禁留地"⑦五十里,意图使蒙汉隔离,互不往来,免生争端。同时,为了加强对蒙古族的统治,自顺治起直至乾隆初期,逐步将鄂尔多斯分作七旗,分别是:准噶尔、郡王、扎萨克、乌审、鄂托克、达拉特和杭锦,七旗各有疆界,互不相扰,实行盟旗制度,统称伊克昭盟。其中的准噶尔旗,即鄂尔多斯左翼前旗,与陕西府谷县,山西的河曲和偏关接壤。这种分而治之的隔离政策,使得自明晚期以来汉蒙两地的民间交往被骤然切断,与民间社会早已形成的生存方式发生严重的冲突。

很快,这种制度上的约束就被来自蒙汉双方的生存危机与现实发展需求所冲破。最先是来自蒙古社会上层人士的呼吁。研究者经常援引康熙二十二年和康熙三十六年鄂尔多斯贝勒松阿喇布的两次奏请来说明这一问题。康熙二十二年三月,"甲子,理藩院议覆多罗贝勒松阿喇布游牧地方狭小,应令于定边界外暂行游牧。上问大学士,此事尔等云何。明珠奏曰,臣等之意,若此地暂予游牧,将来撤还,彼必谓久许游牧,又何撤为。如此,则日后似有未便。上曰,理藩院甚为含糊,并未详加揆度。著遣该衙门堂官一员,详阅地方情形来奏。""己巳,议政王大臣等会议,奉差阅勘定边等处理藩院侍郎阿喇尼奏称,多罗贝勒松阿喇布所请暂给游牧边外苏海阿鲁诸地,离定边兴武营等边,或五六十里,或百里不等,并非边内耕种之地等语。应如松阿喇布所请,暂给游牧从之。"⑧对于这条文献,研究者有不同的见解,张萍认为当时开放的即是禁留地,而N·哈斯巴根则认为这次被允许放牧的地段并不在禁留地范围内,他认为朝廷真正允许开发禁留地始自康熙三十六年的奏请。据《清实录》所载,康熙三十六年三月,"鄂尔多斯贝勒松阿喇布奏,向准臣等于横城贸易,今乞

---

⑤ 《重修诸神庙并开渠筑堤碑》,《禹贡》第6卷第5期,1936年。
⑥ 曾铣:《复套条议》,《明经世文编》,卷二四〇。
⑦ 所谓禁留地,是清廷为防止蒙古人和汉人接触而划设的汉地与鄂尔多斯之界。
⑧ 《清圣祖朝实录》,分见于康熙二十二年三月甲子条和闰六月己巳条。

于定边、花马池、平罗城三处,令诸蒙古就近贸易。又边外车林他拉、苏海阿鲁等处,乞发边内汉人,与蒙古人一同耕种。上命大学士、户部及理藩院会同议奏。寻议复,应俱如所请,令贝勒松阿喇布等及地方官各自约束其人,勿致争斗。得旨,依议,日后倘有争斗,蒙古欺凌汉人之事,即令停止。"⑨对此,研究者没有争议。而且,各地方志中多有对应文献可兹佐证。如乾隆二十九年河曲县令刘日暄在《移驻县治碑记》中曾说:"自康熙三十六年圣祖仁皇帝特允鄂尔多斯之请,以故河保营得与蒙古交易,又准河民垦蒙古地,岁与租籽。"张萍在前揭文中,也引用陕西榆林县的事例,证实康熙三十六年开边的事实。因此,康熙三十六年,理应成为长城沿线汉蒙交界地带边陲社会发展的一个富有转折意义的年代。自这一年开始,内地民人被允许大量涌入蒙地从事雁行农业,于是出现了学界关注较多的"牌界地"和"伙盘地",蒙汉交流进一步加深。

与蒙地的变化相比,雍正年间,长城沿线的汉民族边塞地带,则进行了重大的行政区划调整。就山西的情形来看,雍正三年,是晋北长城沿线行政区划变革最为剧烈的时期。在这一年,先后增设宁武府,朔平府,并裁撤合并明代的卫所,划界分疆,设置州县,如改偏关所为偏关县等。我们知道,雍正年间这次全国范围内的大幅度政区调整,客观上是为了适应赋役改革及吏治整顿的需要。⑩但对于边陲地区的这些军事要塞而言,则意味着其职能和发展方式的转型,即从以军事保障为主变为以发展民生为主。在此背景下,乾隆二十九年,河曲县治所的迁移也就更有深意了。

---

⑨ 《清圣祖朝实录》,康熙三十六年三月壬子朔条。
⑩ "论雍正年间的政区变动",《苏州大学学报(哲学社会科学版)》,1991年03期。

清代河曲县区位形势示意图

明代河曲县的治所在一个被称为"旧县"的地方。所谓旧县，正是当地人对旧治所的一个俗称，久而成为地名。道光二十四年《劝修旧城西水道序》中有解释说："乾隆年间移县治于河保营，当日之城仍名为县，故曰旧县也。城之东北文庙在焉，学官守之。其西南恒羡仓在焉，巡检守之。治廨虽移，而二者之官守如故，所以重学校慎仓储也。"这一记载还说明即使在乾隆二十九年治所迁移后，旧县依然发挥着教育和仓储的功用。此外，乾隆二十九年主持治所迁移事务的河曲县令刘日暄还指出过去旧治所的一个重要特点，即"河邑旧治，均四方里道，依山守险，原与州城相表里。"体现了选择城址时对军事防御功能的一种考虑。然而，"依山守险"的这种地形特点，却也存在着一定的弊端。同治《河曲县志》记载了明末王嘉应之乱：

崇祯元年黄甫川贼王嘉应、吴廷贵踏冰掠河曲乡村，署县张天德严于捕逐,斩贼百人,盗少止。会迁垣曲令去。嗣署县张文宪贿释贼党王从化,贼遂蔓。三年十月新令高修甫至,乱民王可贵引贼入城,二十八日王嘉应陷城。十一月,山西总兵王国樑击贼于河曲,发西洋炮,炮炸,兵自乱,贼乘之大溃。部议设一大将兼统山陕军协讨,乃令杜文焕为提督,偕曹文诏驰至河曲,绝饷道以困之。四年四月曹文诏等克河曲,斩贼一千五百余级,夺获兵械旗帜无算,骡马数千头,总督魏云中、参政周鸿图锢城竭水,贼渴甚,乃降。太原令崔从教司饷,贼平,署河曲事。因念贼病渴溃城,恐贼亦以渴制我,遂建议筑南关水城。

从平定王嘉应之乱的事件中,我们看到,河曲城内水源被断绝是王嘉应溃败的一个重要原因,凸显了旧城水源匮乏的问题。因此,乱平后,新任县令崔从教为防止日后贼人"以渴制我",遂建议修筑南关水城。

时异势殊。康雍乾时期,在民间社会持续不断的"走西口"行为驱动下,加强对蒙地的开发,发展区域经济与民生,成为这个沿边小县社会发展的主旋律,而旧治所的地理位置与城市定位和现实社会发展已很不相称。对此,刘日暄曾感慨说:"夫旧署称通邑之适中,联臂指与州城,规模形势,称不易矣。而事与时宜,势难因仍,乃移驻于边要之区,弹压乎繁杂之地,诚经画之尽善,尤时措之咸宜也。"

乾隆二十九年,河曲县新治所选择在濒临黄河东岸的河保营,处于河曲县境的西北角。与旧县城相比,其位置极偏,对于日常行政经营极不便利。但是这一决定,却是出于对新县城市定位的考虑而做出的。首先,从军事角度而言,河保营较之旧县具有更为突出的军事地位。河保营建于明宣德年间,周围550步,有东西二门。嘉靖间,设守备1员,军800名,每年冬季黄河冰冻时,调偏关老营等军万余,谓之御冬。隆庆间,改设参将,统军三千,罢御冬诸军。河曲县把守的石梯隘口是蒙人入侵的咽喉要道,河保营正当其冲,为巡检司驻地,其地位显然高于其他的营屯堡寨。但是,军事因素并非迁移治所的决定性因素。起到决定性作用的原因是,自康熙三十六年蒙地开放后,河保营所在的黄河西岸成为一个经济活动相当繁荣的地域,成为县域经济的重心和支柱。刘日暄在《移驻县治碑记》中,对此情况有明确说明:"自康熙三十六年圣祖仁皇帝特允鄂尔多斯之请,以故河保营得与蒙古交易,又准河民垦蒙古地,岁与租籽。盖自人烟稠密,商贾辐辏,于斯为盛焉。"鉴于此,"前护抚宋于乾隆二十七年,以河保营云集交衢之地,五方杂处,兵民繁错,烟户十倍旧城,爰奏请移驻,以资弹压,奉旨俞允,即令以原驻巡检司衙署扩充民房兴建。"新城建成后,"周围凡三里八步,高三丈六尺。"[⑪]应当说,新县城的建成,乃是河曲县由边陲军事要塞向内地化经济区域转型的一个重要标志和开端。

## 二、"代管蒙古草地":地方化进程中的边陲社会经济

"河曲保德州,十年九不收,男人走口外,女人挖野菜"是河曲保德地区一首流传非常广泛的民谣,道出了明清时期当地恶劣的生态环境和民众远赴蒙地谋生的社会图景。同治年间河曲县令金福增在多篇文章中也多次论及当地恶劣的生态环境和不利的经济状况,"河邑地处边隅,山多土瘠""古号严疆,今称瘠土""边塞严寒农人疾苦,禾皆晚熟,期余九而余三。"[12]有地者尚可耕植,无地者只得靠为人驼运和走西口来谋生,如县志中记载:"河邑山多地少,凡有地可以耕种者,固必及时树艺。即无地者,或养牲畜为人驼运货物,或赴蒙古租种草地,春去东回,足称勤劳。"[13]和当地村志的有关记载可与此相互印证。河曲县《楼子营村志》记载说该村"农作物以杂粮为主,主产糜子、玉米、高粱、谷子、蓖麻。林业以木材林为主,主要是杨、柳、榆树。因河曲十年九旱,加之过去40%的土地集中在地主富农手中,人们辛劳一年常常颗粒无收,只好外出谋生。据调查,全村50%的人家都有过走西口的苦难经历,他们春出秋回,过着极度贫困的生活。二人台'走西口'是过去农民生活的真实写照。"[14]

应当说,康熙朝以来蒙地的开放,使河曲县迎来一个史无前例的发展良机,社会经济面貌为之骤然改观。咸同年间,河邑名士黄宅中在《今黄河原委说》一文中就论述了蒙地开发对河曲经济带来的重要影响,据其所言:"边外沙漠之地,平衍无际,溉以黄河之水,便成腴田。惟河西草地,例不准汉人开垦,利之所在,民尽趋之。边民私向蒙古人佃耕者多致富饶。是河曲以上之黄河,历数千余里,有利而无害也。""吾邑僻处塞垣地多沙碛,滨河之田得资灌溉者虽多,而乡人之耕商于边外者络绎不绝,宁夏之粳稻、口外之麦粟,造船编筏,顺流而下,河曲先食其利,而后波及于汾、平诸郡,无水之害而得水之利,可不谓偏隅之大幸乎。"[15]

随着康熙三十六年蒙地的开放,河曲民人进入蒙地的人数日益增多,蒙汉民间的冲突和争讼案件也日渐增多,"今历年耕种,而民心未安者,其蒙古

---

[11] 同治八年:《重修河曲县城碑记》,载同治《河曲县志》卷七,艺文类。
[12] 分别见载于同治5年《厘革征收钱粮积弊碑记》;《牒城隍怯狼文》,同治《河曲县志》卷七,第32页;《祭雹神文》,同治《河曲县志》,卷七,第33页。
[13] 道光《河曲县志》,卷三,第34页。
[14] 《楼子营村志》
[15] 同治《河曲县志》,卷七,艺文类。

难免鼠盗狗偷之弊,汉人不无横行强占之徒"。[16]于是,朝廷先后在神木和宁夏设置理事司员,管理蒙汉事务,各有分工。神木理事司员管理鄂尔多斯六旗蒙古、民人事务,宁夏理事司员管理六旗以外的鄂托克旗蒙古、民人事务和阿拉善一旗蒙古、民人事务。[17]但是,由于权限问题,单单依靠理事司员一己之力,已无法应对蒙、汉之间的交涉案件。于是乾隆二十九年,清廷出台新规:"陕西甘肃两省交涉蒙古案件,在延榆绥道所属境内者,会同神木部员办理;在宁夏道所属境内者,会同宁夏部员办理;在山西保德州、河曲县等处地方者,仍呈报神木部员,会同雁平道办理;鄂尔多斯蒙古民人案件,均照例会同两处部院办理。"[18]

但是,在实践过程中,由于涉及蒙汉冲突的案件相当多,神木理事司员已无暇兼顾,不愿理处,遂将其直接推托给蒙、汉双方的地方政府代为行使审理职能,于是就有了乾隆四十八年,长城沿边厅县兼管蒙古草地的"定例",河曲县代管蒙古草地案件即自此始。据《河曲县志》所载:"蒙古草地案件,向系陕西办理,因近河蒙民交涉之案,每就近赴河东呈报山西厅县代为讯办,以后陕省遂相推诿,乾隆四十八年经各宪详定界限,自河岸以西五十里至十里长滩归河曲县管理。遇有呈报蒙民交涉案件,先详请神木部院饬准噶尔贝子委蒙员押解蒙人来河会同审办,遂为定例。"[19]

与此相应,河曲县志中一首名为《重到西草地》的诗文,亦反映了河曲代管蒙古草地的情形,诗文曰:

莫嫌草地最荒凉,亦便农民亦利商。
山洞重重排兔窟,溪流曲曲饶羊肠。
市临云水通中外,界指风沙判黑黄。
听证不因蒙汉异,熙朝雨露本无疆。

诗文中提到的"黑黄",是指黑界地与黄界地。方志中有解释说:"草地农民类居山窑,过小溪七十二道,至十里长滩,是蒙、民交易之所在也。故内为黄界,外为黑界。"此处所谓"黄界",类似于以往研究者所言之"白界",只是称呼不同而已。白界是相对于黑界而言的。因耕种之地经翻新后,土色变白,未被耕垦之地土色为黑,故有黑界、白界之分。兹将河曲代管蒙古草地范围罗列如

---

[16] 白梦鉴:《西北边略》,同治《河曲县志》卷八,第27页。
[17] 参见 N·哈斯巴根前揭文。
[18] 《理藩院则例》,卷四十三审断。
[19] 道光《河曲县志》卷四,第44页。

下：

  河曲兼管蒙古地牌内四至交界："由黄河西岸东北至罐子沟六十里,西至五兰合收把楞沟四十里,与陕西府谷县所管交界,东南至黄河与府谷县所管交界,西北至十里长滩五十里,以上俱牌内,名黄界,过此即系牌外,名黑界。河曲兼管蒙古地牌外四至交界"由十里长滩东北至黑代沟六十里,与偏关县所管交界,由十里长滩西北至川长一百里,与托克托城厅所管交界;由十里长滩西至白塔尔四十里与府谷县所管交界,以上据牌外。由十里长滩至准格尔贝子营盘一百二十里。"

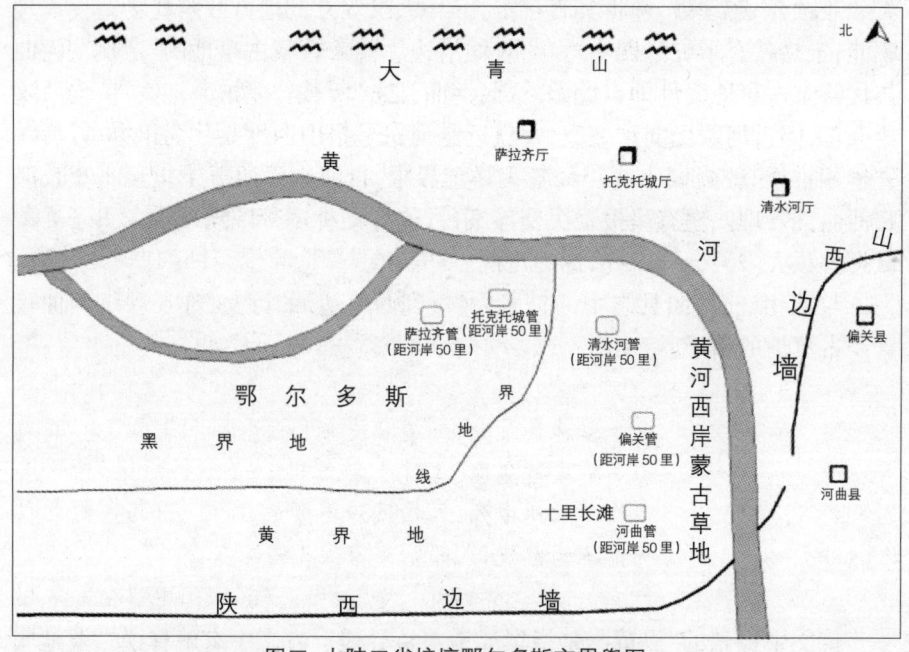

图二：山陕二省接壤鄂尔多斯交界舆图

  为减少民、蒙争讼,极有必要加强对代管蒙古草地的管理。其中,牌甲制是当时一种主要的管理方式。《钦定大清会典事例》中有记载称："山西、陕西边外蒙古地方种地民人甚多,设立牌头总甲,令其稽查,即于种地民人内择其诚实者,每堡设牌头四名,总甲一名,如种地民人内,有拖欠地租并犯偷窃等事及来历不明之人,即报明治罪,如通同徇隐,将该牌头等一并治罪。[20]关于牌

---

[20] (清)昆刚等:《钦定大清会典事例》卷一五八,户部,户口,流寓异地,第800册,第564页,上海:上海古籍出版社,续修四库全书影印本,2002年。

甲制设立的年代,《绥远通志稿》载:"雍正年间,始有编甲之法。合十户为一牌,设一牌长。合十牌为一甲,设一甲长"。[21]河曲县对蒙古草地的经营中也沿袭了这一制度,据载:"河曲兼管蒙古草地半属平岗,山不甚峻,牌内土窑居多,间有房屋,不过数家,不成村庄。惟十里长滩,商民云集,市镇较大。牌外伙盘,尽系土窑,民人种地者,安设牛犋,类皆棚厂。所种之地,由贝子放出,止纳蒙租。系民人开垦者,如不愿种,由民人推手。山内出煤炭处所,租给民人开窑,亦系蒙人收息。牌内每一地方,设牌头甲长,统设通事八名,督同查察,不许宵小潜匿,与内地保甲之法同。"[22]

县域经济的发展,要求加强城市基础设施的建设,同治十年《重修边城水西门口碑记》和同治十一年《创建南关碑记》两通碑文就反映了当地官员有意识地经营和改善城市基础设施,适应现实经济发展需要的一种努力。同治十年碑文记载说:"河曲为晋省极边邑城,临黄河,逼草地,历朝守御,端赖边墙。边墙起石梯止偏关皆,凡一百四十里,隘口林立。后有颇牧设险,不是过也。其附郭者曰侯家口、许家口、水西门口,盖县城南北西三面均环以水,惟东面有山,而西门俯瞰黄流,尤为险要,于斯设口,非即所谓习坎重险者乎。河邑民人多在口外贸易贩运,各物俱起载于水西门,是水西门又为货物辐辏之区,商旅往来之地,舍舟登陆适当其冲。"同治十一年碑文记载说:"河曲西城多停船筏,虽非闹市,尚觉喧阗,东城则铺户寥寥,民户亦属无几,独南城外各商云集,为廛市之奥区。自县治移驻百余年,有关之名而无其实。近因陕氛不靖,每遇河冰冻结,深恐盗贼西来,纵击柝悬灯通宵不绝而防闲未设,终有戒心,即以地势言之,东为沙梁,一望无际,其气散而不聚,又安得财之生哉……惟南城外毫无屏蔽,不足以资防,亦不足以广招徕,因于壬申春令各行量力输将,鸠工兴造,关上建阁一座,东向供奉关帝,西向供奉文昌,下建关门,司夜者以时启闭,各巷口均设木栅,禁止宵行。"

在口外农耕经济和商贸活动的带动下,本地区的乡村集市也日渐繁荣起来。清代,河曲集市有六,其中,巡镇,逢三、八,每月六集。楼子营,逢二,每月三集。旧县,逢九,每月三集。沙泉,逢三,每月三集。土沟,逢二,每月三集。胡家坪,逢六,每月三集。其中,巡镇、楼子营、旧县、沙泉均为明代的军事型堡寨,有清一代均相继转化为商业市镇,是边陲要塞内地化进程的典型反映。

---

[21]《绥远通志稿》卷二六,保甲团防。
[22] 道光《河曲县志》,卷四,第46—47页。

### 三、"官民不知有边":知识精英的地方化理想

清代江山一统,对于边陲社会不断加快的内地化进程,河曲社会各阶层自上而下皆表现出一种无限欣喜的情感。对于往日的边陲社会,知识精英只是在一些诗文中表达了他们的一种怀旧情绪。如《过火山》诗中有"野老不知建军处,山头山脚咸耕耘"[23]的感叹,由驻扎军队的场所变为实实在在的耕田,变化实可谓大矣。同治年间河曲县令金福增在《十二绝回匪》中则有"隩州自昔号严疆,一带沿边屡筑墙。莫道河流多阻隔,从来游牧也须防"的言论,意在强调过去这里作为边关要塞之重要地位。然而时代主题的转换,使得河曲县这种边关要塞的地位不断下降。

这一点,在乾隆朝河邑武生白梦鉴的《西北边略》中体现得更为明显。他的这篇文章作于清乾隆年间,时蒙古准噶尔部噶尔丹叛乱尚未平定,乾隆帝御驾亲征噶尔丹。该文主要论述的是"北边之防修宜缓,归化城之添设宜急"的观点。文章指出:"幸自我朝中外被化,万国一家,汉人蒙古翕然交欢,农夫耕其地,商贾易其物,目睹姻娅之好耳。闻诵读之音,此诚千古所未见也。区区一边,何足挂齿。在昔称为长城万里之险,在今视为荒壁土墙而已。故自国初至今安享太平,将及百年。边之倾颓,匪伊朝夕,是官民不知有边矣。汛兵止查禁物,往来之人顾而弗问,是将卒不知有边矣。蒙古以有易无,出入自便,是蒙古不知有边矣。夫官民不知有边,将卒不知有边,不足奇也。至于蒙古,亦竟不知有边,则古称不识不知,忘帝力于何有者,又何足异乎,猗欤休哉?凡我同人,亦何幸而生于今时哉?"这段论述,展示了时人边陲观念的淡薄,也表达了作者对于生逢太平盛世的喜悦。

接下来他力主暂缓长城沿线边防维修工作,认为在国家承平时期,加强蒙汉边防,会引起蒙人的疑惧,导致不必要的麻烦,弊大于利。他说:"乃数年以来,屡次查阅议防议修,此虽未雨绸缪之意,难免蒙古疑畏之心损恐有矣。益将安在,即云治不忘乱,安不忘危,亦当反复参考何朝防边而治,何朝不防而乱,何代修之则安,何代不修则危。况今不防修既如此,昔朝防修又如彼,孰得孰失?较若列眉,何利何害……未闻恃一土墙之隔,而即可以久安长治也。是知言之于昔,颇有轻重。议之于今,恐未尽善。故曰北边之防修在所缓也。"

与弱化长城沿线之边防相反,他强调要加强对边外归化城的控制,"惟是西事尚未扫平,小丑尤然作梗。此处乃粮饷往返之要道,蒙古出入之通衢,日久生奸猾,情难测假。使百计煽惑,暗结党援,奔鲸触罗,则恐仓猝难制。遣发讨除,又虑坐失机宜,是以謦陈狂愚,无所避讳者,亦犬马感恩思效之诚,惓惓

---

[23] 同治《河曲县志》卷八,艺文类。

而不能自已者也。似当于山前河后添设重镇，以扼其要，或满或汉，委才能以总其任。凡属冲要之处，必设弁员，严饬汛卒详搜硝磺，省察奸诈。再令沿边副参游守等官，公文往来相通，遣调亦听节制，隐作犄角之势，迭为唇齿之形，固此而复卫彼，经久之图端不外是。"这样一来，就将蒙地推到国防前沿要塞的地位，长城一线的河曲等厅县就不再是军事前沿，而是真正的内地城市了。

应当说，白梦鉴的这种观点，代表了当时河曲县人一种共同的呼声，经过长期的战乱和贫穷，清代大一统的承平世道，使河曲人开始寻找属于自己的那份和平与安宁，享受太平盛世。与白梦鉴的主张类似，生于嘉庆元年的河邑名士黄宅中面对河曲县古今未有之发展，其内心也颇多感慨。据保德州知州姚庆布所撰《黄观察宅中墓志铭》载："黄氏世居河曲县旧城，以耕读世其家。高祖以下为邑诸生，不乐仕进，德行称于乡里……公生于嘉庆元年十二月初一日亥时，少颖慧，即善读书，长游庠受知名公卿。嘉庆戊寅举于乡，道光壬午成进士，改庶吉士。次年授福建安溪县知县，调侯官县升福州府海防同知，以忧归。再起补湖南永顺府古丈坪同知，升贵州大定府知府。公以儒术治郡邑，为政详而不苛，所至吏畏民怀。文宗御极擢公为浙江杭嘉湖兵备道，公倦游，乞病归，晚号农庄病叟为传自序，同治二年十一月初五日子时卒于家，年六十有八。"[24]黄氏一生阅历丰富，颇富官声，见证了河曲县的历史变迁，他的认识当更为深刻。

在《今黄河原委说》一文中，他表达了对蒙地开发给河曲社会带来的重大变化之喜悦之情，"吾邑僻处塞垣，地多沙碛，滨河之田得资灌溉者虽多，而乡人之耕商于边外者络绎不绝，宁夏之粳稻、口外之麦粟，造船编筏，顺流而下，河曲先食其利，而后波及于汾、平诸郡，无水之害而得水之利，可不谓偏隅之大幸乎。"[25]在《边墙考》一文中，他也与白梦鉴一样，描绘了百余年来没有战事的河曲县民安享太平的舒适生活，"河曲自石梯隘口起，阳沔、巡检司、河会、五花城、唐家会以至河保营，边墙旧迹仅存。边外平田，得资灌溉，苇麻榆柳之利，胜于山乡。废垤颓垣，渐且夷为道路，居人忘其为边也，百余年矣。黄河来自口外，船筏运载，商贩流通，今之县治，当水陆通衢。十里长滩牌外牌内分界之地，市肆田庐，人烟辐辏，昔之边隅废壤，今为乐土腴田。然则边人之食毛践土者，可不思其所自来哉？"[26]

---

[24] 同治《河曲县志》卷八，艺文类。
[25] 同治《河曲县志》卷七，艺文类。
[26] 同治《河曲县志》卷七，艺文类。

## 四、结　语

　　明隆庆议和之前的河曲县,长期处于边关要塞之前沿位置,担负着边防重任,因而其城市定位和发展,显示出单一的军事化色彩。在军事对抗的时代,边民负担甚重,不堪其苦。这种凄苦的状况,从正德九年保德州岁贡张绶的"乞恩分理民情疏"中就可窥见一斑:"窃见本州与河曲县地方极临边境,山岭陡峻,沟壑坡渠,十无一二地堪种田苗,递年以亢旱歉收。本州与河曲县岁办额设夏秋税粮不下四千余石,谷草五千余束。本布政司起派,宣府沿边仓场上纳。臣本处设有保德守御千户所,官军岁支岁用。倘遇声息,动调客兵,一应钱粮却坐拨平阳府所属州县上纳。窃臣本州道路崎岖,车辆难行,止是驴驮担挑,运送不前,或典男鬻女,方得完获,艰苦万状。兼以宣德年间,奉例续添御冬守河人马五百,接连河曲县界,俱有黄河渡口,东接大同雁门等关,西通陕西榆林延绥等处,最为紧急冲要,人民愈加疲惫。如蒙圣恩怜悯,乞敕户部转行陕西布政司,将臣本州与河曲县额设税粮草束,递年存留本处仓场上纳,以备官军岁支岁用。上不负国税,下不苦人民。"[27]

　　清代江山一统,外在的军事对抗局面消失,加之康熙三十六年蒙古边地的逐次开放,为这个边陲县城的发展带来了空前的良机,走西口,赴蒙地耕垦,从事旅蒙贸易,遂成为河曲县民的一个主要谋生之道,县城经济的发展也呈现出对口外经济的明显依赖性。在此承平年代,知识精英进一步谋划河曲县城的长远发展,弱化边地观念,加强经济的交流和发展,内地化进程明显加速。与明以前相比,这里不再是国与国之疆界,而只是同一国度下的游牧民族与汉民族的分界。长城沿线这些往日的"边陲要塞",在清以来内地化的进程中,逐渐形成了自身独特的发展轨迹。

　　(注:本文原刊载于《史林》2012年第1期)

---

[27] 同治《河曲县志》,卷七艺文类。

# 清代民国西北牧区的商业变革与内地商人
樊如森

[内容提要] 清初以前的西北广大牧区,仍处于自给自足的游牧经济状态,区域内部的商品交换稀疏,与外部地区的市场联系缺乏。随着清代边疆民族关系的改善和中央政治军事控制力的增强,经济开发的深化已不可避免。以晋商为代表的内地商人,通过自己在战争与和平环境下的商品交换和本土化经营活动,把中原乃至沿海及国际市场的经济影响,源源渗透进草原腹地,打破了牧区经济的封闭,促进了边疆的开发与开放。

[关键词] 商业变革 内地商人 西北牧区 清代民国

受地质、地貌、气温、降水等自然地理要素的严重制约,地处干旱、半干旱地带的西北地区,土地面积虽然非常辽阔[1],但其发展农业经济的充要条件却非常缺乏。除了河流沿岸和泉水涌出的狭小区域,有点、线状的绿洲农业存在以外,其他广袤范围内除了荒漠,就是牧场,畜牧经济便成为这里的主要经济产业。而清代蒙古民族所集中居住的内外蒙古、天山以北和青海地区,也就构成了中国最大的畜牧经济区。然而,受其内部单一游牧产业结构和外部复杂民族关系的制约,清朝初年,西北牧区的商业依然处于封闭落后的状态,宗藩贡赐贸易和边境互市贸易就是双方长期政治对峙的经济表现。

---

① 本文的西北空间范围,包括秦岭以北,潼关和山陕界黄河以西,含民国陕西、甘肃、青海、新疆、宁夏、绥远和外蒙古在内的广大地区(樊如森《民国时期西北地区市场体系的构建》《中国经济史研究》,2006年第3期)。1850年以前,西北占全国陆地面积的46%;后来割让给俄国巴尔喀什湖以东53万平方公里后,依然占到全国陆地面积的45%(1945年抗战胜利之初,西北地区的陕西省面积为19.5076万平方公里,甘肃为38.0863万平方公里,青海为72.8198万平方公里,新疆为164.1554万平方公里,宁夏为30.2451万平方公里,绥远为18.3860万平方公里,外蒙古为161.2000万平方公里,共计504.4002万平方公里,全国陆地国土面积为1120.9519万平方公里。杨景雄、李庆成、邱祖谋、盛叙功、葛尚德绘编《中华民国最新分省地图》说明部分第1—2页,上海寰澄出版社1946年)。

不过笔者研究发现,随着清朝前期民族关系的缓和,以及清政府对内外蒙古、新疆、青海牧区统治的强化,原来边境地区的互市贸易逐渐为深入草原的照票贸易所替代。而清末民国时期,由于内地和国际市场对西北畜产品需求的不断增大,严苛的照票贸易又逐步为开放的自由贸易所替代。这些变革,既与当时国内外的政治经济环境互为表里,也与内地各省商人的努力进取密不可分,在清代民国西北经济开发进程中,具有显著的意义。可惜受研究内容和研究视角的限制,迄今为止的相关学术研究,并没有很好地揭示这一问题[②]。

## 一、清朝初年的宗藩贡赐贸易与边境互市贸易

自先秦时代开始,蒙古高原的游牧民族政权与中原地区的农耕民族政权,就处在一种长期而频繁的对抗状态之中。直到明代后期"俺答封贡"(1571年)之后,双方间的激烈冲突才基本停止[③]。

民族之间长期政治对立的经济结果,就是两大区域之间贸易上的相互隔绝。所以,即便在清朝入主中原以后的很长一段时间里,内地和西北牧区的商品交流,也只是从前朝延续下来的宗藩贡赐贸易和边境互市贸易,牧区内部的商业封闭性依然浓厚。天山以北的准噶尔人游牧区,"全境不乏泉甘土肥、宜种五谷之处,然不尚田作,惟以畜牧为业,择丰草绿缛处所驻牙而游牧焉,各有分地。问富强者,数牲畜多寡以对。饥食其肉,渴饮其酪,寒衣其皮,驰驱资其用,无一事不取给于牲畜"[④]。外蒙古地区的喀尔喀牧民"不谙播种,不食

---

[②] 近年来的相关研究成果有,沈斌华的《内蒙古经济发展史札记》,内蒙古人民出版社1983年;卢明辉、刘衍坤合著的《旅蒙商——17世纪至20世纪中原与蒙古地区的贸易关系》,中国商业出版社1995年;殷晴主编的《新疆经济开发史研究》,新疆人民出版社1995年;牛敬忠的《近代绥远地区的社会变迁》,内蒙古大学出版社2001年;米镇波的《清代中俄恰克图边境贸易》,南开大学出版社2003年;闫天灵的《汉族移民与近代内蒙古社会变迁研究》,民族出版社2004年;乌云格日勒的《十八至二十世纪初内蒙古城镇研究》,内蒙古人民出版社2005年;乌日陶克套胡的《蒙古族游牧经济及其变迁》,中央民族大学出版社2006年;王建革的《农牧生态与传统蒙古社会》,山东人民出版社2006年;蔡家艺的《清代新疆社会经济史纲》,人民出版社2006年;刘卓的《新疆的内地商人研究——以晚清、民国为中心》,复旦大学历史系2006届博士学位论文未刊稿;王卫东的《融会与建构——1648—1937年绥远地区移民与社会变迁研究》,华东师范大学出版社2007年;等等,均未系统论述西北牧区的商业变迁问题。

[③] 安介生:《山西移民史》,第346页,山西人民出版社1999年。

[④] 傅恒等修纂:《钦定皇舆西域图志》,卷三十九,风俗,准噶尔部,畜牧,乾隆四十七年增修,乾隆"四库全书"本。

五谷,毡房为家,游牧为业,分布散处。人户殷繁,牲畜遍满山谷。富者驼马以千计,牛羊以万计,即赤贫之家,亦有羊数十只,以为糊口之资。冬则食肉,夏则食乳。以牛、羊、马乳为酒,以粪代薪,器具用木。至代烟、砖茶,尤为要需,家家时不可少。男女皆一律冠履皮靴、皮帽,冬用皮裘,夏着布衣,富者间或亦用细缎。不使钱文,鲜需银两。至日用诸物,均向商民以牲畜皮张易换"⑤。甘青牧区的"番族,依深山而居,不植五谷,惟事畜牧,磨面和乳以为食,果其腹者,畜类也"⑥。牧区内部交换的稀疏,使牧民之间极少通过定期的集市进行商品买卖,只有在节日期间或者庙会之上,才会相互易换彼此所需的物品⑦。

据杜佑《通典》卷 74 考证,宗藩关系之下的贡赐贸易,自周代就产生了。当时各地诸侯和藩属,都有定期向天子朝觐和贡奉方物的义务;周天子为了笼络他们,则在以礼相待的同时,还进行薄来厚往的物品回赐,以示怀柔远人的圣心。后来历代中原王朝均大体承袭了这一做法,并把它变成具有一定贸易功能的政治活动。藩属的朝贡使团在完成宫廷之间物品交换的同时,允许其成员和随使团行动的商队,在指定的线路和地点从事经贸活动。清朝初年,天山以北的卫拉特蒙古准噶尔部、外蒙地区的喀尔喀蒙古各部、青海地区的和硕特部等蒙古王公,均与清朝中央政府之间保持着密切的贡赐贸易关系。如噶尔丹在建立准噶尔汗国后,"贡使往来进一步频繁,几乎每年都有商队进入北京,有时甚至一年数起。其中既有噶尔丹直接派遣的商队,也有由其属下各台吉遣发而来的商队。进贡商队规模大小不一,少的数十人,多的数百人、千余人或数千人不等";而"按照清朝政府规定,凡贡使进京纳贡,其所带货物分别于两地进行交易。毛皮细软便于驼载者随贡使进京易换,牛、羊、马、驼、葡萄、硇砂、羚羊角及普通的毛皮等物,则留于沿途出售"。沿途贸易的地点,或在归化城和张家口,或在肃州(今酒泉市)与哈密。贡使到北京以后,在会同馆设立 3—5 天的临时集市,由户部派专人购买。沿途贸易分为官换和民换两种,前者由官府用库银和库藏绸缎、茶叶、布匹等相兑换,后者由政府指定的富商大贾包揽贸易,严防内地官民套购⑧。

边境互市贸易,一般认为最晚始自汉代,到唐宋代以后,发展成为以茶马贸易为主要内容的民族间贸易形式。清沿明旧制,于顺治二年(1645 年)在陕甘建立了西宁、洮州、河州、庄浪、甘州 5 个茶马司,掌管相关贸易事务。茶马

---

⑤ 佚名修纂:《乌里雅苏台志略》,转引自陈桦:《清代区域社会经济研究》,第 208 页。
⑥ 张之浚等修纂:《古浪县志》,风俗志,番夷回类附,乾隆十五年刻本。
⑦ 蔡家艺:《清代新疆社会经济史纲》,第 71 页。
⑧ 蔡家艺:《清代新疆社会经济史纲》,第 74—78 页。

贸易于雍正十三年(1735年)正式停罢[9]。不过贸易内容上来看,茶马贸易并不完全等同于边境互市贸易,因为茶马贸易的主要内容,是用内地的茶叶交换牧区的马匹,并且仅限于陕甘5地进行。而内地与蒙古间的互市贸易,却在张家口、归化、肃州、巴里坤、乌鲁木齐、伊犁、塔尔巴哈台等北方广大地区同时进行着;并且这些地点相互交换的商品,既有内地产的丝绸、布匹、日用品等,也有牧区产的药材、牛羊、皮张等,远非茶马贸易可比[10]。

不过,作为清朝初年内地与牧区间商品交流主要方式的边境互市贸易,其"商业辐射能力十分有限,这种形势一直持续到清中叶。这一时期内地与北方游牧民族的关系相对封闭,双边贸易只在边缘城市定期进行,基本上就是茶马贸易。顺治、康熙年间,政府仍禁止商人直接进入草原,草原的商品交易在蒙古王公组织下进行。秋冬之间,王公所派官员带领队伍,集合牛羊,到指定的边缘城市与汉人进行物物交换。从草原到边缘城市,少则几十天,长则三四个月,对于一般牧民而言,这是相当不便的"[11]。结果使得清代前期的蒙古族,基本上还是一个游牧民族,畜牧业在其社会生产中占居主导地位,农业、手工业、商业只占有很小的比重,社会经济处于落后状态[12]。

## 二、互市贸易的废止与照票贸易的兴起

### (一)互市贸易的废止

崛起于塞外的满清贵族,在入主中原以后,接受中国北部长期对峙的历史教训,尝试实行与前代很不相同的民族政策,即通过同化和控制相结合的手段,将长城内外融为一体。也就是康熙皇帝所说的,"本朝不设边防,以蒙古部落为之屏藩"的方略[13],以图从根本上解除草原民族对内地的军事威胁。具体做法,是政治上在牧区推行盟旗制度,严厉分割、封禁和控制蒙古各部;经济上让持有照票的内地商人到指定的盟旗从事贸易,间接强化对牧区的经济束缚。这样,仅限于边境的互市贸易,便不适应中央政府及蒙汉双方的经济需要了。

青海地区作为清初茶马互市贸易的重点区域,原本"只准蒙、藏人民在指

---

[9] 王晓燕:《论清代官营茶马贸易的延续及其废止》,《中国边疆史地研究》,2007年第4期。

[10] 蔡家艺:《清代新疆社会经济史纲》,第78—84页。

[11] 王建革:《农牧生态与传统蒙古社会》,第423页。

[12] 陈桦:《清代区域社会经济研究》,第207页,中国人民大学出版社1995年。

[13] 陈桦:《清代区域社会经济研究》,第217页。

定的地点互市,不准进入内地交易";后来,随着清政府"划编蒙旗及在藏族中设置千百户的措施已逐步完成,对青海蒙藏地区的统治大大增强,所需马匹可以通过贡赋形式直接征集,无需以茶易马。公元1735年(清雍正十三年)又将五茶马司裁撤,改征茶封税款。于是由唐朝开始延续了一千年左右的茶马制度从此告终"。此后,在西宁、大通、贵德、循化等地,出现了持有官方照票的中间商人,他们从事官府和蒙藏牧区之间的货物交易,以粮食、茶叶、烟草、烧酒、布匹等内地商品,交换青海所产的皮毛、牲畜、鹿茸、麝香等土特产[14],这样,边境互市贸易,便自然而然地转向了腹地照票贸易。

(二)照票贸易的兴起

清代的照票贸易,分为随军贸易与普通贸易2种形式。

普通照票贸易大致开始于雍正五年(1727年)。这一年,清政府将喜峰口、古北口、独石口、张家口、归化城、杀虎口、西宁等地,指定为汉人进出蒙地经商的贸易孔道,规定凡前往内外蒙古和漠西厄鲁特蒙古牧区深处从事贸易的内地商人,必须经过张家口的察哈尔都统、多伦诺尔同知衙门、归化城将军、西宁办事大臣的批准,并颁发给盖有皇帝印玺的营业照票即"龙票",又称"部票",才能在指定的蒙古盟、旗境内经商。该照票用满、蒙、汉3种文字书写,填写有经商人数、姓名、商品种类、数量、回程日期等内容,在指定地区蒙古官吏的验证和监督下从事贸易。无票者严厉禁止进入草原腹地[15]。照票规定旅蒙商的经商时间以1年的年限,不准携带家属,更不准在经商地成家[16],故称"雁行商人"。这就为内地商人在草原的本地化经营,制造了巨大障碍,不利于牧区商业的进一步发展。

从事照票贸易的内地商人,与蒙古草原之间的商贸往来,主要是通过在前代基础上新建和扩建的驿道进行的。清朝前期,内地通往内蒙古地区的主要驿道有5条,它们分别是长城沿线边关的喜峰口、古北口、独石口、张家口、杀虎口,它们均呈南北走向,东西并列,共同伸向草原腹地。其中的喜峰口一路,南起直隶永平府的喜峰口,北达内蒙古哲里木盟的哈达罕,全长1600多里,共设18个驿站;古北口一路,南起直隶顺天府的古北口,北达内蒙古锡林郭勒盟的阿鲁噶穆尔,全长900多里,共设16个驿站;独石口一路,南起直隶宣化府的独石口,北达内蒙古锡林郭勒盟的瑚鲁图,全长600多里,共设7个

---

[14] 青海省志编纂委员会编:《青海历史纪要》,第198—199页,青海人民出版社,1991年。

[15] 张正明《晋商兴衰史》第72页,山西人民出版社1995年。

[16] 卢明辉、刘衍坤:《旅蒙商——17世纪至20世纪中原与蒙古地区的贸易关系》,第32—33页。

驿站；张家口一路，为直隶连接内、外蒙古的最重要的一条驿道，它南起直隶宣化府的张家口，北达内蒙古乌兰察布盟的吉斯洪伙尔，全长500多里，共设19个驿站，从吉斯洪伙尔站再往北，通往外蒙古的乌里雅苏台；杀虎口一路，南起山西朔平府的杀虎口，分东西两路抵达内蒙古地区，东路北达归化城，共设4个驿站，西路达于伊克昭盟的察汉扎达盖，共设7个驿站。通往外蒙古地区的主要驿道有2条。一条是从内蒙古乌兰察布盟的吉斯洪伙尔向西北方向，通往科布多的驿道。它分为数段，从吉斯洪伙尔北达外蒙古的土谢图汗部的奇拉伊水呼尔，再到赛尔乌苏，共6站；从赛尔乌苏到三音诺颜部的哈拉尼敦，共21站；从哈拉尼敦再到乌里雅苏台，共20站；从乌里雅苏台再到科布多，共14站。另一条是从赛尔乌苏向北通往库伦(今蒙古国乌兰巴托)，再到中俄边界的恰克图，共26站。这两条驿道，都向南与始自张家口的驿道相连接，政治、军事、经济意义重大，又名阿尔泰军台[17]。往来于这些商路上的内地商人，主要来自山西、直隶、山东等省份，而以山西商人最为活跃[18]。他们用内地生产的茶叶、布匹或其他日用品，到草原上交换牧民生产的牲畜、皮张和药材。

　　在清朝前期，到口外做蒙古生意的内地商人，通常被称为旅蒙商、拨子商、外馆，其主要基地是张家口和归化城。

　　张家口地处万全都司，明代隆庆年间(1567—1572年)被定为与蒙古间的互市之地，主要贸易商人是号称"八大家"的晋商。清初属宣化府万全县，雍正二年(1724年)置张家口直隶厅，成为中俄贸易的重要口岸。乾隆二十年(1755年)，清政府停止了俄国官方商队直接入京贸易的传统做法，将双方贸易的地点统一限定在边城恰克图一地，张家口转化为中俄贸易的转运枢纽。从事中俄贸易的晋商，一方面将从内地贩运来的茶叶、丝绸和棉布等大宗商品，输往俄国和蒙古草原；另一方面又将俄国的呢绒、蒙古的皮毛和牲畜输入内地[19]，使张家口日益发展成为蒙古贸易特别是中俄贸易的核心城市之一。归化城作为旅蒙商人的另一个营业基地，大约兴建于1581年，后经多次重修，至乾隆元年(1736年)基本定型；其东面建设的绥远城，主要用来驻军[20]。受地理区位和经商传统的影响，以归化城为人员和商品集散地的内地商人，也主要是晋商。在商业鼎盛的时期，归化城里的旅蒙商号有四、五十家，其中最负盛名者，为大盛魁、元盛德、天义德"三大号"，它们的总号下面，还陆续设立了遍布各

---

[17] 陈桦：《清代区域社会经济研究》，第212—215页。
[18] 乌云格日勒：《十八至二十世纪初内蒙古城镇研究》，第20页。
[19] 许檀：《清代前期北方商城张家口的崛起》，《北方论丛》1998年第5期。
[20] 乌云格日勒：《十八至二十世纪初内蒙古城镇研究》，第53—56页。

地的分庄、小号、作坊等分销机构[21]。

清代前期,内地商人从事照票贸易的典型代表,莫过于由山西商人经营的旅蒙商号大盛魁。它作为"清代至民国初年在内外蒙古地区规模很大的一家蒙古商号,它从清代康熙、雍正年间开业,到 1929 年宣告歇业,有二百多年的历史。大盛魁总柜设于归化城,以乌力雅苏台、科布多为中心,活动于内蒙西部和外蒙大部地区;以放"印票"帐(即高利贷——笔者)为主,经营牲畜、皮毛、药材、日用百货等业务;京、津、沪、杭、晋、冀、鲁、豫、湖、广(湖广应为一体,即明代湖广行省,清代分为湖北、湖南 2 个行省,亦称两湖——笔者)等地,均有它的分支、小号和坐庄人员;它的从业人员连同雇佣的牧民、工人,有六、七千人;它的贸易总额,一般年份约在白银一千万两左右。像这样的大商号,在过去内蒙地区是独一无二的"[22]。自从康熙二十九年(1690 年)清军与噶尔丹的军队在乌兰布通大战之后,蒙古西部地区便成为清朝与准噶尔汗国军事对抗的前沿。而以随军贸易为主要内容的大盛魁商号,在成立的初期,便把总号设在了定边左副将军驻地、俗称"前营"的乌里雅苏台,而把分庄设在参赞大臣的驻地科布多和内蒙地区的归化城等地。后来,大盛魁不断扩大营业范围,不仅服务于军政人员,而且也放贷给蒙古王公;乾隆末年开始,它包办了政府在外蒙的税收;嘉庆八年(1803 年)以后,它又乘政府清理无效照票的时机,廉价收购了被驱逐的旅蒙商号,承继了它们在外蒙的贸易关系,进一步壮大了商业势力和营销网络。到了"道光年间,大盛魁一方面扩大销售地区和增加经营货物品种的数量,一方面加大放印票帐的数量。这时清朝把征收驿站的费用也包给大盛魁,这样,大盛魁的营业就更加发展了"[23]。

### 三、"赶大营"贸易与内地商人的本土化

(一)清代前期的"赶大营"贸易

"赶大营"作为内地商人随军贸易的一种商业形式,由来已久。清朝前期的"赶大营"贸易,是照票贸易的重要表现形式和组成部分。随军贸易的起因,缘于缺乏足够后勤保障的远征军队,对生活物资的大量需求。由于战事难料,所以,随军照票只是一种身份认证,并不像普通照票那样限定经营时间,并且在战事结束后,还鼓励内地商人携带家属,扎根边疆屯田经商[24]。这就为内地

---

[21] 沈斌华:《内蒙古经济发展史札记》,第 123—125 页,内蒙古人民出版社 1983 年。
[22] 内蒙古政协文史委:《旅蒙商大盛魁》,前言,《内蒙古文史资料》,第 12 辑,1984 年。
[23] 内蒙古政协文史委:《旅蒙商大盛魁》,第 4—5 页。
[24] 谢玉明:《赶大营的"路单"和"大篷车"》,《西青文史资料选编》第 4 辑,第 53 页。

商人在经商地的本土化经营,提供了方便。

清朝初年,天山南北地区处在卫拉特蒙古(明代称瓦剌)的后裔噶尔丹建立的准噶尔汗国的统治之下。噶尔丹为了扩张自己的势力,多次率军攻打早已归顺清朝的喀尔喀蒙古各部,并无视和违反清廷的禁令。为此,清朝军队自康熙二十九年(1690年)开始,便多次大举征讨准噶尔汗国。双方间的战争断断续续,互有胜负,直到乾隆二十四年(1759年),清朝军队才彻底击败了准部、回部的叛乱,控制了巴尔喀什湖以东、天山南北的广大地区。与此同时,内地商人的随军贸易也如影随形,如火如荼。

曾在康、雍、乾年间历任数省巡抚的纳兰常安,于其名著《行国风土记》中,详细记述了直隶和山西等省商人,在随军贸易途中历尽艰险、跌宕起伏的经商过程:"塞上商贾,多宣化、大同、朔平(治今右玉县)三府人,甘劳瘁,耐风寒,以其沿边居住、素习土著故也。其筑城驻兵处则建室集货,行营进剿时亦尾随前进,虽锋刃旁午(舞)、人马沸腾之际,未肯裹足。轻生而重利,其情乎?当大军云集,斗米白镪十两,酒面果蔬虽少,售亦需数金,一收十利,意犹未足。其货小其秤入,银大其戥进,官兵受其愚,恬不为怪。是以收利盈千万亿,致富不赀。以其所获,增买橐驼,百金购一,犹云不昂。每自边口起发,一字尾行,数里不绝;一家所蓄,少亦盈百。至于赤手贫乏之人,伐薪刈草,亦积数百金。得之易,视之轻,骄奢淫逸日甚。及大军既撤,仅留守戍官军,食口既少,则所需不繁,货价大减。且需驼无人,一驼仅值二十金,商贾为之色沮,落魄失业者比比皆然。至不得已,以现有之驼,依然往返载运,运至军营,居住商民受之,分廛列市,零星转售;虽获利霄壤于前,然较之内地尚有余饶。"㉕

内地商人的随军贸易,不仅为边疆的政治统一与稳定做出了贡献,而且加强了牧区与内地之间的商品流通。据陕西总督文绶乾隆二十七年(1762年)的调查,随着内地商人的不断涌入,天山北路地区的商业贸易出现了非常繁荣的景象。新建的军城巴里坤,"城关内外,烟户铺面,比栉而居,商贾毕集";商业重镇奇台,"内地商贾,艺业民人俱前往趁食";而乌鲁木齐"商贾辐辏,比之巴里坤城内,更为殷繁"㉖。

(二)清末民国的"赶大营"贸易

1864年,新疆的回族和维族人在陕甘回民起义的影响下,也于天山南北起兵反清。他们攻占库车、乌鲁木齐、哈密、玛纳斯、喀什噶尔等城市,建立割

---

㉕ 谢国桢选编,牛建强等校勘:《明代社会经济史资料选编》,下册,第37—38页,福建人民出版社2005年。

㉖ 文绶:《敬陈嘉峪关外情形疏》,载贺长龄辑《皇朝经世文编》卷八一。

据政权,并勾结外国人分裂祖国。1865年,中亚浩罕国的将领阿古柏,应喀什噶尔政权的邀请率军入侵中国,到1870年,便控制了整个南疆和北疆的部分地区。阿古柏政权一方面投靠俄、英和土耳其,一方面残暴压榨新疆人民,造成了中国西北边疆主权和领土的严重危机。为此,清政府在1873年镇压了陕甘回民起义之后,便于1875年,任命左宗棠为钦差大臣,督办收复新疆的军务。入疆清军在刘锦棠、金顺、张曜等将领的直接指挥下,于1878年收复了除伊犁地区之外的全部新疆领土[27]。

为了解决入疆平叛军士的生活所需,清军利诱和招募肯于吃苦耐劳的山西、甘肃、陕西、湖南、四川等内地商人,源源加入到随军贸易的行列之中。"西征之师,北出蒙古至科布多、乌里雅苏台者为北路,西出嘉峪关至哈密、巴里坤为西路。师行所至,则有随营商人奔走其后,军中资用,多取供之"[28]。在这一过程中,来自天津杨柳青镇的商贩们,也陆续加入到"赶大营"的行列之中。当时,"清军进兵新疆一带的营幕称为'西大营',杨柳青人跟随进军路线沿途肩挑小篓做生意,称为'赶大营'。在新疆平定之后,天津商帮已在新疆构成财力雄厚的商业网络,再去新疆的后继之人,则称为'上西大营'。凡在新疆发财还乡的人,在杨柳青地区称为'大营客'。天津商帮的新疆之旅,经历了三、四代人,直到民国初年,延续了半个多世纪,乃至'七七'抗战爆发,再上西大营之人基本绝迹"[29]。

(三)"赶大营"的北中南三大商路

在近代历史时期,内地商人赶往西北牧区经商的路线有很多条。以民国时期从华北到达天山北部地区的商路为例,就主要有3条(参见图4)。

一是北路。先从天津乘火车沿北宁铁路(1907年通车)向北,经秦皇岛等地到达沈阳,再转南满铁路(1903年通车)经长春等地到达中东铁路上的滨江(今哈尔滨),再向西经龙江(今齐齐哈尔)、呼伦(今海拉尔)、胪滨(今满洲里)沿西伯利亚铁路(1903年通车)进入俄国境内,再向南沿阿尔泰支线转入土西铁路(1930年通车)上的塞尔角波尔,再乘马车向东,到达中国新疆的塔尔巴哈台(俗称"北丫",今塔城市)等地。这条线较为快捷(全程约25天),但费用很高(300余元),故以客运为主。

二是中路,由天津乘火车向西沿京包铁路抵达张家口、归化城、包头

---

[27] 玛丽亚木·阿布来提:《论左宗棠收复新疆》,《新疆地方志》,2005年第3期。

[28] 《新疆纪略》,第22页,东京天山学会,1918年。

[29] 王鸿逵、于焕文、谢玉明合著的《天津商帮"赶大营"始末》,载于天津市政协文史委、西青区政协文史委编《津西古今采珍》,天津百花文艺出版社,1993年。

(1909年通车至张家口,1921年至归化城,1923年至包头)等地,或采用骆驼和牛车运输的方式,由万全(即张家口)向北,经滂江、叨林、库伦到达中俄边境的恰克图,或向西经塞尔乌苏沿"大草地"驼路,经乌里雅苏台、科布多到达新疆西北部的承化(今阿勒泰市)、塔城;或由归化城、包头沿"小草地"驼路向西经百灵庙、三德庙、五个井子,到达新疆的镇西(今巴里坤哈萨克自治县)、古城(今奇台县)、迪化(乌鲁木齐)等地。此路全程需半年左右,时间虽久,但运费低廉,故以货运为主。

三是南路,大体沿陇海铁路向西,经河西走廊到达哈密、古城、迪化等地。不过,由于陇海铁路修筑缓慢(1909年开封至洛阳间通车,1932年通车至潼关,1935年才通车至西安),所以该条线路上,铁路运输的作用甚微,骆驼和马车依然是主要的交通工具。这条线全程约需半年左右,客票全价为银50两,以客运为主,兼做货运㉚。

表1  1922年前后杨柳青人"赶大营"的南线路单  里程单位:华里

| 地名 | 里程 | 备注 | 地名 | 里程 | 备注 | 地名 | 里程 | 备注 |
| --- | --- | --- | --- | --- | --- | --- | --- | --- |
| 良王庄 | 25 | 下属直隶省 | 阌乡县 | 20 | | 丰落堡 | 70 | 应为乐丰 |
| 静海县 | 25 | | 盘头镇 | 20 | | 永昌县 | 90 | |
| 唐官屯 | 50 | | 文底里 | 20 | | 阌底镇 | | 水泉子 | 60 | |
| 兴济 | 60 | | 潼关 | 20 | 下属陕西省 | 新河 | 90 | |
| 沧州 | 40 | 当时为沧县 | 花庙 | 35 | | 华岳庙 | 40 | |
| 半壁店 | 30 | | 柳子 | 55 | | 东安县 | 40 | 应为东乐县 |
| 南皮县 | 25 | | 池水 | 45 | 应为赤水 | 甘州城 | 70 | 时为张掖县 |
| 东光县 | 45 | | 渭南县 | 25 | | 沙河 | 70 | 沙河堡 |
| 连镇 | 20 | | 零口镇 | 35 | | 高台县 | 80 | |
| 桑园 | 50 | 下属山东省 | 临潼县 | 40 | | 花墙堡 | 70 | |
| 德州 | 50 | 当时为德县 | 西安省 | 50 | 今西安市 | 盐池 | 60 | 盐池驿 |
| 苦水堡 | 40 | | 咸阳城 | 50 | | 临水 | 100 | 临水驿 |
| 恩县 | 30 | | 店张驿 | 40 | | 肃州城 | 60 | 时为酒泉县 |
| 要塞 | 30 | 应为腰站 | 醴泉县 | 30 | 今礼泉县 | 嘉峪关 | 70 | |

---

㉚ 樊如森:"民国时期西北地区市场体系的构建",《中国经济史研究》,2006年第3期。

| 地名 | 里程 | 备注 | 地名 | 里程 | 备注 | 地名 | 里程 | 备注 |
|---|---|---|---|---|---|---|---|---|
| 高唐州 | 30 | 当时为高唐县 | 铁佛寺 | 40 |  | 惠回堡 | 90 |  |
| 郭平 | 45 | 应为博平县 | 将军镇 | 40 |  | 赤金峡 | 100 |  |
| 东昌府 | 45 | 当时为聊城县 | 永寿县 | 40 |  | 玉门县 | 90 |  |
| 沙镇 | 45 |  | 代玉 | 40 | 应为太峪 | 三道沟 | 50 |  |
| 深县 | 35 | 应为莘县 | 邠州 | 30 | 当时为邠县 | 布隆吉 | 90 |  |
| 潮城县 | 45 | 应为朝城县 | 亭口 | 40 |  | 小湾 | 90 | 应为小宛驿 |
| 贯城县 | 45 | 应为观城县 | 长武县 | 40 |  | 安西州 | 70 | 时为安西县 |
| 观音庙 | 45 | 下属直隶省 | 高家鸟 | 60 | 下属甘肃省 | 白墩子 | 大90 |  |
| 开州 | 45 | 当时为濮阳县 | 泾川县 | 40 |  | 红柳园子 | 70 |  |
| 白道口 | 50 | 以下属河南省 | 白水 | 70 |  | 大泉 | 80 |  |
| 李道口 | 60 | 道口镇 | 平凉府 | 70 | 时为平凉县 | 玛莲井子 | 70 | 马连井子 |
| 奇门 | 45 |  | 安国镇 | 40 |  | 猩猩峡 | 80 | 星星峡(新疆) |
| 卫辉府 | 45 | 当时为汲县 | 瓦亭 | 50 |  | 沙泉子 | 90 |  |
| 新乡县 | 50 |  | 和尚堡 | 15 | 和尚铺 | 苦水 | 80 |  |
| 贺甲县 | 50 | 应为获嘉县 | 六盘山 |  |  | 盐墩 | 大90 | 应为烟墩 |
| 徐羊驿 | 35 |  | 隆德县 | 30 |  | 长流水 | 70 |  |
| 木狼店 | 35 | 应为木栾店 | 神林铺 | 45 |  | 黄土岗 | 80 | 应为黄芦冈 |
| 大司马 | 55 |  | 静宁州 | 45 | 时为静宁县 | 哈密 | 70 |  |
| 温县 | 45 |  | 高家堡 | 45 |  | 头堡 | 70 |  |
| 召贤镇 | 30 |  | 清江驿 | 45 | 清江驿 | 三堡 | 70 |  |
| 孟县 | 30 |  | 会宁县 | 90 |  | 三道岭 | 70 |  |
| 郭村 | 15 |  | 青莲山 | 90 |  | 辽墩 | 90 | 应为瞭墩 |

479

| 地名 | 里程 | 备注 | 地名 | 里程 | 备注 | 地名 | 里程 | 备注 |
|---|---|---|---|---|---|---|---|---|
| 黄河口 | 18 | | 安定县 | 40 | 定西县 | 一碗泉 | 90 | |
| 铁谢 | 3 | | 程口驿 | 50 | 应为秤钩驿 | 车古轮泉 | 60 | |
| 河南府 | 45 | 当时为洛阳县 | 甘草店 | 40 | | 奇个井子 | 70 | 应为七角井 |
| 磁涧 | 40 | | 响水子 | 80 | | 头水 | 90 | |
| 新安县 | 30 | | 兰州城 | 40 | | 大石头 | 60 | |
| 铁门 | 30 | | 于家湾 | 40 | | 三个泉子 | 120 | |
| 渑池县 | 60 | | 红城子 | 100 | | 木垒河 | 90 | |
| 观音堂 | 40 | | 平番县 | 90 | 永登县 | 奇台县 | 90 | 旧奇台 |
| 硖石堡 | 25 | | 岔口驿 | 70 | | 古城子 | 90 | 奇台县 |
| 张茅 | 20 | | 镇羌驿 | 50 | | 济木萨 | 90 | 孚远县 |
| 磁钟 | 25 | | 湘子庙 | | | 三台 | 70 | |
| 陕州 | 35 | 当时为陕县 | 龙沟堡 | 45 | | 滋泥泉 | 90 | |
| 桥头沟 | 10 | | 古浪县 | 45 | | 阜康县 | 90 | |
| 灵宝县 | 45 | | 大河驿 | 60 | | 黑沟 | 70 | |
| 大字营 | 40 | | 凉州 | 70 | 时为武威县 | 迪化县 | 大 60 | 俗称红庙子 |

资料来源：谢玉明《赶大营的"路单"和"大篷车"》，第54—60页；地名考证参考屠思聪著《中华新形势一览图》，上海世界舆地学社1926年；欧阳缨编绘《本国分省精图》，湖南新化亚新地学社1939年。

表注：路单记录者杨柳青大车运输商范玉春，受个人对外省地名熟悉程度和方言口音的限制，难免出现讹误。

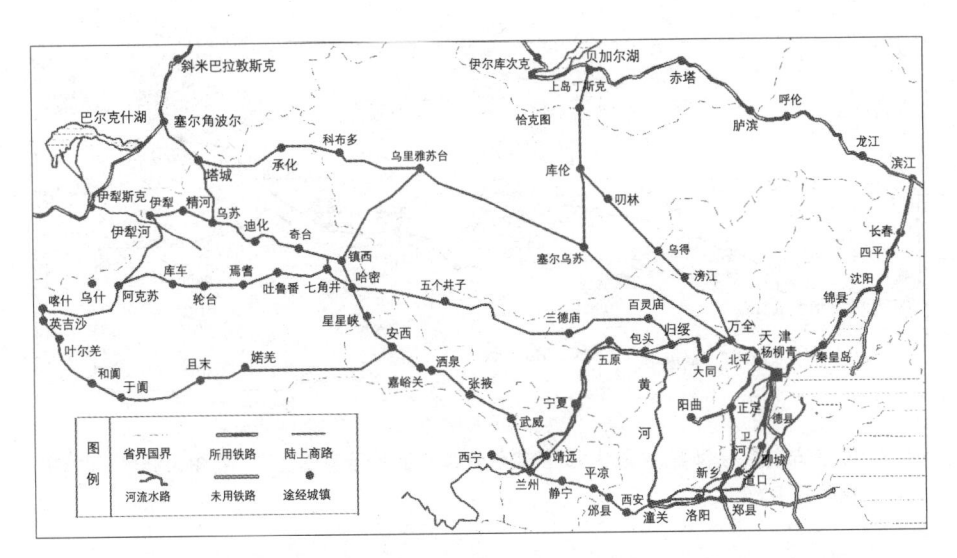

图1　1922年前后杨柳青人"赶大营"的南线直隶山东段示意图。底图为屠思聪著《中华新形势一览图》，上海世界舆地学社1924年。

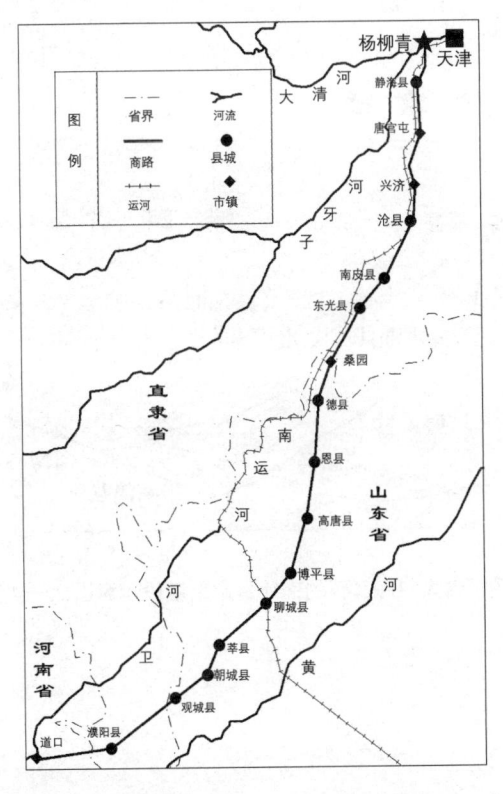

图2　1922年前后杨柳青人"赶大营"的南线河南陕西段示意图之一。底图为屠思聪著《中华新形势一览图》。

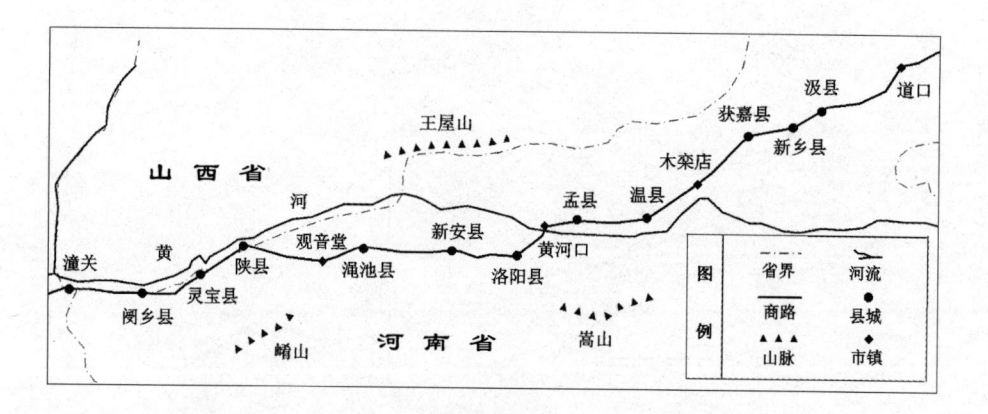

图3 1922年前后杨柳青人"赶大营"的南线河南陕西段示意图之二。底图为屠思聪著《中华新形势一览图》。

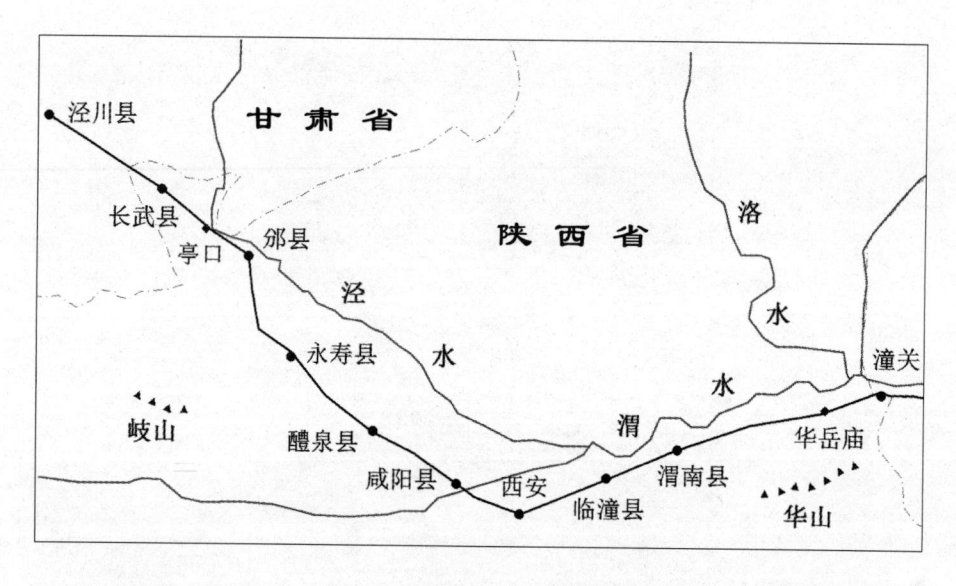

图4 1922年前后杨柳青人"赶大营"的南线甘肃新疆段示意图之一。底图为屠思聪著《中华新形势一览图》。

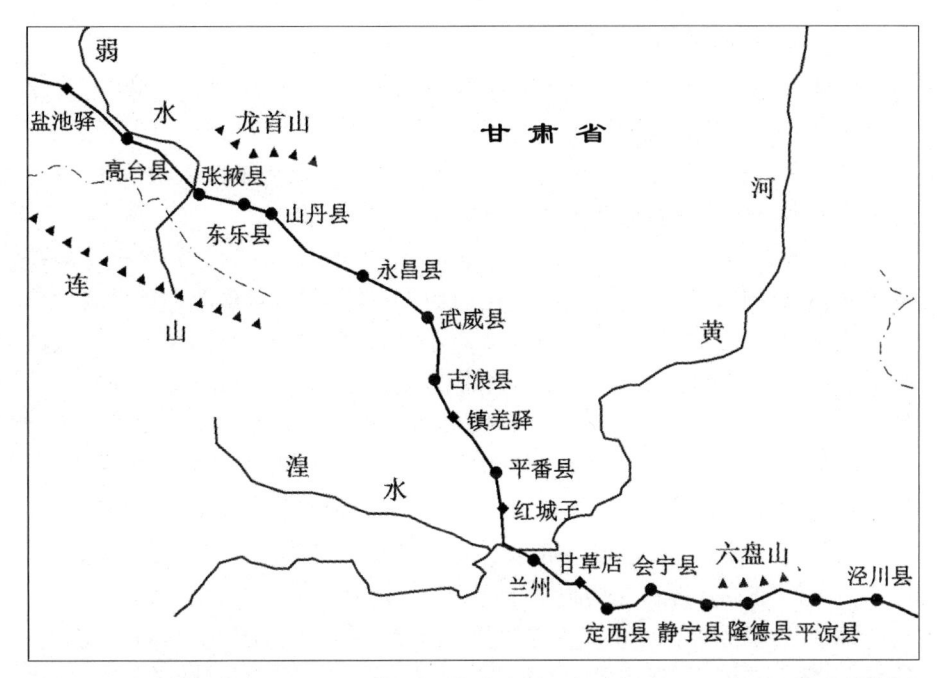

清代民国西北牧区的商业变革与内地商人

图5 1922年前后杨柳青人"赶大营"的南线甘肃新疆段示意图之二。底图为屠思聪著《中华新形势一览图》。

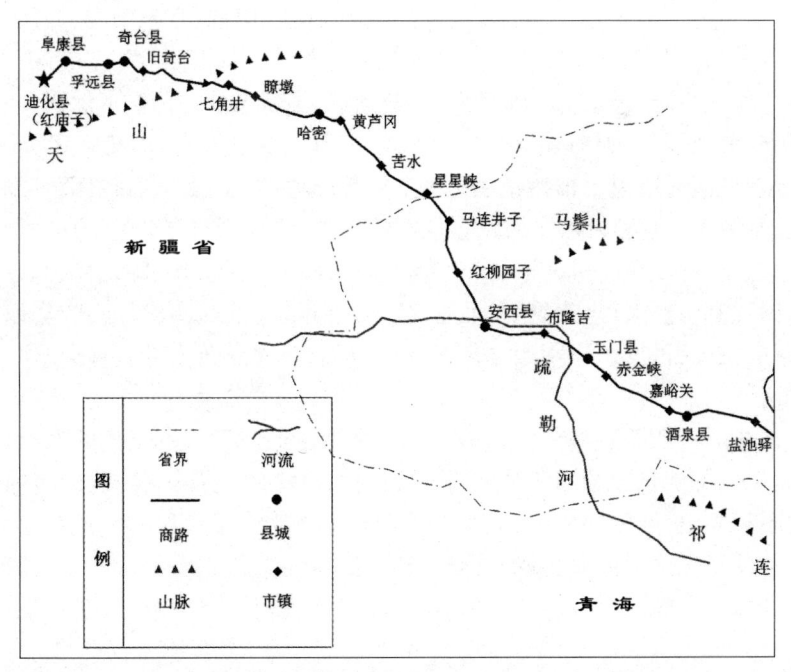

图6 1932年前后西北(新疆)与天津等内地市场间的三大商路示意图。底图为丁文江、翁文灏、曾世英合编《中华民国新地图》，上海申报馆，1934年。

## (四)内地商人的本土化

和清代前期历时70年(1690—1759年)绵长而动荡的"赶大营"历程不同,清代后期的"赶大营"活动,只有短短的4年(1875—1878年)。随着天山南北地区的回归和新疆建省后的稳定,到清末民国时期,内地商人便落地生根,纷纷从事本土化的商业经营了。

内地各省"赶大营"的商人当中,完成这一身份转化的,首先是抵达新疆最早,营业范围最广,势力也最大的山西商人。他们"经营事业之重大者为票号及茶庄,因其资本雄厚,故握有新省商业之大权";其次,是同样经营大宗茶叶贸易并与新疆政界军界关系密切的湖南商人;再次,才是贩运粗细杂货的"平津帮"[31]。再具体一些来说,"汉商则燕、晋、湘、鄂、豫、蜀、秦、陇共八帮。燕帮又分为京、津二联,各不相属。津人(多杨柳青人)当同光之初西师再出,首冒霜露,随大军而西。军中资粮充积,俘获所得,恣为汰奢,不屑较锱铢。故津人之行贾者,征贱居贵,多以之起家。其乡之人,一时振动,闻风靡从,谓之赶大营。及全疆肃清,遂首先植根基于都会,故今日津人之肆遍南北,居货无常,凡山海珍供,罗致无遗。惟其俗急功利,好虚荣,所致结纳长吏,以矜光宠。及其弊也,奢侈逾度,外强中干,往往而有。民国以来,此等习气渐渐革除,故津人犹执牛耳于商界也。京人(多武清人)则远不及津人。虽设肆遍南北,而在南路者,则多为押当业,恣取重利。晋商多富庶,同光以前,官茶引课,咸属晋商,谓之晋茶。乱后流离,转归湘人。然握圜府之权,关内输辇协饷,皆藉其手。故省城一隅,票号十余家。民国以来,协饷断绝,渐次歇业。然根本深固,改图他业,仍属可观。湘人从征最多,势亦最盛。然其人局度褊少,货殖非其所长。故凭藉虽厚,而无所施。惟擅茶引之权,占商务大宗。迩来茶引破坏,利复渐归津、晋及俄人。故湘人除在南路多从事放账外,北路则寥寥药铺而已。鄂人无大贾,多业手艺。豫、蜀亦无大贾,多贩药材,或设典肆。秦、陇之民,昔多贩运鸦片谋重利,近则此业甚微,转而积谷屯仓,贱籴贵粜以取利,或赍贷以征重息,或辇关中百货,以应稗贩之求,号曰行栈。其民忍苦耐劳,不鄙贱作,故久恒致富"[32]。

这些由行商而到坐贾的内地商人,虽然以天津商人本土化的时间最短,但是,他们却能依靠自身的吃苦耐劳和根在京津的经营优势,从诸多内地商帮中脱颖而出,到民国年间,成为新疆商业中居于支配地位的大商帮,为新疆商业的开发做出了很大贡献。1884年新疆建省以前,以杨柳青的"大营客"安文忠、周乾义、周乾哲、周乾风、周乾玉、张立亭、曹仲山、曹瑞山、李锡三、牛德

---

[31] 曾问吾:《中国经营西域史》,第685页,上海商务印书馆,1936年。
[32] 林竞:《新疆纪略》,第24—25页。

奎、乔如山、王一冠、李祥普、郭德奎、周质臣、王锦堂、萧连第、王兴芝等20余人为先导，在随军途中采用肩挑担运的行商形式，或者拆兑山西、陕西、甘肃籍老随军商贩手中的烟叶、茶叶、辣椒、针线、手巾、布袜等生活用品，或者就近采购周边居民的蔬菜、副食，然后挑到军营附近指定的"买卖圈子"进行贸易。清军收复迪化以后，他们又在城里大十字路口的附近修建了简易性住房，平时里或者在路边摆摊叫卖，或者挑担到周围的乡村和军营兜售。所经销的货物种类，包括迪化当地的土产，从伊犁口岸运入的俄国洋杂货，由湖南和四川商人从内地运来的茶叶和布匹，以及直接在天津采购的土洋杂货。民国年间，天津北门外针市街的隆顺里、耀远里、永德里、公议栈、曲店街的同茂栈、北门外的集祥公司等处，就常年设有"大营客"接收新疆货款、销售新疆货物、采购京津土洋货并运往新疆的办事处。同时，来到新疆的天津商人，还利用清军不断收复失地的机会，先后到北疆的古城、伊犁（绥定）、伊宁、惠远、额敏、塔城、阿山，南疆的焉耆、轮台、库车、阿克苏、乌什、喀什、英吉沙、叶尔羌、和阗等地拓展商务。他们或在当地开办京津杂货店、酒坊、中药坊、食品店及加工作坊，或者从事"支放"钱物的高利贷业务，无不大获其利[33]。"赶大营"的津商及其后继者们，不仅从事新疆当地市场间商品的余缺调剂，经营当地皮毛、药材对俄国的出口，销售俄国进口的工业产品，而且也贩运内地的京广杂货和天津洋货，并有不少人利用在新疆的商业积蓄，回到天津开办工商企业，西北边疆与内地间的经济交流中，起到了重要的桥梁和纽带作用。

---

[33] 王鸿逵、于焕文、谢玉明合著：《天津商帮"赶大营"始末》。

表2　1930—1932年由新疆往天津运销的皮毛　价值单位：元

| 类别 | 货物 | 数量 | 价值 | 货物 | 数量 | 价值 |
|---|---|---|---|---|---|---|
| 每年由新疆运到绥远并转运天津出口的货物 | 羊肠子 | 3000000根 | 2400000 | 扫雪皮 | 700张 | 28000 |
| | 羔庄皮 | 150000张 | 750000 | 灰鼠皮 | 30000张 | 24000 |
| | 库车黑羔皮 | 64000张 | 224000 | 猞猁皮 | 1200张 | 21600 |
| | 古城黑羔皮 | 20000张 | 26000 | 野狸子皮 | 25000张 | 37500 |
| | 油旱獭皮 | 450000张 | 405000 | 野猴子皮 | 3000张 | 1500 |
| | 狐皮 | 30000张 | 270000 | 狐腿子 | 22000对 | 17600 |
| | 狼皮 | 4000张 | 48000 | 鹿茸 | 4000斤 | 80000 |
| | 貂皮 | 300张 | 13500 | 羚羊角 | 450斤 | 270000 |
| 每年由新疆用骆驼直接运到天津出口的货物 | 马鬃马尾 | 120000斤 | 84000 | 白宰羊皮 | 24000张 | 36000 |
| | 巴哈白羔皮 | 45000张 | 40500 | 白羊毛 | 820000斤 | 16400 |
| | 库车白羔皮 | 30000张 | 24000 | 杂羊毛 | 1150000斤 | 172500 |
| | 古城白羔皮 | 22000张 | 19200 | 驼毛 | 250000斤 | 125000 |
| | 哈萨红羔皮 | 64000张 | 25600 | 干鹿角 | 4000斤 | 2000 |
| | 青山羊皮 | 2500张 | 2500 | 贝母 | 65000斤 | 13000 |
| | 山羊板皮 | 14000张 | 4200 | 枸杞 | 13000斤 | 4200 |
| | 狗皮 | 3000张 | 5100 | 蘑菇 | 20000斤 | 18000 |

资料来源：据陈赓雅：《西北视察记》第14—16页内容绘制，上海申报馆，1936年。

内地商人在新疆等地的本土化经营活动，促进了新疆商业的繁荣。到清末民国初期，迪化城的津商商号同盛和、永裕德、公聚成、复泉涌、聚兴永、德恒泰、新盛和、升聚永，因为资金雄厚，商品齐全，被誉为"津商八大家"。他们不仅在天山南北各主要城市设有分号，而且在天津、上海、北京等内地商埠设有商品代办机构[34]。民国成立以后，由于各省供给新疆的协饷断绝，才使得经手相关业务的晋商汇兑庄"无事可作，相继收束，南商茶庄亦受汇兑庄收束之影响，日渐衰微"。在这种情况下，平津帮才"在近二十余年中，遂驾山西帮而上之，执新省商业之牛耳。计新商二百四十余家中，平津帮几占十分之六"[35]。

---

[34] 贾秀慧：《试析近代新疆商业史上的"津帮八大家"》，《新疆地方志》，2004年第3期。
[35] 曾问吾：《中国经营西域史》，第686页。

486

## 四、国际市场的拓展与牧区商业的全面开放

清代中期以后,西北牧区商业的发展变化过程,不再仅仅受到国内政治形势、经济政策、军事活动、民族关系、市场状况的干预和制约,而且也越来越在地受到国际局势特别是日益扩大的国外畜产品市场的影响。

进入1850年代以后,中国被迫逐步向西方列强开放沿边、沿海和内陆市场,到1930年,共开放了一级条约和自开商埠115个[36]。其中,在西北牧区相继开放的有伊犁(1852)、塔尔巴哈台(1852,今塔城市)、喀什噶尔(1861,今喀什市)、库伦(1861,今蒙古国乌兰巴托)、迪化(1881,今乌鲁木齐市)、吐鲁番(1881)、哈密(1881)、古城(1881,今新疆奇台县)、肃州(1881,今酒泉市)、科布多(1881,今属蒙古国)、乌里雅苏台(1881,今属蒙古国)、归绥(1914,今内蒙古呼和浩特市)、张家口(1914)、多伦(1914)、包头(1922)等15个通商口岸,占中国对外开放商埠总数的13%强。它们与北方最大的对外贸易口岸天津(1860)相联通,构建起辽阔的国内外畜产品市场网络,进一步打破了西北牧区商业原有的落后封闭状态,促进了该区域的经济开发。

清末民国时期,西北牧区对国内特别是对国际市场的畜产品贸易,是从东、西、北三个方向上全面展开的。

其中,向东方向的对外贸易,主要辗转通过天津口岸展开。外国洋行则通

---

[36] 版图的变化、文本与实际的差异等因素,使得近代中国商埠数目的统计很不一致。漆树芬统计,1922年中国商埠97个,其中27个为自开商埠,70个为条约商埠(漆树芬:《经济侵略下之中国》,第二编第三章,上海独立青年杂志社,1926年)。吴松弟先生统计,1930年中国各类商埠、租借地、殖民地总数110个(吴松弟主编:《中国百年经济拼图——港口城市及其腹地与中国现代化》,第一章,山东画报出版社,2006年)。杨天宏统计,1924年中国自开商埠52个,"其数量几与条约口岸相埒"(杨天宏:《近代中国自开商埠研究述论》,《四川师范大学学报(社科)》,2001年第6期)。上述3人的统计中,只有漆氏详备每一商埠开放的法理和文案依据,吴、杨2人统计皆阙相关详细备注,故本文暂依漆著为基础进行考究。然漆氏数据中尚未包括者还有:外蒙古地区的库伦(1861)、乌里雅苏台(1881)、科布多(1881)3个条约商埠,台湾地区的安平(台南1860)、沪尾(淡水1860)、鸡笼(基隆1861)、旗后(打狗1863)4个条约商埠、鸦片战争时期形成的香港(附加九龙半岛租借地)和澳门2个殖民地、大连湾(大连1898)、威海卫(威海1898)、胶州湾(青岛1898)、广州湾(湛江1899)4个租借地,1922年以后正式开放的无锡(1923)、宾兴洲(江西1923)、蚌埠(1924)、铜鼓(广东1924)、中山港(1930)5个自开商埠。另外,漆著将吴淞列为德国约开商埠,经核应为自开(宝山区史志委编:《吴淞区志》,上海社会科学院出版社,1996年)。据上笔者认为,至1930年为止,中国的一级商埠总数应该是115个,其中条约商埠82个,自开商埠33个。

过天津及其腹地的传统市场网络,收购西北牧区的畜产品进而再出口到国际市场。1873年的津海关贸易报告指出,"天津特有之出口货,计有毡、毡帽、马毛、各色皮货、骆驼毛、绵羊毛、山羊毛、牦牛尾、水牛角及水牛皮。所有此类商品,除毡及毡帽率由直省所制外,均产于蒙古"[37]。而把西北的畜产品从产地运销到天津洋行的中间人,则主要是活跃在牧区和各中级市场上的山西旅蒙商人与直隶顺德(今河北邢台)商人。

从事内外蒙古地区皮毛收购业务的旅蒙商人,除了小部分属于个体经营外,大部分是由各大商号派出的,其采购方式则以"出拨子"的形式进行。具体为每年阴历的三月至五月,七月至九月,他们将蒙古人所嗜好的日用必需品积载于牛车或驼背上,以三、四人或数十人为一组,带着食料、寝具、帐幕及炊事用品,途中不做零售,一直向蒙古内地进发。他们多熟悉蒙古人的语言和风俗民情,到达目的地后,或住在熟人家,或自搭帐篷,冠上蒙古文的店号,将携带的物品排列起来,以招徕顾客。过上四、五天至六、七天后,再转移到别处。生意好的时候,也有长久地停留在一处的。附近的蒙古人,听到某号拨子来了,就用皮毛等物换取他们所需要的日用品。等到所携带的商品都卖完了,拨子们便把所换来的皮毛,驮载在牲畜背上或牛车上,运销到归化、多伦诺尔(今多伦)、张家口等皮毛的中级市场上去。这些城市都有很多规模较大的商号和洋行,它们从事皮毛的购销业务,成为连结草原初级市场和天津终点市场的桥梁[38]。清朝末年,归化城有旅蒙商号40—50家,而以大盛魁、元盛德、天义德规模最大;洋行有仁记、聚立、平和、新泰兴、隆昌、安利、兴泰等7家[39]。

在甘肃一带收购皮毛外地商人名目繁多,其一为毛贩,他们于剪毛季节,到牧区各地进行收购,集结到一定的数目后再转售给毛客;其二为毛客,即外地来的毛商;其三为兼营毛商,他们既收购羊毛,也收购其他皮毛和药材等;其四为行商,他们没有固定的字号,一边出售布匹等日用品,一边收购羊毛等;其五为歇家,他们是受外地客商委托而在羊毛产区进行收购的商人;其六为跑合,他们是在毛商与牧民之间,进行说合,并收取佣金的私家经纪人;其七为皮毛经纪行,它们是领有牙帖、介绍皮毛买卖、并从中收取佣金的中介机构;其八为公庄,即回、汉毛商合股经营的收毛组织,它一方面派人携带粮食、茶叶、布匹等同牧民交换羊毛,同时也接受外地毛商的订货;九为分庄,即外帮毛商所设的收毛组织;十为洋行庄口,即外商所设的收毛处。甘肃羊毛多先

---

[37] 吴弘明翻译整理《津海关年报档案汇编(1865—1911)》,1873年贸易报告,天津市档案馆、天津社科院历史所刊印,1993年。

[38] 樊如森:《天津开埠后的皮毛运销系统》,《中国历史地理论丛》,2001年第1期。

[39] 沈斌华《内蒙古经济发展史札记》,第125、173页。

集中到兰州,再用皮筏经黄河水运至包头,再辗转运往天津[40]。

青海牧区所产的羊毛,19世纪末开始经天津等口岸流入国际市场。除来自内地的众多汉族商人外,还有驻扎在青海当地专门收购羊毛的洋行分庄。1900—1905年间,西宁的洋行分庄包括英商仁记、新泰、瑞记、聚立、平和、礼和等;丹噶尔厅(今湟源县)的有英商新泰、仁记,美商平和、怡和,德商美最时,俄商瓦利等10余家。1910年左右,丹噶尔市场年销售羊毛一百数十万斤,毛价由每百斤2两涨至30两[41]。

海关贸易统计显示,1870年代以后,仅来自归化城的驼毛,便占到了天津驼毛出口总量的95%[42];到1898年,天津的皮毛出口总值为56071关平两,占天津整个出口总值的11.44%;1903年,天津的皮毛出口总值为370144关平两,占天津整个出口总值的32.28%;1908年,天津的皮毛出口总值为223567关平两,占天津整个出口总值的14.46%[43]。而在天津所出口的所有畜产品中,直接来自西北牧区的,至少要在1/3以上[44]。其中又以甘肃省的宁夏府(治今银川市)、兰州府、西宁府、甘州(治今张掖县)、凉州(治今武威县)和山西省的归化城、包头一带最为集中[45]。

西北牧区向西、向北两个方向所展开的对外贸易,主要是在新疆和蒙古地区进行的对俄贸易,以及在新疆南部喀什噶尔地区展开的对印度和阿富汗的贸易。其中,又以对俄国的贸易最为重要。

新疆牧区的对俄贸易,最早是通过伊犁、塔城两口岸展开,1880年代又增加了喀什噶尔、迪化及天山南北各城。和1850年相比,1883年俄国对新疆的进口增加了13.3倍,达到了303.64万卢布;新疆对俄国的出口增加了4.4倍,达到了279.2万卢布。就商品种类而言,俄国对新疆进口的主要是布匹、绸缎、火柴等工业制品;新疆对俄出口的,主要是各种皮毛、棉花等农牧业产品[46]。1895年以前,俄国商人在新疆开办的洋行主要集中在伊犁、塔城、喀什噶尔等沿边口岸,而且资本较少;此后,迪化、哈密、古城皆有俄国洋行开设,

---

[40] 许道夫《中国农业生产及贸易统计资料》,上海人民出版社1983年版,第315页。

[41] 青海省志编纂委员会编:《青海历史纪要》,第244—245页。

[42] 吴弘明编译:《津海关年报档案汇编(1865—1911年)》,津海关1876年贸易报告。

[43] 据王怀远《旧中国时期天津的对外贸易》中"天津口岸1898—1908年直接出口商品结构表"推算。王文载《北国春秋》1960年第1期,第83页。

[44] 樊如森:《西北近代经济外向化中的天津因素》,《复旦学报(社科)》,2001年第6期。

[45] 日本中国驻屯军司令部:《天津志》,侯振彤中译本,第291—292页,天津市地方史志编修委员会总编辑室,1986年印行。

[46] 刘彦群等:《新疆对外贸易概论》,第18页,新疆人民出版社,1987年。

新疆畜产品的对俄贸易又有了进一步的发展。从事对俄货物进出口业务的，除俄国商人外，主要是来自内地各省的商人，尤其是天津商帮。

表3　1893——1908年新疆对俄贸易统计　单位：万卢布

| 年代 | 对俄出口 | 从俄进口 | 总计 | 年代 | 对俄出口 | 从俄进口 | 总计 |
| --- | --- | --- | --- | --- | --- | --- | --- |
| 1893 | 279 | 304 | 583 | 1903 | 788 | 668 | 1456 |
| 1895 | 387 | 372 | 759 | 1904 | 889 | 650 | 1539 |
| 1899 | 589 | 520 | 1109 | 1905 | 915 | 626 | 1541 |
| 1900 | 651 | 496 | 1147 | 1906 | 936 | 681 | 1617 |
| 1901 | 692 | 601 | 1293 | 1907 | 1068 | 918 | 1986 |
| 1902 | 604 | 701 | 1305 | 1908 | 996 | 802 | 1798 |

资料来源：俄国海关贸易统计，厉声《新疆对苏（俄）贸易史（1600－1990）》，第139页，新疆人民出版社，1993年。

蒙古地区对俄国的贸易，最初是在买卖城（与俄国的恰克图城仅有一街之隔）进行；1880年代又增加了科布多、乌里雅苏台两地。这一地区对俄输出的商品，除内地转运来的茶叶外，主要是当地所产的皮毛。除俄国商人外，来自山西的旅蒙商人也起了重要的作用。

进入20世纪特别是民国时期以后，与西北畜牧业经济发展密切相关的交通技术和设施，包括现代化的铁路与公路建设，都有了很大的进步。铁路交通方面，在东面的北方，1915年9月经张家口、北京连通天津的京张铁路，向西延伸到丰镇，并于1921年4月扩展至归绥，1923年1月再修至包头，成为吸纳西北畜产品源源东流的大动脉。在东面的南方，1931年，陇海铁路向西延伸到潼关，1935年展至西安，1936年又修到了宝鸡，成为陕、甘、青畜产品迅速外运的又一现代化运输通道。在西方，1930年，连接俄国西伯利亚和土耳其斯坦的土西铁路，修到了距离塔城不远的塞尔角波尔，和距伊宁（俗称伊犁）不远的伊犁斯克，该路与新疆西部的边境线自北向南平行延展达2252里，极大地拉动了新疆畜牧业的对俄贸易。除铁路建设之外，民国时期特别是1930年代以后，西北地区的公路建设也得到了前所未有的发展，如川陕公路、甘川公路、青康公路、西荆公路（通河南）、西潼公路（通河南、山西）、咸榆公路、包宁公路、新绥公路、甘青公路、西兰公路、兰宁公路、甘新公路、青新公路等纷纷修建或通行汽车,也在很大程度上改善了西北与国内外其他地区之间的交通运输条件,加速了其畜牧业市场化、外向化的进程。时人比较道:"出口土货,曩之用驼或土车或船只载运来津,受途中种种耽延,种种遗失者。今则虽仍用旧法载运,不过自产地至本省之张家口,或丰台或晋省之太原府,即可易由火车转运本埠矣,故迟误既少,伤耗亦轻。本年出口之货……进步堪为猛锐"[47]。

与此同时,国内外的市场环境也更加有利于牧区对外贸易的发展。不仅西北畜产品国内市场份额有了增加,而且第一次世界大战爆发后,交战各国对中国西北畜产品需求的也大幅度地增加了。

1911年前后,天津洋行"在甘肃各地设庄的很多。中宁有仁记洋行、新泰兴洋行,中卫有平和洋行、瑞记洋行"。而在河州(治今甘肃临夏市)收购畜产品的天津洋行,也有9家之多。他们将收购到的羊毛、皮张、肠衣、药材、猪鬃等,先雇用皮筏子沿黄河水运至包头,再通过陆路将其运到天津出口。在陇东的皮毛中心张家川镇,其情形也同样如此[48]。民国时期,甘肃的对外输出货物,主要是皮毛、水烟和药材。绵羊皮在甘肃的运销据点,陇南为拉卜楞(今甘肃省夏河县),河西为永登、永昌、张掖、酒泉,陇东为平凉、西峰镇,而兰州则是西路各县皮张的总集中地。山羊皮的运销据点除平凉、西峰镇外,尚有张家川、靖远等地。由水路输出的,多用皮筏沿黄河顺流而下包头,然后由平绥铁路转北宁铁路至天津出口;走陆路则是由产地先集中到各皮张运销据点,然后再利用牲畜驮运或马、牛车拉运到各中级市场如兰州、平凉等地,再利用大车、胶轮车、汽车或火车,经陕西、河南转运到汉口、天津、上海口岸。不过,由于当时陇海铁路陕西段一直铺设缓慢,使得甘肃的货物走陆路东运、远不如走水路北运更加便利和经济,结果甘肃或西北的皮毛,便多取道包头再由火车东输天津出口。抗战爆发后,甘肃皮张向东的销路不畅,只能向西输往苏联。毛类的输出路线与皮张大体上相同[49]。与此同时,兰州还是甘肃和青海地区的皮毛集散中心,据统计,青海及甘肃西南部的羊毛,每年经兰州运出的约11000余吨,皮货约170余吨[50]。

青海牧区在进入民国以后,本地商人和"北京、天津、山西、四川等地商帮贩运青海羊毛的渐多。公元1925年,湟源人朱绣一次即集资白银1000多两,收购20000余斤,用皮筏沿黄河运至包头,再驼运至平地泉(今内蒙古集宁

---

[47] 吴弘明翻译整理《津海关年报档案汇编(1865—1911)》,1909年华洋贸易情形论略。
[48] 甘肃文史委:《甘肃文史资料选辑》,第8辑。
[49] 铁道部业务司商务科:《陇海铁路甘肃段经济调查》,第87页,1935年内部本。
[50] 铁道部业务司商务科:《陇海铁路甘肃段经济调查》,第87页,1935年内部本。

市。应有误,京绥铁路1920年通至平地泉,1921年至绥远,1923年至包头——笔者),经火车运至天津,售给外商,获利很大利润",一次世界大战后,青海羊毛输往天津出口者更多[51]。湟源作为青海羊毛的主要集散地,有洋商和汉商设立的羊毛行数十家,每年输出各类皮张80000余张,羊毛约300余万斤[52]。最盛的时候,每年集散羊毛400余万斤。这一时期,青海皮毛的主要运输渠道,依然是先用犛牛、骆驼或骡车转运到西宁,再用皮筏由湟水入黄河至兰州,再从兰州装皮筏顺黄河而运至包头,转乘平绥铁路、北宁铁路而抵达天津出口[53]。

宁夏地区的商业发展和畜产品对外输出,也主要依靠内地商人进行。1918年前后,其最大商业中心宁夏(今银川市)城内,有大小商店325家,其中晋商居十分之六,秦商居十分之二,剩下的则为天津、湖南、河南、四川和本地商人。整个宁夏地区,每年对外输出的羊皮约36万张,羊毛约1000余万斤,驼毛和羊绒约40万斤。输入的各类货物有一万三四千担,以洋布、斜纹、海菜、糖、火柴、洋烛为大宗。其余爱国布及巨鹿县所产的白大布等货物次之。此外,过境的货物,大约有7000余担。从天津等东方市场来的商品主要是洋货,从甘青地区来的商品则主要是皮毛[54]。

1923年京包铁路通车后,包头迅速发展成为西北广大地区水陆交通的中心和西北最大的皮毛集散地,"每年在这里集散的绒毛约二千至三千多万斤,占整个西北地区绒毛产量的三分之二以上"[55];1933年,包头的21家皮毛店,每年从青海甘肃陕北蒙古等地采购的各类绒毛约600万斤,各类皮张11万张,均销售到天津等地,共值250万元[56]。

归绥(归化与绥远两城的合称)1914年时外销驼羊毛200万斤,皮张9万张[57];1924年运出的驼羊毛增至1180万斤,皮张百万张以上[58];1930年代,每年有价值40万两的蒙旗、甘肃、新疆细毛皮,经归绥运往天津等地;洋商在此所设的采买羊毛绒及牛、马皮的洋庄,有10余家;众多旅蒙商也从这里将大量的砖茶、绸、布、棉花、米、面等货物,贩往各蒙旗牧区进行交换[59]。

---

[51] 青海省志编纂委员会编:《青海历史纪要》,第245页。
[52] 许公武:《青海志略》,铅印本,1945年。
[53] 顾执中、陆诒:《到青海去》,第183页,商务印书馆,1934年。
[54] 林竞:《西北丛编》,第85—86页,上海神州国光社,1931年。
[55] 李绍钦《古代北方各民族在包头地区的活动》,《包头文史资料选编》,第四辑,第25页。
[56] 绥远省政府:《绥远概况》,下册,第67—71页,1933年内部编印。
[57] 《农商公报》,第1卷,第7册。
[58] 白眉初:《中华民国省区全志》,第1编,第13页,北京求知社1924年版。

清代民国西北牧区的商业变革与内地商人

民国时期的张家口,继续作为"商货转运总汇之地。北通内外蒙旗,及库伦、乌里雅苏台、科布多等处,西通绥远、宁夏、新疆,为近边西北之咽喉";它作为"内地通蒙古及西伯利亚之门户。东北经多伦至东三省,西通宁夏、新疆。本口商业大抵可分为两区。上堡多以商业而兼工业,如碱行、皮行皆在上堡,而纯正属于商业性质者皆在下堡。张家口出口货以牲畜、皮毛称最。此外春麦、莜麦、荞麦、胡麻子、面粉、豆粉以及牛、马、驴、骡、猪、羊等为大宗。洋行在此设庄采买胡麻子、菜子、皮革、绒毛者数十家。每年销售胡麻约 250 余万斤,菜子 200 余万斤,羊毛、驼绒、羊绒约 370 万斤,皮革 29 万余张"[60]。

民国时期,西北畜产品的对俄贸易区域,依然主要集中在新疆和外蒙古两个地区。

据统计,1920 年以前,俄国在新疆古城的洋行有德盛、大盛、吉祥、德和、义和 5 家,在迪化的有芝盛、天兴、德盛、德和、仁中信、吉利、茂盛、大利、吉祥涌 9 家,在库车的行店有 16 家。1912 年,在新疆的俄国人为 11912 人,65%从事畜产品等对俄出口和加工业。俄国海关统计显示,新疆对俄国的出口贸易总额,从 1895 年的 386.9 万卢布上升到 1914 年的 1420.2 万卢布,增长了 2.67 倍。其中各种畜产品增长幅度较大,牲畜出口从 56.5 万卢布增长到 169.7 万卢布,羊毛出口从 1467 吨增加到 6087 吨,各种皮张、毛皮出口从 621 吨增长到 2475 吨[61],新疆畜牧业的外向化程度进一步提高了。

1921 年以前,中国中央政府对外蒙古地方的政治控制整体上依然有力,外蒙古地区的政治环境和经济环境,还是相当稳定的。这一时期,该地区以恰克图、库伦、乌里雅苏台、科布多等地为商业中心,尚能展开较为繁盛的对俄以及经由张家口对天津口岸的畜产品出口贸易。仅 1918 年,张家口就有"外管(专做蒙古生意的店号)1600 余家,茶庄、毛庄亦各 20—30 家,每年进出口贸易额达 30000 万元"[62]。此后,外蒙古地区受苏俄的控制日益增强,内地商人的经营活动被明令禁止,外蒙古与祖国内地的经济联系日趋削弱。但是,几百年来与内地旅蒙商人建立的深厚经济联系和消费习俗,使得外蒙的广大牧民依然"习惯于使用中国内地生产的各种传统的民族商品。对于苏俄商人贩运来洋货贸易颇不感兴趣,尤其是日用生活物品和一部分蒙古人传统食品等,'洋货'很不合其口味。所以,尽管蒙古人民共和国政府,禁止华人旅蒙商人在外蒙古地区从事贸易,然而,蒙古游牧民群众自行私贩毛皮、土特产品和赶着少量牲畜来到蒙古国与内蒙古边境没有关卡的地方,仍与旅蒙商人约定会合

---

[59] 廖兆骏:《绥远志略》,第 229—268 页,南京正中书局,1937 年。
[60] 汪公亮:《西北地理》,第 193—194 页,南京正中书局,1936 年初版。
[61] 厉声:《新疆对苏(俄)贸易史(1600—1990)》,第 138、144 页。
[62] 贺扬灵:《察绥蒙民经济的解剖》,第 51 页,上海商务印书馆,1935 年。

地点,进行走私贸易"。这种秘密贸易在 1930 年代以后,一直持续下来[63]。

据统计,到 1925 年前后,"天津输出之羊毛,青海、甘肃居其五成,山陕居其成半,蒙古居其二成半,直鲁约居一成"[64],西北牧区成为天津畜产品出口的主要基地。

表 4　1937 年以前天津羊毛类畜产品的收集状况　单位:万担

| 产地 | 收集量 | 百分比(%) | 产地 | 收集量 | 百分比(%) |
| --- | --- | --- | --- | --- | --- |
| 青海、甘肃、宁夏、新疆 | 20 | 50 | 河北、山东、河南 | 4 | 10 |
| 内蒙 | 10 | 25 | 合计 | 40 | 100 |
| 山西、陕西 | 6 | 15 | | | |

资料来源:李洛之、聂汤谷:《天津的经济地位》,第 36 页 31 表,经济部驻津办事处,1948 年印行。

表 4 统计表明,到 1937 年抗日战争全面爆发之前,西北牧区更占据了中国最大畜产品输出口岸天津毛类产品出口的 2/3 以上。这既体现了西北牧区在天津对外贸易体系中的重要地位,也表明了西北畜牧业经济的市场化和外向化水平已经得到了空前的提高。

综上可知,西北牧区商业由封闭到开放的过程,也正是清政府对内外蒙古经济封禁政策逐步废弛、内地商人开拓进取、国内外市场不断扩大的过程。光绪二十八年(1902 年),清政府对草原地区原有农垦封禁政策的彻底废除[65],同时也标志着对牧区商业封禁举措的正式终结,宣告了西北牧区自由贸易新时期的到来。在这一漫长而艰辛的奋斗历程中,内地商人通过种种合法和不合法的途径,远涉戈壁,历经寒暑,智斗匪寇,苦练技能[66],前赴后继,由行商到坐贾,终于在内地和西北边疆之间架起了市场经济的桥梁,加快了物产富饶但却封闭落后的西北牧区的商业变革与经济开发。其拓荒伟业,当励于后世,功垂千秋。

(本文原载于《历史地理》第 25 辑,上海人民出版社 2011 年)

---

[63]　卢明辉、刘衍坤:《旅蒙商——17 世纪至 20 世纪中原与蒙古地区的贸易关系》,第 244 页。

[64]　北京西北周刊社《西北周刊》第 15 期,第 2 页,1925 年 5 月 24 日版。

[65]　肖瑞玲、曹永年、赵之恒、于永合著:《明清内蒙古西部地区开发与土地沙化》,第 100 页,中华书局 2006 年。

[66]　卢明辉、刘衍坤:《旅蒙商——17 世纪至 20 世纪中原与蒙古地区的贸易关系》,第 31、146—147 页。

# "赶大营"
## ——近代天津商人与西北经济开发

樊如森

[内容提要] 西北边疆与中原内地的经济交流,最晚自汉代就开始了。但由于受政治关系、交通和市场条件的制约,清代以前的双方间交流,渠道主要是长安迤西的陆上丝绸之路,,内容主要是丝绸、宝石、工艺特产,人员主要是西域的"胡商"。清代中期以后,随着大规模军事征讨的结束和行省制度的实施,双方经济交流的渠道、内容、规模都有很大改变,行为的主体也转由以内地商人为主。其中,名不见经传的天津杨柳青商人,通过随军"赶大营"贸易脱颖而出,并后来居上,成为近代西北经济开发的主力之一。

[关键词] "赶大营"贸易 杨柳青商人 西北 近代

早在乾隆二十年(1755年)清廷平定准噶尔叛乱的"西征之师,北出蒙古至科布多、乌里雅苏台者为北路,西出嘉峪关至哈密、巴里坤为西路。师行所至,则有随营商人奔走其后,军中资用,多取供之"[1],这或许是清代内地商人较早的随军经商"赶大营"活动。此后,又有山西、甘肃、河南、天津等地的商人,或者跟随远戍边疆的部队,或者前往驻防内地的军营,继续从事"赶大营"活动[2]。不过,目前学术界一般认为,真正大规模、有影响、可持续的随军经商"赶大营"活动,是光绪初年由左宗棠率军收复天山南北的战事引发的;新疆建省后特别是民国时期,这些由行商而转变为坐贾的内地各省商人,在西域地区的商业经营活动又有了更大的发展[3]。

迄今为止,在有关内地商人"赶大营"活动的研究成果中,对山西、甘肃、陕西、湖南、四川等地商人"赶大营"的探索,还很不够;而对于天津杨柳青商

---

① 林竞《新疆纪略》,第22页,东京天山学会,1918年。
② 马国荣:《中国新疆民族民俗知识丛书——回族》,第31页,新疆美术摄影出版社,1996年;孟庆华:《塘沽地区简史》,《天津文史丛刊》第2期,天津市文史研究馆1984年。
③ 曾问吾:《中国西域经营史》,第685页,上海商务印书馆,1936年。

人"赶大营"的考察,则取得了令人瞩目的成就。比如王鑫岗、郭希斋、李墨芗合著的《天津帮经营西大营贸易概述》④,王鸿逵、于焕文、谢玉明合著的《天津商帮"赶大营"始末》⑤,贾秀慧著的《试析近代新疆商业史上的"津帮八大家"》⑥等等,皆属实证性和学术性较强的著述。这固然与近代天津商人在新疆商业史上的重要地位有关,亦与相关学者的辛勤劳动密不可分。

笔者的研究认为,近代轰轰烈烈的杨柳青商人"赶大营"活动,不仅是商人群体,拓展和强化天津与外部市场联系的一个侧面;也是作为北方龙头城市的天津,在人员、物资、信息、资金等多个层面,促进其西北腹地经济开发的具体体现⑦。只有长时间、广地域、多视角地审视"赶大营"事业,才能全面地把握近代天津商人对西北经济开发的贡献,进而准确界定近代天津在北方经济现代化中的中心地位。

## 一、开埠通商与西北经济的近代转型

(一)1850年代以前的西北经济概况

受气温特别是降水等地理要素的制约,地处干旱半干旱带的西北地区,非常不利于农业经济的发展。只是在河流沿岸和泉水涌出的狭小区域,才有点、线状的农耕区存在。此外广袤的西北大地,不是荒漠,就是牧区了。换言之,畜牧经济是西北的主导产业。

不过,1850年代以前的西北牧业,尚处于一种自给性强而商品性弱的封闭落后状态。据乾隆年间的志书记载,天山以北的准噶尔人居住区,尽管"全境不乏泉甘土肥、宜种五谷之处,然不尚田作,惟以畜牧为业,择丰草绿缛处所驻牙而游牧焉,各有分地。问富强者,数牲畜多寡以对。饥食其肉,渴饮其酪,寒衣其皮,驰驱资其用,无一事不取给于牲畜"⑧。甘肃凉州府(治今武威市)的"番族,依深山而居,不植五谷,惟事畜牧,磨面和乳以为食,果其腹者,

---

④ 《天津文史资料选辑》第24辑,天津人民出版社,1983年。
⑤ 天津市政协文史委、西青区政协文史委编:《津西古今采珍》,天津百花文艺出版社,1993年。
⑥ 《新疆地方志》,2004年第3期。
⑦ 樊如森:《西北近代经济外向化中的天津因素》,《复旦学报》,2001年第6期;《天津——近代北方经济的龙头》,《中国历史地理论丛》,2006年第2期;《开埠通商与西北畜牧业的外向化》,《云南大学学报》,2006年第6期;《天津与北方经济现代化(1860—1937)》,东方出版中心,2007年;等等。
⑧ 傅恒等修纂:《钦定皇舆西域图志》,卷三九,风俗,准噶尔部,畜牧,乾隆四十七年增修,乾隆"四库全书"本。

畜类也"⑨。青海"蒙、回生计,以牧为主。牧以群名,或百为群,或数百及千为群。有牛羊者,往往自炫其富,互相竞胜,牧产几何,商本几何,问之必告"⑩。蒙古草原上的人民,也"不谙播种,不食五谷,毡房为家,游牧为业,分布散处。人户殷繁,牲畜遍满山谷。富者驼马以千计,牛羊以万计,即赤贫之家,亦有羊数十只,以为糊口之资。冬则食肉,夏则食乳。以牛、羊、马乳为酒,以粪代薪,器具用木。至代烟、砖茶,尤为要需,家家时不可少。男女皆一律冠履皮靴、皮帽,冬用皮裘,夏着布衣,富者间或亦用细缎。不使钱文,鲜需银两。至日用诸物,均向商民以牲畜皮张易换"⑪。

西北畜牧经济的封闭状态,不但缘于落后的生产力,而且缘于长期紧张的民族关系。在历代中原王朝的看来,对西北游牧民族进行有效防范的方式,一是军事上的强力对抗,二是经济上的严格限制。直到康熙年间,清政府依然极力限制边境地区民族间互市的时间、地点和规模,严禁内地汉族商人到草原深处自由贸易;草原民族向内地交换商品,也必须在蒙古王公的严密组织下才能进行⑫。只是到了乾隆年间,清政府挫败了边疆地区的几次大规模武装叛乱之后,才逐步放松了对西北商业的限制,允许持有"龙票"的山西旅蒙商人,贩卖内地的茶叶、布匹或其他日用品,到草原上交换牧民生产的牲畜、皮张和药材⑬。

(二)口岸开放与西北经济的外向化

1850年代以后,在中国的西北和华北地区,相继对外开放了一系列通商口岸。如伊犁(1852)、塔尔巴哈台(1852,今塔城市)、天津(1860)、喀什噶尔(1861,今喀什市)、库伦(1861,今蒙古国乌兰巴托)、迪化(1881,今乌鲁木齐市)、吐鲁番(1881)、哈密(1881)、古城(1881,今新疆奇台县)、肃州(1881,今酒泉市)、科布多(1881,今属蒙古国)、乌里雅苏台(1881,今属蒙古国)、归绥(1914,今内蒙古呼和浩特市)、张家口(1914)、多伦(1914)、包头(1922)。在其辐射和带动之下,西北经济原有的落后封闭状态被打破,其国内和国际两个市场都逐步开拓出来。

---

⑨ 张之浚等修纂:《古浪县志》,风俗志,番夷回类附,乾隆十五年刻本。
⑩ 徐珂:《清稗类钞》,第五册,农商类,青海蒙人重牧,商务印书馆,1917年。
⑪ 佚名修纂:《乌里雅苏台志略》,转引自陈桦:《清代区域社会经济研究》,第208页,中国人民大学出版社,1996年。
⑫ 卢明辉、刘衍坤:《旅蒙商——17世纪至20世纪中原与蒙古地区的贸易关系》,第27页,中国商业出版社,1995年。
⑬ 内蒙古政协文史委:《旅蒙商大盛魁》,《内蒙古文史资料》,第12辑,1984年。

近代西北地区的对外贸易,是从东、西、北三个方向上全面展开的。其中,向东方向的对外贸易,主要辗转通过天津口岸而得以实现。天津开埠后,就有不少外国洋行,通过天津与西北腹地间的市场网络,去收购那里的畜产品,再经由天津出口到欧美市场。而把西北畜产品从产地运到天津的商人,除洋行的洋人买办外,还包括活跃在西北各地"出拨子"的山西商人、"走口外"的顺德(今河北邢台)商人和"赶大营"的杨柳青商人,等等[14]。

西北地区向西、向北两个方向所展开的国际贸易,主要是在新疆西北部和蒙古地区进行的对俄贸易,以及在新疆西南部喀什噶尔地区展开的对印对英贸易。其中,又以对俄国的贸易最为重要。和1850年相比,1883年俄国对新疆的进口增加了13.3倍,达到了303.64万卢布;新疆对俄国的出口增加了4.4倍,达到了279.2万卢布[15]。1895年以前,俄国商人在新疆开办的洋行主要集中在伊犁、塔城、喀什噶尔等沿边口岸;此后,迪化、哈密、古城皆有俄国洋行开设。而蒙古地区对俄国的贸易,最初是在买卖城(在俄国的一方是恰克图城)一地进行;1880年代又增加了科布多、乌里雅苏台两个口岸。蒙古对俄输出的商品,除内地转运来的茶叶外,主要是当地所产的皮毛。民国时期,西北畜产品的对俄贸易区域,依然主要集中在新疆和外蒙古地区[16]。

总之,在通商口岸的拉动下,西北地区的畜牧业产品,既扩大了国内市场,也拓展了国外市场。到民国时期,西北经济的市场化和外向化程度均有了很大的提高[17]。而天津杨柳青商人的"赶大营"活动,既是由左宗棠收复新疆的战事直接引发,也是受近代西北和华北通商口岸开放、区域经济市场化和外向化浪潮的驱使。

## 二、"赶大营"与新疆近代经济发展

天津杨柳青商人的"赶大营"活动,无疑由左宗棠大军收复新疆的军事行动而诱发,"清军进兵新疆一带的营幕称为'西大营',杨柳青人跟随进军路线沿途肩挑小篓做生意,称为'赶大营'。在新疆平定之后,天津商帮已在新疆构成财力雄厚的商业网络,再去新疆的后继之人,则称为'上西大营'。凡在新疆发财还乡的人,在杨柳青地区称为'大营客'。天津商帮的新疆之旅,经历了三、四代人,直到民国初年,延续了半个多世纪,乃至'七七'抗战爆发,再上西

---

[14] 樊如森:《天津开埠后的皮毛运销系统》,《中国历史地理论丛》,2001年第1期。
[15] 刘彦群等:《新疆对外贸易概论》,第18页,新疆人民出版社,1987年。
[16] 厉声:《新疆对苏(俄)贸易史(1600—1990)》,第138、144页,新疆人民出版社,1993年。
[17] 樊如森:《开埠通商与西北畜牧业的外向化》,《云南大学学报》,2006年第6期。

大营之人基本绝迹"⑱。

不过笔者认为,作为新疆津商主体的"大营客",并非西北津商的全部人马。

(一)"大营客"是西北津商的一部分,津商是西北内地商人的一部分

天津是北方典型的移民城市,其人口来自全国许多地区。据研究,外地移民的迁入,始终是天津城市人口增长的主要源泉。明代卫城时期,城市人口的主体,除外地调防来的官兵外,还有不少来津经商的平民。到清代中期,各地来津的商人已经人口众多,帮派林立,仅建造的闽粤、宁波、江西、山西等地方会馆就多达数十家;包括道、咸时期的天津商业八大家在内,基本都是外地移民的后代。1846年天津城厢近20万人口中,直接经商者超过半数,其中很多又是外来移民。据天津100多个工商同业工会1941—1942年统计,天津籍投资者约占1/3,外地籍者约占2/3;企业职工的津、外籍比例,也大体如此⑲。

人口来源的复杂与广泛,是天津经济腹地辽阔的体现和结果。到1930年代,天津的经济腹地已经遍及华北、东北和西北的广大地区。其中,天津市场的羊毛产区包括河北、山东、山西、河南、陕西、甘肃、察哈尔、绥远、东三省以至新疆、青海、宁夏、外蒙古、西藏等省区;山羊绒产区包括河北、山西、绥远、陕西、察哈尔、热河等省;骆驼毛产区遍及内外蒙古,集散地则为张家口、包头与归化城;皮张产区包括河北、山西、陕西、河南、山东、东三省、热河、察哈尔、绥远、新疆、甘肃等省⑳。而要把如此辽阔地区的畜产品收购上来并转运到天津、同时把天津的工业产品和进口商品运销到上述腹地的每个角落,单靠某一商帮的有限人手,是根本无法胜任的。这就要求广大腹地的商人及其商业组织,都积极投身到这一宏大的流通网络中来,以共同构建以天津为中心的北方近代经济体系。

从这个意义上说,光绪初年开始到新疆"赶大营"的杨柳青商人,清代前期就已经在天津商业立足的山西旅蒙商人和票号商人,同、光年间开始"走口外"的顺德皮毛商人,垄断进出口贸易的欧美洋行和买办商人,等等,都以不同的形式和渠道,对保持和加强天津与腹地、特别与西北腹地之间的经济交流,做出了很大贡献。换言之,他们都是天津商人群体的重要组成部分。因此,"大营客"只不过是西北津商的一部分,而津商又只不过是西北内地商人的一部分。

---

⑱ 王鸿逵、于焕文、谢玉明合著:《天津商帮"赶大营"始末》。
⑲ 来新夏主编,陈卫民编著:《天津的人口变迁》,第92—96页,天津古籍出版社,2004年。

499

近代历史时期,由西北地区的新疆,向东抵达天津等内地市场的商路主要有3条。

一是北路。先乘马车由迪化向西至塔城,再入俄国境内,到达土西铁路(1930年通车)上的塞尔角波尔,再向北沿阿尔泰支线入西伯利亚大铁路(1903年通车)再向东,到达中国东北的胪滨(今满洲里),经北满、南满和北宁铁路上的呼伦(今海拉尔)、龙江(今齐齐哈尔)、滨江(哈尔滨)、长春、沈阳、秦皇岛等地,最后抵达天津。此路虽然较为快捷,但费用很高,故以客运为主。

二是中路,由古城向北经科布多或乌里雅苏台等地向东,沿"大草地"驼路经塞尔乌苏到达万全(今张家口);或者由古城向东经镇西(今新疆巴里坤哈萨克自治县),沿"小草地"驼路,经五个井子、三德庙、百灵庙至包头或归绥;再沿京包铁路(1909年通车至张家口,1921年至归绥,1923年至包头)到达天津。此路以货运为主。

三是南路,主要靠骆驼和马车,由古城向东,经哈密,沿河西走廊至兰州,再向东经平凉、西安、洛阳等地,辗转到达天津。由于陇海铁路修筑缓慢(1909年开封至洛阳间通车,1932年通车至潼关,1935年才通车至西安),所以该条线路上的铁路运输,作用甚微[20]。

(二)"赶大营"的基本线路

上述西北(新疆)与内地之间的三大商路,与天津杨柳青商人千辛万苦"赶大营"的三条基本线路,大体上是吻合的[21]。具体情况,请参考前述表格和地图。

(三)"赶大营"的主要业绩

天津商人在新疆的经营活动,不仅内容丰富多彩,而且随着时间和社会经济环境的变化而产生明显的差异。

在1884年新疆建省以前,以杨柳青的"大营客"安文忠、周乾义、周乾哲、周乾风、周乾玉、张立亭、曹仲山、曹瑞山、李锡三、牛德奎、乔如山、王一冠、李祥普、郭德奎、周质臣、王锦堂、萧连第、王兴芝等20余人为先导,在随军途中采用肩挑担运的行商形式,或者拆兑山西、陕西、甘肃籍老随军商贩手中的烟叶、茶叶、辣椒、针线、手巾、布袜等生活用品,或者就近采购周边居民的蔬菜、副食,然后挑到军营附近指定的"买卖圈子"进行贸易。清军收复迪化以后,他

---

[20] 实业部天津商品检验局:《工商要闻》,《检验月刊》,1934年,3—4期。
[21] 樊如森:《民国时期西北地区市场体系的构建》,《中国经济史研究》,2006年第3期。
[22] 王鸿逵、于焕文、谢玉明合著:《天津商帮"赶大营"始末》。

们又在城里大十字路口的附近修建了简易性住房,平时里或者在路边摆摊叫卖,或者挑担到周围的乡村和军营兜售。所经销的货物种类,包括迪化当地的土产,从伊犁口岸运入的俄国洋杂货,由湖南和四川商人从内地运来的茶叶和布匹,以及直接在天津采购的土洋杂货。民国年间,天津北门外针市街的隆顺里、耀远里、永德里、公议栈、曲店街的同茂栈、北门外的集祥公司等处,就常年设有"大营客"接收新疆货款、销售新疆货物、采购京津土洋杂货并运往新疆的办事处。

与此同时,来到新疆的天津商人,还利用清军不断收复失地的机会,先后到北疆的古城、伊犁(绥定)、伊宁、惠远、额敏、塔城(北丫)、阿山,南疆的焉耆、轮台、库车、阿克苏、乌什、喀什、英吉沙、叶尔羌、和阗等地拓展商务。他们或在当地开办京津杂货店、酒坊、中药坊、食品店及加工作坊,或者从事"支放"钱物的高利贷业务,无不大获其利[23]。

到清末民国初期,迪化城的津商商号同盛和、永裕德、公聚成、复泉涌、聚兴永、德恒泰、新盛和、升聚永,因为资金雄厚,商品齐全,被誉为"津商八大家"。他们不仅在天山南北各主要城市设有分号,而且在天津、上海、北京等内地商埠设有商品代办机构[24]。

总之,"赶大营"的津商及其后继者们,不仅从事新疆当地市场间商品的余缺调剂,经营当地皮毛、药材对俄国的出口,销售俄国进口的工业产品,而且也贩运内地的京广杂货和天津洋货,并有不少人利用在新疆的商业积蓄,回到天津开办工商企业。在新疆的经济发展以及西北边疆与内地间的经济交流中,起到了重要的桥梁和纽带作用。

## 三、近代天津商人在西北经济开发中的地位

近代天津商人在西北各省的经营活动,促进了当地的物资交流,满足农牧民生产生活的需要,增加了当地人民的经济收益,加快了西北农畜产品的市场化和外向化过程,强与天津与腹地之间的经济联系,提高了西北经济开发的深度和广度。

以羊毛为例,近代以前的西北牧民,只会用它来编制日用的毡毯和帐篷,用量很小,绝大部分都随风飘散了,自然不能给牧民带来什么经济收益。天津等口岸开放以后,西北的羊毛才和皮张一起,作为当地最重要的出口产品,越来越多地运销到沿海和国外市场上去。据统计,1934年至1936年间,天津山

---

[23] 王鸿逵、于焕文、谢玉明合著:《天津商帮"赶大营"始末》。
[24] 贾秀慧著:《试析近代新疆商业史上的"津帮八大家"》。

羊毛、山羊绒、绵羊毛、骆驼毛等对美、英、德、日4国的出口,每年都占全国毛类出口总额的96%以上[25]。而1934至1938年间,天津在全国绵羊毛、山羊绒的出口总量中,都远远超过了另一主要出口港上海而成为我国最大的毛类出口基地[26]。而天津所出口的羊毛,又主要是各个类型的天津商人,从西北地区采购而来的。此外,以前百无一用的羊肠、羊骨头等,也都变成了重要的出口商品。而作为填制香肠重要原料的羊肠,自1896年从天津出口到国外后[27],出口数值也很大。1924年,天津港的羊肠出口价值为867000关平两,1925年为1314000关平两,1926年为1024000关平两。而天津港羊肠出口最主要的来源地,依然是新疆、甘肃、青海、绥远等西北地区[28]。畜牧业产品市场化和外向化程度的提高,自然增加了西北牧民的经济收益,"新疆人民约有1/4以畜牧为业,此外以畜牧为副业者,当不在1/2以下……欲解决蒙藏人民生活改善问题,与夫开发西北,繁荣边疆,巩固国防诸问题,殆无不以发展畜牧业为一切问题之重心"[29]。

不过,由于天津商人在西北地区的经营活动,主要是在商品流通领域,产品深加工方面的工业生产投资尚很有限,并且在流通领域的投入,也在时间和空间上有一个逐步拓展的过程,所以,其作用的发挥,客观上也存在着一定的渐进性和局限性。

(一)时间层面

天津商人在西北经济开发中的作用,时间上有一个从小到大、由弱到强的渐进过程。

整个清代后期,在新疆商业中占主导地位的内地商帮,还是乾隆年间就已经涉足西域贸易的山西商人。据曾问吾1935年的考证,清朝前期就名声鹊起的晋商,"经营事业之重大者为票号及茶庄,因其资本雄厚,故握有新省商业之大权";此外,经营大宗茶叶贸易的尚有与新疆政界军界关系密切的湖南商人;再次,才是贩运粗细杂货的"平津帮"。只是在民国成立以后,由于各省供给新疆的协饷断绝,才使得经手相关业务的晋商汇兑庄"无事可作,相继收束,南商茶庄亦受汇兑庄收束之影响,日渐衰微"。在这种情况下,平津帮才

---

[25] 李洛之、聂汤谷:《天津的经济地位》,第198页,经济部驻津办事处,1948年。
[26] 参见许道夫:《中国农业生产及贸易统计资料》,第313页,上海人民出版社,1983年。
[27] 吴弘明:《津海关年报档案汇编(1865—1911)》,1896年贸易报告。
[28] 天津工商业丛刊之十:《天津市皮毛肠衣业经营的方向》,第19页,天津进步日报社,1951年。
[29] 吴兆名:《西北牧畜业概述》,《中国实业杂志》,1935年1卷12期。

"在近二十余年中,遂驾山西帮而上之,执新省商业之牛耳。计新商二百四十余家中,平津帮几占十分之六"[30]。

而熟悉新省事务的学者林竞,也清晰地梳理了内地商帮各自的发展脉络,从中道出了新疆津商的坎坷奋斗历程。他指出,1917年前后的新疆,"汉商则燕、晋、湘、鄂、豫、蜀、秦、陇共八帮。燕帮又分为京、津二联,各不相属。津人(多杨柳青人)当同光之初西师再出,首冒霜露,随大军而西。军中资粮充积,俘获所得,恣为汰奢,不屑较锱铢。故津人之行贾者,徵贱居贵,多以之起家。其乡之人,一时振动,闻风靡从,谓之赶大营。及全疆肃清,遂首先植根基于都会,故今日津人之肆遍南北,居货无常,凡山海珍供,罗致无遗。惟其俗急功利,好虚荣,所致结纳长吏,以矜光宠。及其弊也,奢侈逾度,外强中干,往往而有。民国以来,此等习气渐渐革除,故津人犹执牛耳于商界也。京人(多武清人)则远不及津人。虽设肆遍南北,而在南路者,则多为押当业,恣取重利。晋商多富庶,同光以前,官茶引课,咸属晋商,谓之晋茶。乱后流离,转归湘人。然握圜府之权,关内输辇协饷,皆藉其手。故省城一隅,票号十余家。民国以来,协饷断绝,渐次歇业。然根本深固,改图他业,仍属可观。湘人从征最多,势亦最盛。然其人局度褊少,货殖非其所长。故凭藉虽厚,而无所施。惟擅茶引之权,占商务大宗。迩来茶引破坏,利复渐归津、晋及俄人。故湘人除在南路多从事放账外,北路则寥寥药铺而已。鄂人无大贾,多业手艺。豫、蜀亦无大贾,多贩药材,或设典肆。秦、陇之民,昔多贩运鸦片谋重利,近则此业甚微,转而积谷屯仓,贱籴贵粜以取利,或赀贷以徵重息,或辇关中百货,以应稗贩之求,号曰行栈。其民忍苦耐劳,不鄙贱作,故久恒致富"[31]。

(二)空间层面

天津作为近代中国北方最大的经济都会,通过往来于口岸与腹地之间的各类津商,对包括陕、甘、宁、青、新及内外蒙古在内的广大西北地区,均实施了强有力的辐射。不过,由于受当时交通、信息、资金、技术以及西北各地自然和人文条件等限制,天津商人在西北地区经济开发中的作用,在空间层面上,也存在着明显的差异。

比如,在整个近代时期,包括新疆在内的西北地区,与天津间的客货运输工具,还主要是靠骆驼和大车来进行。行进速度的迟缓,直接影响了两地之间的商品流通总量。据统计,每峰骆驼的负载仅为3担(300斤)左右[32],骆驼队

---

[30] 曾问吾:《中国经营西域史》,第685—686页。
[31] 林竞:《新疆纪略》,第24—25页。
[32] 吴弘明整理:《津海关年报档案汇编(1865—1911)》,1866年贸易报告。

"由古城至归化,平常 70 日可达,运货则至少非半年不可,盖任重道远,不能终日行走,或遇骆驼疲乏,则耽搁数月,亦往往有之",因为"骆驼一年只秋冬二季为强壮之时,春夏全身脱毛,疲敝无力,不能运货,故春夏必须休息"[33]。而且,货物运到归化以后,还需要再消耗大量的时日才能到达天津口岸。而他们在天津采购到的土洋杂货,也要用同样缓慢的方式运回新疆。从天津到新疆奇台,"行张家口一路,行程须九十日至七十五日之间。行(陕甘——引者)大道则非四阅月不可"[34];再加上途中耽搁,以及购销货物,马车在两地间"往返一次就需要一年的时间"[35]。

西北各地距离天津的路程有远近,环境有优劣,幅员有广狭,来自天津的经济辐射力度,自然也就有强弱了。以 1930 年代的青海省开发为例,其"羊毛额数,除本地人民织褐、栽绒、作毡用极少数之外,而其输出于天津、张家口一带者,亦无多……历年所运出售者,约占全省产额 16%;本省制造需用者,约占 8%";其余 76%,"皆为屯积无用之物"[36]。

据林竞考察,民国初年的新疆,除了自西北部的伊犁、塔城口岸输入的大量俄国商品之外,就与内地之间的商品交流而论,"新疆货物之来源,首推天津,次则秦、陇、晋、蜀。由天津趋新疆,一由火车至张家口,再用骆驼经归化及蒙古草地,而抵新疆之奇台,或迳由火车至归化亦可。一由陕西、甘肃出嘉峪关,经哈密亦抵奇台"[37]。然后,津商们再通过设在奇台和迪化等地的商号,及其遍布天山南北的分号,销售这些内地洋杂货,并收集天津市场或者出口国外所需的新疆细皮张和药材等。

除了新疆之外,天津各类商人西北其他省份的经济开发,也做出了重要的贡献。从天津海关的贸易报告可知,1870 年代以后,仅来自归化城的驼毛,便占到了天津驼毛出口总量的 95%[38];到 1898 年,天津的皮毛出口总值为 56071 关平两,占天津整个出口总值的 11.44%;1903 年,天津的皮毛出口总值为 370144 关平两,占天津整个出口总值的 32.28%;1908 年,天津的皮毛出口总值为 223567 关平两,占天津整个出口总值的 14.46%[39]。而在天津所出口的

---

[33] 林竞:《西北丛编》,第 406、405 页,上海神州国光社,1931 年。

[34] 林竞:《新疆纪略》,第 28 页。

[35] 谢玉明:《赶大营的"路单"和"大篷车"》。

[36] 陆亭林:《青海省皮毛事业之研究》,《拓荒》,1935 年,第 3 卷,第 1 期。

[37] 林竞:《新疆纪略》,第 27—28 页。

[38] 吴弘明编译:《津海关年报档案汇编(1865—1911 年)》,津海关 1876 年贸易报告,天津市档案馆、天津社科院历史所刊印,1993 年。

[39] 据王怀远《旧中国时期天津的对外贸易》中"天津口岸 1898—1908 年直接出口商品结构表"推算。王文载《北国春秋》1960 年第 1 期,第 83 页。

所有畜产品中,直接来自西北牧区的,至少要在 1/3 以上[40]。其中又以甘肃省的宁夏府(治今银川市)、兰州府、西宁府、甘州(治今张掖县)、凉州(治今武威县)和山西省的归化城、包头一带最为集中[41]。

进入民国以后,天津洋行"在甘肃各地设庄的很多。中宁有仁记洋行、新泰兴洋行,中卫有平和洋行、瑞记洋行"。而在偏僻的河州(今甘肃临夏市)地区,收购畜产品的天津洋行,也有 9 家之多。他们将收购到的羊毛、皮张、肠衣、药材、猪鬃等,先雇用皮筏子沿黄河水运至包头,再通过陆路将其运到天津出口。在陇东的皮毛中心张家川镇,其情形也同样如此[42]。民国时期,甘肃的主要外贸商品如皮毛、水烟和药材,主要通过水路向北输出。即先用皮筏和木船沿黄河运抵包头,然后由平绥铁路转北宁铁路至天津出口[43]。宁夏在 1919 年前后,每年沿着与甘肃同样的路线,对外输出的羊皮约 36 万张,羊毛约 1000 余万斤,驼毛和羊绒约 40 万斤[44]。

湟源作为青海羊毛的主要集散地,有洋商和汉商设立的羊毛行数十家,每年输出各类皮张 8 万余张,羊毛约 300 余万斤[45]。最盛的时候,每年集散羊毛 400 余万斤。青海皮毛的主要运输渠道,是先用牦牛、骆驼或骡车转运到西宁,再用皮筏由湟水入黄河至兰州,再从兰州装皮筏顺黄河而运至包头,转乘平绥铁路、北宁铁路而抵达天津出口[46]。

归绥 1914 年时外销驼羊毛 200 万斤,皮张 9 万张[47];1924 年运出的驼羊毛增至 1180 万斤,皮张百万张以上[48];1930 年代,每年有价值 40 万两的蒙旗、甘肃、新疆细毛皮,经归绥运往天津等地;洋商在此所设的采买羊毛绒及牛、马皮的洋庄,有 10 余家;众多的旅蒙商人,也从这里将大量的砖茶、绸、布、棉花、米、面等货物,贩往各蒙旗牧区进行交换[49]。京包铁路 1923 年通车后,包头迅速发展成为西北广大地区水陆交通的中心和西北最大的皮毛集散地,"每年在这里集散的绒毛约二千至三千多万斤,占整个西北地区绒毛产量

---

[40] 樊如森:《西北近代经济外向化中的天津因素》,《复旦学报(社科)》,2001 年第 6 期。

[41] 日本中国驻屯军司令部:《天津志》,侯振彤中译本,第 291—292 页,天津市地方史志编修委员会总编辑室,1986 年印行。

[42] 《甘肃文史资料选辑》,第 8 辑。

[43] 王世昌:《甘肃的六大特产》,《甘肃贸易季刊》,1943 年第 5—6 期。

[44] 林竞:《西北丛编》,第 235 页,上海神州国光社,1931 年。

[45] 许公武:《青海志略》,铅印本,1945 年。

[46] 顾执中、陆诒:《到青海去》,第 183 页,商务印书馆,1934 年。

[47] 《农商公报》,第 1 卷,第 7 册。

[48] 白眉初:《中华民国省区全志》,第 1 编,第 13 页,北京求知学社 1924 年版。

[49] 廖兆骏:《绥远志略》,第 229—268 页,南京正中书局,1937 年。

的三分之二以上"[50];1933年,包头的21家皮毛店,每年从青海甘肃陕北蒙古等地采购的各类绒毛约600万斤,各类皮张11万张,均销售到天津等地,共值250万元[51]。

在整个近代历史时期,外蒙古地区虽然在政治上发生过一些波动,但它始终是中国领土不可分割的一部分。因此,该地区以买卖城、库伦、乌里雅苏台、科布多等地为商业中心,在进行对俄贸易的同时,也通过经张家口和库伦等地之间的驼路和汽车路,向天津输出入大量的畜产品和工业日用品。据统计,仅1918年,张家口就有"外管(专做蒙古生意的店号)1600余家,茶庄、毛庄亦各20—30家,每年进出口贸易额达30000万元"[52]。

到1925年前后,"天津输出之羊毛,青海、甘肃居其五成,山陕居其成半,蒙古居其二成半,直鲁约居一成"[53],西北地区成为天津出口畜产品和销售洋货的主要基地。

总而言之,近代天津商人对西北经济的开发,既有重要贡献,也有时空局限。只是由于缺乏详细的相关统计资料,笔者实在无法确知天津对西北每一个省区乃至每一个城乡区域,经济辐射的具体程度。不过,有一点可以断定,在中国近代所有的通商口岸城市当中,天津是对西北经济现代化促进作用最大的一个[54]。

---

[50] 李绍钦:《古代北方各民族在包头地区的活动》,第25页,《包头文史资料选编》,第四辑。
[51] 绥远省政府:《绥远概况》,下册,第67—71页,1933年编印。
[52] 贺扬灵:《察绥蒙民经济的解剖》,第51页,上海商务印书馆,1935年。
[53] 北京西北周刊社《西北周刊》第15期,第2页,1925年5月24日版。
[54] 樊如森:《天津与北方经济现代化(1860—1937)》。

# 清代中期滇边银矿的矿民集团与边疆秩序
## ——以茂隆银厂吴尚贤为中心

杨煜达

[内容提要] 清代中期云南边疆地区，聚集了大批内地民人从事银矿开发，形成了在边疆地区有影响的矿民集团。本文主要利用档案、方志、文集和当地民族资料，对矿民集团中最有代表性的茂隆银厂吴尚贤的事迹进行了研究。认为矿民集团是边疆移民的重要类型，其在边境地区的拓张，和当地土司、山地民族乃至外国朝廷皆发生了复杂的关系，深深卷入到复杂的边疆事务中，对清王朝的边疆秩序既有冲击和扰动，也有支持和合作。清政府对其的策略是将其纳入到边疆秩序中，如矿民的活动对边疆秩序形成冲击时，就给予无情的打击。这进一步说明了追求稳定而非扩张是清王朝在西南边疆最基本的政策。

[关键词] 清代 云南 银矿 移民 边疆

## 引　言

明清两代，云南一直是全国铜、银等金属生产的中心，在全国经济中发挥了重要的作用。特别是清代中期云南边境地区的茂隆银厂、缅甸靠近中国边境的大山银厂和安南、云南接壤地区的都竜银厂等地都聚集了大批的内地矿民从事开采和各种商业经营活动，其产银主要输入内地，是当时国内最重要的产银区。而在边境地区聚集开采的矿民集团，人数众多，甚至拥有武装厂练，成为边疆地区一股重要的政治力量，对清代云南边疆的稳定和清王朝与周边国家的关系产生了很大的影响。这是云南边疆史的重要问题。

过去学术界对于云南矿冶业的研究很多，但多侧重于铜矿业研究，对银矿业的研究并不多见[1]。较集中讨论边境银矿的研究当属龚荫，他在论文中讨论了边境地区以茂隆银厂、波竜银厂为代表的边境地区银矿业，批评了清政府对银矿业的政策，认为这种政策扼杀了银矿业的发展[2]。由于当时清代档案资料尚未能大量开放利用,这些研究主要利用了方志和笔记史料,相关记载零碎,涉及清代滇边地区银矿业的很多基本史实迄今亦未清楚,这使进一步的讨论变得十分困难。

对边疆移民的研究,比较多的以全省为视角来进行研究。如李中清对清代西南地区移民开发的研究[3]、秦树才、田志勇等对绿营兵与移民的研究[4]、苍铭对云南边地移民的研究等。其中苍铭对这一时期的矿业移民有所提及,指出这一时期的边地移民是纯经济原因的移民[5]。美国学者纪若诚应用理查得·怀特(Richard White)的"中间场域"(The Middle Ground)分析方法,专门考察了清代云南西南部边疆地区的移民及边疆社会变迁,是这一领域的重要进展[6]。但是,纪若诚对这一区域的考察,更多的是以散居在边疆地区的汉族移民为中心的。而边疆地区银矿的矿民集团,和纪若诚考察的散居移民有很大差别。

茂隆银厂是清代滇边地区最重要的银厂之一。从乾隆八年吴尚贤重新开发起,到嘉庆五年奉旨正式封闭止,经营历时达 50 余年。初期每年上缴的税银多达万余两。有史料称其聚众多达数万人。特别是其首领吴尚贤不仅说动了当地酋长葫芦王蜂筑归附内地,还联系了缅甸东吁王朝进贡称臣,在当时的西南边地发挥了重要作用。地方志书和笔记稗史中对其记载较多,研究清代中缅关系的相关论著中也都不可避免地要提及茂隆银厂[7]。这使茂隆银厂的矿民集团成为边境矿民集团中有代表性的典型。

---

① 相关研究主要有梁方仲:《明代银矿考》,《中国社会经济史研究集刊》第 6 卷 1 期,1939 年。全汉升:《明清时代云南的银矿业与银产量》,《新亚学报》(香港)第 11 期,1974 年 9 月。辛法春:《元明清三朝云南银矿的经营》,林恩显主编:《中国边疆研究理论与方法研讨会论文》,台北,1988。陈庆德:《清代云南矿冶业与民族经济的开发》,《中国经济史研究》1994 年第 3 期等,以篇幅关系,对前贤著作没有展开评述。
② 龚荫:《清代滇西南地区的银矿业》,《思想战线》1982 年第 2 期。
③ 李中清:《明清时期中国西南的经济发展和人口增长》,《清史论丛》第 5 辑,中华书局 1984 年。
④ 秦树才、田志勇:《绿营兵与清代云南移民研究》,《清史研究》2004 年第 3 期。
⑤ 苍铭:《云南边地移民史》,民族出版社 2004 年版。
⑥ Giersch,C.Pat.A Motley Throng:"Social Change on Southwest China's Early Modern Frontier 1700——1880,The Jounal of Asian Studies.(2001)60,No.1.
⑦ 如庄吉发:《清高宗十全武功研究》第 6 章,中华书局 1987 年版;Richard L.K.Jung THE SINO——BURMESE WAR,1766——1770: War and Peace under the Tributary System, Published and distributed by the East Asian Research Center of Harvard University,1991;余定邦:《中缅关系史》第 3 章,光明日报出版社 2001 年版;Yingcong Dai.A Disguised Defeat:The Myanmar Campaign of the Qing Dynasty. Modern Asian Studies,(2004)38,No.1 等。

本文拟在利用档案、方志、文集和当地民族调查等多种资料的基础上,努力复原该厂开发、发展的史实,特别围绕吴尚贤的活动及其悲剧性结局,探讨矿民集团和清政府、当地民族和周边势力间的相互关系,以分析其对清王朝边疆秩序及和清王朝边疆政策的相互作用。这对我们进一步认识清代边疆的巩固与发展有重要价值。不当之处,尚祈斧正。

## 一、茂隆厂的开发与投顺

清代中叶滇西南中缅边境一带,"有蛮名卡瓦,其地北接直隶耿马宣抚司界,西接外域木邦,南接生卡瓦界,东接孟定土府界……从古不通中国,亦不服属缅莽。"[8]这一大片地区,现在主要为云南省沧源县、西盟县和缅甸的佤邦北部地区,在当时就是被称为卡瓦的佤族先民生活居住,处于无所统属的状态。茂隆银厂就坐落在今云南省临沧地区沧源县和缅甸交界的地区。矿区的中心炉房山,在20世纪30—40年代的中英滇缅勘界中,被英国殖民者强占。

茂隆一词,据方国瑜先生考订,认为"茂"土言厂,"隆"土言大,茂隆即大厂之意[9]。据民族语言学家王敬骝实地的考察,认为:"'茂'者,他处汉字或写作'募'、'磨',傣语和佤语之'矿井'或'矿'也。'隆'者,他处汉字或写作'弄',傣语和佤语之'大'也。"茂隆就是傣语和佤语"大矿"之意[10]。按二说均是。由于当时卡瓦部落经济各方面尚未发达,则茂隆一词应先为傣语,后转为卡瓦语,再为当时的汉族开发者译为"茂隆",音意兼顾。这也说明在吴尚贤之前该矿即有开发。

至于该矿具体在何时开发,据张允随奏称:"自前明时开采至今,衰旺不一。"[11]言及在明代即有开发。托名孙士毅的《绥缅纪略》亦言:"境内茂隆山厂,明时开采甚旺。"[12]则该厂更可能在明嘉靖、万历年间云南大规模开发矿产时首次开发。

在康熙年间平定吴三桂后,在全国率先给予云南开放矿业生产的优惠政策。边疆民族地区也有大批内地矿徒前去探察开采。据康熙中叶永顺总兵周华凤所言,"职连年以来屡饬有等无籍异省棍徒,开厂为名,滥扯客货,赀于厂

---

⑧ 《张允随奏稿》,《云南史料丛刊》第8卷,云南大学出版社2001年版,第679页。
⑨ 方国瑜:《滇缅南段未定界管见》,《方国瑜文集》第4卷,云南教育出版社2001年版。
⑩ 王敬骝:《茂隆银厂佚史》,载《临沧文史资料选辑》第3辑。
⑪ 《张允随奏稿》,《云南史料丛刊》第8卷,第679页。
⑫ 孙士毅:《绥缅纪事》,《永昌府文征·纪载》卷一八。

委招摇……及至土司地方,凌虐官目,采买米麦,纠众开挖,人多费广。"[13]边疆找矿开矿甚至成为沿边一害。可以想见茂隆银厂在这一时间里断断续续会有开发。

但茂隆银厂真正成为边境地区有影响的大厂要到吴尚贤开获堂矿以后。"吴尚贤者,云南石屏州人也。家贫充马脚,走徼外葫芦王地。"[14]乾隆八年(1743),吴尚贤和当地卡瓦酋长蜂筑定约开采,以木契为凭,各执一份"[15]"乾隆十年六月间,开获堂矿,厂地大旺。"[16]

在这个时候,吴尚贤做出了一个重大的决定:向朝廷归附。十年六月起获堂矿后,很快就以葫芦酋长蜂筑(即蚌筑)的名义向内地呈报请求归顺。据总督张允随的奏报,"厂民吴尚贤等议给山水租银,该酋不敢收受,愿照内地厂例抽课报解……央耿马宣抚司罕国楷之叔土舍罕世屏率领头目召猛、召汉、莽看同厂民吴尚贤、通事杨公亮解课输诚前来,于乾隆十一年正月十八日到云南省城。"[17]

从奏折来看,献土输诚的是酋长蚌筑,引介的是耿马土舍罕世屏,而时间则仅仅在开获堂矿四个月后。考虑到当地民族的社会发展状况,在其间,厂民吴尚贤无疑起着主导作用。内附要付出沉重的经济代价,按当时清政府对云南银矿的税率,基本上在15—18%之间。吴尚贤最初所纳是按18%抽取。另外,除了交纳重税,还有清政府监督管理的问题。

吴尚贤为什么要在刚刚开获堂矿后就迫不及待请求内附呢?当然人们现在无从直接获知其内心的想法,而必须从当时的实际情况来分析。

茂隆银厂所在的葫芦王地区,处在一种不相统辖的状态。这不仅是说该地当时不为中国、也不为外国如缅甸所统属,且就其内部而言,当地的卡瓦各部事实上也处在不相统属的分散状态。直到20世纪30年代都是如此,分为很多部,各部自有王(酋长),而以绍兴王为总王。但各王之于总王,除三年一次的朝拜外,没有太多的义务[18]。和吴尚贤定约并归附的葫芦王蜂筑,只是卡瓦中的一酋长。据方国瑜先生实地的考察,蜂筑后人被尊为困刚,"困刚者,大

---

[13] 周化龙:《上总督永昌府事宜条约》,载《永昌府文征·文录》卷一〇。
[14] 方树梅:《吴尚贤传》,载《滇南碑传集》,云南民族出版社2003年版,第977页。
[15] 木契原文见方国瑜《云南史料目录概说》,中华书局1984年版,1273—1274页。
[16] 《张允随奏稿》,《云南史料丛刊》第8卷,第679页。
[17] 《张允随奏稿》,《云南史料丛刊》第8卷,第679页。
[18] 李景森:《葫芦王地概况》,载云南省立昆华民众教育馆编《云南边地问题研究》,1933年印。

头目也,"有属寨21个,"臣事班老王"。[19]

在这种缺乏更高级公共权力的背景下,各部之间的争夺事所难免。班洪就曾和其他部多次征战,才成为诸部中较强的一部[20]。同时,卡瓦人的一些传统习俗,对外来者有很大的影响。如猎头祀谷的习俗,方国瑜先生入卡瓦山区考察,其随带卫兵杂役中,亦有被猎头者[21]。

这种状况对矿厂的顺利开采必然有很大的影响。和当地部落的关系和冲突应是银厂重要的问题。据乾隆《腾越州志》:"故事,在夷方开厂皆联结,有事相呼应。"接着叙述了茂隆银厂和当地部落的一次冲突[22]。尽管该事得自传闻,未必可靠,但各厂为自保皆有所谓厂练,则类似冲突必不会少。

同时,从吴尚贤自身的角度来考虑,在银矿的开发中,他虽然作为银厂矿民集团的代表和葫芦酋长签约。但银厂人员皆来自内地,且不少人在茂隆厂拥有矿硐。有的甚至拥有课长身份。如杨公亮、唐启虞、王朝臣等,"系在厂多年,熟谙厂务,各有开采嶆硐,并非吴尚贤手下羽翼。"[23]因此,就银厂内部的管理而言,他也需要某种来自官方的授权,以约束桀骜不驯的厂徒众。

且从当时边境几个大银矿的情况来说,募乃银厂乃内属孟连土司所辖,年纳课银三百两。波竜银厂(即大山银厂)位于缅属大山土司地,为缅所控制。只有茂隆银厂所在为无所统属的卡瓦山区。

就是说,吴尚贤之急于内附,最大原因乃出自安全性的考虑,对外寻求权威性的保护,使银矿开采得以顺利进行。对内则树立合法性的地位,减少矿民集团内部的冲突。这应是吴当时的真正思考,也在一定程度上代表了茂隆厂矿民集团的利益诉求。了解当时的环境条件和吴内附的原因,对进一步理解茂隆银厂的矿民集团与清政府、与其周边势力的关系有重要作用。

## 二、吴尚贤的活动与缅甸入贡

茂隆银厂矿民在边境地区大规模的开采和冶炼,必然和清政府、当地各民族和周边势力发生联系。在茂隆银厂内附后,吴尚贤取得了课长的合法地位,这使茂隆银厂和吴尚贤自己都得到了一定的安全保证。吴尚贤随之在边

---

[19] 方国瑜:《班洪风土记》,载《方国瑜文集》第4卷,第521,523页。
[20] 胡中良等调查,田继周整理:《沧源县班洪寨社会调查》,载《佤族社会历史调查(三)》,云南人民出版社1983年版。
[21] 方国瑜:《卡瓦山闻见记》,载《方国瑜文集》第4卷,第495页。
[22] 乾隆《腾越州志》卷一○。
[23] 《宫中档乾隆朝奏折》第1辑,第563—566页。

疆地区开展了一系列的活动,以进一步巩固银厂和自己的地位。

茂隆厂民在卡瓦山地方开采,和当地人民结成一种互惠的关系。一方面,厂民必须搞好和当地民族的关系,以换得稳定的生产条件,以及一定的物资补给。另一方面,当时佤族人民所求于茂隆厂民者,则在于其能提供一种贸易、文化交流的机会。如张允随奏称:"夷人不谙架罩煎炼,唯能烧炭及种植菜蔬、豢养牲畜,乐与厂民交易,以享其利。其打嶆开矿者,多系汉人……彼此相需,出入贸易,由来已久。"[24]

吴尚贤于当地卡瓦酋长蜂筑等深相结纳。常常从外备办绸缎等当地缺乏的用品赠送蜂筑等当地民族上层[25]。虽然根据朝廷的决定,茂隆银厂之课银减半征收,且"所收课银,以一半解纳,以一半赏给该酋长"。[26]从实际执行的情况来看,在过后的几年里,吴尚贤未将所收课银的一半交给卡瓦酋长。但对于卡瓦首领来说,原始经济占有主导地位,金钱都还没有太大的意义,直到二十世纪初的情况都是如此。当时的卡瓦酋长通过贸易赚了钱没有用途,只能将之贮于罐内,埋于园中[27]。

矿民集团和周边的土司也保持着一定的联系。当地的佤族人民尚需狩猎采集以补粮食之不足,更遑论为成千上万的内地矿民提供粮食了。因此,茂隆银厂的粮食供应,主要依靠周边盛产稻米的傣族土司地区。吴尚贤及茂隆银厂和周边傣族土司保持着良好的关系,吴曾借给耿马土司罕国楷的叔叔罕世屏白银一千两[28],而罕世屏亦即引介其归诚的中介人。这种关系后来一直延续,在乾隆朝中缅冲突期间,沿边封禁贸易,而茂隆厂在边外,亦未闻粮食匮乏,主要就是依靠周边傣族土司地区的供应。

吴尚贤为进一步巩固其在茂隆厂的地位,在归附后不久,托请人"于川运例内捐纳通判",[29]在厂内穿戴顶戴官服,使用仪仗旗鼓。到乾隆十五年,吴又"交给吴茗银二万两、金子一百两托吴茗同恽万成、王季中等赴川捐官,适捐例停止。"[30]没有成功。但官员身份的获得无疑对吴在茂隆厂矿民集团内地位的巩固有重要的作用。

吴尚贤这一时期采取的最重要的活动,乃是诱使缅甸东吁王朝末代国王

---

[24] 《张允随奏稿》,《云南史料丛刊》第8卷,第683页。
[25] 《宫中档乾隆朝奏折》第2辑,第506页。
[26] 《张允随奏稿》,《云南史料丛刊》第8卷,第682页。
[27] 方国瑜:《班洪风土记》,《方国瑜文集》第4辑,第515页。
[28] 《宫中档乾隆朝奏折》第9辑,第608页。
[29] 《张允随奏稿》,《云南史料丛刊》第8卷,第767页。
[30] 《宫中档乾隆朝奏折》第2辑,第506—509页。

向清王朝奉使入贡。自十六世纪缅甸东吁王朝兴起,即向北扩张,和明王朝在边境地区征战连年。占领了边疆地区的一些土司。直到清代中叶,和中国王朝的宗藩关系一直没有恢复。

到十八世纪中叶,缅甸孟族爆发大起义,东吁王朝陷于严重的危机中。在这种局势下,缅甸东吁王朝存在希望改善和清王朝的关系而对局势有所帮助的想法。乾隆十三年,缅甸迫于国内局势的压力,遣人求贡,在云南就为怕事的地方官所拒绝,对此事礼部后来有专门的上奏。[31]

这一次缅甸是通过缅宁府的镇康土司来联系的[32],应和吴尚贤的茂隆银厂没有联系。但吴尚贤和毗邻的缅属木邦土司有来往,可能会对此事有所了解。从吴的角度考虑,他认为能成功使缅甸王朝进贡,一定能得到朝廷的重奖,而以他在地方官场上的人脉,他也相信能成功上奏。

第二年缅甸复遣人来边,亦未得允准。恰在此时,迤西道朱凤英差人令茂隆厂缉拿在边境地区试采银矿的邹启周等人,称"镇康土司刁闷鼎偕主文杨芳伯招致边贼邹启周、张亮采等,邀结黑山门野㑩㑩扰害木邦。"[33]当然所谓"扰害木邦"不过是借口,甚至这个借口就是吴尚贤提供给朱的。以此为契机,吴尚贤率众入缅,联络缅王。

> "十二月,厂委吴尚贤带练至干猛,获邹启周等。十五年正月吴尚贤带练一千一百余人,赴缅甸,以上年请贡土目为导。庚戌,至木邦……所过土司皆有馈遗。贵家头目官里雁率兵阻之……吴尚贤会缅兵三千余人与战,为贵家所败。回茂隆厂,说缅甸酋莽达拉入贡。"[34]

《绥缅纪事》这一段记载清楚地说明了吴尚贤率众入缅并和反东吁王朝的武装作战的情形。这段记载,可和缅甸记载相对应:

> "是年(公元1751年)中国皇帝派遣埃都耶、冬达耶等偕随从九千余人带着九尊阿巴达亚梵天佛像,为了结盟通好而来……中国人也表示愿对桂家、孟人的野蛮行径进行镇压……结果未能取胜。缅王派出使节随埃都耶、董达耶等返回中国。"[35]

---

[31] 《明清史料庚编》,中华书局1987年版,第1265页。
[32] 昭梿:《啸亭杂录》,中华书局1980年版,第113页。
[33] 《明清史料庚编》,中华书局1987年版,第1265页。
[34] 孙士毅:《绥缅纪事》,《永昌府文征·记载》卷一八。
[35] 李谋等译:《琉璃宫史》,商务印书馆2007年版,第1107页。

乾隆十五年十二月已为公历 1751 年初。埃都耶、冬达耶显系音译，耶即爷，吴尚贤应即为缅文中的埃都耶。可见这次入缅吴尚贤备有厚礼，甚至参与了缅甸的内战，这样说动了缅王 Mahadammayazadipati 遣使由其导引入贡。使者及贡象贡物皆先至茂隆厂，由尚贤上报。"督抚令司道会议，布政使宫尔劝会按察使、粮、盐、迤东、迤西四道议……其不可信及不可行者各四。巡抚图尔炳阿竟据禀词并表文入告。"㊱奏上，下礼部议，"礼部议复：'云南巡抚图尔炳阿奏称：'缅甸初次奉表称臣纳贡'应准其来京。'从之。"㊲

　　缅使希里觉红等入关，总督硕色派顺宁知府孟士锦等护送缅使进京。吴尚贤以缅使饮食嗜好不同，不谙礼法，内地官员难以照料为由，请自备费用护送使者进京。经硕色奏上，得乾隆帝"未为不可"的谕示㊳。吴遂伴送使者进京，乾隆十六年六月，乾隆帝受缅甸贡使朝贡，并赐缅甸国王大批礼物。中国和缅甸中断二百年的宗藩关系重新建立了起来。

　　缅甸这次通好能冲破地方官员求稳怕变的阻力，成功上奏，吴尚贤厥功最著。吴从乾隆十年开获堂矿开始，就在地方官场中编织自己的关系网。迤西道朱凤英即是其第一次和葫芦酋长归诚的上报人，和吴关系密切。和吴有交往的还有云南提督冶大雄，其子蓝翎侍卫冶继钧曾受收吴的借款银两㊴。曾在云南为官的大名府知府朱瑛、广东城守营守备谢光宗等人都曾得吴资财，为吴在京活动捐官㊵。吴在官场中编织的这张大网在这件事中发挥了重要作用。

　　从吴尚贤在边疆地区一系列的活动来看，边境地区开采银矿的矿民集团拥有强大的财力乃至武装。和其有来往的不仅有内属傣族土司、边境地区的土著民族，还有外属的掸族土司，甚至缅甸朝廷都和他们存在着事实上千丝万缕的关系。吴尚贤巧妙利用这些资本，在边疆地区精心构筑了自己的势力范围。乾隆《腾越州志》说吴尚贤欲"邀恩得葫芦王"㊶。虽未必如此，说其希望长久占据茂隆厂之矿利则不过分。这种跨国界的影响对清王朝在边疆的秩序已造成严重的影响。如何应对这种影响，事实上已成为清王朝必须考虑的问题。

---

㊱ 昭梿：《啸亭杂录》，第 115 页。
㊲ 《高宗实录》卷三六九，第 15 页。
㊳ 《高宗实录》卷三八七，第 10 页。
㊴ 《乾隆上谕档》第 2 辑，第 605 页。
㊵ 《宫中档乾隆朝奏折》第 2 辑，第 506—509 页。
㊶ 乾隆《腾越州志》卷一〇。

## 三、吴尚贤得罪与处理

从法律上来说,清政府不允许内地民人偷出关隘到边境地区活动,在边境地区包括内属土司地区采矿的活动都是非法的。但是,对于成千上万内地民人聚集到边境地区采炼银矿这种事实上的存在和影响,清政府不能完全漠视,也非简单的禁止民人出关、开矿这种方式所能奏效的,必须有一定弹性的措施来处理。雍正八年接受孟连土司献纳募乃银厂厂课[42],实际上意味着内地民人至边境内属土司地区开采银厂的合法化。

乾隆十一年处在外域的茂隆银厂内附,清廷内部一开始就有不同意见。三月和硕裕亲王广禄等议复张允随的奏请,虽同意卡瓦地区的内附,但"吴尚贤以内地民人潜越界外开矿,并该管官失察之处,均干例议,应查明具奏。"[43] 完全无视开矿民人的实际情况,代表着朝廷上墨守成规、不知边疆实情的大臣的想法,事实上不可能行得通。

张允随老成大吏,久谙边情,随再奏请:"准照孟连之意,赏定课额,令其按年报纳,并令捍卫边隅,就纳贡之诚,寓羁縻之意,不惟厂民得以相安,设有内地逃犯等类潜入厂地,亦可饬令查拿,如此,则圣朝统驭外夷之体益崇,而远徼夷情亦不致阻而弗达矣。"[44] 最后御准张允随的意见,实际对茂隆银厂采取了如下管理措施:

1.葫芦王地及厂均不设官,即葫芦酋长亦未封赠土职。课程的征收和银厂的管理委由课长担任,课长即委任吴尚贤。

2.减半征收税银。所收税银的一半赏给葫芦酋长,实际只收四分之一。每年课银即由课长押解永昌府。

3.厂内汉民所犯偷越关隘之罪实际得到了司法豁免。

从这样的安排来看,清政府政策的原则是边疆稳定。从稳定边疆的角度出发,将事实存在的边疆银矿和采矿的内地民人纳入到体制之中,实施松散的管理。对葫芦王献纳之地和厂课,实际并不重视。这一原则一以贯之,一直是清政府处理这类事务的基本出发点。

随之吴尚贤的一系列活动,云南的地方大吏是有所察觉和考虑的。乾隆十五年,久任云南督抚的张允随奉旨进京,在其处理交接云南事务的奏折中就有相关考虑:

---

[42] 《世宗实录》卷九八,第17页。
[43] 《高宗实录》卷二六一,第23页。
[44] 《张允随奏稿》,《云南史料丛刊》第八卷,第685页。

515

"臣查吴尚贤原系云南石屏州无籍细民,因赴茂隆打厂,由伊开获堂矿,故厂众俱听其约束,从前多有恃强凌弱之事……若令久居外域,恐其渐滋事端,正在设法招回间,据迤西道朱凤英据吴尚贤具禀,请另外佥课长,以便交替回籍等情……臣与抚臣图尔炳阿公同商酌,如详批准。"⑤

奏折所言,说明官府已注意到了对吴的活动。从吴来说,正是雄心勃勃之时,绝无退养之心。通过交好的迤西道朱凤英提出交替回籍之请,不过是投石问路,了解官府的态度。而官府原则同意所请,令其感到需要做点什么事来巩固自己的地位。因此,他竭力以成缅甸朝贡之事,确实欲以此功来固其地位。但他实际上并不了解清政府对边疆的政策出发点,弄巧成拙,反为自己招来覆顶之灾。

在乾隆十六年四月吴尚贤和伴随缅使进京时,乾隆帝就谕示:"但恐缅使入贡,原因吴尚贤纠合而来……来京时或希冀望外加恩赏衔嘉奖,将来回滇,更有声势,可以肆行其志。"⑥可以说对吴的想法看得很准。要求地方官进一步调查吴尚贤在厂的行为。在吴洋洋自得进京时,一张看不见的大网已经网住了他的命运。

乾隆十六年六月乾隆帝接见缅甸使臣。之后即有廷议:"吴尚贤本系无藉细民,在夷境日久,平时与夷境交通往还习熟,招摇引诱,势所不免,断不可复令再为课长。"并督抚所奏吴尚贤自举其子吴世荣并唐启虞管理厂务亦不准许⑦。随即督抚奏请可于原在茂隆开有矿硐的杨公亮、唐启虞、王朝臣三人中择一为课长,将吴尚贤及其父子撤回内地⑧。接着有廷议:"将来缅使回滇之日,另行委员护送出境。其吴尚贤即令居住省城。如果安分守法则已,设或暗布流言,煽惑番夷各情形,即将吴尚贤拘谨奏闻,请旨办理。"⑨

十月,缅甸使臣回到昆明。据伴送缅使进京的顺宁府知府孟士锦报称:"尚贤由滇一路赴都,望恩幸泽,意气洋洋。及回滇之时,因圣泽优待使臣,锡予隆厚。伊望泽未遂,时怀怅怏。见于辞色。"接着,吴尚贤唆使缅甸使臣投递呈词,请吴尚贤伴送回缅。这件事成了压垮骆驼的最后一根稻草。十一月十一日云南督抚上奏吴之罪状:

---

⑤ 《张允随奏稿》,《云南史料丛刊》第八卷,第 766—767 页。
⑥ 《高宗实录》卷三八七,第 11 页。
⑦ 《高宗实录》卷三九三,第 8 页。
⑧ 《宫中档乾隆朝奏折》卷一,第 563—566 页。
⑨ 《宫中档乾隆朝奏折》卷一,第 870—871 页。

清代中期滇边银矿的矿民集团与边疆秩序

1.侵渔历年恩赏葫芦酋长之课银二万九千余两。

2.在厂地出入"胆敢鼓吹放炮,乘坐四轿,摆列坐枪、旗鼓黄伞,并设有厂练护卫,制造枪炮长刀军器等项"。

3.诬陷在缅属木邦开挖猛牙、邦迫两矿的邹启周等人为盗,并带练捉拿致死二人。又图财谋害在厂之彭锡爵致死,并夺其矿硐资财。

请旨拘捕吴尚贤,并查封其家产[50]。经过查封清理,吴尚贤的现银、珠宝、在石屏等地陆续购买的田产、在厂地的矿硐油米工具等项及外借寄顿他人"通共计合银一十二万五千三百八十九两零,金器首饰金子合共四百二十四两八钱八分,"陆续缴入内务府[51]。吴尚贤本人于乾隆十七年二月十二日(1752年3月23日)病死狱中[52]。结束了其戏剧性的一生。

正如纪若诚所认识到的,移民个体对国家或族群的认同并非是固定的,因而内地移民在边疆并非一定是王朝的天然盟友,而常常是边疆稳定的破坏者[53]。因此,清政府禁止内地移民到边疆民族地区开发。在边境地区银矿业发展、大批内地矿民聚集的既成事实面前,虽然不得不接受这一事实,并试图将之纳入到体制内,但对边地汉民的活动,始终深怀戒心。

一个突出的例子是乾隆朝中缅冲突开始时御史周于礼风闻上奏,称莽匪中,"半皆湖广及滇地流民,以开矿失业,附之者不下千余。"朝廷十分重视,下诏切查[54]。据总督杨应琚细加盘查,"据称从前曾于小猛养等处擒获汉奸八人,并非贼中头目……今复在整欠一带,遍加踂缉,实无厂棍一人。该御史所称贼少民多之处,殊无实据。"[55]朝廷上下才松了一口气。

吴尚贤所代表的矿民集团在边境地区的影响,甚至到了和邻国土司乃至朝廷有密切接触的地步,这恰恰是清王朝最忌讳的事。而吴的悲剧正在于他完全没有看清这样的形势。

至于奏折中罗列的吴尚贤的罪状,当然不能说不是事实。但是,考虑到茂隆银厂所处的乃是不设官长的民族地区,厂地又自有其规矩。吴的这些罪状可能是当时很多边境开矿者所共有,也不是到那时才为官府所知,则列举的

---

[50] 《宫中档乾隆朝奏折》卷一,第870—873页。

[51] 《宫中档乾隆朝奏折》卷九,第607页。

[52] 《宫中档乾隆朝奏折》卷二,第507页。按:关于吴的死,有多种说法。如《绥缅纪事》称:"十六年九月,瘐死狱中。"时间误。乾隆《腾越州志》卷一〇称:"拘于空屋,饿而死。"暗室之事难知,谨按总督硕色奏。

[53] Giersch,C.Pat.前揭文。

[54] 《莽匪略节》,军机处录副7643—33。

[55] 《高宗实录》卷七六六,第6—7页。

罪状不过为托词而已。

所以可以看出，对吴的处理的最根本的原因，是吴凭借银厂矿民集团的雄厚的财力人力，在边疆形成了一股强大的势力，这和清王朝的边疆秩序形成了直接的冲突，对吴的处理，是清王朝在边疆一以贯之的政策。其后果我们可以从以下事实来评价。

## 四、吴尚贤之后的茂隆厂

吴尚贤得罪后，茂隆银厂并没有像一些地方资料所说的"尚贤死而厂徒散"[56]。"茂隆厂遂为夷人所据矣。"[57]而是继续存在了半个世纪，直到嘉庆五年，"以硐老山空，封闭云南永昌府属茂隆银厂。"[58]才停止了开采。考察茂隆银厂在吴尚贤后的史实，有助于问题的进一步深入。

清政府处理吴尚贤后，最初考虑在茂隆厂设官治理。据乾隆十六年六月的廷议："今茂隆厂在葫芦酋长地方，然酋长现在称臣纳贡，与内地无异，厂徒又皆系内省民人，自应仿照各省矿厂之例，饬令该督抚等于府佐内拣择诚实干练者一二员前往总理弹压，课长之名，竟行裁撤。"[59]然而这一想法首先遭到了老于边事的尹继善的反对。接着交由云南督抚详议，以为：

> "茂隆厂远在边外，四面皆系蛮夷，自古不通声教。葫芦酋长现虽称臣纳贡，每年以厂课输为贡款，然该处土地夷众仍系该酋长自行管辖，其在厂徒众虽多内地民人，亦有本处夷类。开厂以来，素未受制于官……既无官兵驻扎，又未安塘汛，止委一二文员，似觉难以总理弹压，不如仍选课长责成董理。臣等不时查察，遥为羁縻。"[60]

最终的结果是设官的意见被否决。代之的是设正副课长两人，即所谓"向例于该厂课客中佥充课长一人，协办一人，公同办理厂务，三年期满，奏请将课长撤回归农，即以协办之人顶补课长，另选一人验充协办。"[61]

从乾隆十八年起，每三年换一厂委。交纳的课银多少不一。也一直在交

---

[56] 乾隆《腾越州志》卷一〇《缅述》。
[57] 方树梅：《吴尚贤传》，《滇南碑传集》，第979页。
[58] 《仁宗实录》卷七一，第7页。
[59] 见《宫中档乾隆朝奏折》第1辑第563页。
[60] 《宫中档乾隆朝奏折》第1辑第565页。
[61] 《宫中档乾隆朝奏折》第50辑第369—370页。

纳。笔者从档案中找到了从开始一直到乾隆四十七年间三十多年里课长轮换的资料(参见表1)。之后到嘉庆五年奉旨封闭之间十余年的情况不详。

表1 茂隆银厂课长轮替情况

| 年代 | 课长 | 籍贯 | 协办 | 籍贯 | 资料来源 | 备注 |
|---|---|---|---|---|---|---|
| 乾隆十一年至十六年 | 吴尚贤 | 云南石屏 | 无 | | 略 | |
| 乾隆十七年至十九年 | 杨公亮 | | 唐启虞 | | 《高宗实录》卷400,页6。 | |
| 乾隆二十年至二十二年 | 骆文锦 | 云南楚雄 | 胡正川 | 云南昆明 | 军机处录副奏折9982——15 | 唐启虞禀患血症,祈免充役 |
| 乾隆二十三至二十五年 | 海中正 | 云南富民 | 熊既成 | 湖南衡山 | 军机处录副奏折档号不清 | 胡正川才具平庸,难以久膺重任,亦应撤回。 |
| 乾隆二十六至二十八年 | 熊既成 | 湖南衡山 | 邱腾鹤 | 云南南宁 | 军机处录副奏折档号不清 | |
| 乾隆二十九至三十八年 | 陶虞臣 | | 刘世衍 | | 军机处录副奏折档号不清 | 董率厂丁协力防江,颇著勤劳 |
| 乾隆三十九至四十六年 | 刘世衍 | | 段飞熊 | 云南石屏 | 宫中档乾隆朝奏折50辑,页369——370 | 协办原为李熙德,后熙德病故,以段飞熊顶充,而以刘世衍留任三年。后飞熊病故,刘又留任一年 |
| 乾隆四十七年至? | 顾久 | 云南富民 | 张允良 | 云南保山 | 宫中档乾隆朝奏折50辑,页370 | |
| ?至嘉庆五年 | ? | | ? | | | 至嘉庆五年奉旨关闭,期间没有找到相关档案 |

说明:课长、协办又被称为正副厂委。

从表1可以看出,每三年一换课长,都有奏折汇报,说明这件事一直处在地方政府的控制之下,每三年一换课长,课长交替后即撤回归农也基本得到了执行。例外的只有陶虞臣和刘世衍两人。特别是陶,连任三任才解职。但陶任职期间正是乾隆朝中缅冲突剧烈的时候。清政府需要茂隆银厂有一稳定的局面。而刘世衍的连任也是因为暂无人顶替的原因。因此可以说,清政府一直比较好地控制了茂隆银厂课长的更替问题。

从乾隆二十七年底开始,缅甸贡榜王朝为索要"花马礼"开始骚扰边境傣族土司[62]。边疆骚然。茂隆厂也遭波及。在缅军最初袭击耿马时,"又带众往窥茂隆厂"[63]。云南总督吴达善等人抱着不扩大事态的心理,不愿意动用正规部队防边,而主要利用当地的土司武装和厂练来守边。无论是孟连土司境内的募乃厂还是卡瓦山的茂隆厂都受命承担了防边的任务[64]。在战争期间,茂隆银厂一直服从征调,积极配合清军的军事行动。

这些事实说明,在吴尚贤事件之后,茂隆银厂一直服从于清政府的管理,并在边境冲突中成为清王朝控制边境的重要支点。茂隆银厂一直维持了正常的生产。过去的不少研究实际是高估了吴尚贤个人对茂隆矿民集团的影响,从而容易接受吴之后银厂衰落的说法。

吴尚贤之后的历任课长吸取了吴尚贤的教训,显得十分收敛和低调。从几任课长的情况来看,吴尚贤时代就颇有影响的杨公亮等期满就主动要求归养,"复据杨公亮禀称,年逾六旬,精力日衰,不能再承重任,又据唐启虞禀称,染患血症,久治不愈,难于效力,各请退役归养。"[65]就是陶虞臣连任九年课长,被称为"董率厂丁协力防江,颇著勤劳"。也从未有何出格之事留下记载。似乎茂隆银厂的矿民们将自己转入了地下。无怪在当时的地方文献里完全找不到银厂的记载。

但是,如果据此说清政府就能完全控制茂隆银厂的矿民集团,或者说矿民集团在边疆的实际影响衰微则又太简单了。最突出的一个例子莫过于乾隆四十二年茂隆银厂将来犯之缅军打得大败的事件。

乾隆四十三年据云贵总督李侍尧奏称:"臣访闻缅宁边外之卡瓦野人山,

---

[62] 参看杨煜达、杨慧芳《花马礼:16——19世纪中缅边境的主权之争》,《中国边疆史地研究》2004年第2期。

[63] 《乾隆朝上谕档》第5册575页。

[64] 《宫中档乾隆朝奏折》20辑,第594页。

[65] 《乾隆二十年十二月二十二日硕色等为更换茂隆课长奏》,军机处录副奏折9982——15。

向有莽冷厂。其管厂头人,野人呼为莽冷官。闻缅匪觊觎厂利,带兵向卡瓦索取分例。经莽冷头人率领厂丁,将缅匪打败,追往木邦一路,打破缅子腊戍地方。"⁶⁶又据兵败流散到中国境内的缅人阿里的口供:"腊月内跟了缅子去打卡瓦地方的莽冷厂,莽冷厂上的人又多,又利害,缅子打了败仗,损了五六百人,我们同寨被捉的人也都冲散。"⁶⁷类似的口供还有一些,可见这次战役规模不小,缅军损失很大。

最早使用李侍尧奏折的方国瑜先生开始认为莽冷即为茂隆。但在后来方先生又认为莽冷应为孟伦,和茂隆无涉⁶⁸。尤中先生亦认为莽冷即孟伦⁶⁹。并认为此地在乾隆中叶后即脱离了中国的管辖。此事实有考辨的必要。

按:据光绪《续云南通志稿》:"莽冷亦作孟伦,与孟连所属之孟呵毗连,中隔南卡江一水,室庐相望。在昔莽冷与十三家边民共称为葫芦国,乾隆间皆内附。后以距内地远,官弁畏瘴罕至,遂负险阻,既不属华,亦不属缅。"⁷⁰吴尚贤所引投顺的葫芦地,应只是卡瓦山区的一部分。此处将上下莽冷并称为葫芦地,不确。但方先生据以为卡瓦山区北部为葫芦地,南部为莽冷地。亦不确。从《续通志》所述之莽冷地来看,莽冷应是对当时整个卡瓦山区的称呼。

又据李侍尧奏:"募迺虽系内地土司,离缅宁十有余站,已在关外,与卡瓦之莽冷厂地界相连,素有摆夷来往。"⁷¹从地望上来看,募迺厂之西为茂隆厂,中间并无土司相隔。而如在茂隆厂之南的卡瓦山还另有银矿,则中间隔着地域广大的孟连土司,无论如何不能说是地界相接。且从档案中的多条史料来看,李奏所指都为卡瓦地方的莽冷厂。

且当时的中缅边境地区,人数众多、有很大势力的银矿,主要是孟连境内的募乃厂、卡瓦山区的茂隆厂、缅属的波竜厂和稍后大旺的悉宜厂。战争期间清王朝对此作过详细的调查并有所处置⁷²。除此而外,没有可能在物资缺乏的卡瓦山区还能另有一个聚集大批内地民人可和前述大厂相颉颃能独立打败缅军大规模侵扰的大厂。

但是从清政府了解到事件的经过来看,显然是通过流散到境内的缅兵而

---

⑥⑥ 《乾隆四十三年十一月初九日云贵总督李侍尧奏》,《史料旬刊》第22期,北平,故宫博物院1930年版。
⑥⑦ 《养泄夷人阿里供单》,军机处录副奏折7866——24。
⑥⑧ 方国瑜:《云南史料目录概说》,第535页。
⑥⑨ 尤中:《中国西南边疆变迁史》,云南教育出版社1987年版,第266页。
⑦⓪ 光绪《续云南通志稿》卷七三《边防》。
⑦① 《宫中档乾隆朝奏折》44辑第587页。
⑦② 《乾隆上谕档》第6册,第33页。

非通过茂隆厂禀报上去的。按一般的想法以当时缅甸雍藉牙王朝与清王朝的敌对关系,击败缅军的侵扰是一件能得到奖赏的事,应该会报上去。但从李侍尧的奏折来看,没有将莽冷和茂隆联系在一起,这只能说明这次事件茂隆银厂没有禀报。

对此最为合理的解释只能是时任厂委的刘世衍从吴尚贤和其他类似的事例中汲取了足够的教训,对清政府的政策十分清楚。在厂民觉得自己有足够的实力能自保时,更重要的则是不能向清政府展现自己的实力,特别是不能透露他们在边境地区的存在,可能会引起缅甸的侵扰——这样就会被清政府视为麻烦的来源而遭到禁止。

从吴尚贤死后茂隆银厂的活动可以看出,一方面茂隆银厂继续聚集了大批的内地民人,在边疆地区同样拥有相当大的实际影响力,并不因吴的死亡而削弱。另一方面,至少在形式上,银厂的矿民集团处在清王朝的控制之下,客观上成为清王朝对边疆控制的一个支点,构成了清王朝边疆秩序的有机组成部分。

## 五、结论与讨论

从上述的研究可以看出,数以万计的内地矿民聚集于边疆银厂开采和贸易,离乡背井,为利而来,厂兴则聚,厂衰则散,形成了有一定组织性的矿民集团,是边疆地区内地移民的一种重要的类型。

这类矿民集团和普通的零散移民并不一致。他们聚集在一起,有相当的规模,有雄厚的财力和武装。在边疆地区,他们不仅和周边的内地土司和山地民族有经济和文化的紧密交流,甚至也和外属土司乃至外国朝廷产生紧密的联系,事实上成为了边疆地区一股强大的政治势力,深深卷入到各种边疆事务中,对清王朝的边疆秩序有重大影响。也不可避免地迫使王朝对其奉行的边疆政策进行必要的调适。

清王朝虽然在事实上承认了这些移民在边境地区的存在。但其策略是竭力把移民的活动(不管是合法还是非法的)纳入到自己的边疆秩序中,而不是鼓励这些移民的拓展。当移民的拓展活动对边疆的稳定可能形成冲击时,清王朝就会断然打击。前述吴尚贤的悲剧就是一个典型。但从另一个角度来说,清王朝对边疆的控制也一定程度上寻求这些矿民集团的帮助。不仅仅是在乾隆朝和缅甸冲突的特殊时期,就是在和平时期,这些矿民集团所在的矿厂,实际也成为清王朝对边疆控制的依托点。

如位于孟连土司境内的募乃厂,在乾隆初年孟连土司家族内部的争斗中,就成为清政府处理孟连事务的一个重要的据点,先后派把总、都司等绿营员弁驻扎于此[73]。在乾隆二十七年孟连土司刀派春一家因勒索在缅甸争夺王位失败入境的桂家宫里雁集团而为宫里雁之妻囊占所杀后,仅余幼子,弱,亦被清政府安置于募乃厂,而以耿马土司罕国楷驻厂护之[74]。就是很好的例子。

这就说明了边疆地区矿民集团的存在,对清政府的边疆秩序所起的作用是两方面的,既有冲击和扰动,也有支持和合作。具体如何,关键则在于二者的利益诉求。矿民集团的利益诉求主要是经济利益;而清政府的利益诉求主要是控制和秩序。当矿民集团对经济利益的追求直接危害到了清王朝的边疆秩序时,就会受到清政府的无情打击。

这两种利益诉求不仅仅只有矛盾,也有交集。其交集正是边疆的稳定。这就是为什么茂隆厂的矿民愿意不惜交纳重税来投顺清政府。而后来边境地区的悉宜银厂甚至愿意不惜代价成功资助了地方官员和边境土司对缅甸的招徕[75]。就是因为边境地区的和平和稳定,对矿民集团的经济活动也同样的重要。

因此,不论是苍铭等人的更多重视汉族移民的活动在巩固边疆过程中的作用、视吴尚贤等矿民集团为边疆藩篱的结论[76],还是纪若诚更多强调移民个体的文化和国家认同,从而认为移民的存在和活动一定程度上会危害到边疆的稳定,影响到清王朝的边疆秩序的结论[77],都有失之偏颇之处。

从清王朝的角度来说,稳定,而非扩张,是其对西南边疆的最基本的政策。位于西南边境地区的各种势力,无论是土著的土司还是流动的矿民,都是边疆各种躁动不安的因素。对其的政策,核心就是用最经济的成本,将之纳入到王朝追求稳定的边疆秩序中。从茂隆银厂的个案来看,无疑这种政策基本达到了其目的。

(注:本文原刊载于《中国边疆史地研究》2008年第4期,本次发表略有增补)

---

[73] 《张允随奏稿》,《云南史料丛刊》第8卷,第658—660页。
[74] 《木匪节略》,军机处录副奏折,7643——32。
[75] 檀萃《悉宜厂记》,《滇系·艺文系》。日本学者铃木中正首先对这一事件进行了研究,参看其著《清缅关系(1766-1790年)》,载《中外关系史译丛》第1辑,上海译文出版社1984年版。
[76] 苍铭:《云南边地移民史》,第184页。
[77] Giersch,C.Pat.前揭文。

## "界"的动与静：
## 清至民国时期蒙陕边界的形成过程研究 *

王 晗

[摘要] 清朝初期,清政府沿袭了传统的长城—黄河一线作为鄂尔多斯地区与内地的农牧分界,但是这一界限仅是习惯线而已,并不具备法定特征。随着农牧区域的相互扩张,农牧界线在政府的规划下,其精确性和法定属性得到逐步强化。清至民国时期蒙陕边界的形成过程实质上可以视为伙盘地移民社会构建的过程,在清政府、民国政府、蒙旗贵族、天主教堂、地方士绅、基层民众等不同阶层的关注下,晋陕边民由原来的雁行式流动人口向定居型人口转化,移民规模逐步扩大,伙盘地村庄化进程随之加快,这在客观上促使伙盘地的地域范围发生错综复杂的变动。汉族移民则充分利用这种中央政府和地方政府协调过程中的漏洞,在蒙陕交界地带从事农牧业生产,从而间接地增强了伙盘地扩张的自发性和不确定性。此外,伙盘地居民的思想观念、文化、心理状态随着边外定居生活的开始、稳定而发生着变化。这种变化是一种复杂的社会和心理现象,它不像自然环境那样存在着地带性规律或非地带性规律,它在改变原有土著居民(多是蒙族)的同时,也在因人因地而变。这种变化带来了区域社会的变迁,推动独具特色的伙盘地移民社会的形成,从而进一步固化了新的移民社会对于逐步形成的伙盘地范围的认同,并为民国时期陕绥划界的争端和建国后蒙陕界线的划定提供了重要的依据。

---

\* 基金项目:教育部人文社会科学重点研究基地重大项目(08JJD770111);2011年度国家自然科学基金面上项目(41171120)资助成果;2011年度教育部青年基金项目(11YJC770055)资助成果。笔者按:2006年,笔者曾在《西北大学学报》(哲社版)第2期发表题为《清代陕北长城外伙盘地的渐次扩展》一文,该文仅是对陕北长城外伙盘地在清时段有关勘界行为的史料进行简单的处理,未能对每次勘界的内在原因、发展过程进行深入探讨,也未能对伙盘地聚落进行地图定位。同时,在史料梳理过程中,对"伙盘地"、"黑界地"和"禁留地"等基础概念缺乏清晰的认识。因此,本文针对上述问题进行了深刻反省和较为细致的分析。

"界"的动与静:清至民国时期蒙陕边界的形成过程研究

[关键词] 蒙陕边界　形成过程　伙盘地　勘界

蒙陕交界带伙盘地位于毛乌素沙漠与黄土高原的交接带,正好处在中国北方农牧过渡带的中段,是半干旱气候带向干旱气候带过渡的边缘地区,同时也是历史时期沙漠变化较明显的地区。十五世纪中叶,蒙古鄂尔多斯部驻牧于此。作为我国北方地区重要的一隅,该区域经历了多次统一与分裂、政权相互更替的演变过程。而在这一演变过程中,游牧文明与农耕文明相互交融,其"经营方式——农耕、放牧也迭为交替,每次经营方式的更迭也都带来了生产的衰退,加速了自然条件的恶化,助长了沙漠化的速度"[①]。清代初年,清政府为促进蒙古社会、经济的发展,提出"编入旗伍,安插牧地,赐以牲口"等休养生息、保护牧业的政策,并在鄂尔多斯地区先后设置了伊克昭盟,并在该盟下设扎萨克旗、鄂套旗、五胜旗、郡王旗、准格尔旗、杭锦旗、达拉忒旗等七旗。此外,出于"蒙汉隔离"的需要,清政府在顺治年间沿陕北长城北侧与鄂尔多斯高原之间划定了一条南北宽五十里,东西延伸两千多里[②]的禁留地[③]。伙盘地的最初产生、相应发展乃至极度扩张都是以禁留地的存在为基础和参照的。随着口外移民人数的增多,蒙陕交界地带移民村庄日渐增多,至道光年间,渐成规模,而"伙盘地"一词也相继出现在陕北沿边六县所编修的地方志及相关史籍中。

---

① 中国科学院《中国自然地理》编辑委员会主编:《中国自然地理·历史自然地理》,科学出版社1982年。
② 本文所涉及的"里"以清时"里"为准,按中国历史大辞典编纂委员会编《中国历史大辞典》附录五之《中国历代度量衡演变表》之《中国历代亩积、里长表》(上海辞书出版社2000年3月版,第3460页)得,清时一里约为今576米。
③ 关于"黑界地",梁冰提出"禁留地即黑界地"的看法(梁冰,《伊克昭盟的土地开垦》,内蒙古大学出版社1991年,第43页)。王卫东在《鄂尔多斯地区近代移民研究》一文中错将《清圣祖实录》"康熙三十六年三月乙亥"条中的"乞发边内汉人,与蒙古人一同耕种"记录为"乞发边内汉人,与蒙古人一同耕种黑界地",从而不可避免将禁留地和黑界地混同(王卫东,《中国边疆史地研究》2000年第4期,第70—84页)。后来在王氏所著《融会与建构:1648—1937年绥远地区移民与社会变迁研究》之第二章《鄂尔多斯地区移民考》(47页)中仍未加以校正,即"康熙三十六年,贝勒阿松拉布奏请'乞发边内汉人,与蒙古人一同耕种黑界地。'清廷俱如所请"。张淑利认为禁留地与黑界地是两个互不统属的概念,两者除出现时间有先后之别外,地域范围也截然不同,黑界地是在禁留地基础上又划出的宽十到十五里不等的土地(张淑利,《"禁留地"初探》,《阴山学刊》2004年第1期,第92—95页)。笔者通过文献考订,认为张淑利的观点较为接近历史本身。具体考订工作详见王晗《清代毛乌素沙地南缘伙盘地土地权属问题研究》("前现代中国的治边实践与边陲的社会历史变迁"学术研讨会会议论文集)。

通过对雍正《陕西通志》、民国《续修陕西通志稿》、民国《陕绥划界纪要》、陕北沿边六县④的清至民国方志资料以及其他文献的梳理，我们可以搜集到大量关于伙盘地的历史沿革、疆域、山川、村庄、户口、地亩、物产等资料。按照本文所讨论问题的需要，针对其中所涉及的历史沿革、疆域、山川、村庄、地亩资料进行基础性整理、解析，是否能够从中提取相应的资料，以此作为推敲研究区内移民社会的垦殖活动在不同历史时期的扩展情况。试解这一问题，显然具有其自身的现实意义，同时也存有一定的难度。

## 一、清代伙盘地的第一次勘界——康熙线的形成

清代道光年间，学者卢坤曾在《秦疆志略》记录有陕北沿边六县的基本地理状况，其中，定边县"地处极边，山穷水恶"，靖边县"地居沙漠，民鲜盖藏……为苦寒之区"，榆林县"地多沙渍，及山沟积水之处，均不能播种五谷"，神木县"惟地气旱寒，春多风多旱，夏秋多雹"，府谷县"其地土瘠沙深，山高水冷，沟渠难资灌溉"，即便是环境条件较好的怀远县也是"百十年来，地有开垦，粮无加增"⑤。而与之形成鲜明对比的边外禁留地，由于自清初以来便处于封禁状态，"因多年不耕，稭草腐朽地面色黑"，堪称从事垦殖活动的最佳场所，故而引起沿边民众的广泛关注。

清代康熙年间，我国北方气候有一段转暖时期，农牧过渡带的北界有可能到达了无灌溉旱作的最西界⑥，这为陕北沿边六县民众闯入清政府划定的禁留地从事垦殖活动提供了条件⑦。而清政府虽在康熙年间屡次申明严格控制"关口出入之人"，但大多是为"防盗窃"，而对于"民人往边外居住耕种者"，即不提倡，也未禁止，而是采取一种默认的态度⑧。在这种政策默许下，进入禁

---

④　牛平汉主编《清代政区沿革综表》载，榆林府，雍正八年十一月壬午（1730）置府，领州一、县四。榆林县，附郭县，雍正八年十月壬午（1730）置。怀远县，雍正八年十月壬午（1730）置（民国三年一月更名横山县）。神木县原属延安府，雍正三年九月乙未（1725）往属葭州直隶州，乾隆元年二月初七（1736）来属。府谷县原属延安府，雍正二年九月乙未（1725）往属葭州直隶州，乾隆元年二月初七（1736）来属。靖边县，雍正八年十月壬午（1730）置。乾隆元年二月初七（1736）往属延安府。定边县，雍正八年十月壬午（1730）置。乾隆元年二月初七（1736）往属延安府（中国地图出版社 1990 年 6 月）。

⑤　（清）卢坤《秦疆志略》之"定边县、靖边县、榆林县、神木县、府谷县、怀远县"。

⑥　邹逸麟：《明清时期北部农牧过渡带的推移和气候寒暖变化》，《复旦学报》（社会科学版）1995 年 1 期。

⑦　道光《增修怀远县志》卷四《边外》。

⑧　成崇德：《清代前期蒙古地区农牧业发展及清朝的政策》，《清史研究》1991 年 2 期。

留地的民众日益增多。康熙三十六年(1697),伊盟盟长贝勒松阿喇布根据当时长城内汉族农民不断出边佃耕蒙人的土地,蒙古牧场主也乐于出租土地而征收地租的实际情况,奏请康熙帝"愿与汉人伙同种地,两有裨益",这一请求得到了康熙帝的同意⑨。该项政策的颁布,使得口外移民的越边垦殖活动带有了某种默许的意味。然而这一政策在推行过程中,并未出现相应的辅助措施和具体法律条文的规定,甚至也没有勘定出民众越边垦殖的地域范围,故而伴随着越边民众的不断增多,伙盘村庄相应出现,并迅速发展。至康熙末年,蒙陕农牧交界带的伙盘地村庄渐成规模。如图1所示。

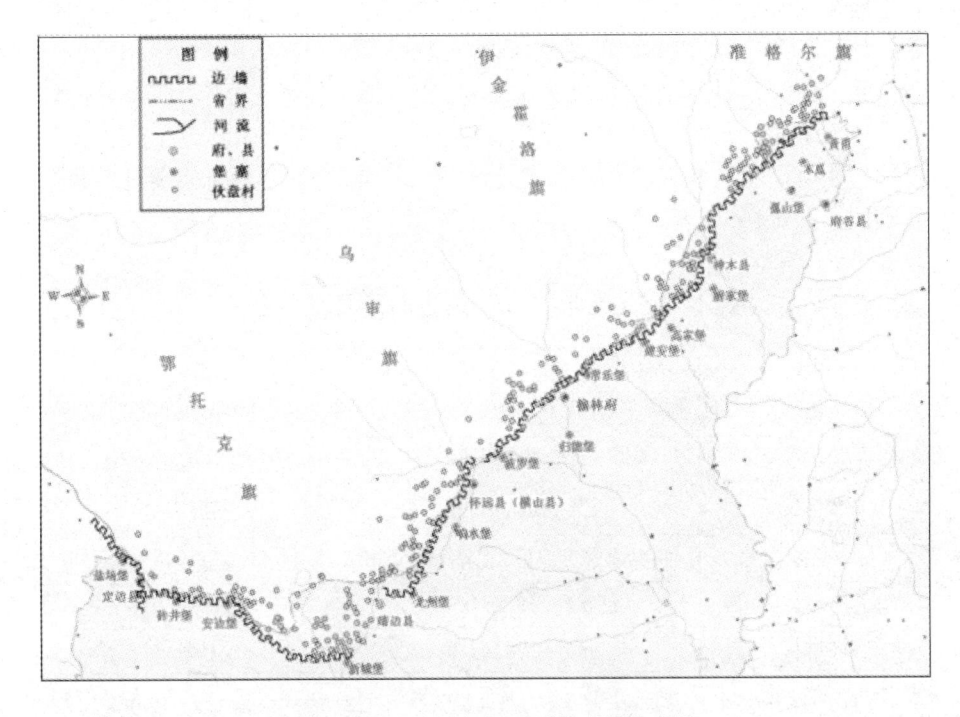

图1 康熙五十八年(1719)伙盘地分布图

由图1分析可得,从康熙年间陕北沿边六县民众闯入禁留地从事垦殖活动开始,至康熙末年,边外伙盘地村庄随着口外移民的增加而初具规模。不过,这些村庄距离边墙不远,而且多沿河流、淡水湖泊分布,呈现由南至北逐步深入的发展态势。时间一长,难免出现口外移民与蒙古族牧民争地的现象,这也就导致了伙盘地发展史上的第一次勘界。

康熙五十八年(1719),贝勒达锡卜坦请定地界,康熙帝命侍郎拉都浑踏

---

⑨ 《清圣祖实录》,"康熙三十六年三月壬子朔"。

勘,即于陕北长城外"五十里界内有沙者,以三十里立界;无沙者,以二十里为界;界内之地准人民租种,每牛一犋准蒙古征粟一石、草四束,折银五钱四分"(以下称该次所勘界线为康熙线)[10]。

自此,口外移民的垦殖范围有了一定的限定。但是从文献资料中,我们可以得到这样的认识,伙盘地最初的地界勘定依据的是"有沙"和"无沙",而并未对具体的处所进行界定,因此是模糊的、不具体的,甚至是不完善的。这种措施的不完善性,不仅反映了伙盘地自身缺乏相对的法律条文的严格约束,为以后口外移民的进一步发展埋下了伏笔,同时也体现了清政府并未对这一特定地域引起足够的重视,使得地方官吏在具体的实施过程中无法律依据可循,以至陷入一种难以名状的两难境地。

为了进一步证实清政府对伙盘地的态度问题,查雍正《陕西通志》得,陕北沿边六县中,府谷、神木二县在清初已然设立,其余四县也于雍正九年(1731)相继设立[11]。但从成书于道光七年(1827)前后的《陕西志辑要》中,我们找到这样的资料,如表1。

表1 道光七年(1827)沿边六县疆域一览表

| 县名 | 距边墙里程 | 备注 |
| --- | --- | --- |
| 定边县 | 北至边墙一里 | |
| 靖边县 | 北至边墙十里 | |
| 榆林县 | 北至边墙十里 | 编户四里 |
| 神木县 | 西界边墙五十里,北界边墙十里 | 编户四里 |
| 府谷县 | 北界鄂尔多斯九十里 | 编户四里 |
| 怀远县 | 北界边墙二十里 | 未编户 |

资料来源:(清)王志沂辑《陕西志辑要》卷六之"定边县、靖边县、榆林府、榆林县、神木县、府谷县、怀远县"。

由上表所划定的疆域内容来看,陕北沿边六县中除府谷县外,或西至边墙、或北至边墙的距离少则一里、多则五十里不等。这显然与上述各县都已经或多或少地管辖该地域伙盘地的史实不符,而这一点恰恰说明了自雍正九年至道光初年近百年中,清政府一直未能对伙盘地作出较好的处置,更可以说

---

[10] 道光《增修怀远县志》卷四《边外》。
[11] 雍正《陕西通志》卷二《建置上》。

清政府对伙盘地的认识是存有局限性的。

正是由于这种对伙盘地认识的局限性,使得同一时期的清政府对此的看法也存有不一致的地方,以至出现政策上的"朝令夕改"。就在陕北沿边四县相继设置的前一年,也就是雍正八年(1730),经理藩院尚书特古忒奏,边墙外"五十里禁留之地,何得蒙古收租",于是经过议处,决定让地方官吏征收粮草归地方官仓储备。然而时隔不到两年(实际上,从政令颁布到地方官吏付诸实施,不过一年而已),伊克昭盟发生荒歉现象。鉴于伙盘地所带来的经济效益足以应付,于是,清政府又准许蒙古贵族收取伙盘地的租银,以减少灾荒所带来的经济损失[12]。因此,无论是清政府,还是蒙古贵族,他们在当时所看到的,仅仅局限在伙盘地所带来的经济效益上,而在该区域的实际管理和约束上,则仍处于混乱状态。伙盘地民众则在这种上级政策不明、下级无以应对的情况下,推动伙盘地界石不断北扩。这也成为清代中后期乃至民国初年不断有伙盘地勘定事件屡有发生的先导性因素。

## 二、清代伙盘地地界的重新勘定——乾隆线的形成

伙盘地民众在清政府的默许和蒙古贵族招垦的双重因子作用下,得以大量开垦土地,以至"伙盘界石日扩日远"。晚到乾隆初年,伙盘地民众已越过那条模糊的康熙线,逐步向伊克昭盟各旗牧地推进。以靖边县为例,乾隆初年,靖边县所辖五堡一县中,"……龙州、镇靖稍跨五胜旗地,余三堡(镇罗堡、新城堡、宁塞堡)多耕鄂套旗地"[13],而所涉及的地域大致可为表2所示,租种蒙古土地情况如表3所示。

---

[12] 道光《增修怀远县志》卷四《边外》。
[13] 光绪《靖边志稿》卷四《杂志·中外和耕》。

表2　乾隆八年(1743)靖边县口外伙盘地范围

| 地界名 | 范围 | 备注 |
| --- | --- | --- |
| 县东北五胜旗地界 | 东南自县属五台廒起,西北至怀远县之阿包采,计一百八十里 | 与鄂套地接壤 |
| | 东北自怀远县庙圪上起,西南至县属塘马窑,计一百二十里 | 与鄂套地接壤 |
| | 正东自怀远县许家沙畔起,正西至县属天池海子,计一百二十里 | 与定边县蒙地接壤 |
| | 正北自榆林县呵叨儿兔起,正南至县属鸽子滩,计一百七十里 | 与鄂套地接壤 |
| 县西北鄂套旗地界 | 东南自县属姬家峁起,西北至县属猪拉兔,计一百五十里 | 与定边县蒙地接壤 |
| | 东北自五胜衣当湾起,西南至县属熊子梁,计一百二十里 | 与定边县边墙接壤 |
| | 正东自五胜地塘马窑起,正西至县属牌子滩,计八十里 | 与定边县蒙地接壤 |
| | 正北自五胜地胡拉狐梁起,正南至县属边墙壕,计一百四十里 | 与边墙内地孤山涧接壤 |

资料来源:光绪《靖边志稿》卷四《杂志·中外和耕》。

表3　乾隆八年(1743)靖边县口外各堡租种蒙地亩数租银及花名户口

| | 耕种蒙地数额(垧) | 租银数额(两) | 汉民户数(户) | 男女总数(丁口) |
| --- | --- | --- | --- | --- |
| 龙州堡 | 3121 | 19.754 | 95 | 539 |
| 镇靖堡 | 15810 | 116.77 | 527 | 3321 |
| 镇罗堡 | 9240 | 58.37 | 131 | 786 |

|  | 耕种蒙地数额（垧） | 租银数额（两） | 汉民户数（户） | 男女总数（丁口） |
| --- | --- | --- | --- | --- |
| 新城堡 | 8220 | 36.45 | 288 | 1707 |
| 宁塞堡 | 10632 | 68.925 | 185 | 1075 |
| 宁条梁（镇） | 9468 | 78.9 | 133 | 944 |
| 共计 | 56491 | 379.169 | 1359 | 8372 |

资料来源：光绪《靖边志稿》卷四《杂志·中外和耕》。

通过对表2、表3的分析，自康熙五十八年勘定结束，到乾隆八年不过二十几年的时间(1719—1743)，在此期间，多有口外移民越过康熙年间所勘界线，分别在靖边县东北的乌审旗和该县西北的鄂托克旗租种土地，而且所占地域面积较大。据统计，靖边县五堡口外租种蒙地亩数共计56,491垧，口外移民所纳租银为379.169两，折合近149垧/两，远低于内地。而汉族移民的数量和所缴纳的租银比较来看，汉族移民的生活负担相对内地民众要轻很多。如此一来，前往边外从事农牧业生产的民众自然越来越多，所营建的村落也与日俱增（图2）。

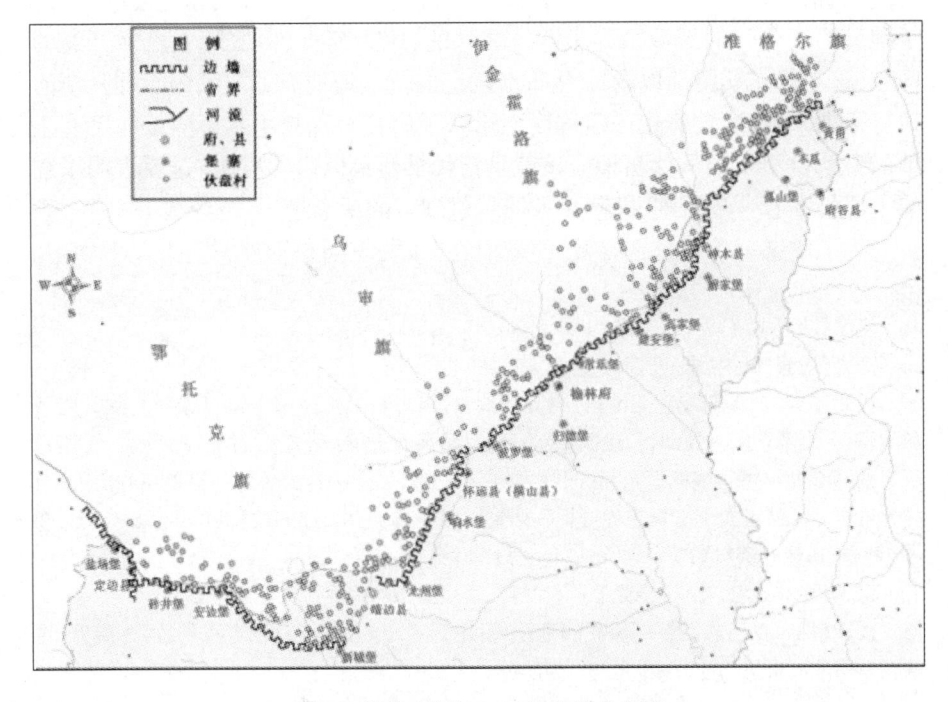

图2 乾隆八年(1743)伙盘地分布图

从图2不难看出,相对于康熙五十八年(1719)而言,口外移民已经不再局限于边墙附近,他们或者沿着窟野河、无定河等河流及其支流溯源而上,或者直接深入草原腹地,寻找适宜于农业垦殖的区域,向当地蒙古贵族缴纳相应的租银,进行土地的开垦。这种行为发展速度之快,分布范围之广,是清政府和蒙古族贵族所始料不及的,以至官方勘界事宜又一次展开。

乾隆七年(1742),贝勒扎木扬等请驱逐界外人民,经川陕总督马尔泰奏,乾隆帝派尚书班第、总督庆复会同盟长定议,即以现耕之地设立土堆,定为疆界[14],同时编定永远章程,即"无论界内界外,俱以旧年种熟之地为界,任民耕种。界内者,照旧租不加;其界外者,每牛一犋除旧租糜子一石、银一两之外(按上云租银五钱四分,此云一两,以乾隆元年例取利者,听其自便也),再加糜子五斗、银五钱,其地界安设标记"[15]。从而,新的官方勘定界线出现(以下皆称之为乾隆线)。由此形成"新牌子地"和"旧牌子地"的说法,它们统称牌界地[16]。总的来看,由官方认同的陕北沿边六县边外垦殖区域在乾隆中前期始终是维持在禁留地的范围内,而此时伙盘地的范围主要是"边墙以北,牌界以南地土"[17],即自边墙向北或二十里、或三十里之内。

在这里,值得注意的是"界"的理解和诠释。因为它关系到康熙时期和乾隆时期两次对伙盘地的勘定。上述文献中所谓"以旧年种熟之地为界"之"界",当指康熙线(旧牌子地),而"其地界安设标记"之"界"则指乾隆线(新牌子地),两线之间的地域当为康熙线之外的,原为禁止,但实际上已被开发的区域,该界仍在禁留地以内[18]。从重新勘定的伙盘地地界的文献内容和其新的地界范围来看,清政府在一定程度上承认了伙盘地民众越过康熙线的已有土地。当然,这里所指的伙盘地应该就是指代禁留地以内的村庄。这就表明了统治上层仍本着一条原则,即禁止人民越过现有的伙盘地界(乾隆线)。

为了使这一禁令行之有效,清政府在"设安定同知管理蒙古人民事物,并

---

[14] 光绪《靖边志稿》卷四《杂志·中外和耕》。
[15] 道光《增修怀远县志》卷四《边外》。
[16] 潘复鉴定、金天翮校正兼编辑、冯际隆编辑《河套新编》,民国十年;《绥乘》,献县张鼎彝编辑,上海泰东图书局印行,民国十年;民国《绥远通志稿》卷三十八(下)《垦务》。并不是所有的县都如神木县这样规定新、旧牌界的,有的县,如定边县的边外牌界地稍有出入(旧牌界规定"无沙者二十五里定界"《据陕西省人民委员会办公厅旧政权档案目录号005,卷号185《三边调查资料》)。
[17] 道光《神木县志》卷三《建置上·附牌界》,这里所指的牌界应为新牌界。
[18] 民国《神木乡土志》卷一《编外属地疆域·附开垦始末》载,"及乾隆八年,再为展界,将清初禁留地五十里均为开垦"之句可为印证。

设总甲俾资核稽其黄甫川、宁条梁、开张店户人等一体造册稽查"的同时[19]，又设立神木理事厅，其最高行政长官神木理事同知于"旧制每年秋后……间年一次轮流出口，巡查县中造送牛犋伙盘册籍"，以监督口外伙盘地民众是否存在越大规模越出乾隆线的现象，这种地方官的应对措施被称之为"秋巡"。[20]这样一系列行政措施的实施，其所带来的效果是比较明显的。乾隆四十八年(1783)刊定的《府谷县志》则记录了乾隆线勘定四十年后的府谷县五堡口外租种蒙古鄂尔多斯土地的情况，如表4。

表4 府谷县五堡口外蒙古鄂尔多斯土地情况

| 区名 | 租种地亩数(牛犋) | 租银 两/犋 | 租银 总额(两) | 租糜 石/犋 | 租糜 总额(石) | 伙盘地数额(处) |
|---|---|---|---|---|---|---|
| 黄甫堡口外 | 452 | 2.5 | 1131.25 | 1 | 452.5 | 95 |
| 清水堡口外 | 383 | 2 | 767 | 1 | 383.5 | 77 |
| 木瓜堡口外 | 325 | 2 | 651 | 1 | 325.5 | 60 |
| 孤山堡口外 | 358 | 0.54~0.95 | 206.44 | 0.3~0.866 | 186.612 | 72 |
| 镇羌堡口外 | 706 | 1~2.5 | 1110.75 | 0.5~1.5 | 623 | 145 |
| 总计 | 2226 | | 3866.45 | | 1971.112 | 449 |

资料来源：乾隆《府谷县志》卷二《田赋·附人民租种五堡口外蒙古鄂尔多斯地土内》。

表4所示"府谷县五堡口外蒙古鄂尔多斯土地情况"较为翔实地记录了当时府谷县五堡口外所租种的蒙地亩数、租银的总额与单位数额、租糜的总额与单位数额、伙盘地数额以及所租种的蒙地对象。而且在土地租种时，"蒙古地主皆立档子与人民收执。每年收租地主自来伙盘种地人民同该管总甲牌头亲交，秋间，各总甲仍将种地人民姓名、牛犋、租银、租糜数目开载明确，到县投递，考核、造册、申赍，本道府理事厅暨驻劄神木理藩院部郎各衙门以备查考"[21]。可见，这种土地状况记录是对行政措施的具体实施后的反馈。在这样的政策的严格规定下，其所载内容严格程度是可以想见的。可以说，乾隆线的勘定在一定程度上得以执行，而且至少到乾隆四十八年为止，应无大规模的伙盘地民众越出乾隆线的行为。

---

[19] 光绪《靖边志稿》卷四《杂志·中外和耕》。
[20] 道光《神木县志》卷三《建置上·附牌界》。
[21] 乾隆《府谷县志》卷二《田赋·附人民租种五堡口外蒙古鄂尔多斯地土内》。

查乾隆后期至道光年间的方志资料以及其他相应的文献资料,均未发现明显的关于伙盘地民众大规模的越过乾隆线的历史记录的痕迹[22]。在此期间,怀远县于道光十七年(1837)"复于牌界以内地亩报招内地民人租种,每犋每年租银五钱、糜子五斗,获利更多,蒙汉两益。如有复租者,官为严追;有剥盘蒙古者,援远年债务一本一利之例,速为判结,则相安无事,可长享其利也"[23]。而同一年,蒙古贵族在"沿边蒙地重垒石、立界,招内地人民移垦"[24]。由上述两条史料可以初步判断,至道光十七年(1837)前后,牌界地内仍存有不少土地可以用于招徕内地民众前去租种。如图 2.3 所示。

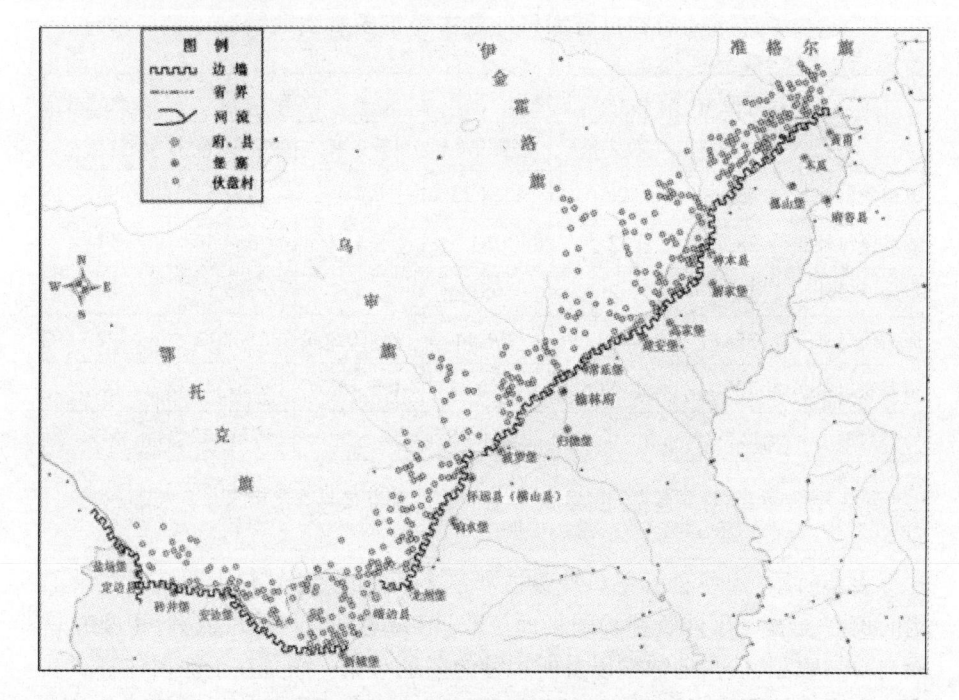

图 3　道光十八年(1838)伙盘地分布图

---

[22] 乾隆《府谷县志》卷二《田赋·附人民租种五堡口外蒙古鄂尔多斯地土内》和道光《榆林府志》卷六《建置志·村庄》比较,发现府谷县五堡口外伙盘地数字自乾隆四十八年至道光二十一年的近 60 年中,各堡口外伙盘地数字虽然有所不同,但其变化幅度不大,而且两个时期的总体数字相比,相差无几,这可能是某几处伙盘地村落自然发展的缘故所致。故而,道光二十一年的府谷县口外伙盘地未出现大规模的越出乾隆线进行垦殖的现象。光绪《靖边县志稿》载,当时的靖边县知县丁锡奎会同安定边厅的官员于光绪二十四年(1898)勘查靖边、定边二县是否悉遵"照例边墙五十里内为伙盘地,准汉民向蒙古租种,不准价卖,且限以界牌,不准越里数之外"的旧章时,发现该两处"……并无侵占牧场情事"。可见,光绪二十四年尚未发现人民越过乾隆线的行为。

由图3不难发现,从乾隆八年(1743)至道光十八年(1838)的近百年时间内,蒙陕交界地带的口外移民由于人均占有土地数量较多,多从事对牌界内的土地垦殖,因此,在此期间,伙盘村落也并未有明显的增加趋势,陕北沿边六县口外伙盘地均未出现大规模的越出乾隆线进行垦殖的现象。

## 三、清末伙盘地地界的再次变动

清代末年,尤其是自19世纪下半叶始,整个社会处于一种不稳定的状态之中,民族矛盾、阶级矛盾日益尖锐。沙俄势力不断向我国蒙古地区渗透,不少蒙古上层贵族离心倾向日益明显。鉴于内蒙古辽阔的地域和满汉之间的传统关系、边患的严重,清政府希望通过垦务促进该地区的发展,以达到巩固边疆安全、增加国家财政的目的[25],遂于光绪二十八年(1902)同意开放蒙禁,并任命贻谷为督办蒙旗垦务大臣,督办内蒙古西部的垦务[26]。贻谷放垦的重点放在伊克昭盟等处牧地,蒙陕交界地带自然也包括在内,这些土地由私垦转为官垦,长期依赖租种蒙地而维持生活的汉族民众因失去土地的使用权而需要按照垦务公司的章程重新认购土地[27]。

此次放垦行为从根本上改变了伙盘地的土地权属问题,并为清末民初又一次内地民众大规模涌入蒙陕交界地带从事农牧业生产提供了前提。在贻谷放垦期间,蒙陕交界地带先后建成伙盘村落249处,先后开垦土地358,264亩,其中,滩地174,943亩,沙地183,321亩,分别占到民国初年统计伙盘村开垦土地总量的31.3%和24.0%。如表5所示。

---

[23] 道光《增修怀远县志》卷四《边外》。
[24] 光绪《靖边县志稿》卷三《实业志》。
[25] (清)贻谷:《垦务奏议》,第17、18、51页。
[26] 贻谷至绥远后,设立垦务总局和乌、伊两盟垦务局,另于准格尔、鄂托克、郡王三旗内各设分局,乌审、扎萨克两旗则是合设一分局。令其各自分别组织和管理这一带的拓荒事务,共同执行和完成强行放垦之任务(民国《绥远通志稿》卷三十八《垦务》)。
[27] 张仲臻:《东胜县垦务放地概况》,中国人民政治协商会议内蒙古东胜市委员会文史资料研究委员会编:《东胜文史资料》(第三辑),1986年11月。

表5　清末贻谷放垦期间所建伙盘村庄情况

| 属县 | 开放年代 | 村庄数(村) | 户数(户) | 滩地(亩) | 沙地(亩) | 距离边墙(里) |
|---|---|---|---|---|---|---|
| 榆林县口外 | 1905年 | 67 | 560 | 12346 | 16088 | 50里外 |
| 怀远县(横山)口外 | 1902年 | 15 | 114 | 3915 | 0 | 50里外 |
| 府谷县口外 | 1905年 | 76 | 727 | 2810 | 54478 | 50里外 |
| 神木县口外 | 1903年 | 51 | 377 | 10372 | 107685 | 50里外 |
| 靖边县口外 |  | 0 | 0 | 0 | 0 |  |
| 定边县口外* | 1907年 | 40 | 507 | 145500 | 5070 | 50里外 |
| 总计 |  | 249 | 2285 | 174943 | 183321 |  |

注:*定边县口外第一区统计村庄中含民国八年开垦土地约计3处伙盘村、50户民众、109,540亩滩地,该处土地系贻谷放垦时期已放未垦地亩。
资料来源:民国《陕绥划界纪要》卷三至卷八。

上述调查资料系民国初年陕西省政府会同绥远省政府派员实地调查所得,可信度较高。从表中不难发现,贻谷放垦时期所建伙盘村庄都突破"五十里禁留之地",进入草原腹地从事农牧业生产,其距离长城最远的伙盘村竟达到230里[28]。如图4所示。

---

[28]　民国《陕绥划界纪要》卷六《神木县口外》载,三道草牌内之旧庙湾、赵家梁、燕家沟三处伙盘村距离陕北边墙二百三十里。

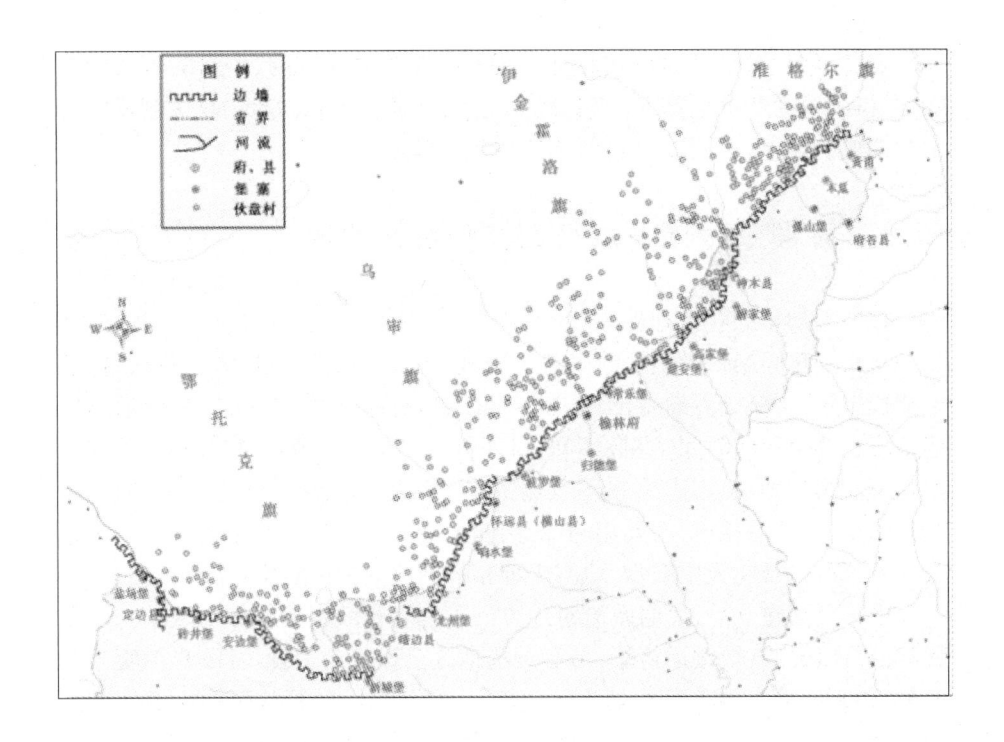

"界"的动与静:清至民国时期蒙陕边界的形成过程研究

图 4 光绪三十三年(1907)伙盘地分布图

此次伙盘地放垦周期为1902年—1907年近5年的时间,而移民规模和土地垦殖量相对以前都存有明显变化,而这种变化直接导致了新的伙盘地界的出现(以下皆称之为光绪线)。经过这次勘定,民国六年(1917)刊定的《河套图志》翔实地记载了光绪三十三年(1907)陕北沿边六县口外伙盘地地界范围:

> ……伙盘界石日扩日远,计府、神、榆、横、定、靖六县边外伙盘地界,东至府谷礼字地,与山西河曲县义字地接壤,西至定边县五虎洞,与甘肃盐池县边外接壤,北至准噶尔、郡王、扎萨克、五胜、鄂套等旗牧地暨东胜县粮地,南至榆、横等县边墙,东西广一千三百余里,南北袤五十里或百余里、二百余里不等。㉙

---

㉙ 民国《河套图志》卷四《屯垦·清伙盘垦地》。另,民国《府谷县志》卷一《地理志·黑界考略》载,"清末光绪年间,经垦务大臣贻谷奏明,(府谷县口外蒙地)开放完全由汉人置买耕种,化为仁、义、礼、智、信五段,仁、义两段在河曲县界归河曲县管辖,礼、智、信三段归本县管辖,所有岁租历年即委托本县代收"。

537

自此，清代陕北长城外伙盘地扩展情况在这种官方的、政府的因素的影响下，得到较为严格地界定。直到民国初年，伙盘地民众没有出现大规模的越出光绪线的现象，从而该区域也未有更大的变动[30]。

## 四、民国时期陕绥划界争端和三边"赔教地"风波

1、民国初年的陕绥划界争端

自康熙年间第一批山陕移民越过长城，闯入蒙古游牧区，进行移民垦殖，到清代末年，蒙陕交界地带出现1806处伙盘村落，拥有15,987户民众，前后经历了近两百年的时间。在此期间，口外移民多从事土地垦殖，"游农制"和原始撂荒制得以普遍应用，大量的牧场成为了耕田，"风吹草低见牛羊"的草原景致演变成"阡陌相连，鸡犬相闻"的田园风光。蒙陕交界地带也逐步成为地方政府、蒙古贵族、天主教堂、地方士绅和基层民众关注的焦点。

中华民国建立后，民国政府对地方的管制和行政区划都作了改革。民国元年四月（1912），设绥远将军，节制绥远地区已设的十二抚民厅、乌兰察布盟六旗、伊克昭盟七旗及归化城土默特旗，十二抚民厅的行政仍由山西省归绥道行使。民国二年（1913），裁归化城副都统及观察使，"以绥远城将军为行政长官，与山西省分县而治"，设置军政、民政两厅分理军政、民政事务[31]。民国六年（1917），绥远特别行政区长官蔡成勋援照民国二年（1913）国务会议议决的绥远特别区案[32]，于民国八年一月（1919），"迳行派员来陕划分汉蒙界址，意欲指边墙为鸿沟"[33]的同时，向国务院提请条陈，要求能够依据清代鄂尔多斯与陕西省以边墙为界的标准，将蒙陕交界地带的伙盘村庄划归绥远管辖。其条陈内容如下：

> 窃维治政之道首在疆域清楚，若疆域清则一切庶政俾便整理以期完善。兹查绥远区域所属伊克昭盟鄂尔多斯七旗，曰达拉特旗，曰杭锦旗，曰准噶尔旗，曰郡王旗，曰乌审旗，曰扎萨克旗，曰鄂托克旗。除达、杭两旗归绥属五原县管辖外，其余五旗如准噶尔旗地北界

---

[30] 民国《续修陕西省志稿》卷二十八《田赋》。
[31] 民国《绥远通志稿》卷二《省县旗疆域现状》。
[32] 该议案认为"绥远特别区系于二年十二月呈准以山西口外十三县暨伊、乌两盟原辖区域为区域"。（《陕绥划界纪要》卷一之《陕西省公署训令第五零二号·附绥远都统蔡成勋条陈》，民国八年二月六日。）
[33] 《陕绥划界纪要》之《陕绥划界纪要叙》。

归绥属托克托、东胜两县管理,南界归山西河曲、陕西府谷两县管理。郡王、扎萨克两旗地北界归绥属东胜县管理,南界归陕西神木县管理。乌审旗地尽归陕西神木、榆林、横山、靖边等四县管理。鄂托克旗地归甘肃平罗县管理。然一旗之地有归两省两县管理者,又有一省四县管理者,甚有归三省四县管理者。而一旗地内居住汉蒙人民应纳之租税并呈控之诉讼,趋赴县署或一二百里者,或数百里者,奔驰之苦,久称不便,且对于行政各要端障碍尤多,此疆界纠纷、政权不一之实在情形也。粤稽前清时代,绥远将军专管军事兼辖两盟,其行政事务均归地方官厅管理。今政体变更,事权亦异,而地方行政若仍沿照习惯则于政务既多废弛,又于人民诸称不便,殊非治政之道。兹经博考舆情,斟酌现状,自非划清行政疆域,实不足以资治理,拟将伊克昭盟各蒙地陕西、山西、甘肃三省各县管理者,均请划归绥区,酌设县治,自行治理,庶于一切政务可归一致而便整饬,此沿边各县所辖蒙地应划归绥区自行治理之实在情形也。㉞

这一条陈所举"一旗之地有归两省两县管理者,又有一省四县管理者,甚有归三省四县管理者"和"一旗地内居住汉蒙人民应纳之租税并呈控之诉讼,趋赴县署或一二百里者,或数百里者,奔驰之苦,久称不便"等情况确实是清政府遗留给民国政府的问题。不过,蔡成勋更多的着眼点是基于蒙陕交界地带渐成规模的农牧业生产。

这一议案的提出,立即遭到陕西方面的强烈反对,并由地方政府组织陕北榆林、绥德、延安、鄘州等地公民代表李鸿训、王尚文等上疏陕西省政府,希望"俯念边防大计,经界攸关,据情陈请国会列入议案,议决咨明政府改正区域,仍以鄂尔多斯所属之鄂套、武胜、扎萨克台吉、郡王、准噶尔五旗划归陕北区域,责成该管长官就近抚驭"㉟。不过,该提案未能得到国务院的认可,其理由是"溯厥原因良由,清季放垦之初,依地形之便由山西、陕西、甘肃沿边各县就近管理。本与现在情况不同,晚近数年绥区设治已久,郡邑正待推广,民政事务责有攸归,不宜袭纠纷错综之弊,致违保境实边之本旨,应即根据设区原案并原呈各节,由国务院分行三省,会同绥远都统派员查勘,将伊盟各旗地完全划归绥远治理,以清疆界而垂定案"㊱。

---

㉞ 《陕绥划界纪要》卷一之《陕西省公署训令第五零二号·附绥远都统蔡成勋条陈》,民国八年二月六日。
㉟ 《陕绥划界纪要》卷一之《陕北榆、绥、延、鄘公民代表呈文》,民国七年九月二十四日。

国民政府的这一决定没有考虑到蒙陕交界地带的实际情况,忽略了这一区域和陕西,尤其是陕北存在千丝万缕的关系,以至于在后来的形势发展中失去了调节的主动权,也使得陕西省和绥远特别行政区之间剑拔弩张,情势十分紧迫,尤其是陕北各阶层"闻风惶恐,纷纷赴京请愿,意图挽回"㊱。在这种"民情浮动,稍触即发"的情况下,陕西省政府、陕北沿边六县地方政府、地方士绅和地方民众先后介入其中,从而形成民国初年由陕北沿边六县地方士绅阶层为主导的反对划界运动㊲。最终,由于来自陕西方面的巨大压力,民国政府只好收回成命,"嗣准内务部咨绥远都统署,此案续经国务会议议决,仍应遵照原议办理,惟现值蒙边不靖,暂缓施行,至是而绥区与陕、晋、甘划界事遂中止"㊳。

实际上,此次陕绥划界争端关键问题在于,绥远方面过于看重通过再度放垦来谋取蒙陕交界地带所带来的经济利益。而陕北沿边六县民众在贻谷放垦时期,已经按照垦务公司的章程重新认购土地㊴,他们不仅要缴纳押荒银和地租,还要承担其他的负担。在这些民众看来,"边外民众历次遵章备价领垦,与内地民人购买田产事同一体"㊵,一旦绥远方面再次提出重新放垦时,他们自然会认为"绥远以划界不成,勾结蒙旗将边地重行报垦,得利平分,遂其报复之私",重演"饵蒙报垦,诬熟为荒,重买双租,特开苛例"的旧例㊶。

不过,此次陕绥划界争端虽然面临种种压力,"绥远此次提议划界,原为清理积年纠纷起见,倘稍涉草率,敷衍了局,转虞轇轕丛生,更非经久良图",加之"连日各界绅民函禀交驰,纷纷争论,情词激昂,影响所及,恐于界务进行别生障碍"㊷。但陕西榆林道仍在陕西省公署训令的要求下㊸,遴选妥员陪同专员许敬藻、塔斯哈等人前往准噶尔、郡王、乌审、扎萨克各旗配合绥远方面对

―――――

㊱ 《陕绥划界纪要》卷一之《陕西省长公署训令第七三二号》,民国八年二月二十四日。
㊲ 《陕绥划界纪要》卷一之《榆林道道尹呈省长文》,民国八年五月七日。
㊳ 为反对蔡成勋的放垦,陕北沿边六县民众成立"沿边六县公民争存会",同时选派公众代表朱维勤等前赴北京,与在京的陕北国会议员高少农、斐宜丞相配合,要求国会收回成命。(《陕绥划界纪要》卷一、卷二)
㊴民国《绥远通志稿》卷二《省县旗疆域现状》。
㊵ 张仲塽:《东胜县垦务放地概况》,第63——71页,中国人民政治协商会议内蒙古东胜市委员会文史资料研究委员会编:《东胜文史资料》(第三辑),1986年11月。
㊶ 《陕绥划界纪要》卷二之《神木县知事呈文》,民国十年二月六日。
㊷ 《陕绥划界纪要》卷二之《陕北榆、横、府、神、靖、定沿边六县争存会呈文》,民国十年二月二十四日。
㊸ 《陕绥划界纪要》卷一之《榆林道道尹致西安省长电》。
㊹ 《陕绥划界纪要》卷一之《陕西省长公署训令第一五六二号》,民国八年四月二十八日。

"界"的动与静：清至民国时期蒙陕边界的形成过程研究

蒙陕交界地带的伙盘地村庄进行较为认真的踏勘，并登录成册[45]。根据此次踏勘情况，绘制民国八年(1919)年伙盘地分布图。如图5所示。

和光绪三十三年(1907)相比，民国八年(1919)前后，蒙陕交界地带的伙

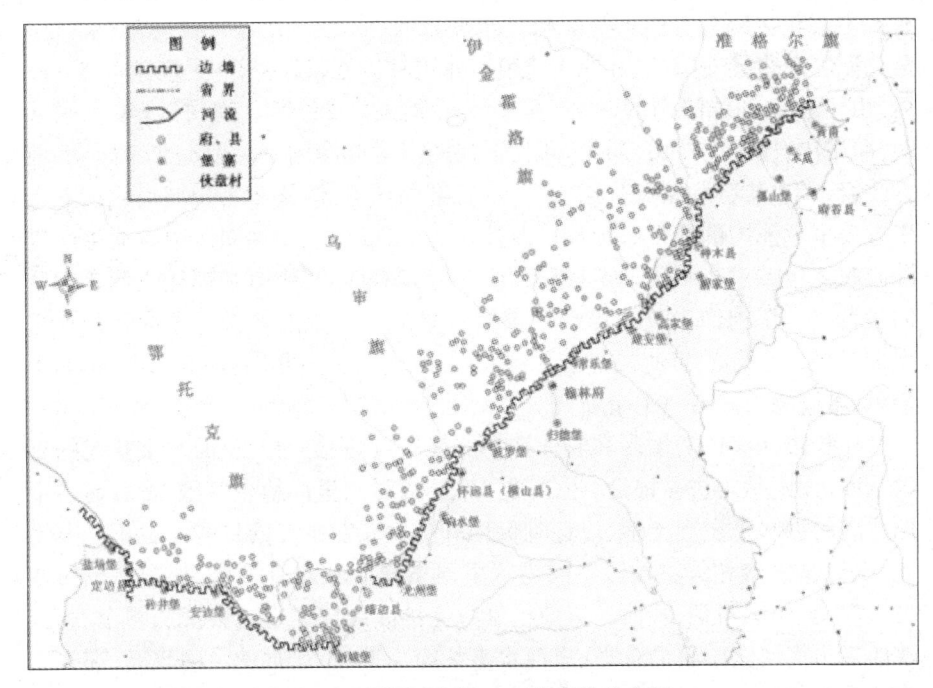

图5 民国八年(1919)伙盘地分布图

盘村庄数量没有明显的增加，只是在定边县第一区口外增加了新地坑、车轮沟和五虎洞等三处伙盘村落，不过这三处伙盘村所开垦的面积惊人，一共达到109,540亩，占到了第一区口外伙盘村落开垦土地总面积的72%，而且人均达到了2190.8亩[46]。这一数字令人难以从信，需要校正。

2、三边"赔教地"风波

清代末年，伊克昭盟之"鄂托克、扎萨克、乌审"三旗因庚子教案需赔偿堆子梁天主教堂白银十四万两。其中，鄂托克旗需赔款六万四千两[47]，但由于难以筹措巨款，遂将安边堡属补兔滩、草山梁及红柳河以东等三处"生地""东西

---

[45] 此次陕绥划界，由陕北沿边六县士绅樊士杰等15人于1932年编辑成册。并翔实地记录了清末该区伙盘地的兴起原因、发展现状，并以表格的形式将村庄名称、住户、土地类型、开垦年代、风俗、管理以及方位做有记录。(《陕绥划界纪要》之《陕绥划界纪要叙》。)

[46] 《陕绥划界纪要》卷一之《定边县已垦地亩表册·第一区口外边地》。

[47] (清)朱寿朋辑《东华续录》，光绪朝卷一百七十三，"光绪二十八年四月"。

长二百余里，南北宽七十余里"抵押于天主教堂，这些土地称为"赔教地"[48]。

三边"赔教地"恰好与定边县八里河灌区相交错，其中，郭家寨至补杜滩之间的土地为定边县民众耕种，补杜滩以北则为天主教区所有[49]。八里河自道光二十三年（1843）因连续强降雨，"水深数尺，南山内九涧冲刷成渠"[50]，自南至北流经定边县安边镇，并注入该镇所属边外垦地，最终没入毛乌素沙地。此后，由于不定期强降雨的影响，八里河经常发生"淤岸"、"河决"现象，"咸同间，河岸决，民不能耕田，遇大雨时，下河两岸竟成泽国"[51]。后经乡绅民众、地方政府、天主教会和蒙族贵族的介入，长期引洪漫灌，逐步将长城沿线近五十平方公里范围内的沙荒碱地加以改造。在此期间，八里河灌区由牧业生产逐渐向农业生产进行转变。至民国十二年（1923）前后，曾有在鄂托克调查矿产的学者对八里河灌区进行详细记录，"八里河……流入鄂旗堆子梁教堂地东南十余里。河身宽有一丈二尺，深约八尺，水色与黄河相同，环绕境内，长四十余里，可以浇灌地亩一千余顷"[52]。

随着边外移民的增多和农业技术的提高，特别是对八里河水文状况的有效掌握，无论是定边县民众，还是天主教区都对八里河给予厚望，希冀通过定期泛滥的洪水来淤灌土地，以达到保证和扩大农业生产的目的。也正是因为此，定边县民众和天主教区之间为八里河淤灌问题时有争执，甚至出现械斗事件[53]。至民国时期，陕西三边地区地方士绅陆续成立定边县挽回领土大会、陕西三边挽回领土总会，以八里河水事纠纷为爆发点，推动民国政府、鄂托克旗贵族参与其中，同时组织基层民众和天主教进行或直接或间接地交涉，以夺回赔教地的所有权属。

三边"赔教地"风波从光绪二十六年（1900）鄂托克旗为偿付天主教堂赔款而划出"赔教地"开始，至民国三十五年（1946），陕甘宁边区组成三边专署

---

[48] 陕西省档案馆，全宗号4，目录号1，卷号77："光绪二十七年六月初四日"。
[49] 光绪《定边县乡土志》第二编《地理·山水》。
[50] 民国《续修陕西通志稿》卷六十一《水利·定边县·八里河渠》，该文献依据为定边县采访册，这里记载的"南山九涧"主要是白于山地的鹰山㵲、孤山㵲、羊山㵲及其支㵲。
[51] 民国《续修陕西通志稿》卷六十一《水利·定边县·八里河渠》。
[52] 周颂尧：《鄂托克富源调查记》，绥远垦务总局铅印1928年3月。
[53] 械斗之事并非是针对天主教区而言，民国时期，绥远地区"各县民风驯良，向所罕见，惟归、萨、托沿河乡村，往往因争水灌地，发生械斗。五、临亦间有之，亦以水利之故。归绥属西区毕克齐镇民田，亦多引镇北水磨沟水以资灌溉，历来按次轮浇，共相遵守，从未以械斗闻。而沿黑河乡村，前既立法未周，间或违章掺越，故易起纷争"。（民国《绥远通志稿》卷五十《民族（汉族）·械斗之事》）

会同靖、安二县政府暨地方人士与边区政府少数民族事务委员会驻城川办事处组成委员会最终收回"赔教地"[54]，前后历经近半个世纪，其间多有突发事件发生。根据民国二十四年一月九日（1935）的"陕西三边天主堂教产协定"内容，沿边地方政府和基层民众获得了所有划分汉蒙界线以南可耕之地的土地权属[55]。此协定中所划分的蒙汉界线为"一方面遵沿伊克克毛尔与白泥井两平原间大沙山南面之斜坡，另一方面沿黑拉什利西界再与岗罕托拉盖脑包相接，直抵大海子湖南岸，又一方面沿堆子梁平原北方之沙山南界再自东专方向直趋石底子渡口"[56]，这一界线和民国八年（1919）陕绥划界时基本相符。

### 五、基本结论及相关评述

清朝初期，清政府沿袭了传统的长城——黄河一线作为鄂尔多斯地区与内地的农牧分界，但是这一界限仅是习惯线而已，并不具备法定特征。随着农牧区域的相互扩张，农牧界线在政府的规划下，其精确性和法定属性得到逐步强化。康熙年间察罕托灰（又作查汉托户）的归属问题，可以看作是清朝前期农牧划界的一个范本。察罕托灰是属于清代宁夏府所辖的一块水草丰密的荒地，其大致相当于今天宁夏北部惠农县一带。起初鄂尔多斯王公松阿喇布请求在察罕托灰"暂行游牧"，康熙皇帝批准后，"以黄河、西河之间柳墩等四台为界"。康熙五十二年（1713），宁夏总兵范时捷上奏称，"察罕托灰本系版图内地"，而准许蒙古游牧后，"多致越界行走，与宁夏民众蒙混樵采实不便"，他请求仍以黄河为界并停止蒙古游牧。为了弄清具体情况并解决争议，康熙皇帝派遣理藩院员外郎莫礼布前往调查，最后调查结果发现鄂尔多斯部的游牧范围已经"渐至贺兰山下"，"与原定之界实系踰越"[57]。最终，清朝坚持了以黄河为界的做法，而察罕托灰归属宁夏后也迅速被移民开垦，并设置新渠、宝丰等县进行管理。

而对于蒙陕交界地带这一特殊区域，清至民国时期蒙陕边界的形成过程

---

[54] 陕西省档案馆：全宗号6，目录号021，卷号1766"三边收回教区失地运动大事年表"，民国三十五年九月二十七日。

[55] 陕西省人民委员会"旧政权档案"目录号008，案卷号0320："整理陕西三边天主堂教产协定"，民国二十四年一月九日。

[56] 陕西省人民委员会"旧政权档案"目录号008，案卷号0320："整理陕西三边天主堂教产协定"，民国二十四年一月九日。

[57] 《东华录》康熙卷九十二。

实质上可以视为伙盘地移民社会构建的过程,在清政府、民国政府、蒙旗贵族、天主教堂、地方士绅、基层民众等不同阶层的关注下,晋陕边民由原来的雁行式流动人口向定居型人口转化,移民规模逐步扩大、伙盘地村庄化进程随之加快,这在客观上促使伙盘地的地域范围发生错综复杂的变动。晋陕移民向草原腹地不断延伸,伙盘界石的不断北扩,农牧界线逐渐北移、错位。至清代末年,伙盘村庄已具有1806处村庄,可与陕北沿边六县的边墙内的村庄数等量齐观。在这一发展过程中,政府当局逐步加深对该区域的认识,而这种认识在伙盘地的初步形成、逐步发展乃至极度扩张的过程中,起着举足轻重的作用。对蒙陕交界地带认识的不断深入并不意味着政府当局在进行相关的政令调整过程中能够颁布、执行符合实际情况的政令,相反,政府当局的举措往往会带来政令的混淆不明和行政能力的低下,从而使得地方官员在这种本来就很难定量、定性的地区,根据自身的利益采取虚报或是瞒报的手段来藏匿真实的土地数字。而汉族移民则充分利用这种中央政府和地方政府协调过程中的漏洞,在蒙陕交界地带从事农牧业生产,从而间接地增强了伙盘地扩张的自发性和不确定性。

此外,伙盘地居民的思想观念、文化、心理状态随着边外定居生活的开始、稳定而发生着变化。这种变化是一种复杂的社会和心理现象,它不像自然环境那样存在着地带性规律或非地带性规律,它在改变原有土著居民(多是蒙古族)的同时,也在因人因地而变。这种变化带来了区域社会的变迁,推动独具特色的伙盘地移民社会的形成,从而进一步固化了新的移民社会对于逐步形成的伙盘地范围的认同,并为民国时期陕绥划界的争端和建国后蒙陕界线的划定提供了重要的依据。

(注:本文原载于《历史地理》第25辑,上海人民出版社,2011年版)

## 图书在版编目（CIP）数据

有为而治：前现代治边实践与中国边陲社会变迁研究／安介生，邱仲麟主编．—太原：三晋出版社，2014.12
 ISBN 978-7-5457-1076-2

Ⅰ.①有… Ⅱ.①安…②邱… Ⅲ.①边疆地区-社会发展-中国-近代-文集②边疆地区-区域经济发展-中国-近代-文集 Ⅳ.①F127-53

中国版本图书馆CIP数据核字（2014）第286482号

---

## 有为而治：前现代治边实践与中国边陲社会变迁研究

| | |
|---|---|
| 主　　编： | 安介生　邱仲麟 |
| 责任编辑： | 董润泽 |
| 责任印制： | 李佳音 |
| 装帧设计： | 方域文化 |
| 出 版 者： | 山西出版传媒集团·三晋出版社（原山西古籍出版社） |
| 地　　址： | 太原市建设南路21号 |
| 邮　　编： | 030012 |
| 电　　话： | 0351-4922268（发行中心） |
| | 0351-4956036（综合办） |
| | 0351-4922203（印制部） |
| E-mail： | sj@sxpmg.com |
| 网　　址： | http://www.sjcbs.cn |
| 经 销 者： | 新华书店 |
| 承 印 者： | 山西出版传媒集团·山西新华印业有限公司 |
| 开　　本： | 787mm×960mm　1/16 |
| 印　　张： | 34.75 |
| 字　　数： | 750千字 |
| 印　　数： | 1-1000册 |
| 版　　次： | 2014年12月　第1版 |
| 印　　次： | 2014年12月　第1次印刷 |
| 书　　号： | ISBN 978-7-5457-1076-2 |
| 定　　价： | 88.00元 |

版权所有　翻印必究